CARTAS AOS FILHOS

*Organização de Michael Schröter com a colaboração
de Ingeborg Meyer-Palmedo e Ernst Falzeder*

SIGMUND FREUD
CARTAS AOS FILHOS

Tradução de
Georg Otte e Blima Otte

Revisão técnica de
Betty Bernardo Fuks

1ª edição

CIVILIZAÇÃO BRASILEIRA

Rio de Janeiro
2021

Copyright © Aufbau Verlag GmbH & Co. KG, Berlim, 2010 ("Aufbau Verlag" é marca registrada de Aufbau Verlag GmbH & Co. KG)
Copyright da tradução © Civilização Brasileira, 2021

As cartas com respostas de Mathilde, Martin, Oliver, Ernst e Lucie Freud; de Sophie e Max Halberstadt; e as cartas dos netos foram publicadas com a gentil permissão de Sigmund Freud Copyrights, Londres.

Copyright das imagens: Dra. Gisela Schneider-Flagmeyer e Museu Freud Londres

Título original: *Sigmund Freud: UNTERDESS HALTEN WIR ZUSAMMEN. Briefe an die Kinder. Herausgegeben von Michael Schröter unter Mitwirkung von Ingeborg Meyer-Palmedo und Ernst Falzeder*

Todos os direitos reservados. É proibido reproduzir, armazenar ou transmitir partes deste livro, através de quaisquer meios, sem prévia autorização por escrito.

Texto revisado segundo o novo Acordo Ortográfico da Língua Portuguesa.

Direitos desta tradução adquiridos pela
EDITORA CIVILIZAÇÃO BRASILEIRA
Um selo da
EDITORA JOSÉ OLYMPIO LTDA.
Rua Argentina, 171 — Rio de Janeiro, RJ — 20921-380 — Tel.: (21) 2585-2000.

Seja um leitor preferencial Record.
Cadastre-se no site www.record.com.br
e receba informações sobre nossos lançamentos e nossas promoções.

Atendimento e venda direta ao leitor:
sac@record.com.br

Texto revisado segundo o novo Acordo Ortográfico da Língua Portuguesa.

CIP-BRASIL. CATALOGAÇÃO NA PUBLICAÇÃO
SINDICATO NACIONAL DOS EDITORES DE LIVROS, RJ

F942c   Freud, Sigmund, 1856-1939
      Cartas aos filhos / Sigmund Freud ; organização Michael Schröter , Ingeborg Meyer-Palmedo , Ernst Falzeder ; tradução Georg Otte. – 1. ed. – Rio de Janeiro: Civilização Brasileira, 2021.
      620 p. : il. ; 23 cm.

      Tradução de: Unterdess halten wir zusammen
      Apêndice
      ISBN 978-85-200-1166-9

      1. Freud, Sigmund, 1856-1939. 2. Família - Aspectos psicológicos. 3. Psicanálise.
      I. Schröter, Michael. II. Meyer-Palmedo, Ingeborg. III. Falzeder, Ernst. IV. Título.

                           CDD: 150.195
14-17209   CDU: 159.964.2

Leandra Felix da Cruz – Bibliotecária – CRB-7/6135

Impresso no Brasil
2021

Sumário

Introdução 7

Mathilde Hollitscher, sobrenome de solteira Freud (1887–1978) . . .23
As cartas 32

Martin Freud (1889–1967) 93
As cartas 107
Hoje não haverá nenhuma sensação! 199

Oliver Freud (1891–1969) 201
As cartas 213

Ernst Freud (1892–1970) 231
As cartas 245
Uma carta de Freud a Elise Brasch 407

Sophie Halberstadt, sobrenome de solteira Freud (1893–1920) . . .409
As cartas 419
Cartas de Freud a Mathilde Halberstadt 595

ANEXOS

Sobre esta edição e agradecimentos. 601

Cronologia. 607

Abreviaturas e lista dos arquivos mais usados. 613

Bibliografia 617

Índice onomástico 633

Introdução

Um pai escreve aos filhos. Escreve-lhes quando passam as férias em outros lugares, quando fazem algum tratamento fora, ou mesmo quando ele próprio viaja por motivos de saúde. Freud escreve aos filhos que estão no *front*; à filha que se casou no exterior; aos filhos que emigraram, por terem conseguido melhores condições de trabalho do que em seu país de origem. Escreve, após a morte de sua filha, ao genro viúvo, sobrecarregado com a educação dos dois filhos, seus netos. Escreve também a uma nora para agradecer pelas fotografias de família. Ele pede favores aos filhos, manda a seus netos cumprimentos de aniversário juntamente com agrados em dinheiro. Marca encontros, dá conselhos em situações de necessidade financeira e em caso de doença. Mantém os filhos a par das últimas notícias da família e quer que eles também o mantenham informado. O que há de notável em tudo isso? Por que deveríamos ler essas cartas? Será que elas deixam de ser triviais apenas por não terem sido escritas por uma pessoa qualquer, mas sim pelo fundador da psicanálise?[1]

---

[1] Além das citações, referenciamos apenas as informações oriundas de fontes não publicadas. Fundamental: Jones I-III, MaF, F/AF; profícuo ["rendoso"]: F/MB, F/Reise, F/E, F/Fer, Gödde, 2005, Molnar, 1996, Young-Bruehl, 1995; tagarela: Roazen, 1993; questionável: Weissweiler, 2006. Há numerosas referências nas notas da presente edição. – As cartas editadas são citadas integralmente com o respectivo número (por exemplo: "7-Math, p. 43-47," "342-SophMax, pp. 438-440" etc.).

CONTEXTO BIOGRÁFICO

Por volta de 1907, na época em que começou a escrever as cartas, apresentadas aqui pela primeira vez, Freud ultrapassara os 50 anos de idade. Ele estava casado havia mais de vinte anos com Martha, cujo sobrenome de solteira era Bernays.[1] O casamento representou a união entre um ambicioso filho de judeus orientais imigrados para Viena e uma filha da elite judaica de Hamburgo – proveniente, no entanto, de um ramo que adquiriu fama duvidosa devido à prisão do pai de Martha. Os anos difíceis do início da carreira e a crise pela qual a clínica de Freud, para doenças nervosas, passara na segunda metade do ano de 1890 — quando se especializou no moderno, escandaloso e caro método da psicanálise — já haviam ficado para trás. Em setembro de 1891, ele passou a morar no apartamento do primeiro andar da Berggasse, 19, que manteve até a sua emigração, em 1938. Freud obtivera o título de catedrático e estava prestes a se tornar um corifeu de renome internacional, recebendo altos honorários de abastados pacientes particulares. Segundo as constatações de um observador,[2] a família cultivava "conscientemente um ambiente de alta burguesia". A crescente prosperidade de Freud se manifestava, ainda, no fato de ele poder se dar ao luxo de tirar férias de verão de mais de dois meses de duração, o que era habitual na alta burguesia vienense da época, e de poder se instalar nas estâncias de férias de alto prestígio, sobretudo em Tirol do Sul, que até 1918 pertencia à Áustria. Além de cuidar do próprio repouso, Freud utilizava as férias para escrever. Mas também fazia viagens regulares de algumas semanas sem a família, que o levou a Roma, à Sicília e a Atenas.

Freud precisava de muito dinheiro, pois tinha que sustentar diversas pessoas. Sua família compreendia, além dos seis filhos

---

[1] O casamento de Freud e Martha durou 53 anos: de 1896 até a morte do psicanalista, em 1939. (*N. da E.*)

[2] Wald., p. 29.

CARTAS AOS FILHOS

que nasceram entre 1887 e 1895 – Mathilde, Martin, Oliver, Ernst, Sophie e Anna –, a irmã de sua esposa, Minna Bernays, que desde 1896 passou a morar permanentemente na Berggasse e que, chamada de "tia", desempenhava um papel quase tão importante quanto o da própria Martha. Além disso, uma cozinheira e uma criada faziam parte da vida doméstica e, enquanto os filhos eram pequenos, uma babá, isto é, uma governanta, que se encarregou de grande parte das lições das crianças até o ingresso delas no ginásio. E como se isso não bastasse, Freud tinha que ajudar financeiramente sua mãe, bem como Adolfine (Dolfi), sua irmã solteira que dela cuidava. Mais tarde, ainda teve que contribuir para o sustento das outras duas irmãs, Pauline (Pauli) e Rosa, que ficaram viúvas, respectivamente, em 1900 e em 1906.[1] No caso da mãe e das irmãs, seu irmão caçula, Alexander (chamado simplesmente de "tio" na família), um especialista bem-sucedido em logística, encarregava-se da metade das despesas.

Nesse meio-tempo, não apenas o consultório de Freud prosperou, houve também uma maior aceitação de sua teoria sobre o inconsciente e o significado central da sexualidade para a origem das neuroses para o desenvolvimento humano em geral; tudo isso passou a ter visibilidade crescente, seja na forma de aceitação, seja na de rejeição. Depois da publicação de *Estudos sobre a histeria* (1895, com Josef Breuer), Freud viveu um longo tempo de isolamento no meio científico, que somente foi amenizado pela estreita amizade com o médico berlinense Wilhelm Fliess. As obras que escreveu durante os dez anos que se seguiram, sobretudo *A interpretação dos sonhos* (1900), *Sobre a psicopatologia da vida cotidiana* (1901) e os *Três ensaios sobre a teoria da sexualidade* (1905), todas elas obras fundamentais da psicanálise, tiveram em um primeiro momento

---

[1] Wald., p. 15; a partir de 1920, a irmã de Berlim, Maria ("Mitzi") também ficou viúva (cf. 200-Ernst, pp. 307-308).

pouca ressonância junto ao público especializado. O grupo de discípulos que Freud reunia em torno de si em Viena, desde 1902, compreendia, no fim de 1905, não mais que uma dúzia de pessoas. A grande virada veio em 1905/1906, quando os psiquiatras da Cátedra e da Clínica de Eugen Bleuler de Zurique – ao lado do próprio chefe, destacava-se C. G. Jung – entraram em contato com ele e se declararam seus adeptos. A partir de Zurique, a psicanálise foi introduzida na discussão psiquiátrica da época. De lá advinham os alunos que difundiram o trabalho de Freud em outros países, tais como Alemanha, Hungria, Países Baixos, Inglaterra e Estados Unidos. Em associação com o grupo de Zurique, foi criada a primeira revista psicanalítica, realizado o primeiro congresso internacional e, por fim, em 1910, fundou-se a Associação Psicanalítica Internacional (Internationale Psychoanalytische Vereinigung – IPV),[1] que se organizou em grupos nacionais e locais.

Como se pode verificar nas cartas que se seguem, os filhos de Freud, ainda que em diferentes graus, acompanhavam sua vida profissional e a ascensão do movimento por ele fundado. Conheciam pelo menos alguns de seus pacientes, e Mathilde chegara até a fantasiar que poderia se casar com algum deles. Os filhos de Freud conheceram os discípulos de Zurique, que ficavam hospedados em sua casa e, além disso, liam os populares trabalhos de seu pai. Aos 17 anos, Mathilde estava a par das particularidades dos "métodos de cura do papai". Martin, quando novo, tentou compartilhar da fama do pai, apresentando-se com as palavras: "Martin Freud, o filho mais velho de Sigmund Freud." No entanto, todos os três filhos homens escolheram cursos universitários muito distantes do campo de trabalho do pai: Martin formou-se em direito; Oliver, em engenharia; e Ernst, em arquitetura. Martha Freud, já idosa, se

---

[1] Em 1933, a sigla alemã seria abandonada. A IPV se tornaria então a Associação Internacional de Psicanálise (IPA). (*N. da E.*)

lembra: "Por expressa vontade do pai, nenhum dos filhos seguiu seus passos, já a filha (Anna) ele não conseguiu impedir."[1] Anna foi a única das filhas que teve uma formação profissional e que exerceu uma profissão (primeiramente como professora de escola básica). Para suas duas irmãs mais velhas, o casamento foi o objetivo de vida, que ambas alcançaram, respectivamente, em 1909 e 1913, com 22 e 20 anos. Seus respectivos maridos eram homens de negócios, judeus: um deles comerciante em Viena e o outro, fotógrafo em Hamburgo.

Nesse curso ascendente e progressivo, irrompeu a Primeira Guerra Mundial. O trabalho científico de Freud quase estagnou, e as revistas psicanalíticas só sobreviveram porque o consultório de Freud, durante os primeiros anos da guerra, retrocedeu tanto que ele teve tempo de sobra para escrever e preencher as folhas com seus próprios textos. Evidentemente, seus filhos (bem como seu genro Max Halberstadt, o marido de Sophie) se alistaram nas Forças Armadas. Martin empenhou-se ativamente e sem necessidade no próprio alistamento, e apenas ele lutou no *front* a maior parte da guerra. Os outros dois filhos, mais cedo ou mais tarde, escaparam desse destino. Todos sobreviveram ilesos, mas, passados dois anos, a família ainda teve que pagar um tributo à guerra, no início de 1920, quando Sophie, provavelmente enfraquecida pelas más condições de abastecimento da época, não sobreviveu à gripe. Ela deixou dois filhos nas idades de um e de seis anos incompletos.

Após a guerra, o movimento psicanalítico voltou logo ao seu ritmo. Em 1920, foi realizado um congresso internacional em Haia e, em 1922, outro em Berlim. Freud dirigia dos bastidores os negócios da IPV com a ajuda de um "comitê" formado por seus discípulos mais próximos. Graças a patrocínios da Hungria (Anton von Freund)

---

[1] 4-Math, pp. 38-40 (Mathilde até chegara a fantasiar); Gödde, 2005, p. 274 ("métodos de cura do papai"); Wald., p. 17 (Martin); Martha Freud/E. Reiss, 17/1/1950 SFP/LoC).

e da Alemanha (Max Eitingon), ele pôde fundar e administrar sua própria editora de psicanálise. Em Berlim surgiu uma policlínica psicanalítica, que se tornou o embrião do primeiro instituto baseado na Escola de Freud. O próprio Freud escapou do pior do pós-guerra, pois continuou atendendo pacientes estrangeiros: ingleses, suíços e americanos, e no início também alemães, que lhe pagavam em divisas. No curso da propagação internacional da psicanálise, que se deu com vigor depois da Primeira Guerra Mundial, ele transferiu a ênfase da análise terapêutica para a análise didática no seu consultório. Os trabalhos que escreveu nos primeiros anos após a guerra trouxeram mais uma vez uma modificação e ampliação teóricas profundas, acima de tudo através da nova concepção das instâncias psíquicas: "isso", "eu" e "supereu", culminando, em 1923, no texto "O eu e o isso".

Para seus filhos, o fim da guerra coincidiu com o ingresso na vida profissional, que se tornou muito difícil devido à crise econômica na Áustria e na Alemanha daquela época. Martin, que se tornara doutor em Direito, foi trabalhar em um banco; Oliver tinha dificuldades para encontrar um trabalho adequado como engenheiro, enquanto Ernst conseguiu se instalar como arquiteto com relativa rapidez. Todos os três se casaram até a primavera de 1923 – Martin em Viena, Ernst e Oliver em Berlim, para onde se mudaram, já que a situação econômica da cidade não parecia estar tão sem perspectivas quanto a de Viena. Freud estava contente em saber que haviam "casado fora da Áustria".[1] Suas esposas eram ou de famílias judias muito abastadas (Martin e Ernst) ou então bem renomadas (Oliver); eles não tardaram em presentear os pais com netos. Tudo indica que dois desses casamentos foram felizes; enquanto Martin se desentendia mais e mais com a esposa. No caso de Ernst, é evidente que ele devia o seu sucesso profissional, em grande medida, às relações do pai, à rede

---

[1] F/Alex, 28/7/1923.

internacional da Psicanálise. Assim como também o genro Max se aproveitava, na qualidade de fotógrafo oficial de Sigmund Freud, da fama cada vez maior do sogro.

Enquanto a escola freudiana avançava nos anos 1920 como lugar de ciência, de formação e de práxis analítica, o ano de 1923 trouxe para Freud outra cesura dolorosa: como fumante passional de charutos, desenvolvera um carcinoma que demandou a remoção parcial do palato, dos maxilares superiores e inferiores e a implantação de uma prótese. Desde então, Freud sofria com severas restrições para comer, beber, ouvir e falar. Sua vida era constantemente dominada pelo esforço de melhorar o mau funcionamento da prótese. Para essa finalidade, viajou quatro vezes a Berlim, entre 1928 e 1930, para se consultar com um especialista. A série infindável de operações subsequentes foi igualmente grave, especialmente quando, em 1931, surgiu a primeira recidiva [pré-câncer]. Ele teve que reduzir seus atendimentos clínicos a aproximadamente dois terços do volume anterior (de 5 a 6 horas em vez de 8 a 9 horas de análise). Sua produção autoral também regrediu e sua temática se deslocou para questões filosóficas e culturais ("O mal-estar na cultura", 1930).

Apesar dessas restrições, Freud se manteve tão rico, que, entre 1924 e 1937, alugava uma mansão confortável nas proximidades de Viena para as férias de verão (isto é, por 3 a 6 meses). Por motivos de saúde, teve que abrir mão de viagens mais longas. Durante a crise econômica no início dos anos 1930, ele teve condições de dar suporte financeiro aos filhos Martin e Oliver e, ainda, aos seus dois genros que passavam necessidade. No início de 1932, fez depósitos consideráveis para salvar a Editora Psicanalítica da falência – também com a intenção de evitar o desemprego do filho mais velho, pois Martin se tornara diretor da editora em 1932. Assim, depois de Anna, que desde 1922 passou por uma ascensão da carreira como psicanalista e como uma das líderes da IPV, Martin foi o filho que mais se aproveitou da Psicanálise. O caso de Martin, que não possuía nenhuma qualificação como editor, deixa especialmente nítido que Freud considerava a obra de sua vida, quanto mais recursos financeiros ela exigia, como uma espécie de empresa familiar.

A catástrofe generalizada que representava a chegada ao poder dos nacional-socialistas em 1933 na Alemanha e em 1938 na Áustria também teve consequências irremediáveis para a Psicanálise, para o próprio Freud e para sua família. Os centros mais importantes de transmissão da psicanálise, em Berlim e em Viena, foram reduzidos à insignificância ou deixaram de existir após a emigração de seus membros de origem judaica. Já em 1933, os dois filhos que moravam em Berlim, Oliver e Ernst, se mudaram, respectivamente, para a França e a Inglaterra. Depois do "Anschluss", da anexação da Áustria à Alemanha nazista, Freud mesmo emigrou com a esposa, a nora e os outros filhos para Londres. Suas quatro irmãs ficaram em Viena e morreram nos campos de concentração nazistas. Logo após o início da Segunda Guerra Mundial, em 1939, realizou-se o desejo do velho Freud, marcado pelo câncer: "Morrer em liberdade."

AS CARTAS DE FREUD AOS SEUS FILHOS

A correspondência de Freud com seus cinco filhos mais velhos – de Mathilde a Sophie –, reunida neste volume, inicia-se, essencialmente, entre os anos de 1907 e 1918 (no caso de Oliver, por motivos particulares, somente em 1924). Os filhos tinham entre 19 e 26 anos nesse momento – ou seja, não eram ainda adultos plenos, mas também não eram mais crianças. Todos estavam prestes a deixar a casa dos pais ou tinham acabado de deixá-la. No caso das filhas, esse passo estava imediatamente ligado ao casamento, e os filhos também constituíram, logo depois, seu próprio lar. A maior parte das cartas seguintes é dirigida a adultos (com exceção das saudações aos netos), que vivem sua própria vida.

São essas condições gerais que conferem às cartas aqui apresentadas um caráter relativamente homogêneo, por mais que a

CARTAS AOS FILHOS

correspondência contínua com os três filhos que se mudaram para Hamburgo ou Berlim seja diferente dos comunicados esporádicos aos dois que permaneceram em Viena. Ao mesmo tempo, esses comunicados e as cartas que Freud escrevia aos seus filhos mais velhos (e aos cônjuges deles) se destacam daqueles enviados à sua filha mais nova. Anna não se casou, nunca deixou a casa dos pais; as cartas a ela se iniciam quando não tinha ainda 15 anos de idade. Além disso, no caso dela, conservaram as suas respostas; o que somente ocorreu com algumas exceções nas cartas dos seus irmãos. E, finalmente, os planos familiar e científico-profissional se misturam nas cartas de Anna, uma vez que, após uma fase de transição, ela passou a atuar no campo de trabalho do pai. Por isso, há boas razões objetivas pelas quais a correspondência entre Sigmund Freud e Anna Freud tenha sido publicada separadamente. A particularidade das cinco séries de cartas desse volume consiste no fato de apresentarem Freud como o pai de filhos adultos, de forma pura, por assim dizer, sem as interferências dos destinatários e sem a mistura com assuntos profissionais.

Ressaltamos alguns aspectos que essas cartas partilham na perspectiva apontada,[1] uma vez que fornecemos informações sobre cada um dos filhos, sobre sua vida e profissão, seus parceiros, suas particularidades e sobre a relação de Freud com eles em esboços próprios que precedem cada série de cartas.

Faz parte do contexto familiar, em que se inserem esses conjuntos de cartas, o fato de que as respostas dos filhos se perderam, bem como também sua correspondência com a mãe (e com a tia). Pois Freud também lia as cartas dirigidas a Martha e estava informado sobre os comunicados. Assim, quando, por exemplo, reclama do longo silêncio dos filhos, utiliza a 1ª pessoa do plural e, em alguns casos, responde

---

[1] Resumimos reflexões que são mais bem explicitadas e fundamentadas em um trabalho anterior (Schröter, 2008).

as cartas destinadas à mãe. A manutenção das relações familiares com os filhos ausentes era, portanto, uma tarefa de ambos os pais. Podemos até deduzir que, no caso de Ernst e Lucie, muitas cartas de Martha foram conservadas,[1] esta escrevia com mais frequência e de forma mais extensa do que o marido. Diante da postura patriarcal de Freud, isso não surpreende; assim, Lucie também era a verdadeira correspondente em sua família. O que surpreende mesmo é saber o quanto Freud se dedicava à comunicação com os filhos. Podemos ver que para ele era uma necessidade manter viva e presente a rede das ligações familiares. "Enquanto isso, torcemos juntos", escreve a seu genro de Hamburgo um ano antes da catástrofe nazista.[2] Evidencia-se que, para ele, a família, ao lado da profissão e da ciência, era o valor supremo. Na correspondência com seus filhos se manifesta uma cultura judaica (ou, talvez, burguesa?) das relações, que serviu inclusive de modelo para a propagação da Psicanálise.

No caso de outras correspondências, porém, os elementos da comunicação familiar – a troca de novidades na família, a reiteração dos afetos e tudo mais – costumam manter um caráter privado e pouco interessante, para não dizer trivial, para os não envolvidos. Os familiares de Freud não formam nenhuma exceção. Por esse motivo, as respostas dos filhos, mesmo nos poucos casos em que se conservaram, são reproduzidas nessa edição apenas na forma de exemplos e extratos informativos e característicos, sendo as cartas de Martha (e Minna) deixadas de lado. Somente uma pessoa com o perfil acentuadamente centralizador como o de Freud é capaz de conferir constantemente aos comunicados do dia a dia uma marca expressiva que atrai também a atenção de terceiros, sem falar do interesse que nutrimos por sua capacidade intelectual em todas as suas manifestações vitais. A qualidade própria do estilo de Freud faz parte da resposta à pergunta

---

[1] Elas se encontram distribuídas em UE e FML; outro conjunto análogo de cartas de Sophie e Max se encontra nas mãos de Peter Rosenthal.

[2] 504-Max, pp. 586-587.

CARTAS AOS FILHOS

colocada inicialmente, a saber, por que valeria a pena ler as cartas reunidas nesse volume.

Há uma série de assuntos que se repetem nas cartas como *leitmotiv*, por exemplo, a marcação de encontros, os pedidos de favores, o anúncio de presentes ou o agradecimento por eles. Todos são, ao lado da comunicação no sentido estrito, [meios da coesão – *Bindemittel*] familiar. Mas, além disso, se destacam duas áreas em que Freud se manifesta com regularidade e ênfase, e que podem ser consideradas como seu domínio paternal: uma delas diz respeito às questões de saúde – não há como decidir se Freud se via, nesse aspecto da vida, mais como patriarca ou como médico. Quando, por exemplo, em 1920, achava que Ernst, recém-casado na época, deveria combater sua infecção pulmonar por meio de um tratamento de muitos meses na Suíça, Freud recorreu a toda a sua autoridade para convencer o filho, ao qual não restou alternativa a não ser obedecer.

A outra área de competência paternal era o dinheiro. O que chama a atenção é o fato de que Freud não se furtava de apoiar financeiramente seus filhos, mesmo quando adultos e autônomos. Um colega de escola de Martin, Hans Lampl, que frequentava a família desde 1901, observou que Freud "possuía um senso de família muito forte, quero dizer, judaico. Não se deixa a família na mão, deve-se cuidar dela, inclusive financeiramente". Mais uma vez fica difícil decidir se trata-se de uma postura especificamente judaica ou burguesa; o próprio Freud descobriu em si "aquela sensação [de saber] de que os filhos não estão carecendo de nada, da qual um pai judeu precisa muito, seja para viver, seja para morrer."[1] De qualquer forma, é a partir desse desejo que ajudava seus filhos e genros nos tempos de aperto financeiro ou quando as despesas com tratamento de saúde superavam as condições econômicas. Com muita delicadeza, cria-

---

[1] Lampl-Int., p. II/4; F/Fer I/2, p. 236.

va modos de expressão para amenizar os aspectos possivelmente vergonhosos de sua ajuda. Mas, talvez, ele também tentasse manter seus filhos – ou alguns deles, sobretudo Martin – dependentes, por meio de sua grande generosidade. No seu último testamento, no entanto, considerou apenas sua esposa; os direitos autorais de sua obra, deixou para os netos.

Principalmente no contato com os filhos (e com os genros), as questões financeiras desempenhavam um papel importante, o que corresponde à cultura patriarcal de Freud, que considerava a profissão e o ganhar dinheiro como domínio dos homens, enquanto cabia às mulheres o papel de esposa, mãe e dona de casa. Inspirado por essa postura, há um tema nas cartas endereçadas aos filhos que diz respeito, predominantemente, às filhas: a escolha do parceiro e o casamento. Enquanto deixara aos filhos a procura pela esposa adequada; no caso das filhas, insistia bastante na seleção de parceiros que tivessem o seu consentimento. Os pretendentes deveriam estar em condições de alimentar a família, não deveriam sofrer de doenças hereditárias e deveriam ser judeus.[1] Ao mesmo tempo, ele rejeitava a tradição judaica (ou burguesa) dos casamentos combinados e defendia a norma mais moderna, segundo a qual as moças também se casariam de forma autônoma e seguindo suas preferências afetivas. Foi com um tato notável que manteve o equilíbrio entre o sentimento patriarcal de responsabilidade e o respeito pelos direitos das filhas.

Martin escreveu um livro de memórias sobre seu pai. Nele, ressalta que Freud, embora mostrasse um interesse profundo pelos filhos, não estava à disposição no dia a dia, com exceção das férias. Hans Lampl relata: "Ele exalava uma seriedade mística, que era impenetrável"; "não era capaz de brincar com os filhos, como os outros pais". Mas o outro lado da medalha, conforme os relatos de Martin,

---

[1] Nas cartas que se seguem, essa condição não aparece.

era que existia um princípio declarado na casa da família Freud: em situações de emergência, os filhos podiam recorrer ao "papai", contando com o direito absoluto à sua atenção e ajuda: "quando precisávamos mesmo, ele descia do seu Olimpo para nos salvar", na palavra e na ação. Como mostram as cartas aqui presentes, esse modelo de convivência doméstica teve sua continuidade também no contato do pai com seus filhos adultos. A postura de Freud não apenas se evidencia nos momentos de emergência material, mas também nos de crises psicológicas, em que Freud, com dedicação total, procurava ajudar algum de seus filhos – como, por exemplo, Sophie, que se atormentava com o fato de ter engravidado sem querer pela terceira vez, ou seu marido Max, que desenvolvera uma "neurose de guerra" no *front*. As "cartas da crise", as quais existem diversas, destacam-se no meio da comunicação cotidiana e representam o ponto culminante do presente volume. Elas testemunham de forma particularmente impressionante o esforço constante de Freud por dar apoio a seus filhos, erguê-los em caso de necessidade e ancorá--los na solidariedade da família.[1]

A postura ética da sinceridade fazia parte da seriedade que Freud irradiava. Estava ligada ao ideal da falta de ilusões, que defendia tanto em relação a seus filhos quanto em relação à teoria psicanalítica e à sua própria prática de vida, diante do envelhecimento e da doença, por exemplo. Imbuído desse posicionamento, ele exigia sinceridade de seus filhos, já que lhes falava francamente. Segundo Martin, Freud tinha um modo de olhar nos olhos das pessoas que impossibilitava qualquer tentativa de dizer-lhe alguma inverdade. O princípio da franqueza, entretanto, não tinha nada de atormentador no seu caso, mas era expressão do respeito pelos seus filhos. Por mais que o pai os intimidasse, sabiam que ele não exigia nenhum tipo de submissão, mas os aceitava incondicionalmente. Embora lhes dissesse sua opi-

---

[1] Lampl-Int., p. I/14s. (sobre a "seriedade mística"); MaF, p. 46 ("descia do seu Olimpo"); 409-Soph, pp. 506-507 (grávida sem querer); 374-Max, pp. 468-469.

SIGMUND FREUD

nião com muita clareza, ele também aceitava as razões dos filhos para não acatá-la. Quando Mathilde cogitava que um ou outro paciente de Freud pudesse ser seu pretendente, ele lhe explicava o princípio da "transferência", que desvalorizaria a priori o interesse dos jovens rapazes. E quando ela, pouco depois, encontrou seu futuro marido, Freud comunicou-lhe suas ressalvas que depunham contra o escolhido, mas sem questionar o direito à autonomia da moça e sem desencorajá--la. Em agosto de 1914, ele se esforçou em deter seu filho, temendo o alistamento voluntário; quando Martin não se deixou deter, Freud aprovou expressamente sua decisão.[1]

A mesma postura de franqueza marcava a atenção que Freud dispensava às questões corporais, da saúde e ainda da sexualidade. Questões sexuais são tematizadas, talvez contra as expectativas, sobretudo em relação às filhas, quando, por exemplo, se refere à menstruação ou quando discute com Sophie a necessidade e as possibilidades da contracepção. Com frequência notável, encontramos – no pano de fundo biográfico das cartas – abortos que nem sempre tinham indicações médicas. Por outro lado, Freud rejeitava, pelo menos para si mesmo, a educação sexual empreendida pelos pais; por isso, encaminhava seus filhos a um amigo, que era médico. Em momento algum, até onde se tem notícia, ele adotou uma atitude moralista. O fato de Martin ser um notório mulherengo, apenas o levou a fazer a pergunta preocupada, como ele conseguiria se virar na Inglaterra, onde não teria a mesma liberdade. E quando conta que o jovem Ernst contraiu gonorreia, suas palavras possuem um tom benevolente.[2]

Resumindo: as cartas aos filhos testemunham o profundo e sólido humanismo do seu autor, que as transforma, por si só, em um docu-

---

[1] 7-Math, pp. 43-47, 166-Ernst, pp. 276-278, Freud, 1927c, F/E, pp. 446s., 614 (sobre a falta de ilusões); 4-Math, pp. 38-40 (sobre a "transferência"); 15-Math, pp. 54-56 (ressalvas); cf., pp. 119-124 (alistamento voluntário).

[2] 4-Math, pp. 38-40 (sobre a menstruação); 409-Soph, p. 506-507 (sobre a contracepção); cf., pp. 95-97 (sobre educação sexual); 322-Ernst, pp. 405-406 (pergunta preocupada); cf., p. 233 (sobre gonorreia).

mento precioso. Além disso, a publicação delas faz surgir a questão de em que medida a Psicanálise enquanto teoria e, mais ainda, enquanto prática terapêutica surgiu exatamente desse humanismo: a mesma sinceridade, a mesma franqueza nas questões financeiras, assim como nas sexuais, a mesma seriedade e a mesma tolerância com tudo o que é humano, que Freud mostrava diante dos seus filhos, também eram traços fundamentais do seu pensamento científico e do seu ofício. Não há outra fonte que nos chame a atenção para essa ligação tão enfática entre a pessoa e a obra do que as manifestações como pai aqui publicadas.

Mathilde Hollitscher, sobrenome de solteira Freud (1887-1978)

Esboço biográfico

Em 13 de setembro de 1886, Freud se casou com Martha Bernays, depois de quatro anos de noivado. Em outubro do ano seguinte nasceu a filha mais velha, que, "naturalmente", recebeu o nome de Mathilde, nome da esposa de Josef Breuer, mentor e amigo, que o tratava com afeto paternal. O próprio Freud escolheu esse nome, como o de todos os outros filhos, seguindo o princípio de as meninas receberem o nome de amigas da família, pertencentes à sociedade judaica burguesa vienense, à qual ele se sentia integrante, e os meninos, conforme os grandes nomes das ciências ou da política. Normalmente, o nascimento do primeiro filho é vivido pelos pais de modo particularmente intenso, e os primeiros meses de seu desenvolvimento são acompanhados com atenção especial. Nesse ponto, Freud não foi nenhuma exceção. Ele enviava relatos minuciosos a sua sogra e a sua cunhada, bem como ao amigo e colega Wilhelm Fliess, para quem escreveu dois meses após o nascimento: "Minha pequena se desenvolve esplendidamente e passa as noites sem acordar, o que é motivo de orgulho para qualquer pai." Até se casar, em 1909, a "pequena" foi sua favorita.[1]

---

[1] F/MB, p. 196 ("naturalmente"); Gay, 1992 (sobre o princípio da escolha dos nomes); F/MB, pp. 196-203, F/Fl, p. 5 (relatos); Lampl-Int., p. I/23, Young-Bruehl, 1995, p. 341, nota 43 (favorita).

Mathilde ("Math") frequentou a escola durante algum tempo, mas em abril de 1896, supostamente por motivo de doença, sua matrícula foi cancelada. No período que se seguiu, uma professora particular pode ter se encarregado de suas lições. A partir do outono de 1898, Mathilde entrou para uma escola particular para meninas, na qual, na melhor das hipóteses, se formou no Magistério (assim como Anna Freud), porém sem qualificação para estudar na universidade – naquela época, na Áustria, não havia o exame final para as meninas ("Abitur"). A partir de 1902, cursos particulares garantiam a continuação da formação. No outono de 1903, ela começou a assistir às conferências na "Associação de Cursos Científicos para Senhoras e Moças". Mathilde frenquentava a ópera, o teatro, concertos, exposições de arte e lia bastante. Por mais que amasse as tertúlias e os bailes, nos quais se concentrava a vida social das moças solteiras da sociedade, ela reclamava muito do destino das garotas que nunca podiam sair sozinhas de casa.[1]

De suas cartas a um amigo de juventude, pode-se deduzir que Mathilde se ressentia da carência de atividades intelectuais sérias. Por algum tempo, considerou a possibilidade de traduzir um livro do inglês. Ela se interessava pela teoria de seu pai e estava a par, por exemplo, do conteúdo de *Sobre a psicopatologia da vida cotidiana*. Fez a revisão de outra obra conhecida de Freud e queria trabalhar em outras mais, "mas eu não sou de nenhuma utilidade para ele". De bom grado, ela teria feito algum curso superior, de preferência medicina. Hans Lampl se lembra: "na realidade, Mathilde era, depois da tia Minna, a pessoa com quem o professor mais conversava." Ela teria compartilhado com sua irmã Anna o interesse pelo mundo intelectual. Ambas frequentaram, em 1915, as conferências do pai na universidade e, no ano anterior, quando a polêmica publicação de *A história do movimento psicanalítico* foi lançada, ela pediu ansiosamente um exemplar, a fim de se inteirar

---

[1] F/Fl, p. 194 (sobre o cancelamento de sua matrícula); ibid., p. 362, Gödde, 2005, p. 70 (sobre a escola particular para meninas); List, 2006, pp. 89-91 (sobre o fato de não haver exame final para meninas); Gödde, 2005, pp. 71-75, 114-135, entre outros (continuação de sua formação, teatro etc.); ibid., pp. 90s., 138 (tertúlia, garotas).

um pouco sobre os tempos: "quando eu ainda era demasiadamente pequena, para que você pudesse me contar algo." Mas, ao contrário de Anna, a vida de Mathilde estava encaminhada para o casamento. Ela não teve as oportunidades profissionais oferecidas à irmã, oito anos mais nova, o que estava relacionado tanto com o diferente nível de desenvolvimento da Psicanálise (Anna começou sua carreira como tradutora do inglês para o alemão para a Editora Psicanalítica, inaugurada em 1919), quanto com as amplas mudanças sociais em relação ao acesso das mulheres à universidade e às possibilidades de emprego. Freud, no entanto, achava que sua caçula "era diferente" das irmãs mais velhas, que possuía "mais interesses intelectuais" e que provavelmente não se satisfaria "com uma atividade puramente feminina".[1]

Por uma feliz coincidência, sabemos que Mathilde, nos meses em que se empenhava em encontrar seu futuro marido, esteve ausente de Viena, de modo que, devido às cartas que recebeu do pai, ficamos sabendo de detalhes sobre sua escolha e sobre a reação de Freud.[2] Tudo indica que, naquela época, ela estava tomada pelo assunto e se preocupava com as suas chances, de modo que Freud teve que usar de toda a força de sua autoridade e de seu amor paternos para tranquilizá-la. Uma amizade já antiga com o filho de um médico de Munique não pôde ser transformada em matrimônio, porque o jovem não era judeu.[3] Durante uma viagem de quatro meses a Merano para um tratamento de saúde, na primavera do ano de 1908, Mathilde encontrou um novo candidato: um comerciante judeu de Viena, doze anos mais velho, que ela conhecia havia mais de dois anos. Dele não abriu mão, mesmo sem a aprovação de seu pai. Freud pensava que ela era ainda muito jovem

---

[1] Gödde, 2005, pp. 307s., 320, 325 (sobre a tradução do livro e o interesse na obra de Freud); ibid., pp. 342, 362s. ("nenhuma utilidade para ele", de bom grado...); Lampl-Int., pp. I/23 ("com quem o professor mais conversava"); F/Fer II/1, p. 152 (frequentar as conferências do pai); Freud, 1914d, cf. p. 85 ("História do movimento psicanalítico"); F/AF, p. 129 ("era diferente").

[2] 7-Math, pp. 43-47 e seguintes.

[3] Assim rezava uma tradição da família (Gödde, 2005, p. 100s.). Outro motivo poderia ter sido o fato de o candidato ao casamento ainda ser estudante. (ibid.d p. 110, cf. p. 450.

para se casar e que o futuro noivo não tinha uma boa saúde. Além do mais, ele teria dado preferência como genro a um de seus discípulos, por exemplo, o brilhante húngaro Sándor Ferenczi. Ernst Waldinger, um primo, se lembra: "um comerciante não era completamente aceito lá (na Berggasse), se Mathilde tivesse escolhido um acadêmico, a aceitação teria sido bem melhor." Mas, por fim, Freud não questionou a decisão da filha.[1]

O escolhido, Robert Hollitscher (nascido em 4 de agosto de 1875), era gerente de uma agência comercial, ou melhor: "representante de grandes fábricas de seda estrangeiras, portanto", como Mathilde dizia, "algo diferente de um psicólogo". Ele não era tão rico a ponto de o dote de sua esposa ser-lhe indiferente, e Mathilde, nesse sentido, não era um bom partido. Mas, no que dizia respeito às ressalvas de sua própria família, Robert ignorava. Até a Primeira Guerra Mundial, ele levava uma vida sem preocupações financeiras e seus negócios correram particularmente bem durante o conflito. Entretanto, após a guerra, diversas vezes ele enfrentou dificuldades. Em dezembro de 1931, Freud escreveu a um parente na Inglaterra dizendo que Robert não ganhava nenhum centavo e que vivia com a sua ajuda. Mathilde relatou em 1933 que já não havia mais negócio, "somente perdas e dificuldades". Naquela época, Robert também comerciava mel e cera, mas dizem que teria passado a maior parte do tempo em bares. Na família seu caráter foi julgado de modo controverso: de um lado, seu pessimismo era proverbial; por outro lado, Freud o achava "tenro e trabalhador". Anton Walter, o filho de Martin Freud, conta: "Quando o príncipe herdeiro Franz Ferdinand foi assassinado em Sarajevo, tio Robert profetizou: 'Isso significa guerra'". Quando Hitler tomou o poder na Alemanha, disse: "Ele também vem para a Áustria!". Meu avô falava: "Nós vivemos realmente uma época terrível na qual o tio Robert sempre tem razão". Consequentemente, Waldinger o descreve como "mal-humorado" e "resmungão habitual". "Apesar disso, no fundo,

---

[1] Gödde, 2005, p. 356 (há mais de dois anos); Wald, p. 26.

era bondoso e absolutamente honesto, mas sofria com o fato de ser oriundo de uma família na qual doenças mentais eram frequentes."[1]

Apesar de Freud ter pedido à filha para não se apressar muito (e, de qualquer modo, evitar intimidades antes da hora), Mathilde tornou-se noiva de Robert já em meados de outubro de 1908, dois dias após seu aniversário de 21 anos. Os pais foram informados disso somente depois. O casamento foi realizado no dia 7 de fevereiro de 1909. Mathilde recebeu da Sociedade Psicanalítica de Viena uma pintura: Freud sem barba – a pintura fora realizada nas semanas de verão de 1908, quando ele se deixou barbear por completo. Ela devolveu o quadro, no qual não reconhecia o próprio pai, e aceitou em substituição um talher de prata e vidro. O casal se instalou em um apartamento na Rua Türkenstrasse, próximo da Berggasse, n° 19. Não tiveram filhos. Dizem que Mathilde continuou almoçando na casa de seus pais, visitando-os, portanto, diariamente. Frequentemente ela também passava parte das férias com eles. De resto, segundo Anna Freud (1929), a irmã vivia em um "círculo social, no qual não acontecia nada e ao qual ela realmente não pertencia". Uma marca em sua vida foi quando adotaram, no outono de 1922, Heinz Rudolf ("Heinele"), o filho mais novo de sua irmã Sophie que falecera. Na época, Freud escreveu: "os dois, Mathilde e seu marido, que raramente mantêm um bom relacionamento e estavam próximos de acabar em um egoísmo a dois. É curioso como eles, com a criança, deixaram a frieza de lado, mostrando uma grande ternura." Tanto mais ficaram abalados quando Heinele morreu oito meses mais tarde. "Ele certamente era a criança mais charmosa e fascinante que encontrei", relembra-se Mathilde ainda trinta anos depois.[2]

---

[1] Gödde, 2005, p. 358 ("diferente de um psicólogo"); A. Freud, 1978, p. 3 (uma vida sem preocupações financeiras); 386-SophMax, pp. 479-482 (negócios durante a guerra); Gödde, 2005, pp. 167-171 (enfrentava dificuldades etc.); F/Sam, 19/12/1925, A. W. Freud, 1996, p. 11, Wald., p. 26 (caráter de Robert).

[2] Gödde, 2005, p. 356s. (noivado); Math. Freud/Jones, 1/9/1955 (BPS/A), Molnar, 1996, p. 199, Molnar, 2004, p. 124 (presente de casamento); Appignanesi e Forrester, 1996, p. 81, Roazen, 1993, p. 121 (visitas diárias); A. Freud, 1994, p. 136 (não acontece nada); Freud, 1985d, p. 290 ("egoismo a dois"); LAS/AF, p. 194 (ficaram abalados); Math. Freud/Jones, 10/1/1956 (BPS/A) ("criança mais charmosa e fascinante").

28   SIGMUND FREUD

Cada um dos filhos de Freud possui alguma marca que caracteriza a imagem que a família fazia deles. Assim, Mathilde era elogiada por suas cartas; o seu pai comentava da seguinte forma: "eu me admiro a cada vez, quão bem a senhorita escreve." Ela era considerada "ajuizada" e "controlada" e teria "preenchido o papel da filha mais velha solícita", que o destino lhe impôs, com autoridade. Nas férias, quando Freud queria mandar lembranças aos seus "queridos filhos", ele simplesmente as endereçava à sua mais velha. "Eu gostaria tanto de ser tão ajuizada como Mathilde", disse Anna, suspirando, aos dezessete anos. Segundo uma observação de Lou Andréas-Salomé do ano de 1921, Mathilde, "como mais velha, era sempre a mais comportada, sábia e, até hoje, agradável". Seu sobrinho Anton Walter, no entanto, a chamava de "autoritária e dominante". Waldinger via seus modos como "ladylike": "Sua frieza contida, seu ar senhoril, acentuados através de suas roupas impecáveis de estilo requintado, que parecem pertencer mais a Hamburgo do que a Viena." Anna Freud escreve sobre ela em seu necrológio: "Gosto pela natureza e pela literatura, e um interesse caloroso em seus amigos seguiram-na através de sua vida inteira."[1]

A marca dominante de Mathilde, sem dúvida, eram as reincidentes doenças graves e os sofrimentos durante toda sua vida. Quando criança esteve gravemente doente com difteria por duas vezes, a saber, aos cinco e aos nove anos. Especialmente séria foi uma cirurgia de apêndice em maio de 1905, que, devido a um erro médico, levou a complicações das quais ela nunca mais se recuperou completamente. Após muitas semanas internada em um sanatório, "ela teve que aprender lentamente a andar, ficar em pé e sentar-se", pois "havia esquecido quase por completo tudo que acontecera anteriormente". Não conseguia se lembrar de "nenhum dos livros que já lera". No início de 1908 teve uma perito-

---

[1] Gödde, 2005, p. 264 ("eu me admiro"); F/J, p. 273, F/Sam, 19/12/1925, A. Freud, 1978, p. 3 ("ajuizada" etc.); Freud/Liebe Kinder, 23/9/1907 (SFP/LoC, Briefe an Math. Freud) = F/Reise, p. 227s. (endereçava); F/AF, p. 100 ("gostaria tanto de ser tão ajuizada"); F/LAS, p. 271 ("a mais comportada"); A. W. Freud, 1996, p. 10, Roazen, 1993, p. 125, Wald., p. 26 ("dominante" etc.); A. Freud, 1978, p. 3 ("Gosto pela natureza").

CARTAS AOS FILHOS

nite, que era vista como consequência daquela intervenção cirúrgica, com "dores terríveis e febre". Para sua convalescença foi transferida para Merano, onde permaneceu por muitos meses. Supostamente, seu abatimento físico favoreceu certo medo de não conseguir mais se casar e fez com que seu desejo de casar se tornasse sério. Mathilde continuou com a saúde fraca após o casamento. Há comentários de março de 1910 nos quais se fala de uma pós-operação complicada. No verão de 1912, uma gravidez levou a uma nova "irritação da ferida", com "febre e grandes dores subjetivas", de forma que um aborto se tornou inevitável. Freud voltou apressadamente a Viena de suas férias de verão e cancelou uma viagem à Inglaterra. Desde então, Mathilde não pôde mais ter filhos, o que lhe causou muita preocupação. Nos anos após a Primeira Guerra Mundial, lemos diversas vezes que ela estava doente, que era uma "inválida crônica". A menção de suas variadas doenças parece indicar que ela suportou seu destino com bravura, autodomínio e estoicismo.[1]

Na família, Mathilde era a elegante, conhecida por sua "paixão por trabalhos manuais de qualquer tipo, especialmente o tricô", uma paixão que herdou da mãe e da tia e que partilhava com a irmã Sophie. Já em Viena, começou a usar essa afeição como ganha-pão, provavelmente porque os negócios do marido iam mal com certa constância. Isto é, ela desenvolveu, como designer de moda, peças de roupas usadas em festividades representativas, por exemplo às do último baile de ópera em 1938, antes da invasão dos nazistas. Em outubro de 1937, menciona em uma carta a seu irmão Ernst e esposa que tinha muito a fazer na loja – "muitas vezes tenho que estar lá também à tarde, pois as horas do período da manhã não são suficientes" – mas isso lhe trazia um grande prazer. E continua: "algumas vezes Robert me inveja

---

[1] Gödde, 2005, pp. 41s., 80-88, 159-161 (doenças); F/Fer I/1, p. 228, F/Pf, 17/3/1910 (pós-operação); F/Jo, p. 153s., Gödde, 2005, p. 158s. (gravidez); Wald., p. 26 (impossibilidade de ter filhos); 237-Ernst, pp. 336-337, F/Sam, 6/12/1929 (doente etc.); cf., por exemplo, F/J, p. 273, F/Sam, 19/12/1925, Wald., p. 27 (bravura etc.).

30 SIGMUND FREUD

pelo meu corre-corre; de qualquer forma, ele tem tempo demasiado, muitas preocupações e faz os prognósticos mais obscuros a respeito de nosso futuro."[1]

Depois da "anexação" da Áustria ao Terceiro Reich, tanto Mathilde e Robert quanto Martin e Anna resolveram seguir seu pai na emigração para Londres. Deixaram Viena no dia 24 de maio de 1938, alguns dias antes de seus pais. Algum tempo depois, em agosto do mesmo ano, Mathilde tornou-se sócia de uma loja de moda fundada por emigrantes da Áustria. Em outubro, Freud pôde contar a uma amiga da família, que "os negócios de Mathilde teriam tido um bom começo na Rua Baker". Ela comandou a loja como diretora responsável até 1964. Além disso, ganhava parte de seu sustento com o aluguel de apartamentos. Assim, relata com satisfação a seu irmão Oliver e esposa em 1952: "nossas duas casas estão totalmente ocupadas." Em 1966, a conversa girava em torno de somente uma casa, que ela presumivelmente teria comprado durante a guerra.[2]

Não se sabe no caso de Robert, que na emigração já contava com 62 anos de idade, contribuía para o sustento da família. Em 1952, Mathilde conta: "Robert como sempre vai às tardes para suas partidas de xadrez, e à noite estamos sempre em casa, ouvindo rádio, escrevendo, remendando meias, fazendo abajures ou montando quebra-cabeças." Ela continuou escrevendo cartas numerosas e longas com muito gosto. Acompanhou de perto o surgimento da grande biografia de Freud, escrita por Ernst Jones. Entre os filhos de Freud, foi ela quem mais manteve o desejo de seus pais de manter a família unida através de uma comunicação contínua. Em 7 de março de 1959, faleceu seu marido. Mathilde viveu mais dezenove anos. Ela veio a óbito no dia 20

---

[1] Young-Bruehl, 1995, Vol. I, p. 57 ("trabalhos manuais"); Gödde, 2005, p. 173 (*designer* de moda); Mathilde/Ernst, 24/10/1937 (UE).

[2] Molnar, 1996, p. 422 (24/5/1938); Gödde, 2005, pp. 242s., 251, F/RMB, 13/10/1938 (loja); Gödde, 2005, p. 251 s., Mathilde/Oli-Henny, 30/10/1952 (OFP/LoC) (casa/s)

de fevereiro de 1978 e, apesar de sua saúde debilitada, foi quem viveu mais tempo dentre todos os irmãos.[1]

A parte principal das cartas de Freud a Mathilde e seu marido é datada entre os anos de 1907 e 1912, especialmente 1908, o ano do noivado, e, por isso, consideravelmente mais cedo do que com os outros filhos. Foram reproduzidas 41 cartas.

---

[1] Mathilde/Oli-Henny, 30/10/1952 (Robert); as cartas em BPS/A (biografia de Freud); Gödde, 2005, p. 254 (comunicação contínua).

As cartas

A família Freud passou o verão de 1898 em Aussee, Salzkammergut. Enquanto os outros filhos foram levados para lá no dia 23 de maio, Martha e Mathilde, que na época tinham dez anos, chegaram no dia 8 de junho (o pai não chegou antes do fim de junho). Mathilde estivera doente.[1]

1-Math   [Cabeçalho SF, Viena],[2] Sábado, 11/6/98[3]

Querida Mathilde,

Fico satisfeito em saber que você conseguiu ao menos dormir. Tive pena do pobre senhor que teve que dividir, durante a noite, um vagão na primeira classe com três damas[4] mal-humoradas, apesar de que, no fundo, não se tem o direito de reivindicar para si mais que meio banco.

O poema de Martin[5] é uma autêntica criação de ocasião e espero que não lhe faça mal no futuro.

Lembranças aos seus irmãos de

Seu papai

---

[1] F/Fl, p. 344s.

[2] Papel de carta timbrado. Vinheta: SF [Sigmund Freud], endereço: IX. Berggasse, 19.

[3] Carta anexada a uma carta a Martha da mesma data.

[4] Não fica claro se a terceira "dama" era Minna, a irmã de Martha, ou uma babá.

[5] Martin era conhecido na família por sua "poetite" (*Dichteritis*; vide a seguir, p. 104).

CARTAS AOS FILHOS

Na época da carta[1] a seguir, Mathilde estava visitando sua amiga "Hansi", da qual fora madrinha de casamento na primavera daquele mesmo ano.[2] O casal morava em uma fazenda em Kuttenberg (Kutná Hora), na Boêmia, cerca de 70 km a leste de Praga. "Mathilde acabara de completar vinte anos, e essa foi a primeira viagem organizada por iniciativa própria e sem a família."

2-Math   [Cabeçalho Viena], 28/10/07

Minha querida Mathilde,

Sua carta não chegou no domingo e sim na segunda-feira – hoje cedo. Por isso o atraso da resposta. Farei de tudo para levá-la ao correio hoje antes das 10h.

Em primeiro lugar, a resposta a sua pergunta mais importante: quando os dois jogadores de *Piquet* continuam no jogo, o ganhador fica com a simples diferença e a próxima rodada vale o dobro, ou seja: duplicam-se a conta final e os pontos, e não os pontos de cada anotação. Agora às outras [respostas]. A "tia" reservou-se quanto ao Caso Hollitscher;[3] só posso sugerir que se trata daquele caso dos Dub.[4]

Fiquei muito tocado com seus pedidos, mas, acima de tudo, com aqueles de Hansi e resolvi viajar, conforme ela sugere em sua carta, e terei, portanto, o prazer de ser recebido por vocês como hóspede matinal.[5] Você poderá, então, mostrar-me as belezas de Kuttenberg

---

[1] Antes, Mathilde tinha recebido alguns cartões de lembranças (cumprimentos) da viagem de Freud à Itália no verão de 1907. Eles se encontram em "Cartas de Viagem" de Freud (F/Reise, pp. 218-220, 227s., 235) e não serão reproduzidas aqui.

[2] Johanna Czinner (1888-?) casou-se em 9 de abril de 1907 em Viena com o engenheiro Hans Teller (1883-?), de Praga (ela assinava como "senhorita Hansi Zinner") (IKG/W); citado por Gödde, 2005, p. 92.

[3] Não fica claro a qual "Caso Hollitscher" Freud está se referindo. De qualquer modo, Mathilde já conhecia Robert Hollitscher, seu futuro marido.

[4] Minna Bernays (1865-1941), irmã de Martha Freud, fora anteriormente empregada das famílias Dub e Fürth em Strakonitz, na Boêmia (F/MB, p. 234, nota 9). De resto, os antecedentes desta alusão não são claros.

[5] O motivo da viagem de Freud a Boêmia (uma consulta?) é desconhecido.

34 SIGMUND FREUD

– provavelmente sob uma chuva horrível. No entanto, depois disso, viajarei durante duas noites, mas pouco me importa. Não posso te aconselhar a viajar a Praga[1] por causa da apresentação e, além disso: quem te traria de volta à noite? Minha viagem de retorno provavelmente não passará por Kuttenberg, e você não veria nada dessa cidade muito interessante. Seria muito bom se eu pudesse utilizar o sábado, que de qualquer forma é meio feriado, para te buscar em K. e ficar com você até o congresso em Praga. Mas essa alternativa está fechada para mim, pois meus ouvintes insistiram que eu não deixasse que a conferência de sábado[2] fosse cancelada, e eu tive a fraqueza de ceder. Se poderemos contar com o tio[3] dr. Frank[4] – para o próximo domingo ainda teremos que descobrir. Eu acho que sua intenção de ficar por mais tempo é bastante apropriada, se você se sente tão bem e pode oferecer distração a sua amiga.

A mesada de novembro posso levar pessoalmente para você. Seu amigo Lesz[5] fica sentado atento no primeiro banco e apenas chama a atenção por alguma coisa vermelha no nariz. As conferências estão tão bem frequentadas quanto à do semestre anterior, embora, dessa vez, eu tivesse limitado as vagas aos alunos avançados. E parece que todos acham que são. Aliás, tudo está em pleno curso. Eu não estou mesmo zangado que você tenha acesso a outro meio social e a outros interesses

---

[1] O jornal *Prager Tagblatt* [*Diário de Praga*; N. dos T.] noticia para domingo, 3 de novembro de 1907, somente *uma* apresentação em Praga, na qual Freud poderia estar falando aqui: um recital de Rilke.

[2] O tema das conferências que Freud regularmente proferia aos sábados à noite, no semestre de inverno de 1907/1908, era "Introdução à Psicoterapia", e constituía a segunda "continuação" das apresentações que iniciara no semestre de inverno de 1906/1907 (Gicklhorn e Gicklhorn, 1960, p. 154).

[3] Alexander, o irmão de Freud (1866-1943).

[4] Não identificado (todavia, cf. F/Reise, p. 328, nota 17).

[5] Segundo a lista dos alunos de Freud, de Gicklhorn e Gicklhorn, trata-se muito provavelmente de um estudante de medicina chamado Oskar Alexander Leszlényi (1960, p. 171).

de vida; o diabetes é algo muito sério.[1] Meu trabalho também apenas se torna interessante pelo fato de as pessoas trazerem tanta coisa das mais diversas profissões e classes sociais.

Entre as grandes novidades te conto que a última remessa de Roma chegou;[2] e que eu contratei um seguro de vida novo e maior em substituição ao que expirou, de forma que a nossa situação melhorará consideravelmente. Quero dizer, agora podemos ficar bastante satisfeitos. Schwerdtner[3] dá cabo de sua tia amanhã. Ele a lisonjeou bastante e bem conseguiu trazer à tona sua semelhança com Anna Thorsch.[4]

As minhas saudações cordiais aos seus anfitriões, e diga-lhes que, por meio da aceitação do convite, quero mostrar o tanto que fiquei contente com a carta da jovem senhora. A carta também foi muito cordial.

Fique bem! Até a vista,

Seu velho papai

No dia 29 de fevereiro de 1908, Mathilde foi passar quatro meses em Merano para se recuperar de uma peritonite. Ela ficava na casa do "dr. Raab – Untermais – Villa Raab", que "contavam entre seus conhecidos queridos".[5]

---

[1] O marido de Hansi era "coproprietário de uma das maiores fábricas de açúcar da Áustria (Gödde 2005, p. 346).

[2] Provavelmente aquela "mais bonita" aquisição de uma peça antiga, sobre a qual Freud conta em sua última carta de viagem a Roma, naquele verão (F/Reis, p. 236).

[3] Provavelmente o escultor Carl Maria Schwerdtner (1874-1916). Ele projetara a medalha com o rosto de Freud de um lado e o de Édipo diante da Esfinge de outro. Os discípulos de Freud o presentearam com essa medalha em 1906, no seu aniversário de 50 anos (Jones II, p. 27). Não se descobriu nada sobre o retrato de Minna.

[4] Anna Thorsch, nome de solteira Berend, era a filha de um irmão de Sara Bernays, esposa do avô de Minna, Isaak Bernays (Freud/MB, p. 218, nota 10).

[5] Gödde, 2005, p. 352.

36 SIGMUND FREUD

3-Math [Cabeçalho Viena], 5 de março de 1908[1]

Minha querida Mathilde,

Ficamos muito satisfeitos com sua carta inteligente e alegre e esperamos que passe um período bom, apesar da decoração modesta. Se sentir falta de algo, não hesite em exigi-la, isto é, pedi-la. Aliás, foi fácil perceber que você não estava totalmente à vontade ao escrever sua carta, pois, no meio do seu relato, você, como acontece muito nas cartas da sua mãe, soltou um "a senhora", que não era fácil de identificar. Parece-me que era a sra. Käthe Raab, por quem alguém pulou da janela, mas constataram que era Sophie Fr. – ou seja, de forma contrária.[2] Eu mesmo já estou todo confuso.

Quanto à sua pensão, peço que você me desculpe junto à senhora Raab que, mesmo por um momento, igualei você àquelas inglesas; a diferença entre os pais é, como ela sabe, demasiadamente grande. Mas não posso fazer valer a minha superioridade; em questões domésticas, qualquer mulher é mais entendida e por isso peço a ela para definir novamente o preço da sua acomodação. Entre nós, posso dizer que um preço de 250, ou mesmo 300 coroas não seria exagerado. Por menos não teríamos conseguido nada, e quando o sol e a primavera tomarem conta de Merano, você vai achar qualquer preço barato.

Não recebi outro livro maluco;[3] parece que houve uma pausa na produção. O restante do trabalho também é de uma intensidade monótona; o presente está passando como cenário pelas expectativas de

---

[1] O respectivo envelope tem como destinatário: Senhorita Mathilde Freud/aos cuidados de dr. Fritz Raab/Villa Raab/Merano/Tirol. O mesmo vale para as cartas seguintes.

[2] Sem dúvida uma alusão à carta anterior de Mathilde; não se sabe do que se trata.

[3] Talvez uma alusão a *Schriften zur angewandten Seelenkunde* [Escritos de psicologia aplicada], organizados por Freud, pelos quais Mathilde tinha um interesse especial. Em 14 de fevereiro de 1908, o 3º volume da coleção, *Inhalt der Psychosen* [Conteúdo das psicoses], de Jung, foi entregue para a impressão (F/J, p. 129).

Salzburgo.[1] Jung mandou hoje o programa – pelo menos um esboço – para eu dar a minha opinião. Da parte dele, certamente serão 18 pessoas, da minha de 12 a 15; no total, portanto, algo em torno de 30 pessoas. Além de mim e de Jung, há um americano e um inglês entre os sete palestrantes. A tia já escreveu ao (outro) Fleischmann,[2] e assim que chegar sua resposta, ela será encaminhada a Zurique e o programa será enviado. Um grande negócio, portanto.

Königstein[3] quer ir comigo como ouvinte. As chances de conseguir o Rosspointlehen[4] diminuíram com base em um pedido de informações junto a Bertha H.;[5] dizem que não há quartos suficientes para nós; mas quero dar uma passada lá assim mesmo.

Com todo respeito pelos seus esforços de escrever fico satisfeito em notar que escreve menos, deduzindo disso que está fazendo mais caminhadas. Ainda não tenho notícias do tio, se ganhamos o prêmio principal em 3 de março;[6] nesse caso, eu interromperia a lavagem de

---

[1] O primeiro encontro internacional de adeptos de Freud, que aconteceu de 26 a 27 de abril de 1908 com 38 (42) participantes em Salzburgo. Nove palestras foram ministradas, entre outras de Ernest Jones (vide Protokolle, vol. I, pp. 365-367; Jones II, pp. 58-60). Morton Prince de Boston havia anunciado uma palestra, mas cancelou sua participação (F/J, p. 157).

[2] Carl Fleischmann (1859-1941) era um ginecologista de Viena, que testemunhava várias vezes os partos na família Freud e que fez a operação de Mathilde em setembro de 1912 (F/MB, p. 233, nota 4; F/AF, p. 291s., nota 2). – No caso do "outro" Fleischmann, trata-se de Rudolf Fleischmann, durante décadas o proprietário do Hotel Bristol em Salzburgo, onde foi realizado o encontro dos psicanalistas (meus agradecimentos a dr. Maria Hostek e Thomas Radauer).

[3] Leopold Königstein (1850-1924), oftalmologista e amigo pessoal de Freud.

[4] Uma fazenda nas proximidades de Berchtesgaden (agradeço a gentileza da informação a Bettina Niederberger, da Tourist-Information de Berchtesgaden), que era visada como alojamento de férias. A família acabou passando as férias de verão no Dietfeldhof, perto de Berchtesgaden (vide F/AF, p. 52, nota 2).

[5] Possivelmente Bertha Hammerschlag (1870-1962), a filha mais velha de Josef Breuer (cf. Fichtner 2008; Hirschmüller 1978, p. 48).

[6] Talvez uma referência ao sorteio da loteria em benefício dos pobres de 3 de março, cujo prêmio principal era de 20.000 Coroas de Ouro (Wiener Zeitung [Jornal de Viena], 4/3/1908, p. 4).

SIGMUND FREUD

negro (*Mohrenwäsche*)[1]aqui para visitar você em Merano. Até esse momento chegar, envio-lhe as minhas saudações cordiais e meus melhores desejos para sua recuperação.

Seu velho pai

4-Math [Cabeçalho Viena], 12/3/1908

Minha querida Mathilde,

Respondo ainda no mesmo dia porque não conseguiria fazê-lo até domingo e queria muito te comunicar o quanto sua carta inteligente e interessante me deixou satisfeito. Espero que ela seja totalmente sincera e que você se sinta bem mesmo nessa casa, e que você providencie corajosamente tudo que faltar para o seu conforto.

Em 1º de abril lhe mandarei 300 coroas, das quais você pode utilizar 50 para pequenas necessidades e 250 para a hospedagem. Preferimos gastar um pouco mais para que você fique em condição melhor nessa casa. Até o momento chegar, você não precisa falar sobre isso com os Raab.

Que a Anninha quer concorrer com você, ela mesma já te falou.[2] Hoje Schnitzler[3] esteve aqui e, nessa ocasião, perguntei a ele o que você poderia fazer em Merano. Ambos, Rie[4] e ele, concordaram enfaticamente com banhos medicinais à base de sais; você pode iniciá-los logo depois do incômodo (*Unwolsein*).[5]

---

[1] Uma expressão usual na época para designar uma tarefa impossível, que Freud usava várias vezes para o tratamento psicanalítico (vide, por exemplo, F/E, p. 590, inclusive a nota 6).

[2] Com uma apendicite (vide 6-Math, pp. 41-43 e Young-Bruehl, 1995, vol. I, p. 75s.). – Anna Freud (1895-1982), a filha mais nova de Freud, depois psicanalista (cf. F/AF; Young-Bruehl, 1995).

[3] Provavelmente o cirurgião Julius Schnitzler (1865-1939), irmão mais jovem de Arthur Schnitzler.

[4] Oscar Rie (1863-1931), pediatra, amigo e parceiro de tarô de Freud (BL/W).

[5] Termo para menstruação, até hoje em uso no alemão austríaco.

Quanto ao Schindler,[1] você esteve certa. Ele é do dr. Robitsek,[2] já está pendurado na sala e é muito bonito. Uma pequena paisagem que representa o moinho em Goisern, em uma atmosfera escura. É um deleite cada vez que se passa pela sala. O motivo do presente foi se estabelecer em um apartamento próprio – um grande progresso para ele, mesmo não se tratando ainda de uma meta alcançada. Claro que todos esses jovens solteiros sonham em casar com você, não apenas Rob., mas também o jovem Redlich.[3] Isto é, caso não o saiba ainda; a "transferência" (*Übertragung*) não deve ser levada a sério, é o bastante até para um presente ou um prêmio, nada mais; nem seria desejável, você terá que ter paciência por mais algum tempo.

O Fleischmann do Bristol aceitou com muita boa vontade e só falta resolver alguns detalhes. Certamente já te falei que o número de pessoas deve ultrapassar um pouco os trinta.

A *Gradiva*[4] deve ganhar roupa nova por Deuticke. Você acha que devo enviar um exemplar aos Raab ou será que já ganharam algum?

O meu estômago agradece; ele é muito comportado e, sábado passado, aceitou sem protestos chouriço e carne defumada com chucrute e *Knödeln* no *Königstein*. Próximo sábado encerro as conferências, e

---

[1] No acervo de Freud se encontrava uma pintura de Schindler representando um moinho de água, que hoje se encontra no Museu Freud em Londres; provavelmente trata-se dele. Parece que os moinhos eram uma especialidade do pintor de paisagens Emil Jakob Schindler (1842-1892). Outra pintura com o título *Mühle bei Bad Goisern* [Moinho em Bad Goisern] (1893) hoje é propriedade do Lentos Museu de Arte de Linz.

[2] Possivelmente o dr. Alfred Robitsek (1871-1937), de Viena (F/J, p. 351), autor de trabalhos psicanalíticos sobre símbolos e poesia. Ele pode ter feito análise com Freud e a pintura seria o presente do paciente agradecido.

[3] Provavelmente Kurt Redlich, nobre de Vezeg (1887-?), da cidade de Brno (Morávia), estudante em Viena desde 1905, mais tarde dono de uma fábrica (F/J, p. 247, nota 2 sobre 141F); paciente de Freud (Shamdasani, 1996, p. 229).

[4] O estudo de Freud (1907a) sobre a novela *Gradiva*, de Wilhelm Jensen – Mathilde trabalhara na revisão do texto (Gödde, 2005, p. 325) –, inaugurou a série *Schriften zur angewandten Seelenkunde* [Escritos de psicologia aplicada]. Essa série começou a ser publicada na editora de Hugo Heller e passou em 1908 (a partir do volume III) para a editora "mais eficiente" Franz Deuticke (F/J, p. 125), que assumiu também os primeiros dois volumes e os muniu com nova capa de proteção (cf. 6-Math, pp. 41-43, inclusive a nota 1, p. 43).

40 SIGMUND FREUD

de noite haverá uma partida de tarô (sem jantar) com Oscar e Alfred Rie[1] e Leitner,[2] sua primeira partida desde o acidente de Kurt. A nossa cozinha não parece ter boa fama.

Tive notícias da senhorita Federn;[3] foi muito apropriado você ter mandado flores para ela. Certamente ela é muito gentil, mas certamente também muito maluca.

Mande muitos cartões-postais aos seus conhecidos, particularmente aos Dub. Se o dinheiro não der, avise-me. A exposição na casa do Heller[4] era com as gravuras de Stauffer-Bern,[5] incomparável!

Com saudações cordiais,
Seu velho pai

5-Math [Cabeçalho Viena], 15/3/08

Minha querida Mathilde,
Enquanto esperamos ansiosamente por suas notícias, devo comunicar algo que, caso contrário, você ficaria sabendo pelo jornal: tio

---

[1] Alfred Rie (1862-1932), advogado, irmão de Oscar Rie (Molnar, 1996, p. 174); trabalhou várias vezes para Freud.

[2] Provavelmente Marie Leitner, nome de solteira Bondy (1872-?), irmã de Melanie, a esposa de Oscar Rie, e Ida, da esposa de Wilhelm Fliess; em 1904, ela se casa com o pintor acadêmico Rudolf Leitner (1867-?) (Gaugusch). Cf. 6-Math, pp. 41-43.

[3] Possivelmente a irmã de Paul Federn, Else (1873-1946), que se engajou no movimento *settlement* e que deve ter tido algum problema de saúde naquela época (www.onb. ac.at/vfb/bio_federnelse.htm; acesso em 10/9/2009).

[4] O salão do editor Hugo Heller (1870-1923) era um ponto de encontro conhecido do cenário de arte de Viena. Desde 1902, Heller era membro da "Sociedade Psicológica das Quartas-Feiras", na qual se reuniam os discípulos vienenses de Freud e que se constituiu como Sociedade Psicanalítica de Viena; até 1919, ele foi um dos editores principais da Psicanálise (BL/W; Marinelli, 2009, pp. 30-36).

[5] Karl Stauffer-Bern (1857-1891), pintor e gravurista suíço famoso.

Heinrich[1] faleceu hoje à tarde, repentinamente e sem estar doente. Ele estava em seu escritório de advocacia, negociando com uma cliente, quando teve um colapso fulminante. Dizem que é a morte habitual em sua família. Levamo-no para casa e o colocamos em sua cama. O desespero de tia Rosa parte o coração; sua surdez deve ser o que mais piora a situação, que, afinal, nos atinge a todos com muita dor.

A cirurgia da Anninha estava marcada para amanhã às 8h e agora será adiada por alguns dias. Rie achou que não haveria risco e que não passaríamos por um infortúnio como no seu caso naquela época.[2]

É para você permanecer em Merano e manifestar seus sentimentos a distância. A vida é assim, quando os mais velhos morrem primeiro, devemos nos resignar tranquilamente ao seu destino. Vocês jovens ainda têm tudo pela frente e podem esperar muito da vida. Vê se fica bem logo; talvez o distúrbio deveu-se apenas ao mal-estar.

Saudações cordiais,
Seu pai

6-Math   [Cabeçalho Viena], 19/3/08

Minha querida Mathilde,

Estamos vivendo tempos movimentados. Terça-feira de manhã enterramos o tio Heinrich com a participação honrosa de muitas pessoas. Hoje, às 8h, a Anninha foi operada. O caso dela foi mais sério

---

[1] Heinrich Graf (1852-1908), marido de Regina Debora, apelidada de "Rosa" (1860-1943?), irmã de Freud. (F/AF, p. 81, nota 8). Em 15/3/1908 saiu na *Neue Freie Presse [Nova Imprensa Livre]* um anúncio de óbito com o texto: "É com uma dor incomensurável que a sra. Rosa Graf, nome de solteira Freud, noticia, em seu nome, em nome dos seus filhos menores, Hermann e Cäcilie, assim como em nome dos parentes subescritos, o falecimento ocorrido em 15 de março de 1908, em consequência de um derrame, do seu muito amado marido, o dr. Heinrich Graf, advogado da Corte e do Tribunal em Viena." Fazendo parte dos "parentes subescritos" a "Família prof. dr. Sigmund Freud".

[2] Sobre a cirurgia de apendicite de Mathilde em 1905 e suas graves sequelas, cf., pp. 28-29 e 7-Math, pp. 43-47, inclusive nota 1, p. 46.

que o seu: no apêndice dela encontraram fecalomas, que traziam o risco de uma perfuração. Ela foi muito valente, fazendo brincadeiras em meio às dores e aos vômitos, está com uma cara boa, tem 36,6° de temperatura à noite, e conseguiu urinar por conta própria ainda antes do cateterismo. Por isso, temos esperanças que a noite seja tranquila, pois prometi trazer Lampl[1] para cantar. Ela pediu ainda que se transportasse o piano da sala para o quarto dela. Rie deve estar bem satisfeito. Amanhã Marie Leitner será operada no Löw[2] – a mesma coisa, claro. O tempo livre é dedicado à tia; o desespero dela é insuportável. Os filhos estão estranhos. Hermann[3] disse: entendo que meu pai morreu, mas não consigo compreender por que não volta para casa para o jantar. Mesmo as crianças intelectualmente precoces não sabem o que fazer diante da morte.

A tia, evidentemente, terá que reduzir suas despesas, mas não vai passar necessidade. Ela está com mais ou menos 110.000 em coroas líquidas e em seguros, além dos recebimentos do escritório do ano passado e do corrente, e a participação, permanente por alguns anos, na renda da advocacia, cuja transferência passou a ser objeto de negociações. Em todos esses assuntos ela fala com muito juízo, mas quando se trata do seu estado de abandono, não dá para aguentar. O pior de tudo é que está com toda razão.

O tio Moritz[4] veio a Viena para o enterro e partiu hoje à noite. Os meninos estão muito sérios; penso que essa experiência os deixou muito impressionados. Eu mesmo suspendi meu trabalho quase por

---

[1] Hans Lampl (1889-1958), colega de escola e amigo de Martin Freud, desde 1901 em contato mais estreito com a família. Estudou Medicina, mudou para Berlim depois da Primeira Guerra Mundial e se tornou analista. Cortejava não apenas Sophie (cf. pp. 450-452), mas também Anna Freud (Young-Bruehl, 1995, vol. I, p. 137 s.); casou-se em 1925 em Berlim com a analista holandesa Jeanne Lampl-de Groot (BL/W; cf. Frank e Schröter).

[2] O sanatório Löw, em Viena IX, Mariannengasse, 20.

[3] Hermann Graf (1897-1917), filho do falecido. Freud menciona a frase citada de Hermann no outono de 1910, em uma sessão da Sociedade Psicanalítica de Viena (Protokolle, vol. 3, p. 5).

[4] Maurice (Moritz) Freud (1857-1920), vivia em Berlim e era casado com Maria ("Mitzi"), a irmã de Freud (Tögel, 2004).

CARTAS AOS FILHOS

completo durante um dia e meio; terça-feira à tarde recuperei o tempo trabalhando durante cinco horas. É bom que somos obrigados a trabalhar.

Diante desses acontecimentos, as novidades menores quase desaparecem, o que também não deve lhe interessar neste momento. Como, por exemplo, a publicação do trabalho de Riklin sobre os contos de fadas, que acabou de sair pela Editora Deuticke.[1] Creio que não respondeu à minha pergunta se é para eu mandar a *Gradiva*.

Agora formamos um círculo pequeno e Sophie é a única filha. Tia Minna reina, mas, com exceção das refeições, passou o dia inteiro no sanatório.[2] Os Dub e os Fürth[3] se mostram extremamente gentis e ela fica muito orgulhosa com isso.

Anninha dispõe de uma enfermeira própria desde o início; aprendemos com o prejuízo. Quarto nº 4, ao lado do elevador no primeiro andar. Certamente, mamãe vai te dar todos os detalhes do sanatório a partir das impressões diretas que teve do ambiente.

Desejo a você dias bem agradáveis e envio-lhe minhas saudações cordiais,

Seu pai

7-Math   [Cabeçalho Viena], 26/3/08[4]

Minha querida Mathilde,

É a primeira vez que me pede ajuda e, dessa vez, não é difícil para mim te ajudar, pois vejo facilmente que está superestimando seu mal,[5]

---

[1] A reedição de Riklin (1908), vol. 2 dos *Schriften zur angewandten Seelenkunde* [Escritos de psicologia aplicada] (cf. nota 2, p. 43, 4-Math, pp. 38-40).

[2] Ou seja, para visitar Anna.

[3] Em 1911 e 1912, respectivamente, Martin e Mathilde fizeram seu tratamento no sanatório de Julius Fürth, um colega de universidade de Freud (F/AF, p. 178, nota 10); possivelmente, desta vez também. Cf., além disso, nota 4, p. 37, 2-Math, pp. 33-35.

[4] Carta reproduzida em F/Briefe (pp. 286-288).

[5] Na carta posterior, fala-se em "pequeno abscesso".

associando-lhe consequências que, pelas informações que tenho, são bastante supérfluas. Não quero te iludir, nem agora, nem em outra oportunidade – considero as ilusões nocivas e sei que o pressentimento de se tratar de ilusões estraga sua fruição. Mas também não precisa delas. A estada em Merano servirá para te fortalecer fisicamente e com certeza é o lugar mais acertado para isso. Evidentemente, não vai ajudar em nada na afecção local; por enquanto, temos que deixar como está. Ela certamente vai te causar dores durante meses (aliás, pode-se suspeitar de que seu último ataque se deva a uma nefroptose), mas, na verdade, ela é inofensiva e está destinada a regredir cada vez mais, até finalmente deixar você por inteiro. As mulheres frequentemente apresentam fenômenos semelhantes após o puerpério e acabam se livrando dele, sem pôr sua vida em risco. Até chegar o momento de pensar em casamento, você estará livre disso. Como sabe, sempre pensei em manter você em casa pelo menos até os 24 anos de idade, até estar suficientemente forte para os deveres do casamento e, talvez, da maternidade e até estar recuperada dos abalos que as três grandes doenças, que ameaçaram sua jovem vida, lhe causaram.[1] Em nossas condições sociais e materiais, as moças, com razão, não se casam em sua primeira juventude, pois, do contrário, o casamento se transforma em uma rotina entediante para elas. Como você sabe, sua mãe tinha 25 anos quando se casou.

Provavelmente, você está associando ao motivo atual, porém insuficiente,[2] uma antiga preocupação, sobre a qual eu gostaria de falar com você. Há muito tempo, desconfiei que, com todo o seu bom senso, fique se atormentando com a ideia de não ser suficientemente bonita e de não despertar, por esse motivo, o interesse de nenhum homem. Eu sempre achei graça nisso. A princípio, porque você me parece ser suficientemente bonita e, em segundo lugar, porque sei que,

---

[1] Cf. anteriormente, p. 30

[2] Trata-se antes de uma alusão ao estado atual de Mathilde, do que ao fato de seu amigo de juventude, Eugen Pachmayr (cf. a nota 1, p. 61, 16-Math, pp. 56-57), ter-lhe revelado pouco antes seu relacionamento com sua futura mulher (Gödde, 2005, p. 100s.).

na realidade, já há muito tempo que não é mais a beleza das formas que decide sobre o destino de uma moça, mas a impressão causada pela sua personalidade. Seu espelho te tranquilizará porque não há nada de ordinário, nem de repulsivo nos seus traços, e sua memória confirmará que, em qualquer companhia, você conquistou respeito e influência. Sendo assim, eu fico tranquilo no que diz respeito ao seu futuro, no que depende de você, e você também pode ficar tranquila. O fato de ser a minha filha também não te prejudicará. Sei que, para a minha escolha, era decisivo o fato de encontrar na minha esposa um nome honrado e uma atmosfera calorosa em casa, e certamente outros pensarão como eu quando jovem.

Pois os ajuizados entre os homens sabem o que devem procurar em uma mulher – a meiguice, a alegria e a capacidade de tornar sua vida mais bela e mais fácil. Eu ficaria com muita pena se você, com seu desânimo, optasse por outro caminho, mas espero que seja apenas um impulso passageiro em uma situação na qual muitas coisas coincidiram. Você herdou seu aspecto físico de duas tias, com as quais você se parece mais do que com a sua mãe. Preferiria que seguisse mais sua tia Minna do que a tia Rosa, que, com sua necessidade de se lamentar, torna nossa vida insuportável e, claro, também não faz nenhum bem a ela mesma. Nessas situações, nós endurecemos e lembramos que, antigamente, ela nunca se queixou tanto sobre qualquer infortúnio, o que quase anula o valor de seu luto atual. É horrível conviver com ela. Melhor estar paralisado de corpo inteiro do que ter essa incapacidade de desfrutar e de renunciar.

Coitada da minha filha – pela primeira vez, você viu a morte irromper em uma família ou ouviu falar sobre ela e, talvez, tenha tremido ao pensar que a vida de nenhum de nós é segura. Nós, mais velhos, sabemos disso e, por isso, a vida para nós possui um valor especial. Temos o propósito de não nos deixar desconcertar na nossa serenidade pelo fim inevitável. Confesse então que você, que é tão jovem, ainda não tem motivo algum para ficar desapontada.

Fico realmente feliz em saber que, no mais, o sol de Merano está te fazendo bem. Não teríamos gostado de te ver de volta desse jeito. É preferível você permanecer aí o tempo que os Raab ficarem e vocês se darem bem, ou seja, até o fim do mês de maio.

A operação da Anninha transcorreu de forma excelente; ela se comportou muito bem. Evidentemente, Schnitzler é o melhor, mas esse tipo de cirurgia pode ser feita também por outra pessoa, e Rosanes dificilmente pode ser culpado pelo que ocorreu.[1] De tempos em tempos, um ou outro cirurgião é atingido por uma calamidade dessas e não ouso afirmar que o mesmo não poderia ter acontecido também com Schnitzler ou Gersuny.[2] O que mais nos resta a não ser mostrar a dignidade de uma vítima inocente?

Volte a ficar alegre então. Você não escreveu nada à Rosa? Faça-o, por favor! Falaremos com Heller. A *Gradiva* e duas impressões especiais serão enviadas ao Raab amanhã. O programa impresso de Salzburgo já chegou. Algumas visitas dos últimos tempos: o dr. M. Hirschfeld esteve aqui domingo à noite, o famoso perito do caso Harden.[3] Os meninos o acharam "insosso". Ele não se parece com aquele que imaginamos, isto é, com o sr. Markwitz de Poznań na paródia do *Don Carlos*;[4] aliás, uma pessoa honesta e trabalhadora. Hoje a sra.

---

[1] Ignaz Rosanes (1856-1922), amigo de juventude de Freud (cf. F/MB, p. 171, nota 2) havia operado Mathilde, que teve sequelas graves. Ele "queria testar um novo método para estancar os vasos sanguíneos, mas estes se abriram poucas horas após a operação e Mathilde quase morreu de hemorragia interna" (Appignanesi e Forrester, 1996, p. 78).

[2] Robert Gersuny (1844-1924), cirurgião, desde 1894 diretor do hospital Rudolfinerhaus de Viena

[3] Magnus Hirschfeld (1868-1935), médico e sexólogo de Berlim, membro fundador da Associação Psicanalítica Berlinense (1908), da qual se desligou em 1911 (Herzer 1992). Em sua revista *Die Zukunft* [O futuro], Maximilian Harden havia insinuado que três lideranças do Estado e do Exército fossem homossexuais; em consequência disso, um dos envolvidos, o conde Kuno von Moltke, prestou queixa contra ele. Absolvido num primeiro processo (1907), Harden foi condenado no segundo processo de 3/1/1908, principalmente porque Harden havia retirado seu depoimento original, segundo o qual Moltke seria "inconscientemente" homossexual (loc. cit., pp. 71-73).

[4] *Karle. Eine Diebeskomödie* [Carlinhos. Uma comédia de bandido] (1901), uma das três paródias de Don Carlos, de Friedrich Schiller, escrita por Max Reinhardt, onde figura um deputado com nome de dr. Markwitz, de Poznań (que corresponde ao Marquês de Posa na peça de Schiller).

CARTAS AOS FILHOS

Helena Stöcker esteve aqui[1], líder feminista de Berlim, no fundo não tão horrível quanto imaginamos uma pessoa com esse tipo de profissão.

De todas as pessoas que te conheceram durante seu tratamento e querem casar com você, na verdade ninguém me agrada, nem o jovem R., que ainda é muito imaturo e que você pode imaginar como um Hans Teller[2] mais refinado. Apenas exijo deles que paguem o dinheiro do qual precisamos para finalidades diversas, e prefiro esperar por um genro saudável. Parece que você gosta do dr. Raab; um sinal de bom gosto, mas, será que não é dele que você pegou a ansiedade? Seria uma gota estranha no nosso sangue. Se tivesse conhecido seu avô[3] – dele sim, pudemos aprender a arte de viver.

Envio-lhe minhas saudações cordiais e espero ouvir notícias suas em breve,

Seu pai querido

8-Math						[Cabeçalho Viena], 6/4/08

Minha querida Mathilde,

Fiquei satisfeito com a carta longa, com as diversas notícias sobre sua boa aparência e seu bom humor, e estou muito contente em saber que não persistiu com o medo desnecessário de que o pequeno abscesso possa permanecer sem fim. Durante um tempo, você vai poder exercitar, por meio dele, sua esperada força de caráter, pois, quando não temos nenhum problema, certamente não há mérito algum em ser alegre, muito menos indefinidamente ou por muito tempo.

Ao transferir o dinheiro, me esquecera das gorjetas e dos banhos, e te peço para solicitar na próxima carta o respectivo acréscimo. Você deve tomar esses banhos, porém não diariamente.

---

[1] Helene Stöcker (1869-1943), feminista alemã de renome, membro extraordinário da Associação Psicanalítica de Berlim (cf. Stöcker 1991; Wickert 1991).

[2] O marido de "Hansi", amiga de juventude de Mathilde.

[3] Jacob (1815-1896), o pai de Freud, comerciante de lã e de panos, que, em 1859, se mudou com a família da Morávia para Viena (cf. Tögel e Schröter 2004).

48 SIGMUND FREUD

A *Gradiva* original[1] já deve ter chegado às suas mãos. As medidas para Rie[2] são, aproximadamente:

63 de cumprimento
70 de altura
33 de profundidade

Sobre Radein,[3] me informarei com Federn,[4] mas, com certeza vai ser alto demais para a tia. Prefiro não te mandar os copinhos, não é seguro, mas vê se encontra algo semelhante na sra. Überbacher.[5] Se não achar, nós arriscamos.

Quanto ao programa, nada de especial; estou lutando com novos pacientes, que não tenho mais como aceitar. Em anexo, a programação do Festival de Salzburgo.

Com a tia Rosa, o mesmo caos.

Tudo de bom para você!
Seu pai

9-Math   [Cabeçalho Viena], 21/4/08

Minha querida Mathilde,
Disseram-me que está esperando ansiosamente pela minha carta. Não tive a impressão de que a minha resposta tivesse pressa, e um acúmulo de trabalho antes da Páscoa me deixou bastante ocupado. Se sua curiosidade tiver alguma relação com os planos de viagem, quero

---

[1] Isto é, um exemplar da primeira tiragem (feita com Heller) do texto de Freud (1907a), diferentemente da nova edição (feita com Deuticke).

[2] Trata-se, provavelmente da "caixinha" para Oscar Rie, mencionada em 13-Math, pp. 52-53.

[3] Lugar perto de Aldein, ao sul de Tirol do Sul, a 1.550m acima do nível do mar.

[4] Paul Federn (1871-1950), psicanalista, um dos discípulos mais velhos de Freud, vice-presidente da Sociedade Psicanalítica de Viena desde 1924 (Mühlleitner, 1992).

[5] Ao que tudo indica, uma loja em Bolzano (cf. 13-Math, pp. 52-53).

CARTAS AOS FILHOS

te dizer que estou gostando muito da ideia de você ficar na casa dos Raab até quando eles quiserem te hospedar em Merano. Em princípio, não tenho nada contra a sua viagem a Tutzing, mas, como você sabe, a decisão definitiva depende da programação do nosso verão, isto é, da questão de nos decidirmos por Berchtesgaden, Kärnten ou Tirol. Evidentemente queremos poupar você de viagens desnecessárias e, de qualquer forma, Tutzing seria a solução mais cômoda para ir a Berchtesgaden.[1]

Evidentemente, fiquei muito satisfeito com as diversas notícias sobre sua boa aparência e seu estado de saúde. Gosto de pensar que, nesse tipo de recuperação, se gasta a cada semana mais do que na anterior. Vejo com bons olhos o mimo que faz parte disso; depois as coisas certamente vão mudar. Espero que suas reservas ainda durem por muito tempo.

Esta semana preciso me preparar para Salzburgo. Quando retornar, te envio a próxima mesada. Mande lembranças cordiais aos Raab e agradeça a eles pelos esforços por você.

Saudações cordiais,
Seu pai

10-Math   26/4/08 Hotel Post[2]

Querida Mathilde,

Como você sabe, mamãe foi comigo para Hamburgo. Usei a manhã fria para dar uma olhada na nossa moradia de verão deste ano (o novo Dietfeldhof). Uma maravilha, mas sem muito espaço. Para você há

---

[1] Em meados de junho, Mathilde foi com a família Raab a Tutzing no Lago de Starnberg, que era sua estância de verão habitual (cf. também a nota 1, p. 61, 16-Math, pp. 56-57), e se encontrou em 1º de julho com a tia e os irmãos em Berchtesgaden (Gödde, 2005, p. 355s.; F/AF, p. 51; 14-Math, p. 53).

[2] Cartão-postal, carimbado em Berchtesgaden.

50   Sigmund Freud

apenas um pequeno cômodo; no mais, você vai gostar muito. Escrevo-
-lhe ainda de Salzburgo.[1]

Saudações cordiais,
Seu pai

11-Math   28/4/08[2]

Querida Mathilde,

O congresso acabou, depois de tudo ter corrido de forma excelente;
em uma esquina há ainda dois retardatários e eu passo o dia livre, em
que finalmente o sol saiu, com uma visita de surpresa, que vai assinar
este cartão. Amanhã cedo estarei em Viena.

Saudações cordiais,
Seu pai
Saudação do
tio Emanuel [3]

12-Math   [Cabeçalho Viena], 6/5/08

Minha querida Mathilde,

Sua carta me pegou totalmente despreparado. Evidentemente, fiquei
esperando até você mesma tomar a iniciativa, pois confiava em você,
e creio que não decepcionou. Se estiver satisfeita com você mesma,
eu também posso sê-lo.

Posso, apenas, dar-lhe alguns conselhos e chamar sua atenção
para alguns cuidados. Talvez você saiba que amar é um aprendi-

---

[1] Para onde Freud foi no mesmo dia, para a abertura do encontro dos psicanalistas.
[2] Cartão-postal de Salzburgo, com destino a Merano.
[3] Emanuel, o meio-irmão de Freud (1833-1914) emigrara para a Inglaterra (Manchester) em 1859 (cf. Molnar, 2004).

zado, assim como qualquer outra coisa. Portanto, é difícil evitar erros; não necessariamente o primeiro amor que se transforma no amor para sempre. Seu propósito de manter um relacionamento distante com Robert Hollitscher[1] até vocês se conhecerem melhor certamente é o mais ajuizado. Mas você conhece também os riscos, você sabe como é pequena a liberdade que a sociedade concede a uma moça e o quanto é inútil para o indivíduo colocar-se contra a sociedade. O maior risco talvez seja aquele que nos envolvemos de forma mais rápida e mais profunda do que queríamos inicialmente; de qualquer forma, pressionar faz parte da natureza do homem. Então, tente manter o relacionamento por muito tempo nos termos de uma amizade mais calorosa.

Depois de ter recebido as primeiras notícias sobre ele, fico pensando que a mãe[2] desse rapaz tem uma doença mental incurável, e parece que ele mesmo não tem fama de saudável. A saúde, no entanto, é algo que você deveria encontrar no seu marido, e força; infelizmente, as pessoas refinadas e decentes nem sempre são as que mais trabalham. Entretanto, não estou sabendo de nada com certeza. Agora, claro, vou querer saber mais sobre ele e, através da tia, vou pedir a Dubs mais informações sobre suas condições. Certamente, você não vai achar que, ao lado dos sentimentos, essas ponderações sóbrias sejam impróprias para serem levadas em conta.

Nestas circunstâncias, sua ausência está facilitando especialmente as coisas para mim; espero que o nervosismo não volte a tirar o que o sol e o ar trouxeram para seu bem-estar. De modo geral, como você sabe, não tenho pressa de ver você casada antes dos 24 anos, e espero que você ainda vá despertar a simpatia de outros. Mas não deduza disso que eu teria algo contra R. H., além do mais natural preconceito

---

[1] Primeira referência ao futuro marido de Mathilde (cf. pp. 27-28)
[2] Emma Hollitscher, Priester como sobrenome de solteira (1847-1914; cf. Gödde, 2005, p. 161).

SIGMUND FREUD

de todos, claro. Sempre tive a expectativa de que um discípulo e adepto meu te levaria como souvenir.[1]

Como você pode ver, estou às ordens para dar conselhos sempre, mas, no fundo, você mesma deve direcionar as coisas da forma como tem que ser. Não tenho como te dar notícias de Salzburgo por falta de tempo, mas voltarei a escrever em breve. Por enquanto apenas isto: a edição de uma revista anual própria está assegurada.[2]

Mande minhas lembranças aos Raab e aceite os melhores votos do

Seu pai que te ama de coração

13-Math [Cabeçalho Viena], 15/5/08

Minha querida Mathilde,

Vejo que está tudo bem com você; deixe o resto para o futuro e não precipite nada.

Gostaria de lembrar a você que escreva algumas linhas para Rie dando as boas notícias sobre seu estado de saúde. É horrível quando, nos bons tempos, nos esquecemos daquele de quem, nos maus tempos, precisávamos tanto. Você também *tem* que ir a Bolzano para encomendar a caixinha com a sra. Überbacher. Caso contrário, perdemos a oportunidade. As medidas você tem.

Estamos esperando a volta de mamãe em poucos dias. No mais, está fazendo muito calor e estou tentado a fabricar um "comedor de dias"[3] até 15 de julho. Escreverei uma carta aos Raab no próximo mês, talvez também diretamente a ele. Você tem toda razão quanto

---

[1] Sándor Ferenczi, por exemplo (cf. Appignanesi e Forrester, 1996, p. 80).

[2] No encontro em Salzburgo foi decidida a criação do *Jahrbuch für psychoanalytische und psychopathologische Forschungen* [Revista anual de pesquisas psicanalíticas e psicopatológicas], a primeira revista psicanalítica.

[3] Comedor de dias [*Tagefresser*]: caléndario no qual são listados os dias até uma data almejada/importante e do qual cada dia que passa é arrancado ou riscado. – Em 15 de julho de 1908, Freud viajou para passar as férias de verão em Berchtesgaden, onde já se encontravam seus filhos (cf. a nota 1, p. 52, 9-Math, pp. 48-49).

CARTAS AOS FILHOS

ao caráter gentio de Jung; em Salzburgo, o Ocidente era totalmente cristão e o Oriente era judeu; assim, o meu negócio pelo menos deixou de ser um assunto judaico-nacional.[1]

Sobre as novidades menores, seus irmãos certamente te informaram, pois escrevem mais cartas para você do que aos outros.

Minhas saudações cordiais. Aprovo sua intenção de curtir esta época bonita.

14-Math   [Cabeçalho Viena], 25/5/08

Minha querida Mathilde,

Agradeço pelos seus esforços em Bolzano. Tudo indica que a bela cômoda é grande demais para a nossa finalidade; gostaria de levá-la no fim do verão, caso não se encontre algo mais adequado.

A tia quer ir a Berchtesgaden no fim de junho. Então estará na hora de você ir também, depois de ter passado por Tutzing e Munique. Suponho que você vai apoiar a carta aberta, anexada para a sra. dra. Raab. Em alguns dias lhe envio o dinheiro, a quantia de sempre.

Encontrei seu amigo ontem e conversei com ele. Parece simpático e tem olhos bonitos. Mas eu teria que abrir mão de uma série de expectativas se já tivesse que imaginá-lo como seu marido. Gostaria de ter certeza de que você continuou mantendo sua reserva. A irmã dele,[2] que vi hoje, é de uma feiura descomunal; a tia elogia muito o caráter dela.

Estou sentindo os primeiros sinais de desaceleração. Só mais 10.000 coroas e nós podemos tirar férias.

Desejo muita sorte meteorológica para seus empreendimentos, dos quais fiquei sabendo através da sra. Rischawy.

Saudações cordiais,
Seu pai

---

[1] Também com seus discípulos, Freud enfatizava esse aspecto da sua relação particularmente estreita com C. G. Jung (cf. F/A, p. 107).

[2] Marie (1874-1936), Rischawy com nome de casada; era dona de uma pousada em Merano (F/AF, p. 88s., nota 9) e, mais tarde, em Alt-Aussee, onde Mathilde passou várias vezes as férias de verão (cf., por exemplo, 41-Math, p. 91).

54 SIGMUND FREUD

15-Math [Cabeçalho Viena], 29/5/08

Minha querida Mathilde,

A sua mesada foi enviada ontem. Deixe-me saber o quanto vai precisar em junho para a viagem e para pagar o dr. Traeger,[1] do qual você, evidentemente, não pode aceitar nada de graça.

As minhas palavras, o "já" e o "agora", não tinham um significado tão enigmático quanto pareceram a você. Não tenho outro pretendente de reserva e acho que tem todo o direito de fazer suas sondagens por conta própria. Mas você é jovem e não está com pressa de se casar. Um casamento, digamos, antes dos 23 anos de idade só se justificaria se um pendor sério e condições favoráveis coincidirem, de forma que não precisasse esperar por algo melhor. Aí que estão o "já" e o "agora". Acho perfeitamente compreensível quando uma moça jovem se decide por um marido fazendo algumas concessões, quando vê que sua juventude está acabando. A sua mal começou.

A impressão que Robert Hollitscher nos deixou foi marcada, sobretudo, pela sua grande reserva. Certamente é muito refinado e discreto, mas isso também não comprova nada. Se eu não acreditasse em você quanto à seriedade das intenções dele, nada teria me levado à ideia de que estávamos lidando com um jovem querendo conhecer os pais de sua futura esposa. Ele foi o mais formal possível, sendo que também devo ponderar a possibilidade de que você – à guisa das moças – dê às palavras dele um peso maior do que ele mesmo gostaria que tivessem. Isso fica confirmado na sua carta em que escreve que, até o retorno a Viena, as coisas deveriam ter ficado nítidas. Mas, na sua primeira carta, você não disse que vocês passariam um ano como amigos para se conhecerem melhor?! Foi com tanta rapidez que passou por cima do primeiro propósito?

Naturalmente, temos uma série de ressalvas que não foram dirimidas, porque não tivemos a oportunidade de conhecê-lo melhor. E, na

---

[1] Não identificado. Ao que tudo indica, um médico de Merano. Nesse caso, assim como no caso de todos os outros médicos, Freud insistia em pagar seus honorários, o que, naquela época, não era comum entre colegas.

minha qualidade de médico, a existência de uma mãe demente também não me deixa indiferente; obviamente, você não consegue imaginar a pressão que isso significa para uma família. Além disso, deve-se levar em consideração que, sem dotes, você, em hipótese alguma, poderá ser muito bem-vinda em uma família de comerciantes.[1] Pergunto-me se as pessoas não estão nos superestimando na sociedade. A família Hollitscher não é daquelas em que os bens da mulher não façam diferença. Na família de médicos é diferente, pois o que conta neste caso é a personalidade, e não o dinheiro. Também não posso avaliar se, além do gosto por Merano, você encontraria interesses comuns com ele. Sem dúvida, eu daria preferência a um marido que desenvolve seu potencial e que tem todas as chances da vida pela frente.

Em última instância, você mesma vai ter que decidir, mas, por favor, não precipite as coisas e não corra para um sentimento do qual dificilmente vai se livrar depois. E também não nos apresse; estou longe de pensar em mantê-la em casa até que ninguém mais goste de você, mas quero fazer uso do meu direito de controlar seus afetos enquanto você estiver tão inexperiente na vida e no amor.

A irmã dele, sra. Rischawy, convivia muito com a tia, mesmo sem deixar escapar uma palavra mais íntima ou uma alusão. Como poderíamos ter certeza de que ele também estaria disposto a se distanciar dos próprios pais, se eles criarem dificuldades, da mesma forma como você parece estar disposta a fazê-lo? Seja justa conosco e admita que devemos dar um tempo para formarmos uma opinião, até ele tomar a decisão de se apresentar a nós do modo como ele realmente é.

Tive e continuo tendo a esperança de que essa questão não seja motivo para atrapalhar sua recuperação em Merano. Agradava-me mais a "amizade sensata", sobre a qual escrevia no começo e fez com que eu até criasse uma opinião muito favorável a ele.

---

[1] Eduard Hollitscher (1837-1894), o pai de Robert, dirigira uma agência comercial junto com seu irmão Adolf, que este último gerenciava inicialmente sozinho após a morte de Eduard e depois, a partir de 1900, com Robert como segundo gerente (Gödde, 2005, p. 161).

56   SIGMUND FREUD

Mudando de assunto, se ainda lhe resta interesse. Ontem você perdeu a visita de uma lady vistosa e rica do *Far West*,[1] que carregava e consolava você quando era criança, e que gostaria de te ver agora. Tudo indica que a nossa Marie daquele tempo realizou o sonho da sua vida: foi recebida por nós como uma dama. Ela sabe contar coisas interessantes, se comporta muito bem, com muita segurança, porém de forma cordial. O marido é muito autêntico, um bom trabalhador e a respeita muito. Nós nunca sabemos mesmo o que uma senhorita trabalhadora pode vir a ser um dia.

Minhas cordiais saudações, e no aguardo de uma resposta,

Seu pai

16-Math   [Cabeçalho Viena], 7/6/08

Minha querida Mathilde,

Atualmente, você está em alta estima da nossa parte. O dr. Raab falou com tanta ternura e tanto respeito de você, e sua confissão final, a saber, que sua última carta tenha sido escrita sob a influência de um pequeno chilique, te reabilitou por completo. Fico especialmente feliz com o fato de você ter despertado tantas simpatias em Raab, pois quero acreditar que tornar-se amada seja a tarefa suprema da mulher; nessa "mania de agradar" há algo extremamente precioso e indispensável para a vida. Apenas gostaria que essa tendência não se dirigisse menos aos próximos com que estamos obrigados a conviver do que aos estranhos.

É com prazer que constato que não há mais muita diferença entre nós quanto à avaliação do seu relacionamento com Robert Hollitscher. Assim, se vocês dois acreditarem ainda que dentro de um ano poderão se amar por muito tempo – antes disso não se pode ter qualquer certeza –, não haverá nenhum obstáculo da nossa parte. Até lá, mantenha

---

[1] Sem dúvida uma antiga babá.

CARTAS AOS FILHOS

certa reserva e deixe que os mais velhos apreciem aqueles fatores que costumam ser negligenciados pelos sentimentos dos jovens. O irmão de Robert, o dr. Paul Hollitscher,[1] convidou a tia na quarta-feira para passar-lhe informações mais precisas sobre sua situação material. Ela acha que, nessa primeira conversa, ele acentuou as dificuldades. Dificilmente a família pode te considerar como um partido particularmente desejável. Recebidas as informações esperadas, teremos clareza pelo menos nesse ponto. Depois te conto mais sobre isso.

O dr. Raab pediu enfaticamente para você se conter, para não arruinar seu bem-estar quando estiver em Munique. Peço-lhe, portanto, para ser cautelosa com aquilo que os Pachmayr lhe oferecem.[2] Parece-me que Tutzing fica tão perto de Munique que, nesses 15 dias, vocês vão visitar a cidade várias vezes. Lamentamos que Maus[3] não vá nos ver; espero que possamos retribuir mais tarde. Mande 40 coroas ao dr. Hoffmann,[4] junto com um cartão de agradecimento, e solicite a fatura ao dr. Traeger para mandá-la para mim. Se ele se recusar, podemos pensar ainda em um presente, mas vamos tentar primeiro o caminho mais simples. Transferirei mais 100 coroas para você pagar a fatura, e a viagem para Munique; no fim de junho vou mandar a prestação de junho para o Raab. Aguardo suas informações para saber se o dinheiro dá ou se você vai precisar de mais.

O mau tempo do Pentecostes está maravilhoso, de modo que todas as excursões para o campo e as viagens foram canceladas e substituídas pela mais saudável tranquilidade. Devemos nos rever em cinco semanas.

Saudações cordiais,
Seu pai

---

[1] Paul Hollitscher (1870-1935), doutor em Direito e advogado (Gödde, 2005, pp. 161, 163).

[2] Em maio, Mathilde escrevera a Eugen Pachmayr (1886-1963), filho de um médico de Munique, com quem cultivava uma amizade desde 1901 (Gödde, 2005, *passim*): "Fico muito feliz com a expectativa de passar alguns dias em Munique; em Tutzing só devo ficar para fazer escala" (ibid., p. 355). Em seu "livreto de concertos e teatro", há anotações sobre uma noite de opereta e duas idas ao teatro em Munique (ibid., p. 103).

[3] Cäcilie ("Maus/Mausi") (1899-1922), a filha de Rosa e Heinrich Graf.

[4] Não identificado.

58 SIGMUND FREUD

17-Math [Cabeçalho Viena], 12/6/08

Minha querida Mathilde,

Você pede para não aumentar ainda mais sua curiosidade. Vou lhe dizer então, que não fui eu quem mandou a tia ao dr. Paul Hollitscher, mas que foi ele mesmo quem se prontificou para uma conversa. Ele pediu que sua intervenção fosse mantida em segredo diante de seu irmão. Espero que você não tenha lhe contado sobre isso e que possa respeitar esse pedido, também compartilhado por nós. A tia vai te relatar a conversa detalhadamente em Berchtesgaden. Por hoje quero apenas dizer que a conversa não nos trouxe nada de novo, e nos confirmou em tudo. O dr. Paul, que é uma cabeça muito lúcida, quis nos alertar para manter a discrição, alegando que seu irmão realmente não seria o homem que pudesse se atrever a casar-se com uma moça sem posses. As condições são modestas, mas boas, porém não podem ser melhoradas e são um tanto incertas; mas, sobretudo ele seria bastante mimado, precisando ser poupado, e sem aptidão para a luta pela vida. Esta era também a minha impressão e continua sendo a minha objeção mais forte; a modéstia das condições não seria obstáculo *para mim*, pois eu mesmo comecei de forma bem mais modesta. Ficou claro também, conforme a minha suposição, que a família não estaria satisfeita com a escolha dele. Portanto, não se deixe desestimular pela discrição. Em Berchtesgaden podemos falar sobre tudo.

Não hesite em me dizer quanto dinheiro ainda precisa para Munique – e em me passar os valores –, para que essa modéstia? Posso acrescentá-los à última mesada.

Caso você se interesse ainda por outros assuntos – o artigo na *Fackel*[1] provavelmente é apenas o primeiro de uma série de outros mais veementes; ele[2] costuma agir sempre assim, é uma pessoa traiçoeira e nada

---

[1] Freud se refere a uma série de cinco textos curtos contra a Psicanálise que foram publicados na revista *Die Fackel* [A Tocha] (nº 256, pp. 19-23) e que começou com as seguintes frases: "Existe uma corrente médica que aplica a terminologia da Cirurgia a fenômenos psíquicos. Como qualquer assimilação intelectual de esferas aparentemente distantes, essa corrente é uma piada, e provavelmente a melhor piada da qual o materialismo é capaz." Cf. M. Worbs, 1983, pp. 162-164.

[2] Karl Kraus (1874-1936), editor e autor principal da *Fackel* (Timms, 1995).

CARTAS AOS FILHOS

confiável. Dizem que o cortejo[1] foi muito bonito. Seus irmãos certamente vão descrevê-lo em todos os detalhes a você. Apenas vi o grupo "Salzburgo", quando entrei no *Schottenring* [Anel dos Escoceses].[2]

Com certeza, os Löwenfeld[3] (Glückstrasse 3) ficarão *muito* felizes com sua visita; eles vão passar o verão no Chiemsee, de modo que podemos nos visitar.

Hoje contei os dias e cheguei a quatro semanas e meia.[4] Reverei você, então, radiante e alegre para nós também, espero.

Saudações cordiais,
Seu pai[5]

Após o casamento em 7 de fevereiro de 1909, Mathilde e Robert fizeram sua viagem de lua de mel, que durou até o fim do mês, dentre outras regiões visitaram a Itália do Norte e a Riviera.[6]

18-MathRob [Cabeçalho Viena], 19/2/09[7]

Meus queridos filhos,

Como se deduziu recentemente de suas mensagens enigmáticas[8] que vocês pudessem ficar muito aborrecidos com a falta de correspondência, apresso-me a escrever-lhes ainda antes de a pátria recebê-los de volta.

---

[1] O "Cortejo em Homenagem ao Imperador", do mesmo dia, para a comemoração dos 60 anos de governo de Franz Joseph I na Ringstraße [rua do Anel], com mais de meio milhão de espectadores (cf. Großegger, 1992).
[2] Setor da Ringstraße que fica poucos minutos a pé da Berggasse.
[3] Freud era amigo de Leopold Löwenfeld (1847-1924), psiquiatra em Munique (F/Fl, p. 124, nota 4).
[4] Até o começo das férias de verão.
[5] Na edição das cartas de viagem (F/Reise, pp. 239, 246,268), se encontram dois cartões para Mathilde da viagem à Inglaterra que Freud fizera naquele verão, assim como um cartão da viagem à Itália.
[6] F/Brill, 14/2/1909; F/Fer I/1, p. 106.
[7] O respectivo envelope tem como destinatários: sr. e sra. Rob. Hollitscher/Wyder's G^d [= Grand] Hôtel/*Mentone*/Riviera.
[8] Principalmente a letra de Robert é de leitura difícil, mas Freud também se queixava daquela de Mathilde (cf., por exemplo, 27-Math, pp. 75-78].

60 SIGMUND FREUD

Gostamos muito das cartas de vocês – excetuando-se, claro, a aparência delas. Espero que continuem tendo tempo e humor favoráveis. Por aqui tudo ficou nitidamente mais silencioso desde a partida de vocês. De vez em quando chega ainda um presente retardatário, alguns deles muito bonitos. O último deles, a famosa pintura de Hamburgo,[1] ainda não foi visto, porém já foi inspecionado. Pesa 38kg e vai custar 14 coroas de alfândega; amanhã o funcionário irá trazê-lo para casa. Todos estão curiosos; pelo peso, só pode se tratar da pintura de uma batalha.

Junto ao comerciante de tapetes, que decorou a casa do dr. Graetz[2] e que vendeu nove peças ao tio Alex, comprei dois tapetes muito bonitos para vocês, que lhes serão apresentados. Se não os quiserem, fico com eles. Infelizmente, não dá para ser mais um presente, mesmo com as faturas entrando bem devagar e ainda há ¾ do dinheiro de Mathilde.

Ainda não vi vestígios do outro casal,[3] que já está de volta desde domingo!

Pai

No verão de 1909, o casal Hollitscher passou as férias em Tirol do Sul, inicialmente na região do Pustertal, cujas "intempéries" fizeram com que fugissem para Klobenstein am Ritten, acima de Bolzano, para onde são destinadas as próximas três cartas de Freud. Ele mesmo partiu em 14 de julho com a família para as férias no Hotel Ammerwald perto de Reutte no Tirol.[4]

---

[1] Não identificada.
[2] Viktor Graetz (1877-1939), doutor em Direito, consultor da Câmara de Comércio da Baixa Áustria; casamento com Emma Schwitzer em 1908 (Gaugusch).
[3] Alexander, o irmão de Freud, casou-se com Sophie Sabine Schreiber no mesmo dia que Mathilde e Robert (data conforme Krüll, 1992, p. 312).
[4] F/Fer I/1, p. 131.

CARTAS AOS FILHOS

19-MathRob   [Cabeçalho Viena], 6/7/09[1]

Queridos filhos,

Fico muito satisfeito em saber que fizeram uma troca tão bem-sucedida. Fiquei bastante impressionado com os Herrenpilze. Também não queríamos outro lugar, mas, por hoje, tivemos que abrir mão por motivos pessoais.

Suponho que, em algum momento, vocês vão descer para Bolzano e, chegando lá, peço que deem uma olhada na loja da sra. Überbacher para ver se ela tem uma bela escrivaninha antiga, do tipo que a mamãe quer há muito tempo.[2] Ela pode custar até 200 coroas; confio no gosto comum de vocês, porque hoje certamente não tenho como descer.

Também pode ser uma chance de encontrarem a caixinha para Rie, que já estou procurando há muito tempo e para a qual a sra. Überbacher anotou as medidas. Não se esqueçam.

Aqui ainda tenho que aguentar nove dias. Até o momento, a *Matura*[3] de Oli e a *Mensur*[4] de Martin são as maiores sensações.

Minhas saudações cordiais, esperando que o tempo e o bom humor continuem fiéis a vocês.

Papai

20-Math   [Cabeçalho Viena], 20/7/09

Querida Mathilde,

Não se surpreenda com a indecisão dos últimos dias. Como você sabe, toda a situação é complicada e hoje, como Sophie está acamada

---

[1] O envelope, no qual esta carta provavemente se encontrou, é destinado a: Hotel Post/ *Klobenstein*/am Ritten/perto de Bolzano.

[2] Vide 8-Math, pp. 47-48, inclusive nota 5, p. 48. Tratava-se de um presente de aniversário para Martha Freud (21-MathRob, pp. 63-64). – A "caixinha para Rie", mencionada no seguinte, já ocorre uma vez em 13-Math, pp. 52-53.

[3] Termo austríaco para o exame final no ginásio, dando direito a ingressar na universidade. Exame de Conclusão do Ginásio.

[4] Martin foi membro de uma corporação combativa. Na época, Freud escreveu para Jung (F/J, p. 264) que seu filho mais velho teria "ficado com o rosto triturado em uma *Mensur* e se comportado com muita valentia".

62   SIGMUND FREUD

devido à garganta inflamada, estamos contentes de não ter partido.[1] Não tivemos como partir logo, pois a nossa bagagem volumosa ainda não chegou (até hoje), permanecendo em Munique devido às dúvidas associadas à situação geográfica de Ammerwald. Sua oferta por telegrama, pela qual te agradeço muito, nos pareceu demasiadamente cara para todo esse tempo, 10,50 coroas contra 6 e 6,50 marcos aqui. Além disso, a comida excelente e o tratamento amável nos seguram neste lugar; também o bem-estar da mamãe e da tia. Por isso resolvemos ficar até o 1º de agosto mais ou menos. Mas, para as últimas duas semanas no continente europeu,[2] ainda quero ver outra coisa, já que aqui é bonito mesmo depois de subir uma ladeira íngreme durante 45 minutos; depois fica muito bonito mesmo. Ademais, de acordo com as melhores fontes, nunca foi visto um cogumelo no local, por mais que existam florestas nos arredores.

Meu plano, portanto, é de não fazer você vir para cá, mas de marcar uma segunda temporada para o tempo em que Robert vai te deixar sozinha.[3] Poderia ser por duas semanas em Klobenstein, se encontrar uma acomodação para nós nessa época. Se for mais barato do que no seu telegrama não seria desagradável, claro. Ou será que você e Robert ainda têm uma outra ideia; afinal, você conhece todos os nossos desejos. A tia e Sophie talvez não acompanhem essa segunda temporada, mas ficam em Ammerwald, até chegar a hora de viajar a Riva.[4]

Apesar das dificuldades, estamos nos sentindo muito bem, com exceção de Sophie, que, talvez, tenha trazido a angina de Munique, mas espero que ela também se recupere logo. Está chovendo muito, mas isso não é culpa do lugar, e já passamos um dia e meio aqui com tempo muito bom.

---

[1] Isto é, do Hotel Ammerwald, situado em região erma, até Mathilde, em Tirol do Sul.

[2] Em setembro de 1909, Freud apresentou suas cinco conferências *Über Psychoanalyse* [Sobre a Psicanálise] na Clark University (Worcester, Mass.); cf. Rosenzweig, 1992.

[3] De fato Mathilde se juntou à família em Ammerwald. Freud partiu em 19 de agosto de 1909 diretamente de lá para Bremen, onde embarcou no dia 21 para os Estados Unidos.

[4] No Lago de Garda, para onde o resto da família foi posteriormente (F/Reise, p. 294).

CARTAS AOS FILHOS

63

Minhas lembranças cordiais ao Robert. Ele já sabe diferenciar um *Herren* de uma *Hexe*,[1] de modo que dê para confiar na sua colheita? Löwenfeld estava muito doente, mas, segundo as informações de hoje, ele já está totalmente recuperado.

Com os melhores votos para um tempo bom,

Seu velho pai

21-MathRob   [Cabeçalho Viena], Ammerwald, 24/7/09

Queridos filhos,

Ficamos muito felizes com a carta coletiva, que mostra claramente o quanto vocês combinam um com o outro (apesar de nem o diabo conseguir lê-la), e percebemos com prazer que tudo está resolvido. Transformamo-nos em ávidos fãs de Ammerwald e ofereceremos a Mathilde justamente aquilo de que sentiu falta em Klobenstein, a saber: um lugar para se sentar na frente de casa. Claro que agora não abrimos mão de intermediar o contato direto entre Ammerwald e Mathilde. Penso que Ernst vai te receber em Innsbruck. Ao mesmo tempo, Martin e Lampl partirão em viagem para que haja espaço na casa. O retorno de Oli ainda não é definido; hoje ele está em Copenhague ou a caminho de Hamburgo.[2]

Pela primeira vez, Sophie está muito melhor, mas ainda não consegue engolir direito e está com uma péssima aparência. Em termos de bem-estar, a tia ganha de todos. Desde a chegada de Lampl na noite de antes de ontem, os últimos vestígios de descontentamento do rapaz estão eliminados. Vive-se bem aqui. Às vezes, meu estômago rebelde atrapalha a fruição das refeições formidáveis.

---

[1] Isto é, um cogumelo chamado *Herrenpilz* e outro chamado *Hexenpilz* (que, no entanto, também é comestível, ao contrário do *Gallenröhrling*, que lhe é parecido; cf. 364-Soph).

[2] Sobre a primeira viagem autônoma de Oliver após o exame de conclusão do ginásio [*Matura*].

64 SIGMUND FREUD

A floresta fica mais exuberante a cada dia, e talvez ainda existam cogumelos até o dia 18 de agosto. Não conseguimos arrumar nada para o aniversário.[1] Após a chegada de Lampl caminhamos até Reutte; além de dois tachos de cobre grandes e velhos, que almejavam uma segunda vida como vasos de flores, não havia nada de tentador e também resisti a eles. Não se esqueça da sra. Überbacher antes de deixar Bolzano. Na realidade, esse seria o melhor presente de aniversário de todos.

Recebemos cartas um tanto tristes de Rie; parece que não estão gostando nem um pouco de Salegg.[2] E o tio? Ele não vai sair de Viena mesmo? Mandem lembranças nossas quando escreverem para ele. Ele realmente faz parte dos parentes menos exigentes.

Encerramos, portanto, o primeiro capítulo dos veraneios; logo seguirá o segundo. Tenham um bom tempo. Passem bem até lá.

Papai

22-Math   [Cabeçalho Viena], 02 de jan 1910[3]

Querida Mathilde,

Apenas gostaria de acrescentar à carta de mamãe que não é por motivos econômicos que não quero a *sua* estada acima.[4] Por mim, você pode ficar quanto quiser. Não me parece valer as despesas mamãe te substituir, pensando no equipamento, na falta de ocupação (com exceção das descidas no trenó), na comida ruim e na sra. W.[5] Volte,

---

[1] De Martha Freud no dia 26 de julho.

[2] O castelo de Salegg, uma ruína perto da montanha Schlern [Sciliar, em italiano], em Tiro do Sul. Abaixo da ruína encontrava-se um hotel.

[3] A carta de Martha do mesmo dia. As linhas endereçadas a Anna encontram-se em F/AF, p. 55s.

[4] Na virada do ano 1909/1910 (de 27/12 a 06/01), Mathilde ficou com Anna e, temporariamente, também com Robert em Semmering, uma região de férias, em parte bastante mundana, ao sudoeste de Viena, muito frequentada pela família Freud (F/AF, pp. 53-55, inclusive as notas). Levantaram a hipótese de Martha Freud substituí-la por alguns dias, o que esta recusou por motivos financeiros.

[5] Não identificada.

CARTAS AOS FILHOS

portanto, com a Anninha e me diga de que forma devo te mandar o dinheiro que falta e o quanto você está precisando. De qualquer forma, pode dizer que farei um depósito via correio.

Espero que não tenha sido um sacrifício muito grande para você, especialmente porque Robert gostou muito daí nos últimos dias. Não sei se ainda vai estar aí quando chegar esta carta.

Saudações cordiais,
Papai

Freud passou as primeiras semanas das férias de verão de 1910, a partir de 17 de julho, com Ernst e Oliver em Haia. No fim do mês, Martha se juntou a eles vindo com as duas irmãs mais novas de Hamburgo; em algum momento, Martin também chegou. Para o mês de agosto, a família ficou em uma pousada em Noordwijk, de onde Freud partiu, no dia 31, para uma viagem à Sicília com Sándor Ferenczi.[1]

Mathilde, debilitada por uma cirurgia, ficou em Trentino durante a primavera e o verão, inicialmente sozinha em Levico, depois acompanhada de seu marido em Lavarone.[2] Lá, redigiu uma longa carta para a família (Meus queridíssimos) nos dias 15 e 16 de julho, *que enviou para a Berggasse e pediu para encaminhar ao pai após a leitura.[3] Nela, relata de forma circunstanciada seu estado e seus quefazeres –* O tempo todo, temos coisas demais a fazer aqui: de manhã, temos que ficar sentados no bosque ou ver se os morangos já amadureceram; depois do almoço, temos que dormir e em seguida fazer uma caminhada maravilhosa, voltar para casa para comer, caminhar até Parrocchia e ir para a cama no toque de recolher – ou seja, ninguém tem tempo aqui *– conta sobre*

---

[1] F/Fer 1/1, pp. 274, 280; cf. p. 120, 464; F/Reise, p. 334.

[2] Em 1906, ela já ficara em Levico, no Vale Sugana a leste de Trentino, para se recuperar das sequelas da cirurgia no apêndice (Gödde, 2005, p. 82s.). A família Freud passara as férias de verão dos anos 1906 e 1907 no planalto de Lavarone, ao sul de Trentino.

[3] Faz parte do conjunto "Mathilde" em SFP/LoC. O mesmo também vale para as outras cartas ou cartões-postais de Mathilde e Robert do mesmo ano.

66   Sigmund Freud

Oscar Rie e sua esposa, que ficaram em um hotel nas proximidades – os Rie se sentem muito bem [...], mas, na natureza, eles não são mais simpáticos do que na casa da cidade, os dois se tratam sempre de forma pouco educada; ela, em geral, é um tanto insuportável e faz sermões [...], quer me explicar a região o tempo todo e falar mal do nosso Hotel du Lac[1] por ser pouco elegante –, *observa um longo fio da cirurgia, que teria saído de sua cicatriz, depois diz que estaria bem melhor, e menciona que, ainda em Levico, teria lido* um belo livro de Rainer Maria Rilke, com sonhos e visões agradáveis etc., o título é "Aufzeichnungen des Malte Laurids Brigge" ["Os cadernos de Malte Laurids Brigge"]. *Sobre as férias em geral, ela constata:* De modo geral, estamos maravilhosamente bem.

Robert, que esteve pela primeira vez em Lavarone, confirma em um acréscimo à boa recuperação de sua esposa: Ela já está toda bronzeada e se esforça para fazer escaladas comigo, sem mostrar qualquer cansaço – decididamente, um progresso. *À vida a dois, Mathilde atesta que* Eri (= Robert) e eu estamos o dia inteiro um com o outro: se alguém ainda duvidava que somos um casal feliz, demos a prova definitiva de sermos *muito* felizes, pois estamos nos divertindo muito e temos brilhantes conversas. *A seguinte carta é a resposta de Freud.*[2]

23-MathRob   21/7/10[3,4]

Meus queridos filhos,

Mamãe me encaminhou hoje a longa carta de vocês porque não chegara outra correspondência e ficamos muito felizes com o conteúdo e com as perspectivas decorrentes. Lavarone manteve, portanto, sua magia e também cativou os novatos. Rie acertou bastante no prognóstico que fez sobre a nossa relação com a Holanda.[5] Estamos

---

[1] No qual ficavam Mathilde e Robert, assim como a família Freud anteriormente.
[2] Sem dúvida, perdeu-se uma carta anterior de Freud, mencionada na carta citada de Mathilde.
[3] Papel com cabeçalho impresso: Hotel Witte Brug /Den Haag [Haia]-Scheveningen etc.
[4] Esta e a próxima carta também são publicadas em F/Reise, pp. 326s., 329s.
[5] Numa carta anterior, Mathilde havia escrito: "Rie diz que vocês vão se sentir muito bem nesse país."

CARTAS AOS FILHOS

nos sentindo extremamente bem, aproveitando todas as novidades e progredindo na vida vegetativa. Hoje é o primeiro dia em que não sabemos o que fazer por causa da chuva fria. Estávamos querendo ir a Haarlem ou Roterdã – em excursões matinais –, talvez ainda dê, são apenas 9h da manhã.

Seus irmãos, Mathilde, são rapazes muito decentes e uma boa companhia. Ernst, claro, sempre inovador, um rapaz que está sempre na frente, Oli ainda precisa melhorar, mas é bonzinho – até joga Tarok conosco e aprende a perder com calma. Até o momento, os dois balneários foram muito divertidos. De manhã, costumamos visitar a cidade e os museus, almoçar às 13h30 e passar o tempo em Scheveningen até as 18h. Com o bonde, que para na frente do hotel, estamos a 5 minutos da estância termal e, na outra direção, a mais ou menos 15 minutos do centro da cidade, o "Plein". Uma pena que o clima esteja começando a criar dificultades. Mas talvez melhore.

Na Holanda, não estamos no estrangeiro e não falta nada. Uma boa opção para vocês no próximo verão. Até agora, não tivemos uma única decepção. Rembrandt e Spinoza também são boas companhias.

Diverti-me muito com os relatos do meu chefe de departamento D.[1] Evidentemente, ele não pode nem suspeitar que vocês sabem quem ele é; pois trata a relação[2] com discrição e sigilo. É uma pessoa muito interessante.

Sobre o encontro de todos nós em Noordwijk,[3] existe ainda muita incerteza, assim como sobre a forma que Hamburgo influenciará o nosso verão e, se a tia irá junto.[4]

---

[1] Em sua carta, Mathilde fala de um telegrama dirigido ao hotel, de uma reserva "com assinatura mutilada", que achava conseguir decifrar, "e era mesmo o conselheiro [Hofrat], que fica andando por aqui sozinho, sempre com um saco grande, e raramente aparece para as refeições". Provavelmente, tratava-se de um paciente de Freud.

[2] Em F/Reise (p. 327) reproduzido como "Besetzung" ["investimento", na terminologia freudiana; o termo correto seria "Beziehung", aqui traduzido como "relação"].

[3] Cf. os comentários [do organizador] anteriores a esta carta.

[4] Na época, a mãe de Martha e Minna estava no leito da morte em Hamburgo. Minna havia substituído a irmã no início de agosto, permanecendo em Hamburgo (F/MB, p. 263-271).

De vez em quando, temos aqui a impressão de termos sido esquecidos pelo mundo. Ontem finalmente chegaram notícias de todos os lados, inclusive uma carta de Martin e Lampl com um retrato das Torres do Vajolet, feito a partir da cabana.[1]

Envio-lhes minhas lembranças cordiais e espero que continuem gostando. Saudações para Rie também! Por que não ouço mais falar sobre Margarethezinha?[2]

Seu pai

Antes de receber essa carta, no mesmo dia 21 de julho, Mathilde e Robert tornaram a escrever. Uma das notícias era: Segunda-feira, Eri vai à Suíça, mas retorna seis dias depois. Por favor relatem detalhadamente como estão as coisas, tenho dificuldades em imaginar tudo. *Freud se refere a isso na seguinte carta.*

24-Math   [Cabeçalho Viena], Haia, 24/7/10

Minha querida Mathilde

Escrevo-lhe uma longa carta, porque sei que está sozinha novamente, felizmente apenas por uma semana. Você quer saber o que estamos fazendo aqui? Ora, nada, e é muito bom. Seria melhor ainda se o verão não fosse tão fragmentado e se a situação da vovó em Hamburgo não fosse tão desoladora. Certamente, você dispõe de relatos diretos.

De manhã, costumamos ir até alguma cidade próxima – foi assim que conhecemos Roterdã, Delft, Haarlem; o nosso sofrimento com Noordwijk, ainda guardamos por algum tempo – e voltamos para o almoço ou para o jantar, tomamos um banho depois de comer e jogamos cartas à noite. É nessa rotina que se encontra a nossa vida aqui. Fazem

---

[1] Na época, Martin e seu amigo Lampl estavam fazendo uma excursão pelas Dolomitas.

[2] Provavelmente Margarethe Rie (cf. nota 1 de 145-Ernst, p. 260).

parte a exploração a lugares desconhecidos; a admiração de pinturas de compreensão variada; a atenção por moinhos de vento, canais, casas antigas e tudo o que é característico da Holanda; a espera por cartas e notícias; a comparação de praias etc. O clima pode ser considerado ruim, mas prejudicou apenas uma manhã em dez, portanto, no fundo, é bom. Quase sempre há um vento forte que, provavelmente, é o motivo pelo qual as notas de 10 florins e mesmo moedas pesadas de 2 florins e meio sejam carregadas, assim como as nossas de 5 coroas. No geral, a Holanda é muito civilizada e bastante aconchegante. Haia é um lugar muito agradável e bom de se morar, com ruas e construções interessantes. Sem esquecer os excelentes charutos.

Entre os conhecidos, só encontrei três, muito diferentes entre si: o doutor com o qual me tratei durante a primavera;[1] Spinoza, cujo monumento vemos todos os dias e o diabo da galeria de Notre Dame, que eu acariciava muito em 1885.[2] Este último é de gesso e já se encontra em nossa propriedade, um exemplar grande e dois pequenos. Isso seria o mais importante.

De Deuticke, recebi a notícia de que a primeira parte da coletânea sobre a teoria das neuroses[3] entrará na segunda edição. Estamos contando com a chegada do tio Frank para hoje à noite ou amanhã de manhã. São estes os complementos mais importantes.

Oli está querendo sair para comer; por isso, quero apenas dar meus rápidos e cordiais parabéns pela recuperação e te pedir para transmitir meus abraços a Robert.

Seu velho papai

---

[1] Trata-se, talvez, do cirurgião Jan de Bruïne Groeneveldt (cf. F/Reise, p. 323 e p. 237, nota 11).

[2] Um dos chafarizes conhecidos (F/Reise, p. 331).

[3] A partir de 1906, Freud publicou seus trabalhos dispersos em conjunto sob o título *Sammlung kleiner Schriften zur Neurosenlehre* [Coletânea de pequenos textos sobre a teoria das neuroses]. Até 1922 foram publicadas cinco partes, algumas delas em várias edições, as primeiras três na editora de Deuticke, a quarta na de Heller e a quinta na Editora Psicanalítica.

70 SIGMUND FREUD

Parece que se perderam as saudações especiais para Mathilde da viagem posterior à Sicília. Há, no entanto, duas cartas-respostas dela.[1] A primeira, uma carta "conjunta" com Robert, diz o seguinte:

[Mathilde]   Viena, 9 set 1910

Querido papai, escrevo logo depois de ter recebido seu cartão para garantir que cheguem nossas melhores saudações em Palermo. Fiquei muito feliz com suas duas notícias,[2] principalmente a viagem a Paris, que foi uma ideia excelente. Desejo a você uma temporada muito bonita e agradável na Sicília e peço para nos escrever de vez em quando! Do Sul, deverá ser mais natural enviar cartas separadas para mim, assim como acho muito normal que, além de mim, mamãe e filhos também lhe escrevam. Há dois dias, a Anninha está fazendo as refeições na nossa casa;[3] ela está bonita, tem boa aparência e tem os melhores propósitos. Mas é uma pobre coitada e se atormenta terrivelmente com tudo. Ela trouxe o lindo vaso que você nos deu – muito obrigada, papai! Estamos gostando muito dele; eu e Eri até chegamos facilmente a um acordo sobre o seu lugar na nossa cristaleira cujo arranjo é o único pomo de discórdia entre nós dois. Estou mais ou menos, Eri está muito bem, ele já está ansioso com o belo enxofre que vai trazer para ele.[4]

---

[1] Além disso, há duas lembranças separadas em cartões-postais de Mathilde e Robert a Freud do dia 28/7 e uma em conjunto do dia 5/8.

[2] Tudo indica que as notícias "separadas" para Mathilde se perderam, ou então ela – o que é menos provável – está se referindo a duas lembranças para a família ou para Martha (F/Reise, pp. 336, 337s.).

[3] Como Ernst, Anna também teve que voltar para a escola (F/AF, p. 65). Por isso, os dois anteciparam seu retorno a Viena, enquanto Martha ficou até meados de setembro com os outros filhos em Haia. Anna relatou ao seu pai (F/AF, p. 68): "Adoro estar na casa de Mathilde; ela não sai muito e sua casa é superaconchegante. Além disso, as conversas com ela são melhores do que com qualquer outra pessoa."

[4] Cf. F/Reise, p. 353.

CARTAS AOS FILHOS

[*Robert*]   Querido papai!

Estamos muito contentes por saber que você está bem; estou convicto de que vai voltar completamente descansado, como no ano passado. Visitamos ontem seu apartamento[1] e estamos indignados que nos imitaram em tudo; no mais, ficou muito bonito. Ficamos impressionados com o banheiro. Aqui, também, tudo voltou a estar em ordem; Rabuzzl[2] é incansável na combinação de novos cantos aconchegantes; o pequeno divã da sala agora está na copa e cada dia os tapetes mudam de lugar. O clima continua péssimo e todos os veranistas estão adorando Viena agora. Desde ontem voltamos a ter casos de cólera. O coitado do Kainz[3] está moribundo.

No mais, não há nada de novo aqui. Nós todos desejamos um bom tempo para você e ótimas férias.

Minhas lembranças cordiais ao dr. Ferenczi[4] e as melhores a você

do seu Robert

[*Mathilde*]   Saudações e beijos da sua Math

Lembranças para o dr. Ferenczi

Na carta do dia 22/9, Mathilde diz: Não há novidades, a não ser que estive com Eri em Wiener Neustadt para o Dia do Voo e que foi

---

[1] O apartamento da Berggasse passou por uma reforma nesses dias. Anna comentou sobre isso (F/AF, p. 68): "Teremos um banheiro muito bonito com forno a gás, e a cozinha foi ampliada."

[2] Apelido para Mathilde.

[3] O lendário ator Josef Kainz (1858-1910), do *Burgtheater*, morreu no dia 20 de setembro. Mathilde assistira às suas apresentações várias vezes; seu "Livreto de concertos e teatro" está cheio de comentários entusiasmados sobre ele (Gödde, 2005, p. 116 s.).

[4] Sándor Ferenczi (1873-1933), Neurologista em Budapeste, fundador e diretor da Associação Húngara de Psicanálise (BL/W; F/Fer).

magnífico – a primeira decolagem de um avião é como um conto de fadas. Claro que, desde então, tenho o forte desejo de voar também; apenas teriam que estofar um pouco o assento do piloto – caso contrário, teria dores na coluna. Não foi gentil da sua parte escrever para que fôssemos cautelosos ao ingerir frutas em função da cólera.[1] Já há algum tempo, o dr. Donath[2] me deu esse conselho, mas ele é um pessimista notório. Porém, quando Eri ouviu que você, que ele considera uma das pessoas menos medrosas, escreveu sobre isso, durante três dias me proibiu de comer uvas. Mas fiquei tão infeliz, que prometi a ele não pegar a cólera, e hoje voltei a chamar a vendedora de frutas. Espero que você e Ferenczi consigam marcar o retorno de modo que não caiam em uma quarentena nem passem por qualquer outra experiência desagradável.[3] O que acharam do pobre Kainz? Agora estou duplamente feliz com o belo retrato dele. A Anninha ficou especialmente triste com a notícia da morte e leu com muita dedicação todos os anúncios de óbito. Aliás, estou achando-a muito humana, pelo menos um pouco melhor do que na primavera; além disso, ela está ficando muito bonita. No mais, o relativo juízo em relação à escola[4] é devido em boa parte a Lampl, que, mais uma vez, fez valer sua influência como fiel amigo. Martin se tornou um feliz proprietário de três ou quatro uniformes e do mesmo tanto de gorros e capacetes, e todos lhe caem bem.[5] Oli o admira muito, Ernst[inho] é muito chique e divertido, Soph é muito bonita e, às vezes, um pouco irônica, e mamãe está muito feliz com tantas gavetas novas e caixas, compondo naturezas mortas maravilhosas com suas camisas e calças, que finalmente ganharam uma cômoda bonita e decente. Apenas de

---

[1] Freud em carta do dia 15, a Martha (F/Reise, p. 353).

[2] Possivelmente o clínico geral dr. Julius Donat[h] (1870-1950) (cf. <http://um.meduniwien.ac.at/blog/p=608>; acesso 10/9/2009).

[3] Freud e Ferenczi anteciparam o retorno da Itália para escapar de uma epidemia de cólera que estava surgindo naquela época (F/E, p. 63).

[4] Anna tinha uma tendência ao exagero no trabalho; tanto que, no início do ano, talvez até o verão, ela esteve suspensa da escola (F/AF, p. 56 s., inclusive nota 1, e p. 65).

[5] Martin iniciou seu serviço militar como voluntário na Artilharia em 01 de outubro (MaF, pp. 178-180; F/Fer I/1, p. 305).

CARTAS AOS FILHOS

vez em quando, ela se torna um tanto melancólica quando fala da casa dos Wertheim em Grunewald.[1]

Há ainda três cartas conservadas de Mathilde do verão de 1912, escritas em Karlsbad, para onde Freud tinha ido com sua esposa em 14 de julho para um tratamento.[2]

25-Math   [Cabeçalho Viena], Karlsbad, 24/7/12[3]

Minha querida Math,

Como você pode imaginar, a rapidez com que sua irmã está seguindo seu exemplo não nos deixou totalmente indiferentes.[4] Logo nos convencemos de que não há muita coisa a fazer e também de que não é necessário fazer nada. Sem dúvida, ela é completamente confiável, séria, carinhosa, fina e, ainda por cima, nada fraca, e certamente poderemos ver realizada outra oportunidade rara de um casamento feliz pela segunda vez entre os nossos filhos. Na verdade, o rapaz é do mesmo tipo de Robert, só que menos amargurado e mais tímido do que Robert naquela época, mas, em sua essência, o mesmo tipo de jovem com objetivos semelhantes para a vida, o que é ainda mais estranho, uma vez que você e Sophie não possuem muitas semelhanças entre si. Quero dizer, Soph terá uma vida boa se as coisas não mudarem por sua própria culpa.

Mas ela está muito apaixonada por ele, e quem sabe o que será de uma criança quando se transformar em uma mulher. Seria muito bom se as duas se dirigissem a ele com algumas linhas, principalmente por não haver perspectivas de vocês o verem ainda nesse outono.

---

[1] Wilhelm Wertheim (1859-1934), coproprietário da famosa casa de departamentos em Berlim, morava com sua esposa Martha (1870-1953) em Messelstrasse, 19, na verdade no bairro de Dahlem (distrito postal de Grunewald) (Fischer e Ladwig-Winters, 2005). Sobretudo Minna Bernays era amiga da família e frequentava várias vezes a casa (F/MB, p. 252 s., nota 1). Anna também, em uma visita mais longa a Berlim em 1920, ficou na casa dos Wertheim (F/AF, pp. 303-305).

[2] Jones II, p. 118.

[3] O respectivo envelope teve como destinatário: N III / Alt-Aussee / Steiermark

[4] Sobre o noivado de Sophie com Max Halberstadt e a primeira visita deste último à casa dos futuros sogros, cf. p. 452 e 329-Max, pp. 424-426.

74 SIGMUND FREUD

Mamãe superou rapidamente o mal-estar, e acredito que está aproveitando bastante Karlsbad e a nossa vida de nobres aqui. É um lugar agradável e recebemos algo em troca da despesa. Emden[1] também é uma ótima companhia.

O tratamento me fez bem, particularmente, na primeira semana e agora sofro mais com a água quente, o ar quente, as compressas quentes etc. Mas já devo estar com a aparência boa; pelo menos já esqueci Viena e o tormento.

Minhas cordiais saudações a você e Robert; espero que você e seus convidados[2] desfrutem de um tempo agradável.

Seu pai

26-Math [Cabeçalho Viena], Karlsbad, 27/7/12

Minha querida Math,

Não me leve a mal se recuso o seu convite gentil e urgente para este ano. Eu até conseguiria ir, mas você sabe como mamãe ainda passa mal quando viaja. Ela enjoou muito até chegar em Karlsbad, e não quero obrigá-la a fazer dois dias de viagem em agosto tendo, no máximo, um ou dois dias de descanso. Na verdade, também nos falta tempo; precisamos chegar logo nas montanhas, onde a temporada deve terminar antes de 1º de setembro,[3] e, claro, não podemos chamar de volta o pessoal de Lovrana[4] antes de se passarem quatro semanas. Como compensação, levo para você um pequeno pingente que encontrei aqui.

---

[1] O psiquiatra e neurologista, Jan E. G. van Emden (1868-1950), de Haia e sua esposa. Já em maio de 1911, Emden procurara Freud para uma análise – a primeira "análise didática" (May, 2006a, pp. 51-54). Na época, estava gozando de férias junto com Freud e sua família (BL/W). Em 1911 e 1912, sua análise teve continuação nesse sentido.

[2] Entre eles, certamente a prima Ditha, mencionada na carta seguinte.

[3] A família Freud deixou Karlsbad em 14 de agosto de 1912 e ficou até o dia 30 em Karersee (Tirol do Sul). Sobre os outros planos, cf. a carta seguinte e suas notas.

[4] Minna, Sophie e Anna passavam as férias nesse lugar, que hoje se chama Lovran e fica na Costa Istriana do Mar Adriático (atualmente faz parte da Croácia).

CARTAS AOS FILHOS   75

Juntamente com a carta, você vai receber um jornal de Hamburgo, no qual o noivado está publicado. Max não quis esperar mais, apesar de termos marcado o dia 28 para as duas cidades.[1] Ele, agora, nos escreve mais vezes e de forma desinibida. Já chegaram cartas e similares de Hamburgo.

Combinando com a ocasião, o aniversário de mamãe foi solene e movimentado. Suas rosas alpinas chegaram em um estado impecável; eu a surpreendi com um busto de barro que um artista italiano fez de mim aqui.[2] Ela mesma pode te contar sobre outros presentes, dados por outras pessoas.

Estamos aproveitando muito Karlsbad e nos sentimos bastante renovados. Está bom demais, e a vida aqui – quando não se faz muitos cálculos – está bem agradável. Espero que você tenha boa companhia agora com Ditha, depois da partida de Robert.[3] Mande as nossas lembranças para ela.

Sinto muito ficar sem te ver por longos meses nesse verão. Talvez nós consigamos novo arranjo no próximo ano, quando outro casal deve se juntar a nós.

Saudações cordiais e os
melhores votos do seu
pai

27-Math   [Cabeçalho Viena], Karlsbad, 2/8/12

Minha querida Mathilde,

Suas cartas sempre foram um prazer para nós, desde que aprendeu a escrever (tirando a letra talvez), e continuaram sendo prazerosas mesmo após seu casamento. Mas você tem razão

---

[1] Cf. 334-Max, pp. 430-431.

[2] Não há maiores informações sobre esse busto.

[3] Judith ("Ditha") Bernays (1885-1977), a filha mais velha de Anna, a irmã de Freud, tinha chegado em Viena em maio (F/Brill, 2 e 21/5/1912).

– vamos planejar as nossas férias de verão de modo que as mais belas cartas se tornem dispensáveis. Você deve começar logo a trabalhar nisso.

Infelizmente, não tenho como dar notícias sobre a situação futura de Sophie, conforme está me pedindo. Um sogro que não pode falar: o dote para a minha filha é tal, também não pode perguntar: quanto você tem para gastar por ano, meu jovem? Basta que ele tenha respondido à pergunta do quanto esperava da parte dela: "Nada, não contava com isso." Levando em consideração o caráter do rapaz, ele acredita ter o suficiente para duas pessoas. Imagino que Soph não vai gastar todas as suas 20.000 coroas com o dote e que vai viver em condições bastante semelhantes às suas. Quando estivermos juntos em Karersee, podemos conversar melhor sobre a economia doméstica do jovem casal. Nos dois dias que antecederam o noivado parecia ainda que qualquer informação sobre as posses dele pudesse ter alguma influência sobre o nosso consentimento. Aliás, você certamente irá vê-lo no Natal. Ambos não parecem preparados para uma longa espera; no outono, Soph vai a Hamburgo com mamãe ou com a titia para providenciar o que tem de ser comprado. A tia sempre diz que a correspondência dos dois nunca será publicada; ele também não escreveria cartas melhores do que ela.

Estamos pensando em partir daqui no dia 10 ou 11. Nos sentimos muito bem. Mas não conseguimos fazer nada aqui; tenho que escrever um trabalho para Stekel,[1] o que está me causando enormes dificuldades.

---

[1] Wilhelm Stekel (1868-1940), neurologista vienense, fundador da Sociedade das Quartas-Feiras, nessa época redator do *Zentralblatt für Psychoanalyse* [Folha Central de Psicanálise] (BL/W). No período, Stekel cuidava da redação final da discussão sobre onanismo na Sociedade Psicanalítica de Viena e insistia com Freud para escrever um texto de encerramento (Freud, 1912s.; cf. por exemplo a carta de 29/7). Em 17 de agosto de 1912, ele confirmou o recebimento (Bos e Groenendijk, 2007, pp. 184s., 186s.).

Em setembro, vou sim à Inglaterra.[1] Jones[2] está me chamando, é a chance de defender a nossa causa, ou seja, considerações políticas. Ferenczi certamente vai me acompanhar, talvez Brill[3] também.

Envio as minhas lembranças cordiais a você e, por favor, agradeça muito a Ditha pela carta gentil. Espero que não chova demais.

Seu pai[4]

Mais do que nas cartas anteriores, as cartas seguintes da correspondência entre Freud e Mathilde são peças solitárias, no máximo pequenas sequências, na maioria das vezes das férias de verão.

No começo há um grupo de três notícias de Mathilde, de julho de 1914, endereçadas à cidade de Carlsbad.[5] As primeiras duas, escritas em Salegg (Tirol do Sul), tratam antes de tudo da planejada temporada de férias da família em Seis am Schlern, que foi cancelada por causa do início da Primeira Guerra Mundial. No fim de uma carta mais longa de 20/7, Mathilde escreve sobre a situação política: Quais são os horrores que Alexander profetiza para o futuro da Áustria? Aqui também há numerosas discussões políticas e nós, mulheres, estamos de acordo com o ataque contra os servos.

Em um cartão-postal do dia 23, ela toca nos conflitos políticos das Associações em que Freud estava envolvido: Nestes dias, recebi um jornal de Berlim com um artigo muito bom do dr. Reik[6] sobre a his-

---

[1] Originalmente, Freud queria fazer uma viagem à Inglaterra com Ferenczi e Brill (e ainda Rank), mas teve que desistir de seus planos em função de uma doença de Mathilde (cf. p. 32).

[2] Ernest Jones (1879-1958), neurologista com consultório em Londres desde 1913 e, mais tarde, presidente da IPA por muitos anos (Maddox, 2006; F/Jo). Mais detalhes sobre as "considerações políticas" da visita pretendida cf. F/Jo, p. 144s.

[3] Abraham A. Brill (1874-1948), fundador e membro influente da New York Psychoanalytic Society (DIP).

[4] Na sequência desta carta, há um envelope vazio, certamente destinado a uma nota de dinheiro, no qual está escrito "Mathilde/16 de outubro de 1912" (o dia 16/10 era o aniversário de Mathilde).

[5] Estas cartas encontram-se em FML.

[6] Depois do doutorado em Letras, Theodor Reik (1888-1969) tentava construir temporariamente uma carreira como redator, escritor ou algo similar, até começar a praticar a Psicanálise em 1919 (BL/W),

78   SIGMUND FREUD

tória do movimento psicanalítico.[1] Você já o leu, papai querido? Caso contrário, te envio o texto. Em troca, gostaria *muito* de ter um exemplar da "História do movimento psicanalítico"; assim, pelo menos, fico sabendo algo sobre os tempos em que ainda estava demasiadamente pequena para que você pudesse me contar as coisas.

Outra carta, finalmente, do dia 31, já de Viena, termina com o acréscimo de Robert, que, em função do início da guerra, se sentia confirmado no seu pessimismo notório: Muitas saudações, ainda não se imagina o fim de toda essa desgraça.

A família Freud passou os meses de julho e agosto de 1917, nos quais foram escritas as cartas da sequência, em Csorbató (Lago de Csorba), uma estância termal nas Montanhas Tatra, na época parte da Hungria, hoje da Eslováquia, com o nome de Štrbské pleso.

28-Rob   Csorbató, 2/7/17[2]

Querido Robert,

Chegamos depois de uma viagem difícil, a mamãe está com uma forte enxaqueca. Fomos logo recebidos por uma chuva suave, que até o momento encobre a beleza da região, sem poder negá-la. Água e pão, muito bons. Jantar surpreendente. A administração um pouco de cigano. Não se preocupe com os charutos; os que trouxe são tão ruins que não vale a pena. Um abraço e lembranças a Math.

Saudações cordiais,
Papai

---

[1] Certamente, ela está falando do artigo de Reik (1914b) sobre a "História do movimento psicanalítico" (1914d), publicada no *Berliner Tagblatt* [Diário de Berlim].

[2] Cartão-postal destinado a: Sr. / Rob. Hollitscher / Viena / IX Türkenstrasse, 29.

CARTAS AOS FILHOS

29-Math   [Cabeçalho Viena], Csorbató, 22/7/17

Querida Mathilde,

Em sua carta tão extensa e rica que recebi hoje, você expressou o desejo de que eu te escrevesse imediatamente, e, como percebe, me apresso em fazê-lo, endereçando-a, porém, a Viena, porque não é possível calcular se ela ainda te alcança em Baden.[1]

Estamos realmente muito bem. Apreciamos dez dias de beleza inacreditável, o brilho do sol sobrepondo-se ao frio do inverno, nos saciamos, achamos os donos amáveis, apesar das pequenas diferenças, e já estamos bastante conhecidos; a visita de um médico que fala húngaro ainda fortaleceu significativamente a nossa posição. O médico em questão, claro, não é outra pessoa senão Ferenczi, que veio passar 15 dias de férias aqui e achou um quarto em um hotel (Mory) próximo, a dez minutos do lago. Sua companheira, a sra. Pálos,[2] mora em Tatralomnic, a setenta minutos de trem elétrico; na mesma cidade há parentes próximos dos meus pacientes de Budapeste,[3] e você pode imaginar que, nestas circunstâncias, não faltarão companhia e amabilidades. Anninha, que está com uma aparência esplêndida, conheceu, por meio da mesma sra. Pálos, duas meninas muito simpáticas de Budapeste (Basch, parentes de Dirsztay)[4] e não está mais tão sozinha.

Não posso negar que mamãe passou os últimos dias em um estado que Robert descreve como uma combinação de cólera e tifo, e que mesmo hoje, já se levantando e fazendo as refeições, ainda não causa uma impressão muito boa. Mas, lembro-me que, todo ano no

---

[1] Cidade de estância termal a 25 km ao sul de Viena.

[2] A amante de Ferenczi e posterior esposa, Gizella Pálos (1865-1948) (cf. Berman, 2004).

[3] Trata-se da família Von Freund (F/Fer II/2, p. 95 s.; Lévy-Freund, 1990, p. 40), amigos de Freud. O membro de família, do qual se sabe com certeza que fez análise com Freud, é Rószi, a esposa de Anton Von Freund (May, 2007, pp. 598, 607s.). Vide também 79-Martin, p. 154, nota 2.

[4] As "meninas Basch" não foram identificadas. Provavelmente Victor von Dirsztay (1884-1935) foi paciente de Freud, desde 1910 e com algumas interrupções, pelo menos até 1920 (May, 2010).

80 SIGMUND FREUD

verão, ela produz *um* desses estados e espero que logo volte a ficar tão bem quanto antes. O ar das montanhas deixou-lhe com um humor excepcionalmente bom e aumentou bastante o seu apetite. O aniversário[1] não chegou em boa hora. Não conseguimos comprar absolutamente nada. O bazar mais próximo fica em Tatra-Füred (a cinquenta minutos de trem elétrico) e foi vasculhado muitas vezes por nós, sem que pudéssemos achar outra coisa a não ser uma faca de pão com cabo bem-talhado. Não temos o que fazer a não ser manter isso em segredo para que a sra. Pálos, Ferenczi, o dr. Sachs e sua namorada,[2] que também estão hospedados no Hotel Mory, não se sintam na obrigação de ir.

Eu teria tantos detalhes a relatar, que o acervo descrito não seria compreensível. Assim, por exemplo, dizer algo sobre as perspectivas esportivas. Ou sobre os morangos, que são raros e, na realidade, só podem ser encontrados nas clareiras da ferrovia, não há sítios de cultura de morangos como no Salzkammergut ou em Lavarone. Estamos em um leito de mirtilos, que já estão começando a ficar maduros. As framboesas ainda não estão maduras, mas existem em número surpreendente. Ninguém sabe se há cogumelos; por enquanto, as outras espécies selvagens também são raras, apesar de o solo reunir as condições mais favoráveis. Temos esperanças, portanto.

Nas próximas duas semanas, certamente teremos oportunidade de fazer excursões maiores, inclusive nas montanhas, se o clima ficar estável. (Acabaram de prever para amanhã o começo de um período climático ruim). Até o momento, a melhor parte foram algumas caminhadas que fiz sozinho ou junto com Anninha.

---

[1] De Martha.

[2] Hanns Sachs (1881-1947), jurista, desde 1910 membro da Sociedade Psicanalítica de Viena, depois analista didático em Berlim (BL/W). Desde o dia 15 de julho, esteve com a namorada de então, a atriz Grete Ilm (aproximadamente, 1881-1957), em Csorbató (F/Fer II/2, p. 96, nota 6). Sobre Ilm também cf. Jones II, p. 232, o *Jahrbuch der Deutschen Bühnengenossenschaft* [Anuário da Corporação Alemã de Teatro], assim como http://edocs.ub.uni-Frankfurt.de/manskopf/apersonen/htm (acessado em 26/10/2007).

CARTAS AOS FILHOS

O que mais me interessou das suas notícias foi o que você escreveu sobre Robert e o que ele escreveu sobre si mesmo. Espero que Robert continue se sentindo bem quando estão juntos. Estou curioso para saber de suas experiências em Salzburgo. A correspondência aqui é bastante difícil – hoje, por exemplo, chegou um cartão de Oli de nove dias atrás. Ele espera entrar no batalhão n° 32 de Linz. Em outro cartão, ele assina junto com Martin, que visitara em Linz.[1] Ernst parece estar muito cansado de tudo. Os relatos da tia você conhece; ela parece estar resignada.[2]

Estou escrevendo na varanda, sentindo o ar deliciosamente frio, com uma lâmpada elétrica adquirida com muita sorte. Mas está na hora de encerrar com cordiais saudações a você e Robert.

Papai

30-MathRob   Csorbató, 29.7.17[3]

Cumprimento vocês em sua nova morada[4] e desejo-lhes tudo de bom e de prazeroso. Hoje foi colhido aqui o primeiro Herrenpil; Ferenczi destruiu o segundo ao lado, pisando nele.

Saudações cordiais,
Papai

---

[1] Sobre a situação de Oliver naquela época, cf. p. 224. Ele visitara Martin em 19/7/1917.

[2] Minna estava em Grossgmain, na fronteira com a Baviera, perto de Reichenhall (F/MB, p. 284 s.).

[3] Cartão-postal, destinado a: Sr. e sra./Robert Hollitscher/Sanatorium Parsch/bei Salzburg/Österreich.

[4] O sanatório Parsch (cf. as informações em F/AF, p. 229, nota 1) foi várias vezes frequentado por membros da família Freud (cf. a carta seguinte). Parsch, na época um município autônomo, hoje é um bairro de Salzburgo.

82 SIGMUND FREUD

31-Math [Cabeçalho Viena], Bad Gastein, 30/7/19
Villa Wassing[1]

Minha querida Mathilde,

Escrevo a você em meio à chuva sem fim, sendo que o único e triste consolo é que em outros lugares também deve estar chovendo. Pelo menos esta casa bonita e tranquila é muito confortável e temos, quando quisermos, a casa de hóspedes e o [café] tão próximos que permanece, ainda, a satisfação.[2] Hoje, com o céu azul e bonito, fui tão temerário que fiz uma caminhada até Böckstein sem capa de chuva e usando o meu precioso chapéu. Mas, tudo acabou no retorno com o chapéu protegido debaixo do casaco e a troca completa de roupa.

Sexta-feira, dia 25, visitei mamãe em Parsch sem avisar[3] e a encontrei alegre, tranquila e com boa aparência, conheci o médico muito gentil, que é tio do dr. Bernfeld[4] e também meio analista,[5] mas tive que voltar sábado à tarde por causa do horário dos trens. Mas não fui sozinho – fui com Ernst, que também chegara inesperadamente via Grossgmain[6] sábado de manhã. Ele ficou conosco até segunda-feira, às 11h e passou ainda um dia em Parsch. Foi um episódio muito bonito, mas, da famosa vista do Instituto, apenas vi a fortaleza[7] com neblina.

---

[1] O envelope, que provavelmente continha esta carta, é destinado a: Palasthotel/*Semmering*/Baixa Áustria. – Anexada à carta, há um segundo comunicado de Minna, que não foi reproduzido.

[2] De 15 de julho até meados de agosto de 1919, Freud e Minna faziam um tratamento em Bad Gastein (ao Sul da província de Salzburgo). A cidade de Böckstein, mencionada posteriormente, hoje é um bairro de Gastein.

[3] Martha Freud estava se recuperando em Parsch das sequelas de uma gripe grave (F/AF, p. 214, nota 4; cf. 88-Martin, p. 168, nota 2). O dia 26 de julho era o seu aniversário.

[4] Siegfried Bernfeld (1892-1953), doutor em Letras, membro da Sociedade Psicanalítica de Viena, depois morou em Berlim e finalmente na Califórnia (BL/W; Fallend e Reichmayr, 1992).

[5] Provavelmente, o diretor do sanatório, dr. Bernhard Schwarzwald (F/AF, p. 229, nota 1). Ele "está com todos os meus livros na estante", escreve Freud a Anna, e "se acha um analista" (ibid., pp. 216-228).

[6] Em 25 de julho, Ernst visitara Anna Freud e sua amiga Margarethe Rie, que estavam passando férias nesse lugar (F/AF, p. 224).

[7] A fortaleza de Hohensalzburg, o símbolo da cidade.

CARTAS AOS FILHOS

Fazendo pequenas caminhadas, cumprimentando os conhecidos, trabalhando ocasionalmente em um esboço,[1] degustando pratos e não fazendo nada, o tempo em Gastein passa muito rápido e de forma agradável, logo metade da temporada já se passou. A tia leva uma vida muito tranquila, toma o café da manhã sozinha em casa e faz apenas caminhadas curtas comigo. De modo geral, as caminhadas levam a uma das casas de hóspedes ou lanchonetes mais distantes.

Recebi cartas muito contentes da Anninha, e Oli dá provas de existência mudando os endereços das cartas que chegam em Viena.

Somos poupados de muitas coisas desagradáveis com a inacessibilidade dos jornais, que recebo apenas de dois em dois dias e que, na sala de leitura, são sempre de dois dias atrás. Assim, pensamos que tudo aquilo já não é mais verdade. Não quero comentar as despesas; nos acostumamos com o valor verdadeiro da coroa e conseguimos comprar algo de bom por um monte delas, pelo menos.

Agora, quero saber como estão aí, no Eldorado de vocês.[2] Tenha uma boa temporada e dê meus parabéns a Robert pelo aniversário, que está prestes a acontecer, o último, espero, antes de ganhar o primeiro milhão.[3]

Com muitas boas lembranças,
Seu papai

O cenário das cartas que se seguem é sombrio: em abril de 1923, Freud foi operado, pela primeira vez, por causa de um câncer na mandíbula, sem que o tivessem informado sobre o verdadeiro diagnóstico; em seguida, ele teve que se submeter a sessões de radioterapia. E no dia 18 de julho, morreu seu neto preferido, Heinele, que Mathilde e Robert haviam adotado.

---

[1] *Jenseits des Lustprinzips* [Além do princípio do prazer] (Freud, 1920g) (F/Fer II/2, p. 247).
[2] Muito provavelmente, o Semmering.
[3] Uma alusão à inflação da Áustria na época (cf., por exemplo, F/AF, p. 298).

84 SIGMUND FREUD

32-MathRob [Bad Gastein, 12/7/23 Villa Wasing][1,2]

Também acrescento as minhas saudações a vocês dois e confirmo que a titia está se recuperando visivelmente e aguardando tempos melhores. Espero que Klobenstein[3] traga o que estão esperando.

Minhas lembranças aos Rank.[4]

Cordialmente,
Papai

33-MathRob [Cabeçalho Viena], Bad Gastein, 18/7/23

Meus queridos,

Antes de ontem estive em Annenheim,[5] onde encontrei tudo da melhor qualidade: casa, atendimento, refeições, paisagem, temperatura e estado de saúde. O eczema de mamãe regrediu. Lamento ter ouvido

---

[1] O remetente e a data foram transcritos da carta de Minna, à qual estas linhas foram acrescentadas. A carta de Minna não é reproduzida aqui. – O respectivo envelope teve como destinatário: Sra. Mathilde Hollitscher/Hotel Post/*Klobenstein*/am Ritten/Bolzano, Itália.

[2] Em julho de 1923, Freud fazia um tratamento em Bad Gastein junto com Minna, que antes estivera em Bad Reichenhall para recuperar-se de uma doença cardíaca. Em sua carta, acrescentadas as linhas acima (publicadas, com um acréscimo de Freud, em F/MB, p. 194 s.), ela expressa suas condolências a Mathilde ("Querido coração") pela morte de Heinele, depois de muitas tentativas fracassadas, como ela escreve.

[3] Mathilde e Robert estavam querendo partir para Klobenstein em 15 de julho, motivados pelo desejo da tia de "que vocês se reconstituam pelo menos fisicamente e se tranquilizem um pouco [por dentro]. Afinal, você gosta tanto desse lugar [...]" (F/MB, p. 294; vide, p. 67).

[4] Otto Rank (1884-1939), doutor em Letras, desde 1906 secretário da Sociedade das Quartas-Feiras e da Sociedade Psicanalítica de Viena, até 1924 diretor da Editora Psicanalítica. Em 1926, emigra para a França e depois para os Estados Unidos (Lieberman, 1985; BL/W). Rank passou o verão de 1923 com sua esposa, Beata, em Klobenstein (Rbr. IV, p. 98), onde trabalhava com Ferenczi, em autoria conjunta, no livro *Entwicklungsziele der Psychoanalyse* [Objetivos do desenvolvimento da psicanálise].

[5] Lugar no Lago de Ossiach, na província de Kärnten, para onde foram Martha, Anna e o pequeno Ernst Halberstadt no início de julho (455-Max, pp. 552-553); há muito tempo, uma das estâncias termais preferidas dos Freud (cf. Molnar, 2006b).

CARTAS AOS FILHOS

falar que vocês estão insatisfeitos e pensando em alterações, o que não coincide com o relato de Rank[1] sobre ambos.

Vocês devem estar sabendo da catástrofe em Berlim.[2] Para tia Mitzi, isso deve ser insuportável.

Martin trouxe uma diarreia de Trieste, assim como o seu filho. Vi Esti e o menino na estação ferroviária a caminho de Mallnitz; ela prometeu nos visitar.[3]

Penso em prosseguir para Lavarone, onde eu também espero encontrar com vocês. Ainda dependo da resposta de Hajek para saber se *preciso* ir a Gastein para me consultar, o que faria contra a minha vontade.[4]

A tia se recupera muito bem e quer prolongar a temporada aqui. Meu estado não tem como estar excelente sob efeito triplo: da radioterapia, dos banhos e do luto.

As minhas lembranças cordiais,
Papai

---

[1] Parece que a carta mencionada de Rank a Freud não foi conservada.

[2] Theodor, o filho de 18 anos de Maria Freud, se afogara. Maria ("Mitzi") Freud (1861-1942), a terceira mais velha das irmãs de Freud, vivia em Berlim (Tögel, 2004; Murken, 2004).

[3] Sobre Ernestine ("Esti"), a esposa de Martin, e seu filho, Anton Walter, cf. p. 111-115. Martin queria levar a esposa e o filho, que passavam as férias no norte da Itália, a Mallnitz (a 15 km ao sul de Bad Gastein) via Trieste, mas os deixou em Villach porque o menino tinha adoecido (F/AF, p. 431).

[4] Markus Hajek (1861-1941), professor de laringologia em Viena. Ele realizara a primeira cirurgia no câncer de Freud em abril de 1923 e exigido essa consulta de controle para o final de julho (F/AF, p. 435, nota 2). – A temporada veranista com a esposa, a filha e o neto em Lavarone (durante todo o mês de agosto) se realizou, inclusive houve o encontro com Mathilde e Robert lá.

86   SIGMUND FREUD

34-Rob   Lavarone, 10/8/23[1,2]

Querido Robert,

Você está muito bem-justificado, portanto.[3] Além da carta anexada do Conselho Municipal, uma intervenção pessoal do médico, que pediu que a denúncia fosse retirada porque esses atos de *violenza* são punidos com 1 a 5 anos. Dizem que o verdadeiro culpado seria o professor, que se considera comandante da milícia fascista, não está muito bem da cabeça, aliás um Bertoldi e primo do dono do nosso hotel.[4] Também já foi demitido pelo município. Penso que agi de acordo com a sua vontade quando concordei com o arquivamento do processo; à carta do município, respondi no mesmo tom solene.

O tempo está muito bom, está fazendo *muito* calor aqui.

Cordiais lembranças,
Papai

---

[1] Acréscimo a uma carta de Martha para Mathilde de 9/8, que não foi reproduzida aqui. – O respectivo envelope foi endereçado primeiramente a: Sr. e sra./Robert Hollitscher/*Viena IX*/Türkenstr. 29; esse endereço foi riscado e substituído, também com a letra de Freud: *Rodaun perto de Viena*/Sanator dr. Gorlitzer; esse segundo endereço foi riscado por outra pessoa e novamente substituído pelo primeiro.

[2] Em sua carta, para a qual este comunicado é um acréscimo, Martha escreve: "No que diz respeito ao 'caso' de Robert, ontem o médico local procurou papai para pedir desculpas e hoje até chegou uma carta cordial do Município, que Robert vai encaminhar ao papai. A carta anexada de Ditha chegou ontem; imaginei se vocês ainda se encontravam em Bolzano!"

[3] Não se sabe nada além das informações contidas nesta carta sobre o assunto aqui tratado.

[4] Isto é, do proprietário do Hotel du Lac em Lavarone (cf. Mathilde/Meus queridos, 15-16/7/1910; SFP; LoC).

CARTAS AOS FILHOS

35-Math   Lavarone, 11/8/23[1]

Querida Math,
   Aceitando o conselho de mamãe, uma carta com anexos interessantes para vocês foi encaminhada a Rodaun.[2,3] Aqui está fazendo um calor horrível, nenhuma gota de chuva. Ainda sem jornal.

Cord. papai

36-Math   Lavarone, 26/8/23[4]

Querida Math,
   Uma avalanche de visitas nestes dias,[5] Eitingon,[6] Rank, Ferenczi, Emden e meu médico pessoal, dr. Deutsch,[7] que permite que eu vá a Roma.[8] A invasão vai se repetir de novo no dia 29, com Jones, Abraham,[9] Sachs, depois Eitingon parte com Ernst[inho][10] e, no dia seguinte, partiremos

---

[1] Cartão-postal, endereçado a Viena.

[2] "Math e Rob. ficaram os primeiros dias conosco [em Lavarone], seguiram agora para Rodaun." (F/Amalia Freud, 10/8/1923; SFP/LoC). Até 1938, Rodaun, hoje um bairro de Viena, era um município autônomo.

[3] Cf. a carta anterior com nota a. O cartão foi enviado como medida de segurança, para o caso de o envio do dia anterior ter sido para o endereço errado.

[4] Cartão-postal, endereçado a: Pension Quisiana/Baden, Baixa Áustria/Áustria.

[5] Os membros do "Comitê", do diretório informal da IPA (Abraham, Eitingon, Ferenczi, Jones, Rank, Sachs), se encontraram sem Freud em San Cristoforo, perto de Lavarone.

[6] Max Eitingon (1881-1943), psiquiatra em Berlim desde 1909. Fundador, patrocinador principal e diretor do Instituto Psicanalítico de Berlim. Emigrou em 1933 para Jerusalém (cf. F/E).

[7] Dr. Felix Deutsch (1884-1964), clínico geral, membro da Sociedade Psicanalítica de Viena desde 1922. Tinha sido o médico de Freud, mas perdeu a confiança deste por não ter lhe revelado que estava sofrendo de câncer (BL/W).

[8] Freud fez essa viagem a Roma junto com Anna. Um breve cartão-postal de 1/9/1923, que mandou a Mathilde e Robert, não é reproduzido aqui (vide F/Reise, p. 382).

[9] Karl Abraham (1877-1925); desde 1907, ele tinha um consultório de neurologia em Berlim. Fundador e, até a morte, diretor da Sociedade Psicanalítica de Berlim (vide F/A).

[10] Ernst Wolfgang, o filho mais velho de Sophie e Max, que passou as férias de verão com os avós.

88   SIGMUND FREUD

nós. Mamãe ainda não sabe; então, assim que você receber este cartão, e se não tiver respondido ainda, por favor mande um telegrama a ela, para saber se ela tem como se acomodar em Baden.

Lembranças cordiais a você e Robert,
Papai[1]

37-Math   [Cabeçalho Viena], Semmering, 13/8/1928[2]

Minha querida Math,

Realmente uma carta desnecessária! Por que simplesmente não pegou o trem para vir até aqui?[3] O que você tem a ver com os outros visitantes?[4] Aliás, com a saída de Ruth,[5] um lugar à mesa ficou livre. Em geral, as semanas vindouras serão mais tranquilas.

Vir apenas por um dia é muito incômodo e não é suficiente. Venha por quanto tempo puder e, claro, enquanto eu estiver aqui. Partiremos no dia 30,[6] mamãe e titia alguns dias depois.

Providenciaremos um quarto simpático para você, com certeza. Antes e depois, informe aos conhecidos que vou a Berlim para visitar os filhos. Faltam apenas duas semanas e meia, portanto, não deixe para depois.

---

[1] Entre essa carta e a seguinte há ainda um envelope vazio, que continha outro presente em dinheiro de aniversário, no qual estava escrito: "Mathilde/para a realização de qualquer desejo/16 de out de 1924/£ 15/Papai."

[2] O respectivo envelope é endereçado a: Pension Rischawy/*Alt-Aussee*/Steiermark [Estíria]

[3] Isto é, até o Semmering, onde Freud passava suas férias de verão de 1924 a 1928.

[4] Nesse verão, Freud fazia o tratamento analítico de Dorothy Burlingham. A presença de seu marido, do qual se separara em 1921, causou certa agitação; ele era tido como maníaco-depressivo (Burlingham, 1989). Em 16/8, Anna escreveu a Eitingon (AFP/LoC): "Aqui, finalmente, um período muito agitado e inquietante chegou ao seu fim. Segunda-feira à noite [= no dia 13], dr. Burlingham [...] partiu para Budapeste, onde vai ficar por enquanto, contra a sua vontade."

[5] Ruth Mack Brunswick (1897-1946), psiquiatra americana, em análise com Freud desde 1922, depois analista até 1938 em Viena (BL/W; DIP). Para Freud, pertencia "quase à família" (232-Ernst, pp. 332-333).

[6] A Berlim, para a primeira de quatro viagens de tratamento com o prof. Schröder (vide 232-Ernst, p. 333, nota 5, e 240s.-Ernst, pp. 338-339).

CARTAS AOS FILHOS

Espero ver você em breve.
Lembranças cordiais,

Papai

38-Math   [Cabeçalho Viena], Früh, 19/6/1929
                                                              Schneewinkel

Minha querida Math,

Não contarei a você como aqui é bonito; não quero estragar o seu próprio julgamento.[1] Apenas isto: seria o lugar certo para você, e certamente é o lugar certo para nós. E, por 1.500 marcos, é quase de graça.

Eu poderia recuperar algo. Deixei meu telescópio em casa (atrás da cristaleira, na minha segunda sala), porque não me lembrava da vista. Você se arrisca a enviá-lo para mim em um pacote? Se não quiser, teria como levá-lo a Gmunden[2] e de lá fazê-lo chegar até aqui?

Infelizmente, dr. Ruths[3] já chega amanhã, dr. McCord[4] depois de amanhã. Mas assim a temporada fica mais barata.

Mamãe estaria feliz, se não tivesse o problema das suas mãos.

Envio minhas lembranças cordiais a você e Robert,

Papai

---

[1] A casa de veraneio de Freud deste ano foi a Schneewinkellehen, em Berchtesgaden. Ele se mostrou especialmente satisfeito com sua escolha (vide também 256-Ernst, pp. 352-353). Mathilde e Robert, que passavam suas férias em Gmain, um lugar próximo, o visitaram (F/RMB, 21/7/1929).

[2] À beira do lago Traunsee, no Salzkammergut.

[3] Johannes Carl Ruths (1879-1935), um industrial sueco, era paciente de Freud (Tögel, 2006, pp. 102-104).

[4] Clinton Preston McCord (1881-1953), médico, membro da Associação novaiorquina de Psicanálise fazia análise com Freud naquela época (F/Fer III/2, p. 212, nota 2).

90   Sigmund Freud

39-Math   [Cabeçalho Viena], Tegel, 13.X.29

Minha querida Math,

Sinto não poder estar em casa ainda para o seu aniversário.[1] Mesmo não me demorando muito mais, aproveito a gentil oportunidade de me servir do jovem dentista, o dr. Weinmann,[2] como mensageiro, já que ele veio a Berlim por minha causa e vai partir antes. Minhas saudações mais cordiais a você e Robert. Queria poder fazer algo para a sua saúde.

Papai

Anexo: o ganho de um dia aqui.[3]

40-Math   [Cabeçalho Viena], 9/5/1930

Minha querida Math,

Suas flores[4] estão na minha frente, enquanto te agradeço de coração; elas me lembram, junto com as outras, rosas, orquídeas, lírios-do-vale, o quanto é impossível escapar do destino. Já está bom se o destino não se torna mais desagradável.

Hoje o frio está terrível. Ontem ainda dizíamos que era uma pena que você não estivesse aqui para se recuperar bem.

Saudações cordiais a você e Robert,

Papai[5]

---

[1] De 15/9 até o final de outubro, Freud fez a terceira de suas séries de tratamento com o prof. Schröder em Berlim.

[2] Josef Weinmann (1896-1960), dentista vienense que, desde o outono de 1929, tratava Freud conforme as instruções de Schröder (F/E, p. 709, nota 1; IKG/W; cf. Aichhorn e Schröter, 2007, p. 43).

[3] Dois pacientes de análise de Freud, Marie Bonaparte e Smiley Blanton, acompanharam-no a Berlim (F/E, p. 654).

[4] De aniversário. O cartão foi escrito em Berlim, durante a última fase do tratamento com Schröder.

[5] Dos anos seguintes se conservaram mais envelopes vazios com alguma anotação, que certamente continham dinheiro (em 1933, claramente divisas) para o aniversário (16/10) ou para o dia do casamento (7/2), uma vez também para uma ajuda financeira: "Math/para 7/2/1932"; "Math/Com meus agradecimentos cordiais por um ato subsidiário [de ajuda]/Papai"; "Do Papai, com saudações cordiais e seguro contra perdas de câmbio / 16 de out. de 1933"; "Mathilde/para 16/10/1934/cordialmente do/ Papai"; Math para 7/2/1935/Papai".

CARTAS AOS FILHOS

41-Math   [Cabeçalho Viena], 16/7/1935[1]

A sua carta de hoje para mamãe me deixou muito triste. É verão, tempo de férias e a única oportunidade de descansar do nosso clima. Acho necessário te dar conselhos urgentes, passando por cima de todas as suas prováveis objeções.

Se Aussee não trouxer uma melhora para o seu estado, penso que seria um grande erro permanecer aí. Estou sabendo que Marie[2] está com dinheiro de vocês, que querem aplicar dessa forma. Mas isso me parece ser uma má especulação; isso não deve ter importância quando se trata da saúde. Vou lhe fazer uma proposta e é com prazer que assumo todas as despesas de sua realização. Diga a Robert que supere a sua relutância por ocasião do aniversário de 60 anos.

A proposta é vocês dois irem o mais rápido possível a Graefenberg, ao sanatório de Reinhold,[3] e que você permaneça por mais tempo lá quando Robert tiver que voltar a Viena. Somente em um sanatório com uma direção excelente você pode encontrar o conforto e os cuidados de que está precisando. Na minha opinião, você também não pode dispensar a supervisão médica. Reinhold tem uma reputação especial como terapeuta consciencioso, os Deutsch[4] o têm em alta estima, ele acabou de retornar de lá. Também o conheço um pouco. Parece-me ser uma boa solução.

Como titio tem uma conta tcheca, não será difícil para Martin providenciar dinheiro para vocês. Façam-me esse favor, decidam logo e me deem notícia em seguida.

Saudações cordiais,
Papai[5]

---

[1] O respectivo envelope é endereçado a: Sra. Mathilde Hollitscher/a/c Rischawy/ Alt-Aussee.

[2] Marie Rischawy (vide 14-Math, p. 53, nota 2).

[3] Dr. Josef Reinhold (1885-1947), diretor do antigo sanatório *Priessnitz* em Gräfenberg, que, antes de 1918, fazia parte da Silésia Austríaca e agora Rep. Tcheca.

[4] Felix e sua esposa Helene Deutsch (1884-1982). Ela fundou, em 1925, o instituto de ensino da Sociedade Psicanalítica de Viena, que dirigiu até a emigração para Boston em 1934 (BL/W; Roazen 1989).

[5] Seguem mais dois envelopes com anotações, que certamente continham presentes em forma de dinheiro para o aniversário: "Math/para 16 de out. de 1935/cordialmente Papai"; "Para a sua querida Mathilde/16/10/1936".

Martin Freud (1889-1967)

Esboço biográfico

O nome completo de Martin Freud era Jean Martin, como o famoso neurologista Jean Martin Charcot, objeto da viagem de estudos de Freud a Paris, pouco antes de inaugurar seu consultório. Martin nasceu em 7 de dezembro de 1889. Fiel à postura antirreligiosa, seu pai não deixou que fosse submetido à circuncisão, como no caso dos outros filhos. Muitos anos depois, Freud escreveu sobre seu filho mais velho, que não seria o preferido da mãe, que o tratava quase de forma injusta; enquanto ele, Freud, faltaria no rigor com ele.[1]

Martin teve as primeiras lições escolares com professoras particulares, até o outono de 1899, quando passou a frequentar a escola fundamental, para se preparar para o ingresso no ginásio. Sua autoconfiança ficou perceptível quando, no fim do ano escolar, aproximou-se do professor para, na frente da turma, agradecê-lo em um breve discurso. A partir de 1900, frequentou durante oito anos o ginásio imperial e real Maximilians em Viena. Seu rendimento às vezes era motivo de preocupação para os pais, pois sempre ficava atrás do de seu irmão Oliver. No primeiro ano, seu desempenho foi avaliado, em média, como "satisfatório"; no terceiro, a média caiu para "regular"; depois houve uma melhora. Somente no último ano Martin obteve "louvável" e "satisfatório" para quase todas as notas e no exame final recebeu, para a surpresa de todos, um "aprovado com distinção". O único

---

[1] Rice, 1994, p. 251s. (sem circuncisão); F/J, p. 435 (não o filho preferido).

"excelente" que aparece nos seus boletins se refere à educação física. Após o exame final, fez sua primeira viagem de férias sem os pais.[1]

Para o semestre de inverno de 1908/09, Martin se inscreveu como "estudante ordinário das ciências jurídicas e do estado" na Universidade de Viena. No primeiro ano dos estudos, ainda frequentou a Seção Geral da Academia de Exportação do Museu Imperial e Real austríaco do comércio, no qual seu tio Alexander era professor, mas acabou seguindo o conselho do pai e optando pelo Direito. Terminou o curso com o título de doutor, depois de três exames, nos quais tinha sido aprovado como "bem-sucedido"; seu diploma de doutorado é datado de 28 de novembro de 1913. Depois, quis fazer um estágio (não remunerado) de um ano em um tribunal de Salzburgo – que escolhera pela proximidade das montanhas –, e seu pai usou de toda a sua influência para que fosse mesmo para lá. Mas, parece que obteve a vaga somente em junho de 1914. E sua atividade em Salzburgo foi interrompida devido ao início da Primeira Guerra Mundial.[2]

Quando criança, Martin se destacava entre os irmãos sobretudo por seus poemas (A raposa faz a corte à gansa: "Te amo / de todo meu coração / venha, me beije, / de todos os animais / você poderia ser aquele do qual mais gosto." O menino de sete anos assinava suas obras e também suas cartas como "Poeta Martin Freud". Nas férias vivia mergulhado em suas fantasias, segundo os relatos do pai. Assim, em um comentário de 1901, Freud relata: "Martin agora faz um pouco de poesia, desenha e pinta, na maioria das vezes, fantasias bem-humoradas com animais." Durante toda a vida, ele se orgulhou da sua imaginação. Embora tenha chegado finalmente à conclusão: "Não sou poeta", manteve certa ambição literária, o que mostram os numerosos poemas de ocasião que fez, assim como o romance **Parole**

---

[1] OFI, p. 7 s., Martha Freud/E. Reiss, 3/5/1951 (SFP/LoC) (professoras particulares); F/Fl, p. 414 (5ª série); MaF, pp. 37, III, 153 (Martin na escola); boletins anuais no ginásio (FMW), boletim final (FML); F/AF, p. 51 (primeira viagem de férias).

[2] Boletim da Academia de Exportação, boletins dos exames de estado e o diploma de doutor (FML); MaF, p. 170s. (opção pelo curso de Direito); ibid., p. 188 (influência do pai); F/Fer I/2, p. 312, cf. p. 127 (junho de 1914).

d'honneur [Palavra de honra], *publicado em 1939, bem como as memórias sobre o pai.*[1]

Na época do ginásio e da universidade, outras atitudes eram características de Martin. Ele relata que, quando aluno, fazia um treino baseado em um livro didático, até se tornar suficientemente forte para dar uma surra nos seus inimigos da turma. Sempre inclinado a defender sua honra de forma violenta, ingressou como estudante em uma associação judaica de luta, a Kadimah, o que seu pai teria visto com bons olhos. Transformou-se em um esgrimista temido. Em uma "rixa" entre estudantes judaicos e alemães-austriacos, foi ferido. Seu vulnerável sentimento de honra ficou evidente em uma experiência na escola que demandou a ajuda paterna: ele levara uma bofetada na pista de gelo, sem poder se vingar, o que o abalou até as entranhas – como se "todo o meu futuro tivesse sido destruído". Em casa, Freud o chamou para seu escritório e o fez contar o episódio. Martin acabou esquecendo as palavras do pai, mas guardou seu teor, a saber: "que o Pai não questionou o direito moral de revidar quando alguém é agredido." A intervenção de Freud parece ter proporcionado um efeito catártico. Quando Martin, no entanto, se manifestou publicamente contra uma proibição de duelo e acabou sendo punido por isso, teve que arcar sozinho com as consequências. Mesmo sendo observado, por outros, que a mãe educou os filhos com a aprovação de Freud, "de forma muito distante da Psicanálise", eles, sem dúvida, se aproveitaram da sabedoria psicoterapêutica do pai.[2]

Martin se tornou (e permaneceu) um alpinista e esquiador entusiástico. Suas excursões alpinas não eram sem risco. Em 1913, organizou a busca por um amigo que se acidentara nas montanhas, mas apenas identificaram o local do acidente. Freud observou na época que Martin

---

[1] F/Fl, pp. 334, 249, 399, 489 e MaF, p. 83 (Martin como poeta); MaF, p. 66 (fantasia/ imaginação); SoF, p. 91 ("não era poeta"); M. Freud, 1939, MaF (poemas de ocasião etc.); algumas citações de *Parole d'honneur* em Fry, 2009. Uma série de textos literários não publicados do acervo de Martin Freud se encontra em FML.

[2] MaF, pp. 112, 165, 175s. (treino, Kadimah, "rixa"); Wald., p. 27 (esgrimista temido); MaF, pp. 47-50, 165-167 (bofetada, proibição do duelo); F/LAS, p. 271 ("muito distantes da Psicanálise").

"sempre foi um bom rapaz valente nesses casos". A partir de 1910, ele prestou serviço militar por um ano como voluntário. Como o pai não permitiu que entrasse na cavalaria, ele optou pela artilharia. Seu serviço militar terminou antes da hora quando, no começo de 1910, fraturou o fêmur em uma excursão de esqui. Sem dúvida, Martin tinha razão quando, já mais velho, escreveu que "não tinha nenhum talento para ficar quieto, nem qualquer predileção por uma vida pacífica".[1]

Desde jovem, Martin já mostrava um vivo interesse pelo sexo oposto. Com doze anos, conforme contou orgulhosamente mais tarde, deu um jeito de dar uma olhada na cabana de praia de um lago, enquanto duas meninas trocavam de roupa. Sobre o verão de 1909, narra um namoro de férias, e só ele poderia ter sido o filho de Freud que, por volta de 1911, teve um caso com uma mulher de 21 anos que fazia parte do círculo social de uma paciente holandesa de Freud, de modo que o psicanalista ocasionalmente via nela sua futura nora. Alguns psicanalistas julgavam que o jovem de bigode e topete alto, que aparece nas fotografias da época, "com exceção de todas as regras, não possuía inconsciente nem supereu".[2]

Desde cedo Freud achava que seus filhos careciam de educação sexual. Contudo, ele rejeitava a ideia de a educação sexual ser dada pelos pais e preferia emprestar aos seus filhos a obra de medicina popular intitulada Die Gesundheit [A saúde] *para este fim. Alertou Oliver com relação ao onanismo, quando este estava com 16 anos. Depois do exame final do ginásio, mandou os dois filhos mais velhos, junto com Lampl, para um dos seus seguidores vienenses, um dermatologista, "e este tinha que nos dar instruções sobre sexo para nos proteger de qualquer infecção e doenças venéreas". Como Ernst, o filho mais novo, não estava em Viena naquela época, Lampl teve que lhe passar as informações ob-*

---

[1] 341-Max, p. 438, nota 2 (acidente do amigo, "bom rapaz valente"); MaF, p. 178 (artilharia); ibid., pp. 185-187, F/Fer I/1, p. 348, I/2, p. 46 (fratura); MaF, p. 165 ("ficar quieto").

[2] MaF, pp. 86s., 159 (meninas); Stroeken, 2009, pp. 11, 17 (holandesa); livro de registros da Universidade de Viena (FML) (foto; cf. p. 101; MaF, p. 187 ("não possuía inconsciente").

tidas.[1] *O próprio Freud deu outro conselho: quando Martin estava com 'dor de cotovelo' e pediu ajuda ao seu pai (que conhecia a garota), este teria dado a seguinte explicação:*[2] *"Seu erro é que não é suficientemente agressivo. Se tivesse ficado bruto quando ela te atormentava, se tivesse gritado ou, melhor ainda, dado umas bofetadas, vocês talvez tivessem desenvolvido uma relação feliz."*

No começo da Primeira Guerra Mundial, Martin não foi recrutado em um primeiro momento, por estar incapacitado em consequência da fratura no fêmur. Mas ele se alistou como voluntário, embora seu pai lhe tivesse desaconselhado a fazê-lo. Freud respondeu à decisão do filho com um consentimento preocupado. Em setembro de 1914, Martin foi transferido a Bolzano para o treinamento militar, de onde seguiu, em janeiro de 1915, para a Galícia. Durante a passagem por Viena, Freud o viu na estação e escreveu depois ao seu discípulo e amigo em Berlim, Karl Abraham: "Pensei evidentemente na dúvida sobre se, e como o reveríamos." Seus temores não devem ter diminuído quando Martin lhe passou a impressão de que considerava a guerra uma excursão esportiva. De fato, este ainda confirmou, quando mais velho: "A verdade é que, aquela época [a Primeira Guerra Mundial] foi o tempo mais feliz da minha vida."[3]

Até o outono de 1915, Martin ficou no front *na Galícia, onde participou, a partir de maio, de uma grande ofensiva das tropas austro--húngaros como cavaleiro de patrulha. Na noite de 8 para 9 de julho, Freud teve um sonho cujo "conteúdo nitidamente [foi] a morte dos filhos, de Martin em primeiro lugar" e que ele interpretou como um "desafio atrevido aos poderes ocultos, após a leitura de um livro que cobrava, logo de mim, devoção religiosa". Em 1º de agosto, relatou: "Martin passou*

---

[1] MaF, p. 87, Bleuler/Freud, 8/5/1909 (SFP/LoC), F/Pf, p. 40 (educação sexual); Roazen, 1993, p. 180 (onanismo); Lampl-Int., p. I/7s. (no dermatologista [Maximilian Steiner]).

[2] M. Freud: Some lessons in gentleness, fortitude and other manners I had from my father (FML), p. 4s. pp. 123-125.

[3] 54-Martin (consentimento preocupado); F/A, p. 474 ("clareza"); 63-Martin, pp. 135-137 e abaixo, p. 138 (excursão esportiva); MaF, p. 192 ("tempo mais feliz").

por batalhas difíceis, levou um tiro de raspão no braço direito e outro que atravessou o quepe, ambos sem atrapalhar sua capacidade de ação." Depois, em carta de 17 de outubro: "Quarta-feira, dia 13, de manhã fui acordado por uma figura escura, que se apresentou aos meus sentidos sonolentos como meu filho Martin. Ele tinha uma aparência muito boa, era aspirante a oficial, usava uma grande medalha prata de bravura no seu uniforme emporcalhado, mostrou orgulhosamente a entrada e a saída da bala no seu quepe e estava de viagem [...] para algum posto de artilharia posicionado contra a Itália." E Freud continua: "Em sua essência, ele não mudou; pelo contrário: ficou mais atrevido e confiante, decidido a se casar assim que voltasse, sem ter que se preocupar com seu futuro civil. Naturalmente, ele também passou por dificuldades; sem as quais ele não vive. Foi informado de que seu major o promovera, o único judeu do regimento, o 'judeu de merda', e ele não hesitou nem por um momento em denunciá-lo e desafiá-lo a um duelo conforme as regras."[1]

Depois de um período de tranquilidade, Martin, em dezembro de 1915, envolveu-se em batalhas de artilharia com as tropas italianas nas montanhas. No começo de 1916, foi nomeado alferes (dois anos mais tarde, tenente, tendo recebido quatro condecorações). Em junho, voltou ao front *russo, no fim de setembro estava de volta a Tirol do Sul. Em 10 de dezembro de 1916, Freud registrou em sua agenda: "Martin entrou no estado-maior [cadre]."*[2] *Depois de ter passado um tempo em Viena, em seguida meio ano em Linz, voltou em 21 de agosto de 1917 para a campanha, no meio da 11ª do Isonzo. Ele relatava ao pai a ambição de se distinguir, se possível, no* front *mais avançado. No ano seguinte, em 18 de junho, Freud escreve a Ferenczi: "Martin está participando da ofensiva do Piave, e, desta vez, é uma batalha dura"; e, no dia 29:*

---

[1] OFI, p. 15s., F/Fer II/1, p. 124, MaF, pp. 193-196 (ofensiva); F/Fer II/1, p. 127 (sonho); F/A, p. 504 ("tiro de raspão"); F/Fer II/1, p. 148s. ("Quarta-feira de manhã").

[2] Pela definição de *Meyers Konversations-Lexikon* [Enciclopédia Meyer] (4ª ed., 1885-1892, vol. 9), *cadre* é o "contingente permanente da tropa em soldados profissionais, nomeadamente em oficiais e suboficiais, que são incumbidos do treinamento dos recrutados, e em equipes que servem por mais tempo, portanto o quadro no qual são inseridas as reservas etc. em caso de guerra."

"*Não tivemos notícia de Martin durante oito dias. Como sabíamos que estava em meio à ofensiva era uma sensação muito desagradável, e o medo por ele agora está mais atormentador do que nas outras vezes, ou, quem sabe, pela primeira vez, senti um verdadeiro tormento [...].*" *Submetendo sua preocupação a uma análise, reconheceu uma "suposta contribuição neurótica": "Havia uma porção de inveja dos seus filhos, que nunca sentira, a saber: inveja da juventude." Em 1919, Freud acolheu um sonho relacionado com sua interpretação na nova edição de sua* Traumdeutung [A interpretação dos sonhos].[1]

Com a chegada do fim da guerra, Martin foi confrontado com a falta de perspectivas profissionais. Na ocasião do armistício, ele, como todo o seu batalhão, se tornou prisioneiro de guerra da Itália, sendo que a família apenas foi informada depois de seis semanas de incerteza. Desde o verão de 1914, Freud se preocupava com o filho mais velho – de acordo com seus comentários, muito mais do que com os outros filhos, o que certamente tinha a ver com o lado temerário de Martin. Agora esse período tinha acabado. No início de agosto de 1919, Martin voltou da Itália para casa.[2]

Já em 1915, ele tomara a decisão de se casar após a guerra. Provavelmente na primavera ou no verão de 1917,[3] Martin conheceu a mulher certa para a realização do seu plano. Ernestine ("Esti") Drucker (1895-1980) era a filha de um advogado judeu bem-sucedido, que, entre outros escritos, publicara Die Suggestion und ihre forensische Bedeutung [A sugestão e seu significado forense] e que não tinha uma boa opinião sobre Freud. O homem não gostou da escolha de sua filha: queria um genro abastado. Para Martin, entretanto, Esti correspondia a um desejo

---

[1] F/Fer II/1, p. 165 (batalhas da artilharia); F/Kal (alferes, tenente, *cadre*, campanha); M. Freud, Resume, 3/11/1949 (FML) (quatro decorações); 380-Max, pp. 473-474, F/A, pp. 524, 533 (*front* russo-Tirol do Sul); 386-SophMax, pp. 479-482 e a seguir, p. 164; cf. p. 166 (no *front* mais avançado); F/Fer II/2, pp. 161 e 163s. (ofensiva do Piave, "inveja"); Freud, 1900a, pp. 564-566, cf. 1922a, p. 166 (sonho).

[2] Cf. p. 171s (perspectivas profissionais); cf. a seguir, p. 183, MaF, p. 198s. (volta para casa).

[3] Essa data é provável pelo fato de Martin, nessa época, não ter ficado no *front*, mas em Linz.

que já projetara com seu amigo Lampl: casar com uma mulher rica. Em fevereiro de 1918 foram trocadas as primeiras cartas pelo correio militar – ela sinalizara que só queria saber dele quando já estivesse no front. Durante as férias seguintes do front, o relacionamento se aprofundou em poucos dias, tanto que os dois começaram a se tratar de "você" e a falar sobre o casamento. No início de setembro, durante mais um período de férias, ficaram oficialmente noivos. Por causa da prisão de guerra de Martin, o noivado oficial só pôde acontecer um ano mais tarde. Quando apresentou sua futura esposa em casa, Freud sussurrou para ele: "Bonita demais para a nossa família." Em 7 de dezembro de 1919, no aniversário de Martin, foi celebrado o casamento.[1]

O começo desse casamento ficou prejudicado devido aos problemas do pós-guerra. Para Martin, a carreira da advocacia estava inicialmente barrada, porque ele não podia se dar ao luxo de passar pelo período preparativo de muitos anos com remuneração baixa. O sogro lhe arrumou um emprego como secretário em um banco recém-fundado, bem como um apartamento – na mesma casa no endereço Franz-Josefs-Kai, 65, onde ele mesmo morava. Freud era obrigado a sustentar financeiramente o novo casal pelo menos até o começo de 1921, sendo que os sogros também ajudaram constantemente. No verão de 1920, Martin mudou para a Treuga, "uma nova e grande companhia comercial holandesa-austríaca", onde ingressou como "secretário da direção com um salário muito mais alto e melhores chances para o futuro". Quando a empresa fechou em 1924, ele tomou conhecimento que o velho Drucker, desde 1919, o registrara como aspirante, de forma que pôde trabalhar como advogado; mas, somente em outubro de 1933 ele foi inscrito na lista da câmara dos advogados. De novembro de 1924 a julho de 1927, dirigiu a seção de empréstimo do banco fiduciário Fides. Ele perdeu o emprego (que conseguira, mais uma vez, por meio de indicação) quando a seção foi abolida. Depois trabalhou como "parceiro de um

---

[1] As informações desse parágrafo seguem SoF, pp. 62-71, assim como 37s., 75s.; além disso: Wald., p. 29 (casar com uma mulher rica); cf. p. 167 (2 de julho).

CARTAS AOS FILHOS

instituto bancário privado", sendo responsável pelo financiamento de automóveis em prestações. Diversas vezes, Martin trabalhou também como jornalista de economia. Por outro lado, há informações de que, a partir de março de 1929, ele voltou a ficar sem emprego, de modo que Freud teve que apoiá-lo financeiramente, sendo que, em dezembro de 1931, ele fica novamente sem renda. Nos anos 1920, Freud comenta que seu filho teria mais espírito e humor [...] do que um funcionário de banco conseguiria ter.[1]

Todos os filhos de Freud tiveram, na medida do possível, uma vida feliz à exceção de Martin. Logo surgiram brigas – por exemplo, porque Esti era menos econômica na administração da casa do que seu marido achava necessário. Entre os Freud, ela era considerada "desmesuradamente ambiciosa e ativa, porém não muito inteligente" e incapaz de aceitar o marido como ele era. Em março de 1922, Freud comentou que Esti era "uma colérica descomunal": "Martin não está enganado quando diz que não fez um grande lance com ela." Sophie, a filha dos dois, também achava a mãe bastante brigona. Em 1938, Freud se manifestou de forma particularmente dura sobre Esti: "Ela não apenas é malignamente doida, como também louca, no sentido clínico." Entretanto, Freud tomava facilmente o partido dos seus filhos contra suas mulheres. Martha, ao contrário, defendia a nora, dizendo: "Sei como é difícil conviver com Martin." E, em idade avançada, Mathilde teria dito que o irmão "nunca amou ninguém, não amou sua mãe, nem suas irmãs, nem sua esposa, talvez nem seus filhos".[2]

---

[1] SoF, 65 (período preparativo); F/A, p. 629, SoF, pp. 97, 136-139 (emprego como secretário, apartamento); cf. nota 2 de 156-Ernst, p. 267, F/Fer III/1, p. 96, SoF, p. 111 (sustento financeiro); F/AF, p. 271 (*Treuga*); SoF, p. 112s. (aspirante); documento de 17.10.1933 (FML) (câmara dos advogados); referência do banco fiduciário *Fides*, 15.7.1927 (FML) (empregos diversos em bancos); SoF, p. 184 (Stelle 1924-1927); M. Freud, Resumo, 3.11.1949 (FML) (*diverse Bankanstellungen*); M. Freud, *Curriculum Vitae* s.a. (FML) (financiamento de automóveis); MaF, p. 216 (jornalista economista); 251-Ernst, pp. 347-349, F/E, pp. 625s., 770 (desempregado); F/Briefe, p. 384 ("espírito").

[2] SoF, p. 100 (menos econômica); Wald., p. 28 (desmesuradamente ambiciosa); F/AF, p. 364 ("colérica"); por exemplo, SoF, p. 146s. (brigona); 322-Ernst, pp. 405-406 ("<malignamente> doida"); Wald., p. 28 (Martha); SoF, p. 95 (Mathilde).

Na primeira gravidez de Esti, fizeram um aborto, "porque não tínhamos como sustentar um bebê". Depois, em 3 de abril de 1921, nasceu Anton Walter. Freud não concordava com a escolha do pediatra para o menino; como disse sua nora mais tarde: "'Papai' [...] raramente interferiu na educação dos meus filhos, mas quando dava um conselho, tinha que ser seguido." Depois de passar, em fins de 1922, por um segundo aborto por indicação médica, nasceu, em 6 de agosto de 1924, uma filha, Miriam Sophie. Os nomes dos netos escolhidos por Freud lembravam as perdas dolorosas do ano 1920, a saber, de Anton von Freund e, de Sophie, a irmã de Martin. Todos os domingos, os netos faziam uma visita à Berggasse – era uma caminhada de apenas dez minutos –, onde ganhavam pequenos presentes em dinheiro.[1]

Por volta de 1924, Esti resolveu se tornar mais independente, inclusive financeiramente. Antes mesmo do casamento, ela descobrira seu talento como recitadora e já participara de apresentações remuneradas. Agora dava continuidade a essa atividade, passando a dar aulas de locução. A partir de 1927, fez um curso de fonoaudiologia na cátedra de Emil Fröschels, na clínica para doenças auditivas da Universidade de Viena e, a partir de 1932, ela atuou como "docente universitária para a formação respiratória e vocal e técnicas de locução" na formação de professores. Por mais que essas iniciativas impressionem, elas sinalizam ao mesmo tempo o declínio do casamento. Martin tinha amantes constantemente e Esti não teria dado conta da "infidelidade permanente de seu marido". Por outro lado, seu filho duvidava que a amizade que ela cultivava com um tal diretor Goldschmidt da Neue Freie Presse [Nova Imprensa Livre] *fosse puramente platônica. Em 1938, a relação estava tão desgastada, que a fuga de Viena foi utilizada para efetivar a separação.[2]*

Parece que Freud confiava bastante na competência financeira do seu filho mais velho. No início da guerra, em 1914, ele foi o único filho

---

[1] SoF, pp. 101, 105, 107 (abortos, conselho de "Papai"); Roazen, 1993, p. 154 (escolha dos nomes); SoF, pp. 129s., 139 (visitas à Berggasse).

[2] SoF, pp. 47s., 84s., 108, 115-117, 123-128 (formação e atividade profissional de Esti); Wald., p. 28 (casos com amantes); SoF, p. 119 (diretor Goldschmidt); 322-Ernst, pp. 405-406, cf. pp. 207, 212 (separação).

CARTAS AOS FILHOS

informado sobre a situação econômica da família. Além disso, Freud o considerava como executor testamentário. Freud o encarregou da administração de seus bens, transferiu para ele a declaração do imposto de renda e o consultou, em 1935, quando Oliver ponderou comprar uma loja de fotografia em Nice: "Nessas e noutras questões práticas, Martin realmente é insubstituível." Por isso, também apoiou, no verão de 1931, a intenção (já mais antiga) dele de assumir a direção da Editora Psicanalítica, que o diretor Storfer quase levara à falência. Freud escreveu: Martin "tem um interesse sério pela editora; acredita que pode fazer algo por ela e só posso dizer, sem fazer um julgamento sobre esse plano, que é assíduo e confiável em tudo o que faz". Martin conseguiu livrar a editora das dívidas – graças a uma ajuda financeira considerável, que vinha, em parte, do próprio Freud. Este justificava seu engajamento financeiro com a ponderação de que "desse modo, providencio para o meu filho mais velho um campo de trabalho e o resguardo do ócio". Esse campo de trabalho, no entanto, já não era mais tão vasto, pois, em 1933, a maior parte do mercado alemão ficou fechado para a editora; além das revistas, foram publicados, em média, apenas três obras por ano. Martin utilizava seu escritório na editora também para a atividade como advogado; entre outras coisas, cuidava das finanças de pacientes estrangeiros de Freud.[1]

Depois da anexação da Áustria pela Alemanha, Martin viveu um dia especialmente angustiante, quando um bando de nazistas ocupou a editora, o que era arriscado, porque ele guardava ali os documentos das contas bancárias de muitos clientes, inclusive os do pai. Estava claro que iria emigrar com os pais e os irmãos vienenses. Freud relatou os dias difíceis dos preparativos da partida: "Anna providenciou quase tudo

---

[1] 53-Martin, pp. 119-123 (começo da guerra); cf., por exemplo, 93-Martin, pp. 172-173 (executor testamentário); M. Freud/Jones, 5/12/1952 (BPS/A), MaF, p. 219 (administração dos bens); 316-Ernst, pp. 397-398 ("insubstituível"); 109-Martin, p. 183, nota 3, F/E, p. 736 ("interesse sério"); por exemplo, o "plano de saneamento", aprox. abril de 1932 (ISA, acervo Eitingon-Nachlass, 2972/7) e IZ, 1935, p. 141 (livrar a editora de dívidas); F/E, p. 783 ("campo de trabalho"); MaF, p. 217, SoF, p. 145s. (atividades como advogado).

o que era preciso; os homens, como Robert e Martin, estavam inúteis, meio loucos." Martin deixou Viena em 14 de maio de 1938, depois de ter mandado esposa e filha; ele mesmo afirma que acelerou sua partida porque corria o risco de ser preso.[1]

Em Paris, a família se separou. Esti permaneceu com Sophie na França, Martin seguiu com Anton Walter para a Inglaterra. Depois declarou a separação de sua esposa como definitiva. Esti se vingou recusando-se a concordar com o divórcio, de modo que Martin não pôde se casar de novo. Ele cumpriu com as obrigações de sustentar a esposa e a filha apenas até o ano de 1943, uma vez que mal ganhava o necessário para si mesmo, fazendo serviços inferiores e mal remunerados, como, por exemplo, ajudante de cozinha, mecânico, operário de fábrica e carregador de macas no hospital. Em 1947, sua mãe chegou à seguinte conclusão: "Mesmo se, apesar das adversidades da vida, restou-lhe parte do seu antigo humor, devo considerar a vida dele como fracassada, pois, aos meus olhos, o erro na escolha da esposa não pode ser compensado por nada." De 1943 a 1949, Martin declara sua atividade como "Senior Executive in Dock Labour Control". Na verdade, ele nunca mais conseguiu refazer sua vida profissional na Inglaterra (enquanto Esti, depois de uma fuga difícil da França, teve uma renda boa em Nova York em uma clínica de fonoaudiologia, bem como em um consultório privado). A partir de 1950 (ou antes), Martin dirigiu uma banca de cigarros e de jornais na proximidades do British Museum. A ajudante na loja e posterior empregada doméstica se tornou sua companheira e cuidou dele quando ficou demente. No fim da vida, virou indigente, de modo que os Freud Archives em Nova York lhe providenciaram uma aposentadoria vitalícia em contrapartida às cartas de Freud aos filhos. No resumo de Anton Walter, no entanto, o pai levava, apesar de tudo, "uma vida agradável em uma parte bonita de Londres". Martin Freud

---

[1] MaF, pp. 226-229, SoF, p. 164s. (ocupação da editora); F/MB, p. 311 ("homens inúteis"); Molnar, 1996, p. 421 (partida de Martin); MaF, p. 234 (risco de ser preso).

Cartas aos filhos

morreu em 25 de abril de 1967.[1] *Seu filho tornou-se engenheiro químico e casou-se com uma aristocrata dinamarquesa; sua filha é professora emérita no curso de trabalho social em Boston.*[2]

De todos os filhos Freud, Martin foi aquele que menos soube lidar com o destino de ter um pai famoso. Da mesma forma que se apresentava na juventude como "o filho mais velho de Sigmund Freud", intitulou, em 1949, um curriculum vitae *como "Jean Martin Freud (Son of Sigmund Freud, Founder of Psychoanalysis)". Ele passava uma impressão de "extrema arrogância", mas, Ernst Waldinger, que diz isso, deve estar certo também quando continua: "Provavelmente, a arrogância, assim como a agressividade, se deve a uma insegurança interna." Depois de depender durante muito tempo da proteção do sogro, ele, nos anos 1930, pôde se aproveitar da fama do pai quando foi diretor da Editora Psicanalítica. Depois disso, nunca mais obteve sucesso. Chama a atenção que não foi ele, o advogado, autor e antigo diretor da editora, que assumiu a administração dos direitos de Freud e a edição incipiente da correspondência, mas seu irmão Ernst – é como se os seus irmãos não tivessem confiado nele. Apesar do talento literário indubitável, suas ambições como escritor tiveram pouco sucesso. Com as memórias do pai, todavia, que escreveu contra a vontade da irmã Anna (em parte com base em um velho diário), criou um documento encantador e vívido, cujo título resume a problemática de sua própria vida:* Glory reflected [Glória refletida].[3]

---

[1] SoF, pp. 273s., 323 (serviços inferiores); Martha Freud/E. Reiss, 26.6.1947 (SFP/LoC) ("vida fracassada"); M. Freud, Resumo, 3.11.1949 (FML) ("Senior Executive"); SoF, p. 387 e fig. após p. 320 (banca de cigarros e jornais); SoF, pp. 388, 443 (companheira [Margaret Freud]); Schröter, 2009, p. 54 (aposentadoria); A. W. Freud, 1996, p. 11 ("vida agradável").

[2] Sobre Anton Walter Freud, mais recentemente, cf. Fry, 2009; sobre Sophie: SoF.

[3] Cf. p. 10 M. Freud, Resume, 3/11/1949 (FML [Cf. lista de abreviaturas]); Wald. [Cf. lista de abreviaturas], p. 27 ("Hochmut" ["Soberba", "Arrogância"]); MaF [Cf. lista de abreviaturas], p. 219 (sonnen); Young-Bruehl 1995, vol. 2, p. 189 (Missvergnügen Annas [Desprazer de Anna]); M. Freud/Jones, 21/4/1952 (BPS/A [Cf. lista de abreviaturas]) (Tagebuch [Diário]).

Grande parte das cartas de Freud ao filho mais velho – 83 peças no total, entre as quais se encontram quatro cartas a Esti – coincide com a época da guerra e pós-guerra imediata, 1914-1919; as cartas de Berlim, de 1928 a 1930, formam outro período em que se concentra a correspondência. Apenas de Martin conservaram-se também as respostas em número maior, quase todas dos anos da guerra.

As cartas

Martin não esteve na primeira parte das férias de verão de 1910 com a família, que estava na Holanda, mas fez uma excursão pelas Dolomitas com seu amigo Lampl, de onde enviou um cartão-postal ao pai em Haia (iniciando o texto com Querida mamãe*), relatando que escalara o pico* Kleine Zinne.[1] *Então, posteriormente, ele se juntou aos outros. Depois de Freud ter partido da Holanda rumo à Sicília, Martin lhe escreveu em 12 de setembro de Haia-Scheveningen (Hotel Witte Brug), desempenhando* o papel de relator – *os filhos se revezavam nessa função*[2] –, *uma carta na qual conta sobre uma excursão com a mãe, Oliver e Sophie à cidade de Leiden.* A Anna,[3] da sra. Keiser,[4] nos guiou e vimos muita coisa em um curto espaço de tempo. *Da cidade, ele teve uma impressão magnífica, de modo que ficou com vontade,* de se inscrever

---

[1] Esse cartão-postal se encontra em SFP/LoC, mas não no acervo das cartas de Freud a Martin, e diferentemente da carta mencionada posteriormente.

[2] Cf. os relatos paralelos de Oliver (pp. 235-237) e de Sophie (p. 465s.).

[3] Como se evidencia na carta escrita pouco depois por Sophie ao pai (cf. a seguir, p. 466), trata-se aqui de Antje ("Ans") van Mastrigt (1890-1985; sobre ela cf. Stroeken, 2009). Provavelmente, ela esteve, entre o outono de 1910 e o verão de 1911, junto com a mencionada sra. Keiser, em Viena, acompanhando uma paciente holandesa de Freud (Stoeken, 2010), onde ela aprofundou sua amizade com a família Freud e, supostamente, também com Martin (cf. p. 106 e a seguir, na nota 6 da p. 236). Em 1915, ela se casou com o analista holandês Johan van Ophuijsen. – Na mesma carta mais a seguir, Martin relata que visitou "a sra. Keiser e a Anna" ainda várias vezes "passando na casa delas".

[4] Anna Francina Janna Wilhelmina Roosenboom (1859-1923), a viúva de Gerhard Johan Keiser (segundo o Arquivo Municipal de Haia). Frequentou, em 1919, o congresso da Associação *Psicanalítica* Internacional em Haia (IZ 1920, p. 378). Freud a conhecia por meio do cirurgião Bruïne Groeneveldt. – Em F/Reise (p. 332), o nome foi transcrito erroneamente como "Reiser".

108 SIGMUND FREUD

lá por um semestre. *Depois disso, entretanto, ele muda para um assunto que, sem dúvida, o prende mais:*

O nosso grupo cresceu – Marguerite Freud, de Berlim,[1] chegou em Haia com a amiga Paula Busch e está hospedada em Wittebrug. Paula Busch é uma dama fria, elegante e experiente, com boas maneiras e bigode, a Gretl se transformou em algo totalmente absurdo, com um chapéu impossível de descrever e a cara mais boba do mundo. Logo após a chegada, ela me explicou que nós seríamos seres gregários, mas que ela seria uma mulher das cavernas e que achava o *Rijksmuseum* de Amsterdam chato e horrível. Ela perde todos os trens e não consegue andar a pé, por isso sempre fica para trás. Ontem (domingo) à noite, na Spui-straat, ela fez um escândalo por causa de sua roupa. Todas essas particularidades fazem com que ela perca a nossa simpatia. [...]

Em relação à família, reina uma grande harmonia; fazemos tudo em conjunto e temos um ótimo relacionamento. Da parte vienense da família,[2] recebemos frequentemente notícias; sua carta de Palermo, com o relato da chegada,[3] foi recebida há uma hora e lida para todos.

Oli queria muito ter ido a Londres, mas mamãe não deixou, porque sabia que você não concordaria.[4] Eu também teria gostado de ir a Bruxelas e a Antuérpia ainda; Bruges teria me interessado especialmente. [...] Esses planos também não vão se realizar.

Amanhã à noite, iremos a Berlim (mamãe, Soph, eu), Oli provavelmente irá diretamente a Viena. Para todos nós, a última semana em Haia foi particularmente agradável.

A essas informações louváveis, *como as chamou, Freud respondeu com a seguinte carta da Sicília.*[5]

---

[1] Margarethe Freud (1887-1984), a filha mais velha de Maria, irmã berlinense de Freud (Tögel, 2004, p. 37s.). – Não conseguimos informações sobre a amiga.

[2] Mathilde, Ernst e Anna (cf. p. 77, nota 3).

[3] Esta carta da viagem de Freud à Sicília com Ferenczi consta em F/Reise, p. 343s.

[4] Cf. a seguir, p. 236s.

[5] Citação de F/Reise, p. 352; o cartão-postal ibid., p. 354. – A carta é precedida por saudações de Freud a Martin pela viagem aos Estados Unidos, de 1909, que não foram reproduzidas aqui (ibid., p. 307).

CARTAS AOS FILHOS

42-Martin   Girgenti, 16/9/10[1]

Você certamente gostaria mais daqui do que de Leiden. Guarde algo para mais tarde. Como você pode ver, também sentimos prazer assim ainda.

Saudações cordiais,
Papai

Em julho de 1911, Freud fez um tratamento inicialmente de três semanas em Karlsbad. Depois se juntou à família, que estava hospedada em Tirol do Sul (Alto Bolzano, depois Klobenstein). Nessa época, Martin estava fazendo um tratamento em Millstatt, em Kärnten.[2] – As cartas subsequentes de 1912 e 1913 também foram escritas durante as férias.

43-Martin   Karlsbad, 12/7/11[3]

Querido Martin,
    Constatei que não me passou o endereço mais exato, mas que a comunicação está funcionando; desejo um bom tratamento a você. Cordialmente,

Seu pai

44-Martin   Karlsbad, 25/7/11

Querido Martin,
    Por outros caminhos conhecidos,[4] fiquei sabendo que você terá gasto o seu dinheiro até o dia 1º, o que, aliás, corresponde ao combinado.

---

[1] Cartão-postal: Girgenti, Tomba di Terone.
[2] Provavelmente para se recuperar da fratura do fêmur ocorrida no início de janeiro (cf. p. 95-96). Informações sobre as férias de verão de Freud em Jones II, p. 115.
[3] Cartão-postal, destinado a: Sr. graduando em Direito/Martin Freud (de Viena)/ *Millstatt*/Kärnthen [Caríntia].
[4] Não esclarecido.

110 SIGMUND FREUD

Preventivamente, providenciarei então 300 coroas através de Viena, que você utilizará até poder tomar a decisão se ficará mais tempo ou se poderá ir a Klobenstein. Não fará mal se ainda sobrar algum dinheiro.

Fico bastante satisfeito em saber que está muito bem – o que, neste ano, não se pode afirmar de todos os membros da família.[1] Em Karlsbad está fazendo um calor insuportável, assim como também nos outros lugares.

Estou pensando em partir daqui domingo, dia 30, de manhã e espero chegar cedo em Bolzano.

Saudações cordiais,
Seu pai

45-Martin   Klobenstein, 1/8/11

Querido Martin,

Cheguei aqui hoje cedo e já posso te parabenizar pela primeira escalada após a cura. Claro que o velho *Kaiser* vai ficar ainda mais satisfeito com o fato de não ter que abrir mão de você.[2]

Não temos muito como resolver a questão de sua vinda, sem você. Há duas coisas que não irá encontrar aqui: o lago e a companhia. Estamos à vontade, mas sem vida social, e praticamente não há jovens. As excursões que se pode fazer daqui são bem moderadas. Os cogumelos ainda não brotaram nas florestas, mas também não costumam satisfazer nossos interesses. Diante dessa situação é de se perguntar se você não deveria aproveitar mais a sua temporada. A questão de quando vamos partir de Klobenstein ainda está totalmente em aberto; se o clima aqui melhorar (isto é, se ficar menos quente), vamos ficar talvez até meados de setembro.

---

[1] Principalmente do próprio Freud, que, durante um tempo, achava poder concorrer com Lázaro (F/Fer I/1, p. 402).

[2] Esperava-se, inicialmente, que Martin, depois de sua fratura, não pudesse prestar serviço militar (MaF, p. 187).

CARTAS AOS FILHOS

Então, dê notícias logo; saudações cordiais do seu,

Papai

46-Martin   Klobenstein, 24/8/11[1]

Querido Martin,
Mandei transferir dinheiro para o seu endereço antigo, porque não estou sabendo de nenhuma alteração.

Saudações cordiais,
papai

47-Martin   [Cabeçalho de Viena], Karlsbad, 2/8/12

Querido Martin,
Finalmente, você reapareceu. Já desistimos de revê-lo. Você não deve se esquecer de que nossa vida sedentária torna a correspondência mais fácil para você, do que sua mobilidade o é para nós.[2]

No dia 27 do mês passado recebi sua carta de Southport com informações confidenciais sobre sua situação financeira. No mesmo dia mandei um telegrama ao tio: "Dê quatro libras a Martin Saudações Sigm."

Como no dia 28 chegaram os parabéns dele com o endereço na sua caligrafia, supus que você estaria com ele e que teria recebido o dinheiro. Ora, pela sua carta, não foi bem isso o que aconteceu, o que lamento muito. Tendo em vista a imprevisibilidade dos dias de chegada, prefiro não transferir mais nada, a não ser que você me passe um dia e um endereço certos, mas conto com as suas reservas do escritório.

---

[1] Cartão-postal, destinado a: Villa Strobl/Millstatt/Kärnthen [Caríntia].

[2] Tudo indica que Martin estava fazendo uma viagem na época, que o levou à Inglaterra e à Holanda. Na continuação da carta são mencionadas duas etapas: Southport, um balneário no mar da Irlanda, onde vivia Emanuel, o meio-irmão de Freud (Molnar, 2004, p. 128), e Haia.

Sua irmã[1] ficou noiva mesmo, como comprova o recorte anexado do *Hamburger Fremdenblatt*, de 27/7. Você vai conhecer seu cunhado em Karersee; se esforce para ser gentil com ele.

Nós vamos ficar em Karlsbad até o dia 10 ou 11 à noite. Os detalhes do nosso encontro ainda não foram resolvidos. O melhor seria você se dirigir diretamente à pousada Lovrana Beauregard,[2] por causa das instruções necessárias, e passar à tia um endereço seguro.

Minhas lembranças cordiais a todos os moradores de Prinse-Vinke-park, 35,[3] e não desapareça mais. Por aqui, está tudo bem conosco.

Boa sorte na continuação da viagem

Seu pai[4]

48-Martin   [Cabeçalho de Viena], Marienbad, 24/7/13

Querido Martin,

Acabei de receber sua carta de Bolzano, te respondo diretamente em função das condições climáticas. Chove sem parar, agora está se anunciando um temporal, que é uma mudança bem-vinda. Estamos, portanto, muito felizes de que não houve mais prejuízos na primeira etapa de suas aventuras[5] e sugerimos que você se poupe para a segunda. De acordo com todos os relatos, Aussee é ainda pior que Marienbad.[6] De qualquer forma, você já pôde usufruir um pouco do verão, o que não é o nosso caso.

---

[1] Sophie (cf. p. 467s. onde há também explicações sobre os planos de férias de 1912).

[2] O alojamento de Minna Bernays durante as férias.

[3] Nesse endereço morava a sra. A. F. J. W. Keiser; talvez também Ans van Mastrigt (cf. p. 120, nota 3s.).

[4] O *post-scriptum* de Martha Freud não foi reproduzido.

[5] Possivelmente a excursão "esquiando para os picos mais altos do grupo Adamello no triângulo fronteiriço da Áustria, Itália e Suíça", que Martin descreve nas suas memórias (MaF, p. 167). Prosseguindo, ele conta como, nesse verão de 1913, um amigo morreu em um acidente nas montanhas (cf. 341-Max, p. 438).

[6] De 13 de julho a 11 de agosto de 1913, Freud fez um tratamento em Marienbad e mudou depois, ficando até 4 de setembro em San Martino di Castrozza (nas Dolomitas; Jones II, p. 126s.). Nesses dias, Martin foi a Alt-Aussee (cf. a carta seguinte).

Graças à numerosa companhia,[1] suportamos as adversidades com bom humor. Com essa umidade e esse frio, é inevitável que haja todo tipo de problema de saúde. Tio e Sophie[2] vão viajar sábado à noite, Max e Soph, terça-feira. Também gostaríamos muito de viajar, mas, para onde?

Fiquei satisfeito em saber que você está mais consciente em relação a dinheiro. Provavelmente porque ainda está com muito dinheiro. Caso contrário, não valeria a pena poupar.

Suponho que você não faça nenhuma escalada com a ferida no pé. As coisas costumam demorar bastante nesses casos.

Minhas saudações cordiais e boa sorte no seu merecido verão.[3]

Seu pai[4]

49-Martin   Marienbad, 28/7/13[5]

Querido Martin,

Estou fazendo um teste para saber se você recebe envios sem endereço preciso. Estivemos hoje em Karlsbad com Edward,[6] cuja irmã[7] você provavelmente vai conhecer em breve. Há dois dias que o mau tempo pode ser considerado como superado.

Saudações cordiais,
Papai

---

[1] Além das pessoas mencionadas na sequência da carta, Minna Bernays e Anna também estavam em Marienbad (cf. 338-Soph, pp. 435-436).

[2] Sophie Sabine, nome de solteira Schreiber (1878-1970), a esposa de Alexander Freud (F/AF, p. 69, nota 5).

[3] "Merecido" porque Martin havia sido aprovado na terceira prova do estado em 9 de julho de 1913 (boletim da prova do estado; FML).

[4] O post-scriptum de Martha Freud não foi reproduzido.

[5] Cartão-postal destinado a: Sr. Martin Freud/graduando em Direito/Alt-Aussee/Estíria.

[6] Edward Bernays (1891-1995), sobrinho de Freud, filho de Eli e Anna Bernays. Conhecido como fundador das Relações Públicas; depois da Primeira Guerra Mundial foi temporariamente o "agente [de Freud] nos Estados Unidos" (F/Jo, p. 528; cf. Bernays, 1965).

[7] Muito provavelmente Lucy Wiener, nome de solteira Bernays (cf. 92-Martin, p. 171, nota 4), que passou as férias com os filhos nos Alpes Bávaros – onde, surpreendentemente, suas duas irmãs se juntaram a ela (Freud-Bernays, 2004, p. 150).

Mamãe te enviou três cartões-postais para o *Erzherzog Heinrich*.[1]

Em junho de 1914, mais que meio ano após o doutorado, Martin iniciou seu estágio probatório no Tribunal de Salzburgo, que foi interrompido dois meses depois devido ao início da Primeira Guerra Mundial. Uma correspondência relativamente intensa se conservou a partir desse verão até dezembro de 1918.[2] Em 23 de julho de 1914, ele escreve de Karlsbad:

Querido papai!

A minha vida em Salzburgo lembra nitidamente a Idade de Ouro: *poena metusqu' aberant...*[3] Ordenada e regulamentada, sem percalços, nem aborrecimentos; os dias se sucedem para completar aos poucos meu ano no tribunal. O único momento de responsabilidade se dá todas as noites, quando escolho a carne do jantar no cardápio. [...]

No escritório, tudo funciona da melhor maneira. [...] Os meus colegas são todos simpáticos e prestativos; dou-me muito bem com eles. O novo presidente, que é bastante distraído e nervoso, e que parece querer me atormentar, elogiou uma justificativa de sentença redigida por mim ontem (um serviço do qual eu não fora incumbido e que assumi por conta própria) e me passou mais serviço imediatamente. Estou quase temendo que ele me "descubra" e me ocupe de forma intensiva. [...] Já dei umas escapulidas nos dias desocupados e fiz belas excursões [...].

Somente depois do dia 1º saberei ao certo a minha situação financeira, uma vez que pago mensalmente a lavagem de roupas, a conta de luz, o café da manhã etc.. Certamente precisarei de mais que 300 coroas.

Saudações cordiais a você e mamãe!
Seu filho Martin

---

[1] Hotel em Bolzano.

[2] Todas as cartas seguintes de Martin ao seu pai se encontram em FML, desde que não haja outra indicação.

[3] Da descrição que Ovídio fornece da Idade de Ouro nas *Metamorfoses* (I, 90): não havia punição, nem medo.

CARTAS AOS FILHOS

50-Martin   [Cabeçalho Viena], Karlsbad, 25/7/14

Querido Martin

Fiquei muito satisfeito com o seu relato sobre o idílio de Salzburgo. Apenas não o interrompa com empreendimentos demasiadamente ousados. Seja cauteloso no serviço público e extrairá o melhor disso mais tarde.

De qualquer forma, mandarei transferir 350 coroas de Viena antes do 1º de agosto. Você poderá fazer os cálculos depois. Nós vamos partir segunda-feira, 3 de agosto, e ficar apenas poucas horas com Ernst em Munique,[1] para podermos chegar em Seis no dia 4.[2]

No fundo, todas as notícias dos *disjectis membris*[3] da família são muito satisfatórias. A tia também parece estar melhorando.[4]

Vivemos uma época em que nós conformamos[5] com a tarifa dos inválidos.[6] Dou como certa uma guerra contra a Sérvia, mas suporto melhor o patriotismo sabendo que dois dos três filhos estão fora de perigo.[7] Ernst foi reprovado de novo.

Saudações cordiais,
Seu pai

Na carta de 30 de julho de 1914, Martin confirma o recebimento de 350 coroas e acrescenta: Não corresponderia à verdade se eu te dissesse da

---

[1] Na época, Ernst Freud estava fazendo seu curso em Munique (cf. p. 258).
[2] Seis (Siusi, em italiano) am Schlern, em Tirol do Sul; o lugar no qual Freud havia previsto sua temporada de verão (cf., por exemplo, F/A, p. 390).
[3] Os "membros dispersos" da família, em latim.
[4] Ela estava na clínica Cottage devido a uma "irritação das pleuras" (F/AF, p. 126).
[5] Em 28 de junho de 1914 houve o assassinato do casal de príncipes herdeiros austríacos em Sarajevo; no dia 25 de julho venceu o ultimato dado pelo Império Austro-húngaro exigindo reparações; então, no dia 28 de julho foi feita a declaração de guerra à Sérvia.
[6] *Krüppelsteuer* (tarifa dos aleijados): expressão popular para a "Taxa militar" (igual a Imposto de Defesa) que tinha que ser paga por aquele que, de acordo com a Lei Militar Austro-húngara, "não possui a aptidão física para cumprir o serviço militar obrigatório". Desde o seu acidente, Martin também era obrigado a pagar.
[7] Ernst tinha que cumprir apenas um terço do serviço militar obrigatório (F/E, p. 93).

SIGMUND FREUD

minha ofensa ou indignação a respeito do montante, que ultrapassa em 50 coroas o que eu estimara. Devo antes confessar, para a minha vergonha, que fiquei muito feliz com a contribuição generosa. *Seguem informações precisas sobre as necessidades financeiras – inclusive*, despesas de bar, inevitáveis aqui –, *bem como um relato sobre as mudanças no seu serviço e na cidade causadas pela guerra. E, finalmente*: Meu irmão Ernst quer vir a Salzburgo amanhã ao meio-dia e encontrar comigo. Os planos profissionais de Oli na Bósnia certamente não se realizarão neste verão.

As cartas seguintes servem como indicação das turbulências dos primeiros dias de guerra.[1]

51-Martin   [Cabeçalho Viena], Karlsbad, 31/7/14[2]

Querido Martin,

Acabei de ler a notícia sobre a mobilização geral e me apresso em lhe escrever, sabendo de toda a incerteza quanto à data em que receberá esta carta. Sob tais circunstâncias, não podemos nem pensar em viajar a Seis via Munique, conforme queríamos fazer na segunda-feira, permaneceremos aqui por enquanto. Peço-lhe para enviar notícias o mais rápido possível – na medida em que esteja a seu alcance. Apesar de tudo, tenho esperança de que você e seus irmãos não sejam afetados, mesmo com a mobilização geral, mas gostaria de ter mais informações suas sobre a situação.

Felizmente, a mesada já deve estar nas suas mãos. Em quatro semanas, muitas coisa podem mudar; provavelmente, a energia que a Áustria e a Alemanha desenvolvem neste momento é o melhor para promover a paz, se esta ainda puder ser salva.

Estamos tão bem quanto se pode estar nessas circunstâncias.

Minhas Saudações cordiais,
Seu pai

---

[1] Cf. o relato detalhado em 352-SophMax, pp. 448-450.
[2] Como se pode deduzir da carta seguinte, esta foi enviada via correio expresso.

CARTAS AOS FILHOS   117

52-Martin   [Cabeçalho Viena], Karlsbad, 2/8/14

Querido Martin,

Veja as proporções que este acontecimento está tomando.[1] Você deve ter recebido a minha carta expressa do dia 31/7 e deve saber que permaneceremos aqui até ter certeza de que possamos chegar a Viena sem ficar parados em Eger ou Praga.

Estamos sem notícias do paradeiro de Ernst. Segundo um cartão-postal de Hallstatt,[2] ele pretendia visitá-lo na quinta-feira. Será que voltou a Munique, onde o dinheiro está esperando por ele, ou você teve que hospedá-lo? Onde ele está agora? Espero que Ernst tenha providenciado, em Munique, a legitimação para poder retornar.

Peço-lhe que nos dê notícias de Ernst por carta e por telegrama imediatamente, porém não em regime de urgência nem por carta expressa. Os telegramas voltaram a ser encaminhados. Se ele estiver com você, espero que tenha lhe passado parte de sua mesada.

Hoje ficamos sabendo que Mathilde está em Viena e que a tia vai nos visitar segunda-feira (3/8) na Berggasse, o que não faz muito sentido.

Nossas saudações cordiais,
papai

Em cartão-postal de 3 de agosto[3] de 1914, Martin manifesta suas dúvidas em relação à possibilidade dos pais conseguirem viajar a Seis, o que envolveria duas passagens por fronteiras. Uma hora mais tarde, depois de ter recebido a carta expressa de Freud de 31 de julho, ele enviou outra carta em que diz:

---

[1] Em 1º de agosto de 1914, a Alemanha havia declarado guerra à Rússia; no dia 3, estendeu a declaração à França; no dia 4, depois da violação da neutralidade belga por tropas alemãs, a Inglaterra entrou na guerra; no dia 5, a Áustria declarou guerra à Rússia.

[2] Hallstadt conforme o manuscrito; município em Salzkammergut.

[3] Erroneamente datada como "3 de julho".

Antes de mais nada: Nem eu, nem meus irmãos fomos atingidos pela mobilização geral. O texto da matéria foi tão pouco claro, que até mesmo o presidente do Tribunal o entendeu errado. Mas, segundo a interpretação posterior da notícia pelos municípios, não há *nenhuma* dúvida de que as pessoas que *não* prestaram serviço militar, ou que foram declaradas ineptas, não teriam obrigação por enquanto. Na pior das hipóteses, essas pessoas podem ser obrigadas, por parte da prefeitura, a prestar qualquer serviço comunitário. (Ando com o certificado da taxa militar na carteira.) [...]

Segundo os últimos informes (guerra entre Rússia e Alemanha), parece mesmo ter começado o incêndio do mundo. Ainda não me conformei com a ideia de que, desta vez, não é o mapa dos Bálcãs, mas o globo inteiro que é chamado para fornecer o palco da guerra.

Três dias depois, segue esta carta:

Salzburgo, 6 de agosto de 1914

Querido papai!

Ontem, tarde da noite, recebi seu telegrama[1] e o respondi imediatamente. [...] Ernst chegou bem em Munique. Na partida, eu queria dar parte da minha mesada, mas ele recusou várias vezes a oferta, porque ainda tinha dinheiro suficiente. Como por milagre, Ernst passou pela fronteira dois minutos antes da divulgação da mobilização geral.

Sua partida para Viena não me surpreendeu depois que fiquei sabendo que Oli e tia Minna viajaram para lá. Eu também devo encerrar minha temporada em Salzburgo assim que for possível. Infelizmente, o quarto em que estou já está pago até o fim de agosto.

---

[1] O telegrama não foi conservado, nem a resposta imediata de Martin.

CARTAS AOS FILHOS

Até onde consigo perceber, estamos diante de uma catástrofe econômica horrível. Mesmo antes do fogo dos canhões, os comerciantes em Viena, Berlim e Peste começaram a causar estrondos. Durante um tempo, pensei em ajudar o tio no escritório, enquanto durar a confusão.[1] Mas a suspensão dos transportes de cargas deve ter desinteressado os comerciantes nas tarifas ferroviárias e, assim, nas atividades do escritório.

O Tribunal entrou em um ritmo de desvario sem sentido. O réu, a acusação, as testemunhas e os defensores treinam a marcha nº 1 no quartel e as sessões são adiadas depois de algumas tentativas tímidas de poucos minutos. Tenho horror disso e, provavelmente, não aguentarei mais por muito tempo.

Penso seriamente em oferecer meus serviços de alguma forma ao *Kaiser*, para não seguir esta época terrível, porém extremamente excitante, como mero espectador.

A notícia de que a Inglaterra estaria do lado dos adversários era de se esperar, mas, mesmo assim, é um duro golpe para nós. Vocês têm notícias de Anninha?[2]

Peço que me responda logo, já que as cartas entre Salzburgo e Viena devem levar mais que dois dias.

Saudações cordiais,
Martin

53-Martin   [Cabeçalho Viena], 8/8/14

Querido Martin,
    Respondo à sua carta do dia 6 de imediato, feliz por podermos nos comunicar novamente. Entendo que você queira vir e participar de

---

[1] Alexander Freud era editor da revista *Allgemeiner Tarifanzeiger*.

[2] Em meados de julho de 1914, Anna Freud viajou à Inglaterra via Hamburgo, onde viveu o início da Primeira Guerra Mundial como "alien enemy". Graças à ajuda enérgica de Loe Jones (nome de solteira Kann), ela finalmente conseguiu voltar para casa (cf. Molnar, 2005 e 55-Martin, pp. 125-126).

alguma forma. Mas espero que não seja como soldado, antes do seu recrutamento, o que talvez não seja seu caso, pois da mesma forma que devemos arcar com aquilo que recebemos, podemos usufruir o que temos também – neste caso, a chance de viver. Não se preocupe, seremos afetados o bastante por estes tempos terrivelmente sérios e belos. Haverá trabalho suficiente para você, talvez na Câmara. O escritório do tio está parado, mas ele se mostra extremamente produtivo, algo que se pode aprender com ele.[1]

Seu prognóstico em relação a uma crise econômica certamente vai se realizar. Parece que depende apenas de quanto tempo vai demorar a acontecer e se nós aguentaremos.

Como não haverá um empobrecimento isolado, não vai ser uma vergonha ou uma desgraça como já o foi em outras circunstâncias. Quem tinha ido à falência antes, simplesmente se adiantou no tempo. Entretanto, tudo se torna menos importante diante da chance de uma vitória, e há de se confessar que as investidas feitas pelos nossos exércitos foram brilhantes.[2]

Aproveito a oportunidade para informar, já que você é maior de idade e independente, sobre as nossas condições econômicas, pois isso é importante para você também. No dia 12 de julho, no fim deste ano de trabalho, registrei o auge de nossas posses. Pude avaliá-las em 150.000 coroas, das quais 35.000 estão disponíveis no banco, o restante está aplicado na previdência e nos melhores títulos. Hoje em dia, não sei avaliar o quanto esse restante está valendo; no caso de uma vitória, ele voltaria a ter pleno valor. Além disso, há um seguro de vida de 100.000 coroas em nome de sua mãe, para o qual ainda devem ser pagas de 3.000 a 4.000 coroas anualmente.

O verão costuma reduzir o saldo em 15.000 coroas, uma vez que deixo de ter rendimentos durante dois meses e meio, mas nos últimos

---

[1] Cf. 352-SophMax, pp. 448-450.

[2] A *Neue Freie Presse* [Nova Imprensa Livre] abriu sua edição de 8 de agosto de 1914 com a manchete "Um dia de boas notícias. Lüttich [Liège, em francês; N. dos T.] tomada de assalto e invasão austríaca na Rússia".

CARTAS AOS FILHOS

anos minha renda anual oscilou entre 90.000 e 100.000 coroas. Exerci o direito, portanto, de não economizar na fruição do presente e na educação de vocês. No momento, entretanto, a situação é diferente. Não tenho o direito de falar em perda de renda do consultório até 1º de outubro, e, já que vamos fazer sacrifícios como todo mundo, neste verão gastaremos menos do que nos outros. Com o dinheiro líquido disponível, certamente vamos poder viver mais do que meio ano. Vender os títulos seria, evidentemente, a ruína. Tudo depende da retomada do trabalho no consultório e do momento em que isso vai acontecer. É algo imprevisível e está muito cedo para pensar a respeito. Em uma perspectiva pessimista, diria que não é possível manter uma clínica com pacientes estrangeiros após uma guerra mundial, muito menos durante esta. Meus pacientes russos, holandeses e alemães não devem voltar. Nunca ganhei algo de Viena, e agora a própria Viena não tem nada. Mas, conforme eu disse, não se sabe nada, não podemos descartar que os Estados Unidos ajudem, ou que a loucura[1] que me trouxe a estas alturas se mostre tão forte contra a realidade que uma renda diminuída seja praticável. Manter o padrão antigo está fora de cogitação. Mas guarde esses comunicados íntimos para você; evidentemente, nenhum dos seus irmãos dispõe dessas orientações.

Oli se alistou como voluntário em uma unidade técnica, mas aguarda ser chamado. Escrevi a Ernst para voltar para casa se não encontrar ocupação por lá.[2] Estamos sem notícia alguma da Anninha; estou tentando receber informações pela Holanda. Max foi convocado para o dia 22/8.

Saudações cordiais,
Seu pai

---

[1] A leitura desse termo surpreendente foi confirmada tanto por K. R. Eissler quanto por G. Fichtner (cf. os anexos desta carta em SFP/LoC).

[2] Ernst acabou chegando de Munique a Viena no dia 11/8 (354-Soph, p. 451).

SIGMUND FREUD

Eis a resposta de Martin:

Salzburgo, 12 de agosto de 1914

Querido papai!

Muito obrigado por sua extensa carta. Tive que pesquisar muito até poder me posicionar direito diante dos grandes acontecimentos.

Encontrei meu lugar alguns dias atrás e hoje sou voluntário enquanto a guerra durar, artilheiro no regimento de artilharia nº 41. Por mais que tenha sido óbvio de fazer uso do acaso que havia me dispensado do serviço militar, eu não consegui me abster do alistamento.[1]

Não vou servir de apoio material por anos, não tenho nenhum tipo de obrigação e, por isso, posso assumir a possiblidade de não voltar com muito mais facilidade do que muitos outros alistados que têm esposa e filhos. Provavelmente, nunca me perdoaria, mais tarde, de ter ficado para trás sem necessidade.

Escreverei detalhadamente sobre tudo quando tiver mais tempo.

Até mais tarde!

Saudações cordiais,
Martin

No dia 14, ele escreveu um cartão pedindo calças de montaria e livros militares, *a serem enviados, na medida do possível, ao seu endereço particular, caso contrário ao quartel, com o destinatário*, apesar de ser voluntário de guerra, ao "Voluntário de um ano". *Como remetente, Martin colocou:* Artilheiro titular, voluntário de um ano/dr. Martin

---

[1] Cf. a carta de Freud a Abraham, de 25/8/1914 (F/A, p. 430): "Quando a tempestade começou, ele [Martin] se alistou como voluntário, tendo comprovado que a fratura do fêmur estava cicatrizada e conseguido o acolhimento na mesma arma à qual pertencia quando foi voluntário por um ano."

CARTAS AOS FILHOS

Freud /Regimento de artilharia n° 41/bateria de reforço/Apto. particular: Salzburgo, Makartpl. 6/Quartel: Quartel de artilharia em Riedenburg.

54-Martin   [Cabeçalho Viena], 16/8/14[1]

Querido Martin,

Recebi o comunicado sobre sua aceitação como voluntário de guerra. Você pode imaginar que sinto isso, como um aumento de preocupação que a guerra impõe a todos, mas não quero deixar de atestar que você agiu de forma correta e decente. Se o destino não se revelar muito desfavorável, você certamente vai ver sua decisão com satisfação mais tarde.

Informe o que está precisando de mim e qual será o seu próximo destino. De modo geral, escreva tanto quanto puder. Felizmente, o correio voltou a funcionar. Menos para a Inglaterra. Anninha permanece separada do resto do mundo.

Desejo a você tudo o que possa precisar na situação atual e lhe mando as minhas saudações cordiais,

Seu pai

Ainda antes de receber a carta acima, o filho escreveu preocupado, em 17 de agosto de 1914, ao pai: Não tenho como escrever uma carta detalhada como estava querendo; tenho serviço também aos domingos até tarde e não tenho tempo para qualquer atividade civil.

Espero que a falta de notícia da Berggasse não se deva ao fato de vocês todos não aprovarem a minha iniciativa. Lamentaria muito isso.

Acredito que não preciso mais dar justificativas para a minha atitude. Teria sido insuportável para mim ficar para trás enquanto todos

---

[1] Carta conservada no acervo de Esti Freud, reproduzida em SoF, p. 63 (foto do original no mesmo livro, p. 160).

partiam para a guerra. Além disso, penso que hoje é a melhor oportunidade de expressar de forma clara a aversão pela Rússia e tem-se a possibilidade de passar pela fronteira russa apesar da crença e sem autorização especial; não quero perder essa oportunidade.[1]

Contra sua expectativa o teriam colocado na escola dos voluntários, *de modo que permaneceria por mais 3 a 4 semanas em Salzburgo.* Em termos de saúde, nunca estive tão bem quanto agora. *Dinheiro ele precisaria novamente após o 1º de setembro e, quando estivesse em campanha,* não precisaria provavelmente de quase nada. *No Tribunal, teria sido despedido* com todas as honras e felicitações.

No dia 18, escreveu a próxima carta, na qual comunica: Fiquei muito feliz com sua notícia e sua posição em relação à minha atitude. [...] Na escola dos voluntários, apesar de ter que defender, como único judeu, o meu ponto de vista, estabeleci uma posição confortável para mim e me dou bem com os camaradas, que, em sua maioria, são de 4 a 5 anos mais jovens. [...] Espero poder enfrentar os riscos à saúde da campanha mediante uma escolha criteriosa do equipamento. [...]

Calculo que ainda passarei três semanas aqui. Uma permanência mais prolongada me daria a chance de poder ingressar na bateria já com uma estrela.[2] De modo geral, não tenho como ter grandes esperanças de uma promoção, pois a formação de cavaleiro, que um suboficial de artilharia tem que ter, não pode ser adquirida em campanha.

Mas estou convicto de que a emoção de ter participado dessa guerra, mesmo que seja como simples artilheiro, vai me garantir felicidade duradoura no caso de um regresso afortunado. Aliás, desde que me tornei soldado, aguardo com ansiedade a primeira batalha assim como de uma escalada excitante.[3]

---

[1] Era proibido aos judeus entrar em território russo, o que já havia causado a indignação de Martin como aluno (MaF, p. 152). Freud gostava de contar em suas cartas o argumento de Martin a esse respeito (cf., por exemplo, F/Fer II/1, p. 66).

[2] Uma estrela sinalizava a promoção a cabo (condecoração militar).

[3] No dia 3 de setembro, Freud escreve sobre a postura de seus filhos em relação ao serviço militar (F/A, p. 435): "Para os meninos, isso não significa outra coisa a não ser a realização de um desejo."

CARTAS AOS FILHOS   125

Em 22 de agosto, escreve num cartão-postal: Acabo de ser tirado da cama para ir ao campo de batalha (supostamente sérvio). Por favor, guarde os meus documentos. O tribunal vai mandar o decreto da demissão. *Em 24 de agosto:* Somos [sic] dois canhões, subordinados ao tenente e livre-docente Exner, sem saber para onde, bem de saúde e com muita disposição.

55-Martin   [Cabeçalho Viena], 26/8/14[1]

Querido Martin,

Arquivei seus documentos e a suspensão do Tribunal de Salzburgo. Ficamos cientes agora de que você deixou o quartel, mas não sabemos para onde foi. Provavelmente, você descobrirá logo de qual família Exner o seu tenente procede. Talvez seja o fisiologista Sigmund Exner, que foi meu professor durante muito tempo.[2] Apenas aguardamos a comunicação do seu número de serviço postal militar para lhe enviar o que estiver precisando.

A notícia do dia é que Anninha, depois de uma viagem de 10 dias com mais 40 horas de trem via Gibraltar-Gênova-Pontebba, chegou surpreendentemente aqui, junto com o embaixador. Ela está muito bem e resistiu bravamente. A sra. Jones[3] fez de tudo para que a viagem pudesse se realizar.

Espero que você esteja bem, que esteja participando de algo interessante e que nos escreva com a maior frequência possível. Nossas vitórias na Rússia começam a ganhar importância ao lado das vitórias alemãs.

Saudações cordiais,
Seu pai

---

[1] Carta já reproduzida em MaF, p. 190.

[2] Sigmund Exner (1846-1926), trabalhava no Instituto Fisiológico em Viena, onde Freud também atuava. Em 1891, tornou-se catedrático em Fisiologia pela Universidade de Viena.

[3] Louise ("Loe") Jones, nome de solteira Kann (1882-1944), companheira de Ernest Jones (1905-1912), fez análise com Freud entre 1912 e 1914, casou-se com o americano Herbert Jones (May, 2007, pp. 609-611) em 1914.

126   SIGMUND FREUD

Em 27 de agosto de 1914, Martin, estando em Innsbruck (ou seja, longe do front*), queixa-se de ficar* totalmente sem notícias *de casa. E segue:* tenho os deveres de um cabo apontador, sem ter os direitos, mas devo ganhar a estrela que me cabe depois do período de recrutamento. Meu canhão, do qual guardo a chave, é um brinquedo magnífico.

Em 30 de agosto seguiu uma carta de Mühlau, perto de Innsbruck. *E no dia 2 de setembro, outra carta contendo a observação:* Estou pensando se não seria útil você mandar dinheiro antecipadamente por algum tempo (por correio, talvez). Mais tarde pode ser que fique mais difícil mandar. Por enquanto não preciso de mais que quatro coroas por dia, mas é claro que as necessidades podem mudar. Eu só poderei me equipar quando souber contra quem.

Por vias desconhecidas, Freud ficou sabendo pouco depois que Martin iria deixar o quartel "surpreendentemente" em direção ao Sul. Ele o consultou se poderia vê-lo mais uma vez e Martin respondeu por telegrama em 3 de setembro: não há nenhum empecilho a não ser suas dificuldades. *A visita aconteceu no dia 6.[1] No dia 8, Martin deu notícias por meio de um cartão-postal de Bolzano-Gries (Tirol do Sul).[2]*

56-Martin   11/9/14[3]

Querido Martin,

Hoje finalmente chegaram dois cartões seus, porém com multa do correio. Aqui, poucas novidades. Ernst se candidatou novamente e foi recusado pela quarta vez. Max mandou um telegrama dizendo que seu recrutamento foi adiado. Pretendo viajar a Berlim e Hamburgo

---

[1] F/Fer II/1, p. 71 (em direção ao Sul); 356-Soph, p. 452 (visita).

[2] Naquela época, a Itália ainda não havia declarado guerra, o que ocorreu apenas em 23 de maio de 1915.

[3] Cartão-postal destinado a: Sr. Voluntário Artilheiro/dr. Martin Freud/Regimento de Artilharia nº 41/Bateria de Marcha do Reg. Art. nº 40/Bolzano-Gries.

CARTAS AOS FILHOS

na próxima semana, talvez no dia 15. Hoje, *Spatzi*[1] fez seis meses de idade. Tudo de bom para você.

Cordialmente,
Pai

Em cartão-postal de 12 de setembro, Martin se queixa novamente da falta de correio de casa.

57-Martin   Viena, 14/9/14[2]

Querido Martin,
Acabei de receber seu cartão de 12/9. Nada de novo por aqui. Ernst foi novamente recusado,[3] mas ainda tem um emprego. Pretendo viajar a Berlim e Hamburgo no dia 16/9. Finalmente recebemos notícias de Hans Königstein.[4] Paciência, paciência!

Tudo de bom. Saudações cordiais,
Pai

Em 16 de setembro de 1914, Martin menciona, em cartão-postal, uma primeira aula de montaria para os voluntários.

---

[1] Ernst Wolfgang, o filho mais velho de Sophie.
[2] Cartão-postal
[3] Cf. p. 258.
[4] Hans Königstein (1878-1960), médico, filho de Leopold Königstein, amigo de Freud (<http://www.whonamedit.com/doctor.cfm/954.html>; <http://ub.meduniwien.ac.at/blog/?p=653> acessado em 23/10/2009).

128 SIGMUND FREUD

58-Martin [Cabeçalho Viena], 27/9/14

Querido Martin

Voltei hoje de Hamburgo e Berlim; lá dei uma olhada no seu cartão a Sophie. Seu sobrinho é um garotinho simpático, e os pais estão bem. Todas as impressões que recebemos no *Reich* são muito agradáveis, a postura das pessoas é extremamente confiante, cada um ignora as perdas sofridas, confia no governo e cumpre o seu dever. É uma grande nação. O sucesso do empréstimo de guerra de 4,4 bilhões é, por si só, uma grande vitória. Dizem que o diretor do Deutsche Bank foi nomeado "Generalgeldmarschall". Há bastante entusiasmo em relação ao sucesso dos submarinos e muita amargura contra a Inglaterra; ouvi falar de grandes preparativos contra esse inimigo. Eles não fazem diferença entre o exército e a causa deles e o nosso exército e a nossa causa; é como se fosse um único povo. Todos os parentes de Hamburgo mandam lembranças a você.

Espero que continue bem, aguardo muitas notícias suas. Na Alemanha, também, o serviço postal militar trabalha de forma insatisfatória.

Cordialmente, seu
Pai

59-Martin [Cabeçalho Viena], 1.X.14[1]

Querido Martin,

Antes de mais nada: meus parabéns pela estrela! Em seguida, o recado de que mandei enviar-lhe 200 coroas pelo banco; espero que cheguem até você. Creio que não preciso dar conselhos sobre comprar roupa de frio antes de partir, é que sonhei, sem brincadeira, que vi você vestido com uma blusa de pele de forro volumoso.

Na verdade, tenho mais respeito pelas epidemias que podemos contrair agora do que pelas balas, e pelo menos não é nenhuma covardia proteger-se delas (das doenças) na medida do possível.

---

[1] Carta já reproduzida em MaF, p. 191.

Sei que qualquer tipo de circulação de mercadorias e de veículos é dificultado assim que a pessoa está no *front*.

Saudações cordiais,
Seu pai

Em 2 de outubro de 1914, Martin agradece rapidamente pelo pacote com comilanças e observa que o dinheiro já chegara. No dia 6, segue uma carta do Hospital da Reserva em Gries, onde ele estava internado em decorrência de uma gripe. Outras quatro cartas (de 11 a 14 de outubro) tratam de seu miserável estado,[1] de sua transferência para um hotel de Bolzano, da possibilidade de uma licença médica e de sua necessidade maior de dinheiro. Em 12 de outubro, ele ainda escreve:

Quanto a mim, gostaria ainda de sentir o cheiro de pólvora após a minha recuperação; aqui em Bolzano não tenho nenhuma oportunidade de me destacar, o humor na nossa bateria é o pior que se pode imaginar desde que recebemos a notícia de que permaneceremos em Tirol; talvez dê para ajustar a licença com uma transferência.

Os últimos dias consolidaram a convicção que desenvolvi de que a posse de dinheiro traz vantagens inestimáveis, e estou contente por ter escolhido uma profissão que, pelo o que tudo indica, não se associa à pobreza permanente. Foi estranho observar, nesses últimos tempos, como minhas ambições militares desapareceram com a chegada da febre e do mal-estar, como cederam a interesses profissionais e familiares. Espero que, com a recuperação de minha saúde, reste espírito militar suficiente para atravessar o restante da guerra com todas as honras.

No dia 14, Martin relata que recebeu o diagnóstico definitivo de icterícia. Por esse motivo, saiu de licença, ficou até 8 de novembro em

---

[1] Uma de duas cartas, datadas em 11/10/1914, começa com o tratamento "Caro amigo e médico" e contém uma descrição exata dos sintomas, solicitando conselho médico ("Se eu achar que estou morrendo, posso tomar uma cachaça forte?"). Talvez tenha sido dirigida a Hans Lampl, que a encaminhou a Freud.

130   SIGMUND FREUD

Viena,[1] para depois retornar a Salzburgo. Em carta de 10 de novembro, ele comenta que está servindo como instrutor na escola dos voluntários e que monta a cavalo várias vezes por semana na escola equestre. Sobre o seu futuro próximo, diz:

A meu ver, não é questão de ficar até o fim do treinamento na escola. Depois, não consigo imaginar que o 41º Regimento de Artilharia esteja inclinado a nomear trezentos novos oficiais, entre eles, duas dúzias de judeus desde o último recrutamento, que, no fundo, são bastante desagradáveis. Acredito que permanecerei de quatro a seis semanas aqui, sendo que as coisas também podem tomar outro rumo. Estou alojado no *Goldener Hirsch* [Cervo de Ouro], fazemos nossas refeições em casa, isto é, nessa casa de hóspedes; parece não haver comida. Espero receber pelo menos um auxílio alimentício. O meu "quarto" custa 18 coroas mensais; afora isso, preciso comprar um sabre e grande quantidade de livros. Estou usando todas as minhas roupas de lã; faz muito frio, e é úmido e nebuloso no quartel; eles não permitem que usemos casaco. Espero não ficar doente de novo; aqui, punem severamente quem pede dispensa por motivos de saúde.

60-Martin   [Cabeçalho Viena], 11.XI.14

Querido Martin,

Agradeço pela carta detalhada, que pelo menos deixa claro que sua situação não está pior do que em Bolzano. Provavelmente você tem razão – esse não parece ser o caminho para se tornar oficial, mas certamente um suboficial, e isso já tem importância quando se trata de um voluntário. Aliás, quando alguém se destaca, a carreira pode deslanchar. O modo também como você está alojado e como se alimenta parece representar um progresso considerável. Quanto às questões de saúde, concordo com a opinião dos seus superiores. Espero que esteja

---

[1] F/A, pp. 441, 446.

CARTAS AOS FILHOS

moderado com as despesas; enviarei tudo de que está precisando, mas as restrições serão inevitáveis. Tenho apenas um único paciente agora.

Suponho que leia os jornais e que esteja a par das notícias desagradáveis; as últimas: o Emden foi afundado e Przmsl está novamente cercada.[1] Os jornais estão tão repugnantes quanto antes.

O que certamente você não pode ter lido é uma notícia triste que recebi ontem como resposta a uma consulta na Suécia. Tio Emanuel morreu no dia 17 de outubro, em um "surto" [Anfall] ferroviário – provavelmente o amigo sueco queria dizer "acidente" ferroviário [Unfall]. Suponho que ele não suportou a guerra.[2]

Na próxima semana, mamãe pretende ir a Hamburgo por 14 dias.

Um jovem Cronbach, que estava casado com Martha Zucker,[3] (da família dos Breuer)[4] morreu em combate.

No mais, não tenho algo consolador para comunicar. Espero que faça o melhor de sua situação atual e lhe envio as minhas saudações cordiais,

Seu pai

61-Martin   [Cabeçalho Viena], 20.XI.14

Querido Martin,

Fiquei satisfeito de voltar a ler uma carta[5] detalhada sua. A administração doméstica vai levar em conta seus desejos. Espero saber de

---

[1] O cruzador *alemão SMS* Emden havia sido bombardeado em 9 de novembro de 1914 no oceano Índico e ficou fora de combate. A fortaleza de Przemyśl, na Galícia (hoje Polônia do Sul), havia sido cercada pelos russos pela primeira vez em setembro, mas havia sido libertada. Ambas as notícias a que Freud faz alusão se referem ao dia 11 de novembro, mas saíram nos jornais apenas no dia 12 (cf. ANNO).

[2] Com 81 anos de idade, Emanuel Freud caiu de um vagão ferroviário durante a viagem. Não se pode excluir a hipótese de suicídio (Molnar, 2004, p. 128 s.).

[3] Ernst Cronbach (1878-1914) era sobrinho da esposa de Josef Breuer (cf. Gaugusch).

[4] Josef Breuer (1842-1925), médico e fisiologista vienense, amigo de Freud nos anos 1880 e 1890; um dos promotores da Psicanálise (Hirschmüller, 1978).

[5] Não conservada.

você, quando vai precisar de dinheiro e quanto. A vida que você leva hoje pode não ser muito interessante nem saudável, mas ela tem seu valor enquanto preparação à guerra que você irá enfrentar. Até lá, você estará resistente a catarros e privações. Creio ser de bom senso repousar. Em breve acontecerão algumas mudanças.

A situação da guerra no Leste parece estar mais favorável agora; no Oeste, a mudança de tempo paralisou tudo, mas já não há avanço algum faz um mês. Espero que os inimigos resistam menos que os aliados.

Como sabe, mamãe foi a Hamburgo. Estou exaustivamente ocupado, embora não no consultório, que continua reduzido a um quinto, mas com trabalhos e preparativos para projetos, para os quais certamente não teria tempo em condições normais.[1] O recrutamento iminente, ou melhor, já iniciado, será incisivo. Se eles recrutarem Rank, por exemplo, as nossas revistas[2] terão que ser suspensas.

Espero que tenhamos em breve o belo clima claro de inverno, quando Salzburgo reencontra sua beleza. Seu aniversário também está chegando. Ernst passou por uma gripe e, ao que parece, ainda é poupado.[3]

Chegou o momento da paciência e o do humor; se os velhos são obrigados a se contentar com o primeiro, o jovens devem demonstrar o segundo.

Saudações cordiais,
Seu pai

---

[1] Pouco antes, Freud havia terminado a anamnese do "Homem dos lobos" (Freud, 1918b). Nesse momento, estava iniciando um "trabalho maior com caráter de síntese", pouco depois descrito como "Estudo sobre as neuroses com capítulos sobre as vicissitudes pulsionais, o recalque e o inconsciente" (F/A, pp. 449, 458), dos quais surgiu o projeto dos doze trabalhos metapsicológicos. Porém, apenas cinco deles foram publicados (cf. Grubrich-Simitis, 1985).

[2] Trata-se das revistas *Internationale Zeitschrift für ärztliche Psychoanalyse* [Revista internacional de Psicanálise médica] e *Imago*, cujo organizador principal era Rank. Elas continuaram sendo publicadas, mesmo que de forma reduzida, também durante a guerra.

[3] Depois de várias negativas, Ernst acabou sendo considerado apto para a guerra e foi transferido como voluntário a Klagenfurt em 10 de outubro de 1914 (F/A, p. 441).

CARTAS AOS FILHOS

Em 24 de novembro de 1914, Martin informa que a escola dos voluntários se esvaziou um pouco. Entre os cabos, porém, dos quais ele fazia parte, ninguém fora transferido. Parece que isso se deve a alguma regra, motivo pelo qual não espero mais uma transferência a outro regimento ou à Infantaria.

62-Martin   [Cabeçalho Viena], 30.XI.14

Querido Martin,

Amanhã cedo enviarei 250 coroas a você pelo correio, em consideração ao seu aniversário e às despesas que tem. As oportunidades de trabalho não melhoraram desde a sua visita aqui.

Mamãe retorna quinta-feira de manhã para o aniversário de Anna.[1]

Creio que seu treinamento irá durar até o início do ano, se não o interromper com algum alistamento voluntário, de modo que, assim, você certamente partiria para a guerra como suboficial. Mais do que isso não seria mesmo possível. No mais, você sabe que precisa ter paciência. Suponho que não fez uso do *Zeiss*[2] até agora.

Acredito que esteja se correspondendo diretamente com Ernst. Até agora, atravessamos quatro meses de guerra, mas ficou claro que não se conseguiu nada que tornasse a paz possível. Talvez no começo do ano; no verão, a paz pode chegar até a gente, isto é, até aquilo que sobrar da gente.

Minhas saudações cordiais, juntamente com meu pedido de notícias frequentes,

Seu pai

---

[1] Dia 3 de dezembro.
[2] Um binóculo.

Na longa carta de 4 de dezembro de 1914, Martin agradece pelo generoso presente de aniversário *e continua*: Provavelmente mandarei fazer apenas uma peça do uniforme, talvez calças de montaria, pois não faz sentido acumular grandes quantidades, além de ser contrário aos interesses da economia nacional, enquanto calças de montaria podem ser vantajosas na campanha e nos bares.

Minha saúde está prejudicada há 3 dias devido a um forte resfriado; estou tossindo, com dor de garganta e o nariz congestionado; é certo que poderia sair de licença médica imediatamente, se fosse fazer a consulta. Por enquanto, me controlo com Aspirina e faço gargarejos, pois já perdi muito e me privaria de todas as chances de promoção se ficasse mais tempo de licença. [...]

Há pouco tempo temos um tenente como comandante do treinamento, dr. Alberti, advogado da corte e do tribunal (Abeles?), que sublinhou, logo em seu discurso inaugural, que não toleraria de forma alguma qualquer hostilidade contra determinadas etnias ou religiões. [...] O comandante anterior, um estudante alemão de uma corporação (*Rhenopalatia*; ele usava a faixa da cerveja bem visível no uniforme), poderia ter se transformado em uma figura muito desagradável logo para mim. Nosso capitão sempre foi extremamente educado e justo; mais uma vez, dei sorte com os meus superiores.

Os parágrafos seguintes tratam das perspectivas de promoção e continuam: Quanto aos voluntários, eles podem ser integrados, em analogia ao procedimento da 1ª bateria, na próxima bateria. [...] Achando-me rico, comprei hoje (no dia de Santa Bárbara, que começou com uma missa; e tivemos folga à tarde) um gorro extra, lavei a cabeça, arrumei material de limpeza e fui olhar tecido para calças de montaria. O restante do dia será dedicado aos estudos.

No dia 17 de dezembro seguiu outra carta, em que escreve: ontem me comunicaram que devo partir em breve para a campanha, junto com mais quatro voluntários. Acredito que partirei no início ou meados de janeiro. O exame será em breve; espero me tornar um suboficial,

CARTAS AOS FILHOS

se passar na prova. [...] Provavelmente passaremos muita vergonha no início em razão da mudança súbita da teoria à prática. [...]

O presente de aniversário do papai já se transformou em um uniforme, que deve ficar pronto amanhã. Não haverá recesso de Natal, talvez uma folga de 2 a 3 dias; ficarei por aqui, claro, mesmo que seja para poupar o dinheiro da compra de um saco de dormir.

63-Martin   [Cabeçalho Viena], 20.XII.14[1]

Querido Martin,

Fiquei sabendo, com grande interesse, que você será logo enviado e lamento não poder lhe visitar, porque você não vai ter férias. E meu intestino não está em condições de fazer uma visita.

Vejo com bons olhos seu novo equipamento, mas continuo com a impressão de que você percebe a guerra demasiadamente como um excursão esportiva. Penso que não vai poder transportar nada a mais a não ser aquilo que usa no corpo, e tudo que carregar, além disso, será logo roubado ou se perderá. É assim que um civil enxerga a questão do equipamento, baseado nos relatos daqueles que retornaram. O oficial, evidentemente, está em uma situação melhor. Espero que você se torne logo um suboficial ou que chegue a se tornar com a sua partida. Desta vez, você não menciona o exame.

Diga quanto dinheiro você quer para o mês de janeiro. Não esqueça que: 1) não poderei mandar nenhum depois, tendo em vista a baixa confiabilidade do serviço postal militar e 2) lá fora, na Polônia ou na Sérvia, dificilmente você terá oportunidade de gastar. Dois fatores conflitantes, portanto, entre os quais terá que encontrar o equilíbrio.

O Natal será silencioso e triste, na nossa casa como em todo lugar.

Saudações cordiais e no aguardo de sua resposta,

Seu pai

---

[1] Carta já reproduzida em MaF, p. 192.

Em resposta de 21 de dezembro de 1914, Martin avalia suas necessidades financeiras, dizendo que estaria pagando o apartamento do erário, no mais, para alimentação e roupa, ele precisaria de 150 coroas ao mês, acrescentado um valor para artigos de limpeza, acessórios, artigos de higiene e para barbear, despesas para a obrigatória vida social com os camaradas etc. de acordo com sua avaliação, resumindo: somando-se a uma modesta mesada.

Compartilho inteiramente de sua opinião sobre o envio de dinheiro na campanha. Precisamos de pouco, mas não tem como completar as reservas. Suponho que dificilmente vou ficar mais que dois meses ininterruptos de campanha; não pretendo, portanto, levar quantidades maiores comigo. Talvez o melhor seja me mandar um valor expressamente discriminado como reserva de guerra. Evidentemente, não tenho como definir a quantia, pois, de acordo com a data da partida, vou dispor de uma parte maior ou menor da mesada.

Sua opinião sobre o equipamento também é totalmente acertada, com a ressalva de que disponho do conteúdo do meu alforje o tempo em que tiver um cavalo. Evidentemente, não ficamos por muito tempo com o cavalo; os detalhes são uma questão de sorte. Para a campanha também não comprarei mais do que um saco de dormir, talvez, e somente se este couber no transporte. [...]

O exame será no dia 28 de dezembro.

Em meados de janeiro de 1915, chegou a notícia de que Martin estava prestes a partir para a campanha:

Salzburgo, 18 de janeiro de 1915

Olá pessoal,

Provavelmente vou partir amanhã (terça-feira) de manhã. Quando souber a hora em que chegaremos a Viena, darei notícias por telegrama.

Adoraria se pudessem me trazer um lanche para a viagem.

Tornei-me suboficial. O nosso transporte é composto por seis cadetes, seis suboficiais e mais ou menos trinta soldados. [...]

Estarei ocupado o dia inteiro, não tenho como escrever para mais ninguém. Informem Lampl e mandem lembranças à vó,[1] aos tios e às tias. Se Lampl puder se afastar do serviço, peçam que venha também, bem como Math, se ela tiver tempo.

Acabo de saber que a nossa chegada em Penzing[2] está prevista para quarta-feira às 5h *da manhã*; de lá seremos transferidos para a Estação do Norte. Quem conseguir levantar cedo, portanto, deve me encontrar por volta das 6h na Estação do Norte.[3]

Por favor, tragam cachaça boa e cigarros para a viagem, e ainda algo para comer; há lugar suficiente no vagão e a viagem vai durar dias.

Saudações cordiais e boa sorte a todos!

Martin

Não se conservaram as cartas de Freud a Martin de dezembro de 1914 a abril de 1916 – a primeira e mais longa de muitas lacunas nessa série de cartas da época da guerra. O próximo cartão reproduzido foi escrito após as férias do front, *que Freud anotou com dois registros em sua agenda: 22 de março de 1916 "chegada surpreendente de Martin" e 11 de abril "despedida de Martin".[4]*

---

[1] Amalia Freud (1835-1930).
[2] Subúrbio a oeste de Viena, com estação ferroviária.
[3] Freud foi de fato à estação.
[4] F/Kal.

138   SIGMUND FREUD

64-Martin   30/4/16[1]

Querido Martin,

Hoje a primeira notícia sua desde Innsbruck, de 17/4. Escrevo apesar da correspondência militar provisória. Depois de muito tempo, também recebi uma carta de Ernst,[2] que agora está no Regimento de Canhões, nº 28; ele fez uma visita a Miravalle.[3]

Na Páscoa, estive com Oli, cujo divórcio felizmente está certo agora; consolei-o, fiz umas sondagens no túnel.[4] As formalidades, resolvemos no fim de maio. Ainda não há certeza sobre Max, que esteve de licença em casa até ontem; Soph provavelmente não vem para cá.[5] Hoje começa o horário de verão. Tudo de bom para você.

Cordialmente,
Papai

65-Martin   Viena, 30/5/16[6]

Querido Martin,

Todos estão orgulhosos e felizes que vocês resolveram a primeira tarefa de forma tão brilhante.[7] Mas o que vai acontecer agora? Certamente um intervalo para descansar. Para se ter paz, sem dúvida, vai ter que haver uma grande decisão. Nada de novo por aqui. Há 8 dias

---

[1] Cartão do serviço postal militar, destinado a: Sr. Ten. da Res./Dr. Martin Freud/ Regimento de Artilharia nº 44/Bat. II/Correspondência militar 224/I.

[2] Possivelmente a carta reproduzida a seguir, de 28.4.1916.

[3] Provavelmente uma alusão crítica (em função da censura) ao local da unidade militar de Ernst (que tinha sido transferido a Lavarone em março: F/Fer II/1, p. 193).

[4] Cf. (pp. 203-205).

[5] Sobre a "neurose de guerra" de Max Halberstadt e sobre os planos de trazer Sophie com seu filho para a Berggasse, cf. a seguir (p. 414) e 371-Soph, p. 466, nota 3.

[6] Cartão de correspondência militar.

[7] Martin participava das batalhas no front italiano, quando as tropas austro-húngaros conseguiram romper as linhas do inimigo. – Esta e algumas informações posteriores sobre o andamento da guerra se baseiam na página <www.stahlgewitter.com>.

CARTAS AOS FILHOS

não temos notícias de vocês. Sobre Max, nada de certo. Oli ainda não esteve aqui.

Saudações cordiais.
Papai

Acabei de receber seu cartão de 27/5[1]

Na época da correspondência que se segue, cerca de nove meses depois, Martin estava em Linz, onde atuou durante mais de seis meses no treinamento de artilheiros, esperando também uma nova transferência.

66-Martin   [Cabeçalho Viena], 15/2/17[2]

Querido Martin,

Anexei um cartão do Seibert.[3]

Aqui também está muito sombrio. Depois do frio intenso, a gripe, o tio está de cama, Math melhorando, Anna pegou a gripe um dia depois de sua chegada em Sulz.[4] Espero que seja branda.

No mais, nada para fazer, não tem bonde, problemas de pão, falta de batatas.

Logo você vai se familiarizar com Linz. Claro que não fazer nada é bastante tedioso.

Saud. cordiais,
Papai

---

[1] Anotação a lápis à margem.

[2] Carta seguinte, assim como o texto da carta subsequente de Freud ("não escreveu por muito tempo"; o anexo a uma carta) põem em dúvida se a presente mensagem foi mesmo enviada.

[3] Não identificado.

[4] Naquela época, Anna estava passando um curto período de férias em Sulz, perto de Kaltenleutgeben, na região Wienerwald, a sudoeste de Viena (F/Fer II/2, p. 38).

Em 21 de fevereiro de 1917, Martin escreve de Linz:

Querido papai!

Faz tempo que não tenho notícias de vocês. Nesse meio-tempo, Linz não se tornou mais bonita nem mais interessante. Continuo hospedado no hotel; ainda não conversei com nenhum civil desde a minha chegada aqui. A maioria dos camaradas que alugaram quarto particular já está brigando com os proprietários, alguns abandonaram o quarto mesmo estando pago e voltaram para as hospedarias. Os motivos das brigas e rescisões de contrato foram aquecimento ou não aquecimento, o ajudante dos oficiais, o consumo de luz e, principalmente, a ausência de devoção religiosa.

Estou perdendo a popularidade entre os camaradas porque não os acompanho mais à noite, tenho preferido ir dormir. De todo modo, as diversões que a cidade oferece são tão duvidosas que prefiro não ser tão querido.

A cantina que existe aqui é uma desgraça – vão começar a cobrar 3 coroas pela refeição somente (sem bebidas), e o pouco que servem é mais do que modesto. Provavelmente deixarei de frequentar e de fazer as refeições na hospedaria.

A divisão em unidades de transporte é tão demorada que ainda não sei dizer quando chegará a minha vez. Estou na expectativa de que a suspensão da licença irá terminar em 1º de março; gostaria muito de passar duas semanas em Viena. Por favor, me escreva se não houver empecilhos demais para tanto.

Faz dias que ando em Linz à procura de cigarros como um leão no deserto, e nem arrumar um charuto diário para o jantar eu consigo.

Estou bastante aborrecido de ter que passar as poucas semanas de recuperação desse modo, tão mal-humorado.

Saudações cordiais a você e a todos, seu filho
Martin

CARTAS AOS FILHOS   141

67-Martin   [Cabeçalho Viena], 22/2/17

Querido Martin,

É verdade, faz tempo que não te escrevo. Não há novidades nem nada de especialmente animador. O tio superou a gripe, Anna, que havíamos mandado a Sulz no dia 12, está de cama com uma gripe e voltou um tanto enfraquecida. Uma carta de Nova York, que, curiosamente, passou pelo controle, informa que a Ditha ficou noiva, ou seja, que atualmente já está casada. Com um tal de Mr. Nadlmann, um escultor.[1] Parece que Ernst não ficou muito satisfeito com sua atividade como ajudante nos 14 fios de telefone; segundo as últimas notícias, ele está construindo uma nova cabana, ou seja, deve voltar a ser observador. Oli ficou sabendo que a escola em Krems começa no dia 1º de março[2] e conta com a possibilidade de passar por Viena nos próximos dias.

Achamos seus relatos de Linz muito divertidos. Provavelmente, não há mal nenhum em ser naturalmente benquisto. Se conseguisse licença, você ficaria na casa de Math, que preparara tudo para Ernst e que, agora, está te requisitando.[3]

Algumas coincidências favoráveis, doações etc. beneficiaram a alimentação nos últimos tempos. Não estamos passando necessidade, mas está tudo muito caro. Os negócios oscilam, mas nunca chegam a ser particularmente bons. O fim da guerra ainda é guardado cuidadosamente em segredo.

Anexo um cartão que chegou para você e te mando as minhas lembranças cordiais.

Papai

---

[1] Possivelmente, trata-se do conhecido escultor polonês-judaico Elie Nadelman (1882-1946). O noivado acabou sendo anulado (71-Martin, p. 145).

[2] Cf. a seguir p. 224.

[3] Martin estava de licença em Viena de 27 de março a 11 de abril de 1917 (F/Kal).

142 SIGMUND FREUD

68-Martin [Cabeçalho Viena], 20/4/17

O documento importante[1] está bem guardado e fico satisfeito por saber que você o entende como eu, porém não sem dificuldades também.

Ando, claro, bastante curioso por saber quais as chances de uma futura transferência sua, em termos de tipo e de prazo.

Ernst chegou com febre e contou seus planos de não partir mais.[2] Contudo, ele se recuperou muito bem desde o segundo dia e quis voltar ao *front* conforme previsto. Ernst está com ótima aparência residindo na pensão de Math. Dizem que seu *signum laudis*[3] chega no dia 16 de maio. Oli se queixa de que não ganha outra coisa a não ser um chucrute intragável, quatro vezes por semana. Parece que está mesmo na hora de se encerrar.

Agora estou tão atarefado quanto antes da guerra, mas certamente não por muito tempo.

Todos mandam abraços. Tudo de bom para você.

Papai

Durante Pentecostes (26 e 27 de maio), Martin esteve de visita em Viena.[4] Em 7 de junho de 1917, voltou a escrever de Linz: Não tenho novidades a relatar. Por enquanto, o regimento no *front* não tem demanda de oficiais. A perspectiva de partir em uma unidade nova é bastante reduzida. Gostaria muito de integrar uma unidade razoavelmente suportável no *front*, mas não depende de mim fazer nada nesse sentido. [...]

O serviço é agradável, amanhã e depois volto a atuar como advogado no Tribunal da Brigada, onde, pelo menos, posso aprender algo. Ao estudar tcheco, me convenço cotidianamente da minha falta de talento para aprender línguas.

---

[1] Não esclarecido.

[2] Ernst Freud estava de licença em Viena de 15/4 a 3/5/1917 e voltou ao *front* italiano depois disso (F/Kal).

[3] Uma medalha de mérito militar, que Martin já havia recebido em 16 de outubro do ano anterior. Ernst a recebeu em 12 de junho de 1917 (F/Kal).

[4] F/Kal.

CARTAS AOS FILHOS

69-Martin   26/6/17[1]

Querido Martin,

Hermann[2] ficou gravemente ferido no dia 18/6 e faleceu no dia 21/6 em um hospital do *front* (Tossa?[3]). A notícia chegou ontem por meio de um camarada de Trento. Você pode imaginar o impacto[4] que causou. – Agradeço muito pelo seu envio a Ischl.[5]

Cordialmente,
Papai

Martin responde a esse comunicado no dia 28: Sua mensagem, que acabo de receber, me comoveu muito. Eu sabia que o regimento de Hermann estava envolvido em combates durante as últimas semanas. Por favor, para qual endereço posso escrever para tia Rosa e Maus?[6]

70-Martin   [Cabeçalho Viena], 29/6/17

Querido Martin,

Lamentamos muito você não poder passar o feriado[7] conosco. O nosso endereço:[8]

Szentivanyi-Csorbató

---

[1] Cartão-postal; destinado a: Sr. Ten./Dr. Martin Freud/Gartenstrasse 10/Linz/Alta Áustria.

[2] Hermann Graf, filho de Rosa, irmã de Freud.

[3] Ponto de interrogação ilegível; também poderia se tratar de um "3".

[4] O impacto na mãe viúva, pois ela era conhecida na família por sua tendência às lamentações (cf., por exemplo, 7-Math, pp. 43-47).

[5] Célebre estância no Salzkammergut, onde Amalia, a mãe de Freud, passava as férias regularmente.

[6] A filha de Rosa.

[7] Pedro e Paulo.

[8] Isto é, o endereço para onde Freud viajou em 30 de junho com sua esposa e filha, Anna, na estância de verão de Alta Tatra.

Liptauer Komitat

Villa Maria Theresia

A tia ainda vai receber suas condolências em Viena, Karl Ludwigstr, 1ᵉ.

Informarei ao tio sobre suas necessidades financeiras, já que irá se dirigir a ele a partir de agora. Quitei sua dívida de 200 coroas, levando em consideração as difíceis condições de vida. Não é necessário que você parta para o *front* em função de dinheiro. Nesse momento, vale menos ainda.

Sem dúvida, estamos viajando sem ter certeza de nada. Dizem que é muito bonito, mas não há atmosfera para aproveitar a viagem. A situação geral está sombria demais.

Semana passada, Anninha ainda sofreu bastante com uma otite.

Escreva-nos regularmente para Csorbató. Assim você fica sabendo como estamos.

Tudo de bom. Saudações cordiais,

Papai

Em 7 de julho de 1917, Martin agradece pelo perdão da dívida, via carta, e considera muito provável a sua transferência para um regimento do *front*; *ele espera* ficar nas proximidades de Ernst. *De Linz, não haveria* muito a relatar. O vinho e as mulheres desempenham um papel importante, a partida para o front, enquanto perspectiva de servir como meio universal de cura e de segurança, leva as pessoas a estabelecerem relações diversas, que, em tempos de paz, dificilmente poderiam ser rompidas. *Em 13 de julho, ele confirma o recebimento de um cartão do dia 9 (que se perdeu).*

CARTAS AOS FILHOS

71-Martin   Csorbató, 14/7/17[1]

Querido Martin,

Sua carta chegou. Talvez este postal ainda te alcance em Linz. Oli foi muito bem no exame e se tornou suboficial. De N. York ficamos sabendo que o noivado de Ditha foi cancelado, e que os outros estão bem. Por aqui, frio, tempestade, chuva. Mande um telegrama quando partir!

Cordialmente,
Papai

Um cartão-postal comum, de 19 de julho de 1917, bem como uma fotografia que mostra ambos de uniforme,[2] testemunha a visita que Oliver fez ao irmão em Linz, após o curso de oficial (suboficial Oli). Logo depois, Martin ganhou uma licença para Hellmonsödt, um vilarejo ao norte de Linz.

72-Martin   Csorbató, 23/7/17[3]

Querido Martin,

Confirmo o recebimento do cartão de vocês, que é muito animador. Convívio animado por aqui, Ferenczi e Sachs estão a 10 minutos de distância. Hoje faz o dia mais bonito até agora. Fartos presentes dos conhecidos húngaros. Mamãe superou os problemas gastrointestinais, aniversário mantido em segredo.[4] Mande um telegrama se houver alguma mudança com você.

Cordialmente,
Papai

---

[1] Cartão-postal.
[2] Cf. a foto a seguir, p. 223.
[3] Cartão-postal; o endereço de Linz foi riscado por desconhecido e substituído por: Hellmonsödt/Alta Áustria.
[4] O aniversário de Martha Freud (cf. 29-Math, pp. 79-81).

146 SIGMUND FREUD

73-Martin   Csorbató, 25/7/17[1]

Querido Martin,
O cartão-postal segue simultaneamente. Divertimo-nos muito com sua carta[2] e a notícia de que conseguiu hospedar e impressionar Oli. Nós continuamos bem, com o clima bom. Mamãe superou problemas gastrointestinais ainda antes do aniversário.

Saudações cordiais,
Papai

74-Martin   25/7/17[3]

Querido Martin,
Junto com este, outro cartão para seu endereço atual. Felicitações pela estância na montanha. Estamos muito bem aqui.

Saud. cordiais,
Papai

75-Martin   [Cabeçalho Viena], Csorbató, 3/8/17

Querido Martin,
Espero que tenha retornado de sua região deserta, que no cartão--postal[4] tem um aspecto bastante bonito, e nos relate muito detalha-damente até onde a programação que nos informou vai se realizar.
Nesse meio-tempo, Ernst e Oli se encontraram em Viena, onde também estiveram com Math. Não sei se Ernst conseguiu ver você ao

---

[1] Cartão-postal; destinado a *Hellmonsödt* im Mühlviertel / Alta Áustria.
[2] Perdida.
[3] Cartão-postal ilustrado: "A Magas Tátra (Alta Tatra)/Czorba-tó – Lago de Czorba, 1387 m; "Linz" riscado no endereço e substituído por "Hellmonsödt".
[4] Também perdido.

CARTAS AOS FILHOS

retornar de Munique. Espero que não tenha sido a calmaria antes da tempestade; agora estaria na hora de parar. Se você for a N.,[1] espero que seja em pleno cortejo triunfal.

Estamos bem. O clima, a companhia (Ferenczi e Sachs viajam amanhã) e a alimentação satisfatórios. Anna fez algumas belas excursões nas montanhas até os lagos dos Carpates; em uma delas (acima de 1.800m), até eu participei. Os últimos dias foram muito quentes aqui também, mas indescritivelmente bonitos. Quando a paz retornar, você precisa fazer uma visita à região.

A tia Rosa está em Gastein.

Tudo de bom para você e nos mantenha informados.

Cordialmente,
Papai

Em 5 de agosto de 1917, Martin faz um relato de Hellmonsödt, de onde retornou a Linz no dia seguinte: Foi um período muito bonito, e muito instrutivo; certa vez, me aproximei de agricultores e enriqueci os meus conhecimentos sobre cereais e trigo, gado e aves. Eles foram muito educados e gentis, parecia que, a qualquer momento, eu poderia me tornar deputado da região de Urfahr.[2] [...] O tempo todo tive à minha disposição um cavalo do erário, e, como as subidas e descidas das estradas não eram boas para cavalgar, tive a ideia prática de pegar emprestado uma carruagem. O cavalo e eu não entendíamos quase nada sobre cavalgar; em compensação, a carruagem era uma veterana experiente. Não aconteceu nada conosco, a não ser um buraco na minha

---

[1] Possivelmente a abreviação para "Norte". Naqueles dias, os aliados conseguiram romper as fronteiras russas, o que trouxe enormes ganhos de território na Galícia e na Bucovina.

[2] Na época, Urfahr, ao norte do Danúbio, ainda era um município autônomo; em 1919 passou a fazer parte de Linz.

148 SIGMUND FREUD

calça; a coitada da carruagem chegou, ao fim do uso em serviço, no limite de sua capacidade de exercer a função.

Ele teria ficado com uma tropa suplementar para a bateria Conde de Walterskirchen, *que ainda estaria em Viena para ser equipada.* Infelizmente, essa atribuição não está determinada por escrito e em caráter oficial, podendo ser cancelada em uma eventual troca de comandante. *Infelizmente teria havido um desencontro com Ernst.*

76-Martin   Csorbató, 14/8/17[1]

Querido Martin,
Sua carta recebida. Incerteza, portanto, pelo menos com adiamento. Ficaremos aqui até o fim do mês; estamos bem. Dia 19, Anna viaja para uma fazenda da irmã de Ferenczi,[2] para uma engorda maior. Ela se recuperou bem. Como deve saber, a avó vai fazer 82 anos no dia 18.

Saudações cord.
Papai

77-Martin   [Cabeçalho Viena], Csorbató, 15/8/17

Querido Martin,
Os documentos anexados chegaram aqui para você. Eu não sabia que tinha fechado esse negócio com a *Anker;*[3] depois da minha experiência com essa sociedade, eu teria desaconselhado. Talvez você prefira que eu fique com esse documento, mas, de qualquer forma, terá que recebê-lo primeiro.

---

[1] Cartão-postal, endereçado a Linz.
[2] Cf. 386-SophMax, p. 480, nota 2.
[3] Da carta de Martin de 17/8/1917 pode-se deduzir que se trata de um "seguro de títulos de guerra" em caso de morte.

A temporada aqui é bonita e agradável: visitas, doações, entregas. Dizem que esse verão está excepcionalmente lindo. Rank acabou de anunciar sua visita. Neste fim de semana, Anna vai em uma puszta perto de Nyiregyhaza,[1] na casa da irmã de Ferenczi, depois que Sachs fizer uma descrição favorável da acolhida de lá.

Ernst está em um hospital em Zagreb para depois ir a Szombathély[2] e, talvez, a Viena. É o caminho para o interior, que ele pega com a ajuda de Lampl. Diagnosticaram úlcera, sem preocupação.[3] Talvez você saiba mais do que eu. Já te escrevi que ficaremos até o fim de agosto.

Tudo de bom para você e dê notícias sobre sua vida.

Cordialmente,
Papai

Em 16 de agosto de 1917, Martin relata que a atribuição sobre a qual escrevera antes, fora anulada. Em longa carta do dia seguinte, ele explica que, embora informado de sua aceitação em uma bateria alpina de canhões, na Caríntia, ele tinha expectativa de uma transferência ao Isonzo (o que acabou se confirmando). Depois continua:

Em termos de serviço, estou muito bem. No meu relatório (ao qual, evidentemente, não posso ter acesso) está escrito, entre outras coisas: dar exemplo em todos os sentidos. Há algum tempo, dirijo o treinamento de manuseio de canhão e fui bastante elogiado em uma inspeção feita pelo comandante da unidade (um capitão). Normalmente, sai tudo errado nessas inspeções e se escutam apenas xingamentos. Por esse motivo, menciono a exceção a meu favor.

---

[1] Grande cidade ao nordeste da Hungria.
[2] Cidade no oeste da Hungria, perto da fronteira com a Áustria.
[3] Cf. p. 259.

150 SIGMUND FREUD

Ultimamente, tornei a ser nomeado advogado de defesa no Tribunal da brigada. E adquiri certa prática em livrar da justiça aqueles que negam com obstinação. Mas, quando alguém, como aconteceu hoje, confessa tudo, não há advogado que possa lhe ajudar.

Fiquei sabendo que Ernst foi para o interior apenas agora com a sua carta. Vejo com bons olhos que ele tenha um ano de tranquilidade e repouso depois do Isonzo. Quanto a mim, ficarei contente sempre que o destino me possibilitar hibernar nas alturas das montanhas da Caríntia. No momento, não gostaria mesmo de ser transferido ao Isonzo.

Espero ter dinheiro suficiente até o fim de setembro. Para o eventual período entre fins de setembro e minha ida ao *front*, terei que bater à sua porta mais uma vez. Receio, inclusive, não passar despercebido, desta vez sem sela e binóculos próprios, que eu deveria ter faz tempo.

No dia 21 de agosto, a partir de um telegrama do filho, Freud anota no seu calendário: "Martin para o front*." No dia 22, Martin especifica em notícia de Linz:*

Hoje, às 11h30, parto para Viena, chego às 18h. Permaneço até a noite do dia 24, então pego o trem expresso para Laibach[1], onde chego no dia 25. De lá, vou ao meu Regimento, caminho muito conhecido, que se encontra quase exatamente no lugar de onde Ernst acabou de partir.

Viajo com o meu ajudante Zink. O motivo da partida repentina é uma exigência do Regimento. Considero possível voltar à minha bateria de origem. A viagem não será especialmente prazerosa.

Do front *italiano, Martin escreve ao seu pai no dia 7 de setembro de 1917, depois de agradecê-lo por uma carta (não conservada) do dia 2.*

Parece que conhecerei o comandante da minha bateria somente amanhã. Ele está a meia hora da minha posição apenas; mas, até o momento, não era aconselhado fazer visitas. Em um trecho de 2 km era fácil ganhar algumas medalhas de bravura e, por isso, não queria que eu fosse lá em cima até ele.

---

[1] Hoje Liubliana, capital da Eslovênia.

Desde 1º de setembro, sou oficial de ligação no comando de um batalhão. Estou alojado juntamente com um capitão, o comandante, um tenente e seu ajudante, a aproximadamente 600m atrás da trincheira em um abrigo sofisticado. O despertar é cada vez mais estranho, pois a luz do dia não chega até o interior e, cercado por paredes escuras, fica difícil imaginar que lá fora está brilhando um sol meridional nos escombros de uma vinha. Ao redor, tudo destruído e em escombros, cratera ao lado de cratera. Quem não precisa resolver nada de urgente, não deixa o esconderijo; não se pode ir sozinho até o posto, apenas em companhia de um ordenança, que mantém 30 passos de distância. A situação, porém, logo se tornou mais cômoda; parece que do outro lado estão novamente economizando em munição. No nosso abrigo, a vida é bastante divertida, a comida é muito boa e há, também, o suficiente para fumar e beber. Quando as ratazanas, que aqui são do tamanho de coelhos, se agitam muito nas tábuas acima de nossa cabana, o capitão solta um miado, o que sabe fazer muito bem, e os bichos se retiram.

Estamos bem-humorados, há um otimismo agradável, que contamina e que é bastante útil quando a pessoa não conhece o *front*. Meu bem-estar físico e a sensação de força diminuíram muito depois de ter exagerado na comida ontem. Também, a tentação foi grande demais – tinha milho, figos frescos e uvas roxas. Hoje estou de jejum para melhorar.

Em cartão de 9 de setembro de 1917, Martin anuncia (precipitadamente, pelo visto) que voltaria para um posto com canhão. *No dia 13, ele diz em uma carta:* Hoje posso relatar que estou bem, depois de superar um problema gastrointestinal nada agradável. [...] No momento, estou no posto de descanso, mas voltarei ao *front* o quanto antes. Estou determinado a causar a melhor impressão possível para cima, para baixo e para todos os lados. Não conseguirei isso, se a minha atividade ficar restrita a comer a minha merenda no raio extremo dos canhões inimigos, que são de longo alcance. *No mesmo dia, ele pede uma caixa de chocolates por cartão-postal. No dia 22, agradece uma carta (também não conservada) do seu pai e continua:* Já fiz algo de útil hoje, me arrastei a manhã inteira para lá e para cá, dei alguns tiros e acertei também. Meu apetite voltou ao normal e está excelente, motivo pelo qual estou feliz por não estar longe do *front*.

Com isso, esta série de cartas de Martin termina e, também, aquelas conservadas de Freud para ele; há novamente uma grande lacuna. Dispomos apenas de uma carta de Martin de 26 de junho de 1918, uma época de batalhas duras no front italiano:

Querido papai!

Não entendo por que, sempre que começa o bloqueio das correspondências, vocês interrompem qualquer contato postal comigo, apesar de o correio chegar ao *front* sem maiores problemas. Assim, fico na situação desagradável de não saber para onde vocês vão no verão. Se saírem as licenças hoje ou amanhã, eu não tenho como saber para onde ir. Peço, portanto, que me mandem notícias sobre os seus planos logo.

O meu humor está muito péssimo. Acabei de me recuperar de uma gripe, que peguei do "outro lado", no pântano, na lama e na chuva. Passei por coisas terríveis, tanto em relação a perigo quanto em relação a esforço extremo. Três noites seguidas sem dormir foi demais para todos nós. O repouso e a temperatura boa dos últimos dias me restauraram. [...]

O meu *Tagblatt*[1] não está chegando mais; por favor faça uma consulta (será que não foi pago?)!

Espero que todos estejam bem e envio a você e a todos as minhas saudações cordiais,

Seu filho Martin

---

[1] Parece que Martin era assinante do jornal *Neue Wiener Tagblatt* [Novo Diário Vienense], próximo ao Partido Germânico-Liberal; na época era o jornal austríaco mais vendido.

CARTAS AOS FILHOS

Em 2 de julho de 1918, a licença se tornou realidade; Freud anotou na sua agenda: "Martin retornou do Piave." Seis dias depois, ele partiu com Anna para a Hungria.

78-Martin   [Cabeçalho Viena], Budapeste, 18/7/18

Querido Martin,

Fiquei sabendo que você desconhece o nosso endereço aqui, então o envio para que possa entrar em contato direto conosco:

Dr. Anton von Freund[1]

para prof. S. F.

Budapeste X

Cervejaria Burguesa

Estamos muito bem aqui. A hospitalidade húngara, aliada à amizade pessoal, os leva a fazerem o máximo possível por nós. É tão confortável que desistimos de ir ao centro todos os dias. Eu consigo trabalhar nas novas edições sem ser incomodado.[2]

Com exceção do telegrama da mamãe, ainda não tenho notícias de Schwerin.[3]

Na medida do possível, desejo-lhe um período bom em seu posto. Oli (n° 292)[4] escreve a contento, parece estar sofrendo bastante.

Cordialmente,
Papai

---

[1] Anton von Freund (1880-1920), proprietário de uma cervejaria em Budapeste e doutor em Letras, mecenas da Psicanálise, paciente de Freud de 1918 a 1919 (BL/W; May, 2006a, pp. 63-66). Freud ficava na casa dele em Steinbruch (Köbánya, em húngaro), um distrito de Budapeste, antes de seguir para sua estância de verão, novamente nas Montanhas Tatra.

[2] Cf. a carta seguinte, nota 2.

[3] Isto é, de Max e Sophie, que Martha Freud visitara (393-Soph, pp. 488-489).

[4] Provavelmente o número do serviço postal militar dele.

154 SIGMUND FREUD

Em 20 de julho de 1918, Martin manda uma carta do front *ao endereço do pai em Budapeste. Este responde imediatamente:*

79-Martin   [Cabeçalho Viena], Budapeste X., 25/7/18

Querido Martin,

Finalmente notícias diretamente suas. Nada de novo por aqui. Os dias passam[1] voando. Daqui a oito dias vamos viajar, quase contra a nossa vontade, pois eles fizeram tudo para nos sentirmos bem aqui. Contamos diariamente o tempo para a chegada de Ernst; mas ele está demorando uma eternidade. Oli se tornou sargento, escreve frequentemente e está contente de modo geral, reclama das moscas e da falta de batatas (292).

Hoje chegou um telegrama de Sophie, dizendo que mamãe engordou um quilo e que reservou um lugar no vagão-leito para o dia 31. Mandamos um telegrama urgente de aniversário.[2] Cartas expressas a Schwerin demoram de 10 a 11 dias!

Terminei a 5ª edição de *A interpretação dos sonhos* aqui. Além disso, as *Conferências* serão reimpressas e o 4º volume dos *Escritos breves* serão tipografados em breve.[3]

No mais, o futuro está, e é sombrio; ninguém consegue avaliar as últimas batalhas no Marne. Certamente não é uma vitória dos alemães que poderia pôr fim à guerra.

Saudações cordiais
mande boas notícias logo,
a partir de 1/8 para Csorbató (Tatra).
Papai

---

[1] No manuscrito: esquecem [*vergessen*], ao invés de *vergehen* [passam].

[2] De Martha.

[3] As *Conferências introdutórias sobre Psicanálise* (1916-17a) haviam sido publicadas em três partes e agora foram lançadas em um único volume. O 4º volume dos *Escritos breves sobre a teoria das neuroses* [kleinen schriften zur neurosenlehre (1918)], que saiu pela editora de Heller (cf. a nota 2 de 24-Math, p. 69), continha, como trabalho principal, a análise do "O homem dos lobos", que não havia sido publicada até então.

CARTAS AOS FILHOS

No dia 28 de julho, Martin agradece a carta do pai do dia 18 e relata: A vida se passa com muita regularidade e sem percalços. Diariamente, várias horas de serviço; além disso, tempo suficiente para descansar. Escrevi anteriormente que meu alojamento é bastante bonito e confortável. Todavia, a comida é ruim demais, fica-se farto, mas não satisfeito de forma agradável. Raramente temos vinho, faz tempo que não ganho mais charutos, e estou fumando os últimos nesses dias. Quando a correspondência para o *front* estiver liberada – qualquer correio pode dar essa informação –, me mandem da Hungria, por favor, uma padaria um pouco melhor para estimular meu estômago. [...]

Quando vocês viajam a Csorba? Tenho esperança de que saia uma licença para meados de agosto e gostaria de te visitar lá, também para engordar um pouco, o que em breve será uma necessidade.

80-Martin   [Cabeçalho Viena], Csorbató, 5/8/18

Querido Martin,

Recebi sua detalhada carta do dia 28/7 hoje, através de Budapeste. Chegamos no dia 1/8 aqui, à noite, e encontramos com mamãe, que, desta vez, está recuperada e com uma aparência boa. Ela conta que Max e Soph permanecerão em Schwerin e que mudarão para um apartamento, abrindo mão do apartamento em Hamburgo. Dizem que Ernstinho[1] se tornou muito teimoso e pouco educado em relação à avó. Anna ficou muito amiga dos nossos anfitriões em Budapeste e permanecerá lá até o dia 10/8.

Quanto à licença, você terá dificuldades para providenciar algo melhor do que no *front*. Evidente que o que mais gosto é ter você conosco, porém é difícil conseguir hospedagem. Sem avisar por telegrama, você não poderá vir, principalmente a partir de Viena, de forma que podemos enviar uma resposta. É caro aqui, mas você será

---

[1] O filho mais velho de Sophie.

meu convidado se conseguirmos um quarto. Os locais também não são tão exuberantes; as pessoas exageram as maravilhas na Hungria.

Gostaria muito de te mandar charutos e farei um teste assim que o seu número estiver liberado, contudo, como você sabe, não se pode confiar mais no correio.

Ernst conseguiu uma vaga em Szeplak, a 45 minutos de bonde daqui, elogia muito a comida, porém, tem que dividir o quarto com mais duas pessoas.

Se você quiser adiar a licença para Viena (para depois de 9 de setembro), avise-nos. Ganhamos conservas e frios em Budapeste, que levaremos a Viena e você poderá partilhar conosco.

A minha viagem a Schwerin, que planejara para setembro, tornou-se nula pelo fato de Sophie estar em Hamburgo nessa época para desmontar o apartamento. Evidentemente, não é aconselhável você passar as férias na Alemanha.

Responda-me logo e receba as saudações cordiais do seu

Pai

Em 6 de agosto de 1918, Martin agradece por uma carta do pai (não conservada) do dia 2; no dia 10, ele justifica, respondendo a carta anterior, por que prefere tirar licença mesmo em agosto, apesar de tudo. Depois de amanhã entrarei com o meu pedido, talvez dê para ir a Viena no dia 15. De lá, imediatamente mandarei um telegrama com aviso de recebimento. No caso de uma resposta positiva, por favor me passe também o melhor itinerário. Se a Anninha estiver com vocês, peça a ela para me escrever dizendo qual roupa se usa em Csorbató – uniforme militar com calça branca, sapatos laqueados etc. ou roupa de brim e sapatos com pregos.

Martin acabou ficando "nas proximidades" de Freud, nas Montanhas Tatra.[1] Depois passou um tempo em Köbánya (Steinbruch), com

---

[1] F/A, p. 597.

CARTAS AOS FILHOS

a família Von Freund. De lá, relata no dia 4 de setembro: Fiquei no quarto de Ferenczi por uma noite, no *Royal*, depois a sra. dr. Freund me buscou de carro para trazer-me aqui, onde divido o quarto com o dr. Lévy.[1] Estou sendo bem alimentado e mimado, sinto-me muito bem. Amanhã cedo vou a Viena. O sr. dr. Lévy me passou uma quantidade exagerada de alimentos, mal sei como guardá-los na minha mochila.

A carta seguinte, de 15 de setembro, era novamente do front. *Nela, Martin se queixa sobre o novo alojamento e a alimentação.* Devo sonhar com um Nußkipferl em breve. Não temos nem vinho, enchemos o estômago com o pão da tropa e tomamos água. *Após um cartão de 28 de setembro, ele manda uma carta melancólica para casa em 11 de outubro de 1918:*

Querido papai!

Demorei a escrever mais detalhadamente, não por excesso de trabalho, mas devido ao meu péssimo humor, que não gostaria de comunicar por escrito. Essa incerteza absoluta que estamos vivendo atualmente, e a convicção de que todo o meu trabalho e as minhas superações dos últimos quatro anos foram em vão, me deixam abalado. Mais deprimente ainda é a certeza cada vez mais nítida de que o meu percurso, desde a *Matura*, levou-me por um caminho que começa a se revelar equivocado. Receio não poder ganhar meu sustento com aquilo que aprendi. Há colegas que pensam da mesma forma e também estão abalados. De qualquer forma, Oli e Ernst estão em situação nitidamente melhor. Se a paz estiver a caminho, como a maioria aqui suspeita, será uma paz muito pequena e sem motivo de alegrias.

Nos últimos tempos, me sinto continuamente bem. Estou em plena saúde, meu alojamento é tranquilo, razoavelmente bom, tenho o suficiente para comer e estou sem nenhuma preocupação nem responsabili-

---

[1] Lajos Lévy (1875-1961) – Martin escreve "Levi" – clínico geral, membro fundador, em 1913, do grupo local da Associação Psicanalítica Internacional (IPA) em Budapeste. Casado com Kata Lévy, uma irmã de Anton von Freund, que mais tarde se tornou analista (Harmat, 1988).

dade. Esses serviços de manutenção que tomam meses representam uma enorme falta do que fazer, física e mentalmente. Conforme esperado, ganhei o broche com espadas para o *signum* de prata, a quarta distinção de guerra, porém, o meu capitão pensava em me condecorar com a Medalha de Mérito, então não fiquei satisfeito com isso.

Sobre o seu congresso,[1] li inclusive no jornal (um jornal húngaro), e ouvi falar, por todos os lados, que foi muito bonito. Ernst me escreveu que eu poderia me dirigir à Hungria em função dos mantimentos, mas ainda não tomei nenhuma iniciativa; a insegurança da situação mundial me deteve.

Espero que nenhum de vocês contraia a gripe espanhola.[2] Nós a temos também de forma veemente, porém rápida e benigna. Espero ter notícias de vocês logo e me despeço, com as melhores saudações a você e a todos os outros.

Seu filho

Martin

Freud respondeu em uma carta não conservada, à qual se seguiu uma resposta de Martin no dia 25 de outubro:[3]

Querido papai!

Muito obrigado pela carta detalhada! Você tem razão com a afirmação de que me tornei resistente e menos exigente e de que estou disposto a assumir qualquer trabalho, desde que sustente a mim e a mulher que queira estar comigo. Tenho apenas a necessidade incondi-

---

[1] O V Congresso Psicanalítico Internacional se realizou de 28 a 29 de setembro de 1918 em Budapeste. No centro das atenções estava o tema das neuroses de guerra.

[2] Uma forma particularmente mortal da gripe, que fez de 20 a 50 milhões de vítimas no mundo inteiro, entre 1918/1919.

[3] Antes disso, Martin enviara ainda um cartão pelo serviço postal militar, com carimbo do dia 17 de outubro, que continha apenas a mensagem impressa: "Estou com saúde e bem."

cional de levar todos os quatro membros do corpo, os cinco sentidos e o juízo, além de uma boa porção de saúde, para casa, o que não é o caso se alguém ameaça, o tempo todo, me enforcar, fuzilar, matar em combate ou prender.

Não quero dizer com isso que esteja com medo. Pelo contrário: enfrento os acontecimentos futuros com certo fatalismo. Apenas não consigo compartilhar a sua opinião de que a guerra teria acabado para nós oficiais no *front*, que já poderíamos fazer o nosso balanço. Até hoje, deu tudo certo, aprendi bastante e fiquei mais maduro, sem ter sofrido nenhum prejuízo importante. Porém, não consigo acreditar em uma saída sem maiores danos; tendo a imaginar um fim terrível. Hoje li no jornal sobre a rebelião em Fiume.[1] O motivo (na minha opinião): os jornais não são lidos no *front*; não se deve entrar com fogo (Manifesto)[2] em um depósito de pólvora.

O que contribui muito para o meu mau humor é que não me entendo com o primeiro-tenente de jeito algum, que, embora não seja o meu comandante, ocupa posição superior à minha. Ele adoeceu com gripe espanhola por alguns dias, eu o[3] substitui, trabalhei muito o dia inteiro e me senti bem nesse ambiente. Nesse meio-tempo, ele melhorou e a velha ladainha das animosidades permanece. Talvez você lembre que, durante a minha primeira temporada no *front*, vivi situação semelhante.[4]

Juntamente com outros companheiros de bateria, gostaria de despachar para casa, nos próximos dias, algum equipamento desnecessário.

---

[1] A cidade portuária de Fiume (hoje Rijeka, na Croácia) pertencia à Hungria naquela época. Em 23 de outubro de 1918, um regimento croata havia atacado a prisão da cidade, libertado os prisioneiros e içado a bandeira croata – um acontecimento que estava nas manchetes do dia 24 (cf. ANNO).

[2] Em seu "Manifesto dos Povos", de 16 de outubro de 1918, o imperador Carlos I anunciou a transformação do império dos Habsburgos em um estado federativo, "no qual cada etnia forma seu estado na própria região que habita" (ANNO).

[3] No manuscrito, consta "eu" (*ich*) no lugar de "o" (*ihn*).

[4] Cf. p. 109.

Um sentimento desagradável têm todos vocês que estão em Viena, no presumível centro dos sofrimentos e perigos futuros. Não podemos fazer outra coisa senão ter esperança. Faço isso por vocês e por mim e envio a todos as minhas saudações cordiais

Seu filho
Martin

Essa foi a última notícia do front *que Freud recebeu de Martin. Em 3 de novembro de 1918, o Império austro-húngaro assinou o armistício. Todavia, para a sua família, Martin permaneceu "desaparecido" por um mês. Embora Freud tenha ficado sabendo que "toda a sua unidade foi presa sem oferecer resistência", somente no dia 3 de dezembro ele pôde anotar em sua agenda:*

"Notícia de Martin do hospital militar."[1] A notícia, com o remetente "ospitale [!] di campo 107 / zona di guerra", estava datada de 14 de novembro e dizia:

Querido papai!

Continuo no hospital militar, estou muito melhor; apenas a perna que quebrei há muito tempo está doendo. Espero ser transferido para o interior da Itália em breve; na ocasião, comunicarei o meu endereço exato a você. Não estamos a par do que se passa no mundo. Quando a ordem tiver sido restaurada em Viena e a comunicação com o exterior funcionar, conto com a ajuda de seus amigos no exterior.

Saudações cordiais a você e a todos,
Martin

---

[1] F/A, p. 604; 396-Max, pp. 491-492; F/Kal.

CARTAS AOS FILHOS

Sem dúvida, um "Cartão de prisioneiro de guerra", de 8 de novembro de 1918, com o comunicado impresso "Me encontro em prisão inglesa.[1] Estou bem de saúde. Endereço fixo seguirá.", chegou em Viena após o cartão do dia 14. Finalmente, Freud conseguiu respirar aliviado, como é perceptível a seguir.

81-Martin   Viena, 3/XII/18[2]

Querido Martin,

Hoje o primeiro sinal de vida seu, de 14/XI, de que está bem, que apenas a perna quebrada ainda dói. Não sabemos, evidentemente, o que houve com você, se ferimento, acidente ou doença. Ernestine Drucker perguntou muito por você.[3] Espero que tenha se dirigido ao nosso amigo Cav. Arturo Diena[4] em Pádua. Estamos todos bem, o contato com a família Freund em Budapeste continua. Oli de volta sem furtos, Ernst contente em Munique.[5]

Saudações cordiais, aguente firme!
Papai

A última das notícias de Martin desse período é de 24 de dezembro de 1918, com o remetente "Teramo/ospitale mezzocampo" – uma indicação que Freud relacionou com Teramo nos Abruzos. Martin escreve: Tento,

---

[1] Desde o outono de 1917, havia forças armadas britânicas e francesas ao lado dos italianos. Martin foi preso por um regimento escocês (Fry, 2009, p. 52).

[2] Cartão de resposta da Cruz Vermelha, "Correspondência de prisioneiro de guerra"; destinado a: 1º Ten. dr. Martin Freud/Itália, Hospital Militar 107/Zona de guerra. Este endereço foi riscado e substituído por outrem: Comando Reparto/Prigioniero di Guerra/Gênova.

[3] Primeira referência à futura esposa de Martin.

[4] Não identificado. O contato com Diena se deu por intermediação de Hanns Sachs, em cujas cartas a Freud, daquela época (SFP/LoC), há várias ocorrências do nome.

[5] Onde terminou o curso de Arquitetura.

162 SIGMUND FREUD

mais uma vez, dar notícias. Não recebi nenhuma correspondência até o momento. Vivo na expectativa de ser levado a um campo de prisioneiros; estou com saúde, fiquei mais forte, tenho bons camaradas. A vida não oferece nenhuma distração, o clima é muito ameno, muito sol. Dizem que vão nos levar a Gênova.

Pouco depois, Martin foi internado como prisioneiro de guerra na Riviera italiana. Antes de seu retorno, no início de agosto de 1919, há ainda algumas mensagens do seu pai para ele.

82-Martin   [Cabeçalho Viena], 9/1/19[1]

Querido Martin,

Escrevo por esta outra via para comunicar algo que escrevi muitas vezes, sem saber se chegaria até você.

Estamos todos bem. Oli não foi preso, mas está em casa, no momento sem trabalho. Ernst está em Munique. Sophie teve um menino no dia 8 de dezembro, Heinz Rudolf, ambos estão muito bem. Max voltou a abrir seu ateliê em Hamburgo, a pequena família deve permanecer em Schwerin durante meses.[2] Nada de novo de Robert e Math. Anna vai muito bem na escola.[3] A mamãe está trabalhando como sempre, a tia melhorou extraordinariamente com o tratamento dado pelo prof. Braun.[4] Vovó muito esperta.

Pagando, temos tudo, claro, mas a preços altos. Os amigos húngaros continuam cuidando de nós com muito carinho. O dr. Von Freund voltou a ser meu paciente. Desde o Natal, tornei a ter muito trabalho, estou sem tempo livre.

---

[1] Provavelmente faz parte desta carta um envelope endereçado por Freud: Ospedale mezzocampo/*Teramo*/Abruzzi. Endereço riscado e substituído por outrem por: Campo concetramento prigio[ri] di Guerra/Gênova; carimbo do correio: Teramo, 10/2/19.

[2] Cf. p. 456.

[3] Em abril de 1918, Anna Freud fizera seu segundo exame de licenciatura e passou a trabalhar como professora no Liceu Cottage em Viena (F/AF, p. 204, nota 7).

[4] Ludwig Braun (1861-1936), cardiologista vienense, amigo de Freud (cf. Freud, 1936d, nota 2).

CARTAS AOS FILHOS

Viena está muito tranquila e segura, mas com uma atmosfera deprimente. A iluminação e o bonde estão bastante reduzidos, viajar é quase impossível. Espera-se avanços das negociações de paz iminentes, sob a influência de Wilson.[1] Se você estiver bem e se puder se recuperar dos esforços, não sentirá falta daqui. Caso precise de algo, procure o Cav. Arturo Diena em Padova.

Estamos todos mandando saudações cordiais,
Papai

83-Martin   [Cabeçalho Viena], 19/1/19

Querido Martin,
Hoje finalmente recebi seu telegrama de Gênova, não sabemos ainda se você recebeu nossa correspondência. Sendo assim, repito as principais novidades: Oli não foi preso, está em casa, sem ocupação, Sophie teve um segundo filho, Max inaugurou o ateliê em Hamburgo, Lilli em Munique, também um menino.[2] Estamos todos com saúde, a tia está muito melhor com o tratamento do prof. Braun. Estou com muito trabalho, separo parte dos honorários dos livros para você. Parece que você não está precisando de dinheiro na Itália. Chamei sua atenção para o endereço do Cav. Arturo Diena em Padova, caso precise de algum. Espero que aprenda italiano e que tenha uma boa vista para o mar de sua janela.
Estamos todos enviando-lhe saudações cordiais. A paz não está mais muito longe.

Papai

---

[1] Em 18 de janeiro de 1919 deu-se início à conferência de paz em Versalhes. Freud apostava inicialmente no presidente americano Thomas Woodrow Wilson, que, com seus 14 pontos do início de 1918, falava em paz justa, e nunca mais o perdoou por tê-lo decepcionado (Gay, 1989, pp. 426s., 623; cf. Freud e Bullitt, 2005).

[2] Elisabeth ("Lilly") Marlé (1888-1970), uma filha de Maria, irmã de Freud, teve seu filho Omri em 9 de janeiro de 1919 (Tögel, 2004, p. 38 s.).

164 SIGMUND FREUD

84-Martin   [Cabeçalho Viena], 16/2/19

Querido Martin

Finalmente temos provas de que você recebe notícias nossas! Então, também deve ter recebido as outras cartas, nas quais se repete sempre o mesmo, como o conselho para procurar o Diena e coisas do gênero. Em uma carta ao dr. Sachs,[1] a pequena Wanda Diena expressou, em nome da família, a disposição de fazer por você o que for possível.

Depois de receber seus dois cartões, de 9/1 e de 28/1, mandei um telegrama a Binswanger, em Kreuzlingen, para que enviasse 500 liras a você,[2] e recebi no dia seguinte a confirmação de que o envio fora realizado. Torço para que já esteja com o dinheiro. Aquilo que entrar como pagamentos literários, reservo a você, para que tenha algo quando voltar zerado. Trata-se, em primeiro lugar, dos honorários pela 4ª edição das conferências americanas,[3] mas haverá também os da 5ª edição de *A interpretação dos sonhos* e, se você ficar longe tempo o suficiente, os da 6ª edição de *Vida cotidiana* também.

Por enquanto, você perde pouco; os jovens não têm nada para fazer, Oli tira fotografias, amplia, fabrica aparelhos de projeção e coisas do gênero.

Restabeleceu-se contato com a Inglaterra. Jones envia a correspondência através da Suíça,[4] fala em providenciar uma autorização de viagem para Viena, assegura que eu seria bem recebido em Londres etc. Recentemente um americano da equipe de Wilson esteve conosco, trouxe alimentos e saudações de Edward, que é seu subordinado na

---

[1] Desde o início de novembro de 1918, Hanns Sachs estava em Davos (Hotel Eisenlohr: F/Bi, p. 161s.), onde se recuperava de uma tuberculose. Por incumbência de Freud, ele tentava fazer contato com Martin; cf. 136-Ernst, pp. 251-252.

[2] Ludwig Binswanger (1881-1966), psiquiatra suíço, amigo de Freud (cf. F/Bi). O telegrama de Freud para ele, de 13/2/1919, está reproduzido em F/Bi, p. 162; cf., no mesmo volume, a carta subsequente com explicações.

[3] Freud, 1910a; as obras posteriores: Freud, 1900a e 1901b.

[4] A saber, através de Sachs (AF/Ernst, 23/12/1918).

CARTAS AOS FILHOS

central de Paris;[1] como você vê, o mundo, aos poucos, se amplia. De alguma forma, nós também somos prisioneiros.

Espero que dedique suas horas de ócio à aprendizagem de italiano. Sua vista da janela certamente é bela, lembro-me dela. Vocês têm o direito de andar pela cidade de vez em quando?

Hoje é um dia muito tranquilo de eleição.[2] Mamãe e Anna comemoram sua entrada na vida política. Titia também tem direito a voto aqui.[3]

Muitas saudações cordiais,
Papai

85-Martin   28/2/19[4,5]

Querido Martin,

Espero saber em breve se você recebeu as 500 liras do dr. Binswanger e, talvez, se os Diena deram algum sinal. Agora também surgiu a possibilidade de contato com alguém que vive em Gênova,[6] graças ao dr. Sachs em Davos. Aqui todos estão bem. Oli conseguiu um

---

[1] O visitante era Carl Byoir (1888-1957), assim como Edward Bernays, um dos pioneiros das Relações Públicas. Seu nome é mencionado em uma carta de Anna para Ernst (de 2/2/1919).

[2] No domingo de 16 de fevereiro de 1919 aconteceu a eleição para a Assembleia Nacional Constituinte na parte alemã da Áustria; pela primeira vez, as mulheres tiveram direito a voto.

[3] Apesar de ter a nacionalidade alemã.

[4] Cartão da Cruz Vermelha, "Correspondência de prisioneiro de guerra", com carimbo: Censura militar prigionieri guerra; 15 linhas numeradas com o impresso: Não escrever entre as linhas! Destinado a: Gênova/San Benigno Inferiore; esse endereço foi riscado e outra pessoa o substituiu por: Cogoletto.

[5] Uma foto desses cartões da Cruz Vermelha (Esti/Martin, 18/3/1919) se encontra em SoF, após a página 160.

[6] Cf. a carta seguinte.

166   SIGMUND FREUD

emprego temporário com Alfred Götzl (Ella Pick).[1] A cidade está muito calma, as barreiras de trânsito atrapalham bastante. Desejamos ânimo inabalável para o seu retorno.

Cordialmente,
Papai

86-Martin   [12/4/1919][2]

Querido Martin! Sinto muito que não tenha recebido as 500 liras de Binswanger.[3] Ontem chegou da Suíça o dr. Rank,[4] trazendo parte dos bens ingleses para Anna (via Jones).[5] Rank falou com Mr. Mackenzie,[6] de Gênova, que assegurou providenciar dinheiro a você de lá. Finalmente, notícias da família Freund também, eles estão bem, em condições completamente distintas.[7] A partir de agora, correspondência direta com Itália e Inglaterra.

Cordialmente,
papai

---

[1] Alfred Götzl (1877-?), engenheiro e dono de fábrica, casado, desde 1913, com Ella Pick (1889-?), cujo irmão era amigo dos filhos de Freud (363-SophMax, p. 459, nota 2) (IKG/W). Cf. Martha/Ernst, 26/2/1919 (UE): "Você ficou sabendo que Ella Götzl teve outra menina 15 dias atrás? Subi no domingo para dar os parabéns e levar um pequeno cobertor bonito, que a tia fizera. No dia seguinte, Oli foi chamado por ele via telefone e contratado por dois meses como supervisor para a reforma da casa na Hohe Warte, que haviam comprado, com um salário de 1.000 coroas." Em 25/4/1919, ela relatou que Oliver "continua ocupado com a construção da mansão dos Götzl". Sobre essa mansão, cf. também a nota 4 em 297-Ernst, p. 382.

[2] Cartão da Cruz Vermelha, destinado a: Itália/Sr. 1º Ten./Dr. Martin Freud/Cogoletto /Provincia di Gênova.

[3] 399-SophMax, p. 495 deixa claro que o dinheiro acabou chegando às mãos de Martin.

[4] Rank viajara à Suíça para resolver questões editoriais e da Sociedade, onde também encontrou com Jones (Jones III, p. 25s.). Em 11 de abril de 1919, voltou a Viena (F/ Fer II/2, p. 226) – o que corrobora a data do cartão acima.

[5] A saber, parte da bagagem dela que teve que deixar para trás ao retornar, com muitos transtornos, da Inglaterra no início da Primeira Guerra Mundial e que Jones levara à Suíça.

[6] Dr. William Mackenzie, membro da *British Psycho-Analytical Society*, com endereço em Gênova (IZ 1920, p. 187).

[7] Em 21/3/1919, os comunistas chegaram ao poder na Hungria; a política de desapropriação deles fez com que os Freund perdessem (por algum tempo) seus bens.

CARTAS AOS FILHOS

87-Martin [Cabeçalho Viena], 26/4/19[1]

Querido Martin,

Acabei de receber seu cartão de 6/4, passados quase sempre 20 dias. É verdade que não estamos escrevendo regularmente, mas, também, deve ser culpa dos correios.

Fico chateado por saber que você não recebeu o dinheiro que foi enviado no dia 11/2 da Suíça.[2] Agora a minha esperança é o Mr. Mackenzie, que, no entanto, ainda não havia chegado em Gênova no dia 6/4. Fico feliz por saber que você está bem de saúde. Aproveite a bela primavera na Riviera. Você não está perdendo nada aqui. O clima está horrível, tivemos uma verdadeira nevasca no dia 22/4. E também não encontraria serviço nem emprego. A reconstrução não começou até agora.

No meio da agitação,[3] Ernst adquiriu o diploma com distinção. Por enquanto, ele vai permanecer por lá. Sophie está feliz por estar morando novamente com Max em um apartamento novo e próprio. Mas sofrem com a falta de carvão e a interrupção dos negócios. Para os Freund, quase tudo mudou, menos as nossas boas relações. O dr. Jones levou parte das roupas de Anna até Berna e o dr. Rank as trouxe para nós, grande júbilo! Estou com muito trabalho; as chances de viajar para o interior são poucas neste ano, porque cada região está fechada. Estas são as nossas novidades mais importantes. Não há ninguém doente!

Com as minhas saudações cordiais!
Papai

---

[1] O respectivo envelope (de acordo com o carimbo) está com a letra de Freud: *Prigionieri di Guerra*/(in franchigia di porto)/Senhor ten. dr. Martin Freud/*Cogoleto*/ [riscado:] Por intermediação da/*Divisione VI, Ufficio d'affari civili*/Hotel Europe/*Innsbruck*.
[2] Data pouco provável. (Vide anteriormente 84-Martin, p. 164 nota 2).
[3] A saber, durante o movimento revolucionário em Munique.

168   SIGMUND FREUD

88-Martin [25/5/19][1]

Querido Martin,

A mamãe teve gripe com pneumonia,[2] mas está sem febre desde ontem e espero que se recupere em breve. No mais, nada de novo, expectativa tensa em relação à paz iminente. Muito feliz pelo seu bem-estar, do qual falam os seus últimos cartões.

Saudações cordiais,
Papai

Em 6 de agosto de 1919, Martin voltou da prisão de guerra para Viena; em agosto, ele encontrou pelo menos duas vezes com seus pais. Depois trabalhou intensamente na sua reintegração na vida civil: em 28 de setembro, oficialmente tornou-se noivo de Ernestine ("Esti") Drucker; no dia 4 de outubro, Freud pôde registrar que Martin teria um emprego e, provavelmente, um apartamento; no dia 7 de dezembro aconteceu o casamento.[3]

89-Martin Badersee, 7/9/19[4]
     não reenviar

Querido Martin,

Estamos acompanhando suas notícias com curiosidade. Nossa

---

[1] Cartão da Cruz Vermelha; data do carimbo.
[2] Freud escreveu mais detalhadamente sobre isso a Sophie (400-Sophie, p. 496). Segundo as próprias palavras de Martha Freud, foi "a primeira vez que adoeceu seriamente ao longo de sua vida de 58 anos". (MaF, p. 198 s.).
[3] A data do retorno, segundo F/AF, p. 243 (a data "7 de julho" em SoF, p. 93, parece ser um erro). Além disso, cf. 404-Max, pp. 499-501 (encontro com os pais); Jones III, p. 31 (noivado); 406-Soph, pp. 501-503 (emprego e apartamento).
[4] Cartão-postal; destinado a: Viena IX / Berggasse, 19.

CARTAS AOS FILHOS

temporada está chegando ao fim.[1] Ernst veio mais uma vez, terça-
-feira, dia 9/9, todos nós viajaremos a Munique, depois a Berlim
com Eitingon; esperamos estar em Hamburgo no dia 13.[2] Anna
virá antes.

Cuide para que o *correio não reenvie mais a correspondência.*

Saudações cordiais,
Papai[3]

*Quase todas as cartas seguintes são peças isoladas das férias de verão
de Freud. Pequenas séries são formadas pelas cartas de Berlim-Tegel,
entre 1928 e 1930, onde Freud passou, por quatro vezes, muitas semanas, ou mesmo meses, para a adaptação de sua prótese maxilar feita
pelo prof. dr. Schröder.*

90-MartinEsti   Bad Gastein, 31/7/20[4]

Queridos filhos,

Ontem entreguei a carta da Esti no Germania,[5] e agora, às 11:30h,
a visita de ambos os pais.[6] A mãe Drucker consegue andar bem sem
bengala; se queixa de que todos estão resfriados em consequência do
clima e que as filhas estão entediadas.

---

[1] A saber, as férias em Badersee na Bavaria. Eitingon também estava de férias nas
proximidades. Ernst já havia viajado até lá de Munique, junto com Martin (404-
Max, pp. 499- 501).

[2] Cf. 404-Max, p. 500, nota 1.

[3] Acréscimo de Martha Freud não está reproduzido.

[4] Cartão-postal; remetente: Wassing; endereçado a: Sr. e sra. / Dr. Martin Freud / Viena
I / Franz-Josefs-Quai, 65. O mesmo endereço consta também em toda a correspondência posterior a Viena, na medida em que o endereço está legível.

[5] Na época, os pais de Esti ficavam hospedados com duas filhas no hotel "Haus Germania" em Bad Gastein (F/AF, p. 269, nota 7).

[6] Leopold Drucker (1860-1938), advogado renomado em Viena. Sua esposa Ida, nome
de solteira Schramek (1870-1942?), era filha de um rico atacadista de carvão (SoF,
pp. 37-39).

170 SIGMUND FREUD

Estamos nos mesmos quartos,[1] acabamos de nos instalar. Mau tempo, saindo à procura de almoço. Escrevam logo.

Cordialmente,
Papai

91-Martin   Haia, 10.IX.20[2]

Contente com sua carta sobre Emden. Mande as nossas lembranças cordiais a Esti. Estamos levando uma vida muito agitada, cansativa, de forma que até escrever está impossível.[3] O Congresso termina amanhã. Aguardando o visto para a Inglaterra, onde ficaremos até o fim de setembro. Conversei várias vezes com o diretor E. em Gastein, que vê seu emprego com bons olhos,[4] aqui nenhuma oportunidade que seja interessante.

Cordialmente,
Papai

92-Martin   Bad Gastein, 1/8/21[5]

Querido Martin,
    Espero que tenha voltado para casa e esteja curioso em saber o paradeiro de sua família. "A ligação/conexão com os pais se provou

---

[1] Provavelmente: como no verão de 1919.
[2] Cartão-postal.
[3] Freud estava participando, junto com Anna, do VI Congresso Psicanalítico Internacional, que foi realizado de 8 a 11 de setembro em Haia. A viagem prevista para a Inglaterra logo após o congresso não aconteceu.
[4] Possivelmente relacionado ao novo emprego de Martin na "Treuga".
[5] Cartão-postal.

CARTAS AOS FILHOS

inútil/inconveniente."[1] Recebi seus cartões; que bom que os envios berlinenses estão normalizados.[2] Ontem, um telegrama de Ernst anunciou um 'menino-concorrente',[3] todos estão bem, faltam detalhes, com exceção do peso (3,75 kg). Lucie[4] está aqui por uma semana, companhia muito agradável. Calor terrível desde ontem.

Saudações cordiais,
Papai

De 3 de agosto de 1922, conservou-se uma carta isolada de Martin ao pai, que passava férias em Berchtesgaden.[5] Ela começa respondendo a uma carta não conservada do pai, com as palavras: Querido papai! Muito obrigado por sua carta gentil e pelos excelentes charutos. Sem saber se terei férias neste ano, já iniciei o consumo. *Em seguida, Martin justifica a compra de um casaco de pele* – seal-kanin – *para a sua esposa e acrescenta:*

O meu orçamento não ficou alterado, pois a última cirurgia, feita com base no meu empréstimo, rendeu aquilo que o casaco vai custar. No mês passado, até consegui viver com o meu salário, apenas nos últimos cinco dias é que tudo voltou a ficar de cabeça para baixo, a nota de 50.000, que até recentemente era tratada com respeito, está valendo menos do que 5 coroas de paz;[6] depois disso, aumento violen-

---

[1] Nesse verão, Esti estava passando as férias com os pais e a irmã mais nova "nos Alpes do Norte". Para os outros, o lugar era demasiadamente ermo, mas ela ficou até a chegada do marido (SoF, p. 106s.).

[2] Contexto não esclarecido.

[3] Pouco depois do nascimento do filho de Martin, Anton Walter, em 3 de abril de 1921, nasceu o filho mais velho de Ernst, Stefan Gabriel, em 31 de julho.

[4] Leah ("Lucy") Wiener (1886-1980), a segunda filha mais velha de Anna e Eli Bernays. Desde 1921, ela vivia com os filhos em Berlim (F/Sam, 25/7/1921; F/AF, p. 341 s., nota 3).

[5] No conjunto das cartas de Freud a Martin (SFP/LoC).

[6] A inflação galopante na Áustria também é tema recorrente nas cartas de Freud dessa época.

172   SIGMUND FREUD

to dos preços aqui e em Spital.[1] Sempre demora um tempo até haver uma compensação no meu salário. Atualmente, meu salário real (120 coroas de ouro) é o menor desde o meu estágio.

Seguem algumas frases sobre Esti e o filho Walter.

A carta seguinte representa, praticamente, uma complementação ao testamento de Freud.[2] Tudo indica que Freud a ditou ao seu filho depois da primeira grande cirurgia contra o câncer, acrescentando data e assinatura.

93-Martin   Viena, 30 de outubro de 1923[3,4]

Querido Martin!

Tendo em vista que o meu estado atual[5] envolve, no mínimo, a possibilidade de eu não mais voltar à vida ativa, gostaria de complementar os nossos acordos vigentes com as seguintes determinações, que podem ser mantidas até suspensão expressa.

1) Uma vez que a situação da tia Minna, desde a herança americana,[6] mudou, limito o valor de que ela pode dispor da conta a US$ 5.000 em dólares (cinco mil dólares).

2) É meu forte desejo que, por enquanto, todos os filhos renunciem à herança, modesta de qualquer forma, em favor da mamãe. Felizmente, não estou preocupado com Mathilde e Ernst. A mamãe compensará Mathilde com uma bela pintura e Ernst, com

---

[1] Talvez a família de Martin estivesse passando as férias em Spital, na região do Semmering (cf. 130-OliHenny).

[2] Cf. p. 213.

[3] Texto escrito à mão por Martin Freud; data e assinatura (a partir de "Cordialmente") a lápis pela mão de Freud.

[4] Esta carta não se encontra no conjunto principal das cartas a Martin (SFP/LoC), mas foi guardada separadamente e se encontra hoje no Museu Freud de Londres.

[5] Em 28 de outubro de 1923, depois da cirurgia (seguida por uma segunda), Freud havia voltado para casa (Schur, 1973, p. 431s.).

[6] Em 12 de outubro do mesmo ano, Eli Bernays, o irmão de Minna e Martha, morrera em Nova York.

CARTAS AOS FILHOS

algum objeto da coleção.[1] Também estou confiante em relação ao seu futuro. Penso que você deva ficar com os 1.000 dólares por enquanto, para depois devolver 200 dólares por ano à tia Dolfi.[2]

3) Oli me parece ser o mais necessitado. Ele deve ficar com os 1.000 dólares que ganhou para o casamento e espero que mamãe possa concretizar a minha promessa de emprestar-lhe US$ 1.000 (mil dólares) com juros, caso precise para entrar com algum dinheiro no negócio.

4) Henny,[3] que ganhou as nossas simpatias na distância, receberá a metade da pequena coleção de moedas de ouro, que está guardada aqui.

5) O dote de Anna será completado, na medida do possível, mediante a conta em libras, a £ 2.000 (duas mil libras), desde que se encontrem libras aqui.

6) Quando entrar alguma renda de editores, devido a novas edições ou traduções, com exceção dos aproximadamente 1.300 florins, que devem ser enviados por Edward nestes dias, a quantia deve ser juntada e distribuída anualmente para cada tronco dos netos, de forma que cada subdivisão receba a mesma parte. Exemplo: há 300 florins a serem distribuídos, cada tronco recebe 100 florins, pois há três troncos no momento. Gabriel recebe apenas 50 florins, pois divide com seu irmão, Ernstl recebe 100 florins.[4]

7) Repito, se já não aconteceu de forma expressa, você está incumbido, em comum entendimento com o sr. dr. Alfred Rie, da execução de todas as determinações. Evidentemente, o dr. Rie deve receber honorários correspondentes.

Cordialmente,
Papai

---

[1] A coleção de antiguidades de Freud.

[2] Adolfine ("Dolfi"; 1862-1942), a irmã solteira de Freud, cuidou da mãe deles até a morte.

[3] A esposa de Oliver.

[4] Freud manteve essa distribuição de renda aos netos no seu testamento posterior, que acabou sendo validado (Roazen, 2001, p. 449).

174   SIGMUND FREUD

94-Martin   [Cabeçalho Viena], 29/8/24

Querido Martin,
O sr. D.[1] fez um pagamento de US$ 600 que ainda não consta nas contas. Edward enviou o mesmo valor para a família no meio do mês. Início de setembro, deve entrar US$ 1.040 ou 1.080 de D. Gostaríamos muito de te ver aqui. Terça-feira vou à cidade. Espero que você e sua família estejam bem.

Saudações cordiais,
Papai

95-Martin   [Cabeçalho Viena], 4 de setembro de 24

Querido Martin,
Ontem à noite chegou um telegrama de Henny: Acabou de nascer uma menina forte. Ou seja, exatamente quatro semanas depois da pequena Sophie.[2] Conforme combinado, peço que você envie imediatamente o valor de Lichtenstein, algo acima de US$ 292, à jovem mãe.
Endereço sra. Henny Freud
a/c Conselheiro sanitário dr. Fuchs[3]
Berlin Lützowstr, 95.
No aguardo de sua visita.

Cordialmente,
Papai

Não se conservaram outras cartas de Freud a Martin dos anos 1924/25. Entretanto, adquirimos algumas impressões das atividades profissio-

---

[1] Provavelmente o paciente que Freud levou "como bagagem de mão" para as férias daquele ano, na região do Semmering (F/A, p. 770).

[2] Sophie, a filha de Martin e Esti, nasceu no dia 6/8, Eva, sua prima, no dia 3/9/1924.

[3] O pai de Henny.

nais de Martin por outras fontes. Assim, em 6 de agosto de 1924, Freud agradece ao irmão Alexandre por ter enviado uma carta para "B." – o que significa, provavelmente, ao comerciante Siegmund Bosel[1] – atendendo os interesses de Martin, e acrescenta: "mas receio que não vá dar em nada [...]. Martin foi convidado e desconvidado ene vezes, diz que já gastou 60.000 coroas e não conta com nenhum resultado. Agora ele se joga em uma oferta que Oscar Philipp[2] em Londres, um primo de Martha, deve fazer a ele; trata-se de alguém que trabalha com cobre e quer abrir uma filial em Viena. Resta saber quais são as condições. Aliás, ele não foi demitido da Treuga."

No contexto dessas últimas perspectivas, Martin fez uma viagem de negócios a Londres, que relata no dia 7 de julho em uma carta ao pai.[3] Depois de uma temporada muito prazerosa em Paris, estou trabalhando duro aqui, e não sem sucesso. De manhã cedo até a noite estou na City, no escritório de Oscar, de noite costumo frequentar sua mansão em Hampstead. Ele é de uma gentileza extraordinária comigo. Já pude fechar alguns negócios, outros ainda estão em aberto. Se o contato estreito entre Londres e Viena não se desmanchar após a minha partida, o resultado será um pequeno negócio permanente e simpático. As possibilidades de desenvolvimento são enormes. Nos poucos dias que estou aqui foram compradas e vendidas, em três negócios diferentes, mercadorias entre Londres e Viena no valor de mais ou menos £ 750/. Se os negócios continuarem assim, logo não estarei mais dependendo de Bosel. Ainda é cedo para cantar vitória. *Entretanto, ele estaria gastando mais dinheiro do que o esperado em Londres.*

---

[1] Cf. 125-Oli e as cartas seguintes, inclusive notas.

[2] Oscar Philipp (1887-?), cujo pai era irmão da mãe de Martha Freud (cf. F/MB, pp. 350-352), viveu em Londres, desde 1909, onde fez uma grande carreira (A. W. Freud, 1996, p. 132).

[3] A carta está escrita em papel timbrado da Derby & Company, L^td, established 1797. Metals Minerals Chemicals. 26 and 27 Hutton Garden. London.

176   SIGMUND FREUD

96-Martin   Tegel, 4/9/1928[1]

Querido Martin,
Nós aqui instalados de forma extremamente confortável, até magnífica, a meia hora de carro do centro de Berlim, em meio a um parque,
a alguns minutos de um belo lago.[2] Venha e faça-nos uma visita. Ernst
tem lugar para você, porque a família dele está em Hiddensee.[3] A sua
voltou bronzeada e saudável, eu espero. Minhas lembranças cordiais
a Esti e às crianças e escreva logo.

                                                         Papai

97-Martin   [Cabeçalho Viena], Tegel, 7/9/1928

Comunicado de negócios
Querido Martin,
Favor transferir ao sr. A. J. Storfer[4] US$ 1.000 ou S 7.000[5] para a
editora.
Escreva logo sobre suas intenções/planos.

                                                   Cordialmente,
                                                         Papai

---

[1] Cartão-postal.
[2] Em todas as temporadas em Berlim, de 1928 a 1930, que visavam o tratamento com
o prof. Schröder, Freud se alojava com Anna no sanatório de Ernst Simmel (cf.
240-Ernst, p. 339, nota 1) no bairro Tegel.
[3] Ilha no mar Báltico, onde Ernst tinha uma casa de férias.
[4] Adolf Josef Storfer (1888-1944), trabalhou desde 1921 para a Editora Psicanalítica
Internacional e foi seu diretor de 1924 a 1932 (Rosdy, 1999; Marinelli, 2009, pp. 70-81).
[5] O xelim austríaco foi introduzido em 1º de março de 1925, substituindo a coroa, a
moeda antiga do Império Austro-Húngaro.

CARTAS AOS FILHOS

98-Martin   [Cabeçalho Viena], Tegel, 9/9/1928

Querido Martin,
   Uma nova incumbência!
   Ernst nos ajudou tanto na nossa temporada aqui que eu gostaria
de presenteá-lo com uma lembrança dessa visita. Por favor, procure,
então, o nosso relojoeiro Löwy na Dorotheergasse e pergunte se tem
um relógio suíço de ouro, de primeira classe, à venda, semelhante ao
meu, que comprei com ele há 14 anos. Ele é totalmente confiável. Se
tiver, me escreva quanto custa. Queremos dá-lo para o Ernst, e quem
for a Berlim, você ou o tio, pode entregá-lo. De qualquer forma, não
precisa dar o relógio antes do fim de nossa temporada.
   Minhas saudações cordiais a você e à sua família,

                                                                    Papai

99-Martin   [Cabeçalho Viena], Tegel, 22.X.28

Querido Martin,
   Estou satisfeito por saber que voltou ao combate e espero que nos
encontremos em breve. Mas não tenho como prever o dia, e te peço
por isso: 1) passar à Math US$ 100,00 de uma vez como presente de
aniversário, pois fiquei sabendo que ela já está contraindo dívidas, contando com o dinheiro; 2) transferir para o tio US$ 300,00[1] e 3) enviar,
no mesmo dia, S 500,00 à sra. Eva Rosenfeld.[2] Na mesma data vencem
os US$ 50,00 para você. Estou curioso para saber o quanto vai sobrar.
   Minhas saudações cordiais a você, sua esposa e filhos,

                                                                    Papai

---

[1] Certamente uma mensalidade que Freud pagava para sustentar a mãe e as irmãs (cf.,
   por exemplo, F/Alex, 26/7/1928).
[2] Eva Marie Rosenfeld (1892-1977), amiga de Anna Freud, desde 1931 fazendo formação
   psicanalítica em Berlim (A. Freud 1994; Roazen 1999, pp. 195-230). A transferência pode
   ser a parte de Freud na mensalidade escolar para Ernst Halberstadt, que frequentava a
   escola particular psicanalítica de Rosenfeld em Hietzing (cf. 480-Max, p. 574, nota 2).

178　　　　　　　　　　Sigmund Freud

100-Martin   [Cabeçalho Viena], Berchtesgaden,
                                              23/7/1929, de manhã

Querido Martin,

Anna já pegou o trem em Salzburgo,[1] Dorothy [2] está se preparando para viajar às 11h, Ernst e Lux[3] estão sendo esperados, Wolf [4] está imóvel no seu lugar, essa é a situação.[5]

O cheque em anexo recebi da Dorothy pelos dólares com os quais tive que financiar sua viagem. Troque-os em marcos para mim e os envie ou como ordem de pagamento pelos correios ou ao banco em Berchtesgaden, que certamente não trocaria o cheque para mim.

Cordialmente,
Papai

25/7 Não, não o trocam aqui.

101-Martin   [Cabeçalho Viena], Schneewinkl, 26/7/1929

Querido Martin,

Por favor, troque o cheque anexado para Anna e guarde o dinheiro (xelins) para ela.

Cordialmente,
Papai

---

[1] Para viajar a Oxford para o Congresso da Associação Psicanalítica Internacional, com o qual Freud estava preocupado (cf. 256-Ernst, p. 353, nota 1).

[2] Dorothy Burlingham (1891-1979), americana, amiga íntima de Anna Freud desde 1927, que também era responsável pelo tratamento analítico dos quatro filhos dela. Tornou-se analista mais tarde (Burlingham, 1989; BL/W; Young-Bruehl, 1995).

[3] O apelido de Lucie em família, a esposa de Ernst.

[4] O pastor-alemão de Anna (cf. 466-Max, p. 562, nota 1).

[5] A situação na estância de verão em Berchtesgaden (Schneewinkel), onde Freud ficou de 18 de junho até 14 de setembro.

CARTAS AOS FILHOS

102-Martin [Cabeçalho Viena], Berchtesgaden, 1/8/1929

Querido Martin,
Acabei de receber sua prestação de contas impecável. Deixe o tio aguardar um mês para receber minha contribuição e administre o restante, US$ 337,00, para as necessidades futuras.

O Congresso em Oxford foi muito bom. A conferência de Anna[1] foi recebida com muitos aplausos. Aguardamos a notícia de quando ela chegará.

Cordialmente,
Papai

Quando sua família volta de Grado?[2] O que vai acontecer com os cheques sem fundo de Dorothy B.?

103-Martin [Cabeçalho Viena], Berchtesgaden, 3/8/1929

Querido Martin,
Por favor, desconte US$ 10,00 do depósito como presente para a Sophizinha. Você ou Esti, comprem algo para ela.

Anna voltou ontem, cansada, porém satisfeita.

Cordialmente,
Papai

104-Martin [Cabeçalho Viena], Berchtesgaden, 10/8/1929

Querido Martin,
De modo geral, estamos muito bem. A epidemia em casa passou

---

[1] "Um exemplo contrário à fobia de animais das crianças"; a conferência não foi publicada, integrando mais tarde seu livro *O ego e os mecanismos de defesa* (F/E, p. 648, nota 1).

[2] Balneário italiano na costa norte de Ádria.

180 SIGMUND FREUD

para Ernst, que está de cama há uma semana, assim como Bob ao lado,[1] ambos estão quase recuperados no momento. As visitas não cessam, van Emden está sendo um peso para nós há dias.

O correio vienense permanece inalterado, apesar de todas as respostas afirmativas, postaram o segundo telegrama.

A prótese está cada vez pior. Ainda não sei se procurarei Schröder[2] ou Karolyi.[3] Por favor, ligue para este último (dr. M. K. [Viena] I Goldschmiedg 1) para saber se está em Viena, ou quando chega e quais os horários para uma consulta *particular.*

Hoje mesmo uma carta boa de sua família em Grado.

Saudações cordiais,
Papai

105-Martin   [Cabeçalho Viena], Tegel, 21/9/1929

Querido Martin,

Espero que você não acredite seriamente que dei muita importância ao cartão anônimo.[4] Foi apenas um motivo para eu chamar a sua atenção para que tenha mais cuidado; por um lado em relação a Esti, por outro, em relação a qualquer pessoa próxima de você, que se preocupa demasiadamente com você. Quem quer que seja, uma secretária demitida ou algo semelhante.

Conversei com Ernst. Diz ele que o último acontecimento na Sociedade de Seguros de Frankfurt[5] teria estragado muitas oportunidades,

---

[1] Ernst Halberstadt, filho de Max e Sophie, viveu em Viena desde 1928. Robert ("Bob") é um dos filhos de Dorothy Burlingham, que estava hospedada em uma casa vizinha.

[2] Hermann Schröder (1876-1942), professor catedrático, diretor do departamento protético do Instituto Odontológico em Berlim (Blankenstein s. a.). Freud o procurou pela primeira vez em setembro de 1928 (cf. 240-Ernst, pp. 338-339 e cartas seguintes).

[3] Moritz Karolyi (1865-?), natural de Szentes/Hungria (IKG/W; livros de endereços Viena); dentista em Viena que tratava Freud na época.

[4] Sem dúvida, uma acusação em razão de um caso extraconjugal.

[5] Em agosto de 1929, a Sociedade Anônima Geral de Seguros de Frankfurt [*Frankfurter Allgemeine Versicherungs AG*] fora à falência – um dos acontecimentos que anunciavam a grande crise econômica na Alemanha.

CARTAS AOS FILHOS

mas não todas. Você sabe que, via de regra, ele enxerga tudo de forma excessivamente otimista.

Você não precisa depositar os chequinho em anexo, utilize-o para a volta às aulas das crianças. O outro é uma cobrança da comunidade israelita.

Mais uma vez, estamos bem. Schröder trabalha de forma rápida e espero que tenha sucesso. Na verdade, temos mais férias aqui do que em Berchtesgaden. Hoje, a primeira carta da mamãe de Lugano, Villa Castagnello.[1]

Cordialmente,
Papai

106-Martin   [Cabeçalho Viena], Tegel, 6.X.1929

Querido Martin,

Obrigado pela carta e pelo depósito. Até o nosso retorno, daqui a uma semana talvez, você provavelmente não terá mais despesas por minha causa. Desta vez, espero voltar melhor.

Conversei diversas vezes com Ernst sobre as suas chances em Berlim. Sem dúvida, ele sempre está atento a elas, mas, por enquanto, vê aspectos desfavoráveis, por exemplo, na recente fusão dos bancos aqui,[2] que mais uma vez resultará em um grande número de demissões. Parece que tudo caminha com muita dificuldade.

Da mamãe e da tia, ouvimos somente as melhores notícias, mas você encontrará com elas antes de mim.

As crianças precisam de algo para o inverno? Você poderia ver isso com a Esti e, se necessário, fazer compras com o restante que ainda tem.

---

[1] Martha e Minna aproveitaram a ausência de Freud para uma viagem à Suíça; são documentadas as estações Lugano (Ticino), Vitznau (Lago dos Quatro Cantões) e Zurique. Retornaram por volta do dia 8 de outubro (F/Meine Lieben, de 18/9 a 7/10/1929).

[2] Fusão do *Deutsche Bank* com a *Disconto-Gesellschaft*, formando o maior banco do continente europeu.

182   SIGMUND FREUD

Minhas saudações cordiais a você e à sua família.

Papai

107-Martin   Tegel, 28/5/30[1]

Querido Martin,
Está certo que só voltaremos na segunda metade de julho. Portanto, vale a pena você ficar com o carro.[2] Fatura aceita, valor restante recebido. Agradeça a Esti pela carta dela.

Cordialmente,
Papai

108-Martin   Tegel, 20/6/1930[3]

Querido Martin,
Por favor, envie à sra. Eva Rosenfeld, a título de complementação, mais $ 500, a saber, para Grundlsee.[4] *A interpretação*[5] deve sair nos próximos dias.

Cordialmente,
Papai

---

[1] Cartão-postal.

[2] Assim também em F/Meine Lieben, 24/5/1930: "Diga apenas a Martin para alugar o carro também para junho, uma vez que está certo que só voltaremos na segunda quinzena do mês." De fato, Freud voltou somente no dia 25 de julho dessa última de suas temporadas em Tegel (KCh).

[3] Cartão-postal.

[4] Lugar em Salzkammergut, onde Freud e Anna também passaram as férias de verão de 27/7 a 28/9. Eva Rosenfeld, que já havia passado um tempo em Grundlsee em outra ocasião, ajudou a encontrar hospedagem (A. Freud, 1994, p. 159 e contexto; Molnar, 1996, pp. 133 e 145). Sobre o pagamento, cf. 99-Martin, p. 177, nota 1.

[5] Isto é, a "8ª edição revisada" de *A interpretação dos sonhos*, que continuava sendo publicada por Deuticke.

CARTAS AOS FILHOS   183

109-Martin   [Cabeçalho Viena], Tegel, 25/6/1930

Querido Martin,

Se o dr. Rie[1] exigir dinheiro, não resta outra coisa senão vender dólares para pagá-lo.

Estou te devolvendo a confirmação para Dorothy, pois ela foi a Viena em razão da cirurgia de Mabbie.[2] Provavelmente, ela passará um cheque no valor de US$ 500 a você. Endosse-o você mesmo e transforme-o em xelim. Se ela me perguntar, irei aconselhá-la a emiti-lo diretamente no seu nome.

Sua carta sobre a editora, mostrei a Eitingon. Ele diz que o conteúdo não confere, que as dívidas seriam muito menores, que algumas posições, como, por exemplo, os US$ 12.000 para mim, não teriam urgência alguma.[3] No todo, a situação da editora não mudou.

Estou bastante descontente com o fato de não poder partir ainda, e não estou nada entusiasmado com os resultados positivos de até agora.

Cordialmente,
Papai

110-Martin   [Cabeçalho Viena], Tegel, 25/6/1930

Querido Martin,

Acabo de receber a notícia de Deuticke de que *A interpretação dos sonhos* saiu e a consulta para onde devem enviar os honorários

---

[1] Provavelmente Alfred Rie, em uma questão tributária (cf. 112-Martin, pp. 184-185).

[2] Mary Tiffany ("Mabbie"), nascida em 1917, filha de Dorothy Burlingham.

[3] A Editora Psicanalítica Internacional, pela qual Eitingon, como "conselheiro administrativo", era o principal responsável, sofria baixa crônica de dinheiro. Seu balanço também ficava prejudicado pelo fato de os direitos autorais das publicações do próprio Freud normalmente não serem pagos, porém registrados nos livros como dívidas. A carta acima sinaliza o antecipado interesse de Martin Freud pelo empreendimento, cuja direção assumiu oficialmente no fim de 1931 (cf. Schröter, 2004, p. 10s.; F/E, p. 718s.). Já em abril de 1931, Freud escreveu a Eitingon (F/E, p. 725) que Martin o fez saber "que, há muito tempo, sentia vontade de ingressar na Editora".

184   SIGMUND FREUD

(5.051,05 marcos). Vou informá-los, com a mesma correspondência, que devem enviar 3.051,05 marcos a você; o restante é para Oli--Henny. Desse valor, 2.000 marcos são seus,[1] guarde esse novo valor restante para mim (em xelins). [D.] paga pela *Allgemeine Deutsche Creditanstalt* em Leipzig. Informei a ele seu endereço de casa. Se isso não for conveniente para você, porque não tem como ficar muito tempo em casa, faça uma visita à casa dele e diga-lhe para onde enviar o dinheiro, antes que ele passe a ordem de pagamento a Leipzig.

Minhas saudações cordiais; agora estou confiante em um retorno rápido.

Cordialmente,
Papai

111-Martin   [Cabeçalho Viena], Tegel, 27/6/1930

Querido Martin,
Como você pode ver, não falta uso para as finanças que se acumularam com você.[2]

Cordialmente,
Papai

112-Martin   [Cabeçalho Viena], Tegel, 3/7/1930

Querido Martin,
Você me encaminhou um cálculo sobre três restos, sem dizer de onde surgiram. Também não mencionou se passou o imposto

---

[1] Naquela época, Martin foi sustentado pelo pai.
[2] Contexto não esclarecido.

ao dr. Rie. Mas confio em você. De casa me falaram que os xelins acabaram; por favor, venda dólares para cobrir as necessidades do verão. Suponho que a reserva da pasta sofreu uma forte redução. Nestes dois meses, as despesas foram muito maiores do que as receitas. Mas ainda há US$ 2.000 da mamãe que nós podemos tomar emprestado dela.

Se a Dorothy se lembrar de sua dívida de US$ 500, passe US$ 325 ao tio,[1] fique com US$ 50 para você, e isso vai gerar um resto em dólares.

Estamos na expectativa de podermos viajar em breve, mas não temos certeza de quando.

Cordialmente,
Papai

113-Martin   [Cabeçalho Viena], Grundlsee, 11/8/1930

Querido Martin,

Tem chovido sem parar, ainda estamos com saudade da beleza que você chegou a ver. A casa é muito confortável e todos estão bem. Agora Math ficou com o seu quarto, mas haverá lugar para você quando chegar.

Também está chovendo nesse momento. Chegou um telegrama motivado pelo Prêmio Goethe, que parece causar impacto especial nesses dias vazios de verão.[2]

Entraram £ 20 do desconto.

Você não escreve onde ficou sua família.

Saudações cordiais,
Papai

---

[1] Cf. a nota 1 de 99-Martin, p. 177.
[2] Cf. a próxima carta, 268-Ernst, pp. 362-363 e seguintes, com as notas.

186 SIGMUND FREUD

114-Martin [Cabeçalho Viena], Grundlsee, 25/8/1930

Querido Martin,

Pelo visto, você está certo; não respondi sua última carta do dia 14. Você facilmente deve imaginar por quais motivos. Desde a divulgação do Prêmio, fiquei muito ocupado com os agradecimentos mais urgentes. Logo tudo estará acabado. Ontem o vereador de Frankfurt, dr. Michel,[1] esteve conosco para trazer o Prêmio e um diploma provisório, uma pessoa charmosa e com ideias inacreditavelmente liberais; depois de amanhã, Anna irá à solenidade na Casa Goethe de Frankfurt, depois ainda terá protesto e indignação nos jornais alemães e, por fim, o episódio será esquecido.

O cheque de 10.000 marcos[2] encaminhei para Ernst, para que tenha uma conta em Berlim.

Estamos muito bem aqui, ocasionalmente o único paciente sou eu, no momento com problemas no estômago. Mas, à nossa volta, muitas coisas estão acontecendo. A vovó está tão fraca que esperamos apenas que o dr. Federn consiga levá-la viva a Viena.[3] Dizem que na casa dos Rie a sra. Mela está chegando ao fim.[4] Penso que não ignora as obrigações que disso resultam para você, porque ninguém de nós deve ir a Viena. Pouco depois do retorno de Anna, no dia 29, Math vai nos deixar.

Envio a você minhas saudações cordiais,
Papai

---

[1] Max Michel (1888-1936), diretor da Secretaria de Cultura de Frankfurt (Plänkers, 1996, p. 256, nota 12).

[2] O dinheiro do Prêmio; cf. 270-Ernst, pp. 364-365.

[3] A mãe de Freud, que estava passando as férias em Bad Ischl, estava muito doente. Paul Federn a levou a Viena, onde ela morreu em 12 de setembro de 1930 (Molnar, 1996, pp. 138, 142).

[4] Melanie Rie (1872-1930), a esposa de Oscar Rie, morreu no dia da carta (Molnar, 1996, p. 139).

CARTAS AOS FILHOS

115-Martin   [Cabeçalho Viena], Grundlsee, 1/9/1930[1]

Querido Martin,
Você está muito bem então; espero que recupere logo sua mobilidade sem restrições.[2]
Favor utilizar o cheque de US$ 750 em anexo da seguinte forma:
para você: ago e set   –   US$ 100
Tio   US$ 325

O restante US$ 325 serão acrescentados ao meu saldo em xelins.
Suponho, evidentemente, que os seus 2.000 marcos de *A interpretação dos sonhos*[3] não evaporaram ainda, mas que os tenha aplicado em algum lugar e que seja por isso que você teve que pegar um empréstimo.

Saudações cordiais,
Papai

116-Martin   [Cabeçalho Viena], Grundlsee, 23/9/1930

Querido Martin,
Dentro do envelope, um pequeno cheque que você pode usar com os seus filhos.
Além disso, uma carta de condolências, na qual você deve preencher o endereço que não consigo encontrar aqui.[4]
Voltaremos em breve, no início da próxima semana, o clima aqui sem sinal de melhora, mas o apartamento em Viena ainda não está pronto. Estou bem.

Saudações cordiais,
Papai

---

[1] Carta registrada; endereçada para: Peter Jordanstr./senador do comércio/Viena XIX / [da mão de outra pessoa] Z. 34
[2] Martin passara por uma cirurgia de apêndice (KCh).
[3] Cf. 110-Martin, pp. 183-184.
[4] Não elucidado.

188 SIGMUND FREUD

117-Martin   Viena XIX, 16/6/1935[1]

Querido Martin,

Satisfaz saber que está tão contente. Aqui poucas novidades. Hoje o calor intenso melhorou. Depois de amanhã (18/6) aniversário da tia.[2] Sophina só visível de longe, no jardim.[3] Escreva logo!

Cordialmente,
Papai

A resposta de Martin, de 18 de junho de 1935, a essa lembrança de férias está conservada: [4]

Querido papai, muito obrigado pelo cartão gentil. Tirar férias é muito desgastante, já emagreci mais que 4 kg nadando e remando. As manhãs na água são simplesmente maravilhosas, de tarde não sabemos direito o que fazer, está quente demais para caminhadas. De noite não resta outra coisa a não ser olhar para a lua. Na editora e no gabinete não parece acontecer nada; o período das férias foi bem escolhido, portanto. Ainda não decidi se permaneço neste hotel bom e confortável até o fim ou se viajo ainda alguns dias pela região. Por enquanto, meu endereço continua sendo o mesmo.

118-Martin   [Cabeçalho Viena], XIX, Strassergasse 47[5]
8/7/1935

Ao sr. dr. Martin Freud

---

[1] Cartão-postal, endereçado a: Grand Hotel/Belvedere/Abbazia/Itália.
[2] Minna Bernays estava fazendo 70 anos.
[3] O cartão foi escrito na moradia de veraneio de Freud em Grinzing (Strassergasse, 47), perto de Viena, onde ficava regularmente de 1934 a 1937.
[4] No conjunto das cartas de Freud a ele (SFP/LoC).
[5] Cartão endereçado: Ao Sr./Dr. Martin Freud/Advogado/Viena.

CARTAS AOS FILHOS

Querido Martin,
Transfiro-lhe a responsabilidade pela execução das minhas disposições testamentárias.[1]

Cordialmente, seu pai,
Prof. dr. Freud

119-Martin   [Cabeçalho Viena], Grinzing, 16/8/1937[2]

Querido Martin,
Estou adorando sua descrição de Capri e da bela vida que leva aí. Ontem, domingo, revivi com o tio as lembranças de nossa temporada em Capri.[3] Fazia muito calor e éramos os únicos hóspedes – em setembro. O barqueiro que nos levou à gruta azul nos contava histórias de terror sobre um certo Timpério, se não me engano, que teria assombrado a ilha. O Vesúvio também estava ativo e produzia uma nuvem de fumaça durante o dia e uma nuvem de fogo à noite, como o deus do êxodo na Bíblia. Pois Jahve era um deus vulcânico, como você descobrirá no meu segundo ensaio sobre Moisés, que ficou pronto agora e está aguardando seu retorno.[4]

Aqui, na verdade, está fazendo um verão bonito, de vez em quando interrompido por recaídas de abril e antecipações de novembro, e também por casos de doença. A minha infecção intestinal está superada, a da mamãe ainda não. Agora são três as tias[5] que moram no sanatório

---

[1] Parece que não se conservou um testamento com essa data.
[2] Reproduzido, com cortes, em F/Briefe, p. 452s.
[3] No verão de 1902 (cf. F/Reise, p. 166s.).
[4] Freud, 1937e.
[5] Não apenas as irmãs "Rosa", "Dolfi" e "Paula" viviam em Viena; Maria também havia retornado de Berlim a Viena em 1933 (Tögel, 2004, p. 37).

de Perchtoldsdorf.[1] Ditha[2] nos surpreendeu com sua recuperação e deve ir a Breitenstein.

No seu retorno, você encontrará alguns assuntos ligados à editora; nada de importante.

No dia 1º de setembro, meu amigo Emanuel Löwy [3] também fará 80 anos. Para a ocasião, ele me presenteou com uma bela gravura de Dürer.[4] Mesmo sem isso eu não teria deixado o dia passar em branco. Mas é difícil achar um presente para ele. Não tenho outra coisa a não ser *Os escritos reunidos*, embora, com os problemas de vista que tem, ele mal consiga ler. Por precaução, fiz uma consulta na editora para saber se eu não os dera de presente no aniversário de 70 anos, ou seja, em 1927. A resposta foi negativa. Mas não tenho certeza. Você não poderia, mesmo estando em viagem, repetir a consulta com ênfase? Não precisa ser por telefone, temos tempo até o dia 1º de setembro.

Anna aproveita suas supostas férias, isto é, ela brinca com os bebês pequenos em vez de brincar com os grandes.[5] Mark e Ruth[6] continuam aparecendo juntos em público como os *Inseparables;*[7] se estão querendo aproveitar exaustivamente a vida em casal antes de se separarem de vez, nem o médico nem o advogado deles está sabendo.

---

[1] Perchtoldsdorf fica na divisa sul de Viena, Breitenstein, mencionada em seguida, no Semmering.

[2] Judith Bernays, que havia se casado com Victor Heller em 1922 em Viena, o irmão do editor Hugo Heller. Em 12/8/1937, Freud menciona com Jeanne Lampl-de Groot (LoC) sua "doença misteriosa".

[3] Emanuel Löwy (1857-1938), professor de Arqueologia em Roma, depois professor extraordinário em Viena; amigo de Freud desde a época da escola ou da universidade (Brein, 1998).

[4] Provavelmente, ou um retrato de Philipp Melanchthon ou a "Prisão de Cristo", da Paixão representada em chapa de cobre; ambas as gravuras foram encontradas no acervo de Freud (hoje FML).

[5] Provavelmente uma alusão à atividade de Anna Freud no berçário, fundado em março de 1937, para crianças abaixo de dois anos ("Jackson Nursery"; Molnar, 1996, p. 383 s.).

[6] Em 1928, Ruth Mack se casara com seu primo, o compositor Mark Brunswick (1902-1971), que, como ela, fazia análise com Freud (Roazen, 1999, pp. 77-101); Freud fora padrinho de casamento. Os dois divorciaram em 1937 e voltaram a se casar meio ano depois.

[7] "Os inseparáveis", também "pássaros do amor" – uma espécie muito sociável de papagaios anão.

CARTAS AOS FILHOS 191

Desejo a você a permanência dos mais belos dias, antes de retornar para o nosso clima temperado do Norte.

Cordialmente,
Papai

120-Martin [Cabeçalho Viena], 22/3/1938[1]

Meu querido filho Martin,

Como não estou me sentindo muito forte, me apresso em te passar, em decorrência de conversas anteriores, a declaração da minha última vontade.

Desejo que tudo que se encontre de dinheiro e títulos de valor em meu poder passe a ser propriedade de sua mamãe, minha esposa Martha, sobrenome de solteira Bernays, assim como todos os bens de nossa casa. Meus livros e minhas coleções deixo à plena disposição da minha filha Anna. Peço a você que assuma a responsabilidade pela execução desse testamento.[2]

Na confiança cordial,
Seu pai,
Prof. dr. Sigmund Freud

Da época do exílio, conservaram-se ainda algumas cartas de Freud à sua nora e à filha desta, Sophie.[3] Depois de permanecer com Sophie em

---

[1] Nesse dia, Anna Freud foi levada pela *Gestapo*, que a deixou presa até a noite. Max Schur relata: "Foi a única vez que vi Freud profundamente preocupado" (Molnar, 1996, p. 413).

[2] Essas disposições testamentárias foram versadas em 28/7/1938, pouco depois da chegada na Inglaterra, para uma forma jurídica adequada ao país, que era muito mais precisa e detalhada (cf. Roazen, 2001). Nessa versão, juntamente com Martin, Ernst e Anna Freud também são nomeados executores do testamento.

[3] As cartas à neta têm as datas de 1/7, 26/7, 5/8, 26/10, 1/5/1938 e 20/12/1938; saíram impressas em SoF (pp. 132-134; cf. as fotos depois da página 320) e não são reproduzidas aqui. – As informações seguintes se baseiam em SoF, pp. 186-193; 207-215.

192   SIGMUND FREUD

Paris em maio de 1938, e Martin ter seguido com Walter para Londres, Esti fazia tentativas veementes de conseguir uma reaproximação ou, pelo menos, de rever seu filho em Londres e criticava o marido por não mandar dinheiro suficiente para ela. A correspondência que trocava com seu sogro (e aquela à qual deve ter estimulado sua filha), servia, sem dúvida, para a finalidade de reforçar o sentimento de família. Martin, porém, estava definitivamente decidido a dissolver o casamento.

121-Esti   [Cabeçalho Londres I], 7/8/1938[1]

Minha querida Esti,

Pelo visto, sua carta para mim se cruzou com a carta de Martin para você, caso contrário, você teria feito outros planos. Agora você está sabendo que ele foi convidado pela Princesa[2] (nossa hóspede no momento) para depois do dia 18 deste mês para ir para o Sul, que ele vai passar por Paris; que ele vai estar com você tanto na ida quanto na volta; de modo que não faz sentido você vir a Londres sem ele estar aqui.[3] Se a viagem esbarrar em alguma dificuldade e ele tiver que desistir, nesse caso sim, será necessário e a gente vai ter que retomar sua intenção.

Isso resolve a primeira parte de sua carta. No que diz respeito à segunda, reconheço com prazer seu direito histórico a uma contribuição pelo seu aniversário,[4] que apenas foi negligenciada por causa daqueles dias sombrios, e acrescento um pequeno cheque; espero que consiga transformá-lo em dinheiro. Cuide para tornar o tempo até o começo do seu serviço bem agradável.

Com saudações cordiais
Papai

---

[1] Reproduzida em SoF, p. 190; fac-símile completo na edição inglesa do livro, p. 160s.

[2] Marie Bonaparte (1882-1962), casada com o príncipe Jorge da Grécia e Dinamarca, a partir de 1925 várias etapas de análise com Freud, com quem fez amizade. A partir de 1928, atividades como analista (Bertin, 1989; DIP).

[3] A viagem aconteceu de fato, inclusive os dois encontros com Esti (SoF, p. 191).

[4] Esti havia pedido ao pai para contribuir com sua viagem (planejada, porém não realizada) a Londres, a título para presente de aniversário, ao qual tinha direito tradicionalmente (SoF, p. 190).

CARTAS AOS FILHOS

122-Esti [Cabeçalho Londres I], 16/8/1938[1]

Minha querida Esti,
Confirmo o recebimento dos seus últimos dois trabalhos,[2] que certamente lerei assim que terminar o que me ocupa no momento.[3]

Aproveito a oportunidade para lhe dizer que nunca duvidei de seu empenho e de sua capacidade.[4] Fico satisfeito em saber que essas duas qualidades estão se comprovando sob as circunstâncias recentes, que são mais difíceis.

Sempre lamentei, apenas – se me permite mencionar isso –, que tenha estragado tantas oportunidades de ser feliz em decorrência de julgamentos precipitados sobre as pessoas e de uma atitude passional inadequada.

Quanto ao tema sobre o qual me pergunta,[5] você não deve encontrar nada na literatura psicanalítica, até onde estou informado.

Com saudações cordiais,
Papai

123-Esti [Cabeçalho Londres II],[6] 22/1/1939[7]

Minha querida Esti,
Você sabe como aprecio seu empenho, mas também reconheço que raramente a achei tão amável como nesse pequeno ensaio que me dedicou.[8]

---

[1] Reproduzida em SoF, p. 213; fac-símile completo na edição inglesa, p. 185s.
[2] Não identificados.
[3] O *Esboço de Psicanálise* ["Abriss der Psychoanalyse"; 1940a], que Freud começou a redigir em fins de julho de 1938, mas que permaneceu inacabado e apenas foi publicado postumamente (Grubrich-Simitis, 1993, p. 278).
[4] Sobre a carreira de Esti, cf. pp. 101-102.
[5] Não identificado.
[6] Cabeçalho impresso: Prof. Sigm. Freud/20 Maresfield Gardens/London N.W. 3/Tel: Hampstead 2002.
[7] O original desta carta se encontra em SFP/LoC.
[8] Trata-se de uma conferência apresentada em francês, "A vida privada de Sigmund Freud", que Esti enviara ao sogro (SoF, p. 217).

Deus perdoe todos os pecados que você cometeu nesse texto por partidarismo familiar. Apenas, tenho duas críticas a fazer, com toda a cordialidade. Primeiro, você, como uma verdadeira mulher, não colocou seu endereço nas cartas – a minha resposta tardará por isso, até Martin me informá-lo; segundo, na parte histórica do seu relato, você apresenta algumas imprecisões, que, levando em consideração a posição privilegiada da relatora, devem facilmente ser acreditadas. Mas não são muito importantes. Assim, por exemplo, a parte em que diz que papai teria perdido sua propriedade no Pânico de 1873 e teria se mudado para Viena por isso. Acontece que ele já se mudara em 1859 ou 1860.[1] Depois de Anna, todos os meus filhos nasceram em Viena. – A afirmação de que Meynert[2] teria me apoiado não procede. A cena no auditório de Charcot, que você descreve, não aconteceu. Por intermédio de um médico de Veneza, com quem eu tinha contato,[3] fiquei sabendo que Charcot estava procurando um tradutor alemão, me ofereci por carta e fui aceito.[4] O artigo "La foi qui guérit"[5] conheci apenas mais tarde; ele não teve influência alguma na minha intenção de procurar Charcot. – Depois da má acolhida de minha primeira conferência na Sociedade de Médicos, ministrei ainda uma segunda, na qual realmente apresentei um caso descrito por Charcot.[6] Desta vez, até recebi aplausos, mas nada mudou. – Totalmente equivocada é a minha participação no conhecido desempenho de Wolf. Ele era exclusivamente o cachorro de Anna e eu não estava presente quando

---

[1] A mudança da família de Jacob Freud de Freiberg, via Leipzig, para Viena aconteceu no outono de 1859 (Tögel e Schröter, 2004).

[2] Theodor Meynert (1833-1892), professor de psiquiatria em Viena durante os anos de estudo de Freud e depois (Hirschmüller, 1991).

[3] Dr. Ricchetti (cf. Jones I, p. 226).

[4] Como tradutor de *Leçons sur les maladies du système nerveux*, vol. III, de Charcot (em alemão: *Neue Vorlesungen über die Krankheiten des Nervensystems, insbesondere über Hysterie*, Charcot, 1886).

[5] Charcot (1892).

[6] Das duas conferências "Sobre a histeria masculina", que Freud ministrou no outono de 1886 após o retorno de Paris, apenas a segunda foi publicada (Freud, 1886d; cf. GW Nachtr., pp. 54-56).

CARTAS AOS FILHOS

se perdeu no Prater.[1] – Não consigo me lembrar de uma perturbação pela atenção do público durante uma apresentação de Yvette. Eu a visitava várias vezes, enquanto podia.[2]

Você vê, querida Esti, como é difícil escrever história. Mas basta que o principal seja verdade!

Sinto muito falta da Sophizinha. Vemos seu filho Walter regularmente nos finais de semana e me apresso em assegurar que ele tem uma aparência muito interessante e que está desenvolvendo um apetite excelente. Como você sabe, Martin está se empenhando em começar uma nova vida.

Espero, em breve, ouvir do seu sucesso na Sorbonne[3] e envio a você e à sua filha as minhas saudações cordiais.

Papai

124-Esti   [Cabeçalho Londres II], 8/2/1939[4,5]

Minha querida Esti,

Sinto muito que não poderei atender o seu desejo. O desentendimento entre casais não é algo que possa ser modificado com a intervenção de estranhos, e até o próprio pai é um estranho neste caso. É algo que os dois devem resolver entre si.

---

[1] Wolf pulou sozinho em um táxi, o chofer leu o endereço na plaquinha da coleira e levou o cachorro de volta para casa (MaF, p. 204).

[2] No outono de 1927, Freud acompanhou todas as apresentações da cantora e atriz Yvette Guilbert "em um assento na primeira fila, presenteado por ela"; ele teria "adorado muito" as apresentações (F/E, p. 566). Freud frequentou os concertos outras vezes em 1929, 1930 e 1931, conforme registrado em KCh (cf. Werman, 1998).

[3] Em 26 de fevereiro de 1939, Esti relatou ao filho Walter que, infelizmente, o "leitorado na Sorbonne" não teria dado em nada (SoF, p. 217).

[4] No manuscrito: 1933.

[5] Reproduzido em SoF, p. 213s.; fac-símile completo na edição inglesa, p. 183s. Além do erro no número do ano, a data desta carta ainda apresenta outra particularidade (cf. também a foto em SoF, depois da p. 320): o número do mês é tão próximo do número da data que seu ponto [em alemão, a data costuma ser separada por pontos; N. dos T.] quase funde com ele; os dois números formam, para o olho, o número "82" – a idade de Freud na época.

Uma coisa é certa para mim: o motivo que você propõe para explicar o distanciamento entre vocês, a saber, que Martin não te acha mais bonita, não pode estar correto. Quero até dizer que soa irrisório. Martin não é mais nenhuma beleza; você sim está mais bem conservada que a maioria das mulheres de sua idade, e na fase da vida que você está, outras coisas são mais importantes na relação do que a aparência. Abstenho-me de tomar qualquer partido, mas, me parece que o problema é que você torna a convivência com ele demasiadamente difícil. Portanto, não conte comigo nessa questão.

Vejo com satisfação a forma enérgica com que Martin procura melhorar a situação difícil no exílio para si, para você e para os filhos. Ajude-o nesse esforço e tenha paciência. Acredito que ele não pode fazer nada melhor. Não tenho dúvidas de que terá sucesso no seu caminho em Paris.

Cordialmente,
Papai

Testamento (1919),
Rascunho de um Obituário (1926)
e um Poema de Aniversário (1937)

Como primogênito, Martin era responsável pela execução das disposições testamentárias do pai. Diversas vezes, Freud lhe passou as respectivas instruções. Na medida em que esses documentos foram redigidos em forma de carta, são reproduzidos anteriormente em ordem cronológica.[1] O seguinte documento, que remonta à época da prisão de guerra de Martin, ficou guardado entre as cartas e pertence, portanto, à série mencionada. Ele tornou-se obsoleto, mais tarde, devido a um testamento feito em 1938 na Inglaterra.

---

[1] Cf. as cartas 93 (pp. 172-173), 118 (pp. 188-189) e 120 (nota 2, p. 191) na parte de Martin, também a carta 53 (pp. 119-123).

[Cabeçalho Viena], 31/1/1919

Tendo em vista a piora considerável de nossa situação financeira em consequência da guerra, retiro todos os compromissos e as disposições sobre a distribuição da minha propriedade (em complementação ao testamento depositado junto ao dr. Alf. Rie) e nomeio a minha esposa Martha como herdeira de todos os objetos da casa: livros, quadros, antiguidades, tapetes, utensílios etc. Transfiro a ela também a distribuição de lembranças pessoais para os nossos filhos, para Minna e Alexander. Meu seguro de vida na *New York*[1] está no nome dela. Da mesma forma, ela herda as notas promissórias de dois pacientes (C. e Dirsztay), guardadas na caixinha, se não houver quitação até a respectiva data.

Apenas Anna fica com os objetos prometidos de nefrita, e para dr. Rank a literatura sobre os sonhos, sem importância para outra pessoa.

A coleção das minhas próprias publicações psicanalíticas, bem como a Encyclopaedia Britannica[2] devem permanecer em casa.

Se meus livros tiverem outras edições depois da minha morte, o lucro dessas também caberá à minha esposa. Se a situação permitir, ela o utilizará para nossos netos.

Não considero a possibilidade de ela se separar de Minna.

As despesas para o meu enterro devem ser reduzidas *ao máximo*: a categoria mais simples, *sem* discursos funerários, divulgação *posterior*. Prometo não ficar ofendido com a ausência de qualquer manifestação de sentimentos. Se for confortável e barato: incineração. Se eu estiver "famoso" no momento de minha morte – nunca se sabe –, isso não deve gerar nenhuma alteração.

Sigm. Freud

---

[1] New York Life Insurance Company.
[2] Freud possuía a 11ª edição (1910-11; Davies e Fichtner, 2006).

198   SIGMUND FREUD

O seguinte esboço, de próprio punho, de obituário, também se conser-
vou entre as cartas para Martin.[1] Com base na informação da idade
de Freud e o endereço (corrigido) de Oliver Freud,[2] é possível datar o
esboço como sendo do ano de 1926.

Em xx 192x faleceu, nesta cidade, no 7x° ano de sua
vida o sr. prof. *dr. Sigm. Freud.* O corpo
foi incinerado no dia xx

———————

(A mãe Amalia Freud)

———————

A esposa Martha Freud

———————

Os filhos Mathilde e Robert Hollitscher, dr. Martin e
Esti Freud, Eng. Oliver e Henny Freud (Breslau[3]), Ar-
quiteto Ernst e Lucie Freud (Berlim), Max Halberstadt
(Hamburgo), Anna Freud

———————

Os irmãos Alexander e Sophie Freud, Anna Bernays
(Nova York),[4] Rosa Graf, Marie Freud (Berlim),

---

[1] Em SFP/LoC, o original foi registrado na parte "subject files, last will". Encontra--se uma cópia, no conjunto das cartas de Martin, – certamente um erro – após a carta. 106-Martin, pp. 181-182, seguida por uma cópia parcial por escrito e uma explicação de Eissler.

[2] Cf. p. 230.

[3] Correção de "Düsseldorf" para "Breslau".

[4] Cf. nota 5 de 130-OliHenny, p. 224.

Cartas aos filhos

Adolfine Freud, Paula Winternitz[1]

A cunhada Minna Bernays

Os netos Ernst Halberstadt, Anton Walter e Sophie Freud, Gabriel, Michael e Raphael Freud, Eva Mathilde Freud

---

A presente forma do anúncio está de acordo com
uma instrução do falecido.
Viena, xx 19xx

Por último, um poema de Martin Freud para o aniversário de 81 anos de seu pai (6 de maio de 1937), que reflete a aversão deste, frequentemente manifestada, a comemorações de aniversário.

Hoje não haverá nenhuma sensação!

Para que bandeiras? – São desaconselhadas!
Para que bandas de música? – Favor não chamar nenhuma!
Para que editais, mensagens e delegações?
Não vale a pena,
Que nos poupem!

---

[1] A irmã caçula de Freud, Pauline ("Paula", "Pauli"; 1864-1942), inicialmente casada em Nova York com o comerciante Valentin Winternitz; depois da morte do marido, voltou a Viena com sua filha Beatrice.

Aos 80, fizemos a vontade do mundo,
Mas aos 81, comemoramos em silêncio,
Se prefeito, ministro, decano,
Comemoram o dia de hoje,
Ou se estão constrangidos,
E ignoram o dia de hoje,
Pouco nos importa –
Mesmo se celebrassem em seu louvor,
Você não depende disso.

Esta é a melhor preparação –
Nenhuma palavra nos jornais,
As magnólias em flor,
O cachorro com apetite,
Não é bonito?
Por isso anunciamos de forma ultraconfidencial:
Os próximos oito aniversários também comemoraremos em
silêncio!
Até a vista!

OLIVER FREUD (1891-1969)

ESBOÇO BIOGRÁFICO

Oliver Freud, chamado de "Oli", nasceu em 19 de fevereiro de 1891. Ao contrário dos seus irmãos, seu nome não lembrava nenhum dos professores admirados por Freud, mas as "impressões inesquecíveis" que o pai experimentara, aos 19 anos, em sua primeira viagem pela Inglaterra, especialmente da "época mais interessante da história dos povos, o reino dos puritanos e de Oliver Cromwell". Uma amiga da família ficava preocupada como o pequeno faria jus a esse nome tão exigente.[1]

Oliver era considerado um menino de boa aparência, que atraía os olhares de estranhos, e inteligente. Com cinco anos aprendeu a ler e a escrever apenas de escutar; como polo oposto das fantasias do irmão, ele reagia às obras de Martin criticando seus erros ortográficos. Relatam que ele, na idade de oito anos, estava ocupado com "o registro exato dos caminhos, das distâncias e dos nomes dos lugares e das montanhas", ordenando "as montanhas à maneira das linhas de trem e de bonde de Viena". Como criança, entusiasmava-se com locomotivas e ganhou fama na família devido ao seu interesse por questões de trânsito. Quando se tratava de fazer viagens complicadas de trem, sempre recebia a incumbência de escolher as melhores conexões nos horários. Segundo Ernst Waldinger, era o filho predileto da mãe, "extremamente consciencioso e exato até na vírgula"[2].

---

[1] Jones I, p. 215 ("época mais interessante"); Weissweiler, 2006, p. 60 (amiga da família).

[2] MaF, p. 53s. (boa aparência); F/Fl, pp. 206, 260, 392, 399 (apenas de escutar, erros ortográficos, "registro exato" etc.); OFI, p. 11, F/Reise, p. 298, por exemplo cf. p. 465 (locomotivas, horários); Wald., p. 28.

Ficamos sabendo explicitamente pelo Oliver por que ele, durante as primeiras quatro séries, teve aula em casa – como Martin – e somente ingressou na escola fundamental na quinta série: "Papai, para nos poupar dessas doenças infantis, não queria mandar ninguém de nós, exceto a Anna, para a escola pública nos primeiros três ou quatro anos." [1] *De 1901 a 1909, frequentou o mesmo ginásio humanista que seu irmão mais velho. Ainda muitos anos depois, sua mãe ressaltava que, de todas as turmas, ele era "aluno de destaque". Suas notas oscilavam no decorrer dos anos, porém em uma faixa entre "excelente" e "satisfatório"; ele passou no exame final com nota "muito bom" em quase todas as matérias. Evidentemente, também recebeu o conceito "aprovado com distinção". Como Martin, ele comemorou o término da escola fazendo a primeira viagem sem os pais, que o levou a Dresden, Berlim, ilha de Rügen, Copenhague, Hamburgo e Colônia [Köln]. Ele comenta sobre si mesmo que "o tanto quanto possível, fazia sozinho as viagens menores ou maiores". Em 1911, esteve na Inglaterra, em 1913, em Paris e, em abril de 1914, fez até uma viagem de estudos ao Egito.* [2]

Sem dúvida, em função de seu pendor por facticidade e precisão, Oliver decidiu tornar-se engenheiro civil. Frequentou a Escola Técnica Superior de Viena, onde terminou os estudos em 1914. No entanto, os exames regulares do outono foram cancelados devido ao início da guerra. Oliver, que fora recusado no exame de recrutamento, procurou trabalho e o encontrou na construção de barracões de atendimento médico e ficava feliz com a possibilidade de ganhar seu próprio dinheiro, especialmente porque, naquela época, seu pai, "devido à ausência de todos os pacientes estrangeiros estava com a renda muito reduzida". Apesar da normalização da vida universitária a partir

---

[1] OFI, p. 7s. – Suas professoras para as respectivas duas séries se chamavam Ida Mandl (nome de casada Bauer) e Elsa Reiss.

[2] Martha/Lucie, 17/8/1933 (UE; "aluno de destaque"); testemunhos (FMW); OFI, pp. 6, 11s. ("viagens"); F/Fer I/1, p. 365, I/2, pp. 270, 295, II/1, p. 144 (Inglaterra etc.).

do início de 1915, ele aceitou um emprego na primavera do mesmo ano, que abandonou pouco tempo depois. A explicação que dá para esse episódio é a seguinte: De modo geral, "o papai" interferia muito pouco na vida dos filhos; desta vez, porém, interferiu sim. Quando Oliver, em uma visita a casa, se mostrou entusiasmado com sua nova atividade, Freud o teria chamado à sala de estudos e explicado: "Você deveria desistir disso agora e sentar para estudar para suas provas, para que fique livre delas o mais rápido possível." Ele teria falado com tanta seriedade que Oliver lhe obedeceu mesmo contra sua vontade, pedindo demissão. Anos depois teria entendido o quanto devia ser grato ao pai pela sua intervenção. De qualquer forma, recebeu, em 1º de julho de 1915, seu diploma de engenheiro. E, depois disso, ganhou um posto de engenheiro na mesma empresa da qual se demitira, em 1º de setembro. Até lá, passou o tempo ajudando no escritório de tarifas do tio Alexander.[1]

Até o fim de 1916, Oliver esteve ocupado com a construção ferroviária. Ele trabalhava na construção de um segundo túnel na passagem de Jablunca, nos Cárpatos ocidentais (Silésia Austríaca, hoje República Tcheca), para eliminar um "gargalo" – o único trecho de uma via na linha férrea de Berlim para os Bálcãs e Istambul via Cracóvia. Como se tratava de um projeto relevante para a guerra, ele foi dispensado do serviço militar, embora houvesse sido considerado apto no recrutamento de novembro de 1915. Um ano depois, Oliver mais uma vez poderia ter sido dispensado do serviço militar por alguns meses, mas as condições de trabalho se tornaram cada vez menos agradáveis – "a comida cada vez pior e o trabalho cada vez mais cansativo" –, de modo que decidiu fazer logo o inevitável e se alistar.[2]

Durante a época da construção do túnel, Oliver cometeu, como disse, o "único erro grave dos meus anos de juventude": ele se casou.

---

[1] Freud, 2004d, p. 54 (seu próprio dinheiro); OFI, p. 3 ("renda muito reduzida"); ibid., pp. 3-5 (explicação); F/A, p. 499 (escritório de tarifas).

[2] OFM, p. 2 f. (túnel); F/Kal (novembro de 1916); OFI, p. 21 ("comida").

Sua noiva, a estudante de Medicina Ella Haim, era uma judia sefardita de Viena, que conhecera no cruzeiro pelo Mediterrâneo indo ao Egito. Ficaram noivos em setembro de 1915, logo após as férias de verão que o casal passara no Salzkammergut; em 19 de dezembro, aconteceu o casamento em condições de guerra. Inicialmente, Freud julgava a nora como "muito normal, simples, íntegra, aberta, muito simpática, ao meu ver". Mas, desde o início, havia um conflito entre o desejo de se casar e a intenção de terminar os estudos e seguir a profissão. Também em relação a Oliver, os pais ficaram preocupados com a experiência do casamento; assim, Freud escreveu em uma carta a Ferenczi: "Não sei até que ponto o sr. conhece o Oli e um pouco sua neurose. Ela não vai transformá-lo em um amante hábil ou fogoso, apesar de precisar muito da esposa em qualquer sentido. O que mais me preocupa é sua falta de capacidade de adaptação, que o tornará intolerante diante das fraquezas femininas e incapaz de aturar uma decepção e de levá-la a cabo sem prejuízo." [1]

Os dois jovens aproveitavam pouco um do outro. Para se casar, Oliver não ganhou mais que dois dias de férias. Graças a uma gripe, ele passou a semana de 22 de fevereiro até 3 de março em Viena, onde morava com sua esposa. Na correspondência de março, ficamos sabendo que Ella estava grávida; no fim do mês, ela teve um aborto, que Freud comentou da seguinte forma: "Estamos associando à má sorte uma ligeira esperança que não podemos manifestar em voz alta", a saber, a dissolução do casamento. Ella anunciou a decisão correspondente poucos dias depois. Na época da Páscoa, Freud fez a viagem cansativa nos Cárpatos, onde se deixava guiar pelo túnel em construção, passando por cima de escadas. Sobretudo tentava mostrar ao filho algo "que lhe faltava até ficar convencido, isto é, que ele deveria considerar o divórcio iminente como um caso de sorte". Em uma viagem a Viena, o casal deu

---

[1] OFM, p. 3 ("Erro"); ibid., p. 2 (férias de verão); F/Fer II/1, pp. 144, 162 (casamento em condições de guerra); 366-SophMax, pp. 461-462 ("muito normal"); F/Fer II/1, p. 162 ("conhece o Oli").

CARTAS AOS FILHOS

entrada no divórcio. No dia 10 de setembro de 1916, Freud registrou na agenda: "Oli divorciado conforme o rito." [1]

Como aluno de ginásio, Oliver tinha direito a uma formação de oficial em uma tropa de sua escolha. No dia 2 de dezembro de 1916, foi recrutado por uma unidade de Engenharia, cujo batalhão mais próximo ficava em Cracóvia. Otto Rank, praticamente um filho adotivo de Freud, que antes e depois da guerra servia como mão direita e que editava, no cargo de oficial, um jornal de Cracóvia, prestava-lhe um serviço de intermediação. Até o início de março de 1917, Oliver fez seu treinamento de oficial na Cracóvia; depois passou para a escola de oficiais da Reserva de Engenharia na cidade de Krems. Ele passou na prova de meados de julho como segundo melhor da turma. Após dois meses de espera, o "suboficial Oli" foi ordenado de volta para Cracóvia, de onde partiu para o front da *Galícia, onde, pouco antes da Paz de Brest-Litovski, "não havia mais muita guerra". A situação era diferente no norte da Itália, para onde Oliver foi em junho – no meio da última grande ofensiva do Império austro-húngaro no rio Piave. Sua função consistia em construir estradas por trás do* front *e na fortificação das posições. O serviço lhe permitiu algum tempo para a leitura – seu livro preferido era o drama* Os pretendentes à Coroa, *de Ibsen. Por volta de 31 de julho, foi promovido a alferes. Somente nos poucos meses a partir de junho de 1918, Oliver teve "serviço de* front *de verdade", sob risco de vida devido aos ataques constantes de aviões. No início de outubro, sua companhia foi transferida para longe do* front *devido a uma epidemia de febre, depois para os Bálcãs. Ela estava atravessando a Hungria quando a monarquia ruiu, foi detida por tropas rebeldes, desarmada e mandada para casa. No dia 2 de novembro, Oliver che-gou a Viena – o primeiro que voltou da guerra e, por alguns meses, o único filho em casa. Em dezembro foi demitido do exército. Ele*

---

[1] F/Kal (semana em Viena, decisão de Ella); 375-Max, pp. 469-470 ("má sorte"); F/ Fer II/1, p. 196 ("caso de sorte"); F/Kal, cf. F/Fer II/1, p. 199 (viagem a Viena); F/ Kal ("divorciado").

206 SIGMUND FREUD

lamentou ter perdido sua nomeação a tenente por poucas semanas, isto é, a promoção ao cargo de oficial.[1]

Oliver superara a guerra sem grandes abalos; os anos seguintes se tornaram mais complicados para ele. Teve muitas dificuldades para achar algum trabalho remunerado. Em 18 de fevereiro de 1919, Martha Freud escreveu para Martin que o irmão estaria matando o tempo "com brincadeiras fotográficas" – desde muitos anos, a fotografia fora sua paixão (é dele o primeiríssimo retrato de Freud, de 1907, que o pai reconhecia em caráter oficial). Uma semana depois, ela relatou a Ernst que Oliver foi encarregado de supervisionar a reforma da mansão de um conhecido. Parece que Oliver, de modo geral, estava disposto a aceitar trabalho no exterior. Da mesma forma que planejava ir a Bagdá, no outono de 1919, ele esperava conseguir um emprego nas colônias holandesas. Mas nada disso se concretizou e o pai observou que o ócio não lhe fazia bem. Finalmente, foi o incansável amigo em Berlim, Max Eitingon, que intermediou para ele conseguir o emprego de um semestre, a partir de julho de 1920, em uma pequena empresa de construção com o nome de Rapaport. Assim, Oliver deixou a casa dos pais definitivamente e se mudou para a Alemanha, sem abrir mão da cidadania austríaca. No fim do ano recebeu, mais uma vez por meio de Eitingon, a oferta de um emprego na Romênia em uma empresa berlinense que estava inaugurando uma mineradora de carvão no país. Ele iniciou a atividade em meados de março de 1921, mas a abandonou poucas semanas depois para mudar para um poço de petróleo nas proximidades. Quando a empresa começou a apresentar dificuldades, retornou a Berlim em setembro, onde trabalhou mais meio ano na Rapaport.[2]

---

[1] OFM, p. 3s. (tropa de sua escolha, segundo da turma); F/Kal (2/12/1916, treinamento, *front* da Galícia); OFM, p. 3, OFI, p. 22 (Rank); F/Fer II/2, p. 107, p. 159 ("suboficial"); OFI, p. 24 ("não havia mais muita guerra"); OFM, p. 8 (Ibsen); Freud, 2004d, p. 56 (alferes); OFI, p. 24, OFM, p. 7 (serviço de *front*); OFI, p. 25s. F/Kal (voltou da guerra); OFM, p. 10 (perdeu sua nomeação).

[2] OFM, p. 10 (sem grandes abalos); SoF, p. 76 ("brincadeiras fotográficas"); F/Jo, p. 242, cf. E. Freud et al. 1976, p. 178s. (retrato de Freud); nota 1 de 85-Martin, p. 166 (reforma da mansão); 366-SophMax, pp. 461-462 (Bagdá); 153-Ernst, pp. 263-265, F/E, pp. 169, 176 (Holanda); F/E, p. 194 (ócio); OFI, p. 27, 421-Max, pp. 519-520 (Rapaport); OFI, p. 28, cf. F/E, p. 220, F/Fer III/1, p. 107, Oliver/Ernst, 23/1/1921 (UE; Romênia); OFI, p. 28s., F/E, p. 263, Oliver/Ernst, 31/8/1921 (UE; retorno a Berlim).

CARTAS AOS FILHOS

As turbulências externas eram acompanhadas das internas. Oliver era o filho sobre o qual Freud se expressava com terceiros da forma mais crítica e preocupada – o que, sem dúvida, estava relacionado às esperanças especialmente grandes que depositara nele. No início do ano 1934, ele comentou com Arnold Zweig: "Os dons dele [de Oliver], o volume e a confiabilidade do seu saber sempre foram extraordinários; seu caráter também é impecável. Depois foi tomado pela neurose e esqueceu de suas virtudes." Essa avaliação se manteve constante na essência; a carta a Ferenczi, na qual Freud atesta a neurose do filho, prossegue: "No mais, seu caráter não se baseia em sua neurose; acho que ele tem uma disposição genial e espero que um dia ganhe notoriedade em sua área através de achados importantes. Em uma pessoa desse tipo, pode-se aceitar de bom grado alguma atrofia." Essa atrofia era amplamente percebida na família. O primo Waldinger testemunha isso outra vez quando escreve sobre Oliver: "Contam muitas histórias de sua meticulosidade. Quando lhe perguntavam a hora, dava uma resposta tão detalhada que sempre incluía os segundos. Ele era tímido, inibido e nervoso em demasia. Ninguém que o conhecia deixava de observar que era estranho [...] Contudo, era trabalhador e dedicado às coisas práticas, apesar de sua alienação e de ser extremamente correto em tudo." Chama a atenção que Oliver sempre foi comparado a Ernst, seu irmão mais novo, e sempre em desfavor deste último.[1]

Nos primeiros anos do pós-guerra, ele sofria por dois motivos: porque procurava trabalho e uma esposa. A falta de perspectivas com as moças vienenses contribuiu para sua saída de casa. Em Berlim, também passou por uma depressão que procurava sanar mediante "autoanálise". Em dezembro de 1920, Freud confessou para Eitingon: "durante muito tempo, ele foi o meu orgulho e a minha esperança secreta, até se transformar na minha maior preocupação, quando sua organização anal-masoquista se tornou evidente e as tentativas posteriores de lhe

---

[1] F/Zweig, 28/1/1934; F/Fer II/1, p. 162s. ("genial"); Wald., p. 28; cf. a seguir, pp. 269, 271 (comparações com Ernst).

providenciar uma função genital fracassaram. A forma como o sr. procura e continua procurando dar outro rumo ao destino dele [isto é, agenciando um trabalho], certamente é o melhor que se pode fazer por ele. No entanto, sofro muito com a sensação de não poder ajudar." A situação desesperada de Oliver chegou ao auge quando, em 1921, um pedido de casamento foi recusado – portanto, pouco antes de ir à Romênia. *"Se a felicidade é uma constante na equação da vida de uma pessoa, ele [Oli] não tem muito disso na sua."*[1]

De volta a Berlim, Oliver fez uso do último recurso, a psicanálise. *Como Eitingon não queria aceitá-lo por se considerar próximo demais, Lampl, que se mudara para Berlim para fazer a formação de analista, recomendou-lhe Franz Alexander, o jovem estrela do Instituto Psicanalítico de Berlim. Freud insistia em pagar a análise, apesar de o pagamento no caso de filhos de colegas contradizer as convenções médicas.* Parece que o tratamento foi concluído em 1922. *De qualquer forma, Karl Abraham comentou na época com Freud que achava Oliver "decididamente alterado em seu favor", e, logo depois, que o jovem agora estaria "mais alegre e muito menos inquieto". Ao mesmo tempo, Anna Freud relata outro sintoma de amadurecimento: "Oli deve ser chamado de Oliver, e também escrito assim, senão ele fica ofendido." O sinal mais claro de que a sua vida começou a se consolidar foi o fato de a mesma mulher, Henny Fuchs, que recusara o pedido, agora consentiu em se casar. O casamento entre eles aconteceu em 10 de abril de 1923. Enquanto Freud ficou em casa, Martha e Martin marcaram presença como delegação da família vienense.*[2]

Henny Fuchs nasceu em 11 de fevereiro de 1892, era filha do médico berlinense Paul Fuchs e de sua esposa Gertrud. Ela se formara no ateliê berlinense de aprendizagem de Lovis Corinth e depois na Academia Vienense de Arte. Declarava-se "pintora" como profissão, "especialidade:

---

[1] F/E, pp. 205s., 218, 225 (moças vienenses, depressão, "meu orgulho"); Lucie/Ernst, [30/1/1921] (pedido de casamento recusado]; F/E, p. 252 ("felicidade").

[2] LAS/AF, p. 310 (demasiadamente próximo); Lampl-Int., p. II/21; F/E, p. 270, 443-Max, pp. 539-541 (Freud insistia em pagar); F/A, pp. 707, 712 ("em seu favor"); LAS/AF, p. 83 (*"Oliver"*); F/Fer III/1, p. 161 (delegação).

retrato", também natureza morta ("estilo: tradicional"). Sua capacidade fez com que um admirador de arte como Eitingon ficasse impressionado; algumas de suas obras foram expostas em Weimar, Berlim, Düsseldorf e Breslau. Depois houve exposições na França e nos Estados Unidos. Também dava aulas de arte, tanto em jardins de infância e escolas primárias, quanto aulas particulares, assim como aulas de reposição em leitura. Seguindo seus interesses psicológico-pedagógicos, ela frequentava conferências no Instituto Psicanalítico de Berlim [BPI].[1] Depois da emigração para os Estados Unidos, deu continuidade às suas atividades artísticas, além de ensinar francês e alemão. Ela logo ganhou a simpatia do sogro e de toda a família Freud. Em 3 de setembro de 1924, talvez depois de uma gravidez malsucedida, nasceu Eva Mathilde, que acabou sendo sua única filha. O "diabinho preto" se tornou especialmente querida por Freud.[2]

Por volta do Réveillon de 1922/1923, quando Henny deu seu consentimento e foi se casar com Oliver, ele tinha a perspectiva de um emprego em Duisburg, que assumiu com certo atraso em decorrência da ocupação da Ruhr. Contudo, a empresa estava passando por dificuldades, o salário de Oliver permanecia inalterado, diferentemente da média dos salários, então, ele pediu demissão no fim de junho de 1925; o pai tranquilizou Henny dizendo que a decisão teria sido "saudável". A partir de agosto, ele teve um semestre de "trabalho duro e salário baixo" em Breslau, até a nova empresa também passar por dificuldades e Oliver voltar para Berlim, onde viveu na casa do sogro com sua família, assumindo diversas atividades de curto prazo. Somente em novembro de 1926, conseguiu encontrar um emprego relativamente bem remunerado como engenheiro chefe na empresa Gottlieb Tesch, na qual permaneceu por quatro anos e meio.

---

[1] Uma irmã dela, a pedagoga e enfermeira Else Fuchs (com nome de casada Heilpern), fez formação em Psicanálise e, em 1933, se tornou membro da Sociedade Psicanalítica Alemã [DPG] (BL/W; cf. correspondência de Henny Freud ao *American Friends Services Committee*, de 28/7/1942; OFP/LoC).

[2] Os dados biográficos remontam a diversos currículos de Henny Freud (OFP/LoC). Além disso, cf. a seguir, nota 2 de 126-OliHenny, p. 221 (dados sobre os pais); F/E, p. 496 (capacidade); LAS/AF, pp. 255, 259 e F/A, p. 734 (simpatia da família Freud); 216-Ernst, p. 320, nota 3 (gravidez malsucedida); F/RMB, 21/7/1929, cf. Molnar, 1996, p. 353 ("diabinho").

Na mesma época, passou a residir em um apartamento no bairro berlinense de Tempelhof. Orientou sozinho a construção da piscina de ondas no Lunapark no bairro Halensee, e ficou responsável pela estrutura "na reconstrução da Ópera Sob as Tílias e da fundação do tipo caisson *para a clínica universitária oftalmológica". Mais tarde trabalhou principalmente como engenheiro de projetos em escritório. Em junho de 1931, Oliver foi "cortado" da empresa em função da crise econômica, mas continuava recebendo serviços menores como "engenheiro conselheiro" autônomo. Sua renda, nessa posição, continuou pequena e ele dependia do apoio financeiro do pai. De modo geral, reconhece-se em sua carreira profissional aquela "aversão à proteção", que seu pai lhe atestava ocasionalmente.* [1]

Depois da chegada de Hitler ao poder, não havia dúvida, para Oliver, de que tinha que deixar a Alemanha, uma vez que, como judeu, não tinha chances de arrumar um emprego. Em 8 de abril de 1933, ele esteve em Viena e conversou com o pai. Este o acalmou dizendo que não haveria necessidade de ganhar dinheiro logo, "felizmente estou em condições de te ajudar ainda por algum tempo." Desaconselharam-no de ir à Espanha ou à Inglaterra, sobre a França ele recebia notícias relativamente boas. Sendo assim, foi a Paris, onde chegou no fim de maio. Até o ano de 1937, Oliver estabeleceu a regra de visitar seus pais uma vez por ano, normalmente em novembro. Aproveitou o primeiro ano junto ao Sena para aprender a língua, mas não encontrava emprego e precisou se tornar autônomo. Para essa finalidade, resgatou seu hobby, a fotografia. Em 1934, passando férias no sul da França, percebeu que as chances de ganhar dinheiro eram melhores e que a vida era mais agradável e mais barata do que em Paris, então se mudou para Nice em setembro. No ano seguinte, alugou uma loja de fotografia, no início de 1936, conseguiu adquirir outra em condições favoráveis, que produzia principalmente fotografias industriais. Finalmente ele voltou a

---

[1] F/E, p. 318 (consentimento); F/Sam, 9/2/1923 (atraso); Oliver/Ernst, 27/3/1925 (UE), 128-Henny, pp. 222-223 (demissão, "saudável"); F/Sam, 19/12/1925 ("trabalho duro"); OFI, p. 31 e O. Freud a H. Grossmann, 13/1/1957 (OFP/LoC; emprego na Tesch); nota 1 em 289-Ernst, p. 377 (apartamento de Tempelhof); O. Freud a Grossmann, 3/3/1957 e G. Tesch Ltda. a W. Leiner, 8/2/1957 (OFP/LoC; serviços menores em Berlim); O. Freud, Lebenslauf [*Curriculum Vitae*], março de 1957 (OFP/LoC; "engenheiro conselheiro"); 283-Ernst, pp. 371-372, F/Jo II, p. 87 (apoio financeiro do pai); 125-Oli, pp. 217-219 ("proteção").

CARTAS AOS FILHOS

ter uma renda própria, desmentindo o prognóstico pessimista do pai, que, em 1935, escrevera a Arnold Zweig: "A sorte dele é que estou vivendo uma eternidade e ganhando dinheiro indefinidamente, que posso passar para frente." No outono de 1938, Oliver e Henny se naturalizaram franceses. Em pouco tempo, a filha Eva se tornou "100% francesa".[1]

Nessa vida feliz que levava irrompeu a guerra, e, com ela, a criação do regime de Vichy, a introdução das leis nacional-socialistas contra os judeus e, finalmente, a ocupação do sul da França pelos alemães. Desde 1941, Oliver procurava obter, inicialmente com certa resistência, os documentos para emigrar. Em novembro de 1942, por pouco não caiu nas mãos do posto alemão na fronteira espanhola, quando tentava fugir com a esposa e a filha. Em janeiro de 1943, ele e Henny passaram ilegalmente pelos Pireneus e, em abril, conseguiram, por fim, todos os vistos para pegar o navio para os Estados Unidos em Lisboa. Sua emigração teve o apoio enérgico e generoso de antigos analistas vienenses, que haviam se mudado para os Estados Unidos antes. Os dois não apenas tinham que deixar para trás todos os bens, entre outras coisas os retratos de Henny e a maioria das cartas de Freud ao filho e à nora, mas também a filha Eva de 18 anos, que se recusava categoricamente a acompanhá-los nessa segunda partida. Ela escapou da deportação graças a documentos falsos, mas morreu em novembro de 1944 das consequências de um aborto malfeito. Henny, sobretudo, nunca mais superou esse golpe do destino.[2]

Nos Estados Unidos, Oliver trabalhou inicialmente como professor de matemática para candidatos a oficial: ele mesmo se tornou "professor Freud", como o pai. A partir de 1944, viveu na Filadélfia, onde teve um emprego no departamento de pesquisa e desenvolvimento da empresa Budd Co. *(do ramo de construção automobilística e ferroviária) de 1945 até o limite da idade possível, em 1958. Em 1949, ele adquiriu*

---

[1] As informações desse parágrafo se apoiam sobretudo em OFI, pp. 32-40 (citações pp. 34, 39). Além disso: Molnar, 1996, pp. 256, 266 (8 de abril e fim de maio de 1933); ibid., pp. 295, 341, 372, 398 (visitas anuais); F/Zweig, p. 117s., 316-Ernst, pp. 397-398 (alugando uma loja de fotografia); F/Zweig, 13/6/1935 ("a sorte dele"); F/E, p. 914 (naturalização).

[2] Sobre a fuga, cf. OFI, pp. 40-56, e O. Freud, Exodus (OFP/LoC); cf. ainda Henny Freud, currículo, abril de 1959 (OFP/LoC) e Oliver/Ernst, 30/09/1958 (FML; retratos e cartas de Freud deixados para trás); Weissweiler, 2006, pp. 410-416 (Eva).

cidadania americana. No mesmo ano, visitou sua mãe em Londres com Henny, que comunicou à antiga professora particular dele que Oli estaria "sereno e satisfeito, tem sua própria casinha e um pequeno carro, algo indispensável nos Estados Unidos". Além de tudo, ele era uma fonte de consulta recorrente e muito apreciada pelos primeiros biógrafos de Freud, Siegfried Bernfeld e Ernest Jones. Faleceu em 24 de janeiro de 1969; Henny viveu mais dois anos. Apesar de Oliver ter sido percebido como uma "pessoa muito neurótica" por diversos que o conheciam, pode-se dizer que foi bem-sucedido em sua vida, sendo mais independente do que os irmãos e menos favorecido pela fama de Sigmund Freud.[1]

Oliver e Henny conseguiram salvar, durante o caos de sua fuga da França, somente um total de nove cartas de Freud. A maioria delas data dos anos de 1924/25.

---

[1] OFI, pp. 57-59, O. Freud, *Curriculum Vitae*, janeiro de 1959 (OFP/LoC; "Assistant Professor", *Budd Co.*); Martha Freud/E. Reiss, 27/6/1949 (SFP/LoC); Lampl-Int., p. II/21 ("pessoa neurótica").

As cartas

Antes de apresentar o pequeno grupo das cartas conservadas de Freud ao seu filho do meio,[1] temos algumas cartas de Oliver ao pai.[2] A primeira foi escrita em 10 de setembro de 1910 em Haia, de onde Martin, Oliver e Sophie, Ernst e Anna voltaram mais cedo a Viena, passaram mais uma semana depois de Freud ter partido em viagem à Sicília com Ferenczi. A carta faz parte de uma pequena série de relatos dos filhos ao pai:[3]

Querido papai!

Não escrevemos ontem porque não sabíamos se a carta chegaria a tempo. Hoje à tarde recebemos seu segundo telegrama de Palermo. [...]

Já mostrei muito à mamãe,[4] Mauritshuis, Mesdag-Museum, Delft e Scheveningen, o Palácio no centro, a Spui-Straat com a grande loja de departamentos etc. Sophie também é muito chique devido às condições dela. Ontem nós entramos no mar pela última vez; havia boas ondas, mas já fazia muito frio. Logo depois de sua partida, papai, o tempo ficou muito outonal, as manhãs e noites com baixas temperaturas, de vez em quando uma pancada de chuva, mas, fora disso faz sol; hoje o céu está nublado. Scheveningen agora está abandonada. Ontem despachamos

---

[1] Não reproduzimos dois cartões de viagens dos anos 1909 e 1910, que constam em F/Reise (pp. 307, 350).

[2] Elas se encontram no conjunto "Oliver" em SFP/LoC.

[3] Cf. os relatos correspondentes de Martin (anteriormente, pp. 120-122 e Sophie (p. 465s.

[4] Oliver já conhecia Haia das duas semanas que passara na cidade com seu pai (e Ernst) em julho de 1910, enquanto Martha chegou somente no fim de julho.

a maior parte de nossa bagagem em uma transportadora daqui, que nos prometeu entregá-la em Viena de *quatro a cinco dias*, isto porque a bagagem levada por Ernst ficou muito cara. Ontem à noite, depois do jantar, fomos convidados à casa da sra. Keiser,[1] foi bastante agradável, acho que mamãe ficou muito assustada com a "pachente".[2]

Hoje passamos o dia inteiro em Rotterdam. Tínhamos planejado há muito tempo nossa visita a Rotterdam para o sábado, quando, ontem, recebemos um cartão de Jacob Wolff, dizendo que Walter, que está indo à Inglaterra, ficaria na casa dos *Wetzlar* (os parentes da mamãe) durante o *Shabat*.[3] Essa notícia, claro, nos encorajou em nossos planos e fomos para lá com o belo trem elétrico, que também agradou à mamãe. Vimos mais ou menos o mesmo da cidade como na época que estive com você, apenas abrimos mão do museu. Mamãe ficou bastante impressionada com a cidade e eu também a achei ainda mais agradável do que na primeira vez. Fomos muito bem recebidos pela família Wetzlar, mas tivemos pouca comida em função do *shabat*. Walter Wolff ficou feliz demais com o nosso reencontro. Eu teria adorado acompanhá-lo em Londres, onde tem poucos negócios a tratar e quer ficar por uma semana; além disso, uma das estações em Londres é a casa de Oskar Philipp (filho da tia Mary).[4] Creio que, sob essas novas circunstâncias, você dificilmente teria alguma objeção contra a minha viagem,[5] mas mamãe achou que eu não deveria ir sem a sua aprovação expressa, de modo que desisti definitivamente dela.

---

[1] Cf. p. 120, nota 4.

[2] A "paciente" (Oliver imitou a pronúncia holandesa da palavra), da qual a sra. estava cuidando, era Nel van der Linden (1867-1945), filha de família rica, cunhada de Bruïne Groeneveldt. Em novembro de 1910, ela esteve com a sra. Keiser e Ans van Mastrigt em Viena para fazer análise com Freud (Stroeken, 2010; cf. p. 107, nota 3).

[3] Sobre o tipo de parentesco de Martha Freud e as famílias Wolff e Wetzlar, cf. F/MB, p. 350s.

[4] Cf. p. 189s. nota 2.

[5] Martin também observa, em uma carta de Haia ao pai, que Oliver teria gostado de ir a Londres. De fato, Freud explicou em cartão de 14/9/1910 de Palermo à sua esposa (F/Reise, p. 351): "Nessas circunstâncias, eu não teria dito nada contra a viagem de Oli, pelo contrário: teria apoiado; apenas não gostava da ideia de ele viajar sozinho."

CARTAS AOS FILHOS

Estamos aguardando Gretl e sua amiga Paula Busch para amanhã [...].[1] Para os próximos dias, planejamos visitar o *Huis ten Bosch* e a *Grote Kerk*, para onde o artista inteligente nos levara na época, e ir – na segunda-feira, provavelmente – a Haarlem ou a Leiden e dar uma volta no porto, conforme recomendado pelo dr. Debruine. [...][2]

Com muitas saudações, também para o dr. Ferenczi,

Seu fiel filho
Oliver[3]

Em seguida,[4] há três comunicados conservados que Oliver enviou no fim de julho ou início de agosto de 1914 de Millstatt (Caríntia)[5] aos pais, que estavam em Karlsbad. No cartão de 29 de julho, descreve as primeiras consequências do início da guerra na estância de verão: Ontem e antes de ontem, grande parte dos veranistas partiu na primeira comoção sobre os acontecimentos políticos. Os que ficaram estão ocupados, principalmente, com a leitura e a troca daqueles jornais que ainda estão ao alcance; há uma satisfação generalizada com a postura enérgica do governo contra a Sérvia.

No dia 31, Oliver informa, em carta longa, sobre o clima, sobre seus contatos, a comida, suas despesas e as diversas atividades esportivas (natação) e outras que faz, como, por exemplo: Também estou muito contente com a bicicleta; apenas não pude aproveitá-la porque as estradas estavam cheias de lama. Finalmente, a estrada a Seeboden voltou a ficar 75% utilizável; fiz esse caminho em 30 minutos apenas, contra os 45 minutos de 14 dias atrás. *Ou ainda:* A minha ocupação

---

[1] Cf. p. 121.

[2] Jan Rudolf de Bruïne Groeneveldt (1872-1942), cirurgião de Leiden. Formara-se em Viena, entre outros, onde conheceu Freud, com quem, possivelmente, se tratara. Sua esposa também parece ter feito análise com Freud após os encontros na Holanda (Stroeken, 2010).

[3] Não reproduzimos um acréscimo escrito por Martha.

[4] Depois da carta de 18/9/1911 escrita por Anna e Oliver em conjunto (F/AF, p. 79 s.).

[5] Onde estava querendo se recuperar das sequelas de um ferimento no pé (OFI, p. 7).

principal, claro, é a fotografia. Já tirei duas dúzias de fotos comuns e meia dúzia em autocromo e tive que encomendar chapas novas de Viena. A partir da próxima semana, mandarei alguns cartões.

Então, fala da situação após a declaração de guerra contra a Sérvia no dia 28 e a mobilização do dia 31 de julho: Aqui também os acontecimentos políticos se fizeram sentir bastante. A Caríntia é tão atingida pela mobilização quanto a Boêmia. Grande parte da população se alistou imediatamente. [...] Por enquanto, o correio está chegando quase em dia, mas, como dois dos quatro carteiros foram recrutados, nós temos que buscar a correspondência por conta própria. [...]

Como não foram afixadas notícias telegráficas oficiais, conforme era de se esperar, estão circulando os boatos mais ousados. Assim, não se soube durante vários dias se as linhas ferroviárias estavam funcionando ou não. Os donos dos hotéis espalharam a notícia de que não funcionavam para que as pessoas não partissem, mas o efeito foi o contrário, porque todos ficaram com mais medo ainda. Avalio que um terço dos hóspedes partiram na primeira agitação. Hoje, ao meio-dia, diziam que a mobilização era coletiva, o que foi confirmado pelo comandante de polícia. Ninguém sabe se isso é apenas medida cautelar ou se, de fato, a Rússia se declarou inimiga. Aqui os jornais saem com muito atraso. Não está descartada a possibilidade de eu ainda ser recrutado para o serviço obrigatório do *Landsturm*. Predomina uma satisfação generalizada, quase um entusiasmo, sobre a posição da Áustria e o andamento da crise até o presente momento. Não cabe mais ter vergonha de ser austríaco no exterior. Ontem, na hora do almoço, o homem da mesa ao lado lançou a ideia de os hóspedes de Millstatt também juntarem dinheiro para a Cruz Vermelha ou para as famílias dos reservistas. Por enquanto, consenti em contribuir. No fundo, não é uma sensação agradável ficar sentado aqui na tranquilidade da estância enquanto quase todos os meus colegas estão se alistando. Depois do apelo das Escolas Superiores no jornal de hoje, tive seriamente vontade de também me colocar à disposição do Estado como voluntário; provavelmente eu seria recrutado para

CARTAS AOS FILHOS

prestar serviços na ferrovia. Se a Rússia intervier mesmo, será um outono e um inverno severos demais.

No dia 4 de agosto, chegou um telegrama de Oliver: carta recebida apenas hoje Millstatt sem comunicação desde quarta[1] Favor deem notícia se ficarem aqui ou forem talvez a Salzburgo. *No dia 5 de outubro, Oli havia retornado a Viena.*[2]

As cartas conservadas de Freud a Oliver começam em 1924, depois do casamento e da mudança à Renânia.

125-Oli   [Cabeçalho Viena], 23/3/24

Querido Oli,

Suponho que você tenha ficado ansioso por receber o telegrama que te chamaria a Viena. Em vez disso, envio esta carta explicativa.[3] De certa forma, suas dúvidas se justificam, mas o assunto ainda não está totalmente encerrado. Tudo o que eu havia escrito sobre Bosel,[4] suas boas intenções em relação ao tio e sua credibilidade, continua valendo. Mas, desde que ele retornou da última viagem, encontra-se em um estranho estado de agitação e está difícil lidar com ele. Há uma semana que marca diariamente encontros com o tio, mas os desmarca

---

[1] Dia 29/7.

[2] 352-SophMax, pp. 448-450. Há, ainda, um cartão aos pais escrito por Oliver e Martin, assim como uma foto do dia "6 de julho" (de 1917, provavelmente; SFP/LoC), que mostra Oliver com três camaradas de uniforme (seus nomes constam no verso).

[3] Uma informação adicional sobre os esforços, naquela época, por um emprego para Oliver na empresa Bosel (com a qual Martin também estava negociando; se encontra na carta de Freud ao irmão Alexander, de 7/4/1924 (SFP/LoC): "Agora Oli reagiu às minhas cartas a ponto de ter pedido demissão em 1º de abril, dando como certo um emprego na Áustria, mesmo que não seja de imediato. Ele me consultou sobre a possibilidade de entrar em contato direto com o engenheiro-chefe da Bosel. Antes de dar-lhe uma resposta, gostaria de saber de você o resultado das suas reuniões e te peço para dar notícias em breve."

[4] Siegmund Bosel (1893-1942), atacadista, banqueiro e especulador na bolsa de valores, de origem judaica, que, no fim da Primeira Guerra Mundial e depois se tornou extremamente rico, mas cujo império entrou em colapso por volta de 1925/26 (Wahl, 2004). Alexander Freud tinha relações comerciais com ele.

218   SIGMUND FREUD

por telefone ou se encontra por breves minutos com ele apenas para pedir licença e marcar outra reunião. Ontem, ele achou que você havia chegado aqui e que estava aguardando na antessala, asseverava que sua contratação era garantida e queria te ver naquele momento. O tio disse que, enquanto Bosel tivesse tão pouco tempo, não haveria como trazer você para cá. Ele confessou que sua carta continuava fechada sem ter sido lida, junto com outras sessenta, sobre a escrivaninha dele.

Você vai achar que essa empresa não te interessa, e também não queremos exigir algo enquanto você não tiver clareza. O homem se envolveu com os empreendimentos mais grandiosos e, talvez, esteja se defendendo no momento contra uma catástrofe financeira, que pode ter sido provocada pela elevação do franco francês. Há boatos de toda sorte, mas não se sabe nada ao certo. Entretanto, é possível que, dentro de alguns dias, tudo volte à tranquilidade. A perspectiva de uma boa posição, apartamento e carreira pelo menos vale alguma paciência e tolerância.

Por outro lado, apreciamos sua aversão à proteção dos pais e seu desejo de permanecer na Alemanha. A questão é se sua posição na Thermosbau,[1] mesmo no caso de haver uma recuperação generalizada, oferece perspectivas suficientes para justificar sacrifícios. Com seu dinheiro,[2] claro, pode fazer o que quiser, é seu, e se precisar de mais para as despesas esperadas, você pode contar comigo. Mas Martin pediu para te dizer – e eu reitero – que, na falta de segurança jurídica atual,[3] seria arriscado comprar um apartamento caro, que facilmente poderá ser confiscado sem indenização. Além disso, provavelmente é um engano achar que ele poderia ser destrocado pelo mesmo valor. Quando houver necessidade de vendê-lo, terá que aceitar o que for

---

[1] Nome da empresa na qual Oliver trabalhava na época (Duisburg, Sonnenwall 77: F/Fer III/1, p. 247). Ela teria ido à falência em consequência "da primeira crise da empresa *Stinnes* na Alemanha" (OFI, p. 30s.).

[2] Provavelmente os US$ 1.000,00 que recebera do pai para o casamento (cf. 93-Martin, pp. 172-173).

[3] Desde o início de 1923, a região do Ruhr sofreu a ocupação francesa, contra a qual a população resistiu tanto de forma passiva quanto violenta (*Ruhrkampf*).

CARTAS AOS FILHOS

oferecido por ele. Pense bem em tudo isso. Apenas queremos que a nossa querida Henny tenha o maior conforto possível nessa fase difícil.[1]

Desde a última gripe, meu estado não está exatamente dos melhores; a recuperação da fala[2] vem progredindo. Daqui a quatro semanas, nós todos queremos ir ao Congresso Psicanalítico em Salzburgo[3] e também encontrar com a tia.

Minhas saudações cordiais,
Papai

126-OliHenny   [Cabeçalho Viena], 7/5/24

Queridos filhos,

A carta de vocês[4] chegou a tempo e me deixou muito feliz. Principalmente pelo testemunho favorável que um deu do outro. Que seja sempre assim!

O meu – e talvez o último – aniversário foi comemorado de forma suntuosa. Flores e mais flores, como uma prima-dona; mas não posso dar prosseguimento como Calcas: nada mais que flores,[5] pois também havia as melhores iguarias. A habitual lagosta certamente fora omitida por delicadeza. Alguns livros, algumas cigarrilhas, aos quais eu deveria me restringir, não faltaram. O momento culminante foi a grande homenagem da cidade de Viena. Ao meio-dia em ponto chegaram o

---

[1] Ela estava grávida.

[2] Depois da primeira grande cirurgia de câncer de outubro/novembro de 1923 (cf. F/E, p. 344s.).

[3] De 21 a 23 de abril de 1924 aconteceu o VIII Congresso Psicanalítico Internacional em Salzburgo. Em função das tensões entre Abraham/Jones e Rank/Ferenczi, que, naquela época, levou ao rompimento do "Comitê", mas também por motivos de saúde, Freud resolveu na última hora não participar.

[4] Pelo aniversário de 68 anos de Freud.

[5] Trocadilho com uma citação de *Tróilo e Créssida*, de Shakespeare (V, 3: "Palavras, palavras, meras palavras"). Não se trata de Calcas, o vidente dos gregos diante de Troia, mas de Tróilo. – Talvez a brincadeira remonte a uma versão da *Bela Helena*, de Jacques Offenbach: em 1922, Freud assistiu a uma apresentação da opereta, que lhe agradou muito (Lampl-Int., p. I/20).

220 SIGMUND FREUD

prof. Tandler[1] e o dr. Freidjung[2] (vereador socialista, meu discípulo, nascido na mesma data), como representantes do prefeito, para me comunicar que, tendo em vista os meus grandes méritos em favor da ciência, fui nomeado

Cidadão da cidade de Viena.

(Alguns dias antes, os jornais já falavam nisso. É um tipo de homenagem que dizem ter grande valor; no entanto, não vale o mesmo que "cidadão honorário"). Respondi que sempre se deve apreciar uma distinção dessas por parte da cidade dos seus pais, mesmo quando ela tarda; então disseram que não eram responsáveis pelo atraso, pois não estavam no governo anteriormente. A homenagem parte do Partido Social-Democrata; o *Jornal Operário* me homenageia hoje em um belo e pequeno artigo.[3] Depois fiquei sabendo, através de um comunicado

---

[1] Julius Tandler (1869-1936), professor de anatomia, depois da Primeira Guerra Mundial, um dos políticos socialistas da "Viena vermelha" (Sablik, 1983) mais importantes do mundo.

[2] Josef K. Friedjung (1871-1946), pediatra, social-democrata, desde 1909 membro da Sociedade Psicanalítica de Viena (Gröger, 1992).

[3] Em 7 de maio de 1924, o *Arbeiter-Zeitung. Zentralorgan der Sozialdemokratie Deutschösterreichs* [*Jornal Operário. Órgão Central da Social-Democracia da Áustria Alemã*] (edição da manhã) relatou a dupla entrega do Diploma de Cidadão a Robert Gersuny e Freud. A segunda parte do artigo diz que, com a homenagem de Freud, "a administração social-democrata da cidade homenageou a si mesma, dando a entender, por meio de um exemplo de grande visibilidade, que, futuramente, não se reverenciaria mais os heróis da espada, porém aqueles do espírito." O artigo prossegue: "*Siegmund Freud* é o fundador e o mestre reconhecido em todo o mundo cultural do chamado *método psicanalítico*. Partindo das observações das doenças nervosas [...], nos permitiu aprofundar o olhar nas engrenagens dos processos psíquicos como nenhum outro pesquisador antes." Ele não teria elucidado apenas as leis, "segundo as quais se desenvolvem os fenômenos psíquicos e físicos muitas vezes confusos em pessoas com doenças nervosas ou mentais", mas teria também evidenciado – que seria a "segunda descoberta genial" no decorrer de sua "atividade verdadeiramente gigantesca de pesquisador" –, com base no sonho, nos atos falhos, na criação artística, que as mesmas leis também dominariam a vida psíquica das pessoas saudáveis, de maneira que todas as ciências humanas receberiam estímulos dos seus resultados. "O que deixa a nós socialistas particularmente gratos são os novos caminhos que ele mostra para a *educação das crianças* e das *massas*." No fim do texto, há uma referência ao centro psicanalítico ambulatorial, "no qual os resultados das pesquisas de Freud são colocados à disposição dos pacientes carentes".

do prefeito, que em breve receberei um diploma elaborado[1] de forma artística na Prefeitura. – Oli sabe quão pouco ambicioso eu sou, mas talvez Henny não saiba o quanto a mamãe o é.

E agora sobre as coisas mais próximas! É muito bom saber que os pais Fuchs[2] têm tanta confiança no futuro de vocês e se dispõem a fazer sacrifícios, mas isso não muda nada da minha parte. Mesmo não comprando um apartamento em Duisburg – vocês já conhecem as minhas ressalvas quanto à falta de segurança jurídica –, o belo presente que estamos aguardando de Henny vai trazer despesas às quais devemos nos antecipar. Digam logo de quanto estão precisando e por *qual caminho e em que moeda* o dinheiro pode chegar até vocês. (Estou com um depósito em dólares em Haia.)

Gostei de ouvir sobre as chances de Oli e seus contatos, mas a perspectiva na Áustria não está de modo algum extinta. O presidente Bosel está passando por uma fase difícil, contudo não vai abrir mão da mineradora de Veitsch,[3] está cultivando suas relações com o tio de forma muito séria e não é daqueles que não levam a sério uma promessa. Existe até a possibilidade de que as nossas relações se aprofundem. Ouvi dizer que ele tem a intenção de se consultar comigo.

Martin também cogita algumas mudanças.[4] Dizem que a crise no mundo dos negócios tomou dimensões angustiantes.

Com as mais cordiais saudações,

Seu papai

P.S.: Dei US$ 20,00 a Oli em Hamburgo, para o Ernstl, no dia 28/XII?

---

[1] O diploma havia sido adornado com uma aquarela de Max Pollak, "Édipo e a Esfinge" (cf. a reprodução em <http://www.freud-museum.at/freud/chronolg/1924-e.htm>; acesso 1/11/2007).

[2] Os pais de Henny eram o conselheiro sanitário dr. Paul Fuchs (1861-1942) e Gertrud, nome de solteira Boas (1867-1944). Ambos morreram no campo de concentração de Theresienstadt (*livro de memórias*; correspondência de Henny Freud ao American Friends Services *Committee*, de 28/7/1942; OFP/LoC).

[3] A mineradora de magnesita em Veitsch, na província da Estíria.

[4] Cf. p. 174s.

222   SIGMUND FREUD

127-Oli Henny   [Cabeçalho Viena], 9/2/25

Queridos filhos,

Quero muito acreditar que o trabalho intenso dos dois justifica a escassez das cartas. Mas saibam que, inevitavelmente, ficamos preocupados quando não sabemos nada sobre vocês durante semanas. Vocês podiam nos poupar disso guardando os cartões-postais em casa e escrevendo durante um pequeno intervalo livre, de um lado o endereço e do outro as linhas "Estamos bem todos os três, ninguém de nós tem tempo ou disposição para escrever, O. ou H. ou E.M.!"[1]

Amanhã sairá uma carta para vocês que deve chegar entre os dois aniversários e contém uma pequena nota bancária para cada aniversariante, sendo de livre uso pessoal. O conteúdo corresponde aos honorários que um editor alemão me mandou precipitadamente em coroas austríacas. Queria transferi-las diretamente a vocês.

As nossas questões pessoais estão melhores do que as públicas e gerais.

Saudações cordiais,
Papai

128-Henny   [Cabeçalho Viena], 6/4/25

Minha querida Henny,

Estou muito satisfeito em saber que vocês conseguiram recuperar o dinheiro, pelo menos o primeiro terço.[2] Espero que o restante também chegue sem dificuldades.

---

[1] A filha Eva Mathilde, de seis meses de idade.
[2] Em 27/3/1925, Oliver havia escrito ao seu irmão Ernst (UE) que o "avisaram que meu devedor tem a intenção de pagar, no dia 31 de março, a primeira parcela hipotecária – 4.000,00 marcos – pontualmente agora, e, segundo ele, o restante de 8.000,00 no decorrer das próximas semanas. Desde o acordo em novembro, recebi 18% de juros mensais, o suficiente para pagar o aluguel." – Não se sabe nada sobre a identidade desse devedor.

CARTAS AOS FILHOS 223

Não gostaria de saber que o passaram para o Ernst. Ele é otimista demais nas especulações que faz e, para vocês, a segurança é o mais importante.

Pelas fotografias e pelos relatos – inclusive pelos relatos dela – Evchen é uma gracinha. Mande muitas lembranças minhas a ela.

Foi uma decisão saudável Oliver ter pedido demissão.[1]

Cordialmente,
Papai

129-OliHenny   [Cabeçalho Viena], 12/5/25

Meus queridos filhos,

Deu para sobreviver ao 69.º Não foi muito agradável, de manhã tive um acesso de fadiga em razão do odor das flores, do carinho e dos votos. Dos de fora de Viena, estavam presentes Ferenczi e Eitingon; uma surpresa foi a visita da Lux,[2] que partiu esta tarde.

Na correspondência havia também uma carta muito carinhosa da sra. Gertrud Fuchs (Henny logo adivinhará a agitação da mãe dela), que responderei no domingo. As pessoas ainda mais próximas, como vocês, [trecho riscado] têm que esperar mais tempo, queria ter escrito. A visita de Hermann Keyserling[3] (de 8h30 até 11h30) me interrompeu. Desta vez, ele estava muito mais simpático e compreensível do que dois anos atrás.

Cada pequena novidade da carta de vocês me interessou muito, principalmente, é claro, tudo o que dizia respeito à Eva Mathilde, cuja

---

[1] Sua demissão do emprego na Renânia. Os relatos do próprio Oliver (OFI) sugerem que, até então, estava trabalhando na mesma empresa em Duisburg. Entretanto, Freud escreve ocasionalmente (F/Sam, 21/8/1925) que ele teria deixado seu emprego "em Düsseldorf".

[2] A esposa de Ernst; cf. 223-Ernst, pp. 326-237.

[3] Hermann Graf von Keyserling (1880-1946), filósofo cultural, dirigia uma "Escola da Sabedoria" em Darmstadt. Sobre sua visita anterior a Freud, cf. 203-Ernst, pp. 310-311 e Rbr. IV, p. 53; sobre esta visita, cf. Freud e Groddeck, 2008, p. 223; cf. pp. 213-215.

última fotografia lembra tanto a sua tia Math na mesma idade. Aliás, como ela será chamada, de "Eva" ou de "Mathilde"?

Aqui, a pequena Sophie,[1] de longe não tão bonita quanto ela, também se desenvolve com muita graça e é alegre e radiante. Pena que, como avô, aproveitemos tão pouco todas essas crianças.

Daqui a sete semanas recomeça o nosso verão no Semmering. Gosto de fazer parte, não mais tão fanaticamente para trabalhar, como é o caso de Oli.

Quando reverei vocês?

Saudações cordiais,
Papai

130-OliHenny   [Cabeçalho Viena], 28/6/25

Meus queridos filhos,

Hoje escrevo-lhes substituindo a mamãe, que está tomada pela arrumação da casa.[2] Primeiro, para agradecer pela fotografia charmosa de EM e confirmar que ela tem uma forte semelhança com a sua tia nessa idade. Em segundo lugar, para desejar a Oli uma recuperação rápida e ótimas férias, que certamente mereceu. Ele seria muito bem-vindo ao Semmering, mas não deve querer se distanciar da esposa e filha, para as quais a viagem não é aconselhável.

No dia 30, nós vamos viajar para nossa Casa Schüler.[3] A tia já chegou lá de Abbazia.[4] Martin encontrou tia Anna[5] e Lucy em Paris,

---

[1] A filha de Martin e Esti.
[2] A saber, com os preparativos para partir de férias, que Freud passou nesse ano, pela segunda vez, em Semmering.
[3] Dependência do Hotel Südbahn, em Semmering, situada em sua vizinhança imediata, com o nome do diretor geral da Sociedade Südbahn, Friedrich Schüler, que utilizou a casa de 1881 a 1894 (Buchinger, 2006, pp. 161-163).
[4] Hoje Opatija (Croácia), balneário tradicional na parte norte da Adria.
[5] Anna Bernays (1858-1955), casada com Eli Bernays, irmão de Martha Freud. Vivia em Nova York (ver Freud-Bernays, 2004).

CARTAS AOS FILHOS

mas agora deve estar em Londres.[1] Ele tem a obrigação de visitá-los no seu retorno.

Ontem encerrei o turno anual,[2] com bastante satisfação, pois, caminhando rumo ao 70° aniversário, as coisas estão ficando cansativas. Estranho que possamos ficar tão velhos e conseguirmos nos lembrar tão bem dos velhos tempos. E, neste ano, a avó vai completar 90 anos em Ischl!

Estou curioso para saber se conseguiram outra parcela do seu devedor e se os juros entram regularmente. Se assim for, a lenta insistência de vocês valeu a pena.

Em julho, Max vai levar Ernstl para casa;[3] dizem que ele está muito bem. Esti está com as crianças em Spital, em Semmering, portanto, muito perto de nós.

Envio a todos os três as minhas lembranças cordiais e peço que me mantenham a par de todos os planos e vivências de vocês.

Papai

131-OliHenny   [Cabeçalho Viena], [início de 1926][4]

Eu havia emprestado US$ 500,00 ao Ernst há mais de um ano.[5] Agora ele está começando a melhorar de vida e me comunicou, espontaneamente, que está em condições de devolver o dinheiro – não sei se logo –, mas determinei que o deixe à disposição de vocês, quando forem a

---

[1] Sobre essa viagem a Londres, cf. (p. 174s.).

[2] Freud considerava como ano de trabalho o tempo entre as férias de verão de um ano e as de outro.

[3] De uma temporada de tratamento de quase um ano na Suíça (cf. 461-Max, pp. 557-558 e cartas seguintes).

[4] Sem dúvida, trata-se do fragmento de uma carta, guardado no arquivo das cartas a Oliver, e certamente dirigido a ele e a Henny. A data aproximada resulta do conteúdo da carta ("que o ano de 1926", "Sam").

[5] Ver 221-Ernst, pp. 323-324.

226 SIGMUND FREUD

Berlim.[1] Analisem suas necessidades para saber se e quando precisarão do dinheiro, que talvez chegue em boa hora para o mês incerto. Peçam-no a Ernst parcial ou integralmente; se ele ainda não o dispor, basta me avisarem que adianto a ele, por assim dizer.

Sei que vocês não têm nenhuma culpa da situação de emergência da Alemanha. Aqui também a situação é extremamente ruim (Sam escreve algo parecido sobre Manchester).[2] Logo, eu não preciso sentir a crise. Temos esperanças de que o ano de 1926 traga o início de uma melhora. Por que não ter esperanças? Vocês ainda são tão jovens.

Saudações cordiais a vocês três,
Papai

As duas cartas seguintes estão destinadas à França, para onde Oliver e Henny emigraram em 1933.

132-OliHenny   [Cabeçalho Viena], 31/7/1933

Queridos filhos,

Meus parabéns pela sua primeira temporada de verão na França! O mar deve ser uma grande descoberta para Evinha. Onde fica essa St. Briac?[3] Vocês têm água para o consumo de qualidade? E como esse nome "Edelweiss" [4] soa estranho na praia!

---

[1] Freud está se referindo à mudança de Breslau. Pouco depois, Freud avaliou a posição de Oliver na época como a pior em comparação aos seus outros filhos (F/Sam, 28/7/1926).

[2] Freud trocava notícias sobre a família com o seu sobrinho Soloman ("Sam") Freud (1860-1945), quatro anos mais novo do que ele, filho do seu meio-irmão, Emanuel, e comerciante como este (F/Sam). A carta aqui mencionada é de 29/12/1925; nela, Sam escreve sobre o andamento dos seus negócios: "'Arruinado' é a única palavra para descrevê-los." [em inglês no original: "'Rotten' is the only word to describe it."]

[3] St. Briac-sur-mer, aproximadamente a 80 km a noroeste de Rennes, no Canal da Mancha.

[4] Possivelmente o nome da pousada, na qual Oliver esteve com a família.

CARTAS AOS FILHOS

O calor implacável terminou ontem com uma tempestade. Muitas pequenas doenças aqui, a mamãe com eczemas nas mãos e nos pés, Martin com um furúnculo etc. Em agosto, tirarei férias completas, apesar de ainda não saber o que fazer com o tempo livre. Somente a princesa me ocupará por uma semana, a partir do dia 17. Mandarei transferir a pequena remuneração como um extra para o verão.

Gostaria que Ernst já tivesse saído da Alemanha; fico inquieto enquanto ainda estiver por lá.[1] Vocês certamente estão lendo os jornais. O nosso futuro continua inseguro. Acho que dependemos dos malabarismos de Mussolini.[2] Evidentemente, queremos aproveitar ao máximo a possibilidade de permanecer em Viena.

Saudações cordiais,
Papai
Escrevam logo!

133-Oli-Henny   [Cabeçalho Viena], 2 de set 1933

Queridos filhos,

A última longa carta de Oli nos poupou uma visita a St. Briac, mas reforçou a minha convicção de que ele sabe bastante sobre outros assuntos além da construção civil e que poderia mudar de atividade tranquilamente, se a atual não levar a nada. Espero que tenham recebido o dinheiro da *princess* Marie; ele não vai substituir as transferências regulares, mas vai tornar vocês independentes das datas de recebimento e permitir maior flexibilidade. O casal Laforgue[3] anunciou sua visita

---

[1] Cf. p. 237s.

[2] Para impedir que os nacional-socialistas tomassem o poder na Áustria, Dollfuss, o fundador da ditadura austrofascista, formou uma coligação estreita com a Itália. De fato, em 1934, uma tentativa de golpe nacional-socialista fracassou devido à intervenção de Mussolini.

[3] René Laforgue (1894-1962), psiquiatra, desde 1922 casado com Paulette, cujo nome de solteira era Erickson. Em 1926, ele foi um dos fundadores e primeiro presidente da Sociedade Psicanalítica de Paris (DIP).

228 SIGMUND FREUD

para amanhã, domingo; esperamos ter deles algumas notícias sobre as próximas perspectivas de vocês. Os Laforgue certamente são gentis, mas, de suas promessas, nunca se cumpriu nenhuma em outros casos.[1]

Soubemos que vocês querem levar sua mobília e também a empregada junto. Mas assim vocês se comprometem, talvez antes da hora e sem saber se poderão permanecer em Paris. É preferível ter mais cautela. Max também está viajando pela França para conhecer a situação: Paris – Marseille – Lyon – Nice, e Anna e eu lhe daremos uma contribuição para ele se fixar, quando tiver se decidido.[2] Vocês não poderiam fazer contato de alguma forma?

De 12 a 18 de setembro receberemos com prazer a visita de Lux e dos meninos, antes de eles irem para Londres, motivo pelo qual prorrogaremos a nossa temporada na *Hohe Warte*.[3] Nós teríamos gostado de ter vocês aqui também, mas, na nossa imaginação, vocês estão mais perto de nós na França do que eles na Inglaterra, e vocês precisam aprender sobretudo a nova língua. A cartinha de Eva foi uma gracinha. Tirem algum valor em nosso nome do novo fundo para o aniversário dela.

Cordialmente,
Papai

Para o aniversário de 80 anos, Oliver escreveu a seguinte carta de Nice, onde morava, para o seu pai, tendo Henny adicionado sua assinatura:[4]

---

[1] Como exemplo, cf. F/E, p. 667, nota 3.
[2] Na verdade, Max Halberstadt emigrou somente em 1936 para a África do Sul (cf. p. 416s).
[3] A estância de verão de Freud nesse ano, no município de Unterdöbling, perto de Viena, para onde fora em 3 de maio de 1933 (Molnar, 1996, p. 260). No lugar de "Lux e os meninos" foram, de 16 a 19 de setembro, Ernst e Lucie (ibid., p. 276s.).
[4] Conservada em um conjunto de cumprimentos para o aniversário de 80 anos de Freud (UE).

CARTAS AOS FILHOS

Nice, 2 de maio de 1936

Querido papai!

Ainda temos uma viva lembrança do seu aniversário de 70 anos:[1] a profusão de flores, a Esfinge de Martin, o poema de Wolf,[2] seu discurso aos discípulos: dr. Eitingon, Jones, Ferenczi; a delegação municipal na presença da avó radiante. Na época, eu acabara de me liberar das obrigações profissionais e pude comemorar o seu aniversário sem problemas durante uma semana em Viena. Desta vez, acabei de passar por um longo interregno, e a nova atividade, que está se desenvolvendo bem, não permite uma interrupção para uma viagem de vários dias. Pelo menos Henny e nossa filha estiveram recentemente aí[3] e me deram boas notícias suas (apenas não tivemos mais notícias sobre o estado da tia!)[4]. Fico especialmente feliz com o fato de ambas terem ficado mais próximas de vocês após tanto tempo de separação. É uma pena não poder estar com vocês neste dia 6, provavelmente como único dos seus filhos.[5] Espero que todas as celebrações, oficiais e semioficiais, proporcionem mais alegria do que cansaço a você. Pelo menos, é certa a nossa "cota de restos" na forma de fotografias, materiais impressos, recortes de jornais etc.

Com as nossas saudações cordiais e os melhores votos, a começar por um verão agradável em Grinzing!

Oliver e Henny[6]

---

[1] Em um relato de Freud para Marie Bonaparte, ele conta sobre a participação dos seus filhos na festa de então (F/Briefe, p. 384): "Mathilde cuidou de tudo com muito afeto, meus dois filhos de Berlim aproveitaram a data para uma visita com suas famílias, o meu filho Martin [...] fabricou um grupo magnífico intitulado 'Édipo e a Esfinge' a partir do material mais engraçado."

[2] Era costume na família que os cachorros dessem os parabéns a Freud pelo aniversário, com um poema escrito normalmente por Anna, ou ocasionalmente por Martin também (cf. Molnar, 1994, p. 84, sobre o poema de Wolf para o aniversário de 70 anos).

[3] Henny fizera uma visita de nove dias com Eva a Viena (Molnar, 1996, p. 353s.).

[4] Minna passara por uma cirurgia nos olhos (Molnar, 1996, p. 354 s.).

[5] Na verdade, Ernst também não havia participado desse aniversário.

[6] Por último, há ainda um esboço de telegrama sem data do próprio punho de Freud (FMW), endereçado a: Oliver Henny Freud/Nice 2 Boulevard Cimiez; remetente: Sigm Freud 20 Maresfield Gns/Hampst 2002. O texto diz: "Saudações afetuosas família Maresfield Gardens" [original em inglês: "Affectionate greeting family Maresfield Gardens"].

ERNST FREUD (1892-1970)

ESBOÇO BIOGRÁFICO

Entre os filhos de Freud, Ernst (assim como Sophie, que morreu prematuramente) é aquele do qual o menor número de documentos está conservado ou é acessível, de modo que, em uma descrição de sua vida, sua voz mal se faz ouvir. Nascido em 6 de abril de 1892, como primeiro filho na Berggasse, 19, recebeu o nome do fisiólogo Ernst Brücke – de novo um patrão estrangeiro, desta vez um alemão, que fora o chefe venerado de Freud na Universidade de Viena. Ernst era considerado um "filho de sorte": Freud observava nele uma "força vital inabalável", um "frescor e uma selvageria maníaca" que chegou a assustá-lo às vezes. Ao mesmo tempo, como constata Michael Molnar, esse filho possuía "algo da autoconfiança do pai, e era isso que contribuía para o seu sucesso na vida". Talvez Freud tenha pensado nessa particularidade quando achou que seu filho mais novo seria o mais semelhante a ele no que diz respeito ao caráter e aos talentos. Uma manifestação do filho, quando tinha dois anos, se transformou em expressão fixa na família, pois, no fim das férias na Ádria, o menino anunciara: "Eu fico aqui."

No outono de 1903, Ernst foi matriculado no mesmo ginásio de Martin e Oliver, mas permaneceu apenas um ano, a segunda metade do qual como "particular". Depois, mudou para um colégio no 1º Distrito. Ele fez o exame final em junho de 1911, apesar de uma úlcera intestinal que o obrigou a se internar em um sanatório logo em seguida. A escolha da profissão estava definida quando terminou a escola. Freud

232 SIGMUND FREUD

escreveu: "Ele quer ser arquiteto. Não sei se concordarei com isso." Com certeza concordou com a desistência de Ernst de sua primeira escolha: ele gostaria de ter se tornado pintor – uma profissão, porém, para a qual, em sua opinião, "precisamos ser ou muito ricos ou totalmente pobres". Outro sinal da veia artística era o seu entusiasmo por Rilke e sua insistência em conhecer "seu mestre" pessoalmente. Ernst estudou na Escola Técnica Superior de Viena, onde fez o 1º exame do Estado em julho de 1913. Os arquitetos Felix Augenfeld e Richard Neutra eram seus amigos nessa época. O primeiro permaneceu seu amigo durante toda a vida, com o segundo, a relação se estabeleceu já na época do colégio. Em 1912, Ernst fez uma viagem com Neutra pelo norte da Itália. A partir do outono de 1913, deu continuidade aos seus estudos na Escola Técnica Superior de Munique, porque a oferta em Viena não lhe era suficiente.[1]

Pouco antes do início da guerra, Ernst fora recusado no alistamento por duas vezes. Quando, em setembro de 1914, foi considerado apto, se alistou como voluntário, podendo fazer uso do seu direito de aluno de segundo grau, isto é, escolher a divisão. Assim como Martin, ele optou pela artilharia e fez o curso para oficiais em Klagenfurt, que terminou em abril/maio de 1915. A partida para o front, que aguardara ansiosamente, somente aconteceu em 31 de julho, primeiro à Galícia. Em setembro, foi para o Carso, na Ístria, nas proximidades de Trieste, o palco das batalhas no Isonzo, onde escapou da morte por pouco um mês depois. Nas palavras de Freud: "Por acaso, ele não estava no abrigo no qual todo o pelotão procurou se proteger durante o ataque contra o planalto cárstico, e assim escapou, o único, do destino de ser enterrado vivo devido a um tiro de canhão." Ernst permaneceu no front da Itália e, depois de muitas condecorações, foi promovido a tenente em 1º de agosto de 1916. Em mea-

---

[1] Boletim (FMW; "particular"); Welter, 2005, p. 207 (colégio); F/Pf, p. 51, F/J, p. 467, F/ Fer II/2, p. 98 (exame final, sanatório); F/Pf, p. 51 ("ser arquiteto"); Gardiner, 1972, p. 180 (pintor); F/LAS, p. 43, 136-Ernst, p. 252, nota 1, 342-SophMax, pp. 438-440 (Rilke); Welter, 2005, p. 208 (estudos em Viena); Hines, 1994, pp. 12 e 14, F/Fer I/2, p. 129 (viagem pela Itália); F/A, p. 330 (Viena não lhe era suficiente).

dos de maio de 1917, ele participou na 10ª batalha do Isonzo. Mas, desde novembro de 1916, queixava-se de diversos incômodos e começou a falar sobre suas "intenções de não partir mais para o front". A guerra acabou para Ernst quando, em 6 de agosto de 1917, foi diagnosticado com uma úlcera e internado primeiramente no hospital de Zagreb, depois em Graz e, finalmente, com a ajuda de Lampl que lhe providenciou uma vaga no hospital, em Viena. Nesse meio-tempo, contraiu "o Lümpchen", segundo o pai, "uma leve gonorreia", que tinha que ser "eliminada em segredo". A partir daí, Ernst levou uma vida confortável, uma espécie de "tratado de paz particular". Em abril de 1918, foi declarado inapto para o serviço militar em função de uma pneumonia. O comentário lacônico de Freud foi: "Ele simplesmente não aguentaria mais muito tempo."

Ainda antes do fim da guerra, em 28 de outubro de 1918, Ernst retornou a Munique para terminar seus estudos. Nem a Revolução Bávara, tampouco a declaração da República dos Conselhos (de 7/4 a 2/5 de 1919) o desviaram desse objetivo. Em 20 de abril de 1919, Freud relata que o filho teria conseguido seu diploma "no meio das turbulências da Revolução, com distinção". Até novembro, ele trabalhou no escritório de um arquiteto em Munique, tentando, ao mesmo tempo, sua mudança para Berlim. No começo de outubro, Eitingon providenciara um emprego para ele em Berlim; em dezembro, fez a mudança. Ainda em Viena, Ernst participou do casamento do irmão Martin; no dia seguinte, em 8/12/1919, deixou definitivamente a casa dos pais. O motivo principal dessa mudança brusca era uma jovem de Berlim, que, durante o inverno de 1918/19, também estudara em Munique e com a qual, desde então, trocava cartas de amor.[1]

Lucie ("Lux") Brasch nasceu em 2 de março de 1896, filha de Joseph Brasch – o coproprietário (judeu) de um banco, de um negócio comissionado e de um comércio de trigo e farinha – e da esposa Elise, com

---

[1] F/Kal (28 de outubro); F/Fer II/2, p. 229 (diploma de engenheiro); nota 1 de 139-Ernst, p. 254 (escritório de arquiteto em Munique); F/E, p. 162, nota 7 (emprego em Berlim); F/Fer II/2, p. 258 (definitivamente).

sobrenome de solteira Belgard. Freud a descreve como uma "moça de família boa e rica, estudante de línguas clássicas"; o perspicaz e irônico Ernst Waldinger achou que, no caso de Ernst, uma noiva que não fosse rica "não teria sido considerada". Desde outubro de 1918, Lucie estava matriculada em Munique. E continuou matriculada para o semestre seguinte também, embora, em meados de abril, retornara a Berlim, talvez para fugir da violência revolucionária ou contrarrevolucionária. Na primeira carta conservada dela para Ernst, de 13 de maio de 1919, Lucie pergunta: "Será que o pequeno Toller realmente não está mais vivo, e será que também assassinaram Landauer?" – o que denota certa simpatia dos dois pela revolução reprimida com muita violência, ou então pelos protagonistas Gustav Landauer e Ernst Toller desta. No fim de março de 1920, Ernst e Lucie anunciaram o noivado.[1]

De Viena, somente Anna e Martha Freud assistiram ao casamento no dia 18 de maio. Freud se desculpara dizendo que não queria abrir mão da renda dos dias de trabalho que perderia em função da viagem e que ele (apenas pouco tempo depois da morte de sua filha Sophie) não estaria com disposição para festas. No entanto, logo desenvolveu uma relação carinhosa com a nora, fortemente correspondida por ela que, em determinada ocasião, confessou ao marido: "estou feliz que não o [papai] conheci antes de você. Eu ficaria me atormentando com a dúvida se amava você por causa dele." O testemunho mais comovente de seu amor pelo sogro é um relato de 2 de outubro de 1939 sobre a morte de Freud, no qual procura entender a dedicação filial de Anna enquanto cuidava do moribundo: O tempo todo havia uma expressão de felicidade no rosto de Anna, de forma que ela, Lucie, conseguia explicar por que o pai aceitara, sem uma palavra de gratidão, "o sacrifício de Anna que quase beirava a autodestruição: talvez ele continuasse sendo, mesmo

---

[1] Lucie/Ernst, [19/2/1921], Martha/Lucie, 20/3/[1925] (UE; data do aniversário de Lucie); Adressbuch Berlin 1920, F/AF, p. 314, nota 2 (os pais de Lucie); correspondência de Freud a Kata Lévy, 18/4/1920 (LoC/SFP; "moça de boa família"); Wald., p. 29; arquivo dos estudantes UA Munique (matriculada); Lucie/Ernst, 13/5/1919 ("Toller etc."); F/E, p. 196 (noivado).

Cartas aos filhos

diante desse empenho sem igual, aquele que dava mais do que recebia."[1]
A vida de Ernst após a guerra, inclusive seu começo em Berlim, foi marcada por problemas de saúde. Diversas vezes, Freud menciona a tuberculose que o filho trouxera da guerra e, no outono de 1920, insistiu tanto com ele para que fizesse algo para sua recuperação completa que Ernst, apesar da gravidez da esposa, resolveu fazer um tratamento de três meses em Arosa. No início de 1923, ele fez um segundo tratamento no mesmo sanatório, mas depois disso, não se fala mais sobre o assunto.[2]

Em Berlim, Ernst conseguiu o primeiro emprego com o arquiteto Alexander Baerwald, figura importante do sionismo alemão, que tinha muitos projetos na Palestina. Nesse contato, sem dúvida, ele não apenas aproveitava o engajamento sionista de Eitingon, mas também o próprio, que já se manifestara na sua participação no 11º Congresso Sionista Mundial, realizado de 2 a 9 de setembro de 1913 em Viena. Mais tarde, em 1926/27, ele, inclusive, teve a chance de projetar uma casa em Jerusalém para Chaim Weizmann, o presidente da Organização Sionista Mundial, mas o projeto não se realizou. No fim de dezembro de 1919, Eitingon escreveu a Viena que Ernst "conquistou Berlim em pouco tempo". Logo teve seu próprio escritório que, até 1933, fazia parte dos apartamentos para os quais se mudou, todos no distrito de Tiergarten. Há relatos de que, em junho de 1921, ele já estava construindo "duas casas" (pouco depois eram três); em 1928, Freud comentou que Ernst tinha mais trabalho do que dava conta. Uma lista dos projetos executados por ele entre os anos de 1920 e 1933 confirma esse quadro do sucesso. Sem dúvida, ele devia grande parte dos seus projetos – a maioria no âmbito da arquitetura de interiores – às relações de sua esposa e àquelas de seu pai. Ernst trabalhou para os analistas Eitingon (e seus parentes em Leipzig), Karl Abraham,

---

[1] 161-Ernst, p. 273, nota 2, F/E, p. 201 (casamento); F/E, p. 199 (Freud se desculpando); ibid., p. 208, 307-Lucie, pp. 389-390 (relação carinhosa); Lucie/Ernst, [19/9/1928] ("estou feliz"); F/AF, p. 551s. (relato sobre a morte de Freud).

[2] Cf. Freud, 1985d, p. 285, F/Fer II/e, p. 221s. (tuberculose); cf. F/E, p. 224 e as cartas 166-Ernst, pp. 276-278 e 175-Ernst, p. 286, nota 3 (tratamento); 200-Ernst, pp. 307-308 e seguintes (segundo tratamento).

236   SIGMUND FREUD

Karen Horney, René A. Spitz e Sándor Radó. Projetou os interiores da Policlínica Psicanalítica de Berlim, do sanatório de Ernst Simmel e construiu uma casa para Hans Lampl, seu amigo de juventude, que também se tornara psicanalista. Um paciente de seu pai também foi cliente de Ernst. A casa de campo do banqueiro Theodor Frank em Geltow, perto de Berlim, que construiu de 1928 a 1930, pode ser considerada como a obra-prima entre as dez casas de seu tempo em Berlim. Um marco da ascensão profissional dele foi a casa de férias na ilha de Hiddensee, no Mar Báltico, que adquiriu no verão de 1927 e que Freud visitou uma vez.[1]

Até onde podemos perceber, Ernst também era feliz no âmbito familiar. Com pouco tempo de diferença, Lucie deu à luz a três filhos: Stefan Gabriel (31/7/1921), Lucian Michael (8/12/1922) e Clemens Raphael (24/4/1924). Eram chamados de "os arcanjos", mesmo se apenas no caso de Gabriel ("Gabi") o nome fosse compatível. Os filhos tornaram-se o centro da vida de Lucie, o foco de sua impressionante inteligência, sua paixão e dedicação. O casamento com Ernst, que, ao casar-se com ela, ampliou seu nome em homenagem à esposa acrescentando a inicial "L", era de uma simbiose intensa. Essa relação é documentada nas inúmeras cartas que lhe escrevia quando estava afastada dele – seja passando o verão na ilha de Hiddensee, seja quando um dos dois partira em uma viagem. Essas cartas estão repletas de notícias cotidianas, principalmente sobre os filhos, e de perguntas interessadas, demonstram no tratamento e na assinatura a ternura criativa da autora ("Meu acima-de-tudo", "Sua sozinha") e contêm frases que constantemente parecem ter

---

[1] 408-Max, pp. 504-506, Welter, 2005, p. 209s., F/Sam, 27/10/1919 (Baerwald); F/Jo, p. 249 (11º Congresso Sionista); 225-Ernst, pp. 328-329, F/Fer III/2, p. 123, Welter, 2005, p. 232 (projeto de Weizmann); F/Fer, p. 180 ("conquistou"); Welter, 2005, p. 211 (escritório); F/AF, p. 317, 434-Max, pp. 531-532 (duas, três casas); F/Sam, 6/12/1928 (mais trabalho); Welter, 2005, pp. 232-234 (lista 1920-1933); F/AF, p. 381, nota 4 (relações da mulher); F/A, pp. 656 e 691s. 311–Ernst, pp. 394-395 (projetos para Abraham e Horney); 249-Ernst, pp. 345-346 (paciente do pai); D. Worbs, 1997 (casa de campo de Frank); 237-Ernst, pp. 336-337 e 274-Ernst, nota 5, p. 366 (Hiddensee). Há arquivos com documentos e bibliografia sobre a obra de Ernst Freud na RIBA – British Architectural Library (cf. <http://www.architecture.com/>LibraryDrawing sAndPhotographs/RIBALibrary/Catalogue.aspx; acesso em 8/8/2009).

CARTAS AOS FILHOS

surgido do fundo da alma, como, por exemplo: "Você vai ter que ser muito bom comigo, meu querido, quando estiver com você de novo. É muito difícil viver com o meu coração, que sempre está em chamas e não conhece a tranquilidade"; "Onde estão suas cartas?? Há uma semana que não sei como está vivendo e como estão os nossos filhos. Oh, meu Lim [o apelido que ambos usavam para o outro], não sou nada sem você [...]. Não consigo viver apenas por minha causa." Fica visível que ela vivia ameaçada por depressões. Ao mesmo tempo, dava conselhos ao marido em relação aos negócios, esboçou em uma carta, por exemplo, que ele devia cobrar os honorários ou o alertou em 1925 a sair do apartamento caro apenas depois de um ano: assim, o fato de "que tivemos gastos excessivos ficaria demasiadamente visível e, aos olhos da sociedade, da qual dependemos profissionalmente, [seria] não apenas perigoso, mas certamente prejudicial". Seus interesses eram muito amplos: assim, por exemplo, ela enviou a Ernst um recorte de jornal com um artigo de Hans von Hattingberg, intitulado "A literatura psicanalítica", juntou observações sobre o complexo de Édipo dos seus filhos e criticou uma apresentação da prima de Ernst, a atriz Lilly [Freud-]Marlé, qualificando-a de "tecnicamente boa", porém "kitsch".[1]

Mais tarde em 1931, Ernst teve que pagar seu tributo à crise econômica, que o obrigou a se mudar para um apartamento menos caro no outono do mesmo ano. No fim de novembro, Freud relatou que, embora não tivesse que sustentar seu filho mais novo como os outros dois (e o genro de Hamburgo), Ernst também não estava ganhando nem um centavo, estava vivendo do dinheiro da sogra abastada. Então, aproveitou o tempo de pouca ocupação para dar uma assistência à irmã Anna na reforma da casa rural nas proximidades de Viena, que ela comprara junto com a amiga Dorothy Burlingham.[2]

---

[1] Welter, 2005, p. 209 (a inicial "L."); cartas Lucie/Ernst, 9/10/1921 ("coração em chamas"), [20/9/1924] ("Suas cartas?"), 3/8/1927 (esboço de carta), 21/8/1925 (apartamento), 16/7/1925 (Hattingberg), [8/8/1924] (complexo de Édipo), 27/9/1926, cf. Tögel, 2004, Freud-Marlé, 2006 (Lilly).

[2] Nota 1 de 284-Ernst, p. 372 (apartamento menos caro); Freud/Lampl de Groot, 29/11/1931 (LoC), F/Sam, 1/12/1931 (sem renda); Molnar, 1996, p. 192s. (casa rural de Anna Freud).

Após a chegada ao poder dos nazistas, Ernst resolveu emigrar, assim como seu irmão Oliver. A partir de meados de maio de 1933, passou a sondar suas chances tanto em Londres, quanto em Paris, e acabou se decidindo pela Inglaterra, tendo preparado a mudança imediatamente, e encontrado, em pouco tempo, um internato para os filhos inclusive. No fim de agosto, voltou para a Alemanha. No dia 16 de setembro, fez, com Lucie, uma visita de despedida a Viena; no dia 22, a esposa e os filhos partiram para Londres, enquanto ele permaneceu em Berlim até meados de novembro para esvaziar o apartamento e o escritório de Berlim. Para Lucie, eram tempos difíceis, aos quais reagia com medo e sentimentos de melancolia, enquanto Ernst enfrentava a situação de forma enérgica: "Graças a Deus, ele nunca desanima", escreveu a mãe dele à nora.[1]

Não está muito claro até que ponto Ernst teve sucesso profissional na Inglaterra. Em junho de 1934, ele ficou contente por poder cobrir um terço de suas despesas com as receitas. Os primeiros projetos arquitetônicos na nova pátria – uma casa, além disso, interiores e reformas – vinham de pessoas conhecidas, na maioria outros emigrados, entre eles alguns analistas: Melanie Klein, Hilde Maas, Käthe Misch (mais tarde, com sobrenome Friedländer) e Ernest Jones. Em 1935, mudou-se para uma casa própria, reformada e decorada por ele mesmo, em St. John's Wood Terrace, "um endereço excelente e, sem dúvida, muito chique", segundo o comentário qualificado de Jones. A partir de 1937, surgem projetos maiores: um pequeno complexo de casas e um conjunto de apartamentos. Destaca-se sua reforma da casa londrina dos pais, no bairro Hampstead (20, Maresfield Gardens, atualmente o Museu Freud); durante a guerra, ele também trabalhou para o orfanato

---

[1] Molnar, 1996, p. 262, Martha/ErnstLucie, 21/6/1933 (UE; sondagens); 301-Lucie, p. 385 (internado); Molnar, 1996, p. 276s. (visita de despedida); Welter, 2005, p. 212, 302-Ernst, p. 386 (partida etc.); Weissweiler, 2006, pp. 362-364 (reação de Lucie); Martha/Lucie, 29/7/[1933] (UE; "nunca desanima").

CARTAS AOS FILHOS

de guerra de Anna. Freud certamente tinha razão quando, no verão de 1938, relatou que Ernst vivia na Inglaterra "no quinto ano como arquiteto em condições favoráveis". A confirmação disso é que, nessa época, ele voltou a se dar ao luxo de alugar uma casa de férias, a saber, em Walberswick, na costa do Mar do Norte, no condado de Suffolk (para onde Anna o seguiu). Na ocasião, Freud escreveu: "É algo verdadeiramente judaico não abrir mão de nada e substituir aquilo que está perdido." Em 1939, Ernst tornou-se cidadão britânico.[1]

No começo da Segunda Guerra Mundial, a situação dele piorou de forma dramática. No fim de 1939, Lucie escreveu em uma carta: "Ernst está totalmente convencido da impossibilidade de conseguir trabalho nos dias atuais e não toma nenhuma iniciativa nesse sentido. Ele [...] ganha, mais ou menos, £ 10 ao mês e acha ruim quando fico preocupada." Em vez de fazer algum curso, "ele trabalha nos jardins ou lê romances. Talvez eu devesse admirar a tranquilidade dele, mas confesso que isso me deixa mais com raiva". Serviços que surgiram esporadicamente não eram suficientes para sustentar a família. Quando Lucie encontrou um emprego em uma editora de mapas, o marido não aguentou, e ela teve que pedir demissão. A partir do começo de 1940, ela trabalhou como secretária e tradutora da editora (germanófona) Imago Publishing, que fora fundada em Londres para suceder a Editora Psicanalítica destruída em Viena – certamente o único emprego que, conforme declarou mais tarde, "Ernst não sabotará". De acordo com as cartas do verão de 1945, Ernst estava com muito trabalho, mas depois seus negócios recuaram. Embora no início de 1965 se fale de um serviço de reforma da casa de férias de um vizinho em Londres, a verdade corresponde mais

---

[1] 311-Ernst, pp. 394-395 (um terço das despesas); Welter, 2005, pp. 219-226, 234 (projetos na Inglaterra); 317-Ernst, pp. 398-399, Jones/A. Freud, 23/11/1933 (BPS/A) (casa própria); F/Bi, p. 242 ("no quinto ano"); 319-Ernst, pp. 400-401 ("algo verdadeiramente judaico"); Molnar, 1996, p. 415 (cidadão britânico).

240 SIGMUND FREUD

àquilo que Lucie observou no começo de 1960: Ernst "abandonou seu trabalho como arquiteto."[1]

No lugar disso, ele descobrira uma nova profissão, a saber: como agente literário da obra do pai e como editor da correspondência dele; nesta última tarefa, ele dispôs da assistência da esposa. Inicialmente, trabalhou na seleção de cartas que foi publicada em 1960, uma espécie de biografia na forma de cartas, por meio da qual o público literário ficou conhecendo Freud como o magnífico escritor de cartas com todos os registros; seguiram as correspondências com Oskar Pfister, Karl Abraham e Arnold Zweig. Por mais que se pudesse ter, por intermédio dessas edições, informações sobre Freud e sobre a história da Psicanálise, elas tinham o problema de serem incompletas e apresentarem cortes, muitas vezes até sem marcas de reticências. Assim, Ernst contribuiu para a transformação póstuma do pai em herói e para a idealização dele – de fato, era sua intenção fomentar a fama do pai. Mas a imagem maquiada de Freud que divulgava prejudicou a historiografia de Freud durante muito tempo e diminuiu o valor de sua edição. Em compensação, seu último trabalho do gênero, o volume Sigmund Freud. Sua vida em imagens e textos, *que editou com Lucie (e Ilse Grubrich-Simitis) e que foi publicado seis anos após sua morte, é um verdadeiro deleite de leitura. Ernst faleceu em 7 de abril de 1970; Lucie sobreviveu por mais 19 anos, paralisada pelo luto.[2]*

De todos os filhos de Freud, com exceção de Anna, Ernst certamente foi o mais bem-sucedido. A base de seu sucesso eram a autoconfiança, a dedicação confiável e sua aparência cativante. Seu pai observou no

---

[1] Cf. a correspondência Lucie/Augenfeld (FML): 13/12/1939 ("Ernst convencido"), 14/11/1939 (pedindo demissão), cf., por exemplo, 3/1/1940, 2/4/1941 (secretária e tradutora), 11 e 23/8/1945 (Ernst com muito serviço), 7/1/1965 (vizinho de Londres), 6/1/1960 ("abandonou seu trabalho como arquiteto"); cf. também: Welter, 2005, p. 226.

[2] Edições de Ernst Freud: Freud, 1960a, Freud e Pfister, 1963, Freud e Abraham, 1965, Freud e Zweig, 1968, E. Freud *et al.*, 1976; Weissweiler, 2006, p. 429 (fama do pai); Schröter, 2006, p. 230 (imagem maquiada de Freud); D. Freud, 2009, p. 202 (Lucie paralisada).

CARTAS AOS FILHOS

filho, quando estava com 18 anos, que ele, sobretudo se comparado ao Oliver, estaria "sempre na frente, um rapaz porreta". Durante décadas, continuamente constatou o efeito animador que partia do caçula em suas visitas: ele estaria "sempre esplêndido", observa Freud em 1915, e, em 1935: "alegre como sempre". No mesmo sentido manifestou-se Martha Freud em 1932: "Seu frescor e seu ânimo são estimulantes." No fim de 1919, Eitingon comentou que Ernst traria para sua casa "muito ânimo" e Jones elogiou sua vitalidade inspiradora em 1933. Ambos, que o contrataram, também elogiaram suas habilidades profissionais. De modo geral, Freud apreciava a capacidade prática do caçula e o encarregou da administração de contas em moeda estrangeira, encomendou antiguidades a ele, confiou-lhe a venda de um relógio que era a última peça preciosa de seu paciente mais famoso, o "homem dos lobos". Incumbiu-lhe da organização de suas diversas viagens a Berlim para o ajuste da prótese maxilar e se valeu de sua ajuda na busca e na decoração do apartamento em Londres.[1]

No entanto, há também aspectos que turvam um pouco esse quadro radiante. Sua autoconfiança levou Ernst a fazer coisas erradas. Em determinada ocasião, Freud escreveu que ele seria um "desperdiçador elegante", e Hans Lampl comentou que o pai teria tido certa admiração pelo caçula "devido a sua falta de escrúpulos". Ele conta, como exemplo, que Ernst administrava o caixa de uma associação de estudantes. "E ele era uma pessoa que gostava de vida boa. E aí ele estava sem dinheiro e gastou o dinheiro do caixa. Depois foi falar com o professor, e o professor lhe deu o dinheiro. Mas ele achou que isso não era certo e me disse que o caso lhe causava preocupações. E, mesmo assim, tive a impressão de que ele tinha certa preferência por ele." Quando adulto, Ernst manteve um pendor por transações financeiras arriscadas. Segundo Lou Andreas-

---

[1] 23-MathRob, pp. 66-68 ("rapaz do diabo" F/Fer II/1, p. 125 ("sempre esplêndido"); F/RMB, 28/8/1935 ("animador como sempre"); Martha/Lucie, 3/9/[1932] (UE; "frescor e seu ânimo"); F/E, p. 180, F/Jo, p. 724 ("vitalidade"); F/E, p. 257, F/Jo, p. 745 (habilidades profissionais); 158-Ernst, p. 269 (contas em espécie estrangeira); 203-Ernst, pp. 310-311 e 232-Ernst, pp. 332-333 (antiguidades); 204-Ernst, p. 311 (relógio); 98-Martin, p. 177, 241-Ernst, p. 340 e 251-Ernst pp. 347-349 (viagens a Berlim); F/E, p. 902s., Freud/Lampl de Groot, 22/8/1938 (LoC; apartamento em Londres).

242 SIGMUND FREUD

-Salomé, Anna Freud, que tinha uma relação íntima com Ernst por volta de 1920, se decepcionou com o desenvolvimento posterior dele porque "ele parecia se tornar algo [sic] de certa forma extraordinário e que acabou sendo apenas aquilo: a dedicação, a capacidade de vida, a felicidade comuns etc., mesmo se isso representasse até uma vantagem em relação a uma fase anterior, quando parecia se fragmentar." Para o primo Waldinger, ele era "o Ernst elegante, habilidoso e experiente". "No caso de Mathilde, Martin e, mais ainda, de Ernst, apesar de este encobri-lo com muito charme e maravilhosas maneiras, tinha-se a sensação de que davam muito valor ao prestígio social. Ernst ostentava algo como a indiferença de um aristocrata inglês. [...] Evidentemente, no caso dele também, tudo estava seguindo regras, mas não de forma tão compulsiva quanto no caso do Oliver."[1]

Mas, apesar desses aspectos negativos, o que predominava na família era a imagem de "filho da sorte" e o sucesso. Na ocasião do casamento, Freud o disse da forma mais clara quando escreveu ao filho: "Pois você sentiu, desde os primeiros anos de sua infância, atração pelo ensolarado, pelo calor e pela beleza", a saber, quando não quis deixar a costa adriática em 1894. "Desde então, você moldou seu destino de forma mais autônoma do que seus irmãos, no fundo sempre para a nossa satisfação e para o seu sucesso." Na ocasião do aniversário de 30 anos, Freud achava que o filho já estava "com tudo que alguém pode ter na sua idade: uma esposa charmosa, um filho esplêndido, trabalho, renda e amigos", restava apenas desejar "que a sorte permanecesse fiel a você". No começo de 1938, ele achou que a vida de Ernst na Inglaterra se destacava "como um oásis de toda a miséria à sua volta". "Sempre quando penso nisso, seu sucesso me dá prazer e me preenche com boas esperanças quanto às possibilidades da próxima geração." E a linha da sorte teve continuação também na geração seguinte, no caso dos filhos de Lucie e Ernst: enquanto o mais velho, Stephen (que desistiu do nome de anjo

---

[1] F/Alex, 19/8/1919 ("desperdiçador elegante"); Lampl-Int, p. II/18; 128-Henny, pp. 222-223, 221-Ernst, pp. 323-324 (transações financeiras arriscadas); LAS/Freud, 18/5/1925 (SFP/LoC); Wald., p. 28s.

"Gabriel"), durante décadas, "apenas" tinha um negócio de ferragens, o caçula tornou-se célebre como estrela de mídia e como político sob o nome anglicizado Clement, ganhando um título de nobreza, e Lucian Freud transformou-se em um dos maiores pintores atuais, realizando assim, de forma brilhante, o sonho profissional original do pai.[1]

As cartas conservadas de Freud a Ernst e Lucie se distribuem, de forma não muito regular, entre os anos de 1918 a 1938. No seu caso, há também lembranças para os netos. O conjunto seguinte contém 190 peças.

---

[1] 160-Ernst, pp. 271-272 ("atração pelo ensolarado"); 193-Ernst, p. 301 (já estava "com tudo"); 319-Ernst, pp. 400-401 ("como um oásis").

As cartas

De Ernst também temos algumas cartas escritas ao pai durante os anos de guerra, porém muito menos do que de Martin.[1] De Klagenfurt, onde estava fazendo seu treinamento de artilharia e onde pegou uma gripe no início de novembro,[2] ele escreve em 20 de novembro de 1914:

Nesse meio-tempo me recuperei e participo de cavalgadas, corridas e tiros ao alvo. Estão nos tratando melhor agora e nos liberam à tarde às cinco e meia. Se pudéssemos dormir em casa, o exército seria mais suportável. [...]

Em compensação, meu dinheiro quase acabou por completo e terei que te pedir para enviar mais. Gastei tudo com comida; felizmente dormir não custa nada. Porém, não tenho mais como evitar a compra de um casaco agora, preciso de algumas calças de montaria também e vou mandar fazê-las, para que enviem a fatura depois.

Hoje entreguei meu cartão para a srta. Von Vest[3] e estou na expectativa de conseguir um bom almoço no domingo.

Em uma nota de 17 de janeiro de 1915, ele diz: Um rapaz de Munique, que encontrei aqui como voluntário, contou-me que, como soldado, pode-se permanecer matriculado na Escola Técnica sem pagar taxas,

---

[1] Há ainda dois cartões-postais anteriores de Freud para Ernst da viagem aos Estados Unidos de 1909, que foram publicados no contexto da correspondência de viagem (F/Reise, p. 307 s.). Além disso, um cartão do Lago de Garda (Punta San Vigilio), que Ernst enviara em 18/4/1914 à "Fam. prof. S. Freud" (UE). As cartas dos anos de guerra se encontram no Museu Freud de Londres.

[2] Ver 360-SophMax, pp. 455-456.

[3] Uma antiga paciente de Freud (cf. Goldmann, 1985).

246 SIGMUND FREUD

motivo pelo qual escrevi uma carta solicitando que a minha matrícula seja prolongada até o armistício. *E em carta de 31 de janeiro:*

Querido papai,

Muito obrigado pelo dinheiro, que chegou maravilhosamente a tempo, vou querer usar logo o excedente esperado para comprar um par de sapatos de verdade. É realmente horrível sentir os pés começando a congelar quando se fica parado na neve, mesmo aqui no Sul.

Fiquei feliz com as boas notícias de Martin. Dizem que aqui também tem piolhos (associados ao tifo) e nos mandaram raspar o cabelo todo, mas ainda não me decidi.

É muito provável que Oli também será aceito. Então você terá que se retratar de sua fala sobre patriotismo e os três filhos livres do serviço militar.[1]

Ontem recebi de Hamburgo o retrato de Sophie com o meu sobrinho nu. Ele está assustadoramente gordo; mas, depois de uma análise minuciosa, percebi que (apesar das feições jovens) ele não se parece com nenhum de nós, tanto quanto com você; principalmente no que diz respeito aos olhos, testa e cabelos.

Ninguém mais observou isso?

Está fazendo 15° abaixo de zero, céu azul e sol. Andei a cavalo todos os dias e patinei no gelo.

Saudações cordiais, seu filho
Ernst

Em uma outra carta de 19/3/1915, Ernst tem que pedir ao pai dinheiro já antes do fim do mês, porque o meu, devido à viagem a Viena, acaba antes da hora. *Ele menciona ainda que, certamente, ficará em Klagenfurt até meados de abril, porque as provas estariam se prolongando; elogia o clima e escreve, entre outras coisas:*

---

[1] Sobre Oliver, cf. p. 220s. anteriormente; sobre o "patriotismo", cf. 50-Martin, pp. 115-116.

Seu telegrama anunciando a visita do tio chegou às minhas mãos na hospedaria; espero conseguir uma boa licença para vê-lo. Continuo cuidando do meu primeiro-tenente de forma excelente e é isso o que importa.

Recebi de Martin um cartão com conselhos sobre o equipamento, e Augenfeld[1] já vai de novo para o *front* como cadete. [...]

Meu grau de suboficial se faz notar particularmente na rua; sou constantemente obrigado a responder à saudação. Ontem participei da escolta oficial de criminosos; também gostei.

Em 6 de maio de 1915 segue então um telegrama: hoje me tornei municiador[2] – partirei para o *front* nos próximos dias na qualidade de oficial.

Ernst acabou sendo mandado para a Ístria. Seu primeiro comunicado de lá, é de 28 de abril de 1916. Congratula o pai pelo aniversário de 60 anos, agradece o recebimento de um cartão (não conservado) e prossegue:

A promoção para tenente a partir de 1º de maio não vai acontecer. Parece que há um excesso de candidatos, de forma que os nascidos em 1892 têm que esperar. Não fiquei chateado com isso, pois, na bateria, isso não altera nada, e estou livre para ganhar medalhas de bravura como alferes, que talvez estejam fáceis de ganhar nos próximos tempos.

Estou de novo com muito dinheiro, que gostaria de mandar para casa; será que vocês poderiam confirmar o último envio (em meados de março, mais ou menos). E a mala?

Agora tenho um assistente de verdade e sou ajudante de um major, um senhor bastante militar e um tanto estranho, que não é de trato fácil, mas com quem estou me dando bem. No entanto, de noite ele fica me segurando muitas vezes com conversas sobre arte e ciências

---

[1] Felix Augenfeld (1893-1984), arquiteto vienense, que emigrou em 1938 para a Inglaterra e em 1940 para os Estados Unidos. Amigo de Ernst (e, mais tarde, sobretudo também de Lucie) desde a época da universidade. Desenvolveu, por volta de 1930, uma curiosa cadeira de escritório para Freud, que estava adaptada à postura peculiar deste nas horas da leitura (Molnar, 1996, p. 135s.).

[2] "Cargo mais alto de suboficial" na artilharia (F/A, p. 493).

até às 2 horas da madrugada, exigindo ao mesmo tempo que eu me levante cedo, de forma que não consigo alcançar minhas 12 horas de sono. E ele mesmo dorme depois, à tarde, durante três, quatro horas.

No mais, eu poderia me queixar do clima. Não para de nevar, e se eu não pensasse no mês de maio, cairia em desespero.

Gostaria muito que Math me mandasse o meu Baedeker.

Em 24 de novembro de 1916, Ernst manifesta a esperança de poder visitar seus pais em breve: Estão reduzindo a cota de oficiais nas baterias aqui no *front*, os excedentes são transferidos para a bateria de reserva em Szombathely (= Steinamanger)[1] e serão convocados quando houver necessidade. A minha visita não está totalmente garantida.

Não me sinto bem há algum tempo. Semana passada estive com dores muito fortes de garganta, que se parecem muito com aquelas da outra vez e também estive com febre.

Quando tiver uma boa oportunidade, tentarei conseguir uma licença médica através de uma seção sanitária no *front*, em vez da bateria de reserva, pois dizem que fica muito mais difícil fazer o inverso. Não se assuste, portanto, caso meu próximo endereço seja uma clínica.

Não havia nada nas fontes que confirmasse a partida de Ernst do front *ainda em 1916. Nos dias 2 e 3 de fevereiro de 1917, Freud escreve na sua agenda: "Esperando por Ernst em vão", e somente no dia 15 de abril há a anotação "Ernst de licença". No dia 3 de maio, este "voltou ao front", a saber, para a região do rio Isonzo.[2] O cartão de próprio punho do dia 6 de agosto de 1917 traz as novidades:* hoje me internarei na clínica graças a uma úlcera e ao mal do qual estou me queixando há semanas. Por favor, não mandem mais nenhuma correspondência para cá. Não há motivo para ficarem preocupados. *No dia 22 de agosto, Freud relata: "Hoje finalmente chegou uma carta de Ernst de Graz dizendo que Lampl providenciou a internação na clínica do quartel* Stiftskaserne *e que ele espera chegar a Viena no dia seguinte (20)."[3]*

---

[1] Cf. 77-Martin, pp. 148-153.

[2] F/Kal; F/A, p. 551.

[3] F/AF, p. 188; cf. 386-SophMax, pp. 479-482.

CARTAS AOS FILHOS

Desde então, Ernst foi poupado do serviço militar. Em 28 de outubro de 1918, voltou para Munique a fim de concluir seus estudos. É nesta época que começa a correspondência substancial de Freud, que foi conservada.

134-Ernst   [Cabeçalho Viena], 29/X/18

Querido Ernst,

Mal você partiu, tenho logo um motivo para te escrever.

Sophie está preocupada com a segurança do envio da mesada dela. Peço, portanto, que, com base na sua carta,[1] faça um saque de 1.000,00 marcos e os guarde até receber a solicitação de Sophie ou a minha para enviá-los a ela. Entendo que você mesmo não esteja precisando de nada nos próximos tempos.

Oli não chegou.[2]

Saudações cordiais e os meus votos
Papai

135-Ernst   [Cabeçalho Viena], 4/XII/18[3]

Querido Ernst,

Fico feliz em saber que você pelo menos está bem, e espero que se goste o suficiente para não se esquecer de sua saúde. Sobre Martin, você já está sabendo; encarreguei Sachs de se informar da Suíça sobre o próximo paradeiro e as necessidades dele.[4] Para Sophie, recebi

---

[1] Possivelmente uma carta de transferência de dinheiro ou uma procuração para uma conta de Freud.

[2] Oliver voltou da guerra em 2 de novembro de 1918.

[3] O envelope leva a crer que a carta foi trazida a Ernst pelo amigo Wallesz, mencionado na nota 6.

[4] Sobre o destino de Martin depois do fim da guerra, cf. pp. 174-183.

5.000,00[1] marcos através de um depósito das *St. Stefanswerke*,[2] de forma que não vai ter que dividir seu dinheiro com eles.

Não me arrisco a ficar sem o meu documento de competência, pois não tenho certeza de quando poderei tê-lo de volta, e posso precisar dele a qualquer momento. Espero que a cópia legalizada seja suficiente para a República Bávara.[3, 4]

Freund restabeleceu o contato conosco sabe Deus por quais caminhos, conseguimos tudo por intermédio dele, farinha, toucinho, carne, charutos etc. Se continuar assim, estamos a salvo da fome. Luz e aquecimento ele não consegue providenciar. Os meus livros estão em Teschen e não encontram o caminho para Viena.[5]

Saudações cordiais,
Papai

---

[1] O valor não é legível com exatidão; talvez seja também "9.000,00". A partir da carta 398-Soph, pp. 493-494, "5.000,00" é o mais provável.

[2] Talvez honorários médicos.

[3] Em 7/11/1918, aconteceu uma revolução em Munique e o rei havia fugido. No dia 8, foi proclamado o "Estado Livre" da Baviera.

[4] Um dia antes, Martha enviara uma carta a Ernst no mesmo sentido (FML): "O papai vai mandar fazer uma cópia do certificado de pátria [= comprovante de nacionalidade] *dele*, que Wallesz levará até você e que deve bastar para requerer um passaporte." Essa cópia, com data de 4/12/1918, do documento emitido em 4/3/1908 está conservada (UE). Em sua parte principal, o texto diz: "Para o sr. dr. Sigmund Freud. A comissão da Câmara Municipal de Viena para o direito de pátria e de cidadania deliberou sobre o requerimento feito por V. Sa. em 27 de novembro de 1907 [...] e, com base nos comprovantes apresentados sob condições legais, acolheu V. Sa. mediante o decreto de 16 de janeiro de 1908 [...] na comunidade civil do município de Viena. Esse acolhimento se estende [...] também para a esposa Martha, com sobrenome de solteira Bernays, e para os filhos que, no dia do decreto, ainda não tiveram alcançado a maioridade [... Mathilde, Jean Martin, Oliver, Ernst, Sofie e Anna]." O nome e a data de nascimento de Ernst foram sublinhados manualmente.

[5] Em Teschen (Český Těšín), antigamente parte da Silésia Tcheca, depois da Guerra da Tchecoslováquia, tornou-se autônoma, encontrava-se a gráfica Prochaska, com a qual trabalhava, em parceria, Hugo Heller. O vol. IV dos *Escritos breves sobre a teoria das neuroses* e a reedição das *Conferências* já estavam no prelo desde o mês de julho (cf. 79-Martin, p. 154, nota 3).

CARTAS AOS FILHOS   251

136-Ernst   [Cabeçalho Viena], 8/XII/18[1]

Querido Ernst,

Agradeço a prestação de contas, que não acho muito assustadora.
Você levou mais que 4.000,00 marcos e algumas despesas não se re-
petirão. Se você não comprar porcelana (exceto sendo muito barata)
e não emprestar dinheiro, ele durará muito; também guardei alguns
marcos de novo.

Mesmo sendo repetitivo, eu insisto em dizer que os cuidados com
sua saúde são o que mais importa. Evidentemente, o processo ainda
não chegou ao fim.[2] Talvez dê para você ir a Davos por algum tempo
após seus estudos. Sachs elogia muito a cidade nas cartas que escreve;
atualmente, a Suíça não está deixando passar ninguém, doente ou com
boa saúde, pelas fronteiras. Espero que ainda se reconcilie com sua
profissão. Uma mudança na sua idade é tão grave quanto um divórcio.

Você certamente teve notícias de Martin: a última veio no dia 14
de novembro do hospital italiano de campanha 107, *zona di guerra*.
Ele conta que está melhor e que espera ser levado para o interior da
Itália. Sachs foi encarregado de fazer uma consulta junto à Cruz Vermelha e de procurar diretamente Diena em Pádua. Vamos ver o que
conseguimos fazer.

Você de fato se tornou primeiro tenente. Oli está se recuperando
sem encontrar ocupação. Hoje Max escreve do ateliê e espera que o
público ainda vá se lembrar dele.[3] A falta de luz deixa tudo sombrio,
estamos contando com o restabelecimento da iluminação e do bonde
de um dia para o outro. Parece que estávamos certos na nossa avaliação

---

[1] O envelope é endereçado a: Sr. Ernst Freud, Gabelsbergerstr. 3, *Munique*, Baviera;
colado com fita adesiva e observação: "Sob direito de guerra, aberto pelas autoridades militares."

[2] Havia pelo menos nove meses que Ernst recebera o diagnóstico de "tuberculose".

[3] Cf. p. 456

252 SIGMUND FREUD

de Rilke.[1] Ontem recebi proventos consideráveis pelos últimos dois livros, que chegaram aqui na forma de pelo menos alguns exemplares. O dinheiro foi dividido entre os menores de idade da família (Anninha e os dois filhos de Sophie). O pequeno[2] deve nascer em uma ou duas semanas.

Tenha uma vida muito agradável, apesar de toda a sua dedicação, e torne a escrever logo ao seu

Papai

137-Ernst   [Cabeçalho Viena], 30/3/19

Querido Ernst.

Considere esta carta, também, como sendo de parabéns pelo seu aniversário de 6/3,[3] pois não há outra coisa no momento. Estou com 3.000,00 marcos à sua disposição, que encaminharei assim que for possível fazer depósitos ou mandar cartas de transferência novamente – se é que não pegam o dinheiro antes de nós. O médico decidirá se você deve descansar ou voltar logo ao trabalho, e, se você descansar, escolha a região em torno de Munique, que deve ser bonita o bastante na primavera. Naturalmente, é impossível que eu viaje a Munique ou Hamburgo na Páscoa, por mais que eu queira. As providências para conseguir o passaporte são difíceis de aguentar, eu gastaria dias inteiros com isso e a viagem é tão longa que não sobraria nada para ficar. Preciso ganhar algum dinheiro enquanto for possível. Todos os pacientes do Ferenczi ficaram inadimplentes em um único dia.[4]

---

[1] Rilke, venerado por Ernst, vivia na época em Munique; cf. 139-Ernst, p. 255, nota 3. Essa passagem possivelmente refere-se ao fato de Rilke, apesar de todo o charme dos seus modos, ter se mostrado distante, em última instância, quanto à postura em relação a Freud e sua família (Ungern-Sternberg, 2004).

[2] O segundo filho de Sophie.

[3] Assim consta no manuscrito. A data correta do aniversário é 6 de abril.

[4] Na carta de 25/3/1919, Ferenzci informara sobre essa consequência da revolução húngara, que, no fim de março, levou à criação do breve governo dos conselhos de Béla Kun (F/Fer II/2, p. 217).

CARTAS AOS FILHOS

A situação está miserável. Estamos sofrendo muito com a fome e com o frio, vivendo na mais estranha insegurança, sem saber o que nos reserva o dia seguinte e todos entrando em uma decadência sem fim. Nem posso te aconselhar a voltar logo para casa, pois não há oportunidades de trabalho. Por uma feliz coincidência, provavelmente em consequência do interesse gentil de Ella Götzl-Pick, Oli conseguiu uma ocupação por dois meses.[1] De Martin, contudo, temos notícias muito boas; agora ele está em Cogoleto, a uma hora de Gênova, podendo circular mais livremente e tendo um abastecimento melhor. Além disso, espero que o tal dr. Mackenzie, que é influente em Gênova, cuide dele em decorrência do contato com Sachs. Rank, Sachs e Jones se encontraram na Suíça semana passada para tratar de questões editoriais e da Associação. Rank deve retornar no início de abril, trazendo uma pequena parte da propriedade inglesa de Anninha. Espero que Sophie esteja com o marido em Hamburgo nesse momento. O interesse maior, claro, se concentra agora nos Freund em Budapeste, mas não ouvi falar nada sobre eles desde a rebelião.[2] Tudo de bom para você e dê notícias logo

Papai

138-Ernst   Viena, 23/4 [1919][3]

Todos felizes demais com a notícia inesperadamente boa[4] tudo de bom para o futuro Wallesz[5] levará o que for necessário – papai

---

[1] Cf. anteriormente, nota 1 de 85-Martin, p. 166.
[2] Sobre os fatos mencionados nessas últimas frase, cf. explicações nas notas de 86-Martin, p. 166.
[3] Telegrama.
[4] Já no dia 20 de abril, Freud soube, "por meio de telegrama de Munique", que Ernst conseguira o seu diploma.
[5] Não identificado; sem dúvida, um amigo de Ernst (cf. notas 3, p. 249 e 4, p. 250 de 135-Ernst).

254   SIGMUND FREUD

139-Ernst   [Cabeçalho Viena], 27/4/1919

Querido Ernst,

Então você também terminou seus estudos; concordo que teve um bom desempenho em tempos difíceis. Se entendi direito, você quer descansar durante algumas semanas, no interior, suponho, quando as temperaturas aumentarem, e depois conseguir um emprego aí em Munique mesmo.[1] Você deve permanecer na Alemanha então; não há como não concordar com isso. Seu amigo Wallesz te levará os marcos restantes; o dinheiro de G.[2] em Berlim ainda encontrará o caminho até você, de forma que assim está garantido por algum tempo. Em compensação, não consegui mandar dinheiro para Martin; depois de 2 meses e meio, o dinheiro que viria da Suíça ainda não chegou.[3] Fora isso, parece que ele está bem.

Na semana passada, ficamos muito preocupados com o dr. Freund. Disseram que foi preso junto com os reféns;[4] parece que é verdade mesmo, mas seus operários pediram sua liberdade; de qualquer forma, ele está livre agora. Antes disso, eu fora convidado a viajar para lá por 8 a 14 dias, para tratá-lo de uma recaída.[5] Mas não me foi possível, pois, mesmo que eu quisesse, a interrupção do tráfego ferroviário[6] teria me impedido. No momento, aguardo-o aqui, assim que a situação permitir. O governo dos conselhos nos transferiu o fundo em prestações por meio da delegação daqui;[7] Rank está trabalhando

---

[1] De abril a novembro de 1919, Ernst trabalhou no ateliê do arquiteto Fritz Landauer em Munique (certificado de dezembro de 1919; UE).

[2] Não identificado.

[3] Cf., todavia, 399-SophMax, p. 495.

[4] Em 26/4/1919, a *Neue Freie Presse* havia noticiado que o governo dos conselhos húngaro prendera 610 reféns – todos eles pertencentes à elite econômica, política e cultural anterior.

[5] A saber, uma neurose hipocondríaca (ver F/Fer II/2, pp. 227-229).

[6] A suspensão do tráfego de pessoas nas ferrovias estatais (*NFP*, 25/4/1919).

[7] No fim de 1918, Anton von Freund havia criado um fundo que possibilitou a fundação da Editora Psicanalítica Internacional (Marinelli, 2009). Após a revolução húngara, o dinheiro estava comprometido (cf. F/Fer II/2, p. 219 ss.). Inicialmente, um quinto do dinheiro chegou a ser pago (ibid., p. 234).

CARTAS AOS FILHOS

assiduamente na nossa editora. Em Leipzig, formaram uma sociedade psicanalítica acadêmica.[1]

Isso continua caminhando da melhor maneira. O restante é motivo de muitas queixas, e a perspectiva de não poder deixar a cidade no verão causa descontentamento.[2]

Você precisa me contar como foi o encontro com Rilke e Lou.[3] Como sempre, aguardo notícias suas.

Saudações cordiais e meus parabéns,
Papai

Recebeu o telegrama?

140-Ernst   [Cabeçalho Viena], 18/5/19[4]

Querido Ernst

Sua encomenda[5] trazida por Von Hattingberg[6] foi recebida com aplauso e perplexidade. Não teríamos condições de fazer o mesmo.

---

[1] Cf. IZ 1919, p. 228 e May, 2000, p. 57s.

[2] Ernst acabou encontrando um lugar para as férias de seus pais nas suas proximidades (142-Ernst, pp. 257-259).

[3] Lou Andreas-Salomé (1861-1937), escritora e amiga de Rilke, interessou-se desde 1911 pela psicanálise, que também chegou a exercer (cf., por exemplo, Welsch e Wiesner, 1990). Rilke ficou em Munique de fim de março até início de junho de 1919. Em 14/4/1919, ela escreveu o seguinte cartão para Ernst (SFP/LoC): "Caro sr. Freud, / o sr. faria a alegria de Rainer Maria Rilke e a minha de passar uma tarde conosco? O sr. poderia indicar um dia após a Páscoa que for conveniente ao sr. (espero que seja um dia em que estejamos vivos). / Com as melhores saudações / Lou Andreas." O encontro aconteceu no dia 23/4 (F/LAS, p. 106, nota 1).

[4] A data do mês foi corrigida de junho para maio, uma vez que Freud escreveu uma carta idêntica com o mesmo conteúdo no dia 18 de maio a Sophie (400-Soph, p. 496; cf. também F/A, p. 620).

[5] "Açúcar, manteiga e farinha" (400-Soph, p. 496).

[6] Hans von Hattingberg (1879-1944), inicialmente membro da seção local de Munique da Associação Psicanalítica Internacional (IPA), depois (1919-1925) da Sociedade Psicanalítica de Viena (Keifenheim, entre outros). Parece que Ernst conhecia o casal Von Hattingberg (ver 342-SophMax, p. 439, nota 3).

256 SIGMUND FREUD

Hoje, por exemplo, recebemos açúcar e cinquenta charutos por intermediação do dr. Steiner.[1] Ambos haviam acabado; o seu açúcar, portanto, chegou em boa hora, ele foi *hors concours*. Fico feliz também em saber que você recebeu parte do dinheiro de Berlim. Não tive coragem de pedir a Wallesz para levar nada, porque ele demorou demais a pedir a autorização.

Desde quinta-feira da semana passada, a mamãe está gripada e com a temperatura em torno de 38°.[2] Antes de ontem, ela teve calafrios, febre acima de 39° e depois ficou claro que estava com pneumonia. Estamos com uma boa cuidadora, Hitschmann[3] como médico e Braun como conselheiro. Estou dormindo em outro quarto. Parece que está indo bem, sem motivos para preocupação, mas certamente vai demorar algum tempo e causar enfraquecimento. Os tempos são difíceis o bastante sem esse incidente. As férias de verão serão um problema.

Espero que saiba dosar trabalho e descanso e conservar suas forças sobretudo com um modo de vida bem regrado.

Escreva logo.

Saudações cordiais,
Papai

141-Ernst   Viena, 2/6 [1919][4]

mamãe muito bem, fora da cama na maior parte do tempo, aguardamos notícias suas, saudações, papai.

---

[1] Provavelmente Maximilian Steiner (1874-1942), dermatologista e especialista em doenças venéreas em Viena, membro da Sociedade das Quartas-Feiras e, desde 1907, da Sociedade Psicanalítica de Viena (BL/W).

[2] Cf. nota 2 de 88-Martin, p. 168.

[3] Eduard Hitschmann (1871-1957), médico, desde 1905 membro da Sociedade das Quartas-Feiras/Sociedade Psicanalítica de Viena, desde 1922 diretor do Ambulatório Psicanalítico Vienense (BL/W).

[4] Telegrama.

CARTAS AOS FILHOS

142-Ernst   [Cabeçalho Viena], 26/6/19

Querido Ernst,

Anexo uma carta que chegou hoje para você e aproveito a oportunidade para agradecer de coração seu esforço na questão da estadia de verão.[1] Amanhã mandarei um telegrama autorizando-o a alugar um quarto com varanda para duas pessoas e outro menor para Anna em Badersee. Assim, como o visto[2] vale de 15 de agosto até meados de setembro, posso fazer o meu tratamento em Gasteiner e a mamãe o dela no sanatório Parsch; estamos pensando em ir diretamente a Salzburgo em seguida. A partir de amanhã providenciaremos os atestados[3] e passaportes. Não sabemos ainda o que Anna vai fazer até meados de agosto; ela também precisa muito descansar. Se conseguiremos realizar os nossos planos, depende das circunstâncias, sobre as quais não temos poder nenhum, mas a assinatura do tratado de paz na Alemanha[4] encoraja-nos a tentar.

A novidade aqui é que tio Eli[5] nos enviou uma quantia considerável, pequena para ele, isto é, 100.000,00 coroas, para manter os integrantes passivos da família em condições aceitáveis nestes tempos difíceis; sou muito grato, pois para mim e para o tio Alex é um alívio muito bem-vindo. Além disso, ele mandou 5.000,00 francos a Berna,

---

[1] Ou seja, as providências para conseguir a estância de férias no lago Badersee em Grainau (Alta Baviera), aos pés do pico Zugspitze (F/E, p. 157).

[2] O visto de permanência na Alemanha.

[3] Possivelmente, atestados de boa conduta.

[4] O Tratado de Versalhes foi aceito em 28 de junho de 1919 pelos representantes do governo alemão, o que foi anunciado no dia 25 pela *Neue Freie Presse* com a manchete: "Assinatura do tratado de paz alemão provavelmente sábado."

[5] Eli Bernays (1860-1923), irmão de Martha Freud e casado com Anna, a irmã de Freud; comerciante; emigrou em 1892 para Nova York, onde ficou rico (ver Freud-Bernays, 2004).

que Rosi[1] deve buscar no seu caminho para Nova York. Ela quer viajar dia 10 de julho. Espero que seja para a sorte dela.

O dia de hoje está sob o signo de uma notícia que nos abalou. Käthe Hammerschlag,[2] a estudante de bochechas vermelhas, fleumática, de Química, se envenenou ontem com cianeto de potássio! Hoje estive com os pais dela; dizem que foi mesmo por uma melancolia intensa que ela vinha padecendo havia três semanas. Não se tem notícia de qualquer elemento desencadeador ou motivador dessa melancolia. Era a última de todas de quem se esperava isso. Não se esqueça de expressar condolências.

Talvez ainda nesta semana ou no mais tardar no início de julho, terei a oportunidade de lhe encaminhar os rendimentos da segunda edição de *Leonardo*,[3] provavelmente 450,00 marcos. Ainda tenho dinheiro alemão à sua disposição.

Até o momento, nossa intenção é viajarmos nós três no dia 15 de julho a Salzburgo e Gastein.[4] Para nossa surpresa, o prof. Braun, que trata da tia aqui com sucesso, prescreveu a ela Gastein também, mantendo o máximo de repouso. Certamente, depois ela vai querer ir a Reichenhall.[5]

Desta vez, então, esperamos ver você logo e por mais tempo talvez.

Segundo uma das raras notícias de Martin, ele está muito bem. Será que volta ainda antes das férias? Suponho que isso somente vai acontecer depois do nosso retorno no outono.[6]

---

[1] Beatrice ("Rosi") Winternitz, desde 1923, Waldinger com sobrenome de casada (1896-1969), a filha de Pauline, irmã de Freud, nascida em Nova York, desde 1900, após a morte de seu pai, vivendo na Áustria. Ela "cresceu, de certa forma, com os filhos de Freud e foi amiga e colega de turma de Anna" (Waldinger/Jones, 26/10/1953; BPS/A). Para mais informações, cf. 153-Ernst, pp. 263-265 e 275-Ernst, p. 367, nota 4.

[2] A filha de Albert Hammerschlag, um dos filhos de Samuel Hammerschlag, professor de religião de Freud (ver F/AF, p. 177, nota 6; Fichtner, 2008).

[3] A 2ª edição do estudo de Freud sobre Leonardo da Vinci (1910c) foi publicada em 1919 por Deuticke.

[4] Isto é, Martha a Salzburgo no sanatório Parsch, e Minna com Freud a Bad Gastein (cf. 31-Math, p. 82, nota 2 e seguintes).

[5] Na Alta Baviera, próximo da fronteira com a Áustria e de Salzburgo.

[6] A chegada de Martin acabou acontecendo antes.

CARTAS AOS FILHOS

Hoje pelo menos você não vai poder se queixar de uma carta sem conteúdo.

Tudo de bom para você.
Papai

143-Ernst   Viena, 27/6 [1919][1]

Incumbência alugar Badersee quarto grande com varanda e pequeno ao lado atestados seguem em breve grato papai

144-Ernst   [Cabeçalho Viena], 3/7/19

Querido Ernst.

Hoje mandei transferir 2.000,00 marcos para você por intermédio de Deuticke; por favor, acuse o recebimento (no lugar dos 450,00 prometidos). – Estou me esforçando para conseguir o passaporte alemão, é exaustivo; os atestados também já chegaram, mas ainda precisam deles aqui. Apesar de tudo, é possível que não façamos uso deles; nesse caso, vou pedir a você por telegrama que cancele Badersee pelo mesmo caminho.

A dificuldade está sobretudo no fato de não termos previsto nada para Anninha nas primeiras semanas, que precisa muito descansar. Ela terminou o primeiro ano na escola com grande sucesso.[2] O que está certo é que nós três, velhos, partiremos para Salzburgo – Gastein no dia 15. Nós todos estamos precisando muito.

Outro suicídio. Hoje o dr. Tausk se matou com tiros.[3]

---

[1] Telegrama.

[2] A saber, seu primeiro ano como professora.

[3] Viktor Tausk (1879-1919), advogado e médico, membro da Sociedade Psicanalítica de Viena desde 1919 (BL/W). Sobre as circunstâncias desse suicídio, cf. Eissler, 1983.

Saudações cordiais,
Aguardando resposta em breve,
Papai

145-Ernst
[Cabeçalho Viena], Bad Gastein
Villa Wassing, 19/7/19

Querido Ernst,

Aqui chegamos nós, no dia 15, depois de uma viagem horrível. Mamãe faz contato conosco por telefone; ela não queria permanecer no sanatório, mas parece que a convenceram a ficar. Ela nos disse, também, que Anna passou por Salzburgo com Margaretl Rie[1] no dia 17 para prosseguir para Bair Gmain.[2] No mais, estamos sem notícias; como de costume, estamos sem correio.

Hoje estamos muito bem. A hospedagem é magnífica e a comida é boa, mesmo com algumas restrições; certamente não é mais caro do que em Viena. Três dias maravilhosos depois do primeiro, que foi ruim. A tia vive muito quieta; hoje fiz o meu primeiro passeio.

Espero que a permissão de entrada, os atestados e os vistos nos permitam entrar na Baviera após o 12 de agosto. Anninha certamente vai nos acompanhar até Badersee, talvez mamãe prefira permanecer em Reichenhall. Compre charutos para mim para fazer estoque; não levarei nenhum e vou ficar sem aqui, com esses preços abusivos.

Até a vista, então.

Cordialmente,
Papai

---

[1] Margarethe Rie (1899-1986), filha de Oscar Rie, amigo de Freud, atriz, casou-se mais tarde com o psicanalista Hermann Nunberg (F/AF, p. 184, nota 2). Anna Freud era sua amiga e passou com ela a primeira metade das férias de verão.

[2] Bayerisch Gmain, perto de Reichenhall.

CARTAS AOS FILHOS   261

146-Ernst   Badersee, 31/8/19[1]

Querido Ernst

Seus envios chegaram bem ontem, a parte comestível, um pouco molhada, mas não perdida. Das outras expectativas[2] nenhuma se realizou ainda, nem temos qualquer resposta. A temporada e as companhias aqui são sempre agradáveis. Imagine que Lampl arranjou uma posição como médico anatomista em Haia e uma posição semelhante em Harlem para seu chefe.[3] Não é o cúmulo da sorte?

Cordialmente,
papai

147-Ernst   [Cabeçalho Viena], Badersee, 1/9/19

Querido Ernst,

O tio escreveu que teria transferido 2.500,00 marcos para mim a Hamburgo. É muito provável que o dono do hotel daqui aceite coroas, até mesmo no câmbio 2 para 1. Isso significa que poderei viajar.[4] Provavelmente, a mamãe retornará para casa com Anna, e você poderá levar todos nós a Munique depois do dia 8. Tome as providências.

O banco não enviou resposta. Martin já deve estar em Viena.

Saudações cordiais,
Papai

---

[1] Cartão-postal.

[2] Não identificadas.

[3] Parece que Lampl acabou não conseguindo o emprego. Em carta a Ernst, de 17/6/1919 (FML), Lampl anuncia que irá para a Holanda "nos primeiros dias de julho" para "sondagens profissionais". Mas as cartas seguintes continuaram sendo escritas de Viena e em, 4/1/1920, Martha Freud escreve a Ernst que Rank, que acabara de retornar da Inglaterra e da Holanda, "dá toda razão a Lampl em sua aversão aos holandeses, e ele ainda declara que prefere morrer de fome em Viena a ter uma vida exuberante na Holanda".

[4] Para Hamburgo passando por Berlim, a saber: *com* Martha; ver 404-Max, pp. 499-501 e as cartas seguintes, notas.

262 SIGMUND FREUD

148-Ernst   Hamburgo, 14/9 [1919][1]

Ficamos na casa de Sophie felizes = papai

149-Ernst   Hamburgo, 19/9 [1919][2]

Partida Berlim domingo[3] vagão-leito = papai

150-Ernst   Viena, 25/9 [1919][4]

Chegamos felizes graças a sua ajuda[5] = papai

151-Ernst   [Cabeçalho Viena], 27/9/19

Querido Ernst,
    Estou muito apressado e ainda não posso escrever direito, apenas
negócios. Favor mande 20,00 marcos[6] para a
    Sociedade Kant
    Prof. A. Liebert
    Fasanenstr., 48
    Como compensação, pagarei a sua assinatura judaica amanhã.[7]

Cordialmente,
Papai

---

[1] Telegrama
[2] Telegrama
[3] 21 de setembro.
[4] Telegrama
[5] Não se sabe nada sobre a natureza dessa ajuda.
[6] Na biblioteca de Freud, encontrava-se um trabalho de P. Hofmann intitulado *Empfindung und Vorstellung* [*Sensação e imaginação*] (1919), que foi publicado como caderno 47 dos cadernos complementares dos *Kant-Studien* [*Estudos kantianos*] (Davies e Fichtner, 2006). Talvez se trate disso aqui.
[7] Não se sabe qual jornal ou revista judaicos Ernst Freud assinava.

CARTAS AOS FILHOS

152-Ernst   29/9/1919[1, 2]

Meu querido Ernst, mil lembranças de um almoço muito agradável aqui no Cobenzl. Em breve escreverei. Espero que esteja bem. Mamãe
As saudações mais cordiais da Inglaterra de
                                        Ernest Jones.
                                        Papai
Saudações e os melhores votos para o futuro, do seu sincero Rank
Em breve uma carta com as novidades,
                                        Anna

Saudações de Eric Hiller.[3]

153-Ernst   [Cabeçalho Viena], 28/10/19

Querido Ernst,
    Então, você está no caminho que desejava, e espero que continue encontrando pessoas e condições favoráveis até chegar ao destino.[4] A casa está ficando vazia muito rápido; você sabe que Martin vai se casar no dia 7 de dezembro e Oli está feliz com sua viagem à Holanda, em que vai pessoalmente ao ministério das colônias e ocupará sua posição nas colônias.[5] Se Eitingon conseguir segurá-lo na Alemanha mediante outra oferta, não acharei ruim. De qualquer forma, ele está

---

[1] Cartão-postal ilustrado: Viena. Cobenzl, terraço do restaurante; data do carimbo. Cada saudação respectivamente na letra daqueles que assinaram; endereço escrito por Freud.

[2] Um de vários cartões escritos em conjunto durante um almoço no hotel-castelo Cobenzl na ocasião da primeira visita de Jones a Viena depois da Guerra (cf. F/E, p. 160 s.). Cf. nota 3 de 406-Soph, p. 501.

[3] Eric Hiller (1893-?), não era psicanalista, atuava na produção inglesa da Editora Psicanalítica, de 1921 a 1923 vivia em Viena (BL/W).

[4] Ernst estivera em Berlim na semana anterior e, ao que tudo indica, definira sua mudança para lá (408-Max, pp. 504-506).

[5] Cf. a carta, p. 225

indo embora e a Anninha vai morar conosco como velha solteirona, de manhã na escola, à tarde como representante da *Internat. Psychoanalytic Press* (Editora).[1] Assim que os quartos de vocês estiverem livres, ela ficará com o quarto grande em vez do atual e transformará o gabinete de Martin em escritório.[2] Mas, antes disso, você pode nos visitar e ficar no seu antigo.

Achei uma pedra antiga para o seu anel. Mas o ourives não quer fazer o encaixe antes de tirar as medidas do seu dedo. Como um anel desses é uma preciosidade hoje em dia, aguardo sua chegada. Melhor seria, claro, se você mandasse um anel (sem valor), para os ourives usarem como modelo.

Fiquei surpreso com a notícia de que não pôde reservar os 700,00 marcos para o dr. Rie.[3] Por que isso não foi possível? Ele não me falou nada disso.

Na semana passada, uma carta de tio Eli trouxe a triste notícia de que a Rosi foi internada com distúrbios mentais em uma clínica no dia 24 de setembro, poucos dias depois de sua chegada. Você pode imaginar a nossa surpresa desagradável e o tom da carta. Desde então, não temos mais notícias. Por enquanto, não queremos informar a tia Pauli, Dolfi e a vovó. Elas – Pauli e Dolfi – voltaram ontem para Ischl.[4]

Sam perguntou em uma carta gentil o que ele poderia mandar de mantimentos para nós.[5] Acho que não é possível; nada chegará.

---

[1] A Editora Psicanalítica Internacional manteve até 1922/23 um departamento inglês. Anna cuidava da "correspondência em inglês".

[2] Ver 171-Ernst, p. 282, nota 2.

[3] O contexto não está claro; provavelmente se trata de Alfred Rie.

[4] Ou seja, para ficar com Amalia, a mãe delas e de Freud.

[5] Essa consulta de Sam Freud de Manchester não está conservada. Em sua resposta de 27/10/1919, Freud escreveu ao sobrinho (F/Sam), o mais urgente seriam "gordura, *corned beef*, cacau, chá, biscoitos ingleses etc." Mas que ele não deveria mandar nada, a não ser para a Missão Militar Inglesa em Viena; caso contrário, os envios se perderiam na ferroviária. De fato, ele acabou recebendo o primeiro pacote *Care* com um atraso de mais de dois meses.

CARTAS AOS FILHOS

Escreva logo dizendo quando podemos contar com sua presença, saudações cordiais do,

Papai

154-Ernst [Cabeçalho Viena], 10/11/19

Querido Ernst

Como não é possível saber quando as cartas chegam, respondo a sua do dia 5 no mesmo dia.[1] Estamos muito felizes com a sua vinda anunciada para o dia 26. Acho que você poderá ficar no seu quarto. Pode trazer charutos leves à vontade, pois tenho poucos, enquanto estou com muitos dos melhores *Havanna* (Jones). Agora também achamos o ouro para o seu anel; Martin vai levar a pedra amanhã para o local onde também encomendou as alianças.

Amanhã deve vir Pfister em um trem de crianças,[2] no dia seguinte Ferenczi pretende partir para Budapeste. Freund vai ficar mais. Rank se esforça para conseguir passaportes para viajar a negócios para a Holanda e a Inglaterra (!);[3] dificilmente vocês vão se encontrar. Meu Inglês[4] vai me deixar no dia 21. O único que não dá notícias é Oli. Emdem enviou um telegrama a ele. "não vir para cá por enquanto." Nenhuma novidade dos Estados Unidos.

---

[1] Isto é, no dia do recebimento.

[2] Oskar Pfister (1873-1956), padre protestante em Zurique, amigo de Freud desde 1909, membro fundador da Sociedade Suíça de Psicanálise (Nase 1993; cf. F/Pf). Ele veio em um dos trens da Ação Filantrópica Internacional, que levava crianças que estavam passando fome da Áustria para o exterior; ele "trabalhava muito em uma ação filantrópica para a pobre Viena" (F/E, p. 170).

[3] Rank fez essa viagem, antes de mais nada, por incumbência de Von Freund (F/E, pp. 170, 183).

[4] O pediatra David Forsyth (1877-1941) fez de 6/10 a 18/11/1919 uma "análise didática muito curta" (May, 2006a, pp. 71 s., 92). Depois da Primeira Guerra Mundial, Freud deu preferência a pacientes que pagavam em moeda segura.

Kobus Kann[1] está com a família na Palestina. Loe, que também perguntou por você, enviou um carro a ele. Ela vai viajar com o marido aos Estados Unidos no dia 6 de dezembro e quer encontrar conosco depois do seu retorno em junho.

Saudações cordiais. Até a vista,
Papai

155-Ernst   Viena, 31/12/1919[2]

Querido Ernst!
Cordiais saudações de uma simpática festa muito íntima de Ano-
-Novo!   Martin Esti

Querido Ernst, onde está a encomenda?[3] No próximo ano, alguns vagões, espero. Saúde, Robert

Fico feliz em saber que está gostando do quarto.   Math

Meus melhores votos para o apartamento e para a vida profissional em 1920

Papai
Feliz Ano-Novo!

Mamãe

---

[1] Jacobus Henricus Kann (1872-1944), banqueiro holandês, um dos líderes do sionismo; irmão de Loe Jones. Na época, Ernst cogitava a possibilidade de ir à Palestina (Anna/ Ernst, 8/11/1919 e Math/Ernst, 8/4/1920; UE).

[2] Cartão-postal escrito a lápis; endereçado, com a letra de Martin, a: Sr. / eng. Ernst Freud / a/c ADr. Pinner / Berlim-Wilmersdorf / Detmolderstrasse. Cada saudação na letra da respectiva pessoa.

[3] Possivelmente, charutos.

CARTAS AOS FILHOS   267

156-Ernst   4/1/20[1, 2]

Querido Ernst,

Apenas acrescento que comecei a juntar marcos na sua conta de Munique, mais que 1.000,00 marcos ao mês. Além disso, Brill enviou uma quantia destinada à editora para o mesmo endereço.[3]

Como vai ser? Suponho que você será informado sobre esses depósitos, e certamente dará o seu endereço de Berlim, para depois me deixar a par. Esse caminho é um pouco longo. Não teria como achar um atalho?

Ontem, Edward anunciou o envio de 100 dólares como primeiro resultado da tradução das conferências, infelizmente ainda em coroas. Além disso, um convite da editora de lá para uma jornada de conferências nos Estados Unidos, com a garantia de US$ 10.000 (atualmente 1.700.000 coroas).[4] Dificilmente vou aceitar, não estou nem um pouco preocupado com questões financeiras.

A famigerada "nomeação"[5] aconteceu finalmente no dia 31 de dezembro.

Meus votos por uma bagagem intacta e um feliz 1920.

Cordialmente,
Papai

---

[1] Acréscimo a uma carta de Martha Freud, que não foi reproduzida aqui.

[2] Diferentemente das outras cartas, as que estão marcadas com asterisco, deste conjunto, não se encontram na *Library of Congress*, Washington (SFP), mas (em parte também como cópia) no arquivo da *University of Essex* (UE). Em sua carta precedente, Martha Freud escreve, entre outras coisas: "Martin e Esti vivem de forma muito harmoniosa, nos visitam várias vezes por semana, Martin já teve um aumento de salário, mas ainda não é suficiente para viver."

[3] Cf. as próximas duas cartas. O dinheiro passou ainda por alguns desvios (resumido em Rbr. 1, pp. 100-102; cf. 163-Ernst, pp. 274-275).

[4] Edward Bernays havia organizado uma edição americana das *Conferências* (1916-17a), publicada em 1920. Na carta de 4/1/1920, Freud recusou a viagem de conferências por motivos de saúde e ainda levando em consideração as despesas altas (Bernays, 1967, p. 182s.).

[5] Freud, que desde 1902 era professor titular extraordinário, na época recebeu (apenas) o título de professor universitário ordinário (Gicklhorn e Gicklhorn, 1960, p. 130).

268 Sigmund Freud

157-Ernst [Cabeçalho Viena], 6/1/20

Negócios

Querido Ernst,

Como você sabe, comecei a sacar dinheiro da sua conta no *Deutsche Bank* em Munique. Até o presente momento, há nessa conta, além do seu saldo, 1.200 marcos depositados por P. em Frankfurt,[1] 1.200 dólares em *marcos* do dr. Brill, a contribuição dele para o fundo da revista psicanalítica de língua inglesa,[2] que, portanto, não é de minha propriedade. Suponho que o banco te informe sobre esses depósitos, e que você encaminhe para mim a correspondência do banco com carta registrada.

Agora, Rank afirma que muito provavelmente haverá o confisco de todas as contas de cidadãos austríacos no exterior, ele exige que eu encerre essa conta e junte o dinheiro em espécie estrangeira sob o nome do dr. Jones em um país neutro.

Por isso, gostaria que você mandasse transferir todos os depósitos – o mais fácil seria encerrar logo essa conta – para o endereço *Lippmann, Rosenthal & Cie* em Amsterdam, Spiegelstraat, 8, em nome do dr. Ernest Jones, Londres. Assim poderei acessar essa conta diretamente daqui.

Espero que, também nesses assuntos comerciais, você se mostre uma pessoa ágil e confiável, e te saúdo

Cordialmente,
Papai

P.S.: Hoje desembrulhamos os alimentos trazidos por Rank da Holanda.

---

[1] Um paciente que depositou os honorários de Freud na conta de Munique (cf. 415-Max, pp. 513-514).
[2] O recém-fundado *International Journal of Psycho-Analysis*.

CARTAS AOS FILHOS

158-Ernst [Cabeçalho Viena], 15/1/20

Querido Ernst,

O serviço postal está deplorável. Escrevi a você uma carta registrada expressa no dia 6/1 e calculo que ainda não seja possível ter uma resposta; no entanto, continuarei o assunto, sem aguardar sua resposta.

Escrevi que estou decidido a encerrar sua conta no *Deutsche Bank* em Munique e pedi (justificando) para que você mandasse transferir tudo o que está nela para a conta do dr. Ernest Jones, Londres, no Lippmann Rosenthal & Cia Amsterdam, Spiegelstraat, 8. Na época, havia apenas 1.200 marcos de P., de Frankfurt, nessa conta. Desde então, o dr. Brill depositou entre 500 e 1.200 dólares (não sei exatamente quanto), que também teriam que ser transferidos. Caso você tenha respondido ou fique sabendo que a transferência para a Holanda anda dificultosa, peço para mandar o dinheiro (os meus 1.200 + Brill) para Max em Hamburgo, combinando que os 1.200,00 marcos são para ele e o restante (Brill), um depósito.

Tenho tanto para fazer e escrever, que fico contente quando você recebe todas as novidades daqui por mamãe ou por Anna. Não estou gostando da sua infecção pulmonar; estou muito curioso quanto ao destino de Oli. Maus se mudou para cá hoje.[1]

Saudações cordiais a vocês dois,
Papai

159-Ernst [Cabeçalho Viena], 8/2/20

Querido Ernst,

Agradeço muito por você ter providenciado as flores.[2] Como agora não vivemos mais com um caixa, devo te perguntar quanto gastou e te

---

[1] Cäcilie Graf morou um período na casa de Freud (Anna em F/Sam, 20/4/1920).

[2] Para o enterro de Sophie, que falecera em 25/1/1920.

270 SIGMUND FREUD

reembolsar. Os primeiros 1.200,00 marcos passei à Math, em cheque, para levá-los ao Max e mandei o restante diretamente para ele, para as despesas com a doença, a cerimônia etc.[1] Os Estados Unidos estão demorados em todos os sentidos.[2]

Gostei muito de saber que você esteve ocupado com a decoração da Policlínica;[3] gostei menos do fato de que não consegue livrar-se da infecção pulmonar. Espero que tenha cuidado, até estar em condições de ir para um clima mais ameno. Não seja imprudente nesse ponto vital.

Quanto você ganha com seu chefe simpático?[4] Não apenas depósitos futuros, eu espero.

A casa está ficando muito sombria, apenas Maus está agradavelmente radiante. Aguardamos Oli e Mathrobert.[5] Anna cuida do cunhado de E, juntamente com Wal.[6]

Freund[7] foi enterrado no dia 22/1, na manhã seguinte chegou o primeiro telegrama de Max.[8] No dia 25/1, todos retornaram a Budapeste.

No consultório, estou com um americano e aguardando um inglês,[9] encaminhado por Jones. O geral e o público não vão melhorar.

Saudações cordiais,
Papai[10]

---

[1] Cf. 412-Max, pp. 510-511.

[2] Além do depósito de Brill, Freud também aguardava uma carta desse seu discípulo mais importante nos Estados Unidos, assim como as edições americanas de alguns dos seus escritos (cf. F/Brill, 4/1 até 13/5/1920).

[3] Isto é, da Policlínica Psicanalítica de Berlim, inaugurada em 14/2.

[4] Não está totalmente claro se Freud está se referindo ainda ao emprego com Baerwald.

[5] Essa junção dos nomes de Mathilde e Robert era usual no jargão familiar dos Freud.

[6] Contexto não esclarecido.

[7] Anton von Freund tinha câncer e morreu em 20 de janeiro de 1920 em Viena, depois de sofrer durante meses, o que afetou muito Freud.

[8] Sobre a doença que levou à morte de Sophie.

[9] Dr. Bieber e Claud Dangar Daly (cf. May, 2006a, 2007).

[10] A partir do fim de fevereiro de 1920, Ernst passou um período de recuperação em Oberstaufen na região do Allgäu (F/E, p. 193, nota 7). Um cartão do dia 4/3 para lá (UE), escrito por Martha, com acréscimos de Esti, Martin, Anna e Mathilde, Freud assinou com "Saudações Papai".

CARTAS AOS FILHOS 271

160-Ernst   [Cabeçalho Viena], 2 de abril de 1920

Querido Ernst,

Ontem, em um telegrama de cancelamento de Eitingon, havia uma alusão confusa à sua "escolha feliz", que foi esclarecida pela sua carta de hoje.[1] Meus calorosos e mais cordiais parabéns, também para a sua noiva. Que tudo fique e continue tão ensolarado quanto você sempre quis, já que, desde os primeiros anos de infância, você sentiu atração pelo ensolarado, pelo calor e pela beleza, a começar pela despedida de Lovrana, quando você tinha 2 anos e meio.[2] Desde então, você moldou seu destino de forma muito mais autônoma do que seus irmãos mais velhos, na verdade sempre para a nossa satisfação e para o seu sucesso. Que todos os privilégios de que usufruiu até aqui permaneçam fiéis a você!

O fato de estarmos tão excluídos e isolados, tão impotentes, é a gota amarga e inevitável no cálice da alegria. Será que apenas conheceremos a Lucie como sua esposa? Dificilmente poderemos estar presentes no casamento. Você tem consciência disso e por esse motivo não nos convida. Você está certo, casar, no fundo, é algo muito íntimo e não um assunto de família.

Se mamãe verá você antes do casamento, está em aberto. Ela tem horror às dificuldades, e, se os boatos se confirmarem, a chegada do tio Eli, que talvez esteja iminente, vai retê-la aqui de qualquer forma. Não acho que você deva aguardá-lo por causa dos dólares; ele não é nada confiável, a empresa dos Peles[3] me parece ser mais indicada. A propósito, estou juntando divisas em Amsterdam e poderei te passar algo, se sua próxima carta informar mais detalhes. Por enquanto, queremos ansiosamente conhecê-la, ou seja,

---

[1] Sobre o noivado e o casamento com Lucie Brasch, cf. p. 260; sobre a alusão de Eitingon, F/E, p. 196.

[2] Algo mais sobre essa anedota familiar, cf. p. 257.

[3] Provavelmente uma referência à empresa da família Eitingon, que transferira sua sede para Nova York e pouco depois começou a administrar dinheiro para Freud (F/E, pp. 202, 204s.).

272 SIGMUND FREUD

por retrato, dela sozinha e de vocês dois. Mande nossas lembranças à família dela também.

Esperamos ter mais novidades em breve.

Jones, Sachs e Ferenczi já chegaram.[1] É uma pena que Eitingon e Abraham não tenham nos procurado a tempo em função da permissão de entrada.

Tenha dias felizes, então!

Cordialmente,
Papai

161-Ernst [Cabeçalho Viena], 18/4/20

Querido Ernst,

Enfim a mamãe decidiu viajar sim, a não ser que na última hora a greve se estenda à Ferrovia Franz Josef.[2] Percebo que você já deixou para trás a Áustria alemã[3] e imagina que tudo aqui está muito fácil; você não faz mais ideia do acúmulo de preocupações, de esforços e de despesas que essas viagens representam.

Finalmente tomo conhecimento do retrato e da assinatura da sua Lux. Pelo rosto, dá para perceber uma série de coisas boas, se optarmos pela interpretação dos sinais. Infelizmente, ela terá que ficar distante

---

[1] Por motivo da viagem de Jones a Viena, foi organizado, a curto prazo, um encontro do "Comitê", do qual Abraham e Eitingon não puderam participar porque não conseguiram providenciar o passaporte e o visto a tempo (cf., a título de exemplo, F/A, p. 651s.).

[2] A greve dos ferroviários atingia principalmente a Ferrovia do Sul (*Südbahn*) e terminou logo. A Ferrovia Franz Josef, que levava a Praga, não foi atingida (cf. Anno). Martha Freud viajou em 19/4/1920 a Hamburgo via Berlim (F/Fer III/1, p. 63). Parece que ela levou essa carta.

[3] No decorrer da dissolução do Império austro-húngaro, os deputados de língua alemã do Conselho imperial se reuniram em 21 de outubro de 1918 em Viena, denominando o território por eles representado de "Áustria alemã", oficialmente. Entretanto, o novo Estado foi obrigado, no Tratado de Saint-Germain de 10 de setembro de 1919, a aceitar a designação "República da Áustria".

CARTAS AOS FILHOS

de nós em função das condições geográficas. Mas basta que vocês se aproximem ao máximo!

Dei para a mamãe uma ninharia da minha coleção[1] para ela remeter-lhe; o seu bom gosto talvez possa transformá-la em uma joia original. Você sabe como é difícil conseguir um presente nestes tempos. Quando nos visitarem, você poderá escolher outras coisas.

Dificilmente conseguirei ir ao casamento.[2] O que me retém, além das chateações, é a ideia de que a perda de quatro dias de trabalho significará renunciar a 20.000 coroas, sendo que preciso economizar para o verão. Estou muito contente que o destino quer logo poupá-lo da luta desgastante com as vis necessidades da vida; espero que você saiba lidar com o perigo que a riqueza de uma mulher pode trazer.

Saudações cordiais
do papai

162-Lucie   [Cabeçalho Viena], 23/4/20

Minha querida filha,

Fico feliz por poder te chamar assim. Sua carta sensível fez com que eu tivesse um dia feliz depois de semanas. Normalmente, eu teria adivinhado a causa da sua hesitação com facilidade, pois estou muito familiarizado com situações desse tipo. Mas, quando se trata de coisas nossas, simplesmente nos tornamos insensíveis, e eu estou em situação semelhante à sua. Da mesma forma que você perdeu seu pai,[3] eu mesmo perdi uma filha e, desde então, estou tão vulnerável que não tenho coragem de acreditar em felicidade. Todavia, parece que ainda é possível, e que você é a felicidade.

---

[1] Da coleção de antiguidades.
[2] O casamento fora marcado para o dia 23/5 e adiado por cinco dias depois da desistência de Freud (F/E, p. 199, nota 1). Martha viajou de Hamburgo e Anna de Viena para participarem da festa (cf., a título de exemplo, F/A, p. 657).
[3] O pai de Lucie morrera pouco antes (na carta Lucie/Ernst, de 25 de julho de 1919, ele ainda é mencionado).

274 SIGMUND FREUD

Seu convite carinhoso para o casamento de vocês é uma grande tentação. Como gostaria de aceitá-lo! Mas Ernst confirmará a você que meu dia de trabalho é precioso demais no momento e que não estou muito apto para os tormentos de uma viagem. Com o valor que eu gastaria nessa viagem, prefiro te dar algo de presente que lembre diariamente o seu sogro – pai de Ernst – na sua casa. Ainda verei você em breve como uma jovem senhora?

Faça-me o grande favor de mandar calorosas lembranças à sua mãe e às suas irmãs.[1] Que vocês todos usufruam a época que está começando!

Cordialmente,
Papai

163-Ernst   [Cabeçalho Viena], 5/5/20

Querido Ernst,

Agora você sabe que não vou a Berlim. Entre todas as razões, a mais importante em primeiro lugar: não tenho condições de me alegrar. Você fez bem em adiar o casamento, espero que não seja tão próximo que Anna não consiga participar. Não sei nada sobre seus planos ainda, mas espero vê-los aqui em breve e aproveitá-los talvez mais do que durante a agitação da festa dos dias de casamento. O entusiasmo generalizado quanto ao caráter e ao comportamento de Lucie me fez muito bem. Você sabe o que isso significa no caso de mamãe, que, até hoje, nunca se entusiasmou com nenhuma nora ou genro e que custou a se acostumar com o Max.

---

[1] Sobre a mãe de Lucie, cf. pp. 233-234. Uma das irmãs, chamada Käte (essa é sua própria maneira de escrever o nome), se casou com o banqueiro Hans Calmann, de Hamburgo, com o qual teve três filhos; ela morreu em janeiro de 1932 (288-Lucie, p. 376). A outra, Gerda (que morreu em 1984), estava casada com o pediatra Karl Mosse (1896-1963; Seidler, 2007, p. 179; Weissweiler, 2006, p. 350 s.); divorciaram por volta de 1937 (segundo as gentis informações de Carola Zentner, e-mail de 14/10/2009). Cf. 172-ErnstLucie, pp. 283-284.

CARTAS AOS FILHOS

O presente de casamento, vocês poderão desejar ou escolher quando estiverem aqui.[1]

– Não se esqueça de deixar os marcos de Brill acessíveis quando se ausentar de Berlim. Precisaremos deles em breve. Rank te escreverá sobre isso.

Amanhã farei 64 anos. É tarde na vida. Pela idade, estou muito bem, consigo trabalhar sem reclamar durante 9 horas. Para vocês, filhos, não consegui fazer tanto quanto eu gostaria. É reconfortante para mim ver você feliz e com a vida assegurada. Mande minhas lembranças à sua noiva e fique com meus votos mais calorosos.

Seu papai[2]

Em 23 de maio de 1920, Ernst e Lucie mandaram para Viena lembranças cordiais da partida para a lua de mel *da Ilha de Hiddensee. A frente do cartão mostra os dois recém-casados.*[3]

164-ErnstLucie   Bad Gastein, 7/8/20[4]

Queridos filhos,

A carta de Oli, na qual vocês me repreendem, demorou oito dias para chegar, daí apenas um cartão para dizer que Gastein voltou a ser muito bonito, cumprindo seu dever. Hoje caminhei durante sete horas e colhi o meu jantar.[5] No mais, não há muitas economias a fazer. De vez

---

[1] No começo de junho, Ernst passou dez dias em Viena com sua jovem esposa (cf. F/E, p. 207 s.).

[2] No período entre esta e a próxima carta, Ernst e Lucie se mudaram para seu primeiro apartamento na Regentenstrasse (hoje Hitzigallee), nº 11, no distrito de Tiergarten, onde moraram até o início de 1924.

[3] Cartão guardado no FML e reproduzido na p. 261.

[4] Cartão-postal; pela primeira vez endereçado a: sr. e sra. Ernst Freud/Berlim Oeste/ Regentenstr., 11; Remetente: Villa Wassing.

[5] Cogumelos e/ou frutas silvestres.

276 SIGMUND FREUD

em quando escrevo alguma coisa.[1] Aguardo muitas notícias de vocês sobre a acomodação. A última carta de Ernst foi registrada no dia 12/7.

Cordialmente,
Papai

165-Ernst   Bad Gastein, 20/8/20[2]

Querido Ernst,
Obrigado por suas notícias. Escrevi bastante ultimamente e, por isso, troquei menos correspondências. Não consigo definir a nossa chegada exata em Berlim,[3] ainda não estou com os passaportes. Vou te comunicar a tempo. Não estive em Ischl,[4] o que teria custado quatro dias, partirei de Salzburgo. Sentimo-nos muito bem aqui, hoje chegou tio Alex com a família; pela primeira vez, mau tempo.
Mande minhas lembranças cordiais a Lux e até em breve!

Papai

166-Ernst   [Briefkopf Wien], 7.X.20

Querido Ernst,
Fiquei muito feliz com sua notícia de S. Vigilio[5] e te passo o endereço de Margarete Schön,[6] agora com nome de

---

[1] *Psicologia das massas e análise do eu [Massenpsychologie und Ich-Analyse]* (Freud, 1921c).

[2] Cartão-postal.

[3] Em 28 de agosto de 1920, Freud deixou sua estância de verão em Gastein e chegou em Berlim dia 31, de onde prosseguiu, via Hamburgo, para o congresso da Associação Psicanalítica Internacional (IPA) em Haia (cf. 424-Max, p. 523).

[4] Para o aniversário de 85 anos de sua mãe, no dia 18 de agosto.

[5] San Vigilio, na margem oriental do Lago de Garda, que Freud amava em especial (F/Reise, p. 270).

[6] Margit, com sobrenome de solteira Schön (1888-1937), filha do arquiteto vienense Friedrich Schön, casa com o historiador de arte italiano Leandro di Ozzola (<www.architektenlexikon.at/de/564.htm>; acesso 12/11/2009).

Sra. prof. dr. Leandro de Ozzola
Piazza Rondarimi, 33, Roma.

O mais importante para mim, entretanto, é o relato de Lampl de que ele teria te examinado em Berlim e achado a sua infecção pulmonar novamente mais aguda. Sua aparência não estava nada boa e a tia teve a mesma impressão em Merano. Não gosto nem um pouco de estragar a sua viagem à Itália, mas não sou de poupar e enganar as pessoas e sei que pagamos caro pelas ilusões. Com sua agitação e seu pendor compreensível para ver muitas coisas, a Itália vai te trazer pouca melhora nesta estação. Penso que você deveria acostumar-se à ideia de passar alguns meses deste inverno em um sanatório em Davos. Lá você fará um tratamento radical e depois estará em boas condições para trabalhar, ao passo que um adiamento seria imprudente e qualquer outra medida não traria o mesmo benefício. Em período posterior, uma interrupção por motivos de saúde atrapalharia mais do que neste exato momento. Você deve lamentar pelo seu belo apartamento recém-decorado, mas trata-se de um caso de força maior, e você pode alugar o apartamento para outra pessoa.

Lux certamente vai concordar comigo e acompanhar você; vai fazer bem a ela também. Talvez, se eu estiver melhor, faço um esforço para mandar Anna para vocês. Aliás, seria muito indicado que mantivessem um ritmo calmo nessa viagem atual.

Quanto a nós, velhos solitários, não há nada de ruim a relatar. Estou com muito trabalho desde o segundo dia do meu retorno. Eu trouxe da Holanda um estômago com problemas que, contudo, não me incomoda muito. O congresso foi bem-sucedido, todas as questões públicas e editoriais estão em situação excelente. Ontem tivemos o triunfo de tirar 1.500,00 francos de um editor francês[1] pela tradução das *Conferências* etc.

---

[1] Payot (Rbr. 1, p. 58), que publicou as *Conferências* (Freud, 1916-17a) em 1922.

A mamãe se recuperou muito bem, uma empregada nova seria ótimo, se ela tivesse a intenção de ficar.[1] Martin tem um emprego excelente, talvez tenha alguns problemas de adaptação; Esti parece estar muito orgulhosa com o estado dela de expectativa.[2] Oli deve mesmo ir à Romênia.[3]

Mando-lhes, a você e a Lux, minhas lembranças cordiais, apostando na capacidade dela de usufruir as coisas, apesar dos probleminhas de saúde.

Papai

167-ErnstLucie   [Cabeçalho Viena], 17/X/20

Queridos filhos,

Se pediram para encaminhar a correspondência para Veneza e vão para Nápoles, não têm como reclamar da falta de cartas. Escrevam ao serviço de Posta Restante em Veneza e solicitem o reenvio da minha carta. Ela contém algo que não é sem importância.

Que bom que estão gostando. O que será que vão dizer sobre o Vesúvio e Pompeia? Espero que não deixem de saudar a Sorrento e à estrada para Amalfi por mim – a coisa mais bonita que já vi. Aliás, não estranhem o F no envelope. Os italianos não entendem o nosso F.F, e isso sempre causa transtornos na hora de buscar as cartas. Também se deve mandar procurar em T.T.

Por aqui, poucas novidades, casa calma, os dois casais[4] são hóspedes frequentes, muito trabalho, sendo quatro horas diárias em inglês,[5] não exatamente muito confortável. Os negócios estão bastante favorá-

---

[1] Marianne de Aussee; ela ficou apenas por um ano (F/AF, p. 284, nota 15).
[2] Ela estava grávida de seu filho Anton Walter.
[3] Cf. p. 206s.
[4] Mathilde com Robert e Martin com Esti.
[5] Ná época, os pacientes ingleses e americanos de Freud eram: Daly, Adolph Stern, James Strachey, George M. Young (May, 2006a; 2007).

CARTAS AOS FILHOS

veis; pensamos em vender a editora ao administrador Richard Kola,[1] assim poderíamos publicar o que quisermos sem preocupações. Rank continuaria como diretor da empresa, que também ficaria com o nome dele. Recentemente, um editor francês pagou 1.500,00 francos pelos direitos de tradução das *Conferências*. Estamos em negociação com um editor espanhol[2] por *Vida cotidiana* etc.

A Holanda estava muito bonita. A viagem à Inglaterra não deu certo pela longa espera do visto da Anninha. Por último, fizemos um tour de dois dias com Ophuijsen[3] e Emden pelo Golfo Zuiderzee até a Frísia e por uma bela paisagem de florestas e colinas (cogumelos!). Partindo de Meppel, visitamos também uma Veneza holandesa, uma aldeia com nome de Giethoorn onde cada casa fica em uma ilhota própria e há canais no lugar de ruas, sobre os quais cruzam inúmeras pontes. Entre as lembranças trazidas da Holanda, havia também uma gastrite que não resistiu ao *Karlsbader*.[4]

Vai ser muito bom quando vocês, fartos de Roma, passarem por Viena em novembro. Mas ainda espero ouvir notícias boas de vocês antes disso.

Desejo-lhes uma ótima temporada.

Papai

168-Ernst   Viena, 27/10/20[5]

Todos bem cartas posta restante Veneza Nápoles saudações papai

---

[1] A venda prevista da Editora Psicanalítica a Richard Kola (1872-1939), que estava em vias de construir um império editorial, não se realizou (cf. F/E, p. 228, nota 7).

[2] Biblioteca Nueva. *Sobre a psicopatologia da vida cotidiana* inaugurou em 1922 uma edição das Obras Completas de Freud, que foi concluída em 1930 com 14 volumes – a primeira edição completa em língua não alemã (cf. Knapp, 2008).

[3] Johan H. W. van Ophuijsen (1882-1950), psiquiatra, membro fundador, em 1917, da Sociedade Psicanalítica Holandesa, organizador principal do Congresso da Associação Psicanalítica Internacional (IPA) em Haia (Stroeken, 2009).

[4] Água ou sal mineral de Karlsbad.

[5] Telegrama; endereçado a Ernest Freud/Anacapri/Paradiso.

280 SIGMUND FREUD

169-ErnstLucie   [Cabeçalho Viena], 7/XI/20

Querido Ernst, querida Lux,

Já que vocês ainda não receberam as minhas cartas enviadas para Veneza e para Nápoles, e como não há como deduzir de suas cartas para onde devo enviar as minhas, repito o conteúdo principal daquelas e mando a presente carta para Roma. Tratava-se, basicamente, da advertência urgente de passar este inverno em Davos, para liquidar com sua infecção pulmonar em definitivo, o que certamente daria certo nessa fase inicial. Caso contrário ninguém mais poderá, como se sabe, garantir a evolução disso; e constantes interrupções por motivos de saúde te incomodarão cada vez mais do que agora no início do seu casamento e do emprego novo. Além disso, o meu pedido para você evitar exageros durante a viagem, que parece estar ultrapassado pelas suas notícias posteriores. Nem sei dizer se o inverno é uma época boa para visitar Roma e penso que o cuidado com a saúde deveria ter prioridade sobre qualquer outra coisa, mesmo tendo que fazer sacrifícios.

Ademais, a lembrança de que os italianos não entendem o nosso F.F, sendo recomendável procurar também na letra T no correio.

Se o nosso mês de novembro for como de costume, ou, se durante o período em que passarem por Viena você não melhorar, pedirei a vocês que sua estadia seja bastante breve, por mais que o lamentemos. Estou preocupado com a volta da infecção; sua aparência em Berlim não me deixou contente.

Aguardamos a chegada da tia para o dia 9 de manhã,[1] Anna deve chegar hoje em Berlim[2] e estar em casa antes do aniversário dela (3/ XII). Estamos muito sós e há muito para fazer.

Envio-lhes minhas saudações cordiais, meus queridos, e espero que não tenha sido a última vez que visitaram a Itália. Dizem que Goethe

---

[1] Isto é, de Merano (cf. 166-Ernst, pp. 276-278; F/Sam, 15/10/1920).

[2] Anna esteve em Hamburgo desde 28/9/1920 (F/AF, p. 281) e voltou para Viena no período de 10 a 13 de dezembro (F/E, pp. 221, 223).

CARTAS AOS FILHOS 281

comentou, certa vez, que, quem esteve uma vez na Itália, nunca mais poderá ser totalmente infeliz.[1]

Com os melhores votos,
Papai

170-ErnstLucie [Cabeçalho Viena], 9. nov. 20

Queridos filhos,

Agora que sei o paradeiro de vocês, não estarão mais a salvo das minhas cartas. A tia voltou hoje e contou mais detalhes da situação de Ernst. Gostaria então de dizer a vocês, em primeiro lugar, que a expectativa de a temporada na Itália acabar de vez com a infecção deve ser abandonada. Mesmo se melhorar, ela vai reaparecer na próxima ocasião em Berlim e passar a fazer parte daquilo que não se negligencia mais impunemente. Mas o risco é enorme quando se aguarda por tal recaída. Em segundo lugar, quero ouvir de vocês a garantia de que não vão colocar acima da obrigação de curar essa infecção nenhuma consideração pela fruição da natureza ou da arte, nem o apartamento em Berlim e muito menos custos e oportunidades. Em terceiro lugar, não se contentem com nenhum sucedâneo, escolham a única coisa certa, a saber, uma temporada em Davos (talvez ainda em Arosa). Lucy também está em Davos por um problema muito menos agudo.

Tendo em vista que advertir e preocupar são atividades um tanto ingratas, encerro por aqui, no aguardo de suas respostas.

Saudações cordiais,
Papai

---

[1] Em sua *Viagem italiana* [Italienische Reise], Goethe observa que seu pai "nunca ficou totalmente infeliz porque sempre se imaginava em Nápoles" (Nápoles, 27 de fevereiro de 1787).

171-ErnstLucie

[Cabeçalho Viena], 15. nov 20

Queridos filhos,

Respondo imediatamente às cartas que recebi hoje, porque não sei quanto tempo ainda vão permanecer aí. Então, estou muito feliz em ouvir notícias tão boas do estado atual de Ernst e da vida de vocês no mundo feérico de Capri, mesmo quando não acredito que, com isso, o perigo de uma recaída esteja descartado.[1] Insisto em sugerir que não troquem o que ganharam no idílio pelo barulho e chateações de Roma, na convicção de que não foi a última vez que estiveram na Itália. Se tudo der certo, eu não gostaria de desistir do plano de compartilhar a próxima temporada com vocês, de preferência em quatro do que em três, o que não constitui uma sociedade.

Em Viena, vocês poderão ficar de novo no quarto de Ernst. A tia não quer fazer a mudança antes de sua partida daqui.[2] É difícil conseguir quartos de hotel, sem falar nas despesas. Até vocês chegarem, vou saber de Sachs o que ele gastou em Davos.[3] Anna deve chegar a casa daqui a 14 dias.

Muito trabalho, ainda muitas cartas a escrever, mais saudações cordiais a vocês dois

do Papai

---

[1] Em 18/11/1920, Freud escreveu a Anna (F/AF, p. 307): "Boas notícias de Ernst e de Lux de Anacapri, ele já engordou, se mostra compreensível quanto à necessidade de precaver-se contra a sua infecção pulmonar, mas espera livrar-se dela com a viagem para a Itália, o que não deve acontecer."

[2] Na redistribuição dos quartos na Berggasse, 19 depois da saída dos filhos, Anna ficou com os dois "quartos de menino", enquanto Minna Bernays se mudou para o quarto anterior de Anna (F/AF, p. 298, nota 7).

[3] Em sua carta a Anna do dia 18 (loc. cit.), Freud continua: "Não se esqueça de pedir a Sachs que passe a você, ou diretamente a mim, *informações exatas sobre os custos no sanatório em Davos*. Ernst as exige como base para sua decisão." Cf. nota 1 de 84-Martin, p. 164.

CARTAS AOS FILHOS

P.S.: Tom assumiu um noivado fortemente judaico.[1] Faltam os detalhes.

172-ErnstLucie   [Cabeçalho Viena], 28/XI/20

Queridos filhos,

Fiquei muito contente com as notícias de vocês[2] e com as intenções nelas expressas. Quero apenas saudá-los na Cidade Sagrada e não tenho um papel menor para escrever. Não se admirem muito com o erro no início desta carta. É domingo[3] e estou ocupado em escrever uma dúzia de cartas a diversas outras pessoas que se misturam com a carta para vocês. Não consigo mais escrever cartas durante a semana; as seis horas diárias em inglês[4] exigem demasiadamente de mim, porque maldita nação que não abre o bico quando fala, e não entendemos nada se não escutarmos constantemente cada palavra.

Por aqui, nada de novo que eu não tivesse relatado. Não tenho certeza quanto a isso. Vocês já sabem do noivado de Tom com o sr. Jankew Seidmann, revisor no *Weltbund*? Anna e Oli o elogiam muito; na família daqui, há reações claramente antissemitas.[5] Não participo disso, apenas espero que ele não seja tão esquisito quanto eles, apesar de todos os seus dons.

Anna mandou um telegrama via Eitingon para solicitar uma prorrogação de suas férias, assim, não vai estar de volta para o próprio

---

[1] Martha Gerturde, apelidada de "Tom", com sobrenome de solteira Freud (1892-1930), uma renomada artista de livros infantis, era filha de Maria, a irmã de Freud que vivia em Berlim. Ela se casou com o escritor e jornalista judeu Jakob/Jankew Seidmann (1892-1929), que se tornou editor posteriormente (Murken, 2004).

[2] Corrigido no lugar de "Senhores".

[3] O dia em que Freud despachava com regularidade a maior parte de sua correspondência.

[4] Aos pacientes anglo-americanos mencionados anteriormente (cf. nota 5 de 167-Ernst Lucie, p. 278), juntaram-se, nesse meio-tempo, o dr. Bieber (para um segundo período) e Alix Strachey (May, 2007, p. 606 s.; Meisel e Kendrick, 1995, p. 89).

[5] Seidmann havia nascido em um *Shtetl* [comunidade tipicamente judaica na Europa oriental; na região da Bucovina (Murken, 2004, p. 87, nota 23). (N. dos T.)

284   SIGMUND FREUD

aniversário.[1] Temos quase certeza de que não significa algo particular. Esperamos sua mãe e sua irmã para 1º de dezembro, mas ainda não recebemos nenhum telegrama delas.[2] As negociações com o Regina[3] quanto à acomodação delas estão avançando de forma promissora (preço do quarto com aquecimento: 276 coroas). Evidentemente, vocês ficarão em casa. O aquecimento será intenso. Nossa nova empregada, Marianna, não é tão mesquinha quanto a velha Anna. Nesse momento está fazendo tanto frio que ficaríamos preocupados se vocês chegassem hoje. Não é mesmo bom levar apenas bagagem de mão para uma viagem tão extensa. Aconselho a não passarem frio por motivos de economia.

De todas essas coisas bonitas que viram em Roma, Nápoles, Pesto e Pompeia, é certo que vou querer que me contem pessoalmente; não tenho como escrever nada sobre isso. É provável que a minha carta impacte vocês como se viesse de outro mundo.

Minhas saudações cordiais aos dois,
Papai

173-ErnstLucie   [Cabeçalho Viena], 28/XII/20

Queridos filhos,

Não tenho nada de especial a comunicar, apenas aproveito a oportunidade para mandar-lhes meus votos de Ano-Novo para 1921 através de um gentil mensageiro.[4]

O clima aqui está horroroso, todos estão doentes; quem quiser se

---

[1] No dia 3 de dezembro.

[2] Em 6/12/1920, Freud escreveu para Anna (F/AF, p. 313): "A mãe e Käthe Brasch foram encantadoras e conquistaram logo um lugar destacado na assembleia dos parentes." Também fizeram uma parada na volta de Roma (427-Max, p. 525) e se desencontraram de Ernst e Lucie, que chegaram somente no dia 7 de dezembro.

[3] O hotel nas proximidades da Berggasse, onde Freud costumava acomodar seus convidados.

[4] Não identificado.

CARTAS AOS FILHOS

sentir infeliz facilmente encontrará um ou mais motivos; o futuro próximo é sombrio. Espero que a juventude de vocês passe por cima disso, supere as dificuldades que dominam o momento atual e que, sinceramente, aproveitem a vida. Para cada notícia de cada um de vocês há um público grato aqui na Berggasse, principalmente pelas boas. Saudações cordiais e mandem minhas lembranças à mãe e à irmã de Lux.

Papai

174-ErnstLucie   Réveillon 1920[1]

Saudações carinhosas a vocês dois pelo Ano-Novo
Mamãe

e durante todo o ano de 1921
Papai

Por reuniões longas e frequentes!
Anna

Com os melhores votos!
Tia Minna
Pt PS[2] Lampl

---

[1] Cartão-postal ilustrado da *Wiener Werkstätte* [*Oficina Vienense*; uma comunidade de artistas vienenses, que, seguindo o modelo do Arts and Crafts Movement britânico, almejava a renovação da arte com base na produção artesanal; com motivos de Réveillon na frente. Cada saudação na letra do assinante; a data escrita por Martha Freud, o endereço por Freud.

[2] As letras não puderam ser decifradas com segurança. Martin também subscreve com "P.T." uma suposta carta a Lampl em outubro de 1914. Talvez: "p.t." = *pleno titulo* (expressão em latim, dizendo que a pessoa dispensou escrever o título completo). PS = Postcriptum/postscriptus (lat.): P.317

Saúde e as nossas melhores saudações

Robert
Math

175-Ernst   [Cabeçalho Viena], 16/1/21

Querido Ernst,

Finalmente podemos voltar a escrever. Com certeza você também ficou sabendo da greve dos correios. Nossa situação chegou ao ponto de esperarmos o colapso total de um dia para o outro. Mas o que vem depois? Ocupação por legionários tchecos! [1]

No ano-novo, eu não estava bem, nem com disposição. O dr. Edelmann,[2] que passou a ser meu médico pessoal, ajudou-me muito desde então, receitando as termas de Karlsbad, e voltei a trabalhar de forma dedicada.

Em sua carta, senti falta de um pouco de entusiasmo sobre o ar maravilhoso e o sol ardente que se espera de uma região como essa,[3] mas não pude evitar a impressão de que você abriu mão de muito em função do preço baixo, o que não faria muito sentido e sairia bastante caro; estranhei o fato de a casa não ser aquecida acima dos 10° C, nada disso constava nas cartas de Sachs. Entretanto, é difícil avaliar essas condições a distância e confio que você tenha energia e bom senso suficientes para não evitar uma mudança se perceber que não fez a escolha certa. Sachs pagou 14 francos no Eisenlohr.

Nosso único interesse é que, desta vez, você leve a cura a um bom termo.

Por aqui, poucas novidades. Continuo com os estrangeiros, 6 horas diárias em inglês. Janeiro está ameno como na primavera. Anna decorou

---

[1] Conforme noticiou a *Neue Freie Presse* em 14/1/1/21, citando o *New York Times*, a situação financeira desastrosa provocou "o fim da Áustria na falência e na ruína".

[2] Adolf Edelmann (1885-1939), médico clínico em Viena (F/AF, p. 360, nota 15).

[3] Seguindo a exigência de Freud, Ernst iniciara um tratamento em Arosa, no Cantão de Grisões, e lá permaneceu durante quase três meses (F/E, p. 248). Em 15/4/1921, ele voltou com Lucie a Berlim (ibid., p. 249); uma carta de Mirra Eitingon do dia 7/4 endereçada aos dois (FML) foi destinada a Oberstaufen em Allgäu como posta restante, onde estiveram, o que não passou do início de abril (Anna/Ernst, 3/4/1921).

CARTAS AOS FILHOS 287

seus dois quartos com muita elegância e a tia está muito feliz com o quarto dela. Ditha anunciou sua chegada. Já recusei duas ofertas de viagem aos EUA para dar conferências e para tratar de pacientes, o que, com certeza, seria uma tortura e financeiramente pouco interessante.[1] Evidentemente, qualquer músico recebe ofertas melhores. Ontem o dr. Bernfeld esteve aqui, ele está com um aspecto péssimo. Em abril, terá que abandonar "O Judeu", que vai fechar,[2] e quer vir a Viena, onde espero ocupá-lo com análises e com trabalho na editora.[3] Ele seria uma ótima aquisição se pudesse ser mantido.

Lux escreveu uma carta encantadora, que responderei ainda hoje.[4] Espero saber de suas novidades em breve, se o correio continuar sem perturbações, e envio minhas saudações cordiais em nome de todos.

Papai

176-Ernst [Cabeçalho Viena], 18/2/21

Querido Ernst,

Recebi todas as suas cartas. Essa história é muito desagradável. A coitada parece estar totalmente perdida.[5] No dia 16, recebi dela uma

---

[1] Cf. Jones III, p. 45.

[2] A revista mensal *O judeu*, editada por Martin Buber, foi publicada de 1916 a 1928.

[3] A partir do verão de 1920, Siegfried Bernfeld trabalhara como secretário e redator de *O Judeu*, mas, por motivos de saúde, apenas conseguia exercer sua função de forma limitada (Bunzl, 1992, p. 81). Ele não ingressou na Editora Psicanalítica (F/E, p. 242); tornou-se analista.

[4] Parece que essa carta – se chegou a ser escrita – se perdeu.

[5] Freud se refere a Lucie, que estava grávida e com muita saudade de Ernst. Trata-se aqui da questão de se ela deveria ou poderia ir a Arosa apesar da gravidez. As cartas que ela escrevia diariamente ao seu marido, às vezes na maior parte ao dia, testemunham suas mudanças bruscas de humor, oscilando entre a ponderação sensata, a saudade e o desespero, entre os argumentos a favor e contra a viagem. Uma carta de Freud a ela, mencionada em seguida (que, ao que parece, também não foi conservada), foi decisiva. Em 19/2/1921, ela escreveu a Ernst: "hoje às 8 da manhã chegou a carta de Papai com a decisão: Você deve viajar. Somente aos poucos consegui entender o que vai acontecer – os meus olhos felizes já desaprenderam a ver –, e agora, depois de 12 horas, conto a você e amanhã cedo, o meu Único vai saber: estou CHEGANDO." Ela chegou em Arosa a tempo para poder festejar, no dia 2 de março, seu aniversário com Ernst.

carta expressa que apresenta o dinheiro como obstáculo e atribui a mim a decisão definitiva. A carta era do dia 13, respondi no mesmo dia com outra carta expressa, dizendo que ela deveria viajar, que o bom humor seria importante não apenas para ela, mas também para o bebê. Com isso, considerei o assunto encerrado e mandei transferir £ 30, que você deve receber no decorrer da semana. Porém, ontem Lampl me mostrou uma carta do dia 14, na qual ela escreve que está firmemente decidida a não viajar e que não mudaria de opinião por influência minha ou sua. E agora espero que o meu argumento de que a depressão poderia fazer mal ao bebê tenha algum efeito, pois ela voltou a ficar indecisa. O incômodo nessa história é não conseguirmos saber com clareza quais as razões contrárias. Ela escreve que seu médico berlinense lhe proibiu de viajar por conta da gravidez, mas tudo parece estar normal, e não sabemos se a família dela não está por trás do médico, fazendo com que ele alegue essa razão. Os motivos da família também são desconhecidos, o dinheiro provavelmente não é decisivo.[1] Não sei se você acertou o verdadeiro motivo – medo de contaminação – com sua interpretação; tudo me parece bastante irracional.

De forma alguma posso aprovar o seu propósito de interromper o tratamento ou suspender a temporada no início de março, caso ela não vá. Parece-me ser o maior contrassenso de todos, pois sua recuperação completa é a condição para um final favorável da situação atual e a garantia de que ela não se repita.

Continuo na expectativa de que as dificuldades se resolvam e de que minha contribuição encontre o uso previsto. A não ser que o médico dela realmente tenha bons motivos para proibir a viagem; nesse caso, vocês dois vão ter que suportar e superar esse momento difícil, assim como, no caso da viagem, vocês têm que ultrapassar os obstáculos externos.

---

[1] Em 10/2/1921, a mãe de Lucie havia escrito a Ernst (UE) que seria contra a viagem: "A saber, mais por motivos de saúde do que por financeiros". em consideração a *ambos*.

CARTAS AOS FILHOS

Por favor, me mande mais notícias logo,
te envio minhas saudações
mais cordiais,
Papai

177-Ernst [Cabeçalho Viena], 21/2/21

Querido Ernst,
Hoje, Max enviou fotografias do túmulo de Sophie.[1] O monumento
ficou muito bonito e te agradeço muito.

Papai[2]

178-Ernst [Cabeçalho Viena], 8/5/21

Queridos filhos,
Muito obrigado pela carta e pelo belo vaso chinês de finalidade
desconhecida. Eitingon, que transformou estes dias em festa,[3] vai informar sobre tudo que vocês devem saber. Claro, continuo não sendo
simpatizante a festividades, principalmente quando elas servem para
lembrar a nossa idade.
Ontem Anton[4] fez sua primeira visita a nossa casa. Ele é bastante
frágil e não muito bonito, mas já se comporta como gente. Uma menininha que reunisse todos os indícios de beleza, existentes em ambas
as famílias, em uma imagem seria bem-vinda para variar.

Boa saúde e alegria para vocês!

---

[1] Uma foto da lápide desenhada por Ernst Freud (no cemitério judeu em Hamburgo-
-Ohlsdorf) se encontra no Museu Freud em Londres.
[2] Freud também assinou com "Papai" um cartão-postal de 29/3/1921 (UE), no qual
Anna Freud agradece Ernst por um pacote com laranjas.
[3] Eitingon fora a Viena para o aniversário de Freud, o que virou regra a partir de então.
[4] Anton Walter, o primeiro filho de Martin e Esti, que nascera em abril.

290   SIGMUND FREUD

Com saudações cordiais,
Papai

179-ErnstLucie   [Cabeçalho Viena], 16/6/21

Queridos filhos,

Sobre o desejo de Oli, envio-lhes a última carta dele para a sua leitura, para informarem Eitingon e a reenviarem a mim.[1]

Fiquei muito feliz com a última carta de Lux. As cartas dela são escassas, em compensação, são longas e boas. Não vamos discutir sobre a questão decisiva se vai ser menino ou menina.

Hoje, Martin tornou-se gerente da *Treuga*.[2]

Cordialmente,
Papai

180-ErnstLucie   Bad Gastein, 16/7/21

Queridos filhos,

De novo em Gastein, ainda cansado da viagem de ontem, mas hoje já tivemos uma bela tempestade, com perspectiva de chuva por vários dias. Vou ver como conseguimos descansar sem nenhuma ocupação. Mamãe deve deixar Viena amanhã de manhã.[3] Quanto mais o mês avança, mais serei grato com notícias de vocês. Talvez Max nos visite aqui.

Saudações cordiais!

---

[1] Provavelmente, essa carta tratava das dificuldades de Oliver na Romênia. Tanto Ernst quanto Eitingon falaram sobre esse assunto com o dr. Hirsch, um amigo berlinense de Eitingon (F/E, p. 255) que havia intermediado para Oliver dois dos seus empregos até então (sem o segundo na Romênia; OFI, pp. 27s., 33; Oliver/Ernst, 23/1/[1921], UE).

[2] Cf. p. 112.

[3] Ela foi a Altaussee, onde Anna e Max com seu filho mais velho, Ernstl, estavam de férias (cf. 431-Max, 528, nota 3). A visita mencionada em seguida não se realizou.

Sigmund Freud, 1913. Desenho a lápis de John Philipp.

Comemoração em família das bodas de prata do casal Martha e Sigmund Freud, em 1911 (da esquerda para a direita, em sentido horário: Oliver, Ernst, Anna, Sigmund, Martha, pessoa não identificada, Minna, Martin e Sophie).

Mathilde ("Math"), a primogênita do casal Freud, recebeu o nome da esposa de Josef Breuer, mentor e amigo do pai da psicanálise. As meninas recebiam o nome de amigas da família pertencentes à sociedade judaica burguesa vienense e os meninos, o nome de medalhões das ciências ou da política. A fotografia data de *c.* 1905.

As irmãs Sophie, Mathilde e Anna, c. 1903. Enquanto permitiu que os filhos se decidissem pela esposa adequada, Sigmund, no caso das filhas, insistiu que a relação com o parceiro escolhido deveria ter seu consentimento. Apesar do forte traço patriarcal, Freud entendia que elas deveriam se casar conforme as próprias preferências afetivas.

Mesmo sem a aprovação do pai, que provavelmente preferiria um acadêmico, Mathilde escolheu se casar com Robert Hollitscher, um comerciante — ou, nas palavras dela, "algo diferente de um psicólogo" —, doze anos mais velho. Casaram-se em 1909. Fotografia de 1945.

Jean-Martin Freud, em fotografia de 1908. O segundo fruto do casal Freud mostrou aspirações literárias na infância e aptidões para a esgrima, o alpinismo e o esqui. A partir de 1910, ingressou no serviço militar como voluntário, participação que foi abreviada por uma fratura no fêmur. Mais tarde, também como voluntário, lutou na Primeira Guerra Mundial.

Sophie, Martin e Ernst, com amigos, *c.* 1912. Na anotação de Sophie à margem, para a avó materna, lê-se: "De uma excursão de domingo. 17/4. / A tia Minna vai te explicar tudo em detalhes. Soph / Da esquerda para a direita: Sophie, Martin, Käthe Pick, Hans Lampl, Ernst, Charlie Rosanes, Luz Pick, Heinz Rosanes."

Desde os primeiros anos da guerra, Martin nutria o desejo de se casar com uma mulher rica após seu regresso, que só aconteceu em 1919. Em 1917, conheceu Ernestine ("Esti") Drucker, filha de um bem-sucedido advogado judeu, com quem manteve correspondência. Na fotografia, Martin e Esti, noivos, em 1918.

Anton Walter foi o primeiro filho do casal Martin e Esti. Freud confiou a ele a administração de seus bens e a declaração de seu imposto de renda; em 1931, apoiou que ele assumisse a direção da Editora Psicanalítica Internacional, à beira da falência, para cujos trabalhos o mercado alemão começou a se fechar cada vez mais. Na fotografia, Martin e Walter, em 1936.

O pendor pela faticidade e precisão marcava a personalidade de Oliver ("Oli") Freud, que foi um aluno de destaque na fase escolar e, mais tarde, formou-se engenheiro civil. Apesar de sua juventude promissora, Oli teve um futuro de instabilidades, trazendo grandes preocupações ao pai. Fotografia de 1926.

Enquanto esteve envolvido com a construção ferroviária, num projeto relevante para a guerra, Oliver foi dispensado do serviço militar. Contudo, em 1916, com a precarização das condições de trabalho, seu alistamento foi inevitável. Na fotografia, Martin e Oliver, em 1917.

O primeiro casamento de Oliver — com Ella Haim, uma estudante de medicina — não gerou descendentes. Sua única filha, Eva, viria em 1924, fruto de seu segundo casamento, com a artista e professora Henny Fuchs, no ano anterior. Na fotografia, Oliver com Henny e Eva, no final dos anos 1920.

Sigmund Freud com Henny e a neta Eva, no final dos anos 1920. Após a chegada de Hitler ao poder, Oliver sabia que a Alemanha não era mais segura. Aconselhado pelo pai, mudou-se com a família para a França em 1933, quando recorreu à fotografia para garantir renda. Freud manteve correspondências com todos eles.

Ernst é o filho de Freud sobre o qual há mais escassez de documentação. Tinha especial apreço pelas artes, querendo, num primeiro momento, tornar-se arquiteto e, mais tarde, pintor. Entre 1915 e 1917, lutou na Primeira Guerra Mundial, da qual por pouco escapou com vida. Fotografia de *c*. 1920.

A Alemanha ainda vivia um período muito turbulento — a Revolução Bávara, a declaração da República dos Conselhos, a Primeira Guerra que ainda se estendia — quando Ernst voltou a Munique, em 1918, decidido a concluir seus estudos. Lá, conheceu Lucie ("Lux") Brasch, com quem se casou em 1920, ano desta fotografia.

Num curto intervalo, Lucie deu à luz três filhos: Stefan Gabriel (1921), Lucian Michael (1922) e Clemens Raphael (1924). A fotografia, de 1928, mostra as crianças acompanhadas do pai. Com a ascensão dos nazistas, diferentemente de Oliver, Ernst optou por emigrar com a família para a Inglaterra, em 1933.

Ao contrário das irmãs, Sophie Freud estava menos interessada em questões intelectuais; como era comum para mulheres burguesas de sua época, sua atenção se voltava para o casamento, a casa e os filhos. Fotografia de *c.* 1914.

Sophie era considerada a filha preferida de Martha. Várias vezes mãe e filha viajaram juntas, fosse para visitar a avó materna em Hamburgo ou em função dos problemas biliares de Sophie. Depois de casada, a filha ainda recebia visitas do pai pelo menos uma vez ao ano e visitas mais longas e frequentes da mãe. Fotografia de *c.* 1912.

Sophie tinha apenas 19 anos quando, em uma viagem a Hamburgo, em 1912, conheceu Max Halberstadt, fotógrafo; de volta da viagem, anunciou que se casaria com ele. Uma das formas que Sigmund encontrou para ajudá-los foi conceder o monopólio de seus retratos comerciais ao ateliê de Max. Fotografia de *c.* 1914.

A primeira gravidez de Sophie foi interrompida por indicação médica, em 1913. No ano seguinte nasceu Ernst ("Ernstl") Wolfgang. Aos netos de Hamburgo – Ernstl e o mais novo, Heinele – remontam as reflexões mais ricas de Freud sobre crianças. Fotografia de *c.* 1921.

CARTAS AOS FILHOS

Papai

181-Lucie   [Cabeçalho Viena], Bad Gastein, 2/8/21

Minha querida Lux,

Quando recebi sua última carta, já havia preparado uma resposta para te consolar, já que você ainda não terminou o *opus* 1, ao passo que o Ernst está no *opus* 3.[1] Gostaria de te dizer que ele sempre mostrou um temperamento tempestuoso e que os dois casos não são comparáveis. Ele não se preocupa mais com suas obras depois de terminadas, enquanto, para você, o verdadeiro trabalho começa somente depois etc.

Então chegou o telegrama,[2] tornando todas as minhas consolações desnecessárias. Um filho, portanto; na minha série, o quarto! Como ele é? Quais possibilidades não imaginadas estão realizadas nele? Que pena que ele terá 6 semanas quando poderei conhecê-lo.[3] Evidentemente, pude saudar Anton – a mãe insiste em Anton *Walter* – quando ingressou nesta vida, mas lamento que o neto desconhecido de Berlim tenha sido apresentado a mim depois de um caminho já percorrido. Mas, no fundo, ele pertence a vocês e, até que aprenda a apreciar o valor e a função de um avô, levará um bom tempo.

Que ele se desenvolva bem e deixe você muito feliz, e que possa compensar as dores e preocupações com o caráter e o sucesso dele na vida. Imagino que Ernst esteja muito orgulhoso.

Abraços e beijos carinhosos,
Vovô

---

[1] Alusão às primeiras três casas que Ernst Freud construiu em Berlim.
[2] Com a notícia do nascimento do primeiro filho, Stefan Gabriel ("Gab", "Gabi"). Foi o quarto neto menino de Freud em sequência ininterrupta.
[3] Cf. a carta 183, nota 3.

SIGMUND FREUD

182-ErnstLucie   Kurheim, 16/8/21[1]

Queridos filhos,

Cheguei ontem aqui com mamãe, Anna e Ernstl,[2] esperando por Maus. Planalto bonito de 1180 m de altura, tranquilidade, comida boa, ar das montanhas, preços mais altos ainda. Esperamos que mamãe se recupere aqui, o que não conseguimos em Aussee. Ernstl está muito comportado, espero que Gabriel também. Ansiosos demais por notícias, inclusive sobre as casas.

Com votos cordiais em nome de todos os presentes,
Papai

183-Ernst   [Cabeçalho Viena], Seefeld, 20/8/21

Querido Ernst

Em consideração ao seu acúmulo de trabalho e à minha falta de atividades, te envio uma carta no lugar de um cartão-postal. Gostamos muito das suas notícias. Ao que parece, Gabriel tem um senso de família bem desenvolvido, senão não teria a sensibilidade de engordar 1 grama para cada 10 marcos do salário de Oli. Penso que o emprego de Oli é, mais uma vez, provisório e que ele tem planos de sair do país com recomendações de peso.[3] Nesse momento, estamos juntando recomendações também para a Romênia. Espero que, enquanto ele estiver em Berlim, você encontre algum tempo para dar-lhe atenção, até para que ele saia logo do desleixo. Da mesma forma, torço para que saiba moderar suas ambições em nome de sua saúde e não "acabe" com você antes da hora. No mais, gosto de enfatizar que o seu sucesso também representa uma satisfação irrestrita para nós.

---

[1] Cartão-postal; remetente: Seefeld i.T.

[2] Isto é, em Seefeld/Tirol, a oeste de Innsbruck, onde Freud passou a segunda metade das suas férias de verão de 1921 (cf. 434-Max, 531-532).

[3] Depois da sua aventura fracassada na Romênia, Oliver voltou a Berlim, onde acabou permanecendo.

CARTAS AOS FILHOS

293

Espero ir ver o Stefan Gabriel em meados de setembro. Não tenho como ser mais preciso. Devo levar o Ernstl sozinho para Hamburgo, motivo pelo qual não sei se vou primeiro a Hamburgo ou a Berlim. O dia da partida daqui também depende do clima, do estado de saúde da mamãe e de outras circunstâncias.[1]

Com saudações cordiais a toda a família,
Papai

184-Lucie   Kurheim Seefeld/Tirol, 23.ago [1921][2]

Papai está feliz de ser o primeiro visitante de Viena desta vez.[3]

185-ErnstLucie   Seefeld, 5/9/21[4]

Queridos filhos,

Há pouco consegui o vagão-leito Munique-Berlim para o dia 14/9, chego, portanto, quinta-feira, dia 15, meio-dia (?). Escrevam-me, por favor, se é para descer e mandar a bagagem para a estação *Zoo* ou *Friedrichstraße*. Posso muito bem hospedar-me na pequena pousada da qual Lux escreveu. Mas Eitingon vai querer um hotel, entendam-se sobre isso.[5] Estou ansioso para ver vocês e o bicho-maravilha.

Cordialmente,
Papai

---

[1] Em 14-15/9/1921, Freud foi a Berlim, onde alguém buscou Ernstl, e depois ele mesmo seguiu para Hamburgo (cf. as cartas 438-Max, pp. 536-537 e seguintes).

[2] Acréscimo a uma carta de Martha Freud, que não foi reproduzida aqui; remetente e data são dessa carta.

[3] Na referida carta anterior, iniciada com "Minha querida, doce Lux", Martha Freud avisara que ela e Anna não poderiam ir a Berlim.

[4] Cartão-postal.

[5] F/E, pp. 262-265.

294   SIGMUND FREUD

186-ErnstLucie   Seefeld, 10/9/21[1]

Querido Ernst,
     Junto com a sua carta, chegaram as passagens de Reichenhall, que a tia havia encomendado. São para o trem de 7h15; chegaremos cedo, portanto, você escreve 7h37. Aceito o quarto que reservou com prazer e fico muito feliz em rever você e o novo conhecido.

Saudações cordiais a você e a Lux,
Papai

187-Ernst   Lübeck, 20/9/21[2]

Querido Ernst,
     Decidimos que você deve vir para cá um dia[3] para conhecer os edifícios e o museu, que pudemos ver apenas rapidamente.

Saudações cordiais a você e ao Oliver,
Papai[4]

188-ErnstLucie   [Cabeçalho Viena], 24/X/21

Querida Lux, querido Ernst,
     No dia de hoje, há 25 anos, o vovô morreu.[5] Evidente que me lembro muito bem daquele dia.
     Finalmente uma carta de vocês! Nesses casos, é preciso muita tolerância. O outro lado, ou seja, nós, sentimos exatamente o mesmo.

---

[1] Cartão-postal.
[2] Cartão-postal.
[3] Isto é, para a cidade de Lübeck.
[4] Carta-resposta de Max Halberstadt não reproduzida.
[5] O dia da morte de Jacob Freud normalmente é informado como sendo 23/10/1896; o próprio Freud escreve em 1898: "23-24 de outubro" (F/Fl, p. 351).

CARTAS AOS FILHOS 295

Por que ninguém se senta à mesa e escreve pelo menos um cartão? Na verdade, eu mesmo não o faço. Até que finalmente alguém tenha a feliz ideia de começar. Desta vez, foram vocês. (Aliás, a carta de Lux para Anna não chegou, a carta dela para mamãe chegou primeiro.)

Que bom que vocês estão bem e que o pequeno esteja se desenvolvendo de forma tão satisfatória. A imagem dele continua me perseguindo; estou quase admitindo que mesmo as últimas fotografias minúsculas dele também trazem essa expressão curiosa. Não se esqueçam de aquecer ao máximo seu apartamento frio neste inverno – que está começando hoje –, mesmo se gastarem a metade do lucro obtido nas construções. Sai mais barato do que ficar doente. Aquecedores quentes e janelas abertas são a melhor combinação.

Fico feliz em receber o retrato de Lux; também vou querer um bem-sucedido de Gabriel. Meus agradecimentos pelo presente de prata para os Rie. Não consegui encontrar nada aqui e aceito o porta-joias de prata, confiando no bom gosto de Ernst. Há um problema: o dia das bodas já é 10 de novembro.[1] Chegará a tempo em Viena? Caso contrário, resta apenas comunicar sobre o presente e pedir desculpas, o que é no mínimo desagradável. Peça ao Max para te enviar o dinheiro; ele acreditará, mesmo sem o meu pedido. Escrever uma carta não está fácil para mim. Continuo tendo que quitar a minha correspondência oficial; e enquanto eu, um homem de reputação mundial, tiver que enviar o parecer sobre um caso a Sydney (Austrália) e esclarecer outro de uma dama em Porto Rico sobre as lembranças de infância dela etc.,[2] não terei tempo para a minha família. Todo dia trabalho durante 9 horas, 6 delas em inglês; não consigo escrever mais nada e participo apenas das preocupações e das atividades da Editora. A consequência disso, no entanto, é uma grande riqueza em coroas, que soa muito estranho diante da situação pública quase inviável. Todos em casa estão bem atualmente, Anna está até radiante, Toni, rechonchudo e alegre, um

---

[1] As bodas de prata de Oscar e Melanie Rie (cf. F/Fl, pp. 210, 214).
[2] Os dois casos não são elucidados, as respectivas cartas de Freud são desconhecidas até o presente momento.

296   SIGMUND FREUD

bebê de verdade. Esti está bastante exausta, Martin se atormenta, mas não tem o suficiente para viver, claro, com seu meio milhão.

O silencio de Oliver foi especialmente incompreensível para nós; amanhã responderei ao sr. Adunar Marcovice, Bucareste, calea Plevnei, 59, que perguntou pelo endereço dele. Minhas saudações cordiais a vocês dois, e Oliver peça à Lux para mandar lembranças também para a mãe e as irmãs dela.

Papai

189-Ernst   Viena, 7/XI/21

Querido Ernst,

O porta-joias de prata chegou hoje, é muito bonito, bastante adequado para a ocasião e com um preço muito justo. Vou nomeá-lo fornecedor da Corte. – Trabalho demais por aqui, esperando a visita de Lou Andreas-Salomé, à qual será concedido o salão.[1]

Saudações cordiais a você, Lux, e ao Gabriel,
Papai

190-ErnstLucie   [Cabeçalho Viena], 20/XII/21[2]

Querido Ernst, querida Lucie,

Hoje de manhã a sra. Lou partiu; então, esta noite é a primeira oportunidade em que consigo responder às cartas gentis de vocês dos dias 30/XI e 7/XII: ela foi uma hóspede encantadora e é, de modo geral,

---

[1] Lou Andreas-Salomé ficou hospedada na casa de Freud em Viena de 9/11 a 20/12/1921 (F/AF, p. 347, nota 7).
[2] A maior parte está reproduzida em F/Briefe, p. 353.

CARTAS AOS FILHOS

uma mulher extraordinária. Anna fez um trabalho de análise com ela,[1] fez visitas a casa de muitas personalidades conhecidas e aproveitou bastante o contato com ela. Mamãe cuidou dela com muito carinho, eu mesmo não tive tempo suficiente, trabalhando 9 horas por dia, mas ela foi discreta e pouco exigente. Além disso, houve muito movimento nesse período – eu não sabia que o nosso trabalho aumentava com a idade. A idade do descanso parece ser uma fábula como aquela da juventude feliz. O que ocupa muito tempo são as respostas negativas e os pedidos de informação em todas as direções do globo; todo mundo quer ser analisado por mim, sendo que, até o fim de fevereiro, não terei vaga.

Entre os sucessos mais significativos, menciono a publicação das traduções francesa e italiana (1ª parte) das *Conferências* e a minha nomeação como membro de honra da Associação Holandesa de Psiquiatria (por sugestão de um adversário).[2]

A extensão atual da psicanálise pode estar relacionada ao fato de terem chegado, na mesma semana, dois requerimentos para a formação de novas associações locais ligadas à Associação Internacional,[3] a saber, a de Calcutá e a de Moscou! A última carta tinha selos no valor de 10.000,00 rublos – o que dá uma ideia do nosso futuro, talvez o de vocês também.

No quarto em que a sra. Lou ficou, acolheremos Abraham e Ferenczi no início de janeiro, um logo após o outro, para que deem conferências

---

[1] Essa formulação pode aludir ao fato de que foi Anna que se deixou analisar por Lou Andreas-Salomé. Desse intercâmbio entre as duas mulheres sobre o tema "Sonho – devaneio – poesia" surgiu a primeira publicação de Anna Freud (1924; cf. Weber e Rothe, 2004, pp. 871 s., 877 s.).

[2] Possivelmente, esse "adversário" era Cornelis Winkler, do qual, entretanto, existe apenas o registro de que *votou* a favor da nomeação (como exemplo, cf. Rbr. 2, p. 300; cf. Stroeken, 1997, pp. 23-26).

[3] Isto é, da Associação Psicanalítica Internacional (IPA).

298   SIGMUND FREUD

para os nossos americanos.[1] O primeiro vai levar o presente de Natal da mamãe para o Gabriel, que é para recusar se tiver vindo de outra parte, uma colher torta de prata, bastante útil para poupar a mãe erudita.

Tia Minna tirou o gesso do braço há dois dias[2] e deve voltar logo ao trabalho; durante esse tempo, ela não esteve bem e ficou bastante mal-humorada. Antes de ontem, aliás, nossa ótima cozinheira repetiu a mesma queda com o mesmo resultado, de modo que mamãe e Fanni estão cuidando da cozinha agora.

O Toni, de Martin, está se desenvolvendo de forma magnífica; ele já fica sentado na nova cadeirinha que chegou para o Natal; está bem feinho, mas o pai dele também não era nenhuma beleza. Sinto falta das notícias de Oli, vou escrever para ele em breve, gostaria de vê-lo em uma emprego definitivo.

De vocês, não preciso de notícias melhores do que aquelas contidas na sua última carta. Espero que a próxima seja semelhante.

> Minhas saudações cordiais de Natal e Ano-Novo,
> Papai

191-ErnstLucie   [Cabeçalho Viena], 13/2/1922

Queridos filhos,

Finalmente podemos voltar a nos escrever![3] Não estamos em condições, claro, de ver sua última greve como uma necessidade absoluta. Talvez pensemos de forma diferente depois de termos recebido

---

[1] Como parte de um curso de três meses sobre Psicanálise, que era ministrado em Viena para os estrangeiros que ficavam em Viena para análises didáticas, principalmente com Freud (Rbr. 2, p. 251). Segundo informações de Abram Kardiner (1979, p. 18s.) havia, além dele mesmo, quatro americanos fazendo análise com Freud: Leonard Blumgart, Munro A. Meyer, Clarence P. Oberndorf e Albert Polon; além desses americanos, havia ainda os ingleses John Rickman, Alix e James Strachey, assim como um suíço (provavelmente Philipp Sarasin: F/Pf, 29/7/1921).

[2] Ela quebrara o braço caindo na rua em novembro de 1921 (F/Sam, 4/12/1921).

[3] Uma greve dos ferroviários na Alemanha acabara de terminar (cf. Anno).

CARTAS AOS FILHOS

os empréstimos,[1] e que os funcionários públicos e os trabalhadores fizerem a tentativa de se apoderar dessa verba.

Em primeiro lugar, quero expressar meus agradecimentos pelo belo Rembrandt,[2] duplamente precioso por ser um presente de filho para pai, adquirido com recursos próprios. Confirmo ainda o que todas as testemunhas oculares depõem de forma unívoca sobre o Gabriel, que ele é realmente o milagre que nos apareceu no outono. Ver um ser humano apenas uma vez por ano não é uma boa forma de manter contato durante o seu desenvolvimento.

Aqui temos um emaranhado de miséria cambial, frio e gripe. Eu poderia acrescentar ainda: trabalho, mas parece que logo vou poder descansar; no momento, três dos meus alunos ou pacientes estão ausentes por motivos de saúde. Anninha passa o dia fazendo visitas, da inglesa Mrs. Strachey,[3] que está acamada em uma pensão, para Maus, da Maus para Edith,[4] depois para a vovó ou tia Dolfi, que se revezam com seus problemas de saúde. Ditha permanece aqui em casa, se adapta bem, colabora em tudo e ainda troca dinheiro ou envia um telegrama. Sem um americano em casa, uma família decente dificilmente consegue viver.

No círculo mais próximo, até que não estamos sofrendo muito, apenas infecções sem febre e outros males menores. Depois de curar a mão, a tia ainda sofreu com um corpo estranho na córnea, que Königstein teve que tirar, o que custou apenas 24 horas de inutilidade.

---

[1] No sábado, dia 11/2/1922, os jornais noticiaram um projeto de lei francês sobre um empréstimo auxiliar para a Áustria. Havia iniciativas semelhantes na Inglaterra e na Tchecoslováquia.

[2] No acervo de Freud (hoje FML) encontram-se duas águas-fortes originais de Rembrandt: *Os judeus na sinagoga* (1648) e *Retrato de Menasseh ben Israel* (1636); (cf. Schlesier, 1993, p. 263, nota 120); Freud deve estar se referindo a uma dessas duas obras.

[3] Alix Strachey (1892-1973), desde o outono de 1920 fazendo análise com Freud (Meisel e Kendrick, 1995). Adoeceu de uma gripe que se transformou em pleurite, de modo que foi obrigada a interromper sua análise (LAS/AF, p. 22).

[4] O mais provável é que se trate de Edith Rischawy (?-1931), filha de Marie Rischawy (cf. 14-Math, nota 1), por um tempo amiga de Anna Freud (Molnar, 1996, p. 171; LAS/AF, *passim*).

300   SIGMUND FREUD

O pequeno Toni, ou Walter, como é chamado pela mãe romântica, também está sem febre outra vez, fica fazendo ginástica na cama, é muito bonzinho e parece ter herdado o lado esportivo do pai. Talvez comece a andar quando fizer um ano, dificilmente vai fazer discursos. Vejo-o uma vez por semana, aos domingos; a última vez, ele estava esperto o suficiente para me identificar como algo estranho e horrível. Hoje não saí por estar rouco.[1]

O verão e o futuro em geral ainda estão muito incertos. Gostaríamos muito de estar com os meninos de Hamburgo, mas, como é que se faz isso e para onde se vai na Alemanha? Anninha certamente terá planos quando voltar, depois de ter debatido tudo com vocês.[2] Não devo desistir de Gastein, mas, provavelmente, encerro no dia 1º de julho. Sinto-me suficientemente rico e velho.

Abraham foi uma visita muito agradável, mas não pôde nos contar muito sobre vocês. Há muito tempo que aguardo notícias de Oliver. Durante um período, tive esperanças de Lux ter fugido com o menino para Gaglow.[3]

Tudo de bom para vocês; espero que me mande notícias sobre vocês três logo.

Saudações cordiais,
Papai

192-Lucie   2/3/22[4]

Lux,
Para um pequeno luxo.[5]

Papai

---

[1] O dia 13/2/1922 era um domingo. Possivelmente, Freud ficou escrevendo durante o domingo até tarde na noite.

[2] Em 1/3/1922, Anna Freud partira para uma grande viagem pela Alemanha, com escalas em Hamburgo, Berlim e Göttingen.

[3] Casa de veraneio dos pais de Lucie (Gross-Gaglow, ao sul de Cottbus), centro de um romance de Esther Freud, uma neta dela (1998).

[4] Escrito em um envelope.

[5] Certamente uma cédula de dinheiro. O dia 2 de março era o aniversário de Lucie.

CARTAS AOS FILHOS

193-Ernst   [Cabeçalho Viena], 3/4/22[1]

Meu querido Ernst,

Na verdade, não é necessário te desejar felicidades pelo aniversário de 30 anos. Você é o único dos meus filhos que já tem tudo o que se pode ter nessa altura da vida: uma esposa carinhosa, um filho magnífico, trabalho, prosperidade e amigos. Você merece tudo isso, mas, como nem tudo na vida segue a lógica do mérito, gostaria de expressar o desejo de que a felicidade continue fiel a você.

Cordialmente,
Papai

194-Lucie   Viena, 2/5/22[2]

Querida Lux,

Você está certa, o Gabriel é uma gracinha.[3] Estou ansioso por nosso reencontro.[4]

Cordialmente,
Papai

195-Ernst   Bad Gastein, 2/7/22[5]

Querido Ernst,

Confirmo e agradeço o recebimento[6] da [...] a escrivaninha daqui

---

[1] Carta reproduzida em F/Briefe, p. 356.

[2] Cartão-postal.

[3] Provavelmente baseado em uma fotografia enviada.

[4] Freud foi com Anna ao congresso da Associação Psicanalítica Internacional (IPA) em setembro de 1922 (cf. a nota 1 de 450-Max, p. 548).

[5] Cartão-postal; remetente "Villa Wassing", com lacunas porque o selo foi arrancado.

[6] Provavelmente outra foto de Gabriel.

302   SIGMUND FREUD

[...] especialmente [...] misteriosamente muito [...] fica admirado com o mundo. Estou curioso para saber o que a mamãe vai achar.[1]

– A tia se envernizou de forma brilhante em Abbazia e se recuperou; eu ainda sinto todo o cansaço do trabalho desses nove meses. Você já analisou o relógio do pobre do Pankejeff[2] e conversou com o Theo[3] sobre as necessidades dos próximos anos?

Saudações cordiais a você e Lux,\
Papai

196-Ernst   Viena, 8/X/22[4]

Querido Ernst,

Hoje, Deuticke me informou sobre o depósito de 14.000 marcos.[5] Dei instruções à editora para enviar a você aproximadamente 35.000 coroas húngaras convertidas em marcos. O próximo depósito importante também será da editora. Deixei £ 5 em notas e 50.000,00 marcos para você com Eitingon. Gostaria que, depois do segundo depósito da editora, me enviasse uma folha com confirmações e cálculos, mantendo esse fundo familiar em boa ordem.

Já não tenho mais certeza se dei a você ou a Lux os 500,00 marcos para a babá gentil de vocês. Certamente não dei nas mãos dela. Se for assim, por favor passe o dinheiro do fundo para ela. Ou então: a Anna

---

[1] Martha ficou de 4 a 7 de julho de 1922 em Berlim, antes de continuar a viagem à região do Harz para encontrar com os netos de Hamburgo (cf. 448-Max, p. 546, nota 1).

[2] Sergei Pankejeff (1887-1979), o paciente conhecido como "homem dos lobos" (cf. Gardiner, 1972), procurava vender um relógio de pé alto, que se encontrava em Berlim. Eitingon, para quem Freud havia mandado uma carta sobre o assunto em 12/6/1922, ficou de cuidar da venda com a ajuda de Ernst (F/E, p. 288s.).

[3] Theodor Freud (1904-1923), filho de Maria ("Mitzi"), irmã de Freud. Desde a morte do marido em setembro de 1920, ela passou a depender de ajuda (cf. Tögel, 2004).

[4] Cabeçalho impresso: Congresso Psicanalítico Internacional/Berlim (de 25 a 27 de setembro de 1922).

[5] Em 1922, dentre as várias obras de Freud, das quais Deuticke tinha os direitos, foram publicadas as seguintes reedições: *Studien über Hysterie* [Estudos sobre a histeria], *Traumdeutung* [A interpretação dos sonhos], *Drei Abhandlungen* [*Três ensaios*], *Über Psychoanalyse* [*Sobre a Psicanálise*].

CARTAS AOS FILHOS

lembrou que emprestou o mesmo valor a Lux e não o recebeu de volta. Se vocês também se lembrarem disso, usem esse dinheiro para a babá.

Também será necessário tirar algo para flores e charutos. –

Estou trabalhando a pleno vapor, claro. Os Frink[1] talvez fiquem aqui até o dia 14; esta noite assistimos ao *Don Juan* na Ópera.

Aos poucos, a casa voltou aos eixos, todas as 3 senhoras estão bem. Heinerle é o queridinho de todos, os pais adotivos estão loucos por ele.[2] A tia Rosa ainda é um problema não resolvido, se é que tem solução. Vovó está inesperadamente animada e indo bastante bem.

Espero que Lux esteja tão bem nestas últimas semanas quanto o tempo anterior e que você esteja com trabalho. Ainda não ouvi falar nada de Oli. O tio Alex está com um carbúnculo e parece que está melhorando. A Käte[3] dos Emden teve uma filha.

Cordialmente,
Papai

Cadê o meu retrato com o Gabriel?[4]

197-Ernst   [Cabeçalho Viena], 5/XI/22

Querido Ernst,

Vou ter que te escrever de novo, antes de receber a aguardada novidade de vocês.[5] Aliás, nem fiquei sabendo para quando será neste mês.

---

[1] Horace W. Frink (1883-1936), neurologista, membro fundador da Sociedade Psicanalítica de Nova York, fez várias vezes análise com Freud de 1921 a 1922. Encorajado por Freud, se divorciou e se juntou a Angelika Bijur, uma ex-paciente do psicanalista, e com ela se casou em dezembro de 1922 em Paris, depois de seu terceiro período de análise (Edmunds, 1988).

[2] Heinz Halberstadt (normalmente chamado de "Heinele") foi adotado no início de outubro de 1922 por Mathilde e Robert na idade de 3 anos.

[3] Provavelmente Catharina Johanna, uma filha de van Emden, que ficara noiva no verão de 1920 (F/AF, p. 271 s., nota 8).

[4] Há uma foto de Freud com Gabriel em E. Freud *et al.* 1976, p. 228.

[5] O nascimento do segundo filho.

304 SIGMUND FREUD

Obrigado pela sua prestação de contas. Considero como óbvio que você faça algo com os marcos, antes de se derreterem. Vocês agora estão passando por tudo o que nós superamos,[1] e também não vai ser agradável. Além do depósito maior da editora (120.000 marcos), que deve estar com você agora, você deve receber ainda 100 francos da Suíça ou o valor correspondente em marcos, os honorários por uma consulta que, infelizmente, não pagaram diretamente a mim. Como deve lembrar, são para você saldar uma dívida em francos. Esse dinheiro, portanto, não vai para a minha conta.

Claro que estou preocupado com os que vivem em Berlim, mas espero que vocês, em particular, se virem bem. Apenas cuide bem da sua saúde, volte novamente, sem hesitar, ao sanatório por algumas semanas. Basta você providenciar a viagem, que as despesas pela temporada eu posso transferir da Holanda. A Lux não vai precisar te visitar uma segunda vez.[2] Mas acredito que, no momento, você não está precisando.

Aqui estamos com dificuldades sem-fim e sem solução com tia Rosa, Pauli e Rosi, que em parte têm a ver com a falta de moradia e em parte com a falta de juízo das envolvidas. Heinele está se desenvolvendo bem, engordou dois quilos no primeiro mês, está se saindo muito bem com a retirada das fraldas e sendo mimado por inúmeros tios e tias. Seus pais adotivos simplesmente estão loucos por ele; não teríamos esperado que Robert se soltasse tanto.

Certamente você se lembra da Christine Haberl. O filho dela, Ernst, com 18 anos de idade, feriu o pai com um tiro e se entregou à polícia. Soa horrível, mas, na verdade, ele é um menino comportado, que tem tudo para dar certo, e o pai é o criminoso, que maltrata a esposa e os filhos há anos. Acionamos os nossos contatos para livrar o menino e

---

[1] Uma inflação galopante.
[2] Caso Ernst fizesse outro tratamento de saúde na Suíça, depois do primeiro no início de 1921 (cf. nota 5 de 176-Ernst, p. 287).

CARTAS AOS FILHOS 305

provavelmente teremos algum sucesso, principalmente porque o velho não se feriu muito.[1]

O meu trabalho não ficou mais leve, continuo trabalhando nove horas com 10 pessoas[2] e estou ansioso para me liberar de 1 ou 2 pacientes.

O prof. Loewy aprovou as novas aquisições.[3]

Por favor, transmita a Lux os meus agradecimentos pela carta gentil e as notícias sobre a família. As fotografias de Oli são excelentes. Repito que agora sou favorável a uma menina, pois um menino terá problemas para se afirmar ao lado de Gabriel.

Enviando as minhas saudações cordiais a vocês 3 ou 4,

Papai

198-ErnstLucie [Cabeçalho Viena], 14/12/22

Meus queridos filhos,

Mais uma vez, meus parabéns de coração.[4] Aguardo diariamente notícias pelo correio para saber o que o recém-nascido está fazendo

---

[1] O caso saiu na imprensa, sendo inicialmente apresentado como um exemplo de "depravação especialmente grave" (jornal *Neue Zeitung*, 1/11/1922). Freud se interessou pelo caso – certamente devido ao fato de que a mãe do rapaz tinha sido uma "irmã de leite" de Mathilde (LAS/AF, p. 95); ele também pagou o advogado de defesa, dr. Valentin Teirich (idem; cf. Jones III, p. 112). O julgamento aconteceu em 19/9/1923, em que ficou claro o que motivou o crime em última instância, ou seja, que o ódio do filho contra o pai se descarregou em um ataque violento: o pai havia assediado sua filha extraconjugal, que vivia na casa, "de forma imoral". Ernst Haberl foi absolvido, porque, "embora o crime da lesão corporal grave estivesse objetivamente dado, o levantamento das provas, assim como o parecer médico legal, teria mostrado que se tratava de um ato impulsivo, que deveria ser igualado a uma perturbação mental" (*Neue Zeitung*, 20/9/1923). Maiores detalhes sobre esse caso em A. Freud e Aichhorn, entre outros.

[2] Freud chegou à solução, com alguns analisandos, de trabalhar apenas cinco ao invés de seis horas semanais (cf. F/E, p. 305).

[3] Ao que parece, Löwy tinha avaliado as compras recentes de antiguidades de Freud, o que fazia com regularidade (Molnar, 1996, p. 394).

[4] Pelo nascimento do segundo filho, Lucian Michael, em 8/12/1922. Ao que parece, um telegrama ou uma conversa telefônica havia precedido esta carta.

e como ele se chama. Sua coragem de se atrever a entrar no mundo depois de um irmão mais velho desses, me faz logo simpático a ele.

Queria que a Edith Rischawy, que viaja a Berlim amanhã, levasse um presente do avô, mas as ressalvas generalizadas quanto à confiabilidade dela me detiveram, de forma que Lampl, que é o próximo a retornar a Berlim, provavelmente será o encarregado.

Espero que Lux continue bem. Aqui, infelizmente, parece haver um problema com Esti. Há suspeitas de uma gravidez anormal e, confirmando-se o diagnóstico, a cirurgia deve acontecer em uma ou duas semanas.[1] Seu estado e seu comportamento em geral têm estado muito distantes do que chamamos de saúde.

Heinele é uma gracinha; raramente está bem de saúde. O pequeno Anton (ou Walter) é agitado e cheio de vigor; os idosos da família estão todos meio bambos, e nem poderia ser diferente. Viena está tranquila e erma, parece que sou o único que pode trabalhar e ter alguma renda.

Eitingon escreveu com muita assiduidade de Paris e de Londres, hoje deve estar em Palermo.[2] (Onde eu também já estive uma vez!)

Minhas saudações cordiais a vocês e aos dois meninos.

Papai

199-Ernst   [Cabeçalho Viena], 7/1/23[3]

Querido Ernst,

Espero ouvir de você *em breve* que partiu para Arosa.[4] Sei que não será vantajoso para os seus negócios, mas isso não vem ao caso. Agora

---

[1] Sobre esse – segundo – aborto de Esti (apesar de ter havido dúvidas quanto ao diagnóstico de uma gravidez ectópica), cf. SoF, p. 107.

[2] Em meados de outubro, Eitingon partira para uma viagem de férias com sua esposa, que durou três meses e meio e teve como escala Paris, Londres, Sicília, Taormina e Florença (cf. F/E, pp. 297-320).

[3] O número do ano está ilegível, talvez devido a uma correção, mas parece ser "1921", que é impossível levando-se em conta o conteúdo da carta.

[4] Em 25/12/1922, Freud havia escrito a Eitingon (F/E, p. 316): "Penso também que já está na hora de Ernst procurar o sanatório suíço de novo e espero fazê-lo ir em breve."

CARTAS AOS FILHOS

muito menos, visto que tem que cuidar de dois sucessores tão magníficos. Quando você estiver lá e precisar de mais que 1.000 francos, não terei dificuldade alguma em mandar o dinheiro da Holanda. Até sarar disso – veja o caso de Sachs –, você provavelmente vai ter que passar por essas interrupções com certa frequência.

Já nos reconciliamos com Lucian,[1] na medida em que ele se justifica pelo nome da mãe. "Mingau de mel" – uma bela criação infantil – é muito mais bonito, claro. A carta de Lux, imbuída de orgulho materno, nos deixou todos muito felizes; ela foi declarada meia carta e estamos ansiosos por receber a outra metade. Na verdade, tudo que vocês escrevem ainda é pouco.

Foi muito agradável ouvir que você foi o primeiro a felicitar a noiva de Oli.[2] Deles também não estamos sabendo o suficiente. Espero que, nessa ocasião, Lux reveja algumas antipatias mais antigas, das quais fiquei sabendo. Falei diversas vezes – ou pretendi falar – que ela é demasiadamente severa em seus julgamentos. As perspectivas do novo casal nos preocupam, como se pode entender com facilidade, tanto as externas quanto as internas. Normalmente, as grandes distâncias acabam com a convivência.

Minhas saudações cordiais a você, a Lux e aos meninos,
Papai

200-Ernst   [Cabeçalho Viena], 23/1/23

Querido Ernst,

Obrigado por sua carta detalhada.[3] Gostei de saber que você não se sente muito doente, o tratamento de uma doença leve é tanto mais gratificante.

---

[1] Com o nome dele. Mais tarde Lucian passou a ser chamado de "Lux", o mesmo apelido da mãe (cf., por exemplo, 286-Ernst, p. 375).
[2] Henny Fuchs; cf. p. 207s.
[3] Associado a um envelope endereçado a: Villa dr. Herwig/Arosa/Scheiz. Escrita já durante o tratamento na Suíça.

308   SIGMUND FREUD

A nossa atenção agora é tomada pelos destinos de Oli.[1] Não sei se ele tem coragem de descer para o inferno francês daqui a oito dias. Infelizmente, com o passar dos anos, percebemos cada vez mais o quanto somos impotentes. Ele vai ter que se virar. As minhas experiências com as noras, claro, também me deixaram cauteloso e preocupado. Mas era o direito dela aguardar para ver se não haveria outra oportunidade,[2] e nada impede que ela seja uma esposa fiel e uma boa companheira para ele. Vamos ver e, nesse meio-tempo, torcer.

Lux mandou um cartão coletivo da família da noiva e quero elogiá--la muito por essa iniciativa. Era fácil prever que o Michael[3] iria perder para o Gabriel, motivo pelo qual eu queria que fosse uma menina.

A prestação de contas não estava anexada à carta. Disponho-me a retomar o auxílio para a tia Mitzi, se você me falar de que maneira devo mandar o dinheiro. £ 5 agora estão valendo 125 francos suíços. Provavelmente vou mandar transferir os valores – em um depósito maior ou em depósitos mensais menores – da Holanda, de onde, entretanto, só poderão chegar na forma de marcos.

Aqui há uma série de coisas desagradáveis e, no todo, uma atmosfera insegura e desconfortável. O trabalho é menos uma necessidade para mim do que uma obrigação, como no passado.

Com os melhores votos para sua recuperação,
Papai

201-Lucie   [Cabeçalho Viena], 15/2/1923

Minha querida Lux,
Envio-lhe a minha parte dos agradecimentos pela descrição graciosa da vida e do movimento dos dois arcanjos.[4] Você tem muitos

---

[1] Isto é, para o casamento dele e para a mudança iminente para a região do Ruhr, que acabara de ser ocupado pelos franceses.

[2] Alusão à rejeição inicial de Oliver por parte de Henny.

[3] O segundo nome do recém-nascido Lucian.

[4] Ou seja, dos filhos Stefan *Gabriel* e Lucian *Michael*. Chamar os filhos com os nomes de arcanjos era algo programado (cf. 220-Ernst, pp. 322-323).

CARTAS AOS FILHOS

motivos para se sentir feliz e é muito bom que saiba aproveitá-los. Em breve, Ernst também voltará,[1] descansado e revigorado de qualquer forma. A juventude, vocês todos juntos têm.

Se você lamenta a sua rispidez do passado,[2] isso vale muito, mas valeria ainda mais se você a compensasse com sua simpatia atual. Fico *muito* feliz com o seu comportamento com a noiva de Oli. Certamente ela também.

No momento, sinto uma grande atração por Berlim, para rever a todos e ver alguns de vocês pela primeira vez. Mas os jovens hoje em dia têm tantos problemas em alcançar algo que a consequência disso é os velhos terem que espremer o restante do rendimento que ainda lhes sobra. Preciso trabalhar excessivamente enquanto houver pessoas que me paguem.

Envio-lhe minhas saudações cordiais e minhas lembranças para sua mãe, seus irmãos e a pequena Josefa engraçada.[3]

Papai

202-Ernst   [Cabeçalho Viena], 4/3/23

Querido Ernst,

Soube pelo Max que você voltou bem para casa, mas não consegui descobrir se recebeu os 150 florins para a tia.[4] Lissa & Kann[5] anunciaram o envio. Você deveria me informar de todos esses assuntos de negócios por carta, mesmo se for de forma sucinta.

Por favor, se ouvir falar que Henny não se casa na Páscoa, mas prefere viajar a Viena, diga a ela que você tem a incumbência de providenciar-lhe a passagem para uma [...] confortável[6]

---

[1] Lucie esperava o retorno do marido de Arosa em 24-25/2/1923 (Lucie/Ernst, 19/2/1923; FML).

[2] Em relação a Henny.

[3] Possivelmente a babá mencionada em 196-Ernst, pp. 302-303.

[4] Maria ("Mitzi"), a irmã berlinense de Freud (cf. 200-Ernst, pp. 307-308).

[5] O banco holandês de Freud àquela época (cf., por exemplo, F/Jo, pp. 391, 511 e outras).

[6] Parte da carta foi cortada, motivo pelo qual falta uma palavra.

310 SIGMUND FREUD

203-Ernst [Cabeçalho Viena], 14/3/23

Querido Ernst,

Recebi hoje sua carta substituta. Preciso ser sucinto, para Schmideberg[1] poder levar a resposta; estou escrevendo no consultório.

Em anexo, 500,00 francos iguais a £ 20 para a tia. Não estou completamente de acordo com a sua compra, talvez porque a magia do objeto fique sem efeito na descrição. US$ 40 é muito dinheiro enquanto estivermos trabalhando o ano inteiro. Teria que ser muito bonito, e isso não é fácil no caso de uma máscara de madeira.[2]

Provavelmente, será o posto alemão de passaportes que decidirá sobre o dilema da viagem ao casamento de Oli. Não estou com tempo, nem com vontade de me dedicar a essas dificuldades.[3]

Ficamos muito interessados nas suas novidades familiares e felizes com a maioria delas. A Lux é uma verdadeira companheira. Espero que Oli também encontre em Henny o que está precisando. Martin não deu tanta sorte.

Muitos visitantes nos últimos tempos; poucos dias atrás, o conde Keyserling, que achei intragável,[4] Mr. Viereck[5] de Nova York, melhor do que eu esperava. Uma troca simpática de cartas e livros com Romain Rolland.[6] Sempre nos surpreendemos quando percebemos que nem todas as pessoas são canalhas.

---

[1] Walter Schmideberg (1890-1954), estudou medicina após a guerra, membro da Sociedade Psicanalítica de Viena desde 1919, mudou-se para Berlim em 1922. Trabalhou como psicanalista (BL/W).

[2] Quanto a essa compra de antiguidade por Ernst, talvez se trate de três máscaras egípcias de sarcófago, que estão guardadas no acervo de Freud (FML); cf. 255-Ernst, pp. 351-352.

[3] Freud acabou não indo a esse casamento, assim como ao casamento de Ernst e Lucie.

[4] Cf. nota 3 de 129-Oli, p. 223.

[5] George Sylvester Viereck (1884-1962), escritor americano, nasceu em Munique, mantém contato com Freud de 1918 a 1933 (Johnson, 1972).

[6] Pouco antes, Freud havia enviado ao renomado escritor sua "veneração respeitosa", ao que Rolland respondeu escrevendo que já conhecia e apreciava suas obras havia 20 anos. Essa troca foi o início de uma longa correspondência (Vermorel e Vermorel, 1993).

CARTAS AOS FILHOS 311

Com saudações cordiais,
Papai

Fr 500,00
US$ 40,00[1]

204-Ernst [Cabeçalho Viena], 19/3/23

Querido Ernst,

Mais um assunto humanitário-comercial, com o qual terei que te aborrecer.

Há muitos meses, conversamos sobre um relógio que nos bons tempos custava 8.000,00 marcos e que agora é a única propriedade do coitado do dr. Pankejeff.[2] Ele se encontra em Berlim, na casa do dr. Peripletnik, Knesebeckstrasse, 54/56, que deveria cuidar da venda, mas não é muito confiável. Você se comprometeu em ficar com o relógio e vendê-lo pela melhor oferta e Eitingon já emprestou dinheiro a Pakejeff por conta própria. Agora Pankejeff voltou a perguntar pelo relógio e eu te peço para levar o assunto adiante. Ele já foi o meu paciente mais rico e agora está recebendo minha ajuda; ganha 1 milhão mensal exercendo uma posição menor como agente, vive com uma mulher que tem problemas no pulmão e, no mais, se comporta de forma humilde e paciente.

Aqui não há nada de novo desde a partida de Schmideberg. Continuo sofrendo dores de cabeça e nevralgias – dizem que é a forma atual da gripe crônica. Henny escreve assiduamente; hoje ela recusou o convite de vir a Viena antes do casamento.

Com saudações cordiais a você, a Lux e aos arcanjos,
Papai

---

[1] O dinheiro anexado à carta.
[2] Cf. a nota 2 de 195-Ernst, p. 302.

312   SIGMUND FREUD

205-Ernst   Viena, segunda-feira, 23/4/23

Querido Ernst,

Algumas semanas atrás, percebi algo supérfluo no céu da boca, que Hajek retirou no sábado, dia 21.[1] Hoje de manhã, voltei da clínica dele e terei uma bela semana tranquila, já que não vou poder comer nada de sólido nem falar devidamente. Todo mundo está fervorosamente convencido do caráter benigno da neoformação extirpada, mas não havia como saber como ela se comportaria permanecendo. Por isso, tive que retirar.

Nenhuma palavra de Oli-Henny desde a mudança para Duisburg.[2] Se vocês tiverem mais informações, por favor me comuniquem o mais *rápido* possível.

Saudações cordiais a você, a Lux e aos anjos,
Papai

206-Ernst   29/4/23

Querido Ernst,

Depois de uma semana desagradável, criei coragem para retomar o trabalho amanhã. Engolir e falar ainda causam incômodo, mas tudo está em vias de melhorar. Parece que o episódio está superado. Estamos muito descontentes com o silêncio de Duisburg. Nem um cartão chegou aqui.

---

[1] Sua primeira cirurgia do câncer, sendo que Freud não foi informado sobre o caráter maligno do tecido. Como consequência, ele teve que se submeter a uma radioterapia. Para mais detalhes, cf. Schur 1973, pp. 413-425.
[2] Cf. p. 230.

CARTAS AOS FILHOS 313

Lembranças cordiais a você, a Lux e aos pequenos,
Papai[1]

207-ErnstLucie   B. Gastein, 8/7/23

Queridos filhos,

Apenas um sinal de vida, o que não é totalmente prescindível nestes tempos. Gastein continua maravilhosa, mas estamos muito abalados com a nossa última perda.[2] Mamãe, Anna e Ernstl estão em Annenheim. Anna deve nos visitar amanhã (são apenas duas horas e meia de viagem).

Não verei seus anjinhos este ano, seria doloroso demais ainda. Os nossos planos são: agosto em Lavarone (menos a tia) e setembro com Anna e tio Alex em Roma. Mas nada está certo, pois pode ser que alguma reação minha à rádio me obrigue a retornar a Viena. Espero que não.[3]

Saudações cordiais a vocês todos,
Papai

---

[1] Cartas de Lucie para Ernst (UE) dão a entender que este foi a Viena em 2/5/1923 para uma visita de aniversário (ele ficou até o dia 10; cf. 453-Max). Lucie enviou fotos como presente de aniversário. No dia 5 de maio, ela comentou de um telefonema com a "sra. Fuchs", a sogra de Oliver, "para saber se tinha alguma informação. Ela está sem notícias há alguns dias, a última parecia ser bem-humorada. Eles simplesmente estão sem perspectivas de encontrar moradia após 1º de junho." No dia 6, ela conversou com Ernst e "papai", isto é, com Freud, por telefone.

[2] Isto é, a morte do pequeno Heinz Halberstadt.

[3] As viagens programadas foram realizadas (cf. 33-MathRob, p. 85, nota 4). A viagem a Roma, no entanto, que acabou sendo sua última, Freud fez apenas com Anna (cf., como exemplo, F/Reise, p. 377 s.).

314 SIGMUND FREUD

208-Lucie   B. Gastein, 13/7/23[1]

Minha querida Lux,

Acabei de receber sua carta.[2] Você cumpriu seu triste dever de forma tão fiel! As coisas estão se acumulando nesse ano. Confesso que ainda estou um pouco anestesiado para o novo, não superei o velho ainda. Mais uma vez, Ernst prestou toda a ajuda que podia proporcionar. Ser solidário, ajudar, participar, não se pode fazer mais do que isso. O que resta é aguentar. Que bom que vocês estão tão bem.

Cordialmente,
Papai

209-Ernst   [Cabeçalho Viena], B. Gastein, 28/7/23

Querido Ernst,

A circunstância favorável de querer dar os parabéns ao Gab-Gab[3] pelo seu segundo aniversário (o presente vai ter que ser adiado para um momento mais oportuno) faz com que eu te escreva também e que observe que não vejo sua caligrafia há meses. Se não existisse a boa Lux, eu poderia esquecer que tenho filhos em Berlim. Sendo que, justamente nesse momento, estamos falando quase de hora em hora de vocês e ficamos preocupados com a questão de se a situação realmente é tão grave quanto os jornais relatam, e como vocês conseguem atravessar esses tempos difíceis.[4]

---

[1] Cartão-postal.
[2] Nessa carta, Lucie havia comentado o acidente mortal de Theo, o sobrinho berlinense de Freud (F/AF, p. 433; cf. 33-MathRob, p. 85, nota 2).
[3] Gabriel.
[4] Os jornais austríacos (cf. Anno) daqueles dias saíam com manchetes como "Ameaça de guerra civil na Alemanha" (dia 26) ou "Situação crítica na Alemanha. Desvalorização do marco. – A inflação. – O aumento dos preços" (*Neue Freie Presse*, 27/7/1923). Esperava-se um golpe comunista.

Mamãe e Anna gostaram muito de Annenheim e, para dizer a verdade, somente vão sair de lá contra a vontade. Segunda-feira, dia 30/7, vou para lá e, quarta-feira, queremos encontrar com Rob e Math em Bolzano. O nosso destino comum é, como você sabe, Lavarone. Meu estado de saúde aqui melhorou bastante; fui dispensado, inclusive, de me submeter ao controle da cicatriz em Viena. A tia também está melhor e mais ágil em Gastein, contudo, seu estado geral não é bom; além de tudo, ela não poderá abrir mão do *digitalis*.[1] Ela vai prolongar a temporada aqui, para depois ir a Merano.

Agora, suponho, posso contar com uma carta sua ou de vocês em breve, sobretudo que cabe saber sobre vocês e os seus filhos.

Saudações e felicitações cordiais,
Papai

210-Ernst   Annenheim, 31/7/23[2]

Querido Ernst,

Fiquei feliz em ver sua carta e peço desculpas por algumas coisas. Amanhã, atravessaremos a fronteira para ir a Lavarone, Hotel du Lac. Math e Rob provavelmente chegarão antes. A tia vai ficar em casa em Gastein, por enquanto, e quer ir a Merano no fim de agosto. Gostei da história do Gab com o passarinho.[3] Lamento não podermos dar os parabéns a ele pessoalmente.

Saudações cordiais a Lux e você,
Papai

---

[1] Na medicina, o extrato do *digitalis* é usado para fortalecer o coração.
[2] Cartão-postal.
[3] Não esclarecido.

316 SIGMUND FREUD

211-Ernst   Lavarone, 5/8/23[1]

Querido Ernst,
Estamos aqui de volta depois de muitos anos![2] Você não estava
certo com seu julgamento sobre as devastações da guerra. Quase nada
mudou. Rob e Math vão permanecer conosco até depois de amanhã,
ambos continuam muito tristes.[3] Ficaria muito feliz em receber notícias
suas, de Lucie e dos pequenos.

Cordialmente,
papai

212-Ernst   [Cabeçalho Viena], Lavarone, 14 de agosto de 1923

Querido Ernst,
Claro que eu queria te escrever logo hoje, mas assim fico contente
em receber antecipadamente algumas respostas às minhas perguntas.
O que mais me preocupava era a situação de Oli-Henny, dos quais não
ouvi nada durante semanas. Também queria saber se você, cuidando
certamente para que os dólares dele não fossem trocados, teve oportunidade de fazer chegar algum dinheiro até ele.
Estou com inúmeras preocupações, não vou admitir todas nesta
carta. Assim, parece ser inevitável que Max demita a srta. Jacob[4] e
que mude de casa.[5] Não acredito que um fotógrafo consiga viver em
Hamburgo nestes tempos. Mas o que ele vai fazer em vez disso, não
sei; temo que ele mesmo não saiba.

---

[1] Cartão-postal; remetente impresso: Grand Hotel du Lac / a 1.171 m de altura Lavarone, Famiglia Bertoldi propr.
[2] Isto é, como em 1906 e 1907.
[3] Devido à perda do filho adotivo, Heinz Halberstadt.
[4] A empregada doméstica de Max Halberstadt depois da morte de Sophie (439-Max,
p. 537, nota 2).
[5] Pelo menos a mudança acabou não acontecendo.

CARTAS AOS FILHOS

No fim deste mês haverá aqui uma reunião do Comitê.[1] (Se as conexões ferroviárias não criarem nenhuma resistência!) Eitingon já aceitou levar Ernstl para Berlim; ele também poderá repor mais dinheiro no fundo da família.

Entre Monterovere e Vezzena[2] há realmente poucas árvores, você está certo nesse ponto; em compensação, há muito mais morangos do que na época em que nós estivemos aqui. No próprio planalto, o desmatamento não foi intenso e não incomoda. Lavarone continua charmosa, mesmo com um verão mais quente do que lembrávamos e com os inúmeros automóveis, que levantam uma poeira horrível além do barulho não ser exatamente aquilo que se espera de um lugar de férias. Duas vezes já paguei a tentativa de fazer caminhadas mais longas com problemas do coração, desisto, portanto. Algumas belas excursões de carro nos mostraram os restos das fortificações, que estão se transformando em ruínas interessantes. Bertoldi[3] continua sendo um rapaz simpático, é casado e tem uma filha de 12 anos. Suas histórias da época da guerra são deliciosas.

Não estamos arrependidos de ter vindo aqui. Madonna di Campiglio, que estava em discussão, seria duas vezes mais cara e ainda mais barulhenta.

O jornal[4] que assinamos até agora veio apenas uma única vez; desse modo, a nossa fantasia em relação à situação de vocês não está circunscrita por nenhum tipo de notícia. Sei que, de perto, parece menos grave, mas certamente não está sendo agradável – algo que

---

[1] Cf. a nota 5 de 36-Math, p. 87.

[2] O Monterovere é uma estrada que, vindo do Norte, leva para o planalto de Lavarone; a passagem de Vezzena fica a leste desse planalto. Até 1918, a fronteira austro-italiana passava nessa região, que era muito fortificada e onde aconteceram batalhas intensas durante a Primeira Guerra Mundial. Trata-se, nessa passagem da carta, de saber quais consequências da guerra ainda eram visíveis.

[3] O proprietário do Hotel du Lac, onde Freud se alojara nas primeiras vezes.

[4] Isto é, a *Neue Freie Presse*, o jornal que Freud lia regularmente.

318   SIGMUND FREUD

até a sua carta parece admitir. Compreendo que você não queira fazer nenhuma viagem por enquanto.

O que preciso nestes tempos é de juventude, plena saúde e muito mais dinheiro.

Minhas saudações cordiais a você, a Lux e às crianças!

Papai

213-Ernst   Lavarone, 29/8/23[1]

Querido Ernst,

Tive notícias propriamente suas por meio de Deutsch.[2] Hoje, o Comitê está reunido aqui; no dia 30, Eitingon vai levar Ernstl e uma reserva de dinheiro para a família. No dia 31, nós vamos viajar. A mamãe ao *Meran Savoy Hotel* para encontrar a tia, nós,[3] para Roma, *Eden Hotel*, Via Ludovisi. As minhas saudações cordiais a você, a Lux e aos anjinhos, e fico feliz em saber que você está com boa disposição.

Papai

214-Ernst   [Roma] Eden Hotel, 1/9/23[4]

Acabei de chegar aqui com a Anna.

Cordialmente,

Papai

---

[1] Cartão-postal.

[2] Felix Deutsch passara o verão com sua esposa, Helene, que ficava em Berlim em 1923-24, onde fez análise com Karl Abraham. Devido aos problemas constantes na boca, Freud foi "convocado" a Lavarone (carta de 17/8; SFP/LoC).

[3] Freud com Anna.

[4] Esse cartão não se encontra em nenhum dos grandes conjuntos de cartas de Freud a Ernst e também não está contida na edição das cartas de viagem (F/Reise). Ernst Freud o deu para Ilse Grubrich-Simitis, que publicou e comentou um fac-símile (Grubrich-Simitis, 1995).

CARTAS AOS FILHOS

215-Ernst   Roma, 10/9/23[1]

Querido Ernst,

Carta recebida, ao mesmo tempo cartão de Oli depois da partida de Henny.[2] Estamos bem aqui, provavelmente ficaremos até o dia 21. Roma ficou mais cara e barulhenta, todas as belezas continuam belas. Você teve a oportunidade de falar com a Bardas?[3] Mandei um cartão para ela.

Saudações cordiais a você, a Lux e às crianças,
Papai

216-Ernst   [Cabeçalho Viena], 28/9/23

Querido Ernst,

Foi com satisfação que deduzi dos seus planos de viagem[4] que você não avalia como desfavorável a situação na Alemanha. Espero que continue certo.

Voltei muito descansado de Roma, mas devo me submeter a uma outra cirurgia na próxima semana, quando vão retirar um pedaço do

---

[1] Cartão-postal. Também publicada em F/REise, p. 382.

[2] O contexto não está claro. Parece que Henny havia estado grávida (cf. a próxima carta com a nota 4), o que, talvez, tenha sido o motivo da viagem dela aos seus pais em Berlim, o que fez, com certeza, em 1924 (cf. F/Fer III/1, p. 244).

[3] A esposa de Willy (ou Willi) Bardas (1867-1924), cuja família tinha uma amizade com os Freud e que vivia em Berlim como "pianista e professor de piano" (livro de endereços de Berlim, 1923; cf. F/AF, p. 75, nota 13). Em 1927, Arthur Schnabel publicou, do acervo de Bardas, a *Psicologia da técnica do piano* [*Psychologie der Klaviertechnik*]. O provável contexto da passagem acima pode ser deduzido de uma lembrança de Martin Freud, que escreveu sobre Bardas e suas temporadas de concertos (MaF, p. 46): "Ele escapou como que por um milagre do grande terremoto no Japão" (em 1º de setembro de 1923) – "apenas para pouco depois perder a vida em um acidente de carro na Itália."

[4] Ernst Freud estava planejando nesse outono uma viagem a Roma (Martha/Ernst, verso de 218-Ernst, p. 321), que, ao que parece, foi realizada somente em 1925 (cf. 222-Ernst, pp. 325-326).

maxilar superior.[1] A cirurgia em si não é nada difícil, mas, como se recebe uma prótese para depois conseguir comer e falar bem, e como demora semanas até se acostumar com ela, não terei como trabalhar em outubro.

Tudo isso, claro, não é muito agradável nem dá muitas esperanças, mas pode dar certo mesmo assim. Dizem que meu cirurgião, um tal de prof. Pichler,[2] é um grande artista nessa área.

Se Oli e Henny (sua carta chegou hoje) ainda estiverem em Berlim, favor comunicar-lhes essa novidade. No entanto, espero poder escrever uma carta mais extensa para Duisburg. Parece que Henny agora está *all right*. Ela terá, talvez, a menininha tão desejada.[3]

Com saudações cordiais a você, a Lux e às crianças,
Seu papai

217-ErnstLucie   Viena, 30.XI.23[4]

Queridos filhos,

A carta da Lux acabou de chegar. Aqui está a resposta. Estou me recuperando devagar da segunda cirurgia do dia 12/XI, mas ainda não estou suficientemente forte e fico aguardando a recuperação prometida das funções graças a uma prótese, em que estão trabalhando diariamente.

---

[1] A grande cirurgia em que foram retiradas partes cancerosas do palato, do maxilar superior e do inferior de Freud aconteceu em duas etapas, nos dias 4 e 11 de outubro de 1923. Em 12 de novembro, foi feita outra cirurgia corretiva (Jones III, pp. 542-544; Schur, 1973, p. 431s.). A abertura da cirurgia teve que ser fechada mediante o uso de uma prótese (cf. Romm, 1983, com figura).

[2] Johann [Hans] Pichler (1877-1949), especialista em cirurgia maxilar em Viena. Ele tratou o câncer de Freud até a sua emigração em 1938.

[3] Eva, a filha de Oliver Freud, nasceu apenas um ano depois. A passagem acima sugere que Henny esteve grávida pouco antes, entretanto, deve ter sido interrompida, intencionalmente ou não.

[4] Cartão-postal.

CARTAS AOS FILHOS

Suas histórias das crianças são muito boas. Uma pena que não participemos nem um pouco delas a distância.

Minhas saudações cordiais,
Papai

218-Lucie   Viena, 9.XII.23[1]

Querida Lux,
Os retratos chegaram hoje de manhã. Faz tempo que não vejo algo tão encantador; algo semelhante teria que ser procurado entre os anjinhos em Roma. Serviu para esquecer os pequenos e os grandes problemas por um tempo. E esse gesto comovente de presentear os outros no seu próprio aniversário,[2] avós relapsos que... paro por aqui.

Com saudações mais cordiais,
Vovô

219-ErnstLucie   Viena, 25 de abril de 1924[3]

Avós felicíssimos, tias e tios saúdam com muito carinho o terceiro arcanjo desejando a mãe valente uma recuperação rápida[4]

---

[1] Cartão-postal.
[2] Freud está se referindo ao aniversário de Lucian no dia 8/12.
[3] Adição da Martha Freud no verso do cartão não reproduzido.
[4] Em 24/4/1924 nasceu Clemens Raphael, o terceiro filho de Ernst e Lucie. A escolha das palavras (*innigst*, com muito carinho) sugere que o telegrama foi formulado por Martha Freud, e não pelo marido.

220-Ernst

[Cabeçalho Viena], 11/5/24[1,]

Querido Ernst,

Sua carta de aniversário chegou a tempo e me deixou muito feliz pelo conteúdo e por ser algo raro. Então, agora que já está com três filhos, logo também pode acontecer de você ficar chateado de saber tão pouco de um ou de outro.

O meu terceiro recebeu logo o nome de Ernst; qual é o nome do seu? Se for também para ser um arcanjo, só resta Raphael para ele; Uriel é incomum demais.

Meu aniversário se passou sem acidente e com presentes desmesurados em flores. A cidade de Viena me nomeou cidadão, em uma felicitação solene,[2] o que só consegui responder com uma cara de bobo, pois não sei muito o que fazer com essa honra.

Provavelmente, os próximos dois meses vão decidir o meu futuro. Se eu continuar sem recaídas e superar as dificuldades infinitas com a prótese, vou poder viver por mais um tempo. A escolha da minha temporada de verão também depende do meu estado de saúde e do meu grau de dependência dos médicos. No momento, consigo ofertar 6 horas de análise sem cansar, mas todo o resto procuro manter longe de mim. Não consigo me isolar com facilidade; Romain Rolland e Stefan Zweig acabaram de anunciar sua visita.[3]

Envio as minhas saudações a você, à orgulhosa mãe – Lux – e ao pequeno bando.

Papai

---

[1] Pela primeira vez, envelope endereçado à Berlim W/Regentenstr., 23. Em 5 de abril de 1924, Ernst mudou-se com sua família para um novo apartamento situado na mesma rua onde morava (Math/Ernest, 6/4/1924). O apartamento era muito caro para ele. (cf., pp. 264-266; nota 2 de 284- Ernest, p. 372).

[2] Mais sobre isso em 126-OliHenny.

[3] Pedido de Rolland, a visita ocorreu na tarde do dia 14/5/1924 (cf. S. Zweig, 1989, p. 133).

CARTAS AOS FILHOS

No fim de agosto de 1924, Ernst passou um tempo em Semmering.[1] *Em outubro e novembro do mesmo ano, Martha Freud esteve em Berlim por quase três semanas.[2] Depois da partida dela, Ernst e Lucie escreveram para Freud no dia 14/11.[3]*

Ernst: Querido papai, ficamos muito felizes com a visita da mamãe e acabamos de decidir que essa visita se transforme em regra. Talvez você também se deixe seduzir! Os nossos agradecimentos mais calorosos pelos deuses trazidos por ela e pelos tesouros de ouro para os filhos.

Lucie: Querido papai, a deusa egípcia que identificamos como sendo a Sekhmet é um belo enfeite para a minha escrivaninha, com seu brilho dourado, e agradeço também pelo gênio fartamente munido. O melhor presente foi vocês terem cedido a mamãe por tanto tempo.

221-Ernst   [Cabeçalho Viena], 30.XI.24

Querido Ernst,

Como a mamãe me contou que você está sem dinheiro em casa, instruí o Martin a lhe enviar US$ 500 da minha conta no Anglo--Austrian Bank Ltda., de Londres. O dinheiro deve ser considerado como um empréstimo não solicitado e, em compensação, livre de juros; você poderá reenviá-lo a qualquer momento para essa conta, que está no meu nome. Como você sabe, o dinheiro dessa conta é destinado à mamãe.

A quantia que você recebe é muito pequena para especulações, mas espero que seja o suficiente para aliviar suas finanças até você voltar a ganhar dinheiro.

---

[1] Lucie/Ernst, 22/8/1924.
[2] Cf. F/E, pp. 368-370.
[3] Esta carta e a outra, citada posteriormente de 6/12/1924, se encontram no FML.

324 SIGMUND FREUD

No mais, as notícias de mamãe foram animadoras. Sinto muito estar sem perspectivas, por enquanto, de ver vocês, as crianças e a própria casa.

Saudações cordiais a você e a Lux,
Papai

Excepcionalmente, conservou-se a resposta de 6/12/1924. Entre outras coisas, Ernst escreve:

O empréstimo não solicitado veio em hora muito boa e te agradeço de todo o coração; ele vai cumprir muito bem sua função de aliviar a nossa vida nos próximos meses e o aceito com mais prazer ainda por ter certeza absoluta de poder devolvê-lo na ocasião sem dificuldades.[1]

Finalmente, todos os três projetos em que vim trabalhando desde o verão tiveram uma evolução favorável, desse modo tenho 3 a 4 meses de trabalho e renda garantidos. As perspectivas não são totalmente desfavoráveis; a situação geral melhorou e o meu círculo de relações está claramente crescendo. O que continua difícil é a constante insegurança se haverá novo trabalho e, além disso, o fato de que os nossos bens não estão disponíveis nem trazem rendimento algum.

No restante, estamos bem, conforme a mamãe já relatou; Lux e as crianças estão bem, alegres e fortes. De vez em quando voltam a falar da avó, dizendo que não havia necessidade alguma de ela partir.

Em anexo, segue um artigo sobre Willy Bardas,[2] pelo qual vocês certamente se interessarão. Agora encontro mais vezes com a esposa dele.

---

[1] O momento chegara no início de agosto de 1926 (cf. 131-OliHenny).
[2] Cf. 215-Ernst, p. 319, nota 3.

CARTAS AOS FILHOS

222-Ernst   [Cabeçalho Viena], 21.4.25

Querido Ernst,

Sinto muitíssimo que me esqueci de te agradecer pelo belo *Phidias*.[1] Meu amigo Em. Loewy me contou algo sobre o autor e me lembrou que este foi meu paciente durante muito tempo, sendo que tive uma experiência curiosa com ele.

Infelizmente, não poderei mandar o autorretrato[2] que pediu. Em fevereiro, enviei as impressões especiais, que eram em número insuficiente, aos colaboradores mencionados no texto e aos tradutores, e acabei não guardando nenhum exemplar para a família. O que, aliás, não representa uma perda muito grande para esta. O artigo saiu no 4º volume de uma coletânea, que, além de mim, ainda retrata 5 outros "heróis".[3]

Só negativas! Pois também não possuo fotografias. Mas é fácil providenciar. Você pode encomendar com Max tantas quanto precisar por minha conta, mesmo se for uma para cada um dos quartos ou para cada arcanjo.

Fiquei feliz em saber que você esteve novamente em Roma, no meu lugar.

O acontecimento mais interessante dos últimos tempos foi uma conversa de duas horas com G. Brandes, que visitou Viena aos 83 anos.[4] Fiquei com vergonha dele, fisicamente falando, que é 14 anos

---

[1] Provavelmente o livro *Fídias*, de Hans Schrader (1924), que se encontra na biblioteca de Freud (Davies e Fichtner, 2006). Sobre o autor e a breve referência de Freud a ele, cf. F/J, p. 498, nota 4 e p. 507.

[2] Freud, 1925d.

[3] O "Autorretrato" ["Selbstdarstellung"] de Freud saiu originalmente no vol. 4 da série *A medicina contemporânea em autorretratos* [Die Medizin der Gegenwart in Selbstdarstellungen], organizada por Louis R. Grote (Leipzig: Meiner), na qual médicos "de destaque" poderiam se apresentar. O volume continha, além de Freud, contribuições sobre Adolf Gottstein, Otto Heubner, Johannes von Kries, Hans Much e Norbert Ortner.

[4] Freud apreciava o famoso escritor dinamarquês Georg Brandes (1842-1927) há muito tempo (cf. F/Fl, p. 446). Sobre a visita à casa deste, cf. Freud-Marlé (2006, pp. 166-168) e a carta ali citada de 4/3/1927.

326 SIGMUND FREUD

mais velho. Eu nem consigo visitar vocês em Berlim para ver duas pessoas novas, que certamente valem a pena. Mas, se a reconstrução da minha prótese continuar progredindo como durante esta semana... prefiro não fazer planos.[1] No momento, me sinto um tanto cansado de todos esses tratamentos e dos 6 meses e meio de trabalho; fico esperando como um aluno de colégio que as 10 semanas até as férias passem logo. Você certamente retornará ao Semmering este ano.

Saudações cordiais a Lux e aos pequenos!
Papai

223-Ernst   Viena, 6 de maio de 1925[2]

Surpresa boa de aniversário chegou em estado impecável[3] grato – papai

Um telegrama da mãe do dia 22/12 para Ernst mostra que ele fez uma visita de surpresa no Natal de 1925: "muito feliz muito bem-vindo pa-

---

[1] Já se cogitara seriamente uma visita de Natal de Freud a Berlim em 1925 (cf. também Anna/Lucie, 18/12/1925), mas esta só se realizou em 1926 (cf. 225-Ernst, p. 328, nota 3).
[2] Telegrama.
[3] Em 6/5/1925, Lucie fora a Viena sem aviso. À tarde, ela escreveu ao marido (UE): "Parece que quem mais gostou foi a vovó, mas também as tias Rosa, Dolphi e até a Sophina do Alexander. E sobretudo o papai [= Freud], após ter superado a decepção de eu não ter trazido nenhum filho. Além das pessoas mencionadas estavam: Math, Robert, Ditha e Hella [irmã de Ditha] com Peter [filho de Hella], Esti com os filhos, Rosi com Hermann [filho de Rosi], o sr., a sra. e Marianne Rie, o dr. [Ludwig] Rosenberg, Ferenczi e Eitingon, antigos empregados e amas, a sra. Nelli Doub [Dub?], Ruth Blumgart [posteriormente: Mack Brunswick], Edith Rischawy. Telegramas do mundo inteiro e flores e frutas – dizem que nunca houve nada igual. Cada vez que toca a campainha, fazemos uma marca e acredito que chegaremos a cem marcas. A mamãe não disse uma palavra para ninguém e todos, com exceção da Anninha, que precisou se acostumar, ficaram muito felizes com a surpresa da minha visita." Essa passagem dá uma rara impressão da agitação que se estabelecia em torno de Freud na ocasião dos seus aniversários.

CARTAS AOS FILHOS

pai não trabalha no dia 24 não falei para ninguém da sua visita favor
informar chegada para reserva do quarto mamãe"[1]

224-Lucie   [Cabeçalho Viena], 1/3/26

Minha querida Lux,

Já fiquei muito aborrecido comigo mesmo por ter deixado passar o aniversário de uma filha berlinense,[2] então... não posso fazer isso de novo. Meus mais cordiais votos de manutenção da felicidade familiar e, aliás, muito obrigado pelas cartas encantadoras, nas quais descreve a casa e as crianças.

Você voltou a me convidar para visitá-los em Berlim; a cada convite, a tentação aumenta, mas o destino, o desenrolar inevitável dos acontecimentos torna a decisão de viajar cada vez mais difícil. Seria honesto dizer para nós mesmos: vamos desistir desse plano. A força agora está voltada para os filhos; não resta outra coisa ao velho pai senão sair-se bem dessa situação.

Mas me reservo todas as opções de presentes para o próximo reencontro. Onde será?

Com as saudações mais calorosas a você,
Ernst e os arcanjos,
Papai
(ou vovô)

---

[1] Telegrama em UE; cf. LAS/AF, p. 496.
[2] Provavelmente o aniversário de Henny, duas semanas e meia antes.

328   SIGMUND FREUD

225-Ernst   [Cabeçalho Viena], 12 out 26

Querido Ernst,

A mamãe ficou sentida de ter ficado sabendo, apenas através de
Merano, da boa notícia da sua ligação com Sion.[1] Eu fico contente que
pelo menos um de vocês três aproveitou as minhas relações. Eder[2] é
um homem sério e honesto, e muito atencioso comigo. Estou convencido de que, uma vez tendo acesso, você vai se instalar lá também,
não em Jerusalém, mas nesse ambiente e nesse campo de trabalho.
Por enquanto, não consigo imaginar como você conseguirá viver em
Berlim e construir na Terra Santa. Mas, ao que parece, o problema é
seu; estamos muito felizes com as perspectivas que se abriram a você.

Quanto ao segundo assunto da sua carta, a nossa visita a Berlim no Natal,[3] posso te assegurar que esse projeto é prioridade nos
poucos desejos que me restaram. Mas... minha família, assim como

---

[1] Sobre o projeto de uma casa em Jerusalém para Chaim Weizmann – presidente da
Organização Sionista Mundial; "através de Merano" significa certamente que ela
foi informada a respeito por Minna Bernays, que estava lá naquele momento (Mar-
tha/Ernst, 11/10/1926; UE). Na carta de 16/10/1926 a Ernst e Lucie (UE), Martha
Freud se corrigiu: "Sinto grande necessidade de dizer a vocês como estou feliz e
orgulhosa quanto ao negócio da Palestina! Também não estou mais magoada, essas
coisas passam muito rápido no meu caso e a alegria causada pelas cartas de vocês
compensaram tudo."

[2] Montague David Eder (1866-1936), médico, abre um consultório psicanalítico a
partir de 1912, tem contato com Freud desde 1913. De 1921 a 1923 e de 1925 a 1928
participa do comitê diretor da Organização Sionista Mundial (Hobman, 1945). Na
carta de 11/5/1926 (op. cit., p. 20), na qual agradece os cumprimentos pelo aniversário
de 70 anos, Freud pede a Eder para agradecer também ao conselho de curadores da
Universidade Hebraica de Jerusalém, e continua: "Estou me referindo, em particular,
ao dr. Weizmann e ao Professor Einstein, que manifestaram tanta simpatia comigo
e dos quais me sinto próximo devido a tantos interesses comuns, lamentavelmente
sem conhecê-los pessoalmente" (original em inglês).

[3] Em 25/12/1926, Freud foi mesmo a Berlim com Martha, onde viu pela primeira vez
os dois filhos mais novos de Ernst e a filha de Oliver. Max também foi com Ernstl de
Hamburgo. Era a primeira viagem longa de Freud depois da cirurgia do câncer. Na
manhã de 2/1/1927, ele chegou em Viena (F/AF, pp. 451-457, notas). Provavelmente
é dessa época um telegrama enviado de Berlim e com carimbo de chegada do dia
31/12 (UE), no qual Ernst e Lucie, "com as melhores lembranças do fim de ano",
mandam "votos cordiais para o Ano-Novo".

CARTAS AOS FILHOS

meus amigos, facilmente ignora as mudanças causadas pela idade e, sobretudo, os incômodos que não param de me atormentar. Canso com muita facilidade, qualquer tarefa logo me fadiga, e apenas dou conta do dia quando mantenho distância de tudo o que excede certo mínimo. Uma condição para visitar vocês, portanto, é que eu não me sinta muito mal aqui, além de não pegar uma das muitas doenças que agora se revezam. Se for possível, certamente irei; realmente não cabe mais adiar o encontro com as quatro crianças.

Lux diz que Gabi reconheceria a minha letra a alguns metros de distância. Entendo esta observação como uma confirmação de recebimento da minha última remessa de selos,[1] que juntei durante três meses no Semmering. Pelo menos o interesse já se perpetuou na terceira geração.

Quando eu for a Berlim, apenas quero ver, além da sua família e da de Oli, Eitingon. Se eu for, não saberei determinar, além disso, onde devo permanecer. A mamãe vai de qualquer maneira, mesmo se eu não for; vocês vão encontrá-la renovada e jovem.

Envio-lhes minhas saudações cordiais,
Papai

226-Gab   [Cabeçalho Viena], 8/1/27[2]

Meu querido Gabi,

Em agradecimento ao seu presente de despedida, te envio todos os selos que retirei das minhas cartas desde o meu retorno, na esperança de que encontre algumas novidades entre eles.[3]

Saudações cordiais a você e seus dois irmãos,
Vovô

---

1 Freud possuía uma grande coleção de selos (Lampl-Int., p. I/20).
2 Envelope endereçado a: Sr. Gabriel Freud (etc.).
3 Alguns selos (do Brasil, da Guatemala, da Itália, da Holanda e dos Estados Unidos) se conservaram no envelope.

330 SIGMUND FREUD

227-Ernst [Cabeçalho Viena], 6/2/27

Querido Ernst,

Duas pequenas incumbências:

1) depositar 15 marcos conforme o formulário em anexo

2) dar 50 marcos a Henny no aniversário dela, que está se aproximando, como segundo pagamento depois de ela ter recebido o primeiro via honorários alemães.

Por aqui, poucas novidades; a minha prótese "nova" também não chegou ainda. Fiquei muito feliz com as novidades de vocês.

Saudações cordiais a você, a Lux e aos anjinhos,
Papai

228-Ernst [Cabeçalho Viena], 16/2/27

Querido Ernst,

Apenas uma pequena incumbência de negócios, que a boa Lux vai resolver com facilidade. Mande 67,50 marcos do valor depositado ao dr. Eitingon pelos charutos que ele me enviou até o presente momento. Ele descobriu uma marca, Half Corona, Heistrich, que é ainda melhor – mas também mais cara do que aquela que a Lux solicitou com o Schiller.[1] (150 unidades por 0,45 marco cada)

Fiquei sabendo que vocês receberam a visita do tio e do Harry,[2] que terão muito a nos contar sobre vocês.

Nada de novo por aqui, nem sequer uma nova prótese.

Saudações cordiais a você, a Lux e aos anjinhos,
Papai

---

[1] Cf. F/E, p. 502.

[2] Harry Freud (1909-1968), filho de Alexander, irmão de Freud.

CARTAS AOS FILHOS

P.S.: Comprei um pequeno vaso de Dipylon,[1] um encanto, que sempre foi o meu maior desejo.

229-Lucie   [Cabeçalho Viena], 1º março 1927

Minha querida Lux,

Ainda sob o efeito de todas as impressões da visita de Natal, fica especialmente fácil para mim lhe dar os parabéns pelo aniversário. Continue como você é e segure o que tem. Não posso desejar algo melhor para você.

Como vocês são os administradores do meu depósito em marcos, é muito prático para você apropriar-se de 100 marcos como um pequeno presente meu.

Os anexos[2] são, evidentemente, para Gabi.

Com as saudações mais cordiais,
Papai

230-Ernst   [Cabeçalho Viena], 17/3/27

Querido Ernst,

Você me faria um favor se me informasse o que ainda resta disponível do depósito de 1.000 marcos.

Pode dizer ao seu cunhado[3] que não deixei de investigar a minha observação de que a sua cabeça alexandrina de judeu lembra o jovem Disraeli. Encomendei em Londres a biografia oficial de Disraeli escrita

---

[1] Vaso da Grécia antiga com desenho geométrico.
[2] Certamente selos.
[3] O mais provável é que se trate de Karl Mosse, que vivia em Potsdam (cf. nota 1 de 162-Lucie, p. 274).

por Monypenny[1]; lembro de ter visto retratos de juventude nessa biografia. Mas não encontrei provas, a minha imaginação deve ter acrescentado muita coisa.

O restante a Anna conta ao vivo; ela que agora vai inaugurar o papel de tia.[2]

Cordialmente a você, Lux e os anjos,
Papai

231-Ernst [Cabeçalho Viena], 4/4/27

Querido Ernst,

Meus parabéns pela sua primeira metade de vida; peço que desconte 100 marcos da conta para você, como já aconteceu com outro aniversariante.

Com os votos mais calorosos,
Papai

232-Ernst [Cabeçalho Viena], 28/4/27

Querido Ernst,

Ruth[3] – como você sabe, ela é quase da família – contou o mesmo sobre você, Lux e os filhos que todos os outros visitantes. Você pode imaginar a satisfação que me causa. No entanto, não é por isso que escrevo, pois expressar sentimentos entre pai e filho não é de bom-

---

[1] Monypenny (1910-20); não se encontra na biblioteca de Freud (cf. Davies e Fichtner, 2006).

[2] Em 19 de março de 1927, Anna Freud ministrou uma palestra na Associação Psicanalítica Alemã intitulada "Sobre a técnica da análise infantil" (IZ 1927, p. 367; cf. LAS/AF, p. 538s.). Ela também não conhecia ainda três dos quatro filhos dos irmãos berlinenses.

[3] Ruth Mack, com sobrenome Blumgart antes de divorciar e Brunswick ao se casar em 1928. Ela passara por Berlim com o futuro marido (F/AF, p. 484).

CARTAS AOS FILHOS

-tom; escrevo devido aos interesses de colecionadores e tudo o que é relacionado a isso.

Ruth e Mark me disseram que você quer trazer um presente de aniversário.[1] Acontece que todos nós decidimos, de maneira irrevogável, que nenhum dos meus aniversários antes dos 75 anos será comemorado. Isso também vale, portanto, para você. Em compensação, posso tentar me autopresentear. Fiquei sabendo que o dr. Lederer[2] tem um vaso micênico pelo qual está pedindo US$ 50,00 e que você também achou bonito. Você poderia trazer esse vaso para mim, se gostar dele ainda.

Também havia uma conversa sobre um anel de ouro com uma cornalina que tinha gravada uma mão puxando uma orelha. Devido a esse motivo, a pedra tem um interesse – analítico – para mim. Por isso, oscilo entre as duas opções e gostaria de deixar você decidir, uma vez que o anel não deve ser mais barato que o vaso. Se o preço não for muito alto, você pode muito bem passar dos US$ 50,00. A sua vinda é tão próxima que não preciso transferir o dinheiro.

Hoje voltamos do sanatório, no qual senti muito tédio desta vez – por falta de doença.[3] Anna chegou de Veneza essa manhã, com um bronzeado marrom-vermelho e muito bem-disposta.[4]

A minha – nova – prótese continua me atormentando muito. Tem como você se informar se um tal de prof. Schröder de Berlim,[5] que dizem ser um artista nessa área, ainda trabalha?

As minhas saudações cordiais a vocês todos,
Papai

---

[1] Isto é, na ocasião de sua visita a Viena para comemorar o aniversário de Freud.

[2] Philipp Lederer (1872-1944), comerciante de antiguidades e moedas em Berlim; Freud era seu freguês (cf. Tögel, 2006, pp. 116-118).

[3] Nessa época, pela segunda vez, Freud foi para o sanatório Cottage de Viena devido aos seus problemas cardíacos, onde se alojou em um apartamento com a esposa e a cunhada (F/E, p. 510; cf. 469-Max, pp. 564-565).

[4] Em 7/4/1927, Anna Freud havia partido para uma viagem à Itália com Dorothy Burlingham (F/AF, p. 470).

[5] A primeira referência a Hermann Schröder, que Freud procuraria quatro vezes em Berlim, de 1928-1930, para correções de sua prótese maxilar (cf. 240-Ernst, pp. 338-339 e cartas seguintes e Tögel, 2006, pp. 87-97).

334 SIGMUND FREUD

233-Gab [Cabeçalho Viena], 8 junho 1927

Meu querido Gabi,
Fiquei muito feliz com sua primeira carta, que está muito bem escrita. Estamos tentando resolver suas duas adivinhações[1] até hoje e não encontramos as soluções. A tia Anna achou que deveríamos te pedir para mandar também as soluções, pois não conseguiremos adivinhar. Queria saber se você mesmo fez as adivinhações ou se as recebeu de alguém.

Como agradecimento, envio de novo todos os selos que juntei desde a visita do seu papai. Sinto muito que haja tantos selos repetidos.

Minhas saudações cordiais a você e seus irmãozinhos,
Vovô

234-Gab [Cabeçalho Viena], Semmering Villa Schüler,

18/6/1927

Meu querido Gabi,
Gostei muito da sua segunda carta também, especialmente porque fiquei sabendo que foi você mesmo quem fez as adivinhações. Preciso te contar mais sobre isso. Na verdade, adivinhei a primeira porque você juntou um ovo à carta. Mas, o segundo objeto, nós – a tia Anna e eu – não reconhecemos como uma cobra de papel. Por isso ficamos inseguros, e a tia Anna achou que, talvez, também tivéssemos errado na primeira adivinhação. É mais prudente dizer que não sabemos, pois passamos vergonha com uma solução falsa. Agora, depois de você ter dado as soluções, achamos que as adivinhações foram boas e inteligentes.

---

[1] Cf. a próxima carta.

CARTAS AOS FILHOS

335

Estamos contentes de estar na nossa bela casa no monte Semmering. Pena que você não vem este ano assim como a pequena Eva,[1] para ver a vista do nosso terraço para a neve e para as cabanas de proteção. Mas vocês certamente irão logo para o querido Gaglow.

Em um terraço descobrimos o ninho de um melro com filhotes grandes, que devem voar em breve. Por enquanto, a mãe continua chegando com minhocas no bico para alimentá-los.

Na casa ao lado, onde mora a nossa amiga americana,[2] há três filhotes do nosso Wolf, bichinhos estranhos, com três meses de idade, que ficam engatinhando por aí e causam muitos estragos, mas gostamos deles. E o papai Wolf não liga para eles. Os filhotes dos homens estão em situação melhor.

Saudações cordiais do seu vovô

235-Gab

[Semmering, 28 julho (1927)][3]

Meu querido Gabriel,

Certamente há desejos que você poderá realizar com as notas em anexo. Aceite-as com os votos cordiais do

Vovô

---

[1] A filha de Oliver e Henny.

[2] Dorothy Burlingham, que ficava na Villa Klein, ou Sophia, na vizinhança da Villa Schüler (Buchinger, 2006, pp. 167-170).

[3] A carta precedente da avó contém as felicitações propriamente ditas de aniversário para o "querido Gaby". Dela também se deduz que este estava na expectativa de ir à Ilha de Hiddensee para ver o mar pela primeira vez.

336   SIGMUND FREUD

236-Ernst   [Cabeçalho Viena], 22/9/27

Negócios

Querido Ernst,

Se você ainda estiver me devendo marcos, faça a gentileza de saldar a obrigação em anexo, no valor de 34,90 marcos. O que comprei por esse dinheiro será para o Gabi.[1]

Minhas saudações cordiais a você,
a Lux e aos pequenos,
Papai

Chegaremos a Viena no dia 29.[2]

237-Ernst   [Cabeçalho Viena], 7.X.1927

Querido Ernst,

Você é o primeiro entre seus irmãos que adquiriu algum imóvel;[3] envio-lhe as minhas felicitações; os outros não têm muitas perspectivas de fazer igual. A descrição da Lux nos agradou muito, como todas as cartas dela, que aguardamos com muito prazer.[4]

Agradeço-lhe pelo pequeno pagamento que fez para mim – na verdade para o Gabi. Mas, agora, outro assunto! A notícia de tártaro de que teria recebido 100.000 dólares,[5] fez com que eu recebesse cartas de todas as partes da Alemanha pedindo dinheiro de uma forma que parte

---

[1] Contexto não identificado.

[2] O dia do retorno das férias de verão.

[3] A metade de uma casa de pescador em Vitte na Ilha de Hiddensee.

[4] Em 16/9/1927, Lucie escreveu de Hiddensee para Ernst (UE): "Papai reagiu à minha carta 'cordial' ao Semmering na hora de sua chegada com uma remessa de selos para Gabi e a Mamãe a respondeu hoje extensivamente."

[5] Segundo essa notícia, Freud teria recebido "da Associação Psicanalítica de Nova York um presente honorário de 100.000,00 dólares para que pudesse dedicar o resto da vida a suas pesquisas, livre de preocupações materiais." (F/E, p. 557, nota 1). Não se averiguou nenhum desmentido em jornal berlinense.

CARTAS AOS FILHOS

o coração, inclusive de uma ilha no Mar do Norte cujo nome me é totalmente desconhecido. Creio que algo tem que ser feito. O melhor seria um desmentido em um grande jornal berlinense, principalmente se for o próprio jornal que lançou a notícia. Fica a seu critério se você escreve em meu nome ou se prefere que eu mesmo escreva. Ou seja, você escreve: "Meu pai, prof. F. em Viena, me encarregou de comunicar..." ou: "Prof. F. solicita à honrada redação que leve ao conhecimento público..." Nos dois casos, trata-se de dizer que a notícia de que o teriam presenteado com US$ 100.000 não corresponde à verdade nem nos detalhes nem na sua integralidade. Espero voltar à tranquilidade assim.

Vou cuidar para que a mamãe não atrase a viagem.[1] Mathilde está muito mal e, pela primeira vez, estamos preocupados com ela.

Saudações cordiais a você, a Lux e aos anjos,
Papai

238-Lucie   [Cabeçalho Viena], 14.XII.1927

Minha querida Lux,

Anexo, antecipadamente para que você tenha tempo de transformá-lo em mercadoria, o envio de Natal do vovô para seus três arcanjos. Deixo para você, que entende muito mais das coisas, a alegria da escolha e da compra. Infelizmente, não estarei presente na distribuição dos presentes.

A bisavó está começando a ficar doente, ou, como ela mesma diz, a ficar velha.

Gostaria de saber quem se encarregou do financiamento da remessa de charutos que passa pelas mãos de Lampl.

Com as minhas saudações cordiais a você,
a Ernst e aos pequenos,
Seu papai

---

[1] Em 23/10/1927, Freud escreve a Ferenczi (F/Fer III/2, p. 164): "A minha esposa queria viajar a Berlim com Mathilde; esta última cancelou a viagem devido ao seu estado instável de saúde." De qualquer forma, no dia 18/11, Martha Freud já havia passado um tempo em Berlim, tendo retornado no dia 22 (F/E, p. 564s.).

338   SIGMUND FREUD

239-Lucie   [Cabeçalho Viena], 29/2/1928

Minha querida Lux,

Você é a minha nora mais rica, de maneira que fico sem graça de enviar-lhe cédulas de dinheiro; mas, em primeiro lugar, não tenho outra coisa que possa colocar em um envelope e, em segundo lugar, uma mãezinha dona de casa como você não dispensa pequenos valores. Essa é a ideia dos US$ 25 em anexo.

Apenas tenho que te desejar que tudo continue tão bom quanto está no momento.

Cordialmente,
Papai

240-Ernst   [Cabeçalho Viena], Villa Schüler, 17/6/1928

Querido Ernst,

Desde ontem à tarde estamos aqui em cima,[1] onde o clima está bom e fresco como sempre. Não consigo entrar no habitual espírito de férias, pois existe a possibilidade de deixarmos o lugar em breve. As últimas tentativas de Pichler também não levaram a nada. Se fosse razoavelmente suportável, eu deixaria de lado qualquer experimentação. Espero, portanto, encontrar com o prof. Schröder no próximo domingo no hotel Regina.[2] Mathilde garantiu, recorrendo às ameaças mais incisivas, um quarto com banho. Chegarei de carro às 12 horas. Pergunte para ele se precisa de preparativos especiais como luz etc. para o exame. Espero que não seja necessário, pois, nesse caso, teríamos que ir para o sanatório Cottage.[3]

---

[1] Pela quinta, e última, vez seguida em Semmering.
[2] Na verdade, Freud não encontrou com Schröder, mas com seu assistente Franz Ernst (cf. 479-Max, p. 573). A carta seguinte deixa a evolução dos acontecimentos mais clara.
[3] Hospital particular vienense de alto nível que Freud frequentou também para si mesmo (cf., por exemplo, 267-Ernst, pp. 361-362).

CARTAS AOS FILHOS

Não sei se minha idade e minhas forças – que diminuíram bastante nos últimos tempos – estarão favoráveis a empreendimentos como a confecção de uma nova prótese. Na verdade, somente posso me submeter a isso, se me apresentá-lo como algo fácil de ser feito e se não exigir muito tempo. Se ele não interromper o trabalho no verão, irei aí o mais cedo possível, talvez ainda neste mês.

Suponho que você assumiu todas as despesas para a viagem de Schröder. Vou te reembolsar assim que possível.

Quando eu estiver em Berlim, gostaria muito de ficar em Tegel. Pois estarei incapaz para o trabalho e para usufruir qualquer coisa e apreciarei mais um parque que a cidade grande. Claro que não vou aceitar a hospedagem na casa de Simmel;[1] basta que o Sanatório desconte os honorários pelo tratamento médico.

Meu abastecimento de charutos *Heistrich* está garantido, porque não fumo mais do que um por dia. Só não tenho certeza se o meu coração suporta isso. De qualquer forma, teríamos que escolher um charuto mais leve, como aquele que Lux conseguiu depois da visita à coleção de vidros.

Até agora, você não teve um pai velho ainda. A letra vai te mostrar que agora ficou velho. Mas a gente tinha que estar preparado para isso.

Espero que a minha presença em Berlim não atrapalhe seus planos de férias. Em todo caso, não careço de nada aí e não sou boa companhia durante esse tratamento.

Três selos para a coleção de Gabi.

Minhas saudações cordiais a você, a Lux e às crianças,
Papai

---

[1] Ernst Simmel (1882-1947), médico, psicanalista, presidente da Associação Psicanalítica Alemã de 1926-1930). Fundou em 1927 a clínica pscicanalítica "Sanatorium Schloß Tegel" ["Sanatório Castelo de Tegel"], onde Freud ficava durante todas as temporadas em Berlim de 1928-1930 (Schultz-Venrath 1992; DIP).

340   SIGMUND FREUD

241-Ernst   [Cabeçalho Viena], Semmering, 28/6/1928

Querido Ernst,

Agradeço-lhe muito por todos os esforços que fez em relação à Schröder. Agora tenha a bondade de dar também o último passo.

Sua observação de que Schröder parece preferir o mês de setembro para o meu tratamento foi decisiva. Realmente, não quero arriscar que uma possível complicação não prevista faça com que o tempo curto se torne insuficiente e ponha em risco a conclusão do trabalho. Claro que não é agradável aguardar mais dois meses, mas também não é pior do que os últimos anos. Além disso, há outros motivos menores que levei em consideração, a saber: que terei tempo no verão para descansar da trabalheira do ano de trabalho e que partir em setembro não chamará muito a atenção, enquanto neste momento todos os curiosos seguiriam meu rastro.

Diga ao Schröder, portanto, que dou preferência à data de setembro e que gostaria de ser o primeiro paciente após as férias dele. Seria de bom-tom dizer o mesmo ao prof. Ernst[1] e acrescentar que espero vê-lo na ocasião (tenho que honrar a visita dele aqui.) O agendamendo de uma consulta no mês de setembro implica uma desvantagem. Se ele não começar no dia 1º ou se o tratamento demorar, a interrupção do meu trabalho em outubro me custará caro. Mas não tenho outra opção; os herdeiros vão ter que arcar com essa perda.

Em setembro, vocês todos deverão estar novamente em Berlim. Agora não há mais pressa para definir as coisas. Diga-me apenas o quanto gastou com a viagem do prof. Ernst, para que eu possa fazer logo o reembolso.

Consultei com Braun ontem em função dos meus problemas do coração; mas ele não chegou a nenhuma conclusão. Pelo menos não estou precisando de mais charutos *Heistrich*.

Alguns (4) anexos para Gabi.

Saudações cordiais a você e a Lux,
Papai

---

[1] Franz Ernst (1887-1947), assistente de Schröder (Riemer, 2001).

CARTAS AOS FILHOS   341

242-Ernst   [Cabeçalho Viena], Semmering, 11/7/1928

Querido Ernst,
   Quero te pedir mais um favor em relação a Schröder. Você escreveu
que marcou o dia 1º de setembro para mim. Posso deduzir disso que
ele aceitou iniciar o trabalho nesse dia ou você apenas lhe expressou
o meu desejo? Gostaria de ter essa certeza.
   Lamentei saber que você não conseguiu o novo apartamento e que
as suas férias deste ano ainda não ganharam forma. Nada de novo por
aqui, nem de ruim. Estamos aproveitando um verão de rara beleza e
esperando pelo outono. Tenho razões especiais para isso.

                                         Saudações cordiais a todos,
                                                              Papai[1]

243-Ernst   Semmering, 29/8/28[2]

partida[3] conforme planejada até a vista — papai

244-ErnstLucie   [Cabeçalho Viena], 3/XI/1928
   Queridos filhos,
   Desta vez, a temporada em Berlim não apenas foi longa, mas tam-
bém tão intensa que ainda não me sinto verdadeiramente em casa aqui.
Talvez isso tenha contribuído para que, na primeira noite, eu tenha
sido perturbado por uma rebelião no estômago e no intestino, tendo

---

[1] Uma carta de Lucie para Ernst, de 21/8/1928 (UE), dá a entender que Freud, em uma
   carta que se perdeu ao filho, havia escrito que estava se sentindo mal.
[2] Telegrama; data do carimbo de chegada.
[3] Isto é, para Berlim para o tratamento com Schröder. Freud partiu no dia 30 de agosto
   e permaneceu, em companhia da sua filha Anna, até 31 de outubro de 1928 (Tögel,
   2006, pp. 88-94).

que intercalar um dia desagradável de jejum. Em viagem, devemos nos alimentar com muita moderação, e as prendas de Lux foram muito tentadoras – fartas demais para os nossos propósitos.

A prótese se comporta bem, dia após dia, com uma única alteração depois dos inchaços da gripe. Acabei de redigir a difícil carta para Pichler.[1] A notícia do meu voo em Berlim[2] causou mais impacto aqui em Viena do que todos os meus onze volumes.[3]

Encontramos todos da família em bom estado. Amanhã visitaremos a vovó.

De qualquer maneira, foi uma experiência preciosa para mim, saber o quanto se pode ter de seus próprios filhos.

Para não esquecer: todas as novas aquisições[4] aguentaram bem a viagem.

Envio as minhas saudações cordiais a vocês e aos três meninos e aguardo notícias suas em breve.

Papai

245-Lucie   [Cabeçalho Viena], 8/XI/1928

Minha querida Lux,

Você tem razão, o cheque do sr. V.[5] não é nada nobre; ele comprou duas horas minhas de forma muito barata. Ele não é ao menos correto, pois eu não disse a ele: pague o que quiser, mas: resolva esse ponto

---

[1] Certamente comunicando a mudança para outro médico. Freud teve muitas dificuldades para tomar essa decisão, "pois, no fundo, representa abandonar uma pessoa a quem já devo quatro anos de prolongamento de vida" (F/Jo, p. II/63). Depois ele voltou a ser tratado por Pichler (Jones III, p. 551).

[2] Um voo de 20 minutos sobre Berlim (Tögel, 2006, pp. 105-107).

[3] Referência aos *Escritos reunidos* [*Gesammelte Schriften*]. Originalmente, a edição luxuosa previa 10 volumes, que saíram em 1924/25 e foram complementados pelo volume XI em 1928 e pelo volume XII em 1934.

[4] Antiguidades.

[5] Um homem de negócios conhecido; trata-se dos honorários da consulta mencionada em seguida.

com o meu filho, o que, se não me engano, quer dizer: pergunte a ele quanto é para pagar. Entretanto, vamos esperar todas as surpresas possíveis e lembrar que a liberalidade de Schröder[1] faz mais do que compensar a mesquinharia de V. Como nós fomos imprudentes ao aceitar inicialmente um favor de V., deixando de lado o ponto de vista comercial. Uma cobrança posterior certamente traria o restante, mas também estragaria profundamente a relação que é tão importante para vocês. Penso então que Ernst, enquanto receptor do cheque, deve confirmar friamente – sem agradecimentos – o recebimento e isso é suficiente.

Penso ainda em outra opção nesse momento. Ernst poderia devolver o cheque para V. e acrescentar que o pai prefere considerar a consulta como uma compensação amigável pelo avião. Mas temo que V. seja esperto o bastante para entender a jogada e para pensar que 1.000 marcos não seria um caso de amizade. Deixo a decisão com vocês, se ainda quiserem optar por este caminho. Eu concordo com qualquer uma das opções.

De qualquer modo, a minha conta administrada por Ernst sofrerá uma baixa com esse incidente, e aguardo a prestação de contas para saber se não haverá necessidade de um extra para saldar todos os débitos. Também gostaria que sobrasse uma pequena reserva para os três aniversários. Se Schröder não enviar logo a fatura do material, ele terá que ser lembrado disso de forma delicada.

Faz apenas uma semana que estamos aqui, uma semana que passou devagar demais. O meu estado não é exatamente muito bom; contudo, meu médico particular, o prof. Braun, tomou a iniciativa de fazer uma visita e ficou satisfeito comigo. Foi decidido que farei um tratamento do nariz. A prótese se comporta da mesma maneira que em Berlim,

---

[1] Ele apenas cobrou os custos com material e o pagamento dos técnicos, mas não cobrou os honorários pela sua parte no tratamento de Freud (cf. Tögel, 2006, p. 92s.).

não está pior, mas também não está melhor e ainda há espaço para progressos.

A observação crítica de Gabi dá muito a pensar.[1]

Envio-lhes minhas saudações cordiais; ainda não consigo sentir vocês muito distantes.

Papai

246-Ernst   [Cabeçalho Viena], 15/XI/1928

Querido Ernst,

Fico muito contente em saber que a minha conta com você ainda possui um saldo de 1.755 marcos e te peço para proceder da seguinte maneira com esse dinheiro: com 500 marcos, quero criar um fundo de aniversário para os três meninos, da qual Lux, que conhece melhor do que eu os desejos deles, poderá dispor nas respectivas ocasiões. Reserve 255 marcos para o financiamento das remessas de charutos (ou de dentifrício); e 1.000 marcos vou exigir a você um dia – quando eu ficar temerário – para uma compra no Lederer.

Quanto à prótese, estou no mesmo pé que durante a última semana em Tegel. A grande melhora se manteve, assim como as outras mazelas também, que não me deixam me sentir bem. Em função delas, iniciei um tratamento nasal, por enquanto sem sucesso. Pichler, aliás, me respondeu de forma muito gentil e me convidou para ocasionais visitas.

Diga ao Lucian e ao Clemens que fiquei muito feliz com as cartas deles e que responderei quando tudo aqui estiver em ordem.

No mais, nada de novo. Agradeça à Lux pela continuação da sua carta.

Saudações carinhosas a vocês todos do Papai

---

[1] Não elucidado.

CARTAS AOS FILHOS 345

247-Lucie [Cabeçalho Viena], 29/XI/1928

Minha querida Lux,
Sempre concordo com você, mas não apoio seu plano de transformar os 500,00 marcos em capital apenas para usar os juros para os três aniversários. Para isso, é preciso de um ou dois zeros a mais. Espero que você desista do plano.
Desde Berlim, o mês passou devagar. A prótese é boa, a gripe é intensa. Dá para existir.
Fico feliz com as boas notícias de vocês.

Saudações cordiais a todos,
Papai

248-Ernst Viena, 11/XII/28[1]

Querido Ernst,
Por favor, mande novamente 44,00 marcos à Editora Judaica de Berlim (pelo segundo volume da Enciclopédia Judaica).[2] – Muito bom saber que vocês viajarão durante o Natal e o Réveillon.

Cordialmente,
Papai

249-Ernst [Cabeçalho Viena], 16/XII/1928

Querido Ernst,
Fico feliz em saber que finalmente você conseguiu algo graças a mim – ou será que não posso atribuir o projeto Ruths indiretamente

---

[1] Cartão-postal.
[2] A Enciclopédia Judaica [Jüdisches Lexikon] saiu em quatro volumes (sendo o 4º volume, em duas partes) de 1927 a 1930; encontram-se na biblioteca de Freud (Davies e Fichtner, 2006).

às minhas relações com o diretor-chefe?[1] Não é possível conhecê-lo pessoalmente agora – depois de uma gripe[2] berlinense, ele fez uma viagem de férias ao Egito e somente deve me procurar no fim de janeiro. Um homem fascinante, apesar de ter fantasias preocupantes; possivelmente um grande industrial em um futuro próximo.

Sua primeira publicação[3] ficou muito boa; concordo plenamente com meu presente de aniversário para Lucian; te agradeço pelo pagamento à Editora Judaica. Mas, o que mais me satisfaz são seus planos de viagem,[4] pois algo assim era muito necessário, até onde pude avaliar.

A minha prótese se comporta muito bem; infelizmente, resfriados constantes prejudicam grande parte do nosso desempenho, de maneira que não me sinto muito bem no geral.

Hoje nevou pela primeira vez, rapidamente e de forma abundante. Estou curioso para saber se Anna e Dorothy Burlingham, que estão fazendo uma viagem de fim de semana, não terão problemas com o carro.

Vocês precisam ler *The Bridge of San Luis Rey*,[5] de Thornton Wilder, é extraordinariamente belo.

Minhas saudações cordiais a você, a Lux e aos meninos,
Papai

---

[1] O projeto da Ruths Ltda. para Ernst Freud, visando a decoração de escritórios e desenhos de móveis para o ano 1930, é documentado em Welter (2005, p. 232). Ruths fazia análise com Freud (38-Math, p. 89, nota 3).

[2] Provavelmente um erro, trocando *Gruppe* (grupo) por *Grippe* (gripe).

[3] Freud está se referindo a uma série fotográfica da casa de Hans e Jeanne Lampl, construída por Ernst, publicada em *Die Pyramide* [A Pirâmide]. Nova série da arte de morar, ano 14 (1928/29), caderno 7; no sumário, apresentada como "duas contribuições do arquiteto Ernst L. Freud/Berlim: A casa do dr. L. (pp. 205-207), quartos (208-213)." No caderno 8 seguiu outra parte da série: "Quartos e móveis individuais" (pp. 254-257).

[4] Cf. a carta seguinte.

[5] O romance fora publicado em 1927 (em alemão, em 1929).

CARTAS AOS FILHOS

250-Ernst   [Cabeçalho Viena], 3/2/1929

Querido Ernst,

O frio está aumentando diariamente aqui;[1] se eu adiar mais a carta, não conseguirei mais segurar a pena. Por isso, o meu pedido hoje é para que você pague por mim, a partir do meu saldo, os 15 marcos cobrados.

Provavelmente, não passará muito tempo até nos revermos em Berlim.[2] Não soubemos nada de vocês desde a sua volta de Zuoz.[3]

Saudações cordiais a você, a Lucie e aos meninos,

Papai

251-Ernst   [Cabeçalho Viena], 15/2/29

Querido Ernst,

Esta carta ainda não contém nada de definitivo, mas não quero adiá-la mesmo assim.

Podemos manter a data do dia 11 de março para a chegada em Berlim. Gostaria então que você telefonasse na manhã dessa segunda-feira para o Schröder para saber quando posso procurá-lo, contanto que os trens não atrasem nesse dia. A incerteza está no seguinte problema: como é sabido, a mamãe nunca consegue tomar uma decisão facilmente. Ela gostaria de ir comigo para rever todos vocês, mas sabe que não pode contribuir tanto quanto a Anna. Provavelmente, acabaremos decidindo que eu vou com a Anna e

---

[1] "O inverno de 1928/1929 foi de longe o mais frio do século XX", o fevereiro de 1929 o mês mais frio em geral <home.arcor.de/wetter-wissen/Schnee/Extremwinter_1928_1929/body_extremwinter_1928_1929.html>.

[2] Em 10/03/1929, Freud foi de novo a Berlim com Anna para corrigir a prótese; ele retornou no dia 23 (F/Fer III/2, p. 204, nota 1).

[3] Na Alta Engadina (Suíça).

que a mamãe fará sua visita depois, independentemente da nossa viagem. Nesse caso, prefiro ficar em Tegel, mas não na *Villa*. Não quero incomodar o Simmel em virtude de uma ou duas semanas. Eles poderiam nos dar um apartamento como a Lou teve.[1] O fator decisivo para essa escolha foi o fato de Ruths querer ir junto, já que ele tem coisas a resolver em Berlim. Em uma pousada ou em um hotel, nós não estaríamos a salvo de observadores; no sanatório, certamente teríamos um daqueles belos consultórios[2] à disposição por uma hora. Evidentemente, precisaríamos novamente do carro, assim como no outono. Informo-lhe a respeito disso assim que a questão do acompanhamento for decidida. Mamãe daria preferência à pousada Krause, nas proximidades de vocês.

A propósito, ela ficou de cama ontem, com 37,6°C e sintomas de um resfriado. Braun dirá se é gripe. Ruths, que chegou há uma semana, logo se gripou, tendo febre alta; achou que poderia sair na próxima segunda-feira. Quando conversamos, ele negou a transferência do seu escritório para Londres. Tiveram que adiá-la porque, em decorrência da doença do rei, não conseguiram reunir o capital necessário. Ou seja, ainda há esperança.

Talvez nossa próxima visita a Berlim traga o mesmo trabalho a você que a anterior. Escrevo isso porque a bondosa previdência me presenteou novamente com um inesperado cheque em dólares,[3] para cobrir as despesas com a viagem a Berlim. No entanto, ela fez, ao mesmo tempo, com que Martin perdesse seu cargo no fim de março, o que causará despesas muito maiores. Como é sabido, os caminhos da previdência são muito obscuros.

---

[1] Lou Andreas-Salomé visitara Freud e Anna em outubro de 1928 em Tegel (LAS/ AF, p. 558).

[2] Ernst Freud foi o autor da transformação do interior do sanatório de Tegel (Welter, 2005, p. 232).

[3] Origem não esclarecida.

CARTAS AOS FILHOS 349

Está nevando incansavelmente. Provavelmente, Anna vai ter que cancelar a conferência em Frankfurt do dia 20.[1] Amanhã, teremos direito ao primeiro e único banho desta semana.[2]

Minhas saudações cordiais a você, a Lux e aos meninos,

Papai

252-Ernst [Cabeçalho Viena], 19/2/1929

Querido Ernst,

Fica então combinado o que eu havia considerado como provável na última carta. Anna vai me acompanhar; nós viajaremos no domingo 10 de março via Passau e chegaremos Deus sabe quando. Você reservou um horário com Schröder de acordo com a nossa provável chegada. Queremos ficar em Tegel, não na *Villa* mas na casa, nas mesmas condições, com carro.

Uma pousada certamente seria mais barato, porém menos calma e com menos liberdade e, se calcularmos as despesas com o carro, a economia fica reduzida. A mamãe, que depois de uma pequena gripe está bastante fraca, prefere aproveitar a nossa ausência para uma viagem de descanso com a tia; creio que ela faz bem.

---

[1] Por motivo da inauguração do Instituto Psicanalítico de Frankfurt foram programadas, de 20 de fevereiro a 5 de março de 1929, quatro conferências públicas sobre a importância da Psicanálise para: a Pedagogia (Anna Freud), as Ciências Humanas (Sachs), a Sociologia (Bernfeld) e a Medicina (Federn) [cf. Laier, 1996, p. 50s.]. Contudo, no dia 20/2, Anna Freud escreveu a Eitingon (AFP/LoC): "Hoje é a noite de quarta-feira na qual eu deveria proferir a minha conferência, mas estou em Viena, e não em Frankfurt. Nesses últimos dias, as condições de viagem foram tão impossíveis e os horários de chegada tão incalculáveis que, após dar alguns telefonemas e trocar alguns telegramas com Landauer, consegui finalmente que ele trocasse a minha conferência com a de Bernfeld. Sendo assim, vou falar apenas no dia 28 em Frankfurt."

[2] Devido ao "frio excepcional" desse inverno, o fornecimento de carvão ficou difícil, ao passo que a demanda aumentou concomitantemente, e assim houve um racionamento na compra do carvão pela população (ANNO).

Hoje a neve está derretendo, ± 0°, espero que possamos voltar a tomar banho logo.

Como não estamos ouvindo falar nada da gripe, espero que todos tenham escapado dela, mas gostaria que confirmassem.

Saudações cordiais a vocês todos,
Papai

253-ErnstLucie   [Cabeçalho Viena], 29/3/1929

Meus queridos,

Rapidamente, um cumprimento pela Páscoa, para não ser muito mal-educado. A viagem foi agradável, a comida, excelente. Aqui ainda não dei conta das cartas a serem respondidas, e ainda aguardo a reconciliação prometida do maxilar com a prótese. A primavera daqui está tão tímida quanto a de Tegel. A vontade da mamãe de viajar não parece ser muito grande.

Saudações cordiais a vocês todos,
Papai

254-Ernst   [Cabeçalho Viena], 5/5/1929

Querido Ernst,

Não escrevi antes te agradecendo pela boa resolução na questão do aluguel em Berchtesgaden[1] porque havia rumores de que você mesmo daria uma passada aqui. Agora sei que não podemos aguardar sua presença. A doença dos filhos,[2] provavelmente todos os três agora, é

---

[1] Para a temporada de verão de Freud naquele ano (quando ficou na casa Schneewinkel), que iniciou no dia 18 de junho (F/E, p. 642).
[2] Coqueluche; cf. a carta seguinte.

CARTAS AOS FILHOS

algo muito chato, mas, passando isso, pelo menos eles não voltarão a tê-la. Gostaríamos de saber que tudo correu de forma tranquila.

Eu não gostaria de encerrar a minha conta em marcos administrada por você e volto a preenchê-la com os US$ 150,00 em anexo.

Não estou mal, frequento de vez em quando o dr. Karolyi e espero poder evitar as visitas dispendiosas a Berlim, por mais agradáveis que sejam.

Envio-lhe minhas saudações cordiais, desta vez, porém especialmente a Lux e aos pequenos.

Papai

255-Ernst   [Cabeçalho Viena], 12/5/1929

Querido Ernst,

Sobrevivi ao aniversário, mas ainda não superei seus efeitos. O seu egípcio[1] está pendurado na biblioteca como se fosse o lugar dele há milênios. Você ainda não confirmou o restabelecimento da minha conta.

Estamos ansiosos para saber como evoluiu a coqueluche entre vocês. Meus agradecimentos cordiais aos meus três meninos queridos e à mãe-secretária pelos votos. Schneewinkel é menos uma casa do que uma fazenda; se eles não tivessem Hiddensee e Gaglow, teriam que brincar aqui, na floresta e no parque.

Nesta semana, Anna esteve novamente em Berchtesgaden com a Dorothy Burlingham para resolver a questão da moradia da família Burlingham. Elas ainda não conseguiram nada, em função da ausência do capitão (locatário compulsório), mas asseguraram uma fazenda nas proximidades a partir de um contrato eventual. Uma verdadei-

---

[1] O presente de aniversário de Ernst para seu pai foi uma "máscara egípcia gigantesca" (F/RMB, 15/5/1929) – provavelmente uma das máscaras de sarcófago que ficavam fixadas em uma estante de livros no escritório de Freud (cf. Engelman, 1977, fig. 30).

352 SIGMUND FREUD

ra excursão aérea – pelo ar, ida e volta, a uma hora e trinta e cinco minutos daqui de Salzburgo![1] Estamos programando outra visita no Pentecostes, desta vez também para uma conversa com a sra. Berliner.[2]

Espero que vocês nos visitem também voando a partir de Berlim. Estou fazendo um tratamento de acompanhamento com o dr. Karolyi, que me prometeu um verão bem-sucedido.

Minhas saudações cordiais a você, a Lux e às crianças do papai

A tia vai terça-feira à Abbazia.

256-Ernst   [Cabeçalho Viena], Berchtesgaden, 29/6/1929

Querido Ernst,

Depois de muitos dias ruins, frios e escuros, finalmente temos um dia ensolarado e bonito, e aproveito para te escrever que nunca ficamos em um ambiente tão campestre, tão calmo e tão aconchegante. Espero que o perceba por você mesmo.[3] Claro que me lembro de ter sido mais jovem e mais saudável e de ter tomado mais iniciativa, porém dificilmente usufruí tanto as coisas.

Todos estão se sentindo de modo semelhante, excetuando-se, talvez, a tia, que não consegue esquecer o mar Adriático. Anna está vivendo com seus quatro filhos emprestados e a mãe deles,[4] e descansa jogando bola ou recolhendo feno, andando de carro ou de bicicleta depois do

---

[1] Anna Freud relatou essa experiência a Lou Andreas-Salomé ("A gente é muito mais feliz no ar do que na terra": LAS/AF, p. 570).

[2] O proprietário da fazenda de Schneewinkel era Rudolf Berliner, historiador de arte de Munique (F/AF, p. 500, nota 3).

[3] Ernst e Lucie fizeram uma visita nos dias 21 e 22 de julho (F/RMB, 21/7/1929).

[4] Dorothy Burlingham com seus filhos Robert ("Bob"), Mary ("Mabbie"), Katrina ("Tinky") e Michael ("Mikey") [cf. W. E. Freud, 2003, pp. 72-77]. Além disso, o jovem Ernst Halberstadt passou a fazer parte da família Freud.

CARTAS AOS FILHOS

trabalho e antes do congresso.[1] Os cachorros[2] parecem estar felizes com a liberdade que podemos conceder-lhes aqui. Os Burlingham são a vizinhança ideal, mas, no fundo, trata-se de uma família dividida em duas partes. Se o eczema de mamãe acabar e eu não tiver mais nada, será um belo verão.

Trabalho duas horas por dia, com Ruths e um corvo branco de Albany, N.Y., o dr. MacCord.[3] Como passatempo, também escrevo algo que dificilmente será publicado.[4] O dr. Karolyi ajustou a minha prótese, não exatamente de forma brilhante, mas de uma maneira que é possível suportar. Como você sabe, Berlim é caro e o dr. Lederer, inevitável.

Dr. Jones e esposa já me fizeram uma visita; amanhã os Ferenczi passarão aqui, a caminho de St. Moritz. Temo que muitos outros apareceram por aqui ainda.

Clemens escreveu uma carta encantadora para a mamãe, com a letra de Lux; os meninos também gostariam de estar aqui; mesmo não encontrando âmbar, é muito bonito.

Saudações cordiais a você e a Lux,
Papai

---

[1] De 27 a 31 de julho de 1929 aconteceu o XI Congresso Psicanalítico Internacional em Oxford. Esperava-se que o congresso pudesse transcorrer de forma turbulenta devido aos conflitos entre os grupos anglo-americanos e centro-europeus em torno da questão da análise leiga, mas ele permaneceu pacífico (cf., por exemplo, F/E, pp. 634-647).

[2] O pastor-alemão Wolf, de Anna, e Lün, o chow-chow do próprio Freud.

[3] Em agosto de 1928, Freud escreveu a Fritz Wittels, um analista vienense emigrado para Nova York (Wittels, 1996, p. 157s.): "Na verdade, o americano e a Psicanálise combinam tão pouco que somos lembrados da comparação de Grabbe, é como se 'um corvo vestisse uma camisa branca'." Com a alusão acima, ele possivelmente estava querendo caracterizar o seu analisando didático americano (cf. a nota 4 de 38-Math, p. 89) como uma exceção positiva em relação aos seus conterrâneos.

[4] *Das Unbehagen in der Kultur* [*O mal-estar na cultura*] (Freud, 1930a).

354 SIGMUND FREUD

257-Ernst [Cabeçalho Viena], Berchtesgaden, 10/8/1929

Querido Ernst,

Ainda não decidi se continuo com Karolyi ou se vou a Berlim.[1] Mas é algo que tem que ser decidido. Por favor, pergunte no consultório do Schröder a partir de que dia ele volta a trabalhar, por enquanto sem marcar uma consulta definitiva. Obviamente, a prótese está ficando cada vez pior.

No mais, está tudo bem. O Ernstl esteve doente por uma semana, assim como o Bob.

O Emden participa das nossas refeições há uma semana também e representa certo peso para todos nós. Math está conosco e está se sentindo bem.

Espero que o Gab tenha conseguido seu globo.[2]

O dr. Ruths está totalmente doido, embora não mais do que sempre. Por causa dele, prefiriria não ir a Berlim. A princesa voltou a fazer tratamento por alguns meses.[3]

Minhas saudações cordiais a você, a Lux e aos pequenos,
Papai

258-Ernst [Cabeçalho Viena], Berchtesgaden, 15/08/1929[4]

Querido Ernst,

Hoje é um desses feriados bobos,[5] não há correio e, por isso, não há notícia sua também. Mas escrevo antes de receber uma resposta sua porque a situação ficou mais nítida.

---

[1] Cf. a carta análoga 104-Martin, pp. 179-180.

[2] Pelo aniversário no dia 31/7.

[3] Naquele verão e outono, Marie Bonaparte fez uma etapa de análise com Freud (cf. Bertin, 1989, p. 319s.).

[4] No respectivo envelope, o endereço de Berlim foi riscado por outrem e substituído por: Vitte/auf Hiddensee/via Stralsund.

[5] Assunção de Nossa Senhora.

O Karolyi pode ser descartado devido à incerteza, porque não se sabe se ele estará de volta no dia 15 de setembro. Estou decidido a procurar o Schröder e espero que ele me aceite, apesar de eu não lhe trazer honra nem lucro sendo seu paciente; ele já tem o suficiente dos dois. Você pode verificar logo com ele, portanto; estarei disponível a partir de 15 de setembro.[1] Às vezes duvido que aguentarei tanto tempo. O funcionamento da prótese piorou rapidamente, mas gostaria de fazer esse esforço, pois a vida em Schneewinkel é boa demais. Além disso, há uma mudança de americanos no último dia de agosto: McCord sai e deve ser substituído pelo dr. Blanton,[2] e preciso captar esse novato antes de lhe impor outra viagem. Além dele, a princesa vem junto comigo, e Ruths vai gostar de algumas semanas de prorrogação do tratamento. É disso que se precisa para cobrir as despesas.

Outro ponto: a Anna prefere, certamente, Tegel a uma temporada na cidade. Para ela será uma nova temporada de verão, uma vez que a atual ficou muito prejudicada pelas turbulências e os esforços do congresso. Lá, Anna pode remar, nadar e andar de bicicleta, e ainda fica muito mais protegida das exigências sociais. Eu também vivo as horas livres em Tegel como aqui; em um apartamento na cidade, me sentiria preso. Eu teria gostado de aceitar sua oferta, mas são esses argumentos que fazem a diferença, se a casa ainda tiver capacidade. Caso eles não tenham mais carro, teríamos que alugar um, pagando o acréscimo. Você deveria voltar a jantar conosco sempre que possível. A ausência de Eitingon[3] se refletirá na falta de caviar, mas vai facilitar a situação em geral.

---

[1] Em 31/8/1929, Freud escreveu para Eitingon (F/E, p. 651): "Schröder só começa no dia 20 de setembro, mas nós [Freud e Anna] vamos chegar em Berlim no dia 15." Permaneceram até o fim de outubro.

[2] Smiley Blanton (1882-1966), psiquiatra, psicanalista; fez análise com Freud de agosto de 1929 a junho de 1930 (depois voltou em 1935, 1937 e 1938) [cf. Blanton, 1975].

[3] Eitington estava passando as férias de agosto até o fim de outubro na Suíça e em Florença.

356   SIGMUND FREUD

No momento, estou ansioso para ter notícias suas e envio a você e aos hiddenseeanos[1] as minhas saudações cordiais.

Papai

259-Ernst   [Cabeçalho Viena], Berchtesgaden, 26/8/1929

Querido Ernst,

Suponho que esteja em Hiddensee, mas não tem importância se esta carta te esperar por alguns dias. A minha situação se tornou mais fácil pelo fato de Karolyi ter cancelado diretamente as consultas. Ele está doente e o seu técnico morreu; assim, a última reserva em procurar Schröder se dissipou. Espero que você marque definitivamente a minha consulta para quando ele retornar em meados de setembro.

A minha carta de hoje foi motivada por um telegrama de Eitingon, segundo o qual o sanatório de Tegel está ameaçado de fechar se não receber auxílio. Ora, eu não posso ajudar e Eitingon também não vai fazê-lo. É um infortúnio inevitável. Muito embora eu tenha escrito para Liebman em Nova York, que frequentou o sanatório por minha sugestão no ano passado, e estou na expectativa de que se dirijam ao Simmel, mas nada mais que isso.[2]

Quero saber de você, portanto, se ainda será possível ficar em Tegel de setembro a outubro. Você sabe que seria a nossa preferência, em vez de aceitar o seu gentil convite. Para mim, Tegel representa viver na natureza e com tranquilidade e, para Anna, uma prolongação das férias. Em Berlim Westend, sou um prisioneiro. Além disso, receamos tornar a sua casa pouco aconchegante, pois preciso de um consultório no qual ninguém fique por perto durante muitas horas. No caso do fechamento de Tegel, teríamos que pensar em alguma pousada situada em região tranquila, e não em Regentenstrasse.

---

[1] Lucie e os filhos, que costumavam passar as férias na casa de férias na Ilha de Hiddensee.

[2] De fato, o fechamento do sanatório pôde ser evitado em um primeiro momento mediante um empréstimo de Julius Liebman, pai de um paciente de Freud (F/E, p. 653, nota 1; cf. Molnar, 1996, p. 131). Desta vez também, Freud acabou ficando em Tegel.

CARTAS AOS FILHOS

Espero que você tenha encontrado todos bem e que também esteja bem.

Cordialmente,
Papai

260-Ernst   [Cabeçalho Viena], 14.XI.29

Querido Ernst,
Por favor, acerte a fatura anexada da minha conta. Faz tempo que estamos sem notícias de vocês. Não ando muito bem.

Saudações cordiais a todos,
Papai

261-Ernst   [Cabeçalho Viena], 3/12/1929

Querido Ernst,
Por favor, envie 6 marcos em meu nome à Editora Felix Meiner em Leipzig, Kurze Strasse, 8.
Graças ao aniversário de Anna, tivemos notícias de vocês.

Cordialmente,
Papai

262-Lucie   [Cabeçalho Viena], 20/12/1929

Minha querida Lux,
A vocês todos, minhas lembranças cordiais de Natal! Espero que você não se esqueça de fazer uso da minha conta sob os cuidados de Ernst para os presentes de Natal dos meninos. A escolha fica com você, o prestígio comigo.

358 SIGMUND FREUD

Aguardamos o retorno de Anna de Essen e de Göttingen para amanhã cedo.[1] Estamos bem aqui. Gostaríamos de ter notícias suas.

Cordialmente,
Papai

263-Ernst   [Cabeçalho Viena], 1/2/1930

Querido Ernst,

Você já deve estar sabendo há muito tempo que Tom está precisando de dinheiro[2] de novo e que a tia Mitzi se dirigiu igualmente ao tio e a Anna para conseguir mesadas de 100 marcos. Anna estava disposta a pagar, mas não quero que assuma outros compromissos; ela já assumiu o suficiente e ainda vai se exercitar durante 35 anos. Encarrego-me, portanto, desse gasto e te peço para pagar regularmente esse valor, utilizando-se da minha conta, a partir de 1º de fevereiro. Mas depois terei que repor o dinheiro; não deve haver muito mais e, ainda assim, precisa ter o suficiente para os aniversários de vocês. Nesse sentido, envie-me por favor um extrato do seu banco particular.

Nada de novo por aqui. Lux não escreve muito, mas cada carta dela é puro deleite.

É preciso ainda reembolsar Eitingon pelos charutos.

Minhas saudações cordiais,
Papai

---

[1] O motivo dessa viagem não está claro. Anna visitou Lou Andreas-Salomé durante essa viagem (F/AF, p. 511 s.).

[2] Depois do suicídio do seu marido, Tom Seidmann-Freud fora internada em um sanatório em outubro de 1929, onde ela cometeu suicídio em 7/2/1930 (Murken 2004, pp. 95-98).

CARTAS AOS FILHOS

264-Ernst [Cabeçalho Viena], 18/2/1930

Querido Ernst,

Acredito que seja um bom sinal eu não ter recebido resposta à minha última carta, que versava sobre a minha conta sob sua administração. Tudo indica que você está ocupado demais com belos projetos. Entretanto, ficaria muito feliz se voltasse a ter notícias suas.

Com minhas saudações cordiais a você,
a Lux e aos meninos,
Papai

265-Ernst [Cabeçalho Viena], 5/4/1930

Querido Ernst,

Tendo em vista que, dessa vez, será difícil algum de nós conseguir estar com você no seu aniversário,[1] basta que eu acrescente algumas linhas de parabéns em nome de todos. É um ponto luminoso, no meio de todas as mazelas desta época, que você possa seguir seu caminho em ascensão, de maneira despreocupada e inabalável e acompanhado por tanto amor.

Bem que eu gostaria de ter sido seu hóspede junto com a mamãe, mas Schröder não quis, impondo-me, assim, algumas semanas difíceis. A dependência nunca é fácil de suportar.

A primavera está começando aqui, com *Föhn*, cansaço e tudo o que faz parte disso. Espero que as belezas naturais de Berlim se mostrem com todo o vigor em maio.

Parece que a mamãe está aproveitando a vida. Diga-lhe que não há novidades dos Rie,[2] com certeza nenhuma novidade boa.

Saudações cordiais a Lux e aos três meninos do papai

---

[1] Martha Freud fora a Berlim em 29/3/1930 (Molnar, 1996, p. 108s.). Sobre a (última) consulta de Freud com Schröder pouco tempo depois, cf. as próximas duas cartas.

[2] Melanie Rie estava muito doente; ela morreu no mês de agosto do mesmo ano (Molnar, 1996, p. 108s., 139).

SIGMUND FREUD

266-Ernst   [Cabeçalho Viena], 13/4/1930

Querido Ernst,

A mamãe voltou hoje nas melhores condições e muito contente com as impressões e experiências berlinenses. Certamente foi apropriado ela viajar sozinha, sem esperar por mim. Todos ganharam com isso.

O outro assunto que levanto aqui parece ser precipitado, mas talvez oportuno, caso vocês também estejam ausentes por mais tempo durante a Páscoa.

Trata-se de Schröder, em relação ao qual estou sentindo uma forte dependência agora. Ele apenas me disse: fim de abril ou início de maio, tendo como limite o dia 28 de maio, quando partirá de Berlim novamente. Mas ele não me passou nenhuma data definitiva – algo necessário quando não queremos perder tempo aqui ou em Berlim, pois temos que providenciar uma acomodação antes. Além disso, os outros que nos acompanham têm urgência em saber uma data exata. É uma colônia inteira, três grupos da minha parte e dois da parte da Anna, entre eles Dorothy B. com duas filhas.[1]

Quero, portanto, te pedir para perguntar na Lindenallee,[2] o mais rápido possível depois da Páscoa, em qual dia será a minha consulta e, se não houver resposta certa, repita a pergunta em outro momento propício. Como justificativa para essa insolência, deve ser usada a questão da acomodação.

Fico feliz em rever todos vocês; devo essa oportunidade aos meus problemas de saúde, mas ficaria contente se a defesa desse resquício de saúde causasse menos dificuldades.

Com saudações cordiais,
Papai

---

[1] Os três pacientes que Freud levou a Berlim eram Smiley Blanton (substituído, em 12/5/1930, por David Brunswick), Dorothy Burlingham e Edith Jackson (Molnar, 1996, p. 128; F/Meine Lieben, 12/5/1930). Quanto às pacientes de Anna, provavelmente são as filhas Burlingham.

[2] O consultório de Schröder ficava na Lindenallee, nº 20, no distrito Westend de Berlim.

CARTAS AOS FILHOS

361

267-Ernst   [Cabeçalho Viena], 19/4/1930

Querido Ernst,

Novas complicações me obrigam a te incomodar novamente com o assunto da minha viagem.

Nesses últimos tempos sofri muitas arritmias cardíacas e, ocasionalmente, tive ataques bastante desagradáveis. Os meus médicos são unânimes em dar certeza de que esses incômodos não trazem risco. Por mais que se deva desconfiar dos médicos, desta vez devo acreditar neles, porque ajustam suas prescrições de acordo com o diagnóstico. Eles acham que os meus distúrbios do coração são decorrentes das irritações do intestino, e as minhas experiências dos últimos tempos parecem confirmar essa opinião. As cólicas têm aumentado tanto que não tenho mesmo coragem de sair de casa. Agora, o prof. Braun insiste na minha internação no sanatório Cottage para passar por um tratamento sistemático do intestino com uma dieta adequada, que ele até considera como mais importante que o ajuste da prótese, que, aliás, é corresponsável pelo problema intestinal, devido aos problemas de mastigação. Segunda-feira à noite, (21/4) portanto, vou me mudar com Anna para o sanatório.

Entretanto, nove dias não são suficientes para um tratamento dessa natureza. Isso significa que eu deveria adiar a minha viagem a Berlim por uma ou duas semanas. Mas o problema é o seguinte: Schröder me comunicou, por intermédio do seu assistente, Trebitsch,[1] que o tratamento dele estaria limitado pela viagem do dia 28 de maio. Se eu chegar no dia 2/5, teríamos quatro semanas, provavelmente o suficiente. Se eu diminuir esse tempo, corro o risco de que ele não termine o tratamento, ou de que não faça nada direito por falta de tempo.

Trata-se, portanto, de saber se essa data de fim de maio será mesmo mantida por Schröder. Nesse caso, eu viajaria no dia 1º de maio,

---

[1] Foi Fritz Trebitsch (1897-?; cf. <www.vdzm.de/opferliste.htm>, acesso em 23/10/2009) quem fez a correção da prótese de Freud em fevereiro de 1930 na ocasião de uma visita a Viena (F/E, p. 674).

362   SIGMUND FREUD

se existirem condições mínimas. Você escreveu que ninguém está sabendo nada, no instituto dele, sobre uma viagem no fim de maio. Talvez ele tenha desistido, mas não tenha informado ao assistente sobre isso. Também é possível que sua ausência não ultrapasse alguns dias, que tranquilamente eu poderia aguardar em Berlim. Você teria como saber algo certo sobre isso até o fim de abril, ou na casa dele ou com o dr. Trebitsch no instituto da Universidade? Meus planos futuros dependem disso.[1]

> Minhas saudações cordiais a você, a Lux e às crianças,
> Papai

268-Ernst   [Cabeçalho Viena], Grundlsee, 31/7/30[2]

Querido Ernst,

Está na hora de darmos notícias. Voltamos para Viena domingo, dia 27.[3] A casa é muito confortável, espaçosa, a vista magnífica, o clima bastante desagradável, mas suportável.

A notícia de Frankfurt foi positiva, uma carta do secretário dr. Paquet mostrou compreensão e fiquei honrado. A Anna viajará a Frankfurt para me substituir somente no dia 28.

A minha prótese ficou pouco satisfatória. O único charuto que tentei até agora terá que ser abandonado. Também em relação ao restante, não consigo me sentir bem.

---

[1] Depois de ficar de 21/4 a 3/5/1930 no sanatório, Freud chegou a Berlim no dia 5 de maio, onde permaneceu até fim de julho (Molnar, 1996, pp. 116-133). No dia 24 de maio, ele escreveu para casa (F/Meine Lieben): "Hoje, Schröder se despediu por uma semana; não se trata de uma viagem turística, mas de uma viagem de serviço, como diz para se desculpar." Freud aproveitou esse intervalo do tratamento para uma viagem à Ilha de Hiddensee.

[2] No respectivo envelope, o endereço de Berlim foi riscado por outrem e substituído por: Vitte/auf Hiddensee/via Stralsund.

[3] De fato, Freud retornou a Viena em 25/7/1930 e chegou no dia 27 em Grundlsee, a estância de verão daquele ano (KCh).

CARTAS AOS FILHOS

Suponho que você já tenha viajado a Hiddensee, para o aniversário de Gabi.

Com as minhas saudações cordiais a Lux e às crianças,
Papai

269-Ernst   [Cabeçalho Viena], Grundlsee, 23/8/1930

Querido Ernst,

Ficamos muito felizes em saber que seu longo silêncio coincidiu com alguns belos dias de férias em Hiddensee, e agora gostaríamos de providenciar novas férias para você e para Lux, que deveriam passar na casa Rebenburg.[1] É consenso entre nós que nunca ficamos em um lugar tão bonito. O quarto dos hóspedes também nunca foi tão confortável; há duas semanas que Math está conosco.

Os dias 17 e 18 passamos com a vovó em Ischl. Não há mais notícias boas sobre ela.[2] Nós ficamos gratos quando acorda de sua apatia, nos reconhece e mostra algum interesse. Agora ela está inquieta, quer ir para casa e, dentro de alguns dias, deve ser levada para Goisern[3] sob a supervisão do dr. Federn.

O clima não esteve pior do que em outros lugares – muito ruim, portanto; quando intercalado por dias bonitos é uma maravilha.

O Prêmio Goethe fez com que eu tivesse que escrever muito – não apenas em função dos agradecimentos extremamente desnecessários pelas inúmeras felicitações, mas também devido ao artigo que tive que escrever em resposta à entrega do prêmio.[4] Anna vai ler o texto no dia 28 no *Goethehaus*. Parece que eles vão organizar uma festa popular em virtude disso. Com música, discursos, transmissões de rádio e um bufê comemorativo! Aguardo para amanhã a visita do vereador,

---

[1] O castelo onde Freud passou as férias em Grundlsee.
[2] Ela morreu pouco depois (cf. a nota 3 de 114-Martin, p. 186).
[3] Outro lugar de férias na Alta Áustria (Salzkammergut).
[4] Freud, 1930e.

364   Sigmund Freud

o dr. Michel, que provavelmente vem entregar o prêmio pessoalmente. Como devo receber marcos nessa ocasião, preciso adiar o acerto da sua fatura para esse evento que não é indesejado.

A prótese não se comporta mal, mas seu desempenho depende em grande medida do inchaço na região da ferida e, por isso, ela é pouco confiável. Mas não há outra opção senão aguentá-la.

Todos os outros aqui estão muito bem. Graças aos nossos três carros (Burlingham, Ruth e princesa), estamos dando conta das questões territoriais. Até encontramos cogumelos isolados. O Yofi[1] é uma gracinha.

Saudações cordiais a você, a Lux e às crianças,

Papai

270-Ernst   [Cabeçalho Viena], Grundlsee, 24/8/1930

Querido Ernst,

Hoje o dr. Michel, vereador de Frankfurt, um homem jovem e muito simpático, com posições liberais, trouxe o cheque em anexo que servirá para reativar a minha conta sob sua administração. Além do pagamento das minhas dívidas com você, o primeiro saque será de 500,00 marcos a serem enviados ao Marlé[2] para a Angela, informando a origem (Goethe). Aguardo uma prestação de contas em breve para eu mesmo poder me orientar e te envio as minhas

Saudações cordiais,

Papai

---

[1] O novo chow-chow de Freud, normalmente escrito como "Jofi".

[2] Arnold Marlé (1887-1970), ator e diretor de teatro, o marido de Lilly, sobrinha de Freud, a irmã de Tom Seidmann-Freud. O casal havia adotado a filha órfã destes últimos (Tögel, 2004, p. 38 s.; Murken, 2004, p. 100).

CARTAS AOS FILHOS 365

P.S.: Acabei de voltar de Ischl. Esperamos poder levá-la[1] ainda viva a Viena. Peço-lhe ainda para confirmar a chegada do cheque imediatamente; anotei o número dele.

271-Lucie   [Cabeçalho Viena], Grundlsee, 26/9/1930

Minha querida Lux,

Você tem toda razão, suas cartas chegaram e você não obteve resposta. Deixe-me contar que estávamos muito ocupados. Primeiro, a história do prêmio Goethe, visitas, correspondências, inúmeras felicitações; depois, o Espírito do Tempo [*Zeitgeist*], para se vingar, inventou que eu estivesse ocupado em morrer do meu câncer na língua; mais cartas, condolências, conselhos preciosos. Logo depois morre a mamãe, e agora recebo as condolências das pessoas mais distantes e dispensáveis. As pessoas preferem mesmo as condolências às felicitações.

No mais, também não fui bem-sucedido para poder afirmar "comigo é diferente". Parece que a tentativa modesta de conseguir pelo menos dois ou três charutos por dia foi punida com novos problemas no coração e no estômago, dos quais não me livrei até agora, apesar de ter dado o último trago em uma folha enrolada de fumo no dia 12 desse mês. O clima em setembro foi quase sempre ruim, então não lamentamos a ideia de chegar em Viena no dia 28 à noite. Parece que Anna está em situação melhor: ela está fazendo caminhadas com Dorothy por Landeck, Stilfserjoch, Engadin e atualmente Chiavenna, dando notícias entusiasmadas.[2]

Agradeço por todas as notícias e envio as minhas saudações cordiais a você e a seus três homens,

Papai

---

[1] A mãe de Freud.

[2] As cartas e os telegramas dessa viagem pela Itália do Norte e pelo sudoeste da Suíça se encontram em F/AF, pp. 513-526.

366 SIGMUND FREUD

272-ErnstLucie Viena, 29/9/30[1]

Queridos filhos,

Chegamos ontem à noite; a Anna, hoje de manhã, também. Esperamos nos recuperar da temporada no interior.

Saudações cordiais,
Papai

273-Ernst [Cabeçalho Viena], 30/9/1930

Querido Ernst,

Por favor, transfira 3.000,00 marcos da minha conta para a conta do dr. Robert Hilb,[2] n° 5/407, "Conta especial Tegel". O valor é destinado ao sanatório e é meu, de Dorothy Burlingham e de Anna, em partes iguais.

Cordialmente,
Papai

P.S.: Hoje foi feito um raio-X do meu estômago e não encontraram nada.[3]

274-Ernst [Cabeçalho Viena], 23/X/1930[4]

Querido Ernst!

Não trocamos muitas notícias nos últimos tempos, apenas hoje recebi o simpático cartão da Lux, que rememorava a viagem conturbada para Hiddensee.[5] Aproveitei esse meio-tempo para passar por diver-

---

[1] Cartão-postal.
[2] Advogado ligado ao sanatório de Tegel desde a sua fundação (F/E, p. 756, nota 1).
[3] Ou seja, não encontraram nenhuma causa orgânica para as cólicas de Freud (Molnar, 1996, p. 146).
[4] Carta escrita à máquina, com expressão da assinatura.
[5] Ele também deve ter ditado a carta para ela datilografar.

CARTAS AOS FILHOS

367

sas doenças, um pós-operatório com Pichler (sem suspeitas) e uma pneumonia curta, porém bastante desagradável, cujo restabelecimento conta até hoje com a ajuda da Anna. Espero que esteja tudo bem com vocês e que seu trabalho não tenha sido interrompido, mesmo com a situação catastrófica.

Por favor, retire do meu fundo Goethe o valor de 1.000 marcos e envie à sra. Lou Andreas-Salomé no endereço Göttingen (Herzberger Landstrasse, 101) o mais rápido possível. Dessa forma se responde razoavelmente à resistência do público.[1] A sra. Lou perdeu seu marido recentemente,[2] de 85 anos de idade.

Espero ter notícias suas em breve, de forma direta ou indireta, e envio-lhe minhas saudações cordiais.

Papai

275-Ernst   [Cabeçalho Viena], 16/XII/1930

Querido Ernst,

Espero que esteja administrando a minha conta em marcos de forma conscienciosa, que não se esqueça de atacá-la na ocasião dos aniversários e que me envie, no fim do ano, a prestação de contas, levando em consideração as duas cobranças em anexo.[3] Pedirei, inclusive, para você saldá-las ainda antes de sair de férias.

Nesse momento, estou razoavelmente bem. As compras de Natal foram adiadas pelo fato de sua prima Rosi Waldinger se encontrar louca em Inzersdorf,[4] o que acarretará despesas consideráveis.

---

[1] A entrega do Prêmio Goethe a Freud havia gerado a crítica de que o prêmio deveria estar reservado preferencialmente a escritores (*Psychoanalytische Bewegung*, vol. 2, 1930, p. 594).

[2] Friedrich-Carl Andreas (1846-1930), professor de Culturas Orientais na Universidade de Göttingen, havia morrido no dia 3/10/1930.

[3] Não elucidado.

[4] Ela havia superado esse estado para o Reveillon. Na visão de Anna Freud (LAS/AF, p. 590): "Suponho que se tratava da repetição de um ataque esquizofrênico de 11 anos atrás." (cf. 153-Ernst, pp. 263-265). Em Inzersdorf, perto de Viena (hoje parte de Viena), encontrava-se um sanatório para doenças nervosas e mentais.

368   SIGMUND FREUD

Minhas saudações cordiais a você, a Lux e aos meninos,
Papai

276-Lucie   Viena, 12/1/1931[1]

Querida Lux,
Espero que você não tenha adoecido por muito tempo. Como prova
da minha certeza na sua recuperação, vou lhe pedir que encomende
na farmácia de *Kaiserdamm*[2] os três tubos do dentifrício 5a. Deveria
ser possível resolver isso por telefone.

Cordialmente,
Papai

277-Lucie   Viena, 13/1/1931[3]

Querida Lux,
Se ainda não encomendou o dentifrício, não precisa mais fazê-lo.
Ele acabou de chegar.

Cordialmente,
Papai

278-Ernst   [Cabeçalho Viena], 9/2/1931

Querido Ernst,
Em primeiro lugar, o meu pedido para dar a Henny, que vai fazer
aniversário no dia 11 agora, 150,00 marcos da minha conta, depois
fazer o mesmo com Oli no dia 19, sem novo pedido meu.

---

[1] Cartão-postal.
[2] *Kaiserdamm* é uma avenida importante que vai de Berlim-Charlottenburg a Westend.
[3] Cartão-postal.

CARTAS AOS FILHOS

Sábado passado fiz uma cirurgia semelhante com Pichler na região da cicatriz, assim como em outubro. Desta vez sem incidentes nem prejuízos generalizados. Durante alguns dias, não pude mastigar e interrompi meu trabalho. Espero poder recomeçar depois de amanhã. Asseguraram que eram apenas medidas preventivas, e que não havia nenhuma suspeita, mas isso mostra, todavia, que sempre acontece algo que não deveria acontecer. Mas, na minha idade, tudo isso parou de assustar.

Ficou claro que não faz sentido eu ir a Berlim por causa da prótese. Mesmo sentindo falta da convivência com vocês, que foi tão bem resolvida no ano passado.

Com as minhas saudações cordiais a você,
a Lux e aos três meninos,
Papai

279-Ernst   [Cabeçalho Viena], 15/3/1931

Querido Ernst,

No dia 22 deste mês, ou seja, daqui a oito dias, a tia Mitzi também vai fazer 70 anos. Provavelmente, ela passará o dia em Hamburgo.[1] Por favor, envie 500,00 marcos da minha conta a tempo, a título de presente de aniversário. Espero que você tenha se servido dessa fonte para Lux também. O seu retrato com Gabi ficou especialmente bom para o menino, nem tanto para você. Continuo bastante atormentado; a mamãe visitará vocês logo após a Páscoa.

Saudações cordiais a vocês todos,
Papai

---

[1] Na casa de sua filha Lilly (sobrenome de casada Marlé). Cf. a carta de aniversário de Freud para a irmã (2004d, p. 62).

370   SIGMUND FREUD

280-Ernst   [Cabeçalho Viena], 18/3/1931

Querido Ernst,

Já que a Lux prefere assim, por favor passe 150,00 marcos em espécie pelo aniversário dela.

Conforme fiquei sabendo, a tia Mitzi passará seu aniversário de 70 anos em Hamburgo.

Cordialmente,
Papai

281-ErnstLucie   [Cabeçalho Viena], 21/4/1931

Queridos filhos,

Pichler insiste em fazer uma daquelas cirurgias profiláticas na minha velha cicatriz, das quais já tivemos duas neste ano (out. e fev.).[1] É muito desagradável para mim, mas é claro que tenho que ceder – e, segundo ele, estar feliz que a proliferação ainda não tem caráter maligno. Deve acontecer quinta-feira ou sexta-feira no sanatório Auersperg.[2] No mais, estou bem.

Escrevo para vocês porque fiquei sabendo que querem vir para o meu aniversário. Ora, neste dia, mesmo se tudo der certo, certamente não serei muito útil. Por outro lado, a visita de vocês não seria nenhum esforço, mas pura alegria. Portanto, não quero fazê-los desistirem, mas apenas deixar a decisão para vocês.

---

[1] Parece que Freud não está falando do ano do calendário, mas do de trabalho.

[2] A cirurgia de 23/4/1931 foi mais profunda do que as duas anteriores e resultou na retirada de tecidos pré-cancerígenos. No dia 6 de maio, no seu aniversário de 75 anos, Freud ainda estava muito fraco, de modo que a comemoração ficou restrita à família. Ernst e Oliver também desistiram de sua intenção de ir a Viena (F/E, p. 732; Molnar, 1996, p. 168s.)

CARTAS AOS FILHOS 371

Para Clemens, Eva Rosenfeld levou a "escavação".[1] A vovó se ocupa das calças de couro.

Além de todas as tarefas de Ernst como administrador do fundo em marcos, ainda haverá nesse momento o pagamento da mensalidade escolar para Ernstl em Scharfenberg e o financiamento de suas outras despesas.[2]

Com as minhas Saudações cordiais,
Papai

282-Ernst　　　　Viena, distrito 18, Khevenhüllerstrasse, 6, 5/VI/31[3]

Querido Ernst,

Este é o nosso novo endereço,[4] que você ou Lux deveriam usar no futuro próximo.

Não se esqueça de pagar a mensalidade escolar para Ernstl em Scharfenberg e de dar a ele o que estiver precisando.

Lembranças cordiais a todos,
Papai

283-Ernst　　　　　　　　　[Cabeçalho Viena], 4/7/1931

Querido Ernst,

Advertidos pela perda da última remessa registrada para Oli, decidimos pagar as mensalidades para Oli (300 marcos) e para Max (210 marcos) por meio do seu banco particular – algo a ser iniciado já em

---

[1] No sentido arqueológico. Aparentemente uma expressão de família para "presente de aniversário" (Clemens: nascido em 26/4); cf. 292-Cle, p. 378.

[2] Cf. a nota 2 de 494-Max, p. 582.

[3] Cartão-postal, data do selo.

[4] Isto é, da estância de verão do ano 1931, em Pötzleinsdorf, nas proximidades de Viena

372   SIGMUND FREUD

julho deste ano. Para tanto, Martin passará a transferir valores maiores para a minha conta, o próximo será daqui a poucos dias.

Faz um calor excepcional aqui, mas a vida na casa e no jardim continua prazerosa. Todos estão bem no momento. Esperamos que vocês estejam bem também.

Cordialmente,
Papai

284-Ernst   [Cabeçalho Viena], 30/8/1931

Querido Ernst,

Fico feliz em saber que a sua costumeira sorte não te abandonou na questão da moradia[1] e espero que ela continue fiel a você. Não posso aprovar sua intenção de escrever para a princesa Marie.[2] Apesar da velha amizade dela com Briand,[3] a princesa não possui nenhuma influência social em Paris, e é muito pouco provável que os franceses empreguem um estrangeiro. Além disso, estraga-se o relacionamento quando se demanda algo, principalmente quando a pessoa em questão não tem a satisfação de atender a exigência. Sem dúvida, ela é muito prestativa – quando o artista armênio,[4] que passara por Viena por um dia a convite de Ruth, se recusou a voltar por mais tempo depois, ela foi a Paris no quarto dia de sua temporada em Viena para trazê-lo

---

[1] Parece que Ernst se mudou no decorrer do mês de outubro para um novo apartamento na Matthäikirchstrasse, 4, também no distrito de Tiergarten em Berlim, não muito longe da Regentenstrasse (cf. Martha/ErnstLucie, 30/10/1931; UE). A mudança foi uma medida de economia, condicionada pelas más opções de trabalho de Ernst (Martha/Lucie, 20/4).

[2] Sem dúvida, em razão de um projeto novo.

[3] Aristide Briand (1862-1932), presidente francês e ministro por vários mandatos, fora o amante de Marie Bonaparte e continuou sendo amigo dela (Bertin, 1989).

[4] Varaztad Hovhannes Kazanjian (1879-1974), professor de cirurgia maxilar em Harvard. Persuadido por Ruth Mack Brunswick, recebera Freud em consulta no dia 31/7/1931, não quis assumir o tratamento, mas acabou fazendo, a partir de 6/8, três próteses novas por uma remuneração de US$ 6.000,00, despesa da qual Freud se arrependeu mais tarde (F/E, pp. 752-757, 777; Molnar, 1996, pp. 179-183).

CARTAS AOS FILHOS

para cá com esposa e filha, na coleira, por assim dizer, bancando as despesas dele durante os dias no sanatório Cottage. Mas isso ela fizera de maneira espontânea e contra a minha vontade expressa. Ela e Ruth também queriam pagar os honorários dele. Como você pode imaginar, eu não aceitei.

O homem partiu ontem. Durante três semanas, ele me cansou terrivelmente. Passar diariamente de quatro a seis horas em uma cadeira de dentista! Sem dúvida, ele é uma grande capacidade; pelo menos sei que não há como fazer mais que isso. A melhora que ele conseguiu não é magnífica. Diz que posso esperar mais quando me acostumar com a nova peça. É, portanto, o mesmo consolo que um tratamento em Bad Gastein. Se o resultado vai compensar a despesa gigantesca? De qualquer forma, o mês de agosto, durante o qual pude trabalhar apenas poucas horas, me empobreceu. Somente depois da partida de Kazanjian, o sol volta a brilhar. Fazia um tempo horrível, como o que vocês tiveram. Mas, com calor, eu não teria mesmo suportado o tormento.

Hoje à noite farei os pedidos para Martin, para Oli e para a sra. Kurz.[1] Você pode enviar os 210,00 marcos para Max. O fim de Tegel nos causou muito sofrimento.[2] Por isso, as minhas chances de rever Lux e as crianças, das quais sinto tanta falta, especialmente de Lux, também diminuíram.

Envio a todos vocês as minhas saudações cordiais,
Papai

---

[1] Martha, em suas cartas a Lucie, menciona várias vezes um homem com nome de Kurz, sem dúvida um amigo e colega de Ernst em Viena (cf., por exemplo, 18/1/1931; 21/1/1935; UE).

[2] Em 24/8/1931 foi tomada a decisão de fechar o sanatório de Simmel. A crise financeira na Alemanha havia levado muitos pacientes à inadimplência (F/E, p. 756, nota 2).

374 SIGMUND FREUD

285-Ernst   [Cabeçalho Viena], 20/9/1931

Querido Ernst,
Por quanto tempo ainda poderei escrever-lhe nesse endereço?
Por favor, envie mais 300,00 marcos para Lederer – provavelmente pela última vez – e para o sr. Michael Fraenkel em Breslau, Hohenzollernstrasse, 24, 1.000 marcos por uma biografia do tio Jacob Bernays, que ele está preparando.[1] Trata-se de um último ato de gratidão, pois graças à herança dele fundamos a nossa casa. O restante do meu saldo que está com você não deve ser tocado, mas está à disposição para os aniversários de vocês e as necessidades de Ernstl.
O dr. Oscar Rie, amigo de todos nós, foi cremado ontem. Vinha sofrendo muito desde o infarto em 1º de setembro. Nunberg,[2] seu genro, teve que embarcar em um navio para a Filadélfia no dia de sua morte, o outro, Ernst Kris,[3] não teve como adiar uma viagem a Praga; assim, as duas jovens mulheres ficaram sozinhas nesses dias difíceis.
A tia Minna encontrou em Merano o sol que nós aqui não conseguimos avistar. Daqui a oito dias estaremos na Berggasse.
Gostaria muito de saber das novidades de vocês. A época está muito ruim por aqui. Martin deve começar na Editora no dia 1º de janeiro.[4] Mas, quanto tempo ele vai suportar?

Minhas saudações cordiais a vocês todos,
Papai

---

[1] *Lebensbild in Briefen* [Uma vida através das cartas], que foi publicado um ano depois (Fraenkel, 1932). Jacob Bernays (1824-1881), um irmão do pai de Martha Freud, era um importante especialista em Filologia Clássica e comentador da doutrina aristotélica sobre a catarse (Hirschmüller, 2005, p. 328s.). Ele morreu sem deixar filhos; parte de sua herança ficou com Martha (ibid., p. 342s.).
[2] Hermann Nunberg (1884-1970), psiquiatra, psicanalista, atuou em Viena a partir de 1914. De 1931 a 1933 preparou sua emigração para os Estados Unidos, onde trabalhou como docente na Universidade de Pensilvânia (BL/W). Casou-se com Margarethe Rie em 1929.
[3] Ernst Kris (1900-1957), historiador de arte, depois fez uma formação como psicanalista (BL/W). Casou-se, em 1927, com a outra filha dos Rie, Marianne (cf. 294-Ernst, p. 380, nota 4).
[4] Sobre Martin Freud, que assumiu a direção da Editora Psicanalítica.

CARTAS AOS FILHOS

286-Ernst   [Cabeçalho Viena], 1º/XII/1931

Querido Ernst,

Na verdade, escrevo somente para pedir que você dê para Lux[1], em nome da mamãe e em meu nome, os livros que desejou ou outros a critério de vocês. Em sua carta muito gentil não manifestam outros desejos.

O restante está tão triste aqui que preferimos não mencionar.[2] Martin elogiou muito o apartamento de vocês.[3]

Minhas saudações cordiais a você, a Lux e aos meninos,

Papai

287-Ernst   [Cabeçalho Viena], 13/XII/1931

Querido Ernst,

Imagine a nossa felicidade, nesta época em que boas notícias são raras, com o fato de que a escarlatina passa de forma tão suave pelas crianças. Torcemos para que as complicações também não aconteçam; assim, o resultado é a imunidade desejável contra essa doença maligna.

Satisfeito com o meu saldo restante, peço que utilize 100,00 marcos para presente de Natal das crianças e repasse 50 marcos à Henny para a pequena Eva, com a mesma finalidade. Mas faça isso logo, para que ela tenha tempo de fazer a compra. Você também pode resolver para mim a cobrança anexada de uma anuidade.[4]

---

[1] Aqui, Freud está se referindo excepcionalmente a Lucian, que fazia aniversário em 8/12.

[2] O que pesava na época sobretudo sobre Freud era a grave crise da Editora Psicanalítica Internacional.

[3] Martin Freud havia viajado a Berlim em 21/11/1931 para conversar com Eitingon sobre o futuro da Editora (F/E, p. 768s., nota 1).

[4] Não elucidado.

De acordo com o meu médico, o dr. Schur,[1] o mal-estar que tive nestas últimas semanas se explica por uma gripe não curada. Certamente estou com uma bronquite bastante forte. Mas continuo trabalhando sem problemas.

O frisson destes últimos dias foi uma encantadora estatueta de marfim de 20 cm de altura, representando o deus Vixnu, do grupo psicanalítico de Calcutá, esculpida, com muito esmero a partir do modelo de uma velha escultura de Travancore e munida de um pedestal de madeira fino, com uma inscrição em sânscrito.[2] Junto com a estatueta, veio um poema em sânscrito com tradução em inglês. Infelizmente, tanto na madeira quanto no marfim começam a surgir trincas. Por quê? O deus acostumado com Calcutá não suporta o clima de Viena?

Saudações cordiais a vocês todos,
Papai

288-Lucie   [Cabeçalho Viena], 25/1/1932

Minha querida Lux,

É com muita dor que ficamos sabendo do falecimento da sua irmã Käthe, que deixou para trás um marido jovem e três criancinhas pequenas. Por favor, expresse os nossos sentimentos também para a sua mãe. Isso muda pouco, mas você sabe quão pouco pode ser feito em um momento desses.

Cordialmente,
Papai

---

[1] Max Schur (1897-1969), clínico geral, médico particular de Freud a partir de 1929. Ingressou na Sociedade Psicanalítica de Viena em 1933 (BL/W).

[2] Maiores informações sobre essa estatueta, com reprodução, cf. Molnar, 1996, p. 202s.

CARTAS AOS FILHOS 377

289-Ernst [Cabeçalho Viena], 6/2/1932

Querido Ernst,

Os tempos não dão vontade alguma de escrever cartas quando não há algo prático a resolver. Hoje se trata de algo assim.

Henny faz aniversário no dia 11 e Oliver no dia 19; costumamos comemorar os dois aniversários juntos. Por favor, desconte do meu resto do Goethe – aliás, quanto tem ainda? – 300,00 marcos para os dois e envie a Tempelhof[1] no dia 11.

Sei que você frequentemente mantém contato de negócios com Martin, estando assim a par dos acontecimentos na Editora. A recuperação das finanças exige de mim grandes sacrifícios em dinheiro,[2] mas não podemos contar com os outros. Rapidamente ficamos indiferentes ao empobrecimento quando vemos que não há nada a fazer. A Anna está bastante prejudicada pela gripe, Semmering fez bem a ela,[3] mas ninguém conseguiria mantê-la naquele lugar por mais tempo.

Ficamos muito tocados pela tragédia na sua família; sabemos por Max que você esteve em Hamburgo.

Alugamos a mesma casa em Poetzleinsdorf. A velhice não combina com o inverno.

Minhas saudações cordiais a Lux e aos meninos,
Papai

---

[1] Desde o fim de 1926, Oliver passou a morar "no conjunto de casas no Theodor-Francke-Park em Tempelhof, construído pela colônia municipal de moradias Berlin-Wilmersdorf".

[2] Alguns detalhes sobre esses sacrifícios, cf. F/E, p. 782.

[3] Anna ficou em Semmering de 26/1 a 1/2/1932 para se recuperar (Molnar, 1996, p. 209s.).

378   SIGMUND FREUD

290-Lucie   [Cabeçalho Viena], 1/3/1932

A minha querida Lux,
Os meus votos mais calorosos possíveis nestes tempos difíceis!
Ernst deve te passar 100,00 marcos para o uso pessoal.

Papai

291-Ernst   [Cabeçalho Viena], 1/4/1932

Querido Ernst,
A mamãe viajará nos próximos dias a Berlim para estar com vocês no seu aniversário de 40 anos e telefonará no dia da partida.[1] Não quero que ela fique na sua casa, porque teria que subir quatro andares depois de cada passeio e porque a idade dela justifica o direito à tranquilidade e ao isolamento. Como só vou poder lhe passar o mínimo em dinheiro, não há outra opção senão usar o restante do meu saldo para a temporada dela. Peço para que mantenha esse montante disponível para ela, separando 100,00 marcos de presente de aniversário para você.

Temo que eu também venha a sentir logo as dificuldades destes tempos. Estou sem perspectiva alguma de ter novos pacientes no verão e os antigos estão diminuindo aos poucos.

Em breve, você receberá mais informações.

Minhas saudações cordiais,
Papai

292-Cle   [Cabeçalho Viena], 22/4/1932

O vovô envia ao seu querido Clemens felicitações cordiais, além de ter preparado pequenas escavações[2] para ele.

---

[1] Martha Freud ficou em Berlim de 4 a 19 de abril de 1932 (Molnar 1996, pp. 216-219).

[2] Cf. 281-ErnstLucie, p. 371, nota 1.

CARTAS AOS FILHOS

293-Ernst   [Cabeçalho Viena], 15/1/1933

Querido Ernst,

Aproveito esta manhã de domingo para escrever estas linhas sobre questões meramente de negócios.

Também acho triste que o Prêmio Goethe não tenha durado mais do que dois anos e meio. No entanto, uma segunda edição dele é muito pouco provável. Você ainda possui 74,80 marcos. Some a isso 720,00 marcos com a Jeanne,[1] que você pode sacar a qualquer momento, de modo que, assim, nenhuma perturbação intervirá nas despesas necessárias (para Ernstl, os aniversários etc.). No dia 1º de fevereiro, começarão os pagamentos da sra. Paret-Cassirer,[2] inicialmente deve ser um valor de 4.000,00 marcos.

A partir de fevereiro, providencie então as subvenções mensais, 500,00 marcos para Oli, 210,00 marcos para Max. Enquanto a sra. Paret-Cassirer continuar comigo, estaremos garantidos. Eu agradeceria um comunicado mensal do seu "banco privado".

O meu rendimento de trabalho também diminuiu bastante, mas ainda estou dando conta.

– No mais, você sabe o que está acontecendo aqui. Ficamos sempre felizes com as belas cartas de Lux, ricas em conteúdo. O clima de inverno está horrível.

Com as minhas saudações cordiais a vocês todos,
Papai

---

[1] Jeanne Lampl-de Groot (1895-1987), médica holandesa, esposa de Hans Lampl, viveu em Berlim de 1925 a 1932, depois de ter feito análise com Freud, onde se formou no Instituto Psicanalítico. Ela fazia parte do círculo de amigos de Freud (BL/W).

[2] Suzanne Cassirer, Paret é sobrenome de casada (1896-1963), mudou-se para Viena após o divórcio em 1932, onde fez análise com Freud. Formou-se como psicanalista e casou-se com Siegfried Bernfeld em 1934 (cf. Fallend e Reichmayr, 1992, p. 289).

380 SIGMUND FREUD

294-Ernst [Cabeçalho Viena], 3/2/1933

Querido Ernst,

Vocês também foram atingidos! Nós todos ainda estamos de pé,[1] engolindo bolinhas de quinina, mas, acima de nós, no apartamento da Dorothy Burlingham,[2] todas as quatro crianças (e a hóspede)[3], assim como Ruth Brunswick estão de cama há quase uma semana, sendo alimentados por nós, porque não há cozinheira adequada; Marianne Kris[4] está se recuperando aos poucos, a dra. Deutsch está bastante doente etc. Isso para falar da nossa vizinhança. Por consequência, trabalho apenas durante três horas, e Anna, que não costuma ter tempo livre algum, faz passeios e compras. Aliás, até hoje não temos conhecimento de um caso realmente grave.

A minha conta, portanto, voltou a ser abastecida e espero que isso continue por muitos meses sem distúrbios.

No mais, a mamãe e a tia procuram um lugar no interior,[5] Jofi estava no cio e, depois de um episódio de amor tolerado pelas autoridades, poderá contar com um *puppy* para o início de abril. Estou relativamente bem, apenas importunado por um resfriado que afeta nariz e ouvido. A Sophie do Alexander parece estar em um mau estado, o que me preocupa.

Tive notícias de Lampl,[6] nada de doenças na casa de Oli. Depois da escarlatina, isso não seria bom para a pequena Eva. Martin conta que,

---

[1] Isto é, ainda não caíram vítimas da forte gripe (cf. Molnar, 1996, p. 246).

[2] Desde setembro de 1929, Dorothy Burlingham morava em um apartamento na Berggasse, 19, dois andares acima do apartamento de Freud.

[3] Possivelmente Julia de Forest Tiffany Parker, a irmã de Dorothy, que estava de visita em Viena (Burlingham, 1989, p. 239).

[4] Marianne Kris (1900-1980), filha de Oscar Rie, o amigo de longos anos de Freud, era esposa de Ernst Kris e se formou como analista no Instituto de Berlim depois do doutorado em Medicina (BL/W).

[5] Uma acomodação para o verão.

[6] Na época da carta, a família Lampl sofria com uma epidemia doméstica de gripe, com os filhos tendo recaídas de coqueluche (Freud/Lampl-de Groot, 1/2/1933; SFP/LoC).

CARTAS AOS FILHOS

desde a nomeação do novo chanceler,[1] a Editora não recebe nenhuma correspondência da Alemanha.

Espero ser logo informado sobre a recuperação completa de vocês.

Cordialmente,
Papai

295-Ernst   [Cabeçalho Viena], 10/2/1933

Querido Ernst,

Amanhã, dia 11, será o aniversário de Henny, no dia 19 será o de Oli. Acho que comemoram no mesmo dia. De qualquer forma, gostaria que transferisse 100,00 marcos para eles. Vamos combinar, em geral, que o adulto recebe 100 marcos e a criança, 50,00 marcos do tesouro administrado por você, nas duas famílias do mesmo modo.

No momento, Anna está levemente doente e se mantém à distância.

Saudações cordiais a todos,
Papai

296-Lucie   [Cabeçalho Viena], 6/3/1933

Minha querida Lux,

Será que realmente foi a primeira vez que eu não escrevi para você no seu aniversário? Sinto muito que tenha visto nisso falta de amor. De algum forma, o momento para escrever passara e me preparei para o telefonema, que acabou não dando certo. Para o meu consolo, imaginei que você fosse adivinhar o que eu teria escrito, a saber, que você continuasse com tudo o que é essencial e que alguns traços secundários mudassem para melhor. Foram e continuam sendo dias em que os nossos pensamentos estão incessantemente com vocês.[2]

---

[1] Hitler fora nomeado chanceler no dia 30 de janeiro.
[2] Evidentemente, são alusões à situação na Alemanha depois da chegada ao poder do nacional-socialismo e da pressão para os judeus emigrarem.

382 SIGMUND FREUD

Espero que seu marido não tenha se esquecido de entregar o presente de aniversário de acordo com meu fundo orçamentário. Foi mais do que modesto, de acordo com as condições desfavoráveis do momento. Você gasta tão pouco com você mesma.

Estamos decidindo se alugamos determinada casa na *Hohe Warte*[1] para a bela estação, porque ainda não tenho coragem de viajar. Lá teria mais espaço para as visitas das crianças do que em Pötzleinsdorf. Seria tão bom ter o Clechen[2] conosco. Ainda não sabemos se a mamãe visitará vocês antes.

> Não fique mais magoada e aceite as saudações
> e os votos cordiais do
> velho papai

297-Ernst   [Cabeçalho Viena], 11/3/1933

Querido Ernst,

Obrigado pela sua carta e pela cuidadosa prestação de contas. Alguém abriu a carta![3] Seria bom se você pudesse nos visitar, mesmo se por pouco tempo. Estamos alugando uma casa na *Hohe Warte*, 46, algumas casas depois do Götzl.[4] Nestes tempos inseguros, hesitamos sempre criar qualquer vínculo, mas a cautela exagerada já nos privou da bela Pötzleinsdorf, da qual sentimos muita falta.

A atmosfera aqui está insegura e confusa. Não resta muito senão aguardar.[5] A minha discussão com Einstein[6] deveria ter sido publicada

---

[1] Cf. a nota 3 de 133-OliHenny, p. 228.

[2] Apelido para Clemens.

[3] Na época, havia censura das correspondências na Alemanha.

[4] Desde 1918, a propriedade Hohe Warte, 36 pertenceu ao industrial judeu Alfred Götzl (cf. 85-Martin, p. 166, nota 1). De 1965 a 2005, a mansão de Götzl serviu como residência oficial do Presidente da Áustria.

[5] Em 5/3/1933 acontecera a "eleição de Hitler na Alemanha" (KCh), na qual os nacional-socialistas se transformaram, de longe, no partido mais forte. A influência do partido ameaçava se estender à Áustria (cf. Molnar, 1996, pp. 251; 304-Ernst, p. 388, nota 1).

[6] "Por que guerra?" (cf. Freud, 1933b).

CARTAS AOS FILHOS   383

há muito tempo. Além da sra. Paret, da qual estou gostando muito, estou com outra paciente nova[1] e aguardando um holandês[2] para o dia 15.

Estou razoavelmente bem. A Anna se atormenta demais. A mamãe não me parece estar com boa saúde; ela não aceita os conselhos médicos. Fico feliz em saber que vocês todos estão saudáveis de novo.

Cordialmente,
Papai

298-Ernst   [Cabeçalho Viena], 5/4/1933

Querido Ernst,

Os parabéns de hoje são apenas mais urgentes e mais sérios do que nos anos passados, quando quase não sobrava nada para te desejar. Por favor, siga o protocolo e saque 100 marcos da conta. Seus últimos cálculos não ficaram muito claros para mim, porque falta a data tanto nas receitas quanto nas despesas. Desta vez, o extra mensal deve estar entre 2.600 marcos e 2.700 marcos.

No ill wind etc.[3] se tiver menos coisas para fazer, você pode vir antes.[4] A partir de maio, meu endereço é Hohe Warte, 46.

Cordialmente,
Papai

---

[1] Em 1º/3/1933, a escritora anglo-americana Hilda Doolittle (H. D.; 1886-1961) iniciara sua análise com Freud (cf. Doolittle, 1975). As cartas dela daquela época (Friedman, 2002) passam uma impressão da atmosfera tensa que reinava na casa de Freud.

[2] J. J. van der Leeuw (1893-1933), chamado de "holandês voador", teosofista (Doolittle, 1975, p. 37).

[3] Alusão ao provérbio inglês: "It's an ill wind that blows nobody any good", significando algo como: mesmo o pior dos males tem seu lado bom.

[4] Ernst foi a Viena para o aniversário de Freud, em 5 de maio (KCh).

SIGMUND FREUD

299-Ernst   [Cabeçalho Viena], 13/4/1933

Querido Ernst,
Número de horas com S. C. Paret:

Dec	– 18
Jan	– 21
Fev	– 23
Março	– 26
	88

Será que esse número coincide com os depósitos na conta? De acordo com suas informações, parece que não. Até breve!

Papai

300-Gab   [Cabeçalho Viena], 29/7/1933

Querido Gabi,
    Receba igualmente os meus parabéns pelo aniversário de 12 anos. Eu também já tive essa idade e sei que pode ser uma fase muito boa. Espero que seu pai esteja em casa[1] para dar o seu presente, conforme combinado.

Com saudações cordiais à mamãe, a Lux e ao Cle,
Seu vovô

Entre essa carta e a próxima situa-se a mudança da família de Ernst Freud para a Inglaterra. Ernst, que preparara a mudança durante

---

[1] Isso dificilmente procede; cf. acima, p. 237s.

CARTAS AOS FILHOS 385

uma estada prolongada em Londres, permaneceu ainda por algumas semanas em Berlim para esvaziar o apartamento e o escritório.

301-Lucie [Cabeçalho Viena], 20/X/1933

Minha querida Lux,

Imagine a minha surpresa quando soube que um dos meus pacientes, um holandês de alto quilate,[1] não apenas conheceu Dartington Hall,[2] como também confirmou seu julgamento favorável em todos os aspectos. Ele até acrescentou que essa seria a única escola na Inglaterra em que a comida seria boa. Segundo ele soube, também, um filho de Huxley[3] está nessa escola.

Parece então que Ernst resolveu essa parte do trabalho de forma brilhante. No momento gostaria de saber que você também fez progressos nas outras questões, que deixou Berlim e se livrou da sua solidão. Na última carta (da qual também tirei o anexo[4]), ele ainda não fornece uma data certa.

Do braço parisiense da família,[5] nada de animador. Acompanharei com interesse a situação dos emigrantes do seu lado.[6]

Eu mesmo voltei a trabalhar; me sinto razoavelmente bem subjetivamente, mas ainda tenho feridas não cicatrizadas na boca e não tenho autorização para sair devido às escadas. Gosto de estar em casa de novo, entre todas as coisas que me pertencem.

Penso muito em você e nos três jovens ingleses e envio-lhes as minhas

Saudações cordiais,
Papai

---

[1] Van der Leeuw (cf. 297-Ernst, p. 383, nota 2).
[2] Escola inglesa reformada, fundada em 1926, no sudeste da Inglaterra. Ernst matriculara seus filhos nessa escola.
[3] Do escritor Aldous Huxley (cf. Parsons, 1987).
[4] Não elucidado.
[5] Oliver com a esposa e a filha.
[6] A mãe e a irmã de Lucie emigraram somente em 1936 e 1939, respectivamente, para a Inglaterra (Carola Zentner, e-mail de 14/10/2009).

386 SIGMUND FREUD

302-Ernst [Cabeçalho Viena], 18/11/1933

Querido Ernst,

Seu telegrama[1] foi aguardado com ansiedade e saudado com júbilo. Finalmente! E agora também esperamos que com o fluxo postal sem obstáculos você nos envie informações suficientes sobre a vida de vocês.

O que significa o endereço do qual estou me servindo hoje?[2] Também teremos o endereço do apartamento que foi cedido a vocês?

O motivo imediato da carta de hoje é a notícia de Max de não ter recebido os pagamentos de outubro nem de novembro.[3] Não entendo, pois você prometera cuidar disso como sempre fez em Berlim. Por favor, esclareça logo o assunto e me informe detalhadamente sobre a minha conta, porque temos que assegurar as mesadas de Max e de Oli.

Na próxima semana, poderei sair pela primeira vez. A liteira já está pronta. A existência não vale mais muito, mas a renda ainda está boa.

Na expectativa cordial de saber de você e de Lux,
Papai

303-Ernst [Cabeçalho Viena], 3/XII/1933

Querido Ernst,

É o aniversário de Anna, como deve estar lembrado. A tia Mitzi, que fez parte das visitas,[4] teve um ataque de angina que acabou com qualquer atmosfera alegre. Felizmente, Ruth também estava lá e pres-

---

[1] A respeito da chegada definitiva na Inglaterra, para onde havia partido de Berlim em 16/11/1933 (Molnar, 1996, p. 283).

[2] Em algumas ocasiões (507-Max), Freud reproduz o endereço de fato enigmático da seguinte forma: "BM/Freud, London W.C.1". Talvez "BM" signifique "British Museum".

[3] Cf. 507-Max, pp. 589-590.

[4] Irmã de Freud, Maria, mudara-se de Berlim para Viena no decorrer do ano (Tögel, 2004, p. 37).

CARTAS AOS FILHOS

tou socorro. Agora, depois de algumas injeções, ela está de repouso, até poder ser transportada.

Obrigado pelas informações financeiras; suponho que já tenha pagado as subvenções para dezembro. No início do mês de janeiro, Martin cuidará dos pagamentos a partir de Zurique. O que sobrar, deixamos como fundo para presentes. No dia 8 de dezembro,[1] ele poderá ser usado pela primeira vez na Inglaterra.

Acabei de receber a carta de Lux. A estreiteza do mundo é mesmo muito aconchegante. E não é que Berkeley Hill[2] está casado com uma mulher hindu, uma mulher encantadora aliás? Estamos devorando todas as mínimas novidades sobre a vida de vocês na Inglaterra. O clima e a comida realmente não são maravilhosos. Mas o café da manhã é, não?

Com minhas saudações mais cordiais,
Papai

304-Ernst   [Cabeçalho Viena], 20/2/1934 [3]

Querido Ernst,

Graças ao princípio alardeador que conduz o jornalismo, não é fácil saber pelos jornais o que se passa em uma cidade na qual tiros são disparados.[4] Estamos entre os mais atingidos, visto que ficamos sem luz elétrica durante 24 horas. (Para o nosso consolo, pelo menos os fósforos ainda acendiam.) No mais, foi uma guerra civil e muito desagradável. Os motivos não são claros; afirmou-se que certo sr. M.[5] poderoso exigiu que se encontrasse uma solução de imediato para o conflito que já durava

---

[1] O aniversário de Lucian.

[2] Owen Berkeley-Hill (1879-1944), médico, membro da *British Psychanalytical Society*, trabalhava no *Indian Medical Service* (F/Jo, p. 76, nota 3).

[3] Em sua maior parte, a carta já foi reproduzida em F/Briefe, p. 434s.

[4] Em 12/2/1934, teve início na Áustria uma guerra civil sangrenta entre as forças austro-fascistas, que estavam no governo, e as social-democratas, com a declaração de uma greve geral. No dia 14, os social-democratas foram vencidos.

[5] Provavelmente Freud se referia a Mussolini.

bastante tempo. Talvez fosse inevitável em algum momento. Evidente que agora os vencedores são os heróis e os salvadores da sagrada ordem, e os outros, os rebeldes atrevidos. Mas, no caso de uma vitória dos outros também não seria melhor, pois teria trazido uma invasão militar para o país. Não se deve condenar o governo demasiadamente; com a ditadura do proletariado, que era o objetivo dos líderes socialistas, também não se consegue viver. Evidentemente, os vencedores não omitirão nenhum erro que se pode cometer em uma situação dessas. Dollfuss[1] dificilmente será o culpado; provavelmente ele não consegue domar os palhaços da Defesa da Pátria [Heimwehr].[2]

O futuro está incerto, entre um fascismo austríaco ou a suástica. Nesta última hipótese, teremos que partir; estamos dispostos a suportar algumas coisas do fascismo austríaco, pois dificilmente ele nos tratará tão mal quanto o seu primo alemão. Contudo, não será agradável, mas sair do país também não o é, o que não preciso dizer a vocês, que ainda deram sorte. A nossa relação com as duas opções políticas do futuro austríaco pode aludir à exclamação de Mercucio em Romeu e Julieta:

"A plague on both your houses."[3]

Martin está em casa,[4] porém não muito bem. Ele seria internado hoje em um sanatório em Baden, mas a neve excepcionalmente forte o obriga a adiar. Anna está desfigurada e molestada por um angio-edema, inchaços no rosto com prurido; por sorte, nada maligno em longo prazo. Estou fazendo raios X há duas semanas; o aparelho foi instalado no quarto da tia. A execução sumária acabou de ser suspensa – quarta-feira às 2h30 da madrugada . Nosso governo e nosso cardeal[5] esperam muito da ajuda de Deus.

Minhas saudações cordiais a você e a Lux,
Papai

---

[1] Engelbert Dollfuss (1892-1934), chanceler da Áustria, representante do Partido Social Cristão. Dissolveu o parlamento em março de 1933 e instalou um regime autoritário.

[2] Uma organização paramilitar de direita.

[3] Shakespeare, Romeu e Julieta, III/1: "A peste em ambas as suas casas."

[4] Depois de uma cirurgia para remoção de cálculos nos rins.

[5] Theodor Innitzer (1875-1955), nomeado arcebispo de Viena em 1932, cardeal desde 1933. Apoiava o regime austro-fascista.

CARTAS AOS FILHOS   389

305-Lucie   Viena, 2/3/1934[1]

feliz aniversário na nova terra — papai

306-Ernst   [Cabeçalho Viena], 2/3/1934

Querido Ernst,
   Enviei um telegrama a Lux e espero que o nosso fundo ainda seja
suficiente para um presente de aniversário nas dimensões tradicionais.
Por aqui, tudo tranquilo, de volta ao normal, na verdade. A esperança
de que nada grave aconteça e de que poderemos ficar está cada vez
maior. Martin continua no sanatório Gutenbrunn de Baden até a
completa recuperação.

                                      Saudações cordiais,
                                              Papai

307-Lucie   [Cabeçalho Viena], 8/3/1934

Minha boa e querida Lux,
   Você pode imaginar, mas não consigo descrever, o quanto ficamos
abalados com a notícia do seu acidente.[2] Sabemos bem como os fun-
damentos da nossa felicidade não estão assegurados, mas passamos
como que por um terremoto quando somos lembrados disso. E temos
que agradecer, já que recebemos a notícia somente após a preocupação
com as consequências parecer superada; embora essa sensação de in-

---

[1] Telegrama; a data é a do carimbo de entrada. Endereço: Lucy Freud: Rua Clarges,
   36, Londres.
[2] Em 3/3/1934, Freud anota em sua "Brevíssima crônica" [*Kürzeste Chronik*]: "Lux
   sofreu um acidente de carro." Molnar (1996, p. 293) comenta: "Esse acidente aconteceu uma semana antes, e, inicialmente, temia-se uma fratura do crânio. Ernst
   reteve a notícia por um tempo, para não inquietar seus pais." Era Lucie mesma quem
   dirigia o carro, pois queria levar seus filhos de Londres a Dartington Hall; os filhos
   permaneceram ilesos (F/Jo, p. 734 s.; 509-Max, pp. 590-591).

certeza, de saber que qualquer desgraça pode acontecer sem ficarmos sabendo, tenha se reforçado.

Hoje, sabendo que não aconteceu nada com você – e que tanta coisa poderia ter acontecido –, conseguimos ficar felizes, pois você continua tão valente e amável, duas das suas qualidades manifestas que a tornaram tão preciosa; e estamos especialmente gratos pelo fato de você mesma ter escrito para nós, e que ainda nos escreverá. Seu aniversário coincidiu com esse período. Se ainda existe dinheiro na conta administrada pelo Ernst, ele deve ter lhe dado uma expressão dos meus parabéns.

Com as lembranças mais cordiais,
Papai

308-Ernst [Cabeçalho Viena], 11/3/1934[1]

Querido Ernst,

Sou especialmente grato a você pelo último relato, claro, objetivo e sincero. Agora sabemos o que aconteceu e, felizmente, podemos confiar na esperança do médico em Yeovil.[2] (Claro que procurei essa cidadezinha na Enciclopédia[3] e no mapa. Não imaginava que, um dia, ela despertaria tanto o nosso interesse).

Percebo que, aos poucos, tudo está se esclarecendo. O progresso da reação católica é inacreditavelmente veloz e extenso. Mas até nisso há certa garantia de que a barbárie hitleriana, da qual teríamos fugido, não ultrapasse a fronteira: a Igreja Católica como nossa proteção!

---

[1] Fichtner (2007) fez um fac-símile desta carta, a reproduziu e a comentou. Recorremos ao comentário nas seguintes notas.

[2] Cidade no sudeste da Inglaterra. Depois do seu acidente, Lucie ficou no hospital dessa cidade.

[3] Na *Enciclopaedia Britannica*.

CARTAS AOS FILHOS

Ficaremos, então. O exílio nunca é agradável, e a Morte de Ispahan[1] também não deve ser esquecida. Talvez você se lembre que o atual embaixador americano em Moscou, W. C. Bullitt,[2] foi um paciente meu durante muitos anos, tornando-se meu colaborador em um estudo sobre Wilson, que não pode ser publicado no momento. (Tratar tudo isso com discrição!!) Ora, Bullitt induziu o embaixador americano em Viena, G. Earle,[3] a me oferecer asilo na embaixada americana em caso de uma ameaça pessoal por parte dos nazistas. Espero não me ver na situação de ter que recorrer a essa proteção. Earle retorna em alguns meses para se tornar governador da Pensilvânia. Ele é, aliás, um amigo de juventude de nossa Dorothy e, assim, ele se deu a oportunidade de me fazer uma visita alguns dias atrás.

Nosso fascismo conterrâneo, do modo que está se desenvolvendo agora, dificilmente será mais astucioso do que o alemão, será muito provavelmente mais humano e mais moderado. Não será brincadeira para nós judeus.

Estou lendo a *Família Oppenheim*[4] nesse momento, de Feuchtwanger – uma apresentação dolorosa da mudança brutal na Alemanha.

---

[1] Alusão a uma história tradicional persa, que, de acordo com uma versão de Cocteau (1992, p. 21), se passa da seguinte forma: Um jovem se encontra com a Morte, que o ameaça com um gesto. Ele foge em um cavalo veloz a Ispahan. Lá a Morte vai novamente ao encontro dele e explica que seu gesto não era o da ameaça, porém o da surpresa, porque viu o jovem que era para buscar na distante Ispahan. Sobre outras versões cf. Fichtner, 2007, p. 197.

[2] William C. Bullitt (1891-1967), jornalista americano e diplomata, de 1933 a 1936, primeiro embaixador dos Estados Unidos na União Soviética. A biografia (crítica) sobre o presidente americano Thomas Woodrow Wilson, que queria escrever junto com Freud, foi concebida em 1930, iria ser publicada pela Editora Psicanalítica, mas apenas o foi em 1967 (Freud e Bullitt, 2005). Sobre os detalhes da colaboração entre os dois autores, cf. Roazen, 2005 e Solms, 2008.

[3] George H. Earle (1890-1974), embaixador americano na Áustria de 1932 a 1934, governador da Pensilvânia de 1935 a 1939.

[4] Feuchtwanger (1933). Uma passagem nesse livro, que opõe Freud e Hitler, diz (p. 137): "Não é estranho [...] que a mesma época gere homens de graus evolutivos tão diferentes quanto o autor do livro *Mein Kampf* [Minha luta] e o autor do livro *Das Unbehagen an der Kultur* [O mal-estar na cultura]? Um anatomista do próximo século deverá poder demonstrar uma diferença de no mínimo trinta mil anos no cérebro dos dois."

392   SIGMUND FREUD

No livro, sou mencionado diversas vezes em contraste com Hitler. Pergunto então se você quer dar o livro para Lux. Se responder logo, vou mandá-lo em breve.

> Com todos os meus votos cordiais
> nessa situação para vocês todos,
> Papai

309-Ernst   [Cabeçalho Viena], 15/4/1934

Querido Ernst,

Hoje é o domingo em que você queria levar a Lux para casa. Ficaríamos felizes em saber se tudo deu certo.

Tive uma surpresa agradável quando soube do valor do meu saldo. Durante algum tempo, não precisarei me preocupar com os aniversários. O fundo não tem mais outra função.

Depois de procurar muito, alugamos uma moradia para o verão, em Grinzing XIX, Strassergasse, 47, ou seja, a meio caminho do morro que no topo se chama "Céu". Espero que você ainda se lembra do local. A casa fica abaixo da mansão dos Ferstel,[1] ou seja, pouco antes da esquina da Strassergasse com a Himmelstrasse. A casa é à moda antiga, porém confortável; será fácil arrumá-la conforme as nossas necessidades. Tenho no térreo o escritório, o quarto, o banheiro e um grande terraço coberto. O térreo, infelizmente, foi uma condição indispensável para mim. O velho jardim grande tem uma parte plana e depois sobe suavemente até onde é muito mais bonito, como dizem. Farei um esforço para ir conquistando lentamente essas áreas mais altas. Por enquanto, não consigo fazer nada nesse sentido. Nos mudaremos em breve para

---

[1] Heinrich von Ferstel (1828-1883), arquiteto austríaco renomado; construiu, em 1864, sua própria mansão em Grinzing (Himmelstrasse, 45). Uma das suas noras foi paciente de Freud nos anos 1890 (F/Fl, p. 490, nota 2).

CARTAS AOS FILHOS

393

lá, em maio. A impaciência se deve ao fato de termos uma primavera extraordinariamente bonita. Facilmente esquecemos que, mais tarde, seremos castigados com o frio e com a chuva.

Não comentarei sobre a nossa situação política. Eu suponho que possamos nos manter fora de perigo. Mas ainda não podemos imaginar qual o grau de discriminação e de repressão que enfrentaremos. Tudo seria melhor do que o hitlerismo. A Europa não está sendo um local de diversão.

Na esperança de ter logo notícias boas de você; com minhas saudações cordiais a Lux,

Papai

310-ErnstLucie   [Cabeçalho Viena], XIX, Strassergasse, 47
[após 6/5/1934][1]

Queridos filhos,

Muito obrigado pelas suas cartas! O trabalho manual do Cle[2] e as linhas que o acompanham receberam meu reconhecimento pleno. O dia foi bonito e tranquilo e transcorreu sem problemas de saúde, uma vez que não aceitamos nenhuma visita. Não tivemos como recusar as flores, mas essas não causam danos. Pena que vocês ainda não tenham mobilidade suficiente para contemplar essa beleza e plenitude por meio dia. A casa e o jardim também valeriam a pena. Nunca tivemos um verão tão bonito no verão. Também não consigo me lembrar de uma primavera tão deslumbrante.

---

[1] O ano dessa carta pós-aniversário é assegurado pelas referências à primavera especialmente bonita, às visitas recusadas e à "chuva de flores", que encontram paralelos em outros lugares (cf. Molnar, 1996, p. 298s.).

[2] No acervo de Anna Freud (FML) há um álbum com fotos de Londres, acompanhadas por legendas em inglês feitas a mão pelo jovem Clemens; possivelmente, Freud está se referindo a isso.

394   SIGMUND FREUD

Está na hora de redigir cartas de agradecimento por algumas semanas. Enviem-me logo notícias de vocês.

Cordialmente,
Papai

311-Ernst   [Cabeçalho Viena], XIX, Strassergasse, 47, 6/6/1934

Querido Ernst,

Obrigado pelas notícias! Deduzo delas que Lux ainda precisa se
recuperar um pouco, mas espero que ela consiga. Seu cálculo de que
pode cobrir um terço de suas despesas a partir de sua renda soa satisfatório e promissor para o futuro próximo. Gabi certamente é um
problema,[1] mas o sucesso dos outros dois compensa.

Não compreendo o artigo sobre Édipo, para dizê-lo de forma resu-
mida,– toda essa história é bastante tola.[2] Poderíamos ter respondido
com um toque sutil de humor.

Encontrei Southwold[3] no mapa. Uma hora antes de dormir, leio
regularmente romances ingleses[4] e me familiarizo com os encantos
das paisagens inglesas.

Tudo o que ouvimos confirma a crescente insatisfação na Alemanha. Mas, com razão, associam a isso o alerta para não acreditar em
um colapso iminente. As pessoas podem continuar insatisfeitas ainda
por muito tempo; e não parece que uma alternativa esteja em vias de
preparação. A esperança está no imprevisto. Além disso, Hindenburg

---

[1] Talvez uma alusão ao fato de Gabriel não ter ficado tão contente com a escola inglesa
quanto seus irmãos (cf. Martha/Lucie, 15/1/1934).

[2] Não esclarecido.

[3] Cidade costeira em Essex. Nas proximidades imediatas fica Walberswick, onde Ernst
teve uma casa de veraneio a partir de 1938 (cf. 319-Ernst, pp. 400-401).

[4] Talvez os romances policiais ingleses que Freud lia, durante uma época, um por
noite (Freud-Marlé, 2006, p. 269).

CARTAS AOS FILHOS

é muito velho e não aguentará mais por muito tempo.[1] O mais preocupante disso é que essa insatisfação deve favorecer a eclosão da guerra, para a qual a Alemanha está se armando com uma energia extraordinária. No caso de uma guerra, a Áustria é o campo de batalha mais próximo e todos estaremos perdidos. É um parco consolo saber que talvez eu não enfrente mais isso, sobrando tudo para vocês.

Na família, em sentido mais amplo, diversas ocorrências. Ontem (6/6), a tia Rosa foi levada para o sanatório em função de um problema repentino na vesícula; seu estado é bastante grave. O último paciente no sanatório, o tio, com uma angina gripal, voltou para casa. Erwin Magnus[2] está se mudando para a Dinamarca, onde espera encontrar trabalho e boa acolhida. Arnold Marlé deu notícias de que finalmente foi contratado pelo *Deutsches Theater* [Teatro Alemão] em Praga.[3] Nós estaríamos ótimos na nossa bela casa de verão se a minha idade avançada não fosse tão repleta de chateações diversas. Sua cliente, dra. Horney,[4] deu vexame no Instituto de Alexander em Chicago e partirá no outono. A sra. Sokolnicka, a pioneira de Paris,[5] se suicidou. O mundo está bastante turbulento.

Saudações cordiais a vocês todos,
Papai

---

[1] O presidente do reich, Paul von Hindenburg, do qual se esperava que representasse um contrapeso para Hitler, morreu em 2/8/1934.

[2] Erwin Magnus (1881-1947), germanista dinamarquês, o marido de Margarethe, uma sobrinha de Freud. O casamento foi desfeito e o divórcio aconteceu nos anos 1930 (Tögel, 2004, p. 37s.).

[3] De onde emigrou para a Inglaterra em 1938.

[4] Karen Horney (1885-1952), neurologista e psicanalista, emigrou em 1932 de Berlim para Chicago, onde se tornou vice-diretora do Instituto Psicanalítico fundado por Franz Alexander; de Chicago foi para Nova York <www.psychoanalytikerinnen.de>. Freud não gostava dela. Em carta a Alexander, de 3/6/1934 (SFP/LoC), ele conta que Horney tentou "dar um calote" em Ernst, que havia providenciado a decoração da casa dela, "alegando a bancarrota de seu marido"; Ernst teria se defendido.

[5] Eugenia Sokolnicka (1884-1934), analisanda de Freud, a partir de 1921 em Paris, foi a primeira psicanalista na França (DIP).

396   SIGMUND FREUD

312-Ernst   Viena, 9/6/1934[1]

A tia Rosa está em plena recuperação.
Vi no museu em Budapeste o cavalo atribuído a Leonardo.[2]

Cordialmente,
Papai

313-Gab   Viena, 28/7/1934

XIX, Strassergasse, 47[3]
O vovô dá ao jovem inglês os parabéns pelo seu aniversário de 13 anos.

314-ErnstLucie   Viena, 16/4/1935[4]

Informo-lhes sobre a nossa mudança para o distrito XIX, Strassergasse, 47, ocorrida ainda antes da Páscoa, onde eventuais cartas de vocês encontrarão boa acolhida sempre.

Cordialmente,
Papai

---

[1] Cartão-postal.
[2] O chamado Cavaleiro de Budapeste no Museu de Artes Plásticas; a atribuição da estátua a Leonardo da Vinci não é garantida. O motivo pelo qual Freud menciona a obra não está claro.
[3] Acréscimo a uma carta de Martha Freud a "Gaby" (Gabriel), que não foi reproduzida aqui. A data e o endereço do remetente são dessa carta.
[4] Cartão-postal; endereçado a: Mr. and Mrs./Ernest Freud/115 King Henry's Road/London/NW3.

CARTAS AOS FILHOS

315-Gab [Cabeçalho Viena], 30/7/1935

Querido Gab,

Seu velho avô te envia saudações pelo seu aniversário e transfere, para a realização de desejos, à conta administrada por seu pai.

Cordialmente,
Vovô

316-Ernst [Cabeçalho Viena], 21/XI/1935[a]

Querido Ernst,

Apenas um rápido assunto de negócios. Encomendei de um sr. Percy Allen, 99 Corringham Road, NW 11, alguns dos livros dele, pelos quais devo 8 xelins. Por favor, faça esse pagamento por mim. Os livros dizem respeito à questão Oxford-Shakespeare.[1]

Ficamos felizes com todas as boas notícias de vocês. Estamos preocupados, em primeiro lugar, com os problemas que envolvem Oli e Ernstl: se o menino pode e deve ir à Palestina,[2] e se seria prudente arriscar uma grande quantidade de dinheiro para comprar uma loja de fotografia em Nice.[3] Convidamos Oli para discutir a questão em Viena. Nesses e noutros assuntos práticos, Martin realmente é insubstituível. No mais – felizmente, acho –, nada de novo.

---

[1] Allen foi um dos principais representantes da tese, da qual Freud também estava convencido (cf. Gay, 1992), que Edward de Vere, 17º Conde de Oxford, fosse o verdadeiro autor das peças de "Shakespeare". Na biblioteca de Freud encontram-se cinco obras dele sobre a questão. Uma delas (Allen, por volta de 1932) contém uma dedicatória do autor, datada de 27/12/1935 (cf. Davies e Fichtner, 2006).

[2] Cf. 510-Max, p. 592, nota 1.

[3] Nesse meio-tempo, Oliver já era dono da loja de fotografia. Em 23/11/1935, ele foi a Viena para discutir com o pai e o irmão se a loja poderia ser comprada e por qual valor (Molnar, 1996, p. 341). A carta seguinte fala do resultado negativo do plano. Pouco depois, ele adquiriu uma outra loja em Nice.

398 SIGMUND FREUD

Minhas saudações cordiais a você, Lux e os meninos. Boa sorte com os "chineses d'água"![1]

Papai

317-Ernst   [Cabeçalho Viena], 29/XI/1935

Querido Ernst,

O exemplar com suas fotografias[2] chegou e todos gostaram. Quem vê a casa fica encantado com sua beleza e confirma seu tamanho pequeno, "pequeno, porém meu"; muito bem.

Os "chineses d'água" infelizmente não são um achado meu; acho que vêm de Heine.[3] Me lembrei da expressão no contexto dos livros que você pagou por mim. Duvidar de William Shakespeare de Stratford é considerado crime nos círculos nobres da Inglaterra, pois representa uma ruptura com a tradição.

Pagamos o visto de turista para Ernstl e o deixamos viajar à Palestina em dezembro. Para o incerto, claro. Ele deve ter sua pátria e um lugar na sociedade. Até agora, ele nos causou muita preocupação.

Oli esteve aqui por alguns dias e partirá hoje. Discutimos longamente se temos condições de pagar um sinal pela loja de fotografia da qual ele tem interesse. O proprietário recusou por telegrama as ofertas de Martin. Não temos como pagar além de 100.000,00 francos. Por isso, o negócio não deu em nada. Aliás, Oli está bem melhor do que tempos atrás. Não se pode dizer que ele tem muita sorte.

---

[1] Chineses que vivem em barcos. Possivelmente, Freud está se referindo aos ingleses.

[2] A revista *Decoration* publicou em seu caderno de novembro de 1935 (n° 7, *new series*, pp. 22-25) uma contribuição de Noel L. Carrington, intitulada "Ernst L. Freud, interviewed at his new London house". Muitas fotos acompanham o texto da entrevista, sendo a primeira: "The architect in his study at St. John's Woods Terrace" – uma sala com janela de correr e uma porta de vidro aberta levando ao jardim.

[3] Embora o ódio de Heinrich Heine à Inglaterra fosse notório, a expressão não pôde ser encontrada nas suas obras.

Esperamos ouvir dos Wälder[1] muita coisa essencial sobre Londres.

Saudações cordiais a você, a Lux e aos meninos!

Papai

Ernst e Lucie ponderaram seriamente sobre visitar Freud no seu aniversário de 80 anos em Viena, no dia 6/5/1936. Isso é documentado por um telegrama com data de chegada de 30/4, onde se lê: "favor digam sinceramente se nossa visita é realmente desejada/ernstlucie." Sem dúvida, a resposta foi negativa – o que não surpreende diante do horror que Freud tinha do evento. Na carta de aniversário de Lucie do dia 3 de maio, ela diz:

Meu querido papai,

este é o 16º aniversário em que posso te dar os parabéns como filha. Ainda me lembro o quanto era difícil para mim te chamar dessa forma. Agora, não consigo descrever o quanto gosto de te chamar assim. Agradeço a vocês pelo seu querido filho, mas agradeço a Ernst também pelo meu querido pai.

Com votos cordiais e esplêndidos para o novo ano e a nova década, sua

filha Lux

Ernst e Lux fizeram essa visita a Viena, mais tarde, em setembro de 1936, na ocasião das bodas de ouro dos pais e dos sogros, respectivamente.[2]

---

[1] Robert (1900-1967) e Jenny Wälder (1898-1989) eram psicanalistas em Viena (BL/W). Em 21/11/1935, deram uma das conferências de intercâmbio mediante às quais se tentava elucidar e superar as diferenças entre a escola psicanalítica vienense e a inglesa, influenciada por Melanie Klein.

[2] Sobre o aniversário de 80 anos, cf., por exemplo, Molnar, 1996, p. 355 s.; sobre a visita de Ernst e Lucie, ibid., p. 367. O telegrama e a carta de Lucie se encontram em UE, onde há também as cartas de aniversário dos três netos para o avô.

400   SIGMUND FREUD

318-Gab   [Cabeçalho Viena], 29/7/1936

Meu querido Gabriel,

Meus parabéns e votos para que você dirija seus próprios desejos ao *Dad*, para que ele os realize com o restante do meu saldo. Fico feliz em saber que você se tornou um inglês. Curiosamente, mais ou menos na sua idade, eu também queria me tornar um inglês para estudar em Manchester.[1] Apenas agora, duas gerações mais tarde, isso se realiza.

A assinatura em anexo é para um maníaco por autógrafos, que poderá se referir a você (D. C. Reynders). Normalmente recuso esse tipo de bobagem.

Seu velho vovô

319-Ernst   [Cabeçalho Viena], 17/1/1938[2]

Querido Ernst,

Não gostei menos da sua carta do que do belo vidro persa que me enviou. Como retribuição, lhe enviei o trabalho sobre Moisés,[3] um dos poucos trabalhos dos últimos tempos que podem alcançar interesse generalizado. Receio que esse interesse vá além do que seria apropriado e que se transforme em sensacionalismo. Mas, talvez eu esteja enganado com essa expectativa. É a primeira vez que desempenho o papel de historiador – bastante tarde! Da crítica científica, certamente não ganharei muitas gentilezas – os judeus ficarão ofendidos.

Não sei quais são as informações que recebe do *Evening Standard* sobre mim. Provavelmente, nada além de mentiras. Da minha parte,

---

[1] Os dois meios-irmãos de Freud, muito mais velhos, Emanuel e Philipp, filhos do pai do primeiro casamento, viviam na Inglaterra desde 1859. Freud os visitou no verão de 1875 e, ao voltar, chegou à conclusão "que preferia viver lá a aqui" (1989a, p. 144).

[2] Carta reproduzida em F/Briefe, p. 456s.

[3] Provavelmente o segundo estudo pré-publicado na revista *Imago*, intitulado "Se Moisés fosse um egípcio..." (Freud, 1937e). Em 21/10/1937, a correção das provas estava terminada (Molnar, 1996, p. 392).

CARTAS AOS FILHOS

posso te informar que não estou nada bem e que a vida está bastante difícil. Isso não surpreende; não temos mais pretensões.

Meus parabéns cordiais pela inauguração da Hidden House![1] É algo verdadeiramente judaico não abrir mão de nada e substituir aquilo que se perdeu. Moisés, que, a meu ver, cunhou para sempre o caráter judaico, criou esse modelo. Nestes tempos difíceis, sua existência na Inglaterra se destaca como um oásis na miséria ao redor. Sempre que penso nisso, seu sucesso me deixa feliz e me preenche com muita esperança quanto às possibilidades da próxima geração.

Sobre os outros, você está a par. A mamãe se mantém de modo excelente, a tia enfrentará uma cirurgia de catarata, espero que dê tudo certo. A Anna está ótima de humor, de produtividade e em todas as relações. É admirável ver a clareza e a autonomia com que seu trabalho científico se desenvolveu. Se ela fosse mais ambiciosa... mas talvez seja melhor assim para a vida futura dela.

Minhas saudações cordiais à boa Lux e aos três grandes meninos, sobre os quais o vovô infelizmente sabe pouco. Digo com prazer: até a vista Grinzing.

Papai

320-Ernst   [Cabeçalho Viena], 22/2/1938

Querido Ernst,

Estou com tempo suficiente para responder sua carta criteriosa, pois, sábado, dia 19, passei por outra cirurgia no sanatório e voltei a trabalhar somente hoje, por duas horas diárias. A última cirurgia aconteceu há exatamente quatro semanas.[2] A Anna, que, aliás, é tão brilhante como enfermeira quanto como analista, costureira, agricul-

---

[1] A nova casa de férias de Ernst em Walberswick. O nome lembra "Hiddensee".
[2] Mais detalhes sobre essas cirurgias, cf. Molnar, 1996, p. 405s.

402 SIGMUND FREUD

tora[1] ou em qualquer coisa em que ela toca, acha que essas cirurgias seriam então os nossos programas de fim de semana. Contudo, tive nove meses de repouso ultimamente e não preciso superestimar a seriedade da situação. Trata-se de alterações suspeitas do tecido nas proximidades das antigas cirurgias, e o método consiste, atualmente, em eliminar tudo que pode ser considerado como "pré-carcinógeno". A última intervenção, na verdade, foi apenas preventiva. Claro que, mesmo assim, foi desgastante, bastante desagradável, incômodo e... caro. Levando em consideração a minha idade, tenho que estar contente apesar de tudo.

Está difícil dizer o mesmo sobre os últimos acontecimentos na nossa pátria. Sem dúvida, essa reunião em Berchtesgaden[2] – imagine só, no nosso maravilhoso Obersalzberg, onde você tinha tanta sorte quando procurava cogumelos (era em 1920?)[3] – foi um grande passo em uma direção que não se sabe em que medida levará à nossa desgraça. Ainda podemos duvidar que o resultado vá ser o mesmo que na Alemanha. A Igreja Católica é muito forte e vai se opor. O nosso Schuschnigg é um homem decente, corajoso e de caráter. No dia de seu retorno, ele convidou três magnatas judeus da indústria para assegurar-lhes que não teriam nada a temer. Enquanto estiver no cargo, evidente; o que acontecerá quando ele tiver que sair é outra questão.

Não acredito que a Áustria, abandonada à sua própria sorte, naufragaria no nazismo. É uma diferença em relação à Alemanha que normalmente não é considerada. Sob a forte pressão germânica, certamente poderá acontecer. A evolução aqui depende muito, portanto, dos acontecimentos do mundo lá fora. Se os alemães prosseguirão fazendo suas vontades na Europa Central, se eles mesmos passarão

---

[1] Anna Freud costurava e tricotava roupas, juntamente com Mathilde (Young-Bruehl, 1995, p. 281). Em 1930, ela havia adquirido com Dorothy Burlingham um rancho em Hochrotherd, perto de Viena.

[2] Em 12/2/1938, Hitler se reunira com o chanceler austríaco Schuschnigg em Hohensalzberg, perto de Berchtesgaden, obrigando-o a permitir a participação dos nacional-socialistas no governo.

[3] Provavelmente, foi em 1922 (cf. a nota 2 de 450-Max, p. 547).

CARTAS AOS FILHOS

por uma virada, se as potências ocidentais continuarão se deixando intimidar etc. – ninguém pode afirmar com certeza ou mesmo com alguma chance maior. Podemos contar com o pior, mas também não estamos impedidos de esperar algo melhor, isto é, temos que aguardar; ganhar tempo parece ser a intenção do nosso governo também.

O nosso problema pessoal tem uma solução muito simples. Uma emigração como no seu caso, isto é, o esforço de encontrar em outro país uma pátria, uma possibilidade de trabalho e de renda, não se coloca para mim e para as duas senhoras. Somos velhos demais, deixamos para trás a vida com suas tarefas. A única coisa de que precisamos é um abrigo para idosos, onde possamos aguardar o resultado. Se fôssemos ricos e se eu não fosse enfermo, a tentação de procurar esse asilo em um lugar bonito da costa mediterrânea seria muito grande. Mas, mesmo nesse caso, haveria de passar por cima da ressalva de que a minha fuga significaria a dissolução do grupo analítico. Por sorte, essa tentação não existe. Proibiram-me até de subir uma escada de alguns degraus, ou seja, não estou à altura dos esforços para uma viagem mais longa. Além disso, estou preso ao meu cirurgião,[1] que me mantém vivo há 14 anos. Tenho que suportar a situação aqui, mesmo que as condições continuem piorando. Na pior das hipóteses, que não é muito provável, quando vida e liberdade estiverem ameaçadas, terei que fazer uma breve viagem via Bratislava para estar em segurança. A Anna, quando estiver livre das obrigações comigo, encontra acolhida fácil em qualquer lugar. Para Martin e família, seria mais difícil. Não posso tomar nenhuma providência por ele.

Depois de amanhã saberemos o que o nosso chanceler tem a nos dizer.[2]

---

[1] Pichler.

[2] Em um discurso amplamente anunciado, transmitido por rádio, Schuschnigg defendeu a independência da Áustria. Anna comentou esse discurso na carta de 27/2/1938 a Lucie (UE): "Torço para que tenham escutado o discurso do Schuschnigg. Estamos muito orgulhosos da posição da Áustria. Qualquer que seja o resultado, é bonito mostrar tanta coragem lutando pela própria existência." Schuschnigg renunciou no dia 11 de março; no dia 13, ocorreu a anexação [*Anschluss*] da Áustria à Alemanha.

404   SIGMUND FREUD

Ainda não me recuperei completamente da anestesia e das dores, o que você deve ter percebido na carta. Espero que você ainda tenha algum dinheiro meu para os próximos aniversários.

Saudações cordiais a você, a Lux e aos meninos,
Papai

321-Ernst   [Cabeçalho Viena], 9/5/1938

Querido Ernst,

Recebi *hoje de manhã* sua carta de aniversário, agradeço muito por ela e não te responsabilizo pelo atraso. Ficamos felizes quando soubemos que Lux está em casa novamente, mas não soubemos o que ela teve.

Você deve ter encontrado os nossos amigos[1] nesse meio-tempo e deve estar sabendo de tudo sobre o que eu poderia escrever. Bob e Mabbie certamente são boa companhia. O grande Bill[2,3] talvez não seja tão poderoso quanto ele mesmo acredita e quer parecer aos outros.

Aguardamos mais ou menos pacientes a resposta aos nossos requerimentos.[4] Devido ao pouco tempo de vida que me resta, estou muito sensível a qualquer demora. Felizmente, a energia juvenil de Anna e sua dedicação otimista são inabaláveis. Sem isso, nada seria feito. De modo geral, as mulheres se mostram mais fortes que os homens.

---

[1] Dorothy Burlingham havia deixado Viena com seu filho Bob em 1/4/1938; a filha Mabbie partira antes. Os dois jovens foram a Londres no início de maio, enquanto a mãe ficou na Suíça até meados de maio (Burlingham, 1989, p. 263 s.; F/AF, p. 541).

[2] No manuscrito: Brill.

[3] Sem dúvida se trata de William Bullitt, que havia encontrado Ernst pouco antes e assegurado que faria tudo que pudesse por Freud, "se for necessário, ir até Berlim e conversar com [o Ministro das Relações Exteriores] Neurath e [o Ministro da Propaganda] Goebbels" (Burlingham, 1989, p. 264). De fato, a pressão diplomática provocada por Bullitt contribuiu muito para que Freud recebesse a permissão de sair do país (cf. Gay, 1989, pp. 699-702).

[4] A respeito da emigração.

CARTAS AOS FILHOS 405

Você se esqueceu de que o nosso chow-chow não se chama mais Jofi e sim Lün. Espero[b] que o veterinário tenha pena dela apesar desse engano.[1]

Com muitas saudações cordiais a todos,
Papai

322-Ernst [Cabeçalho Viena], 12/5/1938[2]

Querido Ernst,

Escrevo-lhe sem um motivo claro, porque estou sentado aqui, impotente e inativo, enquanto a Anna resolve todos os assuntos, lida com todas as autoridades e despacha todos os negócios. "Já dá para ver a viagem."[3] Estamos apenas esperando o nada-consta,[4] que deve chegar dentro de uma semana. Provavelmente Martin partirá com sua família antes de nós, deixará a mulher e a filha em Paris e prosseguirá com o menino para Londres. Ele espera, e nós também, que isso seja praticamente o fim do seu casamento infeliz.[5] Ela[6] não apenas está perversamente louca, mas também perturbada no sentido médico. Mas o que ele vai fazer na Inglaterra? Ele não consegue viver sem mulher(es), e o tipo de liberdade que se permite aqui, não encontrará por lá.

Teremos um descanso de um dia na casa da princesa Marie em Paris, talvez apenas o tempo entre a chegada de manhã e o trem direto à noite. Claro que você saberá por telegrama o dia certo da nossa chegada. Já lembro agora de te informar o respectivo *office* da

---

[1] A saber, ao entrar na Inglaterra. Ela [Lün] teve que passar seis meses em quarentena (Molnar, 1996, p. 450). Seu predecessor Jofi morrera em janeiro de 1937 (ibid., p. 379).

[2] A carta está reproduzida, em sua maior parte, em F/Briefe, p. 459.

[3] Uma expressão da pequena Sophie, muito citada na família (MaF, p. 52).

[4] A família já estava com os passaportes, precisando apenas de uma declaração que atestava que não devia mais impostos. Esta chegou em 2 de junho; a partida se deu dois dias depois (Molnar, 1996, p. 423).

[5] Sobre a emigração de Martin e a decorrente separação de sua esposa, cf. pp. 103-104.

[6] Esti Freud.

chegada de Lün (que para você ainda se chama Jofi!), para nos poupar de um telegrama. A princesa vai nos providenciar dinheiro para não chegarmos tão pobres quanto mendigos na Inglaterra.

Há duas perspectivas que se mantêm nestes tempos sombrios: ver vocês todos juntos e... morrer em liberdade. Às vezes, me comparo ao velho Jacó, que também foi levado pelos filhos ao Egito quando já estava muito velho, conforme Thomas Mann mostrará no seu próximo romance.[1] Espero que depois disso não haja, como naquela época, o êxodo do Egito. Está na hora de Ahsverus descansar.

Não sei até que ponto nós idosos conseguiremos lidar com as dificuldades na nova pátria. Você nos ajudará nisso. Nada disso importa se comparado à libertação. A Anna certamente conseguirá, o que é o importante, pois para nós, entre 73 e 82 anos,[2] todo esse empreendimento não teria feito sentido.

Se eu viesse como homem rico, criaria uma nova coleção com a ajuda do seu cunhado rico.[3] Mas terei que me contentar com as duas pequenas peças que a princesa confiscou para mim na sua primeira visita e aqueles objetos que ela comprou em Atenas e está guardando em Paris para mim. É muito incerto o que será possível enviar da minha própria coleção.[4] Isso faz lembrar a salvação da gaiola com o passarinho no incêndio.[5]

Eu poderia continuar escrevendo durante horas, mas você deve estar bastante ocupado para lê-lo. Então, apenas saudações cordiais a você, a Lux e a todos os meninos do

Papai

---

[1] O quarto e último volume da tetralogia *José e seus irmãos*, de Thomas Mann, intitulado *José, o provedor*, foi publicado em 1943. Freud havia feito a previsão "melancólica" de que não estaria mais vivo quando o livro fosse publicado (Hummel, 2006, p. 88).

[2] As respectivas idades de Minna Bernays e Freud.

[3] Identidade não esclarecida.

[4] Na verdade, Freud conseguiu salvar a coleção inteira.

[5] Freud utilizara a mesma comparação em 1910 em uma carta a Ferenczi (F/Fer I/1, p. 322).

CARTAS AOS FILHOS 407

323-Gab   [Cabeçalho Londres I], 3/8/1938

Querido Gab,
   Eu sabia e nós sabíamos que você havia feito aniversário no domingo, mas, de alguma forma, o calor deteve a nossa decisão de mandar um telegrama para você. De toda forma, eu teria escrito uma carta, pois, uma consulta por telegrama para saber o que você queria de presente, teria sido caro demais. Faço isso então agora e, como economizei tanto no correio, não preciso economizar no presente.

Com meus votos cordiais,
Grandpa

UMA CARTA DE FREUD A ELISE BRASCH

MAIO DE 1936[1,2]

MEUS AGRADECIMENTOS CORDIAIS PELA SUA PRESENÇA NA COMEMORAÇÃO DO MEU ANIVERSÁRIO DE 80 ANOS[3]
e espero ouvir sempre o melhor da Sra., a avó dos meus netos.

Freud

---

[1] O respectivo envelope está endereçado a: Sra. Elise Brasch/Berlin W 15/Knesebeckstrasse, 54; esse endereço foi riscado por alguém e substituído (com erros): Grampnitz perto de Potzdam/endereço dr. Mosse.

[2] Um dos cartões impressos dos quais Freud enviava centenas na época, com acréscimos variáveis. Em Crampnitz, perto de Potsdam, morava Gerda, a filha de Elise Brasch, a irmã de Lucie, com seu marido.

[3] Até aqui impresso, o resto está escrito a mão.

Sophie Halberstadt, sobrenome de solteira Freud (1893-1920)

Esboço biográfico

Em 12/4/1893, Martha Freud teve sua segunda filha, o quinto bebê em um período de seis anos e meio. (Depois disso, ela não quis mais engravidar e passou um tempo em abstinência sexual, até o nascimento de Anna, a temporã). A recém-nascida foi chamada de "Sophie", por causa de Sophie Paneth, a esposa de um colega de estudos de Freud, que morrera três anos antes. Talvez a escolha do nome tenha sido um agradecimento pela considerável doação em dinheiro na ocasião de seu casamento, que os Paneth presentearam os amigos menos favorecidos pelo destino. Sophie era considerada a filha preferida da mãe. Diversas vezes, mãe e filha viajaram juntas: para Hamburgo, para visitar a mãe de Martha no verão de 1909, e três vezes para Karlsbad, entre 1909 e 1911, devido a problemas de vesícula de Sophie. Parece haver alguma relação com isso o fato de que ela tenha se casado em Hamburgo, na pátria de sua mãe.[1]

Quando o assunto é Sophie, destaca-se a sua beleza. Já com três anos, o pai atesta que ela estaria "no estágio da beauté"; Mathilde achava

---

[1] F/Fl, p. 47 (abstinência); F/MB, p. 231, cf. Paneth, 2007 (escolha do nome); F/Briefe, p. 110s. (doação em dinheiro); Wald., p. 20, Young-Bruehl, 1995, vol. I, pp. 57 e 341, nota 43 (filha preferida); F/J, p. 259, F/Fer I/1, pp. 125, 383, 327-Soph, p. 420, nota 5 (viagens com a mãe).

410 SIGMUND FREUD

a irmã "muito bonita" com 17 anos; um parente chamou Sophie de "a mulher mais bonita que já viu". Como ela ocupava o lugar da beleza, Anna, que tinha ciúmes da irmã mais velha e "sempre brigava" com ela, tinha que se concentrar na inteligência. Por outro lado, a jovem Sophie foi chamada de "mordaz"; ela teria se "fechado um pouco para a vida" e, posteriormente, Freud a achava "rude com relação a estranhos". Não se tem informações mais precisas sobre sua formação escolar, mas ela deve ter passado pelas mesmas etapas que as irmãs: o liceu particular até a idade de 16 anos. Para Sophie, também, o típico objetivo de vida de uma filha da burguesia era pré-definido: casamento, casa, filhos. Parece que ela estava mais disposta a se conformar com esse objetivo do que suas irmãs: "A Sophie", lembra Hans Lampl, "era uma menina simples", muito menos interessada em questões intelectuais do que Mathilde e muito menos do que Anna. Com tia Minna ela aprendia a tricotar, como a irmã mais velha, e com 17 anos, lançou-se na vida social da juventude. "A Sophie já dança muito", Mathilde conta na época.[1]

Mais ou menos nesse período, Lampl (nascido em 1889), o colega de escola de Martin, se apaixona por ela, e a paixão era correspondida – como resultado, em 1910, ao contrário dos anos anteriores, ele foi convidado mais vezes a passar as férias de verão com a família Freud. Será que os dois se comprometeram para o casamento? Na retrospectiva, Lampl se mostra compreensivo em relação à rejeição sofrida, pois, na época, ele era ainda estudante – e a família Freud, "de modo geral, era muito mais convencional do que nós queremos imaginar". Mas Sophie não se deixou desviar por muito tempo do seu desejo de casar. Conforme Lampl relata, ela não se sentia bem em casa e aproveitou uma oportunidade para partir. Mas o relacionamento com ele era notório em Viena, e tinha que ser negado abertamente no casamento

---

[1] F/Fl, p. 207 ("beauté"); p. 80 ("bonita", "mordaz"); Behling, 2002, p. 173s. ("mulher mais bonita"); F/AF, pp. 98, 100 ("sempre brigava"); Young-Bruehl, 1995, vol. I, p. 63 (beleza – inteligência); 337-Soph, pp. 432-434, 413-Max, pp. 511-512 ("fechado", "rude"); Lampl-Int., p. I/23 ("menina simples"); Young-Bruehl, *ibid*., p. 62 (tricotar); Gödde, 2005, p. 363 ("a Sophie dança muito").

CARTAS AOS FILHOS 411

dela: foi um "casamento judaico, dentro de casa. E aí aconteceu algo muito curioso, pois eu tive que buscar a Sophie. Ela estava, antes da cerimônia, no escritório do sr. professor. A noiva estava esperando, e aí me encarregaram de buscá-la. Na época, eu ainda amava Sophie e ela me amava também. E assim mostrava-se ao mundo inteiro, por assim dizer, que eu estava necessariamente de acordo."[1]

O homem que a "sequestrou" da família, na idade de 19 anos, encontrou Sophie na primavera/verão de 1912 durante uma visita mais longa a Hamburgo; desta vez, ela estava sozinha. Max Halberstadt, nascido em 14/5/1882, era parente distante de Martha Freud. Ele era fotógrafo, especializado em retratos de pessoas, sendo, desde 1907, dono de seu próprio ateliê, que trocou por um melhor em 1912. Já em 1909, Freud fizera uma fotografia "oficial" com ele – a primeira de todas. Na volta de Hamburgo, Sophie confrontou os pais com o fato consumado de seu noivado (informal). Ela se decidira por um parceiro e pelo casamento da mesma forma como Mathilde, e, uma vez que Freud já achara sua filha mais velha, com 20 anos na época, demasiadamente jovem para o casamento, ele deve ter achado mais ainda nesse caso. Mas ele foi fiel ao seu princípio declarado de que as filhas deveriam "se comprometer de acordo com sua livre inclinação" e tinha, com tudo o que já sabia sobre o noivo, um conceito favorável sobre o mesmo. Concordou inteiramente com os acontecimentos depois de Max ter feito sua visita de apresentação aos sogros. Max parecia-lhe uma "pessoa particularmente fina e séria", conquistando na sua vida emocional o status de filho.[2]

Como Freud sabia quão poucas posses Sophie estava levando para o casamento, também não podia fazer exigências quanto à situação econômica do noivo; bastava-lhe saber que suas condições estavam dentro da "decência burguesa". De fato, os negócios de Max Halberstadt nem sempre andavam de forma promissora, apesar de trabalhar,

---

[1] Esse episódio de acordo com Lampl-Int., p. I/22s.

[2] 329-Max, p. 425, nota 2 (visita em Hamburgo, parentesco); Weinke, 2003 (fotógrafo); 325-Max, p. 420, nota 1 (foto de 1909); 329-Max, pp. 424-426 ("livre inclinação"); F/Fer I/2, p. 116 ("pessoa fina"); 337-Soph, pp. 432-434, F/Bi, p. 169 (status de filho).

SIGMUND FREUD

durante a República de Weimar, para os grandes nomes do teatro de Hamburgo ou para empresas como Reemtsma e Darboven. Diversas vezes ele dependeu, por meses e anos, da ajuda de Freud. Sem dúvida, tirava proveito do sogro de outra forma também. Este lhe concedeu o monopólio comercial dos seus retratos; nas palavras dele: "Os meus retratos são feitos pelo ateliê Max Halberstadt em Hamburgo." Ele recusou a oferta de uma empresa vienense em 1926. Quando alguém precisava de uma fotografia de Freud, sempre era encaminhado a Hamburgo. A Editora Psicanalítica comprava na loja de Halberstadt e o próprio Freud encomendava dela cópias das fotos oficiais para distribuí-las aos seus seguidores devotos. E, finalmente, o ateliê Halberstadt ganhava clientela nova entre os parentes de Freud e os círculos analíticos.[1]

O casamento de Sophie e Max foi celebrado em 26/1/1913;[2] em seguida, a jovem se mudou para Hamburgo. Freud partia do pressuposto de poder visitá-la pelo menos uma vez ao ano (o que normalmente incluía uma escala em Berlim). Martha ia mais vezes e ficava mais tempo. Sua primeira visita à filha foi em abril/maio de 1913, provavelmente como reação a manifestações de Sophie de saudade da família. Por volta desse período, uma gravidez da moça foi interrompida por indicação médica. Quando, posteriormente, nasceu Ernst Wolfgang ("Ernstl"), na noite de 10 para 11/3/1914, Freud comentou a chegada do seu primeiro neto com as palavras: "Muito estranho! Um sentimento arcaico, respeito aos milagres da sexualidade!" Isso deve ter sido a realização de um desejo profundo. Lampl observou: "Ele sempre teve a sensação de que as pessoas devem ter filhos. Como, de onde tirariam para alimentá-los, não o interessava. [...] Ele ficou muito feliz quando Sophie teve os dois filhos." Quando Ernstl nasceu, Martha viajou novamente para Hamburgo.[3]

---

[1] 27-Math, pp. 75-78 (não fazer exigências); Freud, 2004d, p. 53 ("decência burguesa"); Weinke, 2003, pp. 112, 114 (República de Weimar); 497-Max, p. 583, Freud/Atelier Lobé, 2/7/1926 (FMW; monopólio); 404-, pp. 499-501 e 452-Max, pp. 549-550 (encomendas de fotos pela Editora e por Freud); F/A, p. 712, 447-Max, p. 545 nota 2 e 471-Max, p. 567 nota 1 (clientela).

[2] Essa data consta na árvore genealógica da família (SFP/LoC) e é confirmada em F/A, p. 296 e F/Brill, 20/1/1913 (diferentemente de Weinke, 2003, p. 112).

[3] F/A, p. 282s. (uma vez por ano); 337-Soph, p. 433, nota 3 (visita de Martha); Young-Bruehl, 1995, vol. I, p. 344, nota 94 (gravidez); F/Fer I/2, p. 291 ("muito estranho"); Lampl-Int., p. I/25; F/Bi, p. 137 (nascimento).

CARTAS AOS FILHOS 413

O próprio Freud conheceu o neto em uma visita em setembro do mesmo ano. Com satisfação, ele constatou na época que sua filha observava as máximas da primeira pedagoga psicanalista da época, Hermine Hug-Hellmuth. Quando o menino, com quatro anos de idade, reagiu de forma negativa ao nascimento do irmão, Freud acalmou a mãe chocada: a razão disso estaria no fato de que "vocês não reprimiram brutalmente essas manifestações desde o início, como no caso dos outros pais". Na visita seguinte, em setembro de 1915, ele observou em Ernstl o jogo do fort-da *[ausente-presente] – a criança elabora a ausência da mãe fazendo desaparecer e reaparecer repetidamente um carretel –, que se transformou no objeto de uma análise conhecida. Um sonho do menino na idade de três anos e meio, anotado pela mãe, Freud inseriu em* A interpretação dos sonhos. *Aos netos de Hamburgo – Ernstl e Heinele, o menor – remontam as reflexões mais ricas do psicanalista sobre crianças. Quando Anna ficou preocupada com o comportamento imoral de Heinele (ao dar a comida, ele não reagia quando se dizia: "Uma colherada para o papai etc.", era preciso dizer: "Essa colherada nós vamos roubar da Minna etc."), Freud respondeu: o menino "ainda vai se comportar conforme a moral, seu caráter muito simpático garante isso. Sua maldade se deve mais à sua vivacidade intelectual. Ser comportado é, desde o princípio, chato". Eram as encantadoras crianças difíceis que ele particularmente amava, e Heinele, enquanto viveu, era, de todos os netos, o seu preferido. Para um parente na Inglaterra, ele o caracterizou com as palavras "um encantador menino travesso e endiabrado".[1]*

Assim como os filhos de Freud em Viena, o genro de Hamburgo foi recrutado para o serviço militar na Primeira Guerra Mundial; ele também foi para a Artilharia. Quando Freud escrevia sobre o destino de seus filhos na guerra, ele falava sobre Max da mesma forma quanto de Martin, Oliver e Ernst. Parece que Max conseguiu adiar o alistamento por um período, mas, em 8/12/1915, entrou definitivamente. No lugar de fazer

---

[1] F/A, pp. 431, 439 (visita em 1914); F/A, p. 440 (Hug-Hellmuth); 398-Soph; F/AF, pp. 373s., 370 ("maldade" de Heinele); F/Sam, 4/12/1921 ("devil of a boy"/"menino endiabrado").

414   Sigmund Freud

o "adestramento", como dizia, nas proximidades de Hamburgo, foi logo, em janeiro, para o front francês em Arras, onde levou um tiro de raspão na cabeça em 23/2/1916 e foi internado em um hospital de guerra. Max ficou com uma neurose traumática ou neurose de guerra, com dores de cabeça e depressão, de modo que foi "declarado inepto para o serviço no front". No fim de outubro, encontrou um trabalho como fotógrafo aéreo, primeiro em Hamburgo e Königsberg. Em novembro, sua esposa foi com Ernstl para Viena para ficar por seis meses na casa dos pais. Em maio de 1917, a pequena família se mudou para Schwerin, onde, em 8/12/1918 nasceu o segundo filho, Heinz Rudolf ("Heinele", às vezes também "Heinerle"). Em Schwerin, Max trabalhava no treinamento para o serviço de reconhecimento aéreo. Já em junho de 1918, pensou em retornar para Hamburgo. Em novembro, depois de sua dispensa do serviço militar, deu esse passo para retomar seus negócios durante o período do Natal; Sophie o seguiu no fim de março de 1919.[1]

Desde o verão de 1917, pelo menos, Freud passou a sustentar a família de sua filha, dando continuidade à ajuda depois da guerra. Com isso, o humor de Max melhorou muito pouco, de forma que Freud lhe escreveu em algumas ocasiões: "Eu gostaria de sugerir para não se preocupar nem se atormentar tanto e confiar mais na juventude de vocês. Tome como exemplo a temeridade de seu velho sogro." Em setembro de 1919, Freud viajou por uma semana a Hamburgo, quando foi feita a mais famosa de todas as suas fotografias: o perfil ao estilo de uma estátua e com um olhar severo. Além disso, ele teve uma conversa profunda com Sophie sobre suas preocupações financeiras e sobre a necessidade da contracepção, considerando que eles não tinham condições financeiras para ter um terceiro filho. Não adiantou de nada: por volta da virada do ano, a filha arrependida lhe confessou que estava grávida novamente, o que Freud respondeu com uma carta cheia de consolos e incentivos.[2]

---

[1] F/Fer II/1, pp. 162, 167, F/E, p. 110 (recrutamento para o serviço militar); cf. pp. 463-478, notas (neurose traumática, fotógrafo aéreo); F/A, p.547 (Königsberg); nota 2 de 383-SophMax, p. 477 (Sophie em Viena); F/A, p. 551 (mudança para Schwerin); Weinke, 2003, p. 112, W. E. Freud, 2003, p. 85 (treinamento para o reconhecimento aéreo); 392-Max, pp. 486-488 e 396-Max, p. 491, nota 3 (retorno para Hamburgo).

[2] 386-SophMax, pp. 479-482 e 401-SophMax, p. 497, 134-Ernst, p. 249 (sustento); 403-Max, pp. 498-499 ("temeridade"); nota 1 de 404-Max, p. 500 (setembro de 1919); nota 3 de 406-Soph, p. 502 (foto de Freud); 409-Soph, pp. 506-507 (consolos).

CARTAS AOS FILHOS

Certamente debilitada pela gravidez e as preocupações ligadas a ela, Sophie precisou ser internada em um hospital em meados de janeiro de 1920; não se sabe o motivo exato. Lá, sucumbiu, sem ter completado 27 anos ainda, a uma "pneumonia" – "tirada de uma saúde em flor, da plena atividade como mãe dedicada e esposa carinhosa, em quatro ou cinco dias, como se ela nunca tivesse existido". Max ficou inconsolável. Para Freud, foi um dos acontecimentos aos quais não conseguiu reagir senão de uma única forma: "Necessidade apática, resignação muda." Ele sofreu muito com a "monstruosidade de que os filhos pudessem morrer antes dos pais". Em função das dificuldades de obter um visto e de viajar, ninguém de Viena pôde participar do enterro em Hamburgo; apenas Ernst e Oliver foram de Berlim. Mathilde e Robert conseguiram ir um pouco mais tarde. A lápide de Sophie foi desenhada por Ernst. Freud passou a carregar o retrato da filha falecida em um medalhão da corrente do relógio.[1]

Sua história e, com isso, também sua correspondência com ela teve continuidade com o genro que havia enviuvado, e que estava decidido a cuidar dos filhos com a ajuda de uma governanta. Por duas vezes, quando esta adoeceu, no outono de 1920 e depois novamente na primavera de 1922, Anna a substituiu, indo a Hamburgo para ficar muitas semanas a cada vez, mandando ao pai relatos detalhados e animados, mas também preocupados com os dois meninos. Nas férias de verão, combinavam que os netos de Hamburgo, ou então o pequeno Ernst sozinho, pudessem passar um tempo com a avó de Viena e/ou com a tia Anna. O próprio Freud, na ocasião das três visitas que fez entre 1920 e 1922, teve uma ideia da situação na casa. Assumiu a responsabilidade pela saúde e pelo conforto dos netos, pedindo a Max, por exemplo, que usasse o dinheiro do avô para que Ernstl, que era "ruim de garfo", ganhasse "diariamente um ovo e de vez em quando doces ou chocolate": crianças precisariam disso e, talvez, o menino ficasse assim com vontade de comer outras coisas.

---

[1] Cf. 412-Max, p. 511, nota 2 (hospital); F/Pf, p. 77 ("tirada de uma saúde em flor"); F/E, p. 189, cf. 411-Max, pp. 508-509 ("necessidade apática"); F/Bi, p. 169 ("monstruosidade"); 177-Ernst, p. 289 (lápide); 420-Max, p. 518, nota 5 (medalhão).

416 SIGMUND FREUD

Antes de tudo, impunha ao genro a sua ajuda financeira para os netos. Era, sem dúvida, uma grande necessidade para ele "cultivar, desse modo, a memória de Sophie". De novembro de 1920 a março de 1922, Anna o achou invariavelmente com humor "deprimido", desanimado e cansado.[1]

Em setembro de 1922, em visita de Freud a Hamburgo, constatou-se que Heinele não recebia os devidos cuidados ou atenção médica, então se tomou a decisão de que o menino se mudasse para Viena. Mathilde e Robert o acolheram como um filho – e tiveram que lamentar sua morte em 19/06/1923. O próprio Freud tinha a sensação de que "dificilmente amou uma pessoa, e certamente nunca amou uma criança tanto quanto a ele". Devido a essa perda, ele explicou cinco anos mais tarde que teria ficado "farto da vida para sempre". A partir de então, concentrou seus cuidados a Ernstl, o irmão mais velho, para quem providenciou um longo tratamento na Suíça. Quando o menino apresentou problemas na escola (e com a madrasta), também foi trazido para Viena, onde permaneceu sob os cuidados de Anna e frequentou a pequena escola particular psicanalítica em Hietzing. Freud acompanhou a vida do seu neto mais velho no internato, na sua viagem arriscada em 1933 para Viena, na sua busca por um lugar na vida, que o levou à Palestina e à Rússia. Constatou com satisfação, no outono de 1938, em Londres, que o "preguiçoso (pequeno) Ernst realmente encontrara um emprego com salário fixo em uma empresa de fotografia". Mais tarde, esse Ernst adotou o sobrenome Freud e tornou-se psicanalista.[2]

Ninguém duvidava de que, mais cedo ou mais tarde, Max procuraria e encontraria outra mulher, mas, ainda em julho de 1922, Freud relatou

---

[1] F/Fer III/1, p. 51 (cuidar das crianças); como exemplo, cf. 450-Max, pp. 547-549 (governanta); F/AF, pp. 282s., 351s. (Anna em Hamburgo); 428-Max, pp. 525-526 ("doces"); cf., como exemplo, 415-Max, pp. 513-514, F/Fer III/1, p. 96 (ajuda financeira); 450-Max, pp. 547-549 ("memória de Sophie"); F/AF, pp. 296, 328, 361, 373 (humor).

[2] 452-Max, p. 549, nota 2 (Heinele trazido para Viena); Freud/K. e L. Lévy, 11/6/1923 (SFP/LoC; "dificilmente amava"); F/Jo, p. II/60 ("farto da vida"); 461-Max, pp. 557-558 até 406-Soph, notas (tratamento); como exemplo, cf. 480-Max, p. 574, nota 2, W. E. Freud, 2003, pp. 64, 75s. (Ernstl trazido para Viena); Molnar, 1996, pp. 166s., 181, 254, 342, 366 (vida de Ernstl); F/RMB, 13/10/1938, cf. W. E. Freud, 2003, p. 52 ("emprego").

CARTAS AOS FILHOS

que o pobre homem "não superou seu luto em 2 anos e meio". Somente em 20/11/23, ele se casou com sua segunda esposa, Bertha Katzenstein (1897-1982), com a qual teve uma filha em 1925. Freud escreveu-lhe uma carta de felicitações pelo casamento e manteve seus sentimentos paternos por ele: em 1926, ele comenta que Max continuou sendo "um dos nossos", mesmo após a morte de Sophie. Durante a crise econômica, que começou no outono de 1929, ele o sustentou como sustentava seus próprios filhos por meio de pagamentos regulares e levantou com Martha a possibilidade de oferecer-lhe a direção econômica do sanatório psicanalítico de Tegel. Em 1933, acompanhou os planos de emigração de Max e fez uma consulta com Oliver se não gostaria de emigrar junto com o cunhado. Em fevereiro de 1936, Freud recebeu Max para uma visita de despedida, antes que este emigrasse para a África do Sul com a mulher e a filha, após se desfazer do seu ateliê de Hamburgo. Anna observou que "completou dez anos que não esteve aqui, mas é estranho sentir o quanto ele nos é próximo e vice-versa." Max Halberstadt morreu em Joanesburgo em 30/12/1940.[1]

Nos anos de 1912 a 1920, Freud teve uma correspondência bastante intensa com sua filha de Hamburgo, mas também, já naquela época, separadamente com Max, para quem continuou escrevendo até 1935. Ernstl também recebia algumas cartas do avô. No total, 189 peças foram aqui reproduzidas.

---

[1] Freud, 1985d, p. 289 (julho de 1922); Weinke, 2003, p. 112 (segunda esposa); 458-Max, p. 555 (carta de felicitação); 469-Max, pp. 564-565 ("um dos nossos"); 484-Max, p. 577, nota 2, F/Sam, 1/12/1931, 293-Ernst, p. 379 (sustento); F/Meine Lieben, 25/8/1929 (Tegel); 133-OliHenny, pp. 227-229; Molnar, 1996, p. 349, LAS/AF, p. 663 ("visita de despedida"); Weinke, 2003, p. 117 (morte de Max).

As cartas

Os primeiros comunicados de Freud a Sophie são peças isoladas por ocasião de diversas viagens do pai ou da filha.[1] Entre elas, há uma carta a Max Halberstadt sobre um retrato que Freud fizera com ele, ainda antes de Max se tornar seu genro.

324-Soph   10/4/09[2,3]

Querida Sophie,
    Espero que estas lembranças cheguem a tempo para o seu aniversário.

Pa

325-Max   [Cabeçalho Viena], 1/X/09

Prezado senhor,

---

[1] Não serão reproduzidas aqui as lembranças de dois cartões ilustrados que Freud mandou a Sophie em 24/9/1908 do Lago de Garda e em 13/9/1909 das Cataratas do Niágara. Elas se encontram na edição das cartas de viagem (F/Reise, pp. 269, 308).

[2] Cartão-postal ilustrado: "VENEZIA – Quattro Cavalli di Bronzo sulla Chiesa di S. Marco".

[3] Freud passou o fim de semana da Páscoa (11 de abril) de 1909 com sua cunhada, Minna, e seu irmão Alexander em Veneza (F/Fer I/1, p. 111).

420   Sigmund Freud

Sei que não sou um objeto favorável para qualquer tipo de reprodução.[1] A minha esposa gostaria de ter três cópias das provas anexadas *a* e *e*; escolhi a *e* para encomendar uma dúzia dela. Caso a *e* se revele mais bem-sucedida na versão definitiva, precisaremos dela provavelmente em número maior.

> Saudações da minha esposa e da minha parte
> Com deferência,
> Freud

326-Soph   1/4/10[2,3]

Até domingo[4] de manhã

> Pa

327-Soph   [Cabeçalho Viena], 25/5/10[5]

Querida Soph,

Por favor, diga se encontrou a corrente de *lorgnon* para a mamãe ou se é melhor deixar para Viena. Além disso, faça uma consulta com

---

[1] Durante o retorno da sua viagem aos Estados Unidos no verão de 1909, Freud fez escala em Hamburgo nos dias 29/30 de setembro (F/Reise, p. 317) e fez alguns retratos no ateliê fotográfico de Max Halberstadt (cf. 329-Max, pp. 424-426). Uma das fotos da época (reprodução em E. Freud *et al.* 1976, p. 190; cf. Weinke, 2003, p. 125), ele reconheceu mais tarde como sendo "oficial" (344-Max, p. 441).

[2] Cartão-postal ilustrado: "Rothenburg o. T., Rathaus [Prefeitura]".

[3] Em Rothenburg, onde foi escrito este cartão, Freud passou um "dia bom" com C. G. Jung (F/Fer I/1, p. 235) depois do II Congresso Psicanalítico (Nuremberg, de 30 a 31 de março de 1910).

[4] 3 de abril.

[5] Em 17/3/1910, Freud havia escrito a Oskar Pfister (F/Pf): Sophie "está com um inchaço nada poético da vesícula biliar – provavelmente por cálculos, ou talvez não – e aproveitou muito o tratamento do ano passado em Karlsbad, de maneira que esperamos que ela se recupere com o tratamento deste ano". A temporada de Sophie e Martha durou de 8/5 a 5/6 (F/Fer I/1, pp. 251, 260). Freud as visitou em Karlsbad durante o Pentecostes (15 de maio)

CARTAS AOS FILHOS 421

o sr. Kessler, famoso comerciante de pedras,[1] para saber quanto custa um estojo de nefrita para cigarros, que vi na loja dele. Se estiver com preço razoável (isto é, até 50 coroas), gostaria de adquirir uma para presentear o dr. Ferenczi.

Espero que vocês estejam muito bem e não hesitem em escrever quando precisarem de dinheiro.

Saudações cordiais, Pa

As primeiras semanas das férias de verão de 1910, que Freud passou com Oliver e Ernst em Haia, Sophie esteve com a tia Minna e a irmã Anna em Bistrai, na Silésia austríaca. De um bilhete, que ela provavelmente anexou a uma carta de Minna, podemos deduzir que ela estava com inveja dos irmãos: Querido papai! / Também queria montar a cavalo! (Nadar etc.) / Sua filha Sophie.[2] *No fim de julho, as duas filhas, junto com Martha, se reuniram ao restante da família; passaram o mês de agosto em Noordwijk. Durante sua viagem à Sicília, para a qual Freud partiu de Noordwijk, ele foi mantido informado pelos relatos dos filhos que se revezavam (e da sua esposa). Assim Sophie conta em cartão-postal de 5 de setembro, ainda de Noordwijk:*[3]

Estamos fazendo as malas a pleno vapor. Ernst teve febre ontem à noite; é um pequeno resfriado; mas ele se restabeleceu com bolsa de água quente e muito chá quente. Martin está compondo poemas de

---

[1] Freud comprava na loja dele com certa frequência (F/AF, p. 76 s., nota 11).

[2] A data desse bilhete (SFP/LoC) pode ser deduzida em função de uma exclamação muito semelhante de Anna no *post-scriptum* a uma carta de Minna de Bistrai, na qual todas não se sentiam muito bem. Sobre a temporada nesse lugar em geral, cf. F/MB, pp. 255-262 (exclamação de Anna: p. 261). Um cartão-postal que Freud enviou a Sophie em 17 de julho de 1910 de Haia foi publicado em outro lugar (F/Reise, p. 322), assim como um pequeno *post-scriptum* que ela acrescentara a uma carta de Minna (F/MB, p. 262). Mais detalhes sobre a programação das férias desse verão, cf. pp. 65-68.

[3] Este cartão, assim como a outra correspondência de Sophie do verão de 1910, se encontra no conjunto Sophie dos SFP/LoC; para a correspondência análoga dos outros filhos, cf. pp. 107s., 213-215 e F/AF, pp. 62-69. Três cartões de lembrança, que Freud mandou por sua vez a Sophie durante a viagem, encontram-se em F/Reise (pp. 336, 346, 355).

422   SIGMUND FREUD

despedida; Oli adora programar horários de viagem, indicando exatamente cada uma das estações. Tomo banhos em alto mar apesar do vento forte e isso me faz muito bem. Martin está muito amável e os outros dois irmãos também estão gentis. Queríamos que a mamãe mandasse um telegrama dizendo "os filhos estão encantadores, sem exceção", mas ela não quis.

Em um cartão artístico com a Vista para Delft, *de Vermeer, o qual se encontra no* Mauritshuis *de Haia, ela confirma, em 8 de setembro, o recebimento da carta que Freud enviara de Roma no dia 6,[1] reproduzindo um poema que Martin – que estaria em um surto de poesia – teria ditado para ele:*

> Quantos graus em Palermo
> Será que mostra o termo-
> Metro, enquanto mal me esquento
> Mas pela Holanda me entusiasmo.

Finalmente, ela escreve de Viena em 17 de setembro:

Querido pai!

Hoje recebemos seu cartão de Palermo e achamos que você ficará pouco tempo em Siracusa e voltará logo a Palermo. Espero que você tenha recebido as últimas notícias. [...] – Desde ontem de manhã, estamos todos felizes em casa (conforme estava escrito no seu telegrama)[2] e temos agora o mais belo verão. Os últimos dias em Haia foram maravilhosos; estivemos em Leiden, que, talvez, tenha sido o melhor, e vimos tudo por lá. Anna von Mastright foi a nossa guia.[3] Partimos

---

[1] Carta reproduzida em F/Reise, pp. 339-341; ibid., p. 350 s., o cartão de Freud de Palermo do dia 14/9/1910, mencionado posteriormente.

[2] Certamente um telegrama de boas-vindas pelo retorno da família a Viena.

[3] Cf. p. 120, nota 3 e p. 235s.

CARTAS AOS FILHOS

terça à noite,[1] a mamãe e eu no vagão-leito, Martin de 2ª classe, e chegamos a Berlim quarta de manhã. A tia Mitzi nos deixou loucos e, depois da Holanda, Berlim foi muito antipático e assustador. No dia seguinte visitamos os Wertheim em Grunewald;[2] a casa deles é indescritível, foi como o auge depois de todos os museus. Partimos à tarde, mas a viagem foi tão agradável que Martin disse que lamentava cada instante que estava passando. De modo geral, ele foi muito encantador e amável durante todo esse tempo, esforçou-se por facilitar a nossa vida, resolveu várias obrigações por nós e se comportou de forma muito simpática. Anna e Ernst vão regularmente à escola, mas Ernst está com um aspecto nada bom. O nosso apartamento continua uma grande bagunça.[3] O guarda-roupa ainda não está pronto e o aquecedor a gás da banheira foi retirado de novo para ajustes; mas a cozinha ficou uma maravilha, Agnes[4] está feliz e não deixa ninguém entrar, com medo de alguém sujá-la. Nossa enorme bagagem chegou hoje; de um modo geral, está acontecendo muita coisa. As próximas notícias, também mandaremos para Palermo. Abraço e beijo

da sua Sophie

A próxima carta, Freud escreveu em julho de 1911 de Karlsbad, onde passou um período na companhia do casal Emden. Inicialmente, Sophie também estava com ele, já que havia feito outro tratamento com a mãe entre 19 de abril e 20 de maio.[5]

---

[1] No dia 13/9.

[2] Cf. p. 80, nota 14.

[3] Sobre a situação da família em Viena, cf. p. 77, notas 3 e 5.

[4] Certamente a cozinheira.

[5] Jones II, p. 115; F/Fer I/1, pp. 370, 383 (Sophie em Karlsbad).

424 SIGMUND FREUD

328-Soph   18/7/11[1]

Para lembrar a primeira visita que fizemos aqui, repeti a viagem com os Emden hoje. O doutor leu a lenda do livro; ela admirava os rochedos.[2] Agora estamos esperando pelas trutas, depois de ter terminado o café da tarde. Somos os únicos hóspedes nesta hora avançada.

Saudações cordiais,
Pa
A. v. Emden
J. v. Emden

Em 1912 também, Freud iniciou suas férias de verão com um tratamento de muitas semanas em Karlsbad (de 14/7 a 14/8), desta vez junto com sua esposa. Minna, Sophie e Anna passaram esse tempo em Lovrana. Em agosto, ambos os grupos viajaram para o Lago de Carezzo, ao nordeste de Bolzano.[3] As próximas cartas, das quais a primeira ainda foi escrita em Viena, giram em torno do noivado de Sophie com Max Halberstadt, que havia acabado de acontecer.

---

[1] Cartão-postal: *"Hans Heiling bei Karlsbad und Ellbogen"*; endereçado a: Oberbozen a Ritten/Hoferhaus/Tirol.

[2] Há a seguinte lenda sobre o rochedo *"Hans Heiling"*, no vale do Eger, a oeste de Karlsbad: Hans Heiling havia feito um pacto com uma sereia, para que ela lhe ensinasse a magia se ele nunca se casasse. Quando se casou, mesmo assim, ela transformou todo o cortejo de casamento em uma pedra – ou seja, naquele rochedo.

[3] Sobre a programação de férias cf. Jones II, p. 118 s., F/AF, p. 85, nota 2, e F/Fer I/2, p. 119.

CARTAS AOS FILHOS   425

329-Max   [Cabeçalho Viena], 7/7/12[1]

Prezado senhor,

A minha pequena Sophie, da qual havíamos nos despedido por algumas semanas devido a uma viagem para Hamburgo,[2] voltou então, há dois dias, alegre, radiante e decidida, dando-nos a informação surpreendente de que se tornou noiva do sr. Entendemos que – em certo sentido – fomos declarados supérfluos e que não nos restaria senão a formalidade da nossa bênção. Como nunca desejamos outra coisa para as nossas filhas a não ser que se comprometam de acordo com sua livre inclinação, assim como a nossa mais velha também o fez, no fundo, temos que estar muito contentes com o andamento disso. Porém, não deixamos de ser pais, carregando todas as fantasias ligadas a essa situação, e sentimo-nos obrigados a afirmar nossa importância. Por esse motivo, nós também gostaríamos de conhecer o jovem enérgico, cuja força de decisão tomou conta da nossa filha, antes de dar, comovidos, o nosso consentimento e a nossa bênção.

O fato de o sr. não ser um desconhecido para nós é uma grande vantagem. Evidentemente, tive apenas uma impressão fugaz – embora altamente simpática – na ocasião de uma visita ao seu ateliê, mas as duas mães – a minha mulher e a minha cunhada – o conhecem melhor, assim como à sua mãe e aos seus familiares, e sempre o consideraram como nosso parente.[3] Nesse sentido, o sr. também pode esperar os mesmos sentimentos do lado de cá. Disseram-me que, com toda chance, a nossa filha, que mal saiu da mocidade, terá um lar caloroso ao lado de um marido sério, amável, lúcido e inteligente.

Sendo assim, nós, como pais, estamos apenas cumprindo o nosso dever de aprovar a inclinação de vocês. Ora, é meu desejo conhecê-lo

---

[1] A carta foi reproduzida em F/Briefe, p. 303s.

[2] Na verdade, a partida havia acontecido antes de 21/5/1912 (cf. F/Brill, 21/5/1912).

[3] O pai de Max, Wulff Selig Halberstadt (1847-1885), já não era vivo nessa época. Sua mãe, Michele Mathilde (1856-1932), com sobrenome de solteira Wolff, era parente de Jacob Wolff (provavelmente uma de suas irmãs), que havia se casado com uma prima de Martha Freud (Fanny Philipp, filha de um irmão da mãe de Martha; StAH, árvore genealógica Halberstadt; cf. F/MB, pp. 350-352; nossos agradecimentos para A. Hirschmüller).

426   Sigmund Freud

melhor logo e essas são apenas algumas ponderações práticas que me levam a aplacar minha impaciência.

Sophie, que, para minha surpresa, já se identifica completamente com os seus interesses, disse que seria um grande sacrifício para o sr. viajar nos próximos dias. Nós mesmos vamos desativar a casa nesta semana; a minha esposa está ocupada com negócios; eu continuo trabalhando nove horas por dia. Por isso, não faz sentido convidá-lo neste momento para Viena. A partir do dia 15, estarei com a minha esposa em Karlsbad, onde pretendemos ficar durante quatro semanas mais ou menos. Nesse período é que gostaríamos de tê-lo conosco, embora não possamos lhe apresentar a parte mais interessante da família, isto é, a juventude.[1] Teremos não apenas a tarefa de aprofundar o nosso convívio, mas precisamos também trocar algumas palavras sobre o aspecto material de um casamento, além das questões técnicas referentes ao local e à época.

Nesse meio-tempo, saudações cordiais e os melhores votos do
Seu Freud

330-Soph   [Cabeçalho Viena], Karlsbad, 20/7/ 12[2]

Minha querida Sophie,

Qualquer outro pai escreveria que não entende como um telegrama "Mamãe Papai Max te felicitam"[3] possa ser compreendido em outro sentido senão: felicitam-te pelo noivado, te saúdam como noiva, e não poderia entender como tal saudação pudesse gerar insatisfação. Eu, no entanto, cheguei à conclusão de que você ficou um pouco atormentada pelo peso na consciência, porque você mesma, na ocasião do seu noivado, passara tão radicalmente por cima de nós, e isso, pelo menos,

---

[1] Max foi a Karlsbad na quarta-feira, 17/7/1912 (F/Fer I/2, p. 108).

[2] Carta reproduzida de forma reduzida em F/Briefe, p. 304s.

[3] Parece que esse telegrama para Sophie (provavelmente do dia 17/7) não foi conservado.

Cartas aos filhos

te honra. O tamanho do seu arrependimento pôde ser deduzido do fato de que você conseguiu deixar até a tia, que normalmente é tão sisuda, um tanto louca.

Não se preocupe, está tudo em ordem, e Max se comportou de forma muito gentil e cativante, embora seja um tanto tímido. As próximas intenções você deve ter lido no segundo telegrama ou na minha carta para a tia.[1] Apenas preciso confessar que me permiti um pequeno truque contra ele. Ele havia pagado, às escondidas, o valor pelo miserável quarto no sótão – o único que conseguimos obter para ele –, e por isso lhe mostrei um pequeno porta-moedas tricotado, que eu havia levado para o dinheiro estrangeiro. Disse a ele que se tratava de um antigo trabalho manual seu e lhe pedi para que ficasse com ele. Nesse porta-moedas, no entanto, estavam as 6,80 coroas que ele pagara a sra. Schubert. Nesse momento, você pode esclarecer a história e negar o suposto trabalho manual.

Anunciei o noivado de vocês para os seguintes:

Tio Alex (para a *Neue Presse*, 28/7)[2]
Tio Emanuel
Mary[3]
Tia Mitzi[4]
Tia Rosa
Vovó
Dr. Rie
Dr. Kaufmann (merecidamente)[5]

---

[1] Não se tem conhecimento desse telegrama nem da carta. Provavelmente, tratou-se do anúncio público do noivado (cf. 334-Max, pp. 430-431) e do planejamento de Max encontrar-se com a família em agosto.

[2] Cf. nota 2 de 334-Max, p. 430.

[3] O mais provável é que se trate de Mary Philipp, sobrenome de solteira Heine (1853-?), a então viúva de Elias Philipp, irmão da mãe de Martha Freud (F/MB, pp. 332s., 350s.).

[4] Cf. a carta de Freud a ela do mesmo dia (2004d, p. 53).

[5] Provavelmente o clínico geral Rudolf Kaufmann (1871-1927), sobre o qual Freud escreve, em julho de 1913, que o "estima particularmente pelo seu excelente desempenho com Sophie" (F/Fer, I/2, p. 235). Não fica claro a que se refere essa manifestação.

428 SIGMUND FREUD

Srta. Schiff[1]
Minhas saudações cordiais e votos de uma boa recuperação até o encontro em Bolzano.

Papai

331-Soph   [Cabeçalho Viena], Karlsbad 22/7/12

Minha querida Sophie,
Em anexo, uma carta do dr. Rie que chegou para você; aproveito para perguntar o que você quer daqui, mais alguma joia, toalha bordada para o seu futuro lar ou mesmo um tapete, se gostarmos de algum etc.

Tenha semanas agradáveis e receba as saudações cordiais do
Papai

332-Max   [Cabeçalho Viena], Karlsbad, 24/7/12[2]

Meu querido genro,
Concordo com o sr. quanto à expectativa de que o interesse comum pela felicidade da pequena Sophie nos aproximará em breve. Mas, independentemente disso, espero o sr. logo descubra que nós fazemos razoavelmente bem o papel de pais e que poderá ganhar a nossa simpatia. Claro que estávamos todos um pouco inibidos na ocasião do nosso primeiro encontro. Mas quando nos reencontrarmos no Lago de Carezza, essas etapas iniciais serão superadas. Ainda não temos como definir uma data precisa; de Lovrana surgiu a ideia de não marcarmos o encontro em Bolzano, para que você não tenha que conhecer os novos parentes queridos quando estiver cansado ou indisposto da viagem

---

[1] Provavelmente Helene Schiff, irmã de Arthur Schiff, genro de Breuer (F/AF, p. 289s.).
[2] Carta reproduzida em F/Briefe, p. 305s.

CARTAS AOS FILHOS

ou se estiver com enxaqueca. Isso significaria exatamente um dia de atraso. No mais, o sr. se defenda por conta própria e combine tudo o que for necessário com a companhia na Ádria.

Sophie ainda continuou por um tempo com a tática dela contra nós. Nada do que escrevíamos era suficientemente detalhado ou carinhoso. Esperamos que, nesta altura dos acontecimentos, ela tenha se acalmado – e o ajude a contar os dias. É muito estranho quando uma filha tão jovem de repente se transforma em uma mulher apaixonada.

Nesse meio-tempo, fizemos intensamente a divulgação no âmbito familiar. Em decorrência disso, pelo menos duas pessoas manifestaram a intenção de se deixar fotografar pelo sr. para conhecê-lo. Estou proibido de dizer quem são. Cabe ser cauteloso, portanto!

Espero que tenha transmitido à sua mãe e aos outros parentes queridos as nossas lembranças, e faço votos para que esteja bem, para que possamos fazer bonito na frente dos outros com o genro e o filho.

Com deferência cordial,
Seu velho e futuro sogro
Freud

333-Soph   Karlsbad, 25/7/12[1]

Querida Soph,·
Faltava te indenizar pelo fato de você não ter conhecido as novidades de Karlsbad deste ano.[2]

Saudações cordiais, pa

Max nos escreveu uma carta muito simpática.

---

[1] Cartão-postal: Karlsbad, "Hotel Imperial".

[2] Freud está se referindo, provavelmente, à foto do cartão-postal: o grande e suntuoso Hotel Imperial foi inaugurado em 1912 <http://www.karlovy-vary.cz/de/vice-historie>, acesso em 3/9/2009.

430 SIGMUND FREUD

334-Max [Cabeçalho Viena], Karlsbad, 27/7/12[1]

Querido Max,

Sem dúvida ainda não o conhecemos direito. Quem poderia imaginar que o sr. é um correspondente tão assíduo? Contaram-nos o contrário. Nesse aspecto, o sr. mostra grande aptidão para um noivado mais demorado. Por outro lado, contudo, nem tanto. Nós não combinamos que o noivado seria publicado no dia 28 deste mês simultaneamente em Viena e em Hamburgo?[2] O sr. não se aguentou e deixou Viena para trás.

O sr. não precisa nos admirar por esses quatro anos (quatro anos e meio, a rigor).[3] Não há nenhum mérito nisso, pois não havia outra opção e não havíamos levado outra coisa para o noivado senão uma família bastante pobre. Eu não era titular de cinco altas distinções como o sr., mas tive que construir tudo; eu tinha 25 anos apenas e, no momento do casamento, não era mais novo do que o senhor hoje. O sr. tem toda razão em não seguir o nosso exemplo nesse aspecto. A convivência com a minha esposa realmente foi muito boa; sobretudo, sou grato demais a ela por muitas qualidades nobres, pela educação dos filhos e pelo fato de não ter saído muito extravagante nem ter ficado muito doente. Espero que as duas coisas se repitam no seu casamento e que a pequena Sophie seja uma esposa carinhosa.

Sua tia[4] se anunciou hoje; marcamos por escrito um primeiro encontro para amanhã cedo (depois da primeira refeição). A correspondência do noivado teve continuidade direta com as cartas de aniversário. O sr. participará da celebração do próximo 26 de julho[5] como a mais nova aquisição da mamãe.

---

[1] Carta reproduzida em F/Briefe, p. 306s.

[2] O comunicado foi publicado no jornal vienense *Neue Freie Presse* de 28/7/1912 na coluna "Pequena crônica" na parte "Notícias da Corte e da Sociedade" (p. 7) em meio a uma série de notícias semelhantes, dizendo: "A srta. Sophie *Freud*, filha do sr. prof. dr. Siegmund Freud, celebra seu noivado com o sr. Max *Halberstadt*, de Hamburgo."

[3] A duração do noivado de Sigmund e Martha Freud.

[4] Não identificada.

[5] Dia do aniversário de Martha Freud.

CARTAS AOS FILHOS

Os dois jornais[1] chegaram. Meu nome se escreve normalmente "Sigmund" sem "e", mas certamente não há dúvidas quanto à identidade.

Minhas saudações cordiais,
também em nome da minha esposa,
Seu novo e velho
sogro Freud

335-Max   [Cabeçalho Viena], Karlsbad, 12/8/12

Querido Max,

A coisa está ficando séria. Dentro de poucos dias esperamos ver você no nosso meio como noivo declarado da nossa pequena Sophie. E não há como passarmos vexame na frente dela e dos outros tratando-o como "senhor", como se fosse um distinto estranho. Espero que você também se adapte bem a essa nova relação.

Partiremos depois de amanhã cedo; após escala de algumas horas em Munique, prosseguiremos para Bolzano, chegaremos lá às 6h da manhã do dia 15 e queremos encontrar com o pessoal de Lovrana ao meio-dia e também com os dois jovens que ainda faltarão,[2] no decorrer do dia.

Não se esqueça de levar roupa quente para as alturas e não confie totalmente na temperatura alta do acolhimento e dos seus sentimentos. Se chover, você encontrará todos mal-humorados, com exceção, é claro, da sua Sophie.

Até a alegria de revê-lo.
Seu sogro
Freud[3]

---

[1] Os jornais de Hamburgo de 27/7/1912 com o anúncio do noivado (cf. F/Fer I/2, p. 116); um deles era o *Hamburger Fremdenblatt* (47-Martin, pp. 111-112).

[2] Ou seja, Martin (cf. 47-Martin, pp. 111-112) e, provavelmente, o próprio Max.

[3] Dois cartões-postais posteriores de Roma para Max (17/9) – lembranças "de um pai completamente órfão" – e para Sophie (21/9/1912) são reproduzidos em F/Reise (pp. 367, 369; o primeiro com o destinatário errado).

432   SIGMUND FREUD

O casamento de Max e Sophie aconteceu em 26/1/1913, seguido pela mudança de Sophie para Hamburgo.

336-Soph   [Cabeçalho Viena], 4/2/13

Minha querida Sophie,

Quero te felicitar pela mudança para o seu reino. Além disso, comunico que passei seu dinheiro e o restante do seu dote,[1] que somam 8.550 coroas, ao banco para a transferência para a conta de Max. Tudo isso ainda é muito novo e estranho.

Mande minhas lembranças ao Max e lembre-se de vez em quando do seu

Pai

337-Soph   [Cabeçalho Viena], 26/3/13a

Minha querida Sophie,

Ao chegar hoje pela manhã,[2] encontrei sua gentil e carinhosa carta, que quero responder logo.

Você nitidamente está com um pouco de saudade de casa, o que até nos orgulha um pouco, mas também é um tanto doloroso. É uma pena que você já esteja hostilizando com sua nova terra ou com os habitantes dela. Não sabemos se Max conseguirá a mudança para Munique, e se ele não conseguir, isso atrapalhará o seu dia a dia. É preferível que você se reconcilie com seu novo ambiente; sei, por experiência própria, como pesa quando não existe boa relação com os vizinhos, apesar de não se ter causado essa situação. Mas talvez

---

[1] De 20.000 Coroas (27-Math, pp. 75-78).

[2] Da viagem de férias de Páscoa com Anna, mencionada na mesma carta (F/AF, pp. 107-109).

Cartas aos filhos

eu esteja levando sua queixa muito a sério. O que você tem a perder estando junto a um marido com quem vive em tamanha harmonia? Com ele, você também se acostumará às outras novidades.

Como jovem, você se isolou um pouco da vida. Agora, tudo está atormentando você e exigindo que se posicione. Isso não será fácil, mas vocês são dois e, assim, vai dar certo. Se vocês conseguirem mesmo ir para Munique, será muito bom. Eu poderia te visitar com muita facilidade e frequência; mas, infelizmente, isso não é o determinante para Max. Durante Pentecostes, eu realmente não tenho como ir; a viagem é cansativa demais para ficar 2 ou 3 dias, e mais do que isso eu não posso me permitir no momento. Também não tenho mais tanta mobilidade quanto nos anos anteriores. Espero que vocês aceitem o nosso convite para Marienbad,[1] senão terei que ir a Hamburgo em setembro para admirar sua casa e você como dona de casa. Prometo ir de qualquer forma,[2] mesmo se vocês nos acompanharem em julho.

Mandarei mamãe para você em breve e por muitas semanas.[3]

Posso imaginar que seu círculo te faça sentir falta dos interesses intelectuais aos quais estava acostumada em casa. Mas vocês são jovens; seria bom se continuassem a cultivá-los entre si. Com o passar do tempo, virão outros contatos com os quais vocês poderão ter os mesmos interesses.

A nossa viagem de Páscoa foi muito bonita. Em Bolzano, encontrei Anna com o tio e sua Sophie; para a alegria das duas senhoras, que se comportaram logo como crianças, nós fomos até Verona com o Expresso NS[4] e nos deleitamos com as antiguidades dessa cidade

---

[1] De 13/7 até 10/8/1913, Freud passou as férias com Martha, Minna e Anna em Marienbad (Jones, II, p. 126s.). Cf. também a carta posterior com a nota 2.

[2] Freud acabou indo no Natal (cf. 345-SophMax, p. 442, nota 2).

[3] Martha esteve em Hamburgo antes de 10/4/1913 (F/Fer I/2, p. 209) e voltou antes do dia 6/5 (339-Max, pp. 436-437).

[4] O Expresso Norte-Sul, um trem de luxo que ia de Berlim a Milão, passando pelo Passo do Brennero.

agradável. Sábado à noite, estive em Veneza somente com Anna e saboreei sua surpresa diante do esplendor inacreditável dessa velha maga. Ela primeiro viu Veneza na chuva, mas, na segunda-feira e na terça-feira, viu sob o mais lindo brilho do sol. Pagamos todas essas belezas com uma tenebrosa viagem de retorno no pior movimento de Páscoa. Você certamente recebeu um cartão do último dia,[1] ao qual anexei uma lembrança com uma pena do erário.

O seu aniversário está tão próximo que preciso perguntar como você vai querer o presente: em dinheiro, que poderá usar em Hamburgo, ou algo que a mamãe leve daqui? Você continua sendo minha filha, mesmo depois de ter recusado a continuação das mesadas.

Meus agradecimentos cordiais a Max pela confecção rápida dos meus dois retratos.[2] Chegaram no momento em que me era impossível escrever qualquer carta. Agora, há menos movimento no consultório e estou aguardando uma nova leva de pacientes. Minha hamburguesa simpática de Weimar[3] partiu antes da Páscoa e se despediu de forma comovente. Não é improvável que ela te procure mais uma vez no ateliê, com a encantadora menina problemática dela. Em função da natureza delicada de todas essas relações, eu não queria enviá-la diretamente a você.

Minhas saudações cordiais; continue firme e seja feliz. Diga também ao Max que, nesse curto espaço de tempo de convívio, me acostumei a considerá-lo como um dos meus filhos.

Seu velho pai

---

[1] Não encontrado.
[2] Provavelmente, cópias da foto "oficial" de 1909.
[3] Uma paciente que se tratou durante uma ano com Freud.

CARTAS AOS FILHOS   435

338-Soph   [Cabeçalho Viena], 21/4/13

Minha querida Sophie,

Fiquei muito feliz em saber que você está recuperada, que superou sua primeira aventura[1] e que pode enfrentar seu futuro com alegria. Também admito que levei a sua queixa sobre solidão a sério demais. Prefiro que seja assim.

Queria muito facilitar os seus planos para o verão; mas não será fácil, já que vocês não gostam de Marienbad.[2] De meados de agosto até início de setembro (congresso em Munique nos dias 7 e 8),[3] não se pode ir ao Lago de Garda ainda; na melhor das hipóteses, os outros poderiam ir sem mim. Escolhi San Martino, em Tirol do Sul, em função de sua beleza. Em outros lugares, não se tem a estabilidade climática da qual fazemos tanta questão. Sei que é muito longe para vocês, mas vocês estão distantes de tudo, a não ser do mar tedioso daí. Vocês não devem contar os dias de viagem como parte das férias. Terão seu proveito no máximo quatro dias depois.

Está em cima da hora, aliás, para que mamãe se manifeste sobre isso; caso contrário, não conseguiremos mais quarto em San Martino; eles não estão esperando por nós. Diga isso a mamãe. A tia não quer escrever antes disso.

Não conseguirei realizar seu outro desejo de estar com Anna durante a temporada em Marienbad. Eu não contei para ela do seu convite, por mais gentil que seja. Ela está se recuperando de forma extraordinária e não devemos comprometer o seu equilíbrio. Escolhemos Marienbad em vez de Karlsbad justamente para poder ficar

---

[1] Não esclarecido. A palavra "aventura" não combina com o aborto que Sophie provavelmente havia sofrido na época.

[2] Na verdade, Sophie e Max acabaram visitando os pais/sogros e seus acompanhantes em Marienbad no verão, antes da partida destes últimos para San Martino (48-Martin, pp. 112-113).

[3] Cf. 342-SophMax, p. 439, nota 1.

436   SIGMUND FREUD

com ela e com a tia. Será que você já está começando a reagir ao ciúme infantil que eu havia previsto para vocês? Aliás, por mais que se empenhe em não deixar que a Anna se torne noiva em Hamburgo, a convivência com um casal jovem torna uma moça certamente ansiosa e descontente.

Minhas lembranças à mamãe e ao Max; diga a eles que estou redigindo com muita pressa porque tenho muito a escrever ainda. Os dias mais tranquilos acabaram; agora está recomeçando o expediente pleno.

Saudações cordiais de
seu pai

Emden é o médico de G.[1] Não se falou sobre sua adesão ao movimento.

339-Max   [Cabeçalho Viena], 6/5/13

Querido Max,

Fiquei tocado com sua gentil carta de aniversário e agradeço a vocês dois pelos belos e preciosos presentes. Não é culpa sua se não conseguiu enviar apenas retratos bonitos. Pelo menos o velho Menzel[2] rendeu algumas fotografias boas, mas sua sogra é tão difícil de fotografar quanto é fácil de tratar, a não ser que você seja o médico dela.[3]

Agradeço a escolha a mim atribuída entre as mulheres; ela chega com um atraso de 57 anos.

A mamãe voltou com ótima aparência, então, mesmo sem ela se manifestar, tenho certeza de que vocês a trataram muito bem. Ela ainda não tomou uma decisão sobre a questão do verão.

---

[1] Não se sabe por que Freud menciona esse paciente aqui.
[2] Não identificado.
[3] Tudo indica que, durante a visita a Hamburgo, Max tirou fotos dela (e de outros parentes).

Vocês sabem que ainda têm direito a um tapete por minha conta. O Derbent[1] da sala de espera já estava separado, mas a mamãe insistiu para que eu desse um novo, então vocês terão que esperar mais uma vez.

Estamos muito felizes pela paz, que parece estar assegurada por alguns dias.[2] Hoje, Ernst partiu para a Dalmácia, feliz como sempre. Tio Alex mandou um telegrama da Itália.

Estou sentado em casa envolvido por flores igual a uma velha prima-dona.

Até a vista, ainda neste ano,
Seu velho papai

340-Max   [Cabeçalho Viena], 12/5/13

Querido Max,

Minhas felicitações cordiais pelo seu primeiro aniversário[3] como marido e como genro. Tudo leva a crer que a distância e a intermediação diplomática da sua sogra não favorecem a transmissão de presentes. Dessa forma, minha dívida com vocês fica cada vez maior.

Meus agradecimentos atrasados a Soph pela gentil carta de aniversário, que atrasou porque fora enviada como carta expressa.

Papai

---

[1] Cidade na república russa do Daguestão, ao Sul da Rússia, onde se fabricam tapetes de um estilo próprio.

[2] Os jornais noticiavam (cf. ANNO) que Montenegro concordara em devolver a cidade albanesa de Scutari [Shkodra], que havia conquistado no decorrer da primeira guerra dos Balcãs. Anteriormente, o Império austro-húngaro ameaçara declarar guerra se a respectiva exigência não fosse cumprida.

[3] No dia 14 de maio.

438   SIGMUND FREUD

341-Max   [Cabeçalho Viena], San Martino, 27/8/13

Querido Max,

Por favor, peça ao seu médico (isto é, ao médico de Sophie) para não se aborrecer com a intromissão paterna, que solicita um exame *detalhado* de urina e a repetição deste a cada quinze dias. A frequência das dores de cabeça me deixa preocupado; elas não fazem parte de uma gravidez como os enjoos.[1]

Espero que não seja nada, mas cuidado nunca é demais.

O que perturba o nosso belo verão é a notícia de que Martin está ajudando nas buscas do seu amigo desaparecido há dez dias nas montanhas do Vale d'Ampezzo,[2] Ernst Martin. Provavelmente ele não será encontrado. Mas Martin sempre é persistente e valente nesses casos.

Minhas saudações cordiais a você e a Soph,
Seu velho papai

342-SophMax   [Roma], 12 set 13[3]

Meus queridos filhos,

Aqui estamos nós[4] em Roma, no segundo dia, no mais belo clima de verão, hospedados como príncipes, livres dos negócios e, espero, também das preocupações. Até aqui, foi uma viagem cansativa e interminável de Bolonha, onde nos encontramos; e ontem tivemos um *scirocco* significativo em Roma, mas hoje tudo está valendo a pena. Espero que as ambições da tia sejam suficientes para aumentar a resistência dela até a medida necessária. Mostro-lhe as novidades em

---

[1] Ernst, o filho mais velho de Sophie, nasceu em 11/3/1914.
[2] O Vale d'Ampezzo fica no Norte dos Dolomitas. Martin organizou a busca por seu amigo; encontrou a mochila e as botas dele, mas o corpo apareceu somente mais tarde (MaF, p. 168).
[3] Carta reproduzida em F/Reise, pp. 373-375.
[4] Isto é, Freud e Minna, em sua viagem a Roma de 9 a 29/9/1913.

CARTAS AOS FILHOS

439

doses moderadas; por enquanto, ela apenas queria rever o que havia visto trinta anos atrás.

Claro que vocês também devem vir aqui um dia, mas, realmente, não há pressa. Com o passar dos anos, o lugar fica cada vez mais rico em conteúdo e, talvez, vocês estejam mesmo jovens demais no momento. Por enquanto, é certo que a sua própria casa deve prender e interessar mais a vocês do que a mais bela e eterna das cidades.

Desta vez, o congresso em Munique não foi bom e, além disso, foi muito cansativo.[1] O que foi engraçado é que pude mandar um cartão para Ernst com a assinatura de Rainer Maria Rilke, que ele admira tanto; além de outro assinado por Lou Salomé e pelo dr. Hattingberg,[2] o marido de uma mulher com a qual ele fez amizade em San Vigilio.[3] Claro que muitos conhecidos perguntaram por vocês.

O nosso vizinho mais próximo daqui é Bülow, que, com sua mansão Malta,[4] nos priva de parte da mais bela vista. Um sol maravilhoso ilumina o papel enquanto escrevo para você. O único romano conhecido, o comerciante de antiguidades Ettore Sandolo, já me cumprimentou na rua. Em Munique, Gabai não tinha nada para mim; comprei uma única peça em outra loja. Eu havia ganhado 150 marcos com uma consulta de manhã e esse dinheiro me incomodava evidentemente. Por isso é que estou com medo do homem de vocês em Hamburgo: Sänger,[5] se não me engano.

---

[1] O IV Congresso Psicanalítico Internacional, que aconteceu de 7 a 8 de setembro de 1913 em Munique, estava marcado pela crescente tensão entre Freud e Jung e seus respectivos seguidores (Schröter, 1995).

[2] Cf. a nota 1 de 136-Ernst, p. 252. Por intermediação de Lou Andreas-Salomé, Rilke chegou ao Congresso no dia 8 de setembro "para ver Freud". Nessa ocasião, também conheceu Hans von Hattingberg (Rilke, 2000, pp. 24, 157; cf. Andreas-Salomé, 1965, p. 131). Parece que o cartão com sua assinatura não está conservado.

[3] Liese von Hattingberg (1885-1951), com sobrenome de solteira Zierold, foi a segunda esposa de Hattingberg. Depois de ele se separar dela na primavera de 1913, ela se retirou para San Vigilio. Em 1920, se reconciliaram e casaram novamente (cf., por exemplo, Keifenheim).

[4] Bernhard von Bülow (1849-1929), chanceler alemão de 1900 a 1909, era casado com uma princesa italiana e passou a viver em Roma a partir de 1910.

[5] Sem dúvida, outro comerciante de antiguidades, assim como Gabai antes.

440 Sigmund Freud

Tudo de bom para vocês; adoraria receber imediatamente a notícia aqui de que as dores de cabeça de Sophie desapareceram de vez.

Saudações cordiais do
Papai[1]

343-Max   [Cabeçalho Viena], 15/X/13

Querido Max,

Estou muito feliz em saber que a pequena[2] está tão bem, o que é também o motivo pelo qual a minha carta de hoje trata de assuntos muito diferentes.

Sinto muito se exploro sua arte de forma tão pouco produtiva. Mas estou sendo muito importunado com pedidos de minha fotografia e, evidente, tenho menos vontade ainda do que antigamente de procurar um fotógrafo. Hoje mesmo aconteceu que o editor francês da coletânea *Nos contemporains* surpreendeu-me querendo fazer uma biografia com imagem.[3] A partir do retrato, eles farão uma gravura em cobre, da qual poderei comprar um número determinado de impressões. Devo dizer que as provas que vi ficaram muito bonitas.

Por favor, me envie então pelo menos um exemplar da fotografia grande de 1909 que fiz com você e que, desde então, reconheci como

---

[1] Não reproduzimos um cartão-postal de Roma imediatamente posterior, de 22/9/1913 (cf. F/Reise, p. 376).

[2] Sophie.

[3] A obra dividida em diversas séries foi editada por Clément Deltour. No caso, deve tratar-se de *Nos contemporains* (Série XXI). "La Monarchie Austro-Hongroise. Album illustré, biographique d'après des documents authentiques, " 3 vols., Berlim (Eckstein) 1914 (Vol. I e II); Aschaffenburg, 1916 (Vol. III) (cf. <www.dorotheum. com/downloads/44B40618.pdf>; acesso 4/10/2009). – Freud não ficou contente com o artigo biográfico que a redação esboçara. Por isso, pediu a Theodor Reik, em carta de 1/11/1913, a redação de um novo texto, para o qual colocou uma lista de correções à disposição (Reik, 1976, pp. 97-99). Não houve como saber se os volumes mencionados contêm esse artigo com a foto.

CARTAS AOS FILHOS

sendo a oficial. É essa imagem que pretendo deixar para a posteridade. Vou encaminhá-la ao agente editorial o mais rápido possível. Portanto, não fique chateado comigo.

Mandaremos então a mamãe no sábado[1] e a entregaremos à boa vontade de vocês. Ernst partiu hoje.[2] Espero poder roubá-los no Natal.

Saudações cordiais a você e a Soph do seu velho
Papai

344-Max   [Cabeçalho Viena], 26/X/13

Querido Max,
Muito obrigado pela fotografia especialmente bem-executada. Não conversei com o agente editorial desde então; levarei sua solicitação oportunamente para ele. Dizem que vão fazer uma chapa de cobre (*héliogravure sur cuivre*) a partir da fotografia.

Agora vocês são quase tantas pessoas quanto nós. Estou ansioso para ter notícias. Que bom que o acidente se resolveu tão bem.[3]

Saudações cordiais,
Seu papai

345-SophMax   [Cabeçalho Viena], 4 dez. 13

Meus queridos filhos,
As gravuras de cobre chegaram, apresentando o selo do ateliê de origem. Somente então fica visível a boa qualidade da fotografia. A

---

[1] Isto é, no dia 18. Não há informações sobre quanto tempo durou essa visita dela a Hamburgo (a não ser na próxima carta).
[2] Para dar continuidade aos seus estudos em Munique.
[3] Não esclarecido.

442   Sigmund Freud

transportadora entregará um exemplar em casa para vocês nos próximos dias.[1]

Talvez seja prematuro, mas aproveito a oportunidade para mencionar os nossos preparativos para o encontro no Natal. Ainda não sei se vou fazer escala em Berlim na ida ou na volta.[2] Isso dependerá do dr. Abraham. O restante já está definido. Viajo quarta-feira, dia 24, à noite, e estarei com vocês no feriado ao meio-dia ou à noite. Peço a Max para reservar a tempo um quarto para mim no hotel *Esplanade*, mas não se assustem! – ele é muito luxuoso. O preço não importa tanto, mas a questão da luz, do espaço e a possibilidade de escrever à noite (o que exige uma escrivaninha e uma luminária) e um banheiro. A viagem não servirá apenas para trazer alegria, mas também como descanso e oportunidade de trabalhar. Muito exigente, não sou? Para isso, 12 a 15 marcos por dia não são exagerados, também porque me disponho a fazer todas as refeições com vocês de graça. Geralmente, viajo mesmo como um *grand seigneur*, para descansar do peso da existência do dia a dia. Ficarei com vocês então sexta-feira, sábado e domingo, o mais longamente possível. Quero chegar a Viena segunda-feira de manhã.

Espero que Soph já esteja bem há mais tempo, e que Max esteja de férias do ateliê. Ele nem vai precisar tirar fotografias de mim. Nunca estive tão rico em imagens; além disso, um discípulo judeu, muito habilidoso, de Schmutzer (Max Pollak)[3] está fazendo uma água-forte minha.

Todos os assuntos domésticos são assim conhecidos tanto por mim quanto por vocês através da animada correspondência. Parabenizo-os

---

[1] Não se sabe quem foi o parente que cuidou da entrega (cf., entretanto, 360-SophMax, pp. 455-456).

[2] Freud interrompeu sua viagem a Hamburgo, que ele fez sozinho e que durou de quarta-feira, dia 24, até segunda-feira, dia 29/12/1913, durante a ida para passar sete horas em Berlim, onde também encontrou com Karl Abraham (F/E, p. 86).

[3] Max Pollak (1886-1970), artista vienense. Sobre a água-forte, que fez em 1913 a pedido do editor Hugo Heller, cf. Molnar, 2006a. Freud enviou uma cópia com a dedicatória "Para o meu filho querido" (informação pessoal de Eva Spangenthal).

CARTAS AOS FILHOS

ainda pelo noivado do dr. Rudolf.[1] Assim uma família cresce de um lado, quando algo desapareceu de outro.

Com saudações cordiais a vocês dois,
Seu pai

346-Soph   [Cabeçalho Viena], 27/4/14

Querida Soph,

Fiquei devendo respostas às suas numerosas cartas bonitas, mas hoje preciso me pronunciar sobre o seu pequeno, cujo retrato você me mandou. Permita ao seu velho pai experiente dizer que você não precisa ter vergonha desse broto, o qual, para 6 semanas de vida, possui uma fisionomia surpreendentemente humana, com muito mais feições do que crianças com o dobro da idade dele. Ele já se parece muito, sem dúvida, com quem puxou, isto é, o pai ou a família dele. Como, segundo todos os relatos, ele é tão bom rapaz quanto seu pai, não resta por enquanto muito da nossa parte. Fico muito feliz com a perspectiva de conhecê-lo em setembro.

Saber que você está tão alegre e bem é maravilhoso e poderia até renovar a esperança de que a humanidade não acabará tão cedo de tédio da vida. No momento, estamos sendo atormentados por diversas situações; estou completamente apático devido a um resfriado muito forte, do qual consegui escapar durante o ano todo. Mas tudo isso é possível de suportar.

Aguardamos o retorno de Oli para quarta-feira. Estamos ansiosos por saber se desta vez ele contará algo sobre as maravilhas da viagem.[2]

---

[1] O irmão de Max, Samuel *Rudolf* Halberstadt (1879-1918), era pediatra, casado com Betty, com sobrenome de solteira Braunschweig (StAH, árvore genealógica Halberstadt e KSK/JGH; F/Fer II/2, p. 151, nota 5).

[2] Isto é, da sua viagem ao Egito.

SIGMUND FREUD

Minhas saudações cordiais a você e ao Max; espero recebermos ainda por muito tempo notícias tão boas e fotografias tão bonitas de vocês três.

Seu pai

Excepcionalmente, encontramos a carta de Max, respondida pela próxima carta de Freud:[1]

Hamburgo, 30 abril 1914

Querido papai,

Envio-lhe a cópia de um desenho que John Philipp[2] fez de você na época; ele ficou muito bom, mas certamente uma sessão mais longa teria resultado em algo ainda melhor. Estou curioso para saber da impressão que vai causar em Viena.

O pequeno agora está tomando as formas do retrato em que parece ser mais velho do que é.[3] Nunca tive esse tipo de reclamação por parte da minha clientela feminina. De qualquer forma, terei que ser cauteloso nas próximas sessões para que você não fique decepcionado quando estiver aqui.

O garotinho realmente é um amor, e se a mamãe afirmar que eu gosto mais do cofrinho do que dele, não acredite nela, apesar de o cofrinho realmente ser uma maravilha.[4]

---

[1] Conservado no FML.

[2] John Philipp (1865-1938), um primo de Martha, que era pintor (dados segundo F/MB, p. 351 e o arquivo *Bibliographia Judaica*; cf. F/Briefe, p. 503, nota 36). O retrato desenhado de Freud mencionado aqui (FML) serviu de frontispício para esse volume.

[3] Max Halberstadt era um "especialista em fotografias de crianças" (Weinke, 2003, p. 112) e não resta dúvida de que usou sua habilidade com os próprios filhos.

[4] Contexto não esclarecido. Talvez um presente de Freud levado por Martha quando viajou a Hamburgo para o nascimento do seu primeiro neto.

CARTAS AOS FILHOS

Soph ficou muito feliz com sua carta e vai respondê-la nos próximos dias.

Muitas saudações cordiais a você e à mamãe do seu Max

P.S.: Você recebeu cartas a propósito de Michelangelo na *Imago*?[1]

347-Max   [Cabeçalho Viena], 4/5/14

Querido Max,

Novamente tenho que te agradecer, a saber, pelo retrato o qual ninguém quer acreditar que seja aquilo que eu declaro ser: a cópia fotográfica de um desenho. O próprio desenho está agradando tanto aqui que resolvi fazer outras sessões com John Philipp em setembro, quando estarei com vocês outra vez. Você pode comentar com ele quando o encontrar. Mas dizem que, nessa época, ele não estará mais em Hamburgo.

Estou muito ansioso para conhecer pessoalmente o tão falado menino. Até lá, ele certamente estará bem apresentável e terá tomado gosto por muitas coisas. O nosso verão ainda não está definido; apenas as últimas duas semanas de setembro estão programadas. Ministrarei uma conferência em Leiden, buscarei ou aguardarei a Anninha na Inglaterra e a visita de vocês será a última estação.[2] Até lá, terei que trabalhar ainda um tanto.

Minhas saudações cordiais a você e a Soph e espero que tudo esteja em ordem na sua família.

Seu velho papai

---

[1] Freud, 1914b. A *Imago*, fundada por Freud em 1912, era, de acordo com o subtítulo, a "Revista para a aplicação da Psicanálise nas Ciências Humanas".

[2] Freud realizou apenas a visita a Hamburgo em setembro de 1914; os outros planos foram abortados pelo início da guerra. Isso vale também para o Congresso da Associação Psicanalítica Internacional em Dresden, previsto para os dias 20 e 21 de setembro (cf. F/A, pp. 384, 426).

446   SIGMUND FREUD

348-SophMax   [Cabeçalho Viena], 10/5/14

Queridos filhos,

Agradeço-lhes o telegrama rimado[1] e as belas frutas saborosas, das quais infelizmente apenas pude saborear a primeira porque voltei ao meu tratamento intestinal. É coisa boba, porém incontestável, principalmente porque as minhas doenças estão se tornando dispendiosas. Espero que, em compensação, nós pelo menos poupemos vocês das doenças. Ernst Wolfgang precisa de muito tempo para mamar tranquilamente, para chorar e para dormir. A natureza arranjou as coisas de modo que vocês não podem ter essa tranquilidade ao mesmo tempo.

Martin acabou de cair de cama com uma angina. Mas isso não é nada especial. A coqueluche está claramente regredindo.

Minhas saudações cordiais a vocês três,
Seu papai

349-Max   [Cabeçalho Viena], 17/5/14

Querido Max,

Ost und West (Berlim, W15, Knesebeckstr., 48), a conhecida revista judaica, exige, "o mais rápido possível", uma fotografia minha para a ilustração de um artigo.[2] As conhecidas chateações da fama estéril! Como não tenho nenhum retrato, peço para que você faça uma cópia e a mande para o referido endereço. Estou pensando, claro, na foto que serviu de modelo para a gravura de cobre.

Não fique chateado. Isto não é uma carta, mas apenas uma encomenda.

---

[1] Pelo aniversário.

[2] O retrato foi acrescentado a um artigo de Reik sobre Freud (Reik, 1914a, coluna 433 s.); cf. a foto em Weinke, 2003, p. 125.

CARTAS AOS FILHOS

Temos que explorá-lo até seu aniversário de 40 anos.

Saudações cordiais a toda a sua família do
Papai

350-SophMax   Karlsbad, 13/7/1914[1]

Visitas bem-vindas!
Villa Fasholt, Schlossberg
O garotinho ficaria espantado.

Papai

351-SophMax   [Cabeçalho Viena], Karlsbad, 2/8/1914

Queridos filhos,
Já perdemos a conta em relação ao tempo em que não temos notícias
suas. Provavelmente não é nem culpa de vocês.

Apenas quero informar que preferimos ficar por aqui, onde tudo
é inacreditavelmente bonito e não há ameaça de se passar fome; ao
invés de ficarmos parados em Praga no caminho para Viena.[2] Viajar
para Munique é totalmente impossível e, além disso, Ernst não está lá,
mas em Salzburgo, com Martin, de onde provavelmente não consegue
retornar. Já temos notícias de Mathilde em Viena.

Estamos muito bem e poderíamos estar muito contentes, se pudéssemos pensar apenas em nós nesses tempos. É grave, porém necessário;
mas também passará. Ainda não quero desistir de ver o menino; talvez
as coisas mudem até setembro.

---

[1] Cartão com quadro colorido, mostrando uma dama elegante; a data e o texto estão
escritos nas margens em caligrafia latina ao invés da gótica, que era usual.

[2] Durante os dias da mobilização no início da Guerra, o tráfego ferroviário civil estava
interrompido (F/E, p. 93).

Na verdade, a sensação é de a distância geográfica ser menor. A Áustria e a Alemanha estão unidas, e cada notícia de lá ressoa aqui nas proximidades.

Minhas saudações cordiais a vocês; eu os convido a se aventurarem a escrever cartas *com a maior frequência possível*. Três vezes por dia, a mamãe diz "hoje ainda vai chegar uma carta".

Seu papai

352-SophMax [Cabeçalho Viena], Quinta-feira, 6/8/14

Meus queridos filhos,

Finalmente um sinal de vida de vocês depois de tantos longos dias. No momento também voltei a ter coragem de escrever para vocês, na esperança de que a carta chegue a suas mãos ainda antes do dia 22 de agosto.[1] A mamãe se preocupa com o alistamento de Max; não é o meu caso, pois sei que o mesmo acontecerá com Martin e Oli, que também não serviram ainda. Ele certamente preferirá dar sua contribuição ao grande serviço que coube à nação do que ficar desocupado no ateliê.

Sobre aquilo que ocupa as pessoas, não consigo escrever mais do que os jornalistas apresentam aos seus leitores. Estamos felizes de ter reencontrado uma pátria que mal existia para nós nas últimas décadas e nos soerguemos a partir do exemplo magnífico de energia, franqueza e solidariedade alemãs. Sabemos que lutamos pela nossa existência e que o futuro dos nossos filhos será incomparavelmente melhor se ganharmos ao lado da Alemanha. A gota amarga no cálice é o comportamento da Inglaterra que, até agora, reverenciamos como o melhor guardião da nossa cultura. A nossa pequena Anninha caiu em um redemoinho logo em sua primeira viagem pelo mundo. Desde

---

[1] O significado dessa data não está claro; talvez se refira ao alistamento. De fato, todas as notícias que se seguem são dirigidas ao endereço de Hamburgo.

CARTAS AOS FILHOS

o dia 29 de julho estamos sem nenhuma notícia dela, mas esperamos que nossos parentes e amigos na Inglaterra cuidem dela.[1]

Penso que vocês ficarão mais gratos com as pequenas informações pessoais do que com avaliações políticas. Passamos uma temporada extraordinariamente boa em Karlsbad, até começar uma tempestade no dia anterior ao aniversário da mamãe. O tráfego ficou logo congestionado, então resolvemos aguardar o fim do tratamento e também a eliminação das barreiras, ou seja, o fim desta semana. Em Karlsbad também foi impossível reconhecer toda a seriedade da situação. Mas tia Minna e Math, que retornaram mais cedo para Viena, insistiram tanto que partimos terça-feira, dia 4, no último trem da noite que autorizaram e que, por isso, foi bastante regular. Agora, estamos contentes de estar aqui. As impressões desses dois dias não cabem em nenhuma carta. Comunicarei apenas os assuntos particulares. Oli retornou de Millstatt no mesmo dia 5 à noite; finalmente soubemos também por Martin que Ernst, que ficou desaparecido tanto tempo quanto vocês, está bem e se encontra em Munique.[2] Como foi recusado pela segunda vez, Ernst está mais preservado em relação ao alistamento. O tio Alex, evidentemente, não tem nada a fazer no seu comércio, mas trabalha pesado na Câmara do Comércio e nas Comissões de Abastecimento. Sophie e Harry[3] estão em Baden, a vovó e Dolfi ficaram em Ischl, tia Rosa não consegue retornar da Suíça com os filhos. O tio teve muito trabalho para mandar dinheiro suíço para eles, uma vez que as cartas de crédito não são compensadas no exterior. – Lampl, que deu provas de servir de ajudante geral, acaba de comunicar por telefone que tia Rosa chegou a Ischl e que Hermann[4] se voluntariará ao trabalho no campo. Lampl tem um emprego no hospital.

---

[1] Sobre a viagem de Anna à Inglaterra e o seu retorno, cf. nota 5 da p. 119.

[2] Sobre os destinos de Martin, Oliver e Ernst durante os anos de guerra, cf. anteriormente e *passim*. Faremos referências cruzadas sobre os respectivos detalhes apenas de forma seletiva.

[3] Esposa e filho de Alexander Freud.

[4] Hermann Graf.

450   SIGMUND FREUD

Estamos com dificuldades no abastecimento de alimentos e de dinheiro, mas parece que o primeiro problema estará sanado em poucos dias, e o gerente do meu banco me explicou hoje que fornecerá tanto dinheiro quanto eu precise. Assim aguentaremos por um tempo. Já que estou de merecidas férias, não preciso me preocupar ao menos durante dois meses com a ausência de consultas. É uma pena que a divulgação das minhas ideias na França e na Inglaterra, que começou há pouco e de forma muito esperançosa, sofrerá uma desaceleração. Mas, se superarmos bem essa única crise, será mais fácil viver no mundo. O ar estará depurado de muitas coisas sufocantes.

Aposto que vocês nos escreverão esta noite mesmo. Que as duas cartas cheguem logo.

Com saudações cordiais, sem esquecer o Ernst Wolfgang, do seu
velho papai,
inapto para o serviço militar.

353-SophMax   Viena, 10/8/14[1]

Queridos filhos,
Como não estou recebendo carta de vocês, faço a tentativa com um cartão-postal e peço que respondam da mesma forma. Estamos bem, esperando pela vitória; a tia está se recuperando devagar dos sanatórios; finalmente ficamos sabendo, por meio dos Emden na Holanda, que a Anninha está no instituto St. Leonard.[2] Espero que vocês três sejam valentes.

Saudações cordiais,
Pa

---

[1] Cartão-postal.

[2] Anna havia frequentado um curso de línguas na Academia de Mulheres de St. Leonard's, perto de Hastings, na costa sul da Inglaterra; depois de uma curta temporada em Londres, ela retornara para lá (Molnar, 2005, p. 156; F/Fer II/1, p. 66).

CARTAS AOS FILHOS 451

354-SophMax Viena, 11/8/14[1]

Queridos filhos,
Finalmente recebemos dois cartões de Soph. Espero que o contato melhore agora que vocês estão tão longe. O Ernst chegou hoje, muito chique, mas se alistará amanhã, e não sabemos exatamente em qual unidade. Ele conta que não se pode deter Martin do propósito de se alistar como voluntário de guerra.[2] Sendo assim, não temos mais como nos intrometer.
Tentarei escrever um cartão por dia. Desta vez pergunto se a Soph está suficientemente assegurada quando o Max partir; caso não esteja, eu ainda existo.

O mais Cordialmente,
Papai

355-SophMax Viena, 28/8/14[3]

Queridos filhos,
A última fotografia de Ernstl Wolfgang é encantadora. Já está decidido: vou conhecê-lo em setembro. Quero apenas esperar até que fique mais conveniente para viajar e que a febre de guerra, que está nos fazendo tremer, baixe. Se as nossas vitórias continuarem assim, não temos por que temer que os russos nos assombrem em Viena. Logo hoje estamos passando por um momento de extrema tensão.[4]
Vocês podem imaginar como ficamos felizes com o retorno da Anna.

Saudações cordiais, Papai

---

[1] Cartão-postal.
[2] Cf. pp. 118-124.
[3] Cartão-postal.
[4] Desde 26/8/1914, aconteceram na Polônia e na Galícia batalhas violentas entre os exércitos austro-húngaro e russo. No dia 29, a *Neue Freie Presse* falou sobre uma "grande batalha decisiva", e a *NeueZeitung* noticiou a "maior batalha da história mundial".

452 SIGMUND FREUD

356-SophMax 6/9/14, Mühlau, perto de Innsbruck[1]

Queridos filhos,
Esta é a minha primeira excursão,[2] a próxima será até vocês.
Martin está muito bem.

Papai

Querida Sophie, cidadã da Alemanha vitoriosa[3] e esposa do futuro
camarada de guerra, as minhas saudações cordiais.
Kriegsheil, Max!

Martin

357-SophMax [Cabeçalho Viena], 27/9/14[4]

Queridos filhos,
Vou relatar para vocês, na medida do possível, as minhas experiências
de viagem e o retorno feliz.[5]
Vocês se lembram do ferido na maca na estação ferroviária. Ele
ganhou uvas e um pãozinho, e seu pai, condecorado com a Cruz de
Ferro de 1870, me agradeceu no lugar dele. Dei os dois outros pãezinhos
para um alto oficial da Marinha; ele estava vindo de Kiel e com muita
fome (logo depois mudei para a 1ª classe). Em compensação, tive uma

---

[1] Cartão do correio militar; acréscimo e endereço do remetente de Martin Freud.
[2] Isto é, para encontrar com Martin, pouco antes da partida deste para o Sul.
[3] O cartão foi escrito poucos dias depois da vitória das tropas alemãs sobre as russas na Batalha de Tannenberg.
[4] Esta carta, assim como algumas das posteriores, foi enviada aberta; cartas fechadas, que dificultavam o trabalho da censura, não eram transmitidas (cf. F/A, p. 508).
[5] Freud partiu para Hamburgo em 16/9/1914 e retornou no dia 27 para Viena (cf. 57-Martin, p. 127 e cartas seguintes). Tanto na viagem de ida quanto na de volta, ele se encontrou com Abraham em Berlim (F/A, p. 439).

CARTAS AOS FILHOS

conversa interessante e obtive dele informações muito agradáveis. No fim, trocamos cartões de visita e ele até afirmou que conhecia meu nome. Abraham me proporcionou a recepção calorosa de sempre e me serviu um prato quente no almoço; o tempo passou muito rápido até às 6 horas. Expuseram-me à tentação de passar o domingo em Berlim, mas eu não queria, porque estava sem notícias de casa. No vagão para Viena, conheci, mais uma vez graças a uma ajuda prestada, um jovem oficial com ferimentos leves que se denominou mensageiro do Imperador e se revelou um pequeno herói (bandeira francesa, Cruz de Ferro). Ele falava muito de seu tio, Bernhard, que vocês também conhecem pelo nome, e em cuja vizinhança eu costumava ficar durante as minhas estadas em Roma.[1] Na estação ferroviária, Oli e Anna me aguardavam e, desde então, estou desembalando e contando a vocês. Deuticke pagou a metade de *A interpretação dos sonhos*,[2] mas a Receita também se manifestou. Nada de pacientes, para o consolo do Max.

Dr. H. Sachs contou aqui a última piada: Qual é a semelhança entre o Imperador Guilherme e os advogados vienenses? Resposta: Desde o começo da guerra, eles não conhecem mais partidos.[3]

O tio fez uma consulta por telefone, querendo algumas más notícias, mas, a médio prazo, estou otimista.

Todos estão bem; temos muitos relatos de Martin; temos dificuldades com as ocupações para os outros, inclusive para Anna. Seu vestido fica muito bem nela. Claro que todos querem saber mais do garotinho.

Agradeço pelos belos dias na casa de vocês, e espero ouvir daí somente notícias boas.

Papai

---

[1] O ex-chanceler Von Bülow; cf. 342-SophMax, p. 439, nota 4.

[2] A 4ª edição ampliada de *A interpretação dos sonhos* foi publicada por Franz Deuticke em 1914, o editor da obra de Freud da 1ª edição (de 1900) até a 8ª (de 1930).

[3] Alusão à frase de Guilherme II em 4/8/1914: "Não conheço mais partidos, mas apenas alemães."

454 SIGMUND FREUD

358-SophMax   [Cabeçalho Viena], 9/10/14

Meus queridos filhos,

Parece que faz muito tempo que estive com vocês e dando aulas para o menino; agora certamente compreendem que não pude esperar por aquilo que vocês me prometeram.[1] Desde então, o consultório voltou a funcionar – mas, para o consolo de Max, de forma muito modesta também para mim, entre um quinto e um quarto do normal. Estou com tempo de sobra para dormir muito e me recuperar. Quanto à recuperação, ela está prejudicada por um forte resfriado e suas respectivas complicações, resfriado que, aliás, atingiu todo mundo atualmente. Pegou a Anninha também, o Alexander e o Lampl, que até está de cama. Sem falar dos muitos desconhecidos.

Agora Ernst também se tornou soldado e partirá domingo para Marburg,[2] algo muito inofensivo, por enquanto. Ele também optou pelos canhões. Está alegre como sempre, apenas lamenta que teve que sacrificar seus cabelos compridos. Sansão não deve ter chorado mais os seus.[3]

Dos acontecimentos que, conforme combinado, resultariam em um telegrama e na compra de uma casinha para vocês,[4] nenhum se realizou; mas não vamos perder a esperança.

Também gostaríamos muito de acreditar que o "desaparecimento" no caso do Siegfried,[5] sobre o qual vocês escreveram, signifique apenas prisão na França, que não pode se tornar muito grave para ele, uma vez que fala bem a língua. Aqui, algumas mulheres de alistados deram à luz, contra as expectativas, a meninas.

---

[1] Não esclarecido.

[2] Freud deve estar se referindo a Maribor, na Slovênia. Na verdade, Ernst foi a Klagenfurt.

[3] A grande força do Sansão bíblico estava nos seus cabelos. Quando Dalila, sua amante, ficou sabendo desse segredo e cortaram o cabelo dele, seus inimigos puderam vencê-lo (Juízes 16).

[4] Vitórias militares da Alemanha e da Áustria?

[5] Selig *Siegfried* Halberstadt (1877-?; emigrou em 1934 para Antuérpia, depois para Jerusalém), era o irmão mais velho de Max (KSK/JGH e segundo comunicado pessoal de Eva Spangenthal); cf. também a próxima carta.

CARTAS AOS FILHOS 455

Minhas saudações cordiais a vocês e ao garotinho. Sabe-se lá quais artes ele já terá aprendido até que eu possa revê-lo.

Papai

359-Max   Viena, 14/X/14[1]

Querido Max,
Por favor, diga à sua mãe (cujo endereço, evidente, não sei de novo) o quanto fiquei feliz com a confirmação do meu diagnóstico da prisão do seu irmão. Certamente vocês todos respiraram aliviados diante desse comunicado do destino. Lembranças para Soph e menininho,

Cordialmente,
Papai

360-SophMax   [Cabeçalho Viena], 10 nov. 14

Queridos filhos,
O sr. Popper[2] gentilmente se prestou a ser mensageiro. Desse modo, temos pelo menos uma vez a oportunidade de abrir o coração, o que não é possível com essa censura horrível e o tráfego postal não confiável.
A atmosfera aqui está pesada. Eu mesmo acredito que a situação piorou desde a nossa despedida. A disputa agora se estendeu também para a Bélgica. O receio geral é de que, se não houver uma decisão no Mar do Norte, a chegada de uma tropa auxiliar ponha fim a qualquer

---

[1] Cartão-postal.
[2] Não identificado. Ocasionalmente, Freud o chama de "um velho amigo" (F/E, p. 188). De uma carta comum dele e de sua esposa, Alice, pelo aniversário de 80 anos de Freud (UE), pode se deduzir que ambos viviam em Hamburgo e tinham um contato estreito tanto com Max Halberstadt, quanto com Lilly Marlé, a sobrinha de Freud.

456 SIGMUND FREUD

esperança de uma vitória.[1] Nesse caso, resta apenas fazer no *front* ocidental aquilo que já está acontecendo no oriental, isto é, a difícil defesa contra o inimigo. Não adianta se preocupar, mas também não se pode fechar os olhos; isso resolve menos ainda.

Hoje recebi, via Suécia, uma breve resposta à minha consulta e soube que o tio Emanuel morreu no dia 17 de outubro.[2] Falaram que foi em consequência de um "surto ferroviário" [*Eisenbahnanfall*]. Talvez quisessem dizer "acidente" [*Unfall*]; faltam mais detalhes. Penso que ele também não suportou a guerra. Chegou à mesma idade que meu pai.

Acabei de receber a notícia de que Martin está em Salzburgo, e de que ele ainda não tem clareza sobre o seu destino. Parece que o médico tratou a gripe de Ernst com cuidado. Os nossos dois guerreiros ainda não chegaram muito longe. Gostaria de tirar logo um deles da guerra.

O consultório está bastante abandonado. Onze horas por semana, em vez de sessenta, e ainda com preço reduzido. As perspectivas teriam que ser muito boas para nos compensar por isso.

Lamento não poder comunicar algo melhor. Mas se o garotinho continuar crescendo e encontrando na vida alegria, ele também verá tempos melhores.

Saudações cordiais a vocês três,
do papai

361-SophMax [Cabeçalho Viena], 25/1/15

Meus queridos filhos,

Seu segundo aniversário de casamento cai nessa época sombria. Mas ela vai passar e cederá lugar a uma melhor, e espero que aquilo

---

[1] Esses comentários são uma reação ao começo da estagnação da guerra das trincheiras no *front* ocidental, à conquista de Qingdao, da capital do protetorado alemão de Kiauchau [ou Jiaozhou], pelos japoneses e ao fato de a Inglaterra declarar o Mar do Norte como área militar.

[2] Cf. 60-Martin, p. 131, nota 2.

CARTAS AOS FILHOS

que é bom no momento, permaneça. O casamento já se mostrou robusto, o menino de vocês se desenvolverá bem e os avós ficarão felizes com ele.

Por enquanto a comemoração fica prejudicada pela adversidade dos tempos. Preciso aumentar a pequena quantia que estou enviando para as despesas pessoais de Sophie (pelo mensageiro especial!) utilizando uma manobra. Juntei tudo o que encontrei de ouro austríaco no tesouro de ouro. Essas coroas pelo menos não são afetadas pela desvalorização da nossa moeda.

Gostaria muito de visitar vocês três novamente, mas pessoalmente, e não como água-forte.[1] O primeiro acaso feliz me levará até vocês; se não vier, tudo bem, vou assim mesmo, apenas um pouco mais tarde.

Com meus votos cordiais,
Papai

362-SophMax   [Cabeçalho Viena], 9/5/15

Queridos filhos,

Muito obrigado pelas fotografias e pelo telegrama. Mandem minhas lembranças ao Ernstl pela participação dele. Ele está me observando nesse momento ao escrever esta carta e continua fazendo uma expressão de espanto. Coletei cuidadosamente todas as notícias sobre Ernstl (relatadas por pessoas imparciais!), e cheguei à conclusão de que ele está certo em criar uma base sólida antes de começar a se atormentar querendo compreender o mundo. As oportunidades para tal não vão tardar. As belas cartas que ele escreve ocasionalmente merecem tanto mais reconhecimento.

---

[1] Provavelmente uma referência ao retrato de Freud feito por Pollak (cf. nota 3 de 345-SophMax, p. 442). Pode tratar-se também do retrato feito por Hermann Struck (E. Freud *et al.*, 1976, p. 210), que foi produzido tanto como litografia quanto como água-forte. Na correspondência de 24/12/1914, o artista havia enviado duas impressões/cópias de cada uma para Freud.

458 SIGMUND FREUD

O nosso verão está bastante imprevisível. A única certeza que tenho é de que farei outra viagem no outono para ver vocês três. Dois dos meus filhos já são municiadores; vamos ver até onde o terceiro vai na artilharia.[1]

A mamãe voltou muito alegre, com aparência boa e tolerante em relação à Viena.[2] Claro que não estamos interessados em outra coisa a não ser na guerra. A primeira semana de maio realmente foi emocionante. Será que a próxima vai nos trazer, além de todas as vitórias, também um novo inimigo?[3] Pensamos muitas vezes que deve ser mais fácil suportar estando no meio de tudo, do que ficando de fora, tateando no escuro. Mas é inegável que as coisas estejam tomando um rumo excelente.

Com minhas saudações e meus votos cordiais,
Seu velho papai

363-SophMax   [Cabeçalho Viena], Karlsbad Rudolfshof,
                                                           29 /7/15

Queridos filhos,

Preciso escrever para dizer o quanto gostei da última fotografia de Ernstl, mesmo eu não o tendo reconhecido. Além disso, posso dizer que Karlsbad está tão bonita e agradável quanto antes e relativamente mais barata, quase em absoluto também.

Vocês já estão sabendo do ferimento leve de Martin, que, entretanto, não o deixou fora do combate. Desde então (17/7), recebemos novamente uma carta serena dele; tudo indica que está muito orgulhoso

---

[1] Martin e Ernst acabaram de ser promovidos ao grau de "municiador" (F/A, p. 493; cf. p. 275, nota 6). Com terceiro "filho", Freud está se referindo ao próprio Max.

[2] Em 9/4/1915, ela havia partido para Hamburgo por "semanas" (F/Fer II/1, p. 117).

[3] Nos dias 1º a 3 de maio de 1915, as tropas austro-húngaras romperam as linhas de frente russas em uma batalha vitoriosa, recuperando, assim, praticamente a Galícia inteira (ANNO). Em 23 de maio, a Itália declarou guerra contra o Império Austro--Húngaro.

CARTAS AOS FILHOS

com sua distinção.[1] À carta estavam anexadas uma fotografia, na qual ele conduz um cavalo franzino, e um desenho a lápis, feito por um oficial. Nos dois casos, ele parece mais um cossaco, e não um verdadeiro doutor em Direito de nacionalidade austríaca. Continuamos esperando o melhor. Hoje também ficamos sabendo de um ferimento leve de Walter Pick,[2] cuja mãe está aqui conosco.

Os nossos planos para depois do tratamento ainda estão muito incertos. Provavelmente vamos até Ischl para ver se encontramos alguma acomodação. As dificuldades com a correspondência e com a fronteira tornaram Berchtesgaden impossível.[3]

A nossa presença em Hamburgo terá que levar em consideração os seguintes pontos. Nós não queremos deixar o país os dois ao mesmo tempo, porque não se sabe quando alguém pode precisar de nós. Vocês também aproveitam mais as visitas se formos cada um de uma vez. Por isso, devo ir meados de setembro, e a mamãe, como sempre, vai por um tempo maior no outono. Aliás, a tia está querendo visitá-los antes, de Berlim, onde é aguardada pelos Wertheim.[4] Basta que o Ernstl aprenda mais mágicas ou, pelo menos, que continue bem e alegre para todas essas visitas. Até onde é possível fazer planos nesta época, ficamos assim.

Deixo ainda um espaço para mamãe e envio-lhes as minhas

Saudações cordiais,
Papai

---

[1] Cf. p. 109

[2] Walter Pick (1890-?)

[3] Uma suposição precipitada: em 12/8/1915, Freud se mudou com a esposa de Karlsbad para Königssee perto de Berchtesgaden (F/Fer II/1, p. 139).

[4] De fato, Freud viajou para Hamburgo em meados de setembro de 1915, acompanhado, até Berlim, por sua cunhada Minna (F/Fer II/1, p. 144). De lá, há uma notícia dele, de 31 de outubro, dizendo que teria "prolongado" sua temporada em Hamburgo depois do alistamento definitivo de Max (ibid., p. 153). Martha somente foi na primavera seguinte (369-Max, p. 464, nota 2).

460 SIGMUND FREUD

364-Soph   Königssee, 30/8/15[1]

Querida Soph,
· Acabo de encontrar, em um livro sobre cogumelos, a informação de que existe um cogumelo chamado *Gallenpilz*, que realmente
é muito semelhante ao *Herrenpilz* e costuma brotar junto deste,
diferenciando-se apenas pela forma clara do seu talo amarelo-es-
verdeado e sulcado em forma de rede. Apenas um deles, misturado
aos *Herrenpilz*, estraga todo o prato. Aqui a estação dos cogumelos
está começando bem.

Saudações cordiais,
Papai

365-SophMax   Königssee, 5/9/15[2]

Queridos filhos,
Estamos aqui sentados sob uma chuva torrencial, com uma bela
vista para as montanhas com neve, mas não por muito mais tempo.
Math e Anna estão querendo viajar no dia 8,[3] a mamãe, no fim da
semana; eu acompanharei a tia em sua viagem a Berlim via Munique
e Weimar e aviso vocês a tempo sobre a minha chegada depois do dia
15. As cartas de Soph chegaram, a resposta seguirá em breve. Claro
que o tempo pode fazer com que antecipemos as datas da viagem.

Saudações cordiais a vocês três,
Papai

---

[1] Cartão-postal.
[2] Cartão-postal.
[3] Em um domingo.

CARTAS AOS FILHOS   461

366-SophMax   [Cabeçalho Viena], 26/9/15

Meus queridos,

Emden[1] me deixou às 10h46 na estação de Dresden-Altstadt. Em Berlim, não tivemos como ver muita coisa; das quatro horas de permanência, gastamos uma providenciando um carro para a transferência da bagagem. Fizemos, então, uma visita à sra. Abraham, nós a consultamos sobre a atmosfera de Berlim, que não é diferente da de Hamburgo, fizemos uma refeição no *Excelsior* e já estava na hora. Em Viena, a Anninha me aguardava de carro; tudo o que diz respeito à fiscalização aduaneira foi resolvido com facilidade. A mamãe já estava se sentindo muito sozinha. Desembrulhamos as notícias, pois eu não havia trazido mais nada. Na casa de Robert e Math, ficamos sabendo dos detalhes do triste evento.[2] Tiro na barriga durante os combates para conquistar a cidade de Rivne,[3] viveu por mais uma hora, morreu em pleno estado de consciência. No seu testamento, deixou a incumbência de se iluminar a sua janela a cada vitória. Muitas notícias de Ernst; apenas por mero acaso ele ainda não foi promovido a cadete. Parece que Martin teria encontrado Willi[4] perto de Luzk;[5] a última notícia é de 8/9.

Oli estaria muito feliz com seu novo trabalho, a construção de um túnel nos Beskides, perto de Cieszyn. Ella chegou às 5h da tarde, ficou até as 10h30, junto com Rob e Math no fim.[6] Creio que ela

---

[1] Com quem Freud esteve também em Berlim, na casa de Hedwig Abraham (F/A, p. 507).

[2] Não se conseguiu saber qual conhecido ou parente dos filhos de Freud morrera na guerra.

[3] O relatório do exército austro-húngaro de 10/9/1915 menciona os combates a oeste da cidade de Rivne (atualmente na região nordeste da Ucrânia, na época fazia parte da Rússia), que faziam parte de uma grande ofensiva da aliança centro-europeia no *front* oriental.

[4] Willy Bardas?

[5] Na região nordeste da Ucrânia. A cidade foi ocupada por tropas austro-húngaras no fim de agosto de 1915.

[6] Mais detalhes sobre o noivado de Oliver e seu casamento breve com Ella Haim cf. pp. 203-205.

462   SIGMUND FREUD

ficará logo íntima. As mulheres, até agora, não chegaram muito longe com ela, que está um pouco tímida e admite, como motivo, que o noivado pudesse não nos ser conveniente, em razão da juventude de Oli. Hoje, de fato, pude inspecioná-la detalhadamente. Ela não tem uma beleza convencional, é mais nitidamente do tipo oriental, com traços finos e marcantes, frescor juvenil, saudável demais, acredito que seja bastante normal, simples, sincera, aberta, muito simpática para mim, responde sem rodeios, gosta muito dos seus estudos, pelos quais lutou arduamente, admite certo conflito entre a intenção de concluir os estudos e de segurar o marido, conflito que não deveria estar sem solução. Quando ela for doutora, também quer ir para Bagdá. As informações sobre a reputação e a situação da empresa que Alex conseguiu são extraordinárias.[1] A mãe causou uma impressão excelente em mamãe e em Math. Acho que está tudo bem.

Saudações cordiais a vocês quatro,[2]
Papai

Em dezembro de 1915, Max Halberstadt foi recrutado e enviado ao front *francês.*

367-Max   18/2/16

Querido Max

Enviei hoje para você três pequenos livros escolhidos a esmo, já que não me deu detalhes. Você quer que te mande, volume por volume,

---

[1] As informações devem referir-se ao pai de Ella, Haim.
[2] Quarta pessoa pode ter sido Minna.

CARTAS AOS FILHOS   463

o *Jean Christophe* de Romain Rolland, o único francês germanófilo?[1]
A obra é bastante conhecida e foi traduzida para o alemão. Ontem à
noite, Ernst foi visitar a Sophie.[2] A mamãe saiu da cama hoje, depois
da gripe. Martin também pegou essa gripe e Oli parece estar sofrendo
com ela agora.

Saudações cordiais,
Papai

Das novas edições, consegui 800 marcos para o verão de Soph e Ernstl.[3]

368-Max   [Cabeçalho Viena], 27/2/16

Meu querido Max,
    Acabei de receber sua carta. Ernst voltou ontem e foi encantador o
que ele contou de Soph e do filho. Hoje, ele ainda está dormindo e não
sabe nada do que aconteceu a você.[4] Como é do seu conhecimento, algo
muito semelhante aconteceu com ele; que apenas não estava no abrigo,
quando seus cinco camaradas foram atingidos.[5] Se o seu ferimento for
tão insignificante quanto diz, tivemos muita sorte pela segunda vez.
Não ousamos estar felizes nem conseguimos entender por que todos
não podem ter tamanha sorte. Que seja, estamos vivendo o momento
e respiramos aliviados porque o perigo passou perto de nós.

---

[1] Rolland tentou criar na Primeira Guerra Mundial uma aliança internacional de
intelectuais contra a guerra. O romance *Jean-Christophe* (1904-1912), de 10 volumes,
é considerado a sua obra principal. Mais tarde, Freud manteve uma correspondência
com ele (cf. 203-Ernst, p. 310, nota 6).

[2] Ernst estava de licença do *front* de 10/2 a 1/3/1916 (F/Kal).

[3] Em 17/2/1916, Freud anotou na agenda (F/Kal) a publicação da 3ª edição dos *Estudos
sobre a histeria*. Além disso, ele pode estar se referindo à 3ª edição das conferências
Sobre a psicanálise, cuja publicação foi registrada no dia 21/3.

[4] Max Halberstadt fora ferido em 23/2/1916 e internado no hospital de Valenciennes
(F/Kal; F/E, p. 110s.); essa experiência lhe causou uma "neurose de guerra".

[5] Cf. p. 232.

464 SIGMUND FREUD

A guerra é horrível. A crueldade friamente calculada com que os ingleses e os americanos querem prolongá-la[1] deve ficar na nossa memória; o comportamento dos nossos é altamente respeitável.

Torcemos para que você se recupere logo. Talvez agora encontre uma atividade mais adequada. Você ainda não deve ter recebido minha última carta. Repito que estou reservando 1.340 coroas para o verão de Sophie, graças a duas novas edições. Infelizmente, viajar pela fronteira fica cada vez mais difícil. A recuperação da mamãe está demorando muito desta vez; Oli também foi obrigado a sair de licença devido à mesma doença e está na casa de Ella. Martin, do mesmo modo, teve uma licença de uma semana da bateria por causa da gripe. Agora faz 10 dias que estou sem notícias dele.

Imagine como todos estão mandando saudações cordiais.

Seu papai

369-Max [Cabeçalho Viena], 4/3/16

Querido Max,

Fiquei muito feliz em saber novamente que você está bem, principalmente porque as notícias de Soph não chegam com muita frequência. Desta vez você fala de ferimentos no plural. Mandarei o *Jean Christophe* por volumes para você em francês, se eu conseguir; caso contrário, não o farei.

A mamãe está tão pouco recuperada ainda que adiaremos sua partida.[2] Mas não conseguiremos segurá-la aqui por muito tempo, porque o aniversário de Ernstl está chegando. Depois de muito tempo, tivemos

---

[1] Em 25.2.1916, as manchetes em Viena falavam do discurso do primeiro-ministro inglês Asquith, no qual ele disse que a guerra só poderia acabar se os objetivos dos aliados fossem alcançados e o "domínio militar prussiano fosse aniquilado inteira e definitivamente" (NFP).

[2] Quer dizer, sua partida para Hamburgo, onde ficou de 10/3 a 17/4/1916 (F/Kal).

CARTAS AOS FILHOS 465

notícias de Martin; ele está recuperado e, provavelmente, já voltou para sua atividade há bastante tempo. Oli também ficou aqui por uma semana, longe do seu canteiro de obras, e teria ficado mais tempo se não o tivessem chamado de volta. Ela está aqui e não está mais livre de incômodos.[1] Mas não estamos muito felizes com toda a situação. Até hoje, tivemos mais sorte com os genros do que com as noras.

O trabalho no consultório aumentou sensivelmente em comparação ao ano passado. No terceiro ano de guerra, ele talvez volte ao ritmo de antigamente.

Escreva logo e receba as nossas saudações cordiais do
Papai

370-Soph   6/3/16[2]

Querida Soph,

Não se assuste quando receber nestes dias 500,00 marcos de um banco alemão. O dinheiro é para a mamãe, que comprou uma passagem de vagão-leito para quinta-feira, dia 9, para te visitar. Pense bem se fará o curso de fotografia; parece-me ser um esforço pesado demais.

Saudações cordiais a você e Ernstl,
Papai

371-Soph   [Cabeçalho Viena], 7/3/16

Minha querida Sophie,

Não me surpreende que você tenha um momento de fraqueza. Mas espere só até sexta-feira, quando a mamãe estará com você e te

---

[1] Ela estava grávida.
[2] Cartão-postal; com o carimbo: Überprüft [controle] Viena 1.

ajudará; então vocês podem pensar o que vão fazer em seguida. Se decidirem passar, por exemplo, os meses de maio e junho na Berggasse, nós arrumaremos os quartos para você, Ernstl e Marie[1] e você ficará contente com tudo o que pudermos fazer. Caso contrário, a tia vai te visitar e te buscar para ir a algum lugar no interior, Hofreit[2] talvez ou Reichenhall, pois vocês duas deveriam passar o verão uma vez fora da cidade.[3] Não se preocupe com as despesas, que serão saldadas da sua herança e que, assim espero, você não precisará quando Max voltar a trabalhar.

Desde o início, seu plano de fazer um curso de fotografia nesse momento não teve a minha aprovação. Estou contente em saber que você mesma está desistindo dele.

A mamãe está muito fraca ainda. Dê uma atenção a ela também, para que vocês duas possam comer o suficiente e algo que lhes faça bem.

Segundo informações confiáveis, Martin, em um breve comunicado positivo de 20/2, rompeu a barreira. Ernst já informou sua chegada na bateria.

Não poderei estar presente no aniversário de Ernstl, e ele, talvez, não consiga estar aqui no meu. Console-o, da minha parte, prometendo tempos melhores e envie as minhas lembranças cordiais a ele. Estamos em contato direto com Max. Que bom que ele poderá ficar por mais 14 dias.

Com meus votos cordiais,
Seu papai

---

[1] Provavelmente uma babá.

[2] Freud passara o verão de 1915 na pousada Hofreit em Schönau, perto de Berchtesgaden (Jones II, p. 219).

[3] Na verdade, Sophie ficou na Alemanha do Norte com seu marido, que havia voltado do *front* em abril (cf. F/Fer II/1, pp. 196; 379-Max, p. 473).

CARTAS AOS FILHOS 467

372-Soph 9/3/16[1]

Minha querida Sophie,

Espero que a mamãe esteja com você há algum tempo. Uma feliz coincidência faz com que eu possa dar para Ernstl um presente de aniversário adequado para a sua idade. Você receberá 200 marcos para ele, de S. Karger em Berlim,[2] pela tradução holandesa da *Vida cotidiana*, que ele gostou tão logo. Mas não é para aplicar em papéis, e sim para gastar!

Saudações cordiais,
Papai

373-Max Viena, 10/3/16

Querido Max,

Sua carta chegou e resultou em uma carta minha.[3] Será que vai ser útil? Seus sintomas são consequência conhecida do acidente e estão fadados a passar.

A mamãe partiu ontem, quinta-feira; espero que dê para ela participar da comemoração de aniversário do rapazinho. Só consigo o *Jean Christophe* traduzido; não vou mandá-lo, portanto. Sugira outras coisas. Recupere-se bem.

Cordialmente,
papai

---

[1] Cartão-postal; com carimbo "Controle/Viena 1".
[2] Do editor alemão de *Sobre a psicopatologia da vida cotidiana* (Freud, 1901b).
[3] No mesmo dia 10/3/1916, Freud escreveu ao médico-chefe do hospital militar em que Max Halberstadt estava internado (cf. a próxima carta).

468　　　SIGMUND FREUD

374-Max   [Cabeçalho Viena], 20/3/16

Querido Max,

Juntamente com sua carta de hoje chegou a resposta do chefe do seu hospital, que manifesta a expectativa de que, dentro de aproximadamente duas semanas, você estará apto para o serviço.[1] Espero também que, até lá, você já tenha superado totalmente a sua depressão, que faz parte das sequelas do acidente. Trata-se, provavelmente, de uma questão de poucos meses. Mais que isso, os exércitos terrestres envolvidos não devem suportar a guerra, e, quando houver uma brecha em algum lugar, tudo entrará em colapso. Até lá, eles tentarão de tudo. Assim que estiver recuperado, você reencontrará sem dificuldades a despreocupação, chamada de heroica, de Martin e Ernst.

Tenho notícias dos dois. Ernst mandou um cartão da estação ferroviária de Graz, o que significa que está sendo transferido. Ele escreveu que talvez vá encontrar-se com Martin. Teremos, portanto, notícias do Sul em breve.

Nossa correspondência com a mamãe se dá por cartas expressas. Como você sabe, o nosso plano é que ela[2] se junte a nós em abril para depois ir a Hofreit com a tia. Queremos, neste ano, que Ernstl passe o verão no interior. Será minha melhor – e, se depender de mim, única – comemoração de aniversário quando eles estiverem conosco em maio.[3] Hoje recebemos a sequência do álbum infantil, interrompida pelo seu recrutamento. Três fotografias do dia 7/3, das quais pelo menos duas ficaram encantadoras.

A esposa de Oli está tendo uma gravidez difícil. Agora está de cama e a vemos pouco. Não conseguimos estabelecer uma relação de verdade

---

[1] O médico-chefe do hospital militar da 6ª divisão escreveu em 15/3/16 para Freud (SFP/LoC): "Em resposta à sua consulta de 10/3, tenho o prazer em comunicar ao sr. que o ferimento causado por um tiro de raspão no artilheiro Max *Halberstadt* (atrás da orelha esquerda) se encontra em processo de cura. As dores de cabeça do paciente também estão regredindo. Temos fortes esperanças de poder dar alta ao paciente em aproximadamente duas semanas, apto para voltar novamente à sua tropa."

[2] Sophie; cf. 371-Soph, p. 466, nota 3.

[3] Para o aniversário de 60 anos de Freud.

CARTAS AOS FILHOS   469

com ela. A situação atual também faz com que os dois aproveitam pouco um do outro.

Estamos vivendo à espera do dia seguinte, nos perguntando se virão notícias de todos os lados e quais serão. O movimento no consultório voltou a aumentar, e assim fico livre das preocupações do ano passado. Espero que você também se acomode às necessidades da situação, para que tudo o que é pesado fique leve para você. Conserve seu bom humor no mais alto nível e nos dê notícias boas logo.

Com meus votos cordiais,
Seu papai que te ama

375-Max   [Cabeçalho Viena], 29/3/16

Querido Max,

Obrigado pela sua mensagem de hoje. Estamos ansiosos para ver a nossa hóspede e aquilo que ela trará. Queremos preparar uma recepção agradável; apenas, não temos como eliminar as dificuldades da correspondência com ela. É certo que todos nós estamos passando por certo processo de decadência, externa e internamente, e precisamos de uma atmosfera calorosa.

Escolhi alguns livros para você no Heller, mas, evidentemente, não sei se acertei o seu gosto. Como os últimos não parecem ter chegado completos, quero fazer uma lista: 1) Uma réplica de Naumann, *Mitteleuropa* [Europa Central];[1] 2) Thomas Mann, *Friedrich der Große* [*Frederico II da Prússia*]; 3) Fontane, *Der englische Charakter* [O caráter inglês];[2] 4) uma pequena introdução sobre a Bélgica; e um quinto que esqueci.

---

[1] Friedrich Naumann era um deputado liberal do *Reichstag* [parlamento alemão]. No seu livro *Mitteleuropa* [Europa Central] (1915), ele defende uma aliança econômica e militar estreita entre os países da Europa Central sob a liderança da Alemanha.

[2] Os últimos dois títulos também (Mann, 1993 [1915]; Fontane, 1915) foram lançamentos relacionados à situação política na Primeira Guerra Mundial.

470 SIGMUND FREUD

Martin chegou de surpresa a Viena com sua bateria para uma troca de armamento e, talvez, ainda consiga encontrar com a mamãe. Ele encontrou com Ernst no caminho, pela primeira vez desde julho de 1914, quando este o visitou em Salzburgo. Conseguiu permanecer na bateria, apesar de haver planos para transferi-lo para o estado-maior. De Ernst, atualmente, não temos nenhuma notícia; o contato está interrompido. Oli continua doente em Mosty,[1] recebendo um tratamento médico ruim. Faço esforços daqui para transferi-lo para o hospital em Cieszyn. A Ella abortou ontem. Os dois não estão com muita sorte. Estamos relacionando à má sorte uma esperança da qual não podemos falar ainda abertamente. Seria mesmo um alívio para nós, pois acreditamos que Oli não perderia muito se ficasse livre novamente.

A vovó não está nada bem. A tia está de novo com enxaqueca no momento. Como você vê, as preocupações não acabam. Nos preparamos para tanta coisa ruim que estamos resistentes quando algo acontece.

A situação geral está mais confusa do que nunca. Apenas sabemos que estamos diante de grandes esforços para que a guerra acabe pelo menos antes do inverno.

Minhas saudações cordiais e o desejo de progressivas melhoras para você.

Papai

376-Max   [Cabeçalho Viena], 18/4/16

Querido Max,

A minha última carta e um pacote de livros que te mandei para o hospital retornaram. Fiquei sabendo, com pesar, que você ainda não se recuperou totalmente e quero aconselhá-lo a pedir ao Rudolf[2] que apresente ao respectivo colega dele a sua reivindicação de uma

---

[1] Situada na então Silésia Morávia.
[2] O irmão de Max, que era médico.

CARTAS AOS FILHOS   471

atividade menos desgastante. Com um pouco de descanso e de contato com Ernst, que dizem ser muito divertido, você certamente vai superar o restante.[1]

Diga à Soph que sua longa carta de Hannover não chegou; eu a teria respondido há muito tempo.

Quero visitar Oli durante a Páscoa para animar o seu humor depois do fim feliz do casamento e conversar sobre as medidas necessárias. É uma sorte maior do que deve parecer para quem está de fora.

Os nossos planos para o verão agora dependem totalmente de Soph, isto é, de você em última instância. As visitas da nossa parte à Alemanha ainda estão bastante dificultadas. Neste ano, quero ir com a mamãe a Gastein em vez de ir a Karlsbad, mas o que faremos depois e para onde irão os outros?[2]

Com as minhas saudações cordiais a você, a Soph e ao Ernstl,
Papai

377-SophMax   Cieszyn, 24/4/16[3]

Queridos filhos,

Visitei Oli em Mosty, visitamos o túnel dele e passamos a segunda-feira de Páscoa juntos em Cieszyn. Saudações a vocês e a Ernst, que eu esperava encontrar nessa época.

Cordialmente,
Papai

Saudações Oliver.

---

[1] Em 8/5/1916, Freud escreveu (F/A, p. 520): "O meu genro ainda está convalescente em Hamburgo, adquiriu uma neurose traumática. Não sei se isso será levado em consideração."

[2] Freud ficou em Bad Gastein de 15/7 a 15/9/1916, ou seja, durante as férias de verão inteiras (cf. 380-Max, pp. 473-474, 382-Soph, p. 476).

[3] Cartão-postal, escrito a lápis; Hamburgo como destino. Carimbo: "Verificado/ Censura militar austro-húngara, Cieszyn."

472   SIGMUND FREUD

378-SophMax   [Cabeçalho Viena], 9/5/16

Queridos filhos,

Vocês, finalmente, são a última parte à qual dirijo os meus agradecimentos.[1] Apesar dos meus esforços, no todo bem-sucedidos, de evitar essa comemoração inoportuna, ainda assim tive que gastar três noites com os agradecimentos. As notas nos jornais berlinenses[2] incomodaram um pouco; em Viena tudo ficou calmo. Certamente, a mamãe já lhes passou detalhes. Agora sou, com toda seriedade, um homem velho.

Estou enviando 800,00 marcos para o verão. Combinamos que, desta vez, Ernstl deve aproveitar a bela natureza; deixo para vocês, isto é, à atuação de forças maiores, a decisão de *onde*. Infelizmente, as dificuldades para viajar tornam improváveis as chances de nos vermos. Mas não se sabe de nada absolutamente.

Devo me contentar então em mandar a distância as minhas saudações cordiais a vocês três.

Papai

379-Max   [Cabeçalho Viena], 4/6/16

---

[1] Pelos cumprimentos de aniversário de 60 anos.

[2] Uma nota dessas, de consideráveis 30 linhas, saiu em 6/5/16 na *Vossische Zeitung* (edição da manhã): "O prof. dr. Siegmund Freud, de *Viena*, cujo nome tornou-se conhecido no mundo inteiro devido ao método recomendado por ele para o tratamento de estados patológicos nervosos e principalmente histéricos, *a Psicanálise*, comemora hoje o seu *aniversário de 60 anos*". O autor da nota relata a tese básica dos *Estudos sobre a histeria* – a histeria seria considerada "como uma espécie de defesa involuntária a impressões desagradáveis, que passam a ser recalcadas no inconsciente", e a cura consistiria na conscientização e no "ab-reagir"; ele descreve ainda a teoria ampliada de Freud, "de que, quase sem exceção, o elemento fundamental da histeria assim como da neurose seria de natureza sexual", menciona *A interpretação dos sonhos* – "Aqui também elementos sexuais desempenham um papel excessivamente grande" – e chega à conclusão: "Freud encontrou, com suas teorias, tanto muitos adversários quanto muitos adeptos."

CARTAS AOS FILHOS

Querido Max,

Fiquei muito feliz em saber que atualmente você está com um médico adequado para o seu estado. Isso por si só, somado à perspectiva de paz que todos estão prevendo para este outono, trará melhoras para você que, espero, logo se transformem em recuperação.

Caso consiga a tão merecida licença médica, você deveria procurar um destino natural bonito para Soph e a criança. Lembro-me que o Lago de Carezza lhe fez bem. Mas, infelizmente, nem tudo pode ser realizado. Assim como o Lago de Carezza está impossibilitado, o nosso encontro também está difícil nesse período. Dificultaram tanto a entrada e a permanência na Alemanha para nós que teremos que desistir disso, a meu ver. Diferentemente, vocês conseguiriam vir à Áustria, caso a viagem não seja muito cansativa e você obtenha a autorização. Senão, acredito que tudo levará a Holstein para vocês.

Os rapazes não se cansam de escrever do *front* italiano. Cheios de orgulho e alegria, não negam, no entanto, as grandes dificuldades.

Para você, sobretudo, tudo de bom e espere coisas boas.

Cordialmente,
Papai

380-Max   [Cabeçalho Viena], 26/6/16

Querido Max,

Fico feliz em saber que finalmente você está na iminência de passar algumas semanas na natureza com sua esposa e filho. Espero que o clima não esteja desfavorável para vocês e tenho certeza de que isso contribuirá muito para a sua recuperação. Se, devido às dificuldades para viajar, eu simplesmente não consigo conversar com você nesta situação, você terá nada menos que a presença do dr. Marcinowski.[1] Ele é um médico muito inteligente, meu conhecido pessoal e um de meus seguidores zelosos, que se tornou célebre graças a alguns bons livros que seguem a mesma linha do que oriento. Ou seja, ele certamente estará disposto a te ajudar, caso precise – o que não acredito – de algo mais que tranquilidade, companhia simpática, boas perspectivas e, talvez, um pouco de incentivo. Possivelmente ele não seja muito fácil, nem totalmente seguro, mas o lado bom prevalece no caso dele.

Você deve estar sabendo que Martin apareceu inesperadamente aqui, no dia 23/6; tinha a aparência de um chefe de bandidos e estava muito bem-humorado.[2] Hoje soubemos do Ernst, que faz a mesma viagem para o norte,[3] que ele espera nos ver brevemente. Nenhum dos dois está feliz com a mudança; eles estavam muito contentes no sul.

Queremos partir no dia 15/7 e viajar a Bad Gastein, sem grandes expectativas em relação ao verão deste ano. Apenas, não há nada para fazer em Viena, nem haverá.

Aguardaremos um feliz reencontro em um futuro indefinido. Mande as minhas lembranças cordiais à sua mãe e beijos na Soph e no menino travesso do

Papai

---

[1] Johannes Jaroslaw Marcinowski (1868-1935), proprietário, na época, de um sanatório no Lago de Uklei, perto de Eutin, na província de Holstein, onde havia também tratamento psicanalítico (BL/W). A estância de verão dos Halberstadt ficava "imediatamente próxima" a esse sanatório (F/A, p. 524). No registro do seu livro de pacientes consta uma estada posterior de Max (com o nome trocado por "Ernst") com esposa e filho (29/12/1917 – 1/1/1918; com agradecimentos para Heike Bernhardt).

[2] Cf. p. 109.

[3] Isto é, do *front* italiano para o russo.

CARTAS AOS FILHOS 475

381-Soph   Salzburgo, 7/8/16
                                                    Hotel Bristol

Querida Soph,
   Li sua última carta e lamentei muito que esteja tão triste. Vocês
não devem ficar preocupados; são muito jovens e estes tempos passarão. Em termos médicos, não há como fazer muito por Max, mas
uma ocupação adequada lhe fará muito bem, e, quando a paz chegar
e ele voltar a exercer a profissão, todos os problemas desaparecerão.
Se quiser nos visitar em setembro, você pode imaginar o quanto será
bem-vinda com a criança; mas não se obrigue a isso nem se sinta for-
çada a fazê-lo se não estiver totalmente tranquila quanto à situação e
estada de Max, para que você não venha a se preocupar com alguma
interrupção das notícias. Não estou muito a par das suas reservas
financeiras. Peça a Max que me escreva sobre isso e indique o que ele
prefere: uma remessa maior ou um adicional mensal, de forma que
você possa continuar a gerenciar a casa em Hamburgo. Se houver
muita despesa se acumulando, deduza da herança modesta. Espero que
nesse meio-tempo Ernstl se torne rico. No outono, Karger lançará uma
nova edição[1] e, no próximo ano, ele também receberá os honorários
pelas *Conferências,*[2] na intenção de tornar-se um estudante abastado.
   Nessa manhã, Ernst nos acordou. Pela primeira vez desde o início
da guerra, a família estava reunida: tio e Sophie, Math e Robert, que
partiram para Aussee ao meio-dia, Martin, que chegou ontem, Ernst
e Anna. Tirei uma fotografia com os dois segundos-tenentes.[3] Diga a
Max para não ficar chateado com a concorrência.
   As fotografias com o cabritinho ficaram encantadoras.
   Encerro a carta para encaminhá-la logo.

                                            Com saudações cordiais,
                                                              Papai

---

[1] De *Sobre a psicopatologia da vida cotidiana.*
[2] Desde outubro de 1915, Freud passou a redigir suas *Conferências introdutórias sobre
   Psicanálise* (F/Fer II/1, p. 152), que, em 1916/17, foram publicadas por Heller em três séries.
[3] Foto reproduzida em E. Freud *et al.*, 1976, p. 211.

382-Soph   Bad Gastein, 7/9/16

Minha querida Soph,

Como não tive uma resposta direta de Max, escrevo a você a propósito da mesma questão. Sei muito bem que a sua vinda não pode ser decidida antes da definição do destino de Max; sei também que tudo está em aberto ainda. Conforme você escreveu, muitas semanas ainda podem passar antes que você tenha alguma certeza. Por isso eu pergunto diretamente se vocês estão precisando de dinheiro e quanto eu devo enviar.

De qualquer forma, como as viagens a Hamburgo ficaram tão difíceis para mim, economizo o dinheiro que estava destinado a elas. Escreva-me sem reserva e me dê esclarecimentos sobre as condições atuais.

Tivemos um período agradável aqui, antes de enfrentar o rigor do terceiro inverno de guerra. Depois de uma breve escala em Salzburgo, esperamos chegar a casa no dia 15/9. Evidentemente, lamento muito não poder vê-la nem Max, logo neste momento, e também não poder conhecer a melhor fase do Ernstl; o problema não é que eu tenha algo a fazer em Viena, mas viajar se tornou um empreendimento de tal magnitude, que qualquer outro uso do dinheiro da viagem talvez seja mais sensato. Além disso, como você sabe, ainda há a possibilidade de você vir com o menino.

Do Ernst e do Martin, só recebo notícias boas. Provavelmente Oli está garantido até o fim de novembro,[1] mas depois não estará mais. Espero ouvir antes do fim deste mês que ele deu cabo de sua história com Ella. Seria um alívio.

Minhas saudações cordiais a vocês três e espero encontrar uma carta sua quando eu chegar a Viena.

Papai

---

[1] Isto é, de não ir ao *front*.

CARTAS AOS FILHOS

383-SophMax   Viena, 18/9/16[1]

Meus queridos filhos,

Bem, que seja como quiserem. Naturalmente, fico desumanamente feliz com a visita prometida[2] e é justamente por isso que não quero exercer nenhuma influência indevida. Talvez a mamãe esteja se preocupando demais com as questões alimentares. Com certeza não haverá problema. Daremos tudo de nós, e Sophie certamente não se esquecerá de que a recepção seria diferente em outra época.

Não levem suas incertezas tão a sério. No momento, não há como ser diferente, e há outros destinos humanos muito mais complicados. Vocês são jovens; isso é apenas um episódio para vocês.

Hoje retomei as consultas, sem verdadeiro prazer. Até que eu entre no ritmo de trabalho, certamente passará mais que uma semana. Trabalhar pouco, na verdade, só atrapalha.

A próxima renda que entrará, para o Ernst, ainda antes do fim do ano, serão os proventos em marcos pela 5ª edição da *Vida cotidiana*.

Queremos manter a serenidade e não deixar que as coisas nos impressionem muito. Exatamente neste momento, Hindenburg disse que as perspectivas estão boas.[3]

Minhas saudações cordiais a vocês três,
Papai

---

[1] Carta reproduzida em F/Briefe, p. 330s.

[2] Sophie chegou a Viena com o pequeno Ernst em 17/11/1916, onde permaneceu até 14/5 do ano seguinte (F/Kal).

[3] Depois de as tropas alemãs e dos aliados terem conseguido uma vitória chamada de "decisiva" sobre os russos e os romenos na Dobruja (nordeste dos Bálcãs), o comandante alemão Paul von Hindenburg visitou o *front*, onde um correspondente da *Neue Freie Presse* conversou com ele. A reportagem sobre o "Encontro com Hindenburg", de 18/9/1916, tinha a citação como título: "A situação está boa e será ainda melhor".

478　Sigmund Freud

384-Max　　　　　　　　　　　　　　　　　　　　11/XI/16

Querido Max,

É com grande satisfação que ficamos sabendo que finalmente você foi direcionado para a designação pretendida[1] e temos enorme esperança de que, em consequência disso, você se recupere. No momento, aguardamos impacientemente a Sophie e o menino e queremos preparar a recepção mais agradável possível para eles, no "asilo para refugiados". A censura foi suspensa. Escreva logo.

Saudações cordiais,
Papai

385-Max　　　　　　　　　　　　　　　　　　　Viena, 23/XI/16

Querido Max,

Sophie e o menino estão conosco há quase uma semana e se adaptaram bem. Achamos o rosto dela praticamente igual, apenas um pouco magro, conforme o momento de guerra, e insistiremos para que ela compareça de novo ao dr. Kaufmann, que, infelizmente, não lhe agrada. Como você previu, Ernstl se tornou o dono da situação. Ele conhece todo mundo, respeita a todos, é gentil e não se deixa incomodar por ninguém. Distingue a "Berggasse" da casa dele e, em geral, se orienta de forma excelente. Seu jeito destemido honra a educação que teve, e sua agilidade, a descendência. Comigo, ele se mostra, no todo, arredio; neutralidade amigável, que, como dizem, teria sido sua postura nos últimos tempos com relação a você. Ele é muito normal e divertido.

---

[1] Em 26/9/16, Freud relatara (F/A, p. 533): "O meu genro vive deslocando, não é dispensado nem recebe outro serviço. Parece que sua neurose traumática está progredindo. Ele foi declarado inapto para o serviço no *front*." Em 28/10, ele anota na sua agenda (F/Kal): "Max fotógrafo aéreo Hannover."

CARTAS AOS FILHOS 479

Desde que estamos com hóspedes, não tem faltado nada. O abastecimento melhorou no geral, e doações gentis asseguram o restante.

Oli também está aqui e iniciará seu serviço militar em 1/XII. Ele não pode falar alto no seu quarto, para não acordar Ernstl; mas os dois se dão bem.

O consultório piorou muito em relação ao ano passado, pois nada resiste à guerra. Temos que conviver com isso. Os velhos vão ficando debilitados lentamente, mas de forma contínua; não há possibilidade de providenciar quaisquer cuidados para aqueles que estão precisando.

Você deve ter mais informações da Soph do que posso te passar. Fico especialmente feliz em saber que sua mudança de posição começa a mostrar as consequências benéficas, e eu tenho certeza que você estará inteiramente recuperado.

Recebi o valor enviado e o administro.

Com minhas saudações cordiais,
Papai.

P.S.: Quando você escrever para a sua mãe, mande as minhas lembranças a ela.

Em maio de 1917, Sophie e Ernstl se mudaram para Schwerin, onde estava Max Halberstadt, e permaneceram até a primavera de 1919.

386-SophMax   Viena, 3/9/17

Meus queridos filhos,

Recebi o telegrama de boas-vindas[1] e a carta de Sophie. Desejo-lhes muita alegria em suas curtas férias. Uma das melhores notícias, certa-

---

[1] Pelo retorno dos pais, em 1/9/17 (F/Kal), das férias em Csorbató.

480 SIGMUND FREUD

mente, é a recuperação da mãe,[1] e o fato de que ela poderá aproveitar a convivência com vocês.

Quanto a nós, podemos dizer que, depois de 48 horas em casa, estamos novamente "avienados ". As belas Montanhas Tatra pesam sobre nós como um sonho do qual despertamos contra a vontade. O ar está difícil de respirar e, desacostumados depois de dois meses, os pés suportam mal a pavimentação dura. Anninha chegou ontem à noite, um dia depois de nós, cheia de impressões da fazenda húngara, onde andava a cavalo e de carroça, se banhava, enchia sacos de trigo, ordenhava vacas, mas também comia creme de leite e figos, sem falar das outras delícias.[2] Ela acabou gostando do verão, que lhe fez bem em todos os sentidos. A mamãe não engordou, mas ficou mais animada. Visitamos Ernst.[3] Ele está no hospital do quartel *Stiftskaserne* por problemas no estômago, aliás, com o capitão Simon Nathansohn[4] como companheiro de quarto; volta para casa às 12h30, toma um banho, dorme, fica até à noite e, como ele sabe fazer bem, torna a vida de todos mais fácil e alegre. Não posso dizer que ele esteja com um aspecto bom. Sem dúvida, estava precisando descansar e se distrair e espera conseguir alguns meses de licença longe do *front* também. Já estamos preocupados o suficiente com o fato de Martin se encontrar no meio da 11ª batalha do Isonzo. A última notícia dele data de 27/8. Oli, que, por acaso, estava em Viena, buscou-nos sábado à noite na estação ferroviária. Ele está com um aspecto radiante, mas com muito tédio porque já faz sete semanas que está esperando uma designação

---

[1] Da mãe de Max.

[2] Anna Freud passou a maior parte das férias de verão de 1917 separada dos pais, em Kótaj (nordeste da Hungria), na casa de Ilona Zoltán, uma irmã de Ferenczi (F/AF, pp. 187-194).

[3] Cf. p. 233, 248s.

[4] Provavelmente o filho de um irmão, radicado em Odessa, da mãe de Freud, cujo sobrenome de solteira era Nathansohn (Krüll, 1992, p. 312); os filhos de Freud o conheciam. Sobre Simon, comentava-se (O. Freud/Jones, 4/12/1952; BPS/A) que chegou em 1914 em Viena "para servir como capitão no exército austríaco; ele morreu logo depois, com mais de 50 anos". Talvez uma nota na agenda de Freud de 3/10/18: "Notícia Simon †".

CARTAS AOS FILHOS

definitiva.[1] Mathilde não se recuperou e não está com um aspecto bom; como sempre, Robert é carinhoso com ela e bem-humorado como vencedor de guerra. Ainda não encontrei com Alex. Provavelmente vocês não estão sabendo que ele recebeu a Ordem da Coroa de Ferro pelo aniversário do Imperador (17/8). Sendo assim, também não posso dizer como a Ordem fica nele. A avó ainda está em Ischl, assim como as outras senhoras idosas. Rosi agora está vivendo conosco e Maus está com uma família de amigos no Cottage,[2] para descansar um pouco do luto de sua mãe.[3]

Agora vocês estão sabendo de todas as novidades da família, como se estivessem conosco.

A comparação de Ernstl e seu sonho[4] me interessaram muito. De modo geral, ele me faz muita falta. No momento, eu ainda teria tanto tempo para distraí-lo e estudá-lo. É uma pena que, nesses belos anos, que passam tão rápido, não tenhamos como ficar juntos.

Como não ouvi de vocês se o dinheiro da Holanda já chegou, farei uma consulta discreta ao Heller em breve, para saber quando ele o enviou ou quando vai enviá-lo. Com a próxima remessa, procederei de modo que o banco faça regularmente uma transferência no dia 15 de cada mês.[5] Apenas desta vez atrasarei o pagamento um pouco em função de sua ausência de Schwerin. Não recebi as fotografias nas quais teria como ver os claros vestígios da rápida disenteria superada. Em Csorbató, fotógrafos médicos tiraram fotos de Anna e de mim, que aqui fazem muito sucesso. Por enquanto, temos apenas um exemplar de cada uma. Assim que conseguirmos mais, vocês poderão formar uma opinião. Na minha foto, não vejo muita semelhança com Ernstl.

---

[1] Cf. p. 224.

[2] Um bairro de mansões no 18º distrito de Viena.

[3] O filho de Rosa Graf, irmão de "Maus", havia morrido no *front* pouco antes (cf. 69-Martin, p. 143).

[4] Certamente aquele "sonho de castração", anotado por Sophie, que Freud mais tarde reproduziu da seguinte forma (F/AF, p. 341; cf. p. 336 s.): "Ele acordou totalmente perturbado e perguntou: hoje à noite o papai teve a cabeça em uma tigela." Incluído na 5ª edição de *A interpretação dos sonhos* (Freud, 1900a, p. 360).

[5] Em referência aos pagamentos de auxílio (cf. a próxima carta).

482   SIGMUND FREUD

Tudo de bom para vocês e escrevam logo, de Hamburgo ainda, para que, transmitam, por favor, nossas saudações cordiais aos nossos, principalmente à Mamãe.

Papai

387-Soph   [Cabeçalho Viena], 25 out 17

Minha querida Sophie,

Fico feliz em finalmente poder confirmar a chegada de uma carta sua; sugiro que, daqui por diante, você numere suas cartas.

Diga a Max para não se preocupar com o dinheiro. Ele certamente teria casado com você se você tivesse levado um valor do qual poderiam fazer uso agora, nestes tempos difíceis. Para mim, entretanto, é o único prazer irrestrito atualmente: poder dar uma ajuda financeira a vocês, à mamãe ou à tia; apenas isso torna o meu trabalho suportável e me ajuda a superar as preocupações do momento atual. O consultório, aliás, está assegurado por meses.

Martin está no meio da nova ofensiva;[1] parece que Ernst está decidido a fazer uma paz separada, individual; Oli, todavia, ainda fica feliz em partir para o *front*.

Mandarei a *Imago* para você; em breve haverá um novo número.[2]

Ernstl deve estar muito divertido. Pena que as viagens se tornaram impossíveis na atualidade!

Por favor, transmita as minhas felicitações cordiais ao seu noivo.[3]

---

[1] Em 24/10/17, as tropas austro-húngaras romperam as linhas de frente italianas no Isonzo superior.

[2] No 2º exemplar do ano 1917 da revista *Imago*, que na época estava no prelo, mas cuja publicação atrasou em razão da falta de papel (F/A, p. 571), havia, entre outros, o trabalho de Freud intitulado "Uma lembrança de infância em *Poesia e verdade*" (1917b). [*Poesia e verdade*, a autobiografia de J. W. von Goethe; N. dos T.]

[3] Não esclarecido.

CARTAS AOS FILHOS 483

Mas me lembro dela criança, que parecia muito com a avó. Não, deve .ser a menor delas – você sabe quem me interrompeu enquanto escrevia esta carta? O dr. Braunschweig, irmão da Betty, que está fazendo um curso de raio X aqui.[1] Ele acabou de jantar conosco.

Saudações cordiais a você, a Max e a Ernstl,
Papai

388-SophMax [Cabeçalho Viena], 18/XI/17

Queridos filhos,

Mandei 600 coroas pelo banco e espero que cheguem logo. Dinheiro é a única coisa abundante; já o tempo está escasso. Se eu quisesse trabalhar mais quatro horas por dia, poderia vendê-las de forma vantajosa.

É doloroso saber que se proíbem cada vez mais as viagens. Dessa forma, não tenho esperança alguma de revê-los em breve, e nos angustiamos simplesmente de pensar em Ernstl. Tempos miseráveis!

A coisa mais divertida dos últimos tempos foi uma caixa enviada por Martin de Palmanova, com café e conservas para a mamãe, couro, seda, panos e um par de sapatos para mim, tudo de um depósito italiano. No momento, pelo menos, ele está muito bem. Espero que a nossa artilharia não tenha que ir para o *front* ocidental, quando a situação na Itália tiver se acalmado!

Minhas saudações cordiais; fico feliz com todas as notícias de vocês. O selo anexado é para que Sophie se lembre de mandar cartas registradas.

Papai

---

[1] Um irmão da cunhada de Max (cf. nota 1 de 345-SophMax, p. 443); provavelmente não de Hamburgo (nenhum registro em KSK/JGH).

484   SIGMUND FREUD

389-Soph   [Cabeçalho Viena], 29/XI/17

Minha querida Sophie,

Confirmo e agradeço o recebimento da sua carta e faço votos para que o novo apartamento[1] seja o último antes de voltar para a bela *Parkstraße*.[2] Sinto muito que você tenha se lamentado, embora eu tenha consciência de que não se esqueceu do quanto tudo poderia ser pior e o quanto você ainda conservou. Mas não discordo; você foi duramente atingida como todos nós.

Costumam dizer que não é possível que Martin mande qualquer coisa de Vêneto por correio ou por trem. O que temos dele é uma caixinha que um soldado de licença do *front* trouxe e que, *para nós*, apenas continha um pouco de café e três latas de conserva. Ernst saberia pilhar melhor. Aliás, aguardamos Ernst para os próximos dias; ele conseguiu ser transferido para o estado-maior em Viena. A última notícia de Martin foi do dia 22 desse mês.

Em anexo, a receita que você pediu. Espero que faça milagres novamente. Minhas saudações ao Max e ao Ernstl, e que você mesma aguente firme. Para vocês, certamente, foi apenas um episódio.

Com meus votos cordiais,
Papai

390-Soph   [Cabeçalho Viena], 11.dez.17

Minha querida Sophie,

Desta vez mandarei um pouco mais do que normalmente pelo banco, para que você utilize o excedente em presentes de Natal. Cento e cinquenta coroas são para você e Max e talvez bastem para um ou dois assados de festa ou outras iguarias. (Aqui conseguiríamos dois

---

[1] Ainda em Schwerin.
[2] O correto seria *Parkallee* ["Alameda do parque"], em Hamburgo.

CARTAS AOS FILHOS 485

gansos magros por esse valor). Aliás, utilize o dinheiro como bem quiser; não sei o que mais há para comprar aí. Por favor, compre para Ernstl um brinquedo por 50 coroas = 32 marcos, o que ele quiser, e lhe diga que sou eu que estou dando. Espero que o dinheiro chegue alguns dias antes do que o de costume, para que você tenha tempo de escolher algo.

Ganho muito bem atualmente, e certamente ficaríamos ricos se nos acostumássemos a viver sem comer por um tempo. Não há outras fontes além do consultório, pois não se imprimem livros, e o prof. Barany de Estocolmo, com quem conversei recentemente, manifestou muitas dúvidas quanto às minhas perspectivas de ganhar o Prêmio.[1] De qualquer forma, a vida nesse momento é muito interessante, comemoramos e ficamos felizes quando conseguimos comprar algo no agiota ou quando ganhamos um presente, como os 20kg da melhor farinha de um dos meus amigos húngaros. Hoje, por exemplo, também foi um bom dia. A tia recebeu uma caixinha de maçãs de Merano, um paciente trouxe 100 charutos e uma garrafa de benzina e, pelas indiretas misteriosas, a mamãe também conseguiu comprar algo etc.

Não estamos muito esperançosos quanto à paz em breve. Os senhores no Ocidente ainda não amadureceram. Mas o ano de 1918 deve finalmente trazer um resultado. Parece que Martin está envolvido em duras batalhas, Oli dá notícias tranquilas do Dniestre e Ernst está feliz por poder estar aqui, além de sofrer pouco com o serviço dele.

Desejo o mais feliz Natal para vocês e espero que Max também possa descansar durante um longo dia.

Saudações cordiais,
Papai

---

[1] Robert Bárány (1876-1936), otorrinolaringologista vienense, foi professor em Uppsala desde 1917. Em 1914, recebeu o Prêmio Nobel e sugeriu Freud para a premiação de 1916, porém sem sucesso (F/A, p. 537). Cf. Stolt, 2001.

486　　Sigmund Freud

391-Soph   [Cabeçalho Viena], 25/2/18

Minha querida Sophie,

Os planos de viagem de vocês me obrigam a cuidar antecipadamente do aniversário de Ernstl. Mandarei, portanto, 500 coroas para você pelo correio, de forma que terá o montante disponível no seu retorno a Schwerin. As compras você pode fazer, adiantando o dinheiro, em Hamburgo então, onde é mais provável que consiga algo. Compre para ele principalmente o ferrorama etc. O restante, deposite na conta dele, para que cresça e aguarde a valorização.

Estou com muito trabalho e, à exceção de um pouco de cansaço e da letra ruim, estou muito bem. Um paciente atencioso está me fornecendo os charutos. A Hungria continua contribuindo para o abastecimento de alimentos, que se tornou muito difícil. A presença de Martin e de Ernst dá vida à casa. Talvez Oli também chegue de licença em breve.

Acabei de saber no bonde do Cottage que assinaram a paz com a Rússia.[1] Desejei a esses informantes uma vida tão longa que pudessem se alegrar também com uma paz no Ocidente. Mas eles acharam que até eu ainda estaria vivo quando esse momento chegasse! Com saudações cordiais a você, ao Max e ao Ernstl,

Papai

392-Max   [Cabeçalho Viena], 10/6/18

Meu querido Max,

Estamos acompanhando com ansiedade a evolução da questão que deve levar vocês de volta a *Parkallee*.[2] Sabemos o que fala a favor

---

[1]　No mesmo dia, em 25/2/18, Freud anotou na agenda (F/Kal): "Assinado o acordo de paz com a Rússia." De fato, iniciaram-se as primeiras negociações de paz nesses dias, e a paz de Brest-Litowsk foi assinada no dia 3 de março, o que Freud registrou na sua agenda com as palavras: "Paz com a Grande Rússia, definitivamente."

[2]　Não esclarecido. De qualquer forma, os planos da época, pelos quais Max e sua família voltariam para Hamburgo, não se realizaram. Pelo contrário: a família vendeu o apartamento da *Parkallee* em Hamburgo e alugou outro apartamento em Schwerin (cf. 80-Martin, pp. 155-161).

CARTAS AOS FILHOS

e o que fala contra essa mudança. A favor, sobretudo, a possibilidade de você voltar a levar uma vida normal e não ter que gastar suas forças até a última reserva; contra, há o fato de seu trabalho não render o suficiente para satisfazer suas exigências justificadas, além de a vida em Hamburgo ser mais cara e ter menos qualidade do que na pequena Schwerin querida. Mas as ressalvas que você faz não existem. Não me ocorreria mandar menos para vocês estando em Hamburgo e creio que, nesse ponto, você não precisa ficar tão melindroso. É uma satisfação que, nestes tempos difíceis, eu possa oferecer-lhes um modesto apoio e desejo apenas que minha capacidade de gerar renda continue intacta por alguns anos. Se vocês não precisarem de mim, há os outros que retornam da guerra e que ficaram prejudicados em seu desenvolvimento, da mesma forma como você em sua carreira tão esperançosa. Eu realmente nunca tive um ano tão robusto quanto este, e os meus bens cresceram um quarto em relação aos anos anteriores à guerra. Mas infelizmente o dinheiro perdeu tanto do seu valor.

Também não se preocupe com a florzinha de dezembro.[1] Será uma grande, uma enorme alegria para mim arcar com as despesas que ela acarreta, e, se eu ficar rico, ela não será mais pobre. Como você percebe, continuo otimista em algum canto.

No mais, você sabe de tudo o que se passa aqui. Gostaria muito de visitá-los, mas tenho uma repulsa extraordinária quanto às restrições de liberdade individual que uma viagem como essa traz consigo.

Prometo escrever à sua mãe quando o seu irmão mais velho voltar.[2] Será mais fácil do que na última ocasião, tão triste.[3]

---

[1] Em 6/5/18, Freud, em seu aniversário de 62 anos, anotou em sua agenda (F/Kal): "Gravidez da Sophie anunciada."

[2] Siegfried, que era prisioneiro de guerra na França (cf. 358-SophMax, p. 454, nota 5).

[3] Rudolf, o irmão de Max, havia falecido em combate em 5/4/18 (KSK/JGH). Freud registrara o fato e a data em sua agenda, mas não enviara condolências à mãe.

488   SIGMUND FREUD

Minhas saudações cordiais a você,
a Sophie e ao Ernstl,
Papai

393-SophMax   [Cabeçalho Viena]

Budapeste, 10º distrito, Cervejaria *Bürgerliche Brauerei*[1]
Terça-feira, 9/7/18, de manhã

Meus queridos,

Espero que a mamãe viaje mais rápido do que esta carta expressa,[2] e eu a cumprimento na esperança de que tenha chegado viva, não totalmente debilitada e sem perdas. Espero, ainda, que Sophie reconheça o estado de saúde dela e a mantenha em repouso tanto quanto a si mesma. E agora me surpreendo o quanto esta carta se tornou "cheia de esperança".

Nossa viagem[3] quase pode ser chamada de "agradável". O sr. Brody[4] nos poupou da inspeção da bagagem, o navio não estava muito cheio, o almoço foi refinado e não muito caro (10 coroas por pessoa), porém a quantidade foi pouca. Ficamos o tempo todo com fome. De 13h às 16h, o sol foi tão terrível que Anna ficou vermelha e eu, totalmente apático. Às 18h, na pequena estação de Nagy-Maros, a Anna grita de repente: "Estou vendo o dr. Ferenczi subindo no navio." Eu ri dela. Ela saiu apressadamente e voltou com o Ferenczi, a Pálos[5] e a sua irmã italiana muito

---

[1] Naquela época, Freud estava hospedado na casa de Anton von Freund, no bairro Köbánya de Budapeste (cf. a nota 1 de 78-Martin, p. 153). Poucos dias depois da partida do marido, Martha, em 8/7/18, havia viajado a Schwerin (F/Fer II/2, p. 164). No dia 1/8, ela voltou a encontrar-se com ele e Anna em Csorbató (F/Kal).

[2] Cf. 79-Martin, pp. 154-155: "Cartas expressas para Schwerin demoram de 10 a 11 dias!"

[3] De navio, no Danúbio.

[4] Não identificado. Bródy era o nome de solteiro de Rószi von Freund (F/Fer II/2, p. 136, nota 3).

[5] Gizella Pálos, mais tarde, a esposa de Ferenczi.

CARTAS AOS FILHOS

simpática[1]. Não tenho como descrever a festança que então começou, para o espanto dos passageiros. Colocamos bandeiras húngaras e comemos ininterruptamente até as 19h, e, curiosamente, nós dois aguentamos bem a comida. Às 20h30 chegamos a Budapeste e fomos recebidos pelo dr. Lévy e sua esposa. Em dois carros e com um carrinho de bagagem, fomos para o bairro Steinbruch, onde, evidentemente, encerramos o dia com um pequeno jantar (bife de porco com batatas frescas).

Estou com preguiça de fazer grandes descrições; apenas digo que o convite foi um assombro – é um hotel de primeiríssima classe. Tenho à minha disposição um grande "escritório" com literatura psicanalítica preparada e um armário cheio de charutos. Anna acha que é a escrivaninha mais bonita que já tive até hoje. Além disso, há, no mesmo andar, um quarto gigantesco com duas camas, um longo terraço livre e, ao lado, o banheiro. Comparado a mim, todos levaram prejuízo. É assim que nos corrompemos. Ninguém está falando ainda na pauta – queremos começar vivendo com tranquilidade. Os cavalheiros apenas sairão à noite.

Acabaram de pedir a correspondência. Estou muito ansioso para ter notícias boas de vocês.

Saudações cordiais a todos,
Papai

394-Max   T. Lomnicz,[2] 12/9/18[3]

Querido Max,
Minhas felicitações cordiais pela Cruz de Ferro, há muito tempo merecida.

Papai[4]

---

[1] Não identificada.
[2] Em 4/9/18, Freud foi para Tatra-Lomnicz (Tatranská Lomnica, em eslovaco), nas proximidades de Csorbató, onde permaneceu até o dia 25 (F/Kal).
[3] Cartão-postal; endereçado a: "Körnerstrasse, 10/Schwerin i. M./Alemanha."
[4] Duas saudações posteriores de Ernst e Martha Freud não reproduzidas.

490   Sigmund Freud

395-Max [Cabeçalho Viena], 28/X/18

Querido Max,

Minhas felicitações cordiais pela sua promoção.[1] Cabe ressaltar que não é irrelevante que você tenha se destacado de forma tão brilhante no novo serviço, que você não escolheu e para o qual não fora treinado. Por mais que eu não dê valor a distinções militares, estou orgulhoso de você.

É verdade, faz quatro anos que não te vejo; no caso de Sophie e da criança, já faz um ano e meio. A vida passa e nós não aproveitamos nada um do outro. Mas são forças demasiadamente poderosas que, no momento, devem ser evitadas. Logo agora não posso mesmo pensar em viajar à Alemanha. Uma semana de esforços e perturbação do trabalho até tomar as medidas necessárias para conseguir a autorização! Talvez tudo mude em breve – e para melhor; talvez todos nós vamos nos juntar a vocês e ter uma única pátria. Estão acontecendo tantas mudanças nunca imaginadas com tamanha rapidez que nada mais espanta.[2]

Evidentemente, predomina aqui a preocupação com o futuro imediato. Os nossos amigos húngaros, que nos abastecem com alimentos, insistem muito para que nos mudemos para Budapeste, pelo menos por um tempo. Não consigo tomar essa decisão, apesar de o consultório estar quase sem pacientes e de a nossa fuga poder seguir um modelo

---

[1] Detalhes desconhecidos.

[2] As reviravoltas do fim da guerra em outubro/novembro de 1918 se refletem nas seguintes anotações na agenda de Freud (F/Kal): "30/10 revolução Viena e Budapeste, [...] 3/11 armistício com a Itália fim da guerra! [...], 6/11 revolução em Kiel, [...] 8/11 República da Baviera!! Tráfego com a Alemanha interrompido, 9/11 República em Berlim – abdicação de Guilherme, 10/11 Ebert chanceler da Alemanha condições para o armistício, 11/11 fim da guerra – o Imperador Carlos renuncia, [...] 12/11 República e anexação à Alemanha – pânico."

CARTAS AOS FILHOS 491

nobre.[1] Nós aguardaremos aqui o andamento dos acontecimentos. Martin tem dado notícias sombrias do *front*, Ernst vai para Munique hoje.[2] Oli deveria vir de licença, mas não vem.

A próxima grande alegria é aquela que aguardamos para dezembro. Será novamente um pedacinho de futuro, espero que com igual sucesso ao caso de Ernstl, do qual fico muito feliz, mesmo a distância.

Tudo de bom para você e diga à Sophie que escreverei para ela em breve.

Cordialmente,
Papai

P.S.: Não se esqueça de mandar minhas lembranças à sua mãe, da qual não tenho notícias há tempo.

396-Max [Cabeçalho Viena], 24/XI/18

Querido Max,

Meus parabéns pela sua liberdade,[3] que finalmente chegou. Posso imaginar como você está ansioso para aproveitá-la no seu trabalho. Em outra questão, no entanto, as coisas não vão funcionar. Não posso deixar a mamãe viajar[4] e ficar sem ela depois por meses. Sem falar das dificuldades e dos prejuízos dessa viagem no inverno, e até da possibilidade de a ida ou a volta se tornarem impossíveis,

---

[1] Provavelmente, uma alusão ao Imperador Carlos da Áustria, que, em 23/10/18, se instalara com a família no seu castelo húngaro de Gödöllö, onde pretendia permanecer por um tempo (cf. ANNO).

[2] Cf. as cartas de Martin, pp. 156-159; Ernst deu prosseguimento aos seus estudos em Munique.

[3] Em 22/11/18, Martha escrevera para Ernst (FML): "Chegou hoje um telegrama da Soph relatando que Max foi demitido ontem e que já vai amanhã a Hamburgo para arrumar seu ateliê para as vendas de Natal. Agora Sophie está sozinha em Schwerin." Ela se mudou com os filhos em 27 de março de 1919 (Sophie/Ernst, 3/4/1919; UE), p. 537.

[4] Para o parto iminente de Sophie, como aconteceu com o primeiro filho.

o que não está totalmente excluído – nós ainda não somos compatriotas nem sabemos se o seremos um dia[1] –, levando tudo isso em consideração, não há dúvida de que as dificuldades da vida aqui exigem a presença dela. Não há ninguém para substituí-la; o estado da tia torna qualquer esforço dela própria desaconselhável; Anna tem o trabalho dela;[2] as criadas estão velhas e inválidas sem direcionamento. O isolamento total é difícil de suportar; se ela adoecer aí, não tenho como viajar.

Acho que você *não deveria evitar despesas* para garantir companhia e cuidados para Sophie nesse momento, calculando, inclusive, que tudo isso não sai tão caro quanto a viagem e a permanência de mamãe. Claro que todas essas ressalvas se desfazem se até janeiro – o que não é de se esperar – melhores condições de trânsito e de vida forem estabelecidas.

Martin está desaparecido desde o dia 25/X. De acordo com todas as informações, o regimento dele ou todo o conjunto de tropas foi preso poucos dias antes do armistício.[3] Não é possível ter notícias mais seguras. Espera-se que esses recém-presos sejam repatriados logo. Está impossível estabelecer contato.

O fato de Siegfried ter voltado em um estado tão bom é tanto mais estimulador quanto mais inacreditável parece.

Aproveito para sugerir que não se desgaste demais tentando recuperar tudo no tempo mais curto possível, e te envio minhas saudações cordiais com os melhores votos para seus empreendimentos.

Papai

---

[1] A Assembleia Teuto-Austríaca decidira, em 12/11/18, pela unificação da Áustria alemã com a República da Alemanha; a decisão foi anulada pelo Tratado de Paz de St. Germain.

[2] Como professora do ensino fundamental.

[3] Sobre a prisão de Martin e seu retorno, cf. p. 98s. e pp. 159-169.

CARTAS AOS FILHOS

397-Soph [Cabeçalho Viena], 15.dez.18

Minha querida Soph,

Fiquei tão feliz com sua carta escrita um dia após o parto,[1] o que mostra quanto você está vigorosa, corajosa e forte, e também com as primeiras notícias detalhadas sobre o nosso Heinz Rudolf. Ele ainda não tem o seu rostinho definitivo, certamente ficará bonito em algumas semanas e não esconderá mais suas semelhanças. Diga a ele que foi muito valente da parte dele ter tido a coragem de vir ao mundo nestes maus tempos. Essa coragem será retribuída. O meu primeiro presente já está na gaveta da mamãe, uma caderneta com 4.000 coroas,[2] na qual, espero, ainda haverá outros depósitos. Robert e Math acrescentaram as primeiras 100,00 coroas. Certamente ele também não terá problemas de alimentação com você. Será muito divertido observar como o Ernstl se comportará com você.

Como você sabe, continuamos sem informação sobre o paradeiro de Martin. Provavelmente, ele estará de volta para a Páscoa – no mais, ele perde pouco aqui.

Agora, descanse bem para que possa cuidar bem dos seus três homens e continue com essa dedicação.

Com as minhas saudações e felicitações cordiais,
Papai

398-Soph [Cabeçalho Viena], 30/3/19

Minha querida Sophie,

Mesmo havendo ainda bastante tempo até o seu aniversário, por favor, tome esta carta como felicitação e, ao mesmo tempo, como saudação à família reconstituída depois da longa interrupção da guerra.[3]

---

[1] De Heinz Rudolf ("Heinele"), em 8/12/18.
[2] Honorários de autor de livros (cf. 136-Ernst, pp. 251-252).
[3] Cf. 396-Max, p. 491, nota 3.

De fato, não tenho outros presentes para você. O que tiver sobrado dos 5.000,00 marcos[1] já é seu há muito tempo; as cadernetas de poupança das duas crianças não receberam contribuição nos últimos tempos.

O que você escreveu sobre Ernstl me interessou muito; não me surpreendeu nem, muito menos, me assustou.[2] É a consequência do nascimento do irmão, sendo que há dois motivos pelos quais isso toma uma forma mais veemente, 1) porque vocês, à maneira dos outros pais, não reprimiram brutalmente essas manifestações desde o início, e 2) porque faltou ao menino, por dois anos decisivos, o pai, cuja mera presença intimida. Você está certa quando diz que isso acontece da mesma forma com outras crianças, sendo apenas silenciado. Tudo é completamente normal e mostra, com clareza, que ele é passional e enérgico. Por favor, não reaja com muito rigor, tome nota regularmente e tenha certeza de que esse período de vivo interesse sexual diminui no sexto ano e com o início da escola.

Gostaria muito de visitar vocês e os pequenos, mas viajar continua impensável. Com sorte, será possível no outono. Mentalmente, nós todos já abrimos mão do descanso no verão. As coisas estão péssimas por aqui e certamente piores do que aí. Todas as outras notícias você recebe a partir do seu contato regular com a mamãe. As últimas de Martin são boas; ele aproveita a primavera na Riviera, sem restrições muito pesadas.

Envie minhas lembranças cordiais ao Max, que, atualmente, faz quatro anos que não vejo. Confio muito na arte dele, da qual deu mostras na última remessa. Por favor, não deixe os acontecimentos atuais atrapalharem sua alegria sobre o que tem, sua juventude e suas perspectivas para o futuro.

Cordialmente,
Papai

---

[1] Provavelmente o depósito do início de dezembro de 1918, mencionado em 135-Ernst, pp. 249-250.

[2] Desde 30/12/18, Sophie escrevera ao seu irmão Ernst (UE) que Ernstl estaria sofrendo com o parto do pequeno Heinz: naquele momento, ele estaria "muito malvado, faz belas sugestões de se nós não deveríamos abatê-lo etc. e, nas suas brincadeiras também, sempre faz com que alguém sofra uma morte cruel".

CARTAS AOS FILHOS   495

399-SophMax   [Cabeçalho Viena], 9/5/19

Queridos filhos,

Muito obrigado pela carta e pelo telegrama! As fotografias foram o melhor de tudo. No mesmo dia, Heinz encontrou uma oradora de homenagens em uma senhorita simpática,[1] que trouxe lembranças de vocês.

De vez em quando, sinto um peso muito grande nestes tempos, mas espero que, pelo menos para vocês e para as crianças, uma época melhor venha. Continuo com a mesma quantidade de trabalho; e o que nos deixava ansiosos antigamente, a proximidade do verão, está fazendo falta. A tia, de qualquer forma, precisa ir para algum lugar, sem ser uma viagem longa, e a Anninha também merece um descanso. Nós não planejamos nada.[2]

Dentro de algumas semanas, no mais tardar em junho, terei a oportunidade de mandar para vocês certa quantia em marcos, que vai depender da falta de papel, isto é, se vai dar para imprimir mil ou dois mil exemplares da nova edição de *A interpretação dos sonhos*.[3] Deuticke mandará o dinheiro diretamente de Leipzig. Finalmente Martin recebeu, depois de dois meses e meio, £ 500 por intermédio de Binswanger.[4] Até pouco tempo, foi impossível mandar qualquer coisa para Ernst.

Vocês não podem imaginar como eu gostaria de rever todos os quatro agora! Por enquanto, apenas envio as saudações mais cordiais,

Papai

---

[1] Não identificada.

[2] Pouco mais tarde, definiu-se que Freud iria primeiro com Minna a Bad Gastein e depois com Martha e Anna ao lago Badersee (142-Ernst, pp. 257-259).

[3] A 5ª edição, ampliada, de *A interpretação dos sonhos* foi publicada em 1919.

[4] Cf. 84-Martin, pp. 164-165.

496 SIGMUND FREUD

400-Soph [Cabeçalho Viena], 18/5/19

Minha querida Sophie,

A mamãe me pediu para escrever hoje no lugar dela. Ela andou se arrastando durante oito dias com uma verdadeira gripe e mais de 38° de febre; depois, sexta-feira à noite, teve calafrios e uma temperatura acima de 39°. O prof. Braun, que acompanhou a consulta com o dr. Hitschmann, constatou a pneumonia; contratamos uma enfermeira, eu mudei de quarto, durmo na cama de Oli, ele no sofá de Martin; estamos agora com uma verdadeira doença em casa.[1] Mas parece que tudo vai dar certo, os médicos garantem que não há motivo para preocupação; hoje de manhã, ela estava com 37,6°. O pulso está normal, ela aceita a comida, está muito calma e paciente, apenas o sono esteve bastante perturbado nas duas últimas noites.

Não se preocupem desnecessariamente, a expectativa é de que ela fique bem. Mas certamente levará ainda uma semana até essa história ser superada, e não pensar sem preocupação na fase posterior de fraqueza e na dificuldade de encontrar uma opção de descanso para ela. Nestes tempos é quase impossível fazer qualquer coisa por uma pessoa doente. Claro que vamos fazer de tudo assim mesmo. A tia adiou suas enxaquecas, cuidou delas com bravura e gerenciou a casa; a Anninha deixou até de trabalhar na escola sábado passado.

Sexta-feira à noite recebi a visita de um colega de Munique, o dr. Hattingberg, que – imagine só! – trouxe açúcar, manteiga e farinha enviados por Ernst. Nós realmente não teríamos nada para oferecer. A ansiedade quanto às negociações de paz atualmente é muito grande, e as diversas restrições e incômodos são bastante desagradáveis. Parece que não há chance de nos tornarmos cidadãos de um mesmo país.

Resistam a estes maus tempos, não se preocupem com a paralisação da loja, mandem nossas lembranças cordiais aos pequenos e deem notícias logo,

ao seu velho
Papai

---

[1] Cf. a nota 2 de 88-Martin, p. 168.

CARTAS AOS FILHOS 497

401-SophMax [Cabeçalho Viena], 3/7/19

Queridos filhos,

Deuticke transferiu hoje 3.000 marcos (da nova edição de *A interpretação dos sonhos*) para vocês. Ao mesmo tempo, Ernst e Heinz lucraram um pouco com o restante; Ernst agora está com 4.307,00 coroas e Heinz, com 4.896,00 coroas (porque começou mais tarde).

Nós partiremos no dia 15, a tia e eu para Bad Gastein, a mamãe para Salzburgo. A Anninha é uma grande dúvida, a programação restante para o verão também está incerta. O que eu mais gostaria de fazer era visitar vocês em setembro,[1] mas, no momento, viajar é um tormento horrível e extremamente cansativo.

Gostei muito da fotografia da Soph com os dois meninos, que vi na casa de Lampl. Ernstl já está com um aspecto bastante maduro e o pequeno promete se tornar muito interessante.

Saudações cordiais,
Papai

Diga a Max para não se preocupar demais!

402-Soph [Cabeçalho Viena], Bad Gastein, 17/7/19
Villa Wassing

Minha querida Sophie,

Tivemos então coragem de tirar férias de verão. Estamos aqui desde antes de ontem à noite, a tia e eu. A mamãe deixou o trem em Salzburgo; ontem ela já telefonou dizendo que está sozinha demais e que queria encontrar conosco, mas insistimos muito para que não viesse, pois estava fazendo muito frio, e a alimentação de que está precisando, leite e manteiga, não está acessível aqui. Ela deveria ter uma vida tranquila e

---

[1] Essa intenção acabou se realizando (cf. 404-Max, p. 500, nota 1).

498 SIGMUND FREUD

não ter que sair de casa e enfrentar o mau tempo para fazer cada refeição. Talvez ela venha daqui a uma ou duas semanas; é possível que se sinta tão confortável em Salzburgo que acabe gostando de passar esse tempo ali.

Hoje o dia está bonito, Gastein ensolarado! Estamos felizes em conseguir também, depois de semanas, uma porção de carne, por muito dinheiro, mas, na verdade, não mais cara do que em Viena, onde não nos permitimos esse luxo. Naturalmente, os primeiros passeios me cansaram muito, mas eu sei que nos acostumamos logo e espero poder me movimentar bastante, sozinho, pois a tia deve levar uma vida tranquila, fazendo apenas os pequenos percursos até os restaurantes próximos. Trouxe muita coisa para escrever,[1] mas a necessidade de descansar é maior do que sentia em Viena.

Daqui a quatro semanas, quero encontrar com Anna e mamãe e iniciar a outra temporada no lago Badersee, perto de Garmisch. Passar pela fronteira é outro risco, mas, se tudo ficar tranquilo, não há impedimento. Obtive a autorização para levar uma boa quantidade de marcos e o que sobrar certamente irá antes para Hamburgo do que para Viena. Diante da insegurança atual em relação aos bens, gastar dinheiro ficou especialmente fácil.

Espero que você escreva logo, dando notícias boas de Max e dos dois meninos, que eu trouxe para Gastein.[2]

Saudações cordiais a vocês todos do
Papai

403-Max   [Cabeçalho Viena], Bad Gastein, 27/7/19
                                               Villa Wassing

Querido Max,

A nossa editora, atualmente, tem condições de te mandar os honorários pelos serviços fotográficos a nós prestados.[3] Se quiser enviar

---

[1] Cf. 31-Math, p. 83, nota 1.
[2] Na forma de fotografias.
[3] Pelas fotos de Freud feitas por Max Halberstadt, usadas pela editora.

CARTAS AOS FILHOS

uma fatura no valor de, digamos, 1.600,00 marcos para a Editora Psicanalítica Internacional, em nome de dr. Otto Rank, Viena I, Grünangergasse, 3-5, a transferência certamente não encontrará dificuldades na Central de divisas. Peço, portanto, para fazê-lo sem delonga.

Estamos bem aqui. Ontem fui a Salzburgo para o aniversário da mamãe e a encontrei em ótimas condições, bem cuidada e em boa companhia. Levei Ernst, que também viera a Gastein para dar os parabéns, por 1 dia e meio. Ele voltará a Salzburgo amanhã.

Gostaria de insistir com você para não se preocupar nem se atormentar e confiar mais na juventude de vocês. Tome como exemplo a temeridade do seu velho sogro.

Mande lembranças cordiais a Sophie e aos dois meninos e minhas saudações à sua boa mãe.

Gostaria muito de encerrar dizendo: "Até a vista!"

Papai

P.S.: Acabaram de lançar a 6ª edição de *Vida cotidiana* na nossa própria editora.[1]

404-Max   [Cabeçalho Viena], Badersee/Garmisch, 19/8/19

Querido Max,

Desde a sua última carta, tive tempos inquietos; apenas agora consegui uma escrivaninha para te responder. Na minha frente está a montanha da Zugspitze, que está brilhando no ardor do sol; tem-se que ser poético, apesar de todos os incômodos do verão, dos distúrbios estomacais etc.

---

[1] Em sua função, como diretor da recém-fundada Editora Psicanalítica, Rank tinha a ambição de assumir todas as publicações de Freud das outras editoras, o que conseguiu apenas com restrições consideráveis (Grubrich-Simitis, 1993, pp. 43-45). Como primeira publicação, ele conseguiu lançar *Sobre a psicopatologia da vida cotidiana* (1901b).

500 SIGMUND FREUD

Então, em primeiro lugar: Por que você mandou uma fatura de apenas 1.000,00 marcos? Não escrevi para ser de 1.600,00? Você é modesto demais.

Em segundo lugar, pensei em visitar vocês sem avisar.[1] No entanto, os intermediários estragaram o prazer, antes de termos tomado a decisão. E sua carta me põe diante de uma decisão difícil. Por um lado, eu veria com bons olhos uma visita de Soph e Ernstl aqui e o fato de ela ficar longe das tarefas domésticas; também encontraria com você, uma vez que prometeu trazê-los. A mamãe está entusiasmada com essa solução da questão. Por outro lado, há de se considerar que não se deve adiar nada na minha idade, que ainda tenho mais facilidade para viajar do que o Heinz, e que, assim, posso estar perdendo a oportunidade de conhecê-lo. Também não posso avaliar se a Soph tornou-se uma mãe suficientemente resistente apresentando a tranquilidade necessária para entregar a criança a mãos alheias. A minha preferência, portanto, tende decididamente na direção de eu ir visitá-los; Ernst e mamãe iriam junto comigo. Você também já escreveu que para vocês seria mais fácil assim. A última data para cruzarmos a fronteira[2] é dia 24 de setembro.

Há outra dificuldade ainda. Caí no erro de achar que a Alemanha fosse mais barata que a Áustria alemã, trouxe poucos marcos. Não está sendo fácil conseguir mais marcos e isso pode impossibilitar a viagem. Calculando o câmbio, a vida em Munique e aqui está muito cara. Hoje mesmo tomarei medidas para providenciar os marcos, que mandaria transferir para mim na sua conta. A solução apropriada seria que vocês viessem até aqui para que eu voltasse depois com vocês. Mas nem a minha temeridade chega a esse ponto.

---

[1] Freud e Martha partiram de Badersee em 9/9/19 e foram a Hamburgo via Berlim (cf. 89-Martin, pp. 168-169). A viagem de volta aconteceu no dia 21 (149-Ernst, p. 262).

[2] Para o retorno à Áustria, de acordo com o visto alemão.

CARTAS AOS FILHOS

Martin e Ernst devem vir de Munique hoje para nos visitar. Martin já vi em Salzburgo; ele está com uma aparência boa e firme, pensa em se casar,[1] mas não tem perspectivas de ganhar dinheiro.

Minhas saudações cordiais a você e a Soph, esperando que troquemos mais cartas até tomarmos uma decisão.

Papai

405-Max   [Cabeçalho Viena], Badersee, 1.set.19

Querido Max,

Alex acaba de me escrever dizendo que mandou 2.500,00 marcos para mim no seu endereço. Agora, então, é mais provável que eu vá, e tudo indica que vou *sozinho*.[2] Devo estar com vocês já no dia 13 ou 14, no dia 24/9 terei que cruzar a fronteira de volta. Claro que avisarei imediatamente a vocês sobre qualquer alteração dos planos. Mas estou muito ansioso para ver e rever vocês.

Cordialmente,
Papai

406-Soph   [Cabeçalho Viena], 4.out.19

Minha querida Sophie,

Hoje, pela primeira vez, podemos respirar aliviados; os ingleses se despediram ontem.[3] É verdade que há um novato,[4] mas este é paciente,

---

[1] Cf. p. 183.

[2] Na verdade, Martha acabou indo junto (cf. F/A, p. 627 s.).

[3] De 27/9 a 3/10/19, Ernest Jones, acompanhado pelo seu assistente Eric Hiller, ficou em Viena para sua primeira visita à casa de Freud depois da guerra. Junto com Rank, Ferenczi e Von Freund, isto é, no círculo restrito do "Comitê", foram definidas as coordenadas para a continuação da Associação Psicanalítica Internacional (IPA) e, especialmente, para a criação da Editora Psicanalítica Internacional (cf. Jones III, pp. 30-32; F/A, p. 628).

[4] David Forsyth.

SIGMUND FREUD

mesmo se por algumas semanas apenas. Certamente eu teria escrito uma carta para você hoje; a escrevo, portanto, com mais prazer, já que preciso responder à sua carta que chegou hoje.

A fotografia com os dois meninos é menos favorável para você e para Ernst, sendo que é a melhor do Heinz até hoje. Espero que o rapazinho esteja recuperado de novo; só posso repetir que é um bichinho fofo e que promete tornar-se uma criança encantadora. Ernst já está quase adulto e não é mais um brinquedo.

O leite condensado você deve conseguir com o Eitingon. Ele certamente não descansará até providenciá-lo para você. Se receber pelos dois lados, não fará mal. Conversei intensamente com o dr. Liebermann[1] sobre suas necessidades médicas.[2] Se ele ainda não te escreveu, não demore a lembrá-lo. Max tem o endereço ou, se não o tiver, escreva a ele por intermédio de Eitingon. Não se constranja em lhe pedir. Ele pode ganhar uma fotografia em troca.[3]

Concordo plenamente que Emden ganhe uma foto, mas então Ophuijsen também (Haia, Prinse Vinkenpark, 5). Para todos, apenas fotos de tamanho menor.

Não há necessidade de você me mandar charutos. Agora tenho em excesso, trazidos da Holanda, da Inglaterra e da Alemanha e,

---

[1] Hans Liebermann (1883-1931), médico, desde 1914 registrado como membro do círculo local berlinense da Associação Psicanalítica Internacional (IPA), secretário da Associação Psicanalítica de Berlim de 1919 a 1921 (Kaderas, 2000).

[2] Provavelmente, Freud está se referindo a um anticoncepcional (cf. 409-Soph, pp. 506-507).

[3] Ao que parece, Max Halberstadt, na ocasião da visita anterior de Freud a Hamburgo, havia tirado outra foto "oficial" do seu sogro. Ela existia em duas versões, que Freud caracterizaria mais tarde em uma carta com as palavras: "a grande, brava" e a "reduzida, mais mansa" (414-Max, p. 513); a primeira, ele também denominou "a mais nítida, com o charuto torto" (430-Max, pp. 527-528). Pode-se deduzir disso que a foto conhecida com charuto, na qual aparece como uma estátua, surgiu em setembro de 1919. De fato, há comprovadamente duas versões: uma grande (E. Freud, 1976 *et al.*, p. 222) e uma reduzida, também com charuto (cf. Kardiner, 1979, p. 7; aqui com a data de 30/3/22). Max Halberstadt enviou algumas dessas fotos por incumbência de Freud (cf., por exemplo, F/A, p. 630). Parece que na mesma oportunidade foi feita também uma foto de Freud com Sophie.

CARTAS AOS FILHOS

principalmente, tenho uma autorização de importação da Holanda de 2.000 charutos, que ainda não foi utilizada. Deixe que o Max mesmo os fume. Não o invejo pelo jovem homem[1] com formação em ψα.

Ontem, tivemos um lanche farto na casa dos sogros de Martin. Ele está instalado nesse lar confortável, já tem esposa, um emprego como secretário em um banco recém-fundado e provavelmente também um apartamento.[2] A mamãe está gostando bastante de Esti; apenas a desconfiança que criou pela experiência com Ella a incomoda,[3] apesar de, pelo visto, a situação ser diferente.

Ferenczi e Freund, gravemente doente, ficarão aqui por uma semana ainda. Terei seis pacientes a partir da semana que vem, mas ainda não é interessante.

> Minhas saudações cordiais a você,
> ao Max e aos meninos.
> Papai

407-SophMax   [Cabeçalho Viena], 12/X/19

Queridos filhos,

Escrevo-lhes hoje unicamente pelo interesse da ciência, que não deve perder um material precioso. Vocês não cumpriram a intenção de anotar para mim os belos exemplos de lapsos de fala que me contaram, e lembro vocês de fazê-lo. Anotei as seguintes palavras:

---

[1] Não identificado.
[2] Sobre a situação de Martin na época, seu casamento iminente com Ernestine Drucker, suas perspectivas profissionais, os sogros etc. cf. p. 99s . e a nota 6 de 90-Martin, p. 169.
[3] Alusão ao casamento breve de Oliver com Ella Haim.

504 SIGMUND FREUD

1) *Gespeckstücke;*[1]
2) *Wiederherstellung der Krankheit;*[2]
3) *Espero vê-lo ainda mais raramente.*[3]

Como recompensa pelo envio desses exemplos, complementadas na forma de histórias inteiras, quero contar a vocês duas piadas que surgiram no contexto da situação atual.

a) A nova moeda austríaca.

A unidade maior se chama *Dalles.*

1 Dalles = 100 Drachmones

1 Drachmone = 100 Tünowim

1 Tünef = 100 coroas[4]

b) Parece que o nosso governo social-democrata está quase acabado. O que será que vem depois dele? Resposta: a *Habsb(o)urgeoisie.*[5]

Minhas saudações cordiais a vocês e aos pequenos,
Papai

408-Max [Cabeçalho Viena], 21/X/19

Querido Max,

As fotografias chegaram ontem[6] e começam a agradar também a outras pessoas. Estou muito satisfeito com elas, apenas fico insatis-

---

[1] Palavra inexistente; constituída da justaposição entre *Gepäckstücke* (bagagem) e *Speck* (banha) (N. da T. Francesa).

[2] "Recuperação [*Wiederherstelling*] da doença [krankhfit]". Ao trocar "doença" por "doente", o falante parece querer dizer o oposto do que ele está conscientemente buscando (N. da T. Francesa).

[3] Freud acolheu os exemplos 1) e 3) em 1920, na 7ª edição de *Sobre a psicopatologia da vida cotidiana* (1901b, pp. 132, 147).

[4] Jogo com as palavras iídiche *Dalles* = pobreza, *Tinnef/Tünnew* [plural: *Tünowim*] = coisa sem valor ou sem sentido. *Drachmones* parece ser uma corruptela da dracma (moeda grega), que soa iídiche pela formação do plural.

[5] Habs – Burguesia; jogo de palavras com habsburgos, família real que governou a Áustria do final do século XIII até 1918 (N. da E.).

[6] Novas fotografias feitas de Freud.

CARTAS AOS FILHOS

feito com os últimos 2.500 marcos pagos por elas. O recibo que você mandou à nossa editora corresponde a toda a verdade.[1] Agora não sei se você atendeu diretamente os endereços berlinenses, ou se ainda faz parte da minha dúzia. De todo modo, agradeço afetuosamente por todos os seus esforços.

A dissolução da família está avançando rapidamente. Martin quer casar-se no dia 7 de dezembro; Ernst está em Berlim agora e provavelmente já aceitou o emprego no escritório do arquiteto sionista, intermediado por Eitingon (infelizmente, apenas 250,00 marcos por enquanto).[2] Oli recebeu uma resposta favorável da administração colonial holandesa e pensa, com razão, em ir até lá para concluir a questão;[3] ele certamente visitará vocês no caminho. Em breve poderemos temer que a Secretaria de Moradia nos tire a metade dos nossos quartos. Nós não deixamos a tia voltar também.[4]

Nesse meio-tempo, um incidente muito desagradável atingiu a nossa família nos Estados Unidos. Rosi, que chegou no dia 17 de setembro, foi internada no dia 23 com um diagnóstico de doença mental.[5] Eli relatou isso em uma carta à maneira dele, achando muito ruim que tenhamos lhe enviado uma pessoa doente. No entanto, deve tratar-se de algo muito agudo, pois, em momento algum notou-se algo anormal com ela nesse sentido; ela nos deixou esbanjando saúde e bom humor. A distância, o caso é muito misterioso. O quanto estragará o futuro, Soph poderá te explicar com facilidade.[6]

---

[1] Contexto não esclarecido nos detalhes. De qualquer forma, parece que Max enviou fotos de Freud, tendo enviado a fatura à editora. Os 2.500,00 marcos devem referir-se a uma quantia mencionada em 405-Max, p. 501.

[2] Cf. pp. 234-235.

[3] Logo depois, esta esperança se frustrou (154-Ernst, pp. 265-266).

[4] Minna Bernays passou o inverno de 1919/20 em um tratamento em Reichenhall (Freud/Hitschmann, 5/11/19; SFP/LoC), de onde retornou em 5/3/20 (415-Max, pp. 513-514 e 417-Max, p. 516).

[5] Cf. 142-Ernst, p. 258, nota 1.

[6] Não elucidado. Talvez porque os cuidados com Rosi, quando ela voltasse dos Estados Unidos (o que acabou fazendo), caberiam a Freud e seu irmão (e a Anna também)?

506 SIGMUND FREUD

Estou trabalhando nove horas por dia e consigo sustentar a casa enquanto estiver com o inglês, que paga tanto quanto todos os outros juntos, isto é, dois Guinéus por hora. Mas em poucas semanas ele vai embora. Contratei, junto com Anna, uma professora de inglês duas vezes por semana, das 21h às 22h, e também pratico inglês fora disso. Talvez, daqui a um ano ou um ano e meio, a imigração para o país não castigado por Deus seja possível. Os belos dias de Hamburgo já estão tão longe.

Minhas saudações cordiais a você, a Soph e aos dois pequenos, e espero ter logo notícias de vocês.

Papai

409-Soph   [Cabeçalho Viena], 4/1/20

Minha querida Soph,

Se acha que fiquei muito consternado com sua mensagem, você está enganada.[1] Estou em condições de ficar muito feliz com ela. Espero que agora seja uma bela menininha querida; não quero me despedir deste mundo sem tê-la conhecido. É melhor ter seus filhos cedo também, e três não são demais. Está certo, você poderia ter esperado mais um ou dois anos, mas nem sempre é possível organizar-se de forma tão confortável.

Meu conselho, portanto, é que aceite a criança com boa vontade e não estrague o seu tempo e o do Max com desgosto e arrependimento até o nascimento. Também não é o caso de vocês ficarem preocupados, pois os negócios voltaram ao normal e, mesmo que tenhamos ficado pobres em função da guerra, o mundo aliado nos oferecerá ajuda suficiente para que voltemos a ficar ricos de novo. Nem consigo

---

[1] Sophie havia engravidado de novo.

CARTAS AOS FILHOS

descrever a você com qual carinhosa teimosia amigos como Eitingon,[1] mas outros também, colocam bastante dinheiro à minha disposição. O tio Eli tem planos de apoiar os membros da família a longo prazo, eu mesmo estou juntando marcos na conta de Ernst em Munique,[2] dos quais posso te mandar um pouco a qualquer momento. Os honorários pelas novas edições vão diretamente para você. Resumindo: não é para terem preocupações financeiras em razão da filhinha. A mamãe estava em condições muito piores e acabou aceitando os filhos, um depois do outro, com pouca resistência e, se ela não tivesse feito isso, Max estaria sem esposa ou com outra.

O que é para fazer depois? O mesmo que deveria ter sido feito logo. Levamos a regulação[3] a sério e, como os médicos de Hamburgo são tão retrógrados, vamos uma vez a Berlim para obtermos a única proteção confiável.[4]

Então, espero saber de vocês na próxima carta, e o mais rápido possível, que ficaram consolados e que veem o futuro com uma expectativa feliz.

Com minhas felicitações cordiais,
Papai

410-Soph   [Cabeçalho Viena], 5 jan 20

Minha querida Soph,

Um certo Mr. Viereck (poeta e jornalista), de Nova York, que tomou uma grande iniciativa denominada *Feed and clothe Germany*,[5]

---

[1] O episódio em questão data de novembro de 1919 e está documentado em F/E, pp. 173-180.

[2] Cf. 157-Ernst, p. 268. Sobretudo devido aos honorários de um paciente alemão, que Freud cobrava em marcos, como medida contra a inflação então galopante na Áustria e provavelmente para economizar impostos também.

[3] Da prevenção da gravidez.

[4] Freud está se referindo a um pessário [diafragma] (cf. abaixo, p. 597).

[4] "Alimentar e vestir a Alemanha."

508 SIGMUND FREUD

anunciou que me mandaria uma caixa de produtos de carne (padrão 5), que deve chegar em breve a Hamburgo, na empresa Roehlig & cia., Ferdinandstrasse, 34. Por favor, pergunte por ela para saber o que se pode fazer para que chegue segura e sem roubos, se é preciso uma guia de importação, se seria melhor direcioná-la para a empresa Schenker & cia. daqui etc.

Ontem mandei para você uma longa carta expressa, cheia de repreensões e dando os parabéns também.

Cordialmente,
Papai

Sophie Halberstadt morreu em 25 de janeiro de 1920.

411-Max   [Cabeçalho Viena], 25/1/20

Meu caro Max,

Uma jovem senhora[1] vai levar esta carta a Berlim e pô-la no correio para Hamburgo. Tenho a sensação de nunca ter escrito uma carta mais supérflua. Você sabe o quanto a nossa dor é grande; nós sabemos das dores que deve estar sentindo; não faço nenhuma tentativa de consolá-lo, da mesma forma que você não pode fazer nada por nós. Talvez você pense que eu não sei o que significa perder a esposa amada e a mãe dos próprios filhos, porque fui poupado disso. Você está certo, mas, por sua vez, a amarga ferida, em um momento tão avançado na vida e tão próximo da morte, de sobreviver a uma filha jovem e em flor, deve ser algo desconhecido e inconcebível para você. Também não preciso dizer que essa desgraça não muda nada nos

---

[1] Não identificada.

CARTAS AOS FILHOS

meus sentimentos por você, que continua sendo o nosso filho o tanto que quiser sê-lo, é algo que segue evidente da relação que tivemos até agora. Então escrevo para quê? Acredito que estou escrevendo apenas pelo fato de não estarmos juntos e de não podermos nos ver nessa época terrível de aprisionamento, de modo que não posso te dizer as coisas que fico repetindo com a mamãe e os irmãos, isto é, que foi um ato brutal e sem sentido do destino que nos privou da nossa Sophie, algo que não nos permite fazer acusações nem ruminações, mas que nos obriga a abaixar a cabeça sob o golpe, como pobre ser humano abandonado, entregue ao jogo de poderes superiores. Pelo menos ela estava feliz enquanto vivia com você, apesar dos momentos difíceis em que caiu o breve casamento de sete anos de vocês; e ela devia sua felicidade a você.

A mamãe entrou completamente em colapso; ela quer, assim que estiver em condições – a próxima data seria o dia 29 –, viajar a Hamburgo e te perguntar quais as suas intenções em relação aos filhos e a casa daqui em diante. Eu preferia que Math e Robert viajassem no lugar dela,[1] pois confio pouco nas forças da mamãe. Math é inteligente e carinhosa, Robert, apesar do jeito brusco e do egoísmo evidente, é um bom rapaz e está muito tocado nesse momento. Fico feliz também em saber que Oli e, depois, Ernst[2] puderam estar com você, sobretudo que, durante o outono, ficamos em casa aquecidos com você.

Dê beijos do avô aos pobres coitados meninos, erga a cabeça e receba as minhas saudações cordiais.

Papai

---

[1] De fato, Mathilde e Robert viajaram em 29/1/20 para Hamburgo. Esperava-se que a viagem durasse de 2 a 3 semanas (F/Fer III/1, p. 50) e que o retorno fosse no dia 21 (F/Sam, 15/2/20). Há documentos que mostram que eles estiveram em Berlim de 10 a 16/2 (F/E, p. 189), e Martha somente foi em abril (cf. nota 3 de 416-Max, p. 515).

[2] Ambos foram a Hamburgo a partir de Berlim, o último junto com Eitingon, e participaram da cerimônia fúnebre, que aconteceu no dia 28/1 (F/Fer III/1, p. 50).

510 Sigmund Freud

412-Max   [Cabeçalho Viena], Segunda-feira, 26/1/20

Meu querido Max,

Robert e Math levarão, além desta carta, também a de ontem, que seria enviada a partir de Berlim. Eles devem a Wenckebach[1] a possibilidade de ir; somos mesmo prisioneiros. Como mamãe e eu também teríamos gostado de ir! Mas, devido ao estado dela, realmente é mais prudente ficar, e eu acho bom quando consigo me distrair com o trabalho e ganhar dinheiro para nós todos.

Hoje também tratarei apenas desses assuntos menores. Assim descansamos. As necessidades da vida e "o relógio eternamente igual do serviço"[2] – são benfeitores no luto.

Eu havia preparado várias remessas menores em marcos para Soph, à medida que eu pudesse providenciá-las. Agora você poderá usá-las para as despesas com a doença e com a cremação! Ernst te explicará o cheque em anexo.[3] Estou juntando marcos na conta dele em Munique, pois, quando possível, os pacientes me pagam na moeda deles. Um segundo montante, mais ou menos 1.300 marcos, será enviado diretamente a você em meados de fevereiro; algum tempo depois, talvez em algumas semanas, na época dos aniversários, chegarão os honorários de Deuticke. Espero que, além disso, Robert leve alguma quantia em espécie pelos últimos empréstimos.

Amanhã sairá o anúncio na *Neue Presse*,[4] que podemos recortar para você.

---

[1] Possivelmente Karel Frederik Wenckebach (1864-1940), clínico geral nascido na Holanda, que ocupou uma cátedra em Viena a partir de 1915.

[2] "O relógio sempre igual do serviço": Schiller, *Os Piccolomini*, I, 4.

[3] Cf. 158-Ernst, p. 269 e seguintes.

[4] O anúncio de óbito na *Neue Freie Presse*, certamente formulado por Freud, dizia: "*Prof. dr. Freud* e *senhora* anunciam, no próprio nome e em nome de seu genro, *Max Halberstadt*, com muito pesar o falecimento, ocorrido em Hamburgo, de sua filha / *Sophie Halberstadt* / que sucumbiu, em 25 de *janeiro* de 1920, aos 27 anos de idade, a uma infecção gripal, a qual evoluiu com muita rapidez." Seguem os nomes dos filhos, irmãos e "outros parentes". / "*Pedem-se condolências discretas.*"

CARTAS AOS FILHOS

Ao que parece, Soph levou a infecção da clínica[1] para casa,[2] uma vez que as crianças também adoeceram. Nesse caso, entretanto, é pouco provável que Heinz pegue coqueluche. Claro que estamos ansiosos para saber o que você fará em relação a casa e às crianças. Espero que tenha encontrado muito apoio da parte de seus irmãos e de Eitingon. Não se esqueça de que Eitingon é um "irmão eleito" direto.[3]

Talvez eu acrescente ainda outra carta. É como um consolo falar com você, mesmo que não possa responder.

Com carinho,
Papai

413-Max   [Cabeçalho Viena], 5/2/20

Querido Max,

Acabei de ler sua primeira carta expressa (com o endereço da Math) e consigo te entender muito bem. É verdade mesmo que, no início, tudo isso é inconcebível, que, no fundo, não queremos acreditar no que aconteceu e que, somente aos poucos, isso acaba vindo à tona, de forma que somos forçados a acreditá-lo. Também corresponde totalmente à minha expectativa que você não queira ficar sem as crianças, sem falar das dificuldades de uma viagem e das más condições de vida aqui em Viena. O que deve ser feito depois, também não consigo te dizer à distância; contento-me com a certeza de você ser o pai mais coruja que conheço e de que não ficará sem o apoio dos amigos nas suas preocupações.

---

[1] O hospital geral de *Hamburg-St. Georg*.

[2] Esta formulação indica que Sophie não foi levada para o hospital devido à gripe, em consequência da qual ela acabou morrendo – e permite a suposição de que o motivo de sua internação poderia ter sido um aborto. É incerto se essa questão poderá ser verificada um dia com base nos registros dos pacientes. Embora, no inventário do Arquivo Público de Hamburgo conste a existência de amplos registros do Hospital St. Georg <www.hamburg.de/contentblob/31352/data/kab-bestaende.pdf>, p. 149; acesso em 23/10/2009, que, entretanto, estão desaparecidos no momento.

[3] Sobre a relação "familiar" de Eitingon com Freud, cf. Schröter, 2004, pp. 14-16.

512 SIGMUND FREUD

Conversamos com o sr. Popper;[1] ficamos muito impressionados com o discurso do dr. Rosenthal.[2] É estranho que todos a respeitavam, sendo que, na verdade, ela era ríspida com estranhos; mas exercia um poder natural sobre os outros. Aqui também as mensagens de condolências se acumulam e as visitas não acabam. O caso despertou simpatias por toda parte. Certamente, a que isso nos leva? Sentimos que, com ela, o nosso brilho acabou.

O fato de a gente não ter como encontrar e falar com você, foi um acréscimo desagradável à nossa grande desgraça. Espero que te informaram sobre as nossas condições de trânsito. A mamãe também estava tão abalada que fiquei aliviado quando Math se ofereceu para subsituí-la. Aproveito para dar continuação ao trabalho, durante o qual posso esquecer por algumas horas que as coisas mudaram.

Envio, com esta carta, algumas palavras de agradecimento ao dr. Rosenthal. Escreva-me logo, assim que sentir vontade para tal. Ernstl se comporta como uma criança normal, é melhor assim, mais tarde, porém, a mãe vai fazer uma falta terrível a ele. Heinz não vai se lembrar dela; passei a gostar especialmente desse rapazinho, apenas queria saber de onde ele tem esse rosto. Do lado dos Bernay, suponho.

Com saudações mais que cordiais
Seu – quase escrevi "devoto"[3] –
Papai
extremamente empobrecido
Papai

---

[1] Cf. 360-SophMax, nota 1. Popper levou o texto do discurso que o dr. Rosenthal fez para Sophie na cerimônia fúnebre (F/E, p. 188).

[2] Provavelmente Felix Rosenthal (1885-1939/52?), a partir de 1930, médico-chefe do Hospital Israelense de Hamburgo (F/AF, p. 332, nota.5).

[3] De fato, Freud assinou o agradecimento de 4/2/1920 por uma carta de condolência com "Seu (em qualquer sentido) humilde Freud (dirigido a L. Lévy; SFP/LoC).

CARTAS AOS FILHOS 513

414-Max [Cabeçalho Viena], 8/2/20

Querido Max,

Nestes dias sombrios, uma encomenda. Tenha a bondade de mandar ao dr. Ernest Jones, Londres W, III, Harley Street, uma fotografia minha: a grande, brava ou a reduzida, mais mansa.[1] Não estamos entendendo os envios, pois tudo chega em um estado miserável.

Para a mamãe, cada dia é pior de suportar a situação; estamos esperando o retorno de Oli e Math para ter notícias suas diretamente. Mamãe e Anna estão com um aspecto miserável. Espero que as gripes dos meninos não tenham importância.

Minhas saudações cordiais e aguente firme,
Papai

415-Max [Cabeçalho Viena], 15/2/20

Querido Max,

Com boa vontade, aproveito qualquer oportunidade para te escrever e respondo hoje a sua carta, do dia 2 do mês corrente, sobre assuntos financeiros. (Espero que tenha recebido uma carta levada pelo sr. Popper.)

Você não precisa preocupar-se com as nossas condições aqui. É verdade que não é possível compensar o que consumimos com qualquer tipo de trabalho, mas não estamos nessa situação, porque uma amiga inglesa (Loe Jones) manda vir da Holanda a maior parte das nossas necessidades alimentares às custas dela. No mais, há também discípulos e amigos que cuidam de nós com muito carinho, e você com seus dois bichinhos tem o direito de participar disso.

---

[1] Cf. a nota 3 de 406-Soph, p. 502. Jones havia solicitado uma das fotos novas de Hamburgo (F/Jo, pp. 364, 366).

Você mesmo já teve oportunidade de conhecer o dr. Eitingon. O dr. Jones envia pacientes ingleses e americanos para mim, com os quais se ganha, evidentemente, um acréscimo em relação aos conterrâneos. Atualmente estou com dois estrangeiros e um terceiro foi anunciado para o início de abril.[1] O pagamento de um paciente alemão ([P.] de Frankfurt), posso enviá-lo diretamente a você, de 11 a 1.300 marcos por mês. Estou na expectativa de que já o tenha recebido em janeiro. Como você certamente se dispõe a nos deixar participar da assistência das crianças, basta dizer se prefere uma contribuição regular para a educação de Ernstl e Heinz ou se prefere remessas irregulares, como nos tempos da nossa querida Sophie. Não recuse a oferta, mesmo se não precisar dela no momento, pois, com a minha idade, o futuro é incerto.

Oli voltou e nos contou muitas coisas. Nossa ideia é que ele leve a mamãe quando for novamente a Berlim daqui a seis ou oito semanas. Queremos que a Minna continue em Reichenhall até a Páscoa. Peço enfaticamente para você nos relatar, por conta própria, *uma vez por semana,* como as coisas estão evoluindo em casa. Sentimos o isolamento com muita dor.

A apatia de Ernstl é muito interessante para mim. A nossa escola afirma que, no quinto ano, começa uma regressão totalmente normal da vida amorosa, que dura até a pré-adolescência (10 a 11). A ignorância da criança faz o resto.

Estou frequentemente com você em pensamento,

com Saudações cordiais,
Papai

---

[1] Além de Bieber e Daly, chegou em abril de 1920 John Rickman (May, 2006a; 2007).

CARTAS AOS FILHOS 515

416-Max   [Cabeçalho Viena], 29/2/20

Querido Max,

Quer dizer que o recente episódio com Ernstl passou sem problemas? Não recebemos uma resposta sua ao telegrama,[1] mas o Neurath[2] nos informou espontaneamente que ele está sem febre. Não sei por que, desta vez, não fiquei preocupado.

Parece que Minna não aguenta mais ficar em Reichenhall, apesar da nossa insistência para ela permanecer lá ainda durante o mês de março. Se ela voltar logo, a viagem da mamãe pode antecipar-se também.[3]

Fico muito contente em saber que aceitou a minha oferta, de forma que temos motivo para manter uma correspondência regular de negócios. É como uma continuação da correspondência com Soph. Estou pensando em levar as coisas da seguinte forma por enquanto: cada mês em que eu tiver pacientes da Alemanha, envio-lhe o pagamento. Você utiliza a metade disso como quiser, para você e os filhos, e mantém a outra metade à minha disposição. Em março, você receberá de [P.] em Frankfurt 2.047,00 marcos, dos quais, por favor, separe 1.000,00 para mim. No decorrer do ano, entrarão de 3.000 a 5.000 marcos de Deuticke, que dividiremos de forma semelhante. Atualmente, estou com cinco novas edições na editora dele.[4] Esses depósitos logo serão utilizados quando a mamãe estiver com você. Espero que não tenha dificuldades para tomar conta desse dinheiro.

Nosso próximo plano é providenciar para as crianças, o mais rápido possível, uma temporada no interior, para que você possa sair com mais

---

[1] Não conservado.

[2] Não identificado.

[3] Na verdade, Martha Freud viajou somente no dia 19/4/20 para (Berlim e) Hamburgo (F/Fer III/1, p. 63). Ela voltou por volta do fim de maio (F/E, p. 207; 420-Max, pp. 518-519).

[4] Para o ano de 1920, são documentadas três reedições das obras de Freud na editora de Deuticke: *Drei Abhandlungen* [Três ensaios] (1905b), o vol. I de *Sammlung kleiner Schriften* [Reunião de pequenos textos] e *Sur la psychanalyse* (1910a). No início de outubro estavam ainda programados (cf. Rbr. I, p. 61): *A interpretação dos sonhos* (1900a), o vol. II de *Sammlung* [Reunião de pequenos textos] e *Der Witz* [O chiste] (1905c).

facilidade! Mas, como e onde encontraremos isso? Será que procuramos agora, a partir de maio, um lugar com jardim, para depois, nas férias, ir mais longe? Então gostaríamos todos de ir, e você teria que, finalmente, tirar umas férias para você também. Aliás, de modo geral, você deveria se lembrar de que agora é o único que os meninos têm. Os avós não são confiáveis. Desde que estivemos juntos no Karersee e em Marienbad,[1] o mundo, claro, mudou de forma muito desagradável.

Minhas Saudações cordiais,
Papai

417-Max   [Cabeçalho Viena], 4/3[2]/20

Querido Max,

Por favor, dê os parabéns ao Ernstl também em meu nome e providencie um presente a ser comprado por minha conta. Claro que a escolha fica a seu critério.

Peço ainda para que faça o depósito anexado para mim, o que é bastante complicado daqui, e que pague as duas despesas com uma parte dos 1.000 marcos que separará da remessa de Frankfurt em março. Espero que faça uma contabilidade rigorosa a respeito.

Aguardamos Minna para amanhã. São tempos especialmente tediosos e vazios. Estamos sentindo falta nas suas cartas de uma referência à srta. Z.[3]

Minhas saudações cordiais,
Papai

---

[1] Uma referência ao primeiro encontro com Max e Sophie como casal, nas estâncias de verão de 1912 e de 1913.

[2] O número "2" para o mês, que consta do original, com certeza está errado, uma vez que o aniversário de Ernstl foi no dia 11/3 e Minna voltou de Reichenhall na primeira metade de março (F/Fer III/1, p. 58).

[3] Não identificada; talvez a empregada doméstica.

CARTAS AOS FILHOS 517

418-Max   [Cabeçalho Viena], 11/4/20

Querido Max,

Para o mês de março, você receberá novamente o valor de (aproximadamente) 2.047,00 marcos de Frankfurt, que poderá separar na mesma proporção, isto é, 1.000 para mim.

Mamãe espera poder viajar agora; não faltam obstáculos. Contudo, me abstenho de maiores promessas.

No momento, o noivado de Ernst com a srta. Brasch é o primeiro assunto;[1] ainda sabemos muito pouco sobre ela. No mais, duas noras ainda não substituem uma filha.

Saudações cordiais,
Papai

P.S.: Querido Max! A caixa com conservas de carne dos Estados Unidos[2] ainda não chegou. Quem sabe você possa perguntar na transportadora de Hamburgo e pedir para investigar. Acho que foi uma das últimas incumbências de Sophie.

419-Max   [Cabeçalho Viena], 2/5/20

Querido Max,

Fico feliz em saber que finalmente está com a mamãe e espero que vocês deem uma ordem na casa. Você certamente realizará o seu plano de ir a Stuttgart[3] também, enquanto a presença dela te dá segurança. Sua saúde e capacidade de atuação agora são mais necessárias do que nunca.

---

[1] Quanto aos detalhes do noivado e do casamento de Ernst com Lucie ("Lux") Brasch, cf. p. 233s.
[2] Cf. 410-Soph, pp. 507-508.
[3] Contexto não esclarecido.

518   SIGMUND FREUD

Negócios: neste mês, você receberá 2.300 marcos de Frankfurt, dos quais separe, por favor, 1.000 para mim (ou mamãe). Além disso, Deuticke anunciou que transferiu 1.360 marcos para você, que também são para mamãe, tirando os 60,00 marcos que servirão para os presentes das crianças no meu aniversário. Pelos meus cálculos, a mamãe encontraria 4.300 marcos (tirando pequenos valores) que estão na sua conta.

Minhas saudações cordiais a você e aos meninos,
Papai

420-Max   [Cabeçalho Viena], 4/6/20

Querido Max,

A mamãe está então de volta, tomando conta novamente da casa, visivelmente recuperada, apesar do motivo doloroso de sua viagem. Ernst e Lux acabaram de anunciar uma visita para amanhã à noite. Ontem chegou seu telegrama, que fala da viagem para Timmendorf.

Fico muito feliz em saber que ele[1] poderá passar um tempo no mar e, mais ainda, que a mamãe, depois da nossa viagem,[2] quer ficar de novo com as crianças.[3] Neste ano, aliás, trabalho até 30 de julho para aproveitar os meus ingleses e porque é muito difícil encontrar um lugar de temporada entre Bad Gastein e a viagem à Holanda.[4]

Muito obrigado pelas lembrancinhas enviadas! Coloquei o medalhão, que uso o tempo todo;[5] queria dar o porta-joias para Lux, mas mamãe disse que não devo fazer isso.

---

[1] Ernstl, provavelmente.

[2] Para as férias de verão, que Freud passou em Bad Gastein novamente.

[3] Esse plano não se realizou (cf. 422-Max, pp. 520-521).

[4] Para o congresso psicanalítico em Haia, onde Freud foi junto com Anna.

[5] Conforme testemunho de Lilly Freud-Marlé (2006, p. 79), a sobrinha de Freud: "Como joia, ele [Freud] usava apenas um anel simples com uma gema da Antiguidade e, no colete, uma simples corrente de ouro, na qual estava pendurado um belo relógio dourado e um pequeno medalhão colorido com a belo rosto da sua Sophie prematuramente falecida."

CARTAS AOS FILHOS 519

Neste mês, você receberá 2.400 marcos de Frankfurt, dos quais separe de novo 1.000 para mim. Como você passou 2.000 para a mamãe, conto com uma reserva de 3.300 na sua conta. A mesma remessa se repetirá ainda por três vezes, maio, junho e julho. A minha reserva fica então para a temporada da mamãe. O que sobrar sempre é para as crianças, para que não precise economizar às custas deles.

Minhas saudações cordiais, pensando seriamente em vê-lo em setembro.[1]

Seu papai

421-Max   [Cabeçalho Viena], 4/6/20

Querido Max,

Devido ao seu contato com a mamãe, acabamos tendo apenas questões financeiras a tratar.

Sei que o pagamento de [P.] em junho teve um atraso. O velho[2] esteve comigo alguns dias atrás. Você pode contar com os 2.400 em breve, além dos 2.600 do mês passado. Haverá ainda um saldo para julho. Dos primeiros 5.000 marcos, peço que separe 2.000 para mim e o restante é para você e os meninos. Não gostei de ouvir de mamãe que você deixou todo o dinheiro intocado, e te peço que separe rigorosamente o meu do seu e que utilize mesmo a segunda parte para você e os meninos. Os pagamentos serão retomados em outubro, uma vez que o jovem [P.] dará continuidade ao tratamento.

Além disso, posso transferir da nossa editora em Leipzig os honorários de 11.000 marcos, que vão por inteiro para a minha parte.[3] De Deuticke também entrarão certas quantias. De fato, não sei se isso é

---

[1] Em sua viagem a Haia, Freud fez escala em Berlim e Hamburgo (cf. 424-Max, p. 523).
[2] Provavelmente o pai do paciente.
[3] Essa frase contradiz a opinião amplamente difundida de que ele não teria recebido honorários das suas publicações pela Editora Psicanalítica Internacional.

520 SIGMUND FREUD

conveniente para você, se deposito esse dinheiro na sua conta. Talvez isso te incomode por questões tributárias etc. Se assim for, diga-o sinceramente; posso depositar o dinheiro com a mesma facilidade em uma conta de Eitingon, que te repassa a cada vez a sua parte. O Ernst não tem estabilidade, já que quer ir para o exterior. Mas diga-me logo, para que eu possa avisar Eitingon. Nesse momento, estou precisando da minha parte para a mamãe, que deve te visitar logo, e para o Oli, que finalmente conseguiu um emprego de 600,00 marcos em Berlim e parte para lá em poucos dias.[1]

A mamãe não deve ficar mais do que alguns dias naquele quartinho da Hansastrasse;[2] ela deve ir logo para a estância de verão que você alugará para ela. Você precisa me prometer que vai lá regularmente nos fins de semana. Na primeira semana de setembro farei uma visita com a Anna.

Minhas saudações cordiais a você, assim como aos meninos. Você pode imaginar quantas vezes por dia falamos de vocês ou pensamos em vocês.

Tudo de bom,
Papai

422-Max   [Cabeçalho Viena], 22/7/20

Querido Max,

A ideia de que você não veja necessidade em uma temporada no interior para as crianças é, por si só, um bom sinal, mas teve como consequência que a mamãe desistiu de visitá-los. Tive que concordar com ela, pois mamãe está precisando muito descansar, voltou a ficar com má aparência e, pelo visto, está precisando mais do que o quartinho

---

[1] Cf. p. 206s.
[2] O apartamento de Max ficava na mesma rua.

CARTAS AOS FILHOS

em Hamburgo possa lhe oferecer. Assim, nossos planos se desfizeram mais uma vez, mas apenas para serem adiados para o próximo ano.

Também não estou gostando do seu modo de lidar com o dinheiro. Você não pode usar o total como empréstimo, que, aliás, não está precisando e nem pediu. Eu havia pedido para você separar rigorosamente aquilo que junto na sua conta como sendo o meu dinheiro daquilo que envio à sua disposição para as crianças. A primeira parte – gostaria de ouvir de você, agora e toda vez que entrar algo, quanto é – está destinada a Oli ou à mamãe, quando ela for te visitar; eu mesmo recorrerei a ela quando for no outono (setembro); a outra já não é mais minha. Você pode usá-la como quiser.

Como sabe, os pais herdam dos filhos quando estes deixam algo para trás, e você não vai querer cortar a nossa parte para os meninos.

Por favor, divida os 5.000 marcos. 3.000 para as crianças, 2.000,00 na minha conta. Em breve, chegarão 1.000,00 marcos de Heller, alguma coisa de Deuticke e depois uma quantia maior (11.000,00) da editora Ψα, que a gente vai distribuir depois.

Estimo muito o seu luto, mas, querido Max, a vida fará suas exigências e os filhos também precisarão de algo. Ainda há tempo. No mais, sei que suas obrigações manterão você firme.

No dia 30/7, viajarei com Minna a Bad Gastein, Villa Wassing. Será que poderia nos visitar nos últimos oito dias, para que possamos viajar juntos a Berlim e a Hamburgo?[1] A mamãe quer acompanhar Math e Rob na viagem deles a Goisern, perto de Ischl. A Anna já está com o dr. Rie em Alt-Aussee.

Estou muito atarefado e rendendo muito. Eitingon mandou um jovem escultor para cá, que se chama Königsberger, amigo de Ernst, que fará um modelo meu para um busto de bronze.[2] Ele é muito experiente.

Com saudações cordiais,
seu velho
Papai

---

[1] Essa ideia será retomada na próxima carta; depois não é mais mencionada.
[2] Paul David Königsberger (1890-?); cf. F/AF, p. 250, nota 2 e May, 2006b, pp. 144-147. O busto era um presente do "Comitê" pelo aniversário de 65 anos de Freud (Rbr. 2, p. 154).

522 SIGMUND FREUD

423-Max   [Cabeçalho Viena], Villa Wassing, 5/8/20

Querido Max,

Fico muito grato por sua carta e por concordar com as minhas propostas. É mais um motivo para escrever para você com frequência. Sobre os pagamentos, você deve receber ainda os seguintes nos próximos tempos:

[P.]	– 2.200 marcos
Heller em Viena	– 1.000 marcos
Editora Psicanalítica Internacional	– 6.925 marcos
	10.125 marcos

Ainda chegarão 4.000,00 da nossa editora e diversos depósitos de Deuticke. Tudo isso você divide e me passa a metade. Se Oli pedir, você lhe manda algo, evidentemente, da minha parte. O dinheiro para a viagem a Bad Gastein você pode pegar da sua parte. São pequenas férias para você. Mesmo que você fique apenas alguns dias aqui e depois vá comigo a Salzburgo, Ischl, Munique e Berlim, podemos ficar bastante juntos. Para Hamburgo, terei realmente pouco tempo. Espero que se decida nesse sentido e anuncie a sua visita a tempo. Devo deixar Bad Gastein no dia 28 desse mês.

Levo uma vida muito agradável aqui, junto com a tia, e espero que, depois de ter superado o mal-estar dos primeiros dias, eu possa juntar forças para o próximo ano.

Com saudações cordiais a você e aos meninos,
Papai

CARTAS AOS FILHOS

424-Max [Cabeçalho Viena], Gastein, 26/8/20

Querido Max,

Depois de amanhã, no dia 28/8, vou daqui para Ischl. Espero chegar segunda-feira, dia 30, à noite em Munique e terça-feira à noite em Berlim. Quero passar a sexta-feira e o sábado com você em Hamburgo (junto com a Anna), talvez domingo também; não sei se haverá trem no domingo. Se você quiser ir a Berlim, seria apenas para visitar os seus irmãos e Lux. Nos veremos pouco lá, mas não quero fazê-lo desistir.

O clima nas últimas semanas aqui está horrível; além disso, há uma ameaça de paralização do transporte público na Áustria. Minna se sentiu muito bem aqui; sobre a mamãe, as notícias também são boas.

Saudações cordiais,
Papai

Lembre-se da nossa hospedagem em hotel ou pousada.

425-Max Haia, 10.set.20[1]

Querido Max,

Agitação indescritível. Não consigo escrever uma única carta. O congresso está sendo um belo sucesso. Estamos impressionados com a riqueza do país, nos acostumamos logo. Os preços são fantásticos, pelo câmbio. Provavelmente, vou depois do dia 15 para a Inglaterra e ficar até o fim de setembro.[2] Amanhã cedo, Lampl encontrará com Ernst.

Saudações cordiais a você e aos meninos,
Papai

---

[1] Cartão-postal; endereçado a: Hansastrasse, 71/Hamburgo/Alemanha.
[2] Esse plano de viagem não se realizou.

524   SIGMUND FREUD

426-Max   [Cabeçalho Viena], 19/11/20

Fiquei muito feliz em ouvir que os dias que a Anna passou na sua casa[1] trouxe satisfação para todo mundo e que as crianças estão evoluindo tão bem. Estou preocupado com as pernas de Heinzl;[2] não tenho uma opinião boa dos médicos de Hamburgo e da opinião de que as pernas "vão se endireitar com o crescimento". Acho que, nesse grau, a gente trabalha com talas. Favor informe-se mais sobre o assunto.

Na primavera, a Mamãe vai te visitar por mais tempo. Infelizmente, eu mesmo estou bastante preso no meu trabalho, estou muito atarefado, sou uma mera máquina de ganhar dinheiro e sofro falando e, o mais difícil ainda, ouvindo inglês durante cinco horas por dia.[3]

Oli e Anna devem ter danificado bem a minha reserva na sua conta. Neste mês, você já deveria ter recebido 2.400,00 marcos de Frankfurt; em breve haverá ainda 6.000,00 da nossa Editora, depois depósitos de Deuticke. Os honorários de Frankfurt vão diminuir pela metade no próximo mês e outros alemães eu não tenho. Prefiro, claro, ingleses. Me faça o favor de mandar uma prestação de contas depois do depósito da Editora para saber o quanto tenho na sua conta, depois de dividir todas os depósitos, evidentemente. Depois a gente terá que se prevenir para Mamãe e o verão.

Seu período de vendas está chegando e espero que isso vai exigir bastante de você. Aos poucos, você vai recuperar então as forças para se adaptar à vida.

---

[1] Anna Freud se separou do pai depois de um passeio pela Holanda em 28/9/20 e foi a Hamburgo, depois, no dia 7/11, a Berlim, até retornar a Viena meados de dezembro (F/AF, p. 281s.).

[2] Sobre o tratamento das pernas tortas de Heinz "ficando sentado imobilizado e amarrado", cf. o relato de Anna na época (F/AF, p. 295).

[3] Cf. a nota 5 de 167-ErnstLucie, p. 278 e a nota 4 de 172-Ernst, p. 283.

CARTAS AOS FILHOS

As minhas saudações cordiais para você e os meninos; estamos com muita saudade deles.

Papai

427-Max [Cabeçalho Viena], 5/11/20

Querido Max,
A explicação para esta carta é que a sra. Brasch, a sogra de Ernst, que nos visitou ao retornar de Roma, teve a gentileza de levá-la consigo e de enviá-la de Berlim.

Ela serve para te pedir para providenciar alguma coisa para o aniversário de Heinz e de descontar a despesa da minha parte. Você sabe melhor o que pode ser. Talvez o rapazinho não consegue entendê--lo, mas é para ele ouvir falar cedo da avó e do avô numa associação agradável.

Estamos aguardando Ernst e Lux aqui para o dia 10, mais ou menos. Ainda não sabemos quando a Anna volta de Berlim.

Com saudações cordiais para você e Ernsti,
Papai[1]

428-Max [Cabeçalho Viena], 17/12/20

Querido Max,
Quero que esta carta chegue nas suas mãos ainda antes do Natal; o correio está em greve agora.

Anna voltou muito bem e alegre, mas está de cama com algum estado vienense de saúde e espero que levante logo. Muito obrigado

---

[1] Dois acréscimos de Martha Freud e Minna Bernays não foram reproduzidos.

pelo xale bonito que mandou por ela para mim! Me mandaram usá-lo como protetor de gola debaixo do casaco de pele. Ela ficou ainda dois dias com Ernst e Lux, que foram os nossos hóspedes no seu retorno de Roma.[1] Dentro de alguns dias, ela vai se mudar definitivamente para os antigos quartos dos meninos e decorá-los para ela.

Ernst voltou a sofrer de uma gripe pulmonar, apesar de ter engordado e de estar com uma aparência boa. Ele prometeu ir, assim que conseguir tempo, por três meses a Arosa,[2] o que presumivelmente vai trazer plena recuperação para ele.

Anna me disse que Ernsti come mal e que não ganha nada que lhe dá vontade. Por isso te peço para sacar 500,00 marcos da minha parte e para utilizá-los na compra de um ovo por dia e, de vez em quando, de doces e chocolate para ele. Isso deve dar até o aniversário dele. As crianças precisam disso e espero que, com isso, ele vá desenvolver vontade para comer também outras coisas.

O meu tesouro deve ter derretido bastante com os saques de Oli e Anna. Mas você já deve ter recebido o honorário de Frankfurt e o pagamento da minha editora; faça favor de me informar o quanto tenho agora na sua conta. Em janeiro e fevereiro vai chegar mais dinheiro de Deuticke. Temos que nos prevenir para a viagem de Mamãe na primavera.

Se quiser que eu participe dos presentes de Natal para os meninos, não se acanhe.

Estou trabalhando continuamente e sofro com seis horas diárias de tratamentos em inglês. Em geral, as nossas condições estão muito ruins.

Eu ficaria muito feliz mesmo se recebesse algumas linhas tranquilizantes de você mesmo.

Cordialmente,

Papai

---

[1] Sobre a viagem à Itália dos dois, cf. 166-172-ErnstLucie, pp. 276-284.

[2] Cf. 175-Ernst, p. 286, com a nota 3.

CARTAS AOS FILHOS

429-Max   [Cabeçalho Viena], 11/1/21

Querido Max,

Para o balanço de ano novo estou precisando das suas informações sobre os marcos que tenho na sua conta. Faça o favor de me mandar.

Minhas saudações cordiais e escreva logo sobre você e os meninos, como fez ultimamente com Mamãe.

Papai

430-Max   [Cabeçalho Viena], 24/2/21

Querido Max,

A lápide[1] ficou muito bonita e adequada; escrevi imediatamente um cartão para Ernst com meu agradecimento.

Tome as providências para o aniversário de Ernstl também em nosso nome. Faça bom uso das minhas economias, pois você sabe o que ele quer. Quero ser bem recebido por ele quando voltar em setembro. Como agora tenho mais que 10.000,00 marcos na sua conta e Oli vai deixar Berlim,[2] estou pensando em juntar menos na sua conta e te peço para lançar a soma anunciada de [P.], assim como o pagamento esperado para o próximo mês inteiramente na sua parte. Em fevereiro, quase tive uma pausa porque quatro estrangeiros tinham partido. No início de março novamente serão boas águas.

Tenho um pedido a fazer a você, isto é, ao seu ateliê. Favor faça uma fotografia grande (a mais nítida com o charuto torto) e a mande ao seguinte endereço:

Dr. Owen Berkeley-Hill

European Asylum Ranchi

---

[1] Para Sophie, cf. 177-Ernst, p. 289.
[2] Sobre o emprego de Oli na Romênia, cf. p. 225s.

528 SIGMUND FREUD

Bihar and Orissa

Englisch Ost-Indien.

A embalagem para a Índia seu ateliê certamente resolve melhor do que eu com os meus recursos domésticos. As despesas devem ser descontadas da minha parte.

As minhas saudações cordiais para você e os dois meninos do
Papai

431-Max [Cabeçalho Viena], 8/5/21

Querido Max,

Muito obrigado pela carta e a remessa e acrescente também uma resposta para o seu filho mais velho,[1] que, desta vez, não se saiu bem na fotografia. A tia Minna nos aproximou um pouco da sua casa e das suas condições de vida através dos relatos dela.[2] Fiquei muito contente em saber que você não está mais tão avesso a uma temporada de descanso e que a viagem de Ernst a Aussee está certa.[3]

Claro que vou querer saber sobre suas dores de estômago e sobre o que deve fazer contra elas. Para Heinele também, que está se desenvolvendo exatamente da maneira que eu imaginava, uma temporada mais extensa de verão vai ser indispensável. Espero que você não faça nenhum tipo de economia.

O dr. Eitington, meu outro Max, esteve aqui durante estes dias;[4] ele trouxe o busto de Königsberger e fez surgir o correspondente ambiente festivo. Mas não me fizeram esquecer a minha idade. Tive

---

[1] Não conservada.
[2] Em 28/3/21, Freud havia escrito a Kata Lévy (SFP/LoC) que sua cunhada estaria "por muitas semanas em Hamburgo". Não há informações mais detalhadas sobre essa viagem.
[3] Ernst Halberstadt passou o verão inteiro do ano 1921, a partir do final de junho, em parte em Aussee com Anna e Martha (F/AF, p. 318, nota 2), inicialmente com seu pai, em parte em Seefeld/Tirol com parentes mais distantes de Freud (182-ErnstLucie, p. 292).
[4] Isto é, para o aniversário de 65 anos de Freud.

CARTAS AOS FILHOS

que dar uma parada no trabalho por um dia, não dormi o suficiente e vejo um monte, para dizer o mínimo, de felicitações não respondidas na minha frente.

Com meus votos cordiais,
Papai

432-Max   [Cabeçalho Viena], 19.maio.21

Meu querido Max,

Você sabe de tudo o que desejo para você e não deve ter interpretado mal o meu silêncio a respeito do seu aniversário.[1] Quanto ao meu, **exageraram** desta vez. Estou com 65 anos, tenho o direito de estar cansado, mas, mesmo assim, me surpreendo com a ideia de querer ver o Heinele crescido.

O busto causou certo estranhamento inicialmente. Agora, já estamos nos familiarizando com ele e até o admirando. O bronze é um material difícil de ser avaliado.

Suas dores de estômago me preocupam, evidentemente. Tenho a forte suspeita de que os médicos estejam enganados e que elas tenham uma causa neurótica, sendo associadas à sua depressão e abstinência. Nesse caso, Kissingen[2] dificilmente será necessário ou adequado para você. Para a minha tranquilidade, Lampl prometeu te visitar logo, de Berlim. Ele tem um bom olho clínico; pode confiar nele.

Certamente não queremos abrir mão de Ernstl em Aussee desta vez. Talvez receitem um tratamento para você exatamente lá ou nas proximidades. Vamos ver.[3]

---

[1] No dia 14 de maio.
[2] Estância termal na Francônia do Norte/Alemanha.
[3] De fato, Max acabou indo também para Altaussee, onde permaneceu até 21 de julho (F/AF, p. 333).

530 SIGMUND FREUD

Você já recebeu de Heller a água-forte do Pollak que desejava?[1] Faz muito tempo que ela foi encomendada, mas o rapaz é pouco confiável.

Gosto tanto de tratar de questões financeiras com você, mas lamento que você nunca dê a devida atenção. Antes do verão, você certamente receberá uma boa parte de Deuticke por *A interpretação dos sonhos*[2] e outras publicações depois. Escreva-me também sobre quanto ainda me resta depois do rombo da tia Minna.

Com minhas saudações cordiais a você e aos meninos,
Papai.

433-Max   [Cabeçalho Viena], 16/6/21

Querido Max,

Está tudo bem, eu pagarei por você em Aussee; a Anna te levará troco austríaco; mantenha a prestação de contas de forma adequada e depois se encarregue de atender às necessidades da tia em Reichenhall. (Ernstl é o nosso convidado.)

Originalmente eu queria que você depositasse todos os pagamentos de 1921 na sua conta particular; você não fez isso, mas sim os dividiu em dois. Eu aceito esse procedimento agora, mas, nesse meio-tempo, você deve ter recebido 5.411,00 marcos de Deuticke; outros depósitos dele e da nossa editora chegarão nos próximos meses. Espero que possam ser recebidos também na sua ausência; caso contrário, avise--me para eu segurá-los.

Estamos muito satisfeitos por termos conseguido motivá-lo para essa viagem. Espero te ver também em Bad Gastein.[3] Infelizmente o

---

[1] Cf. 345-Max, p. 442, nota 3.

[2] A 6ª edição de *A interpretação dos sonhos* já estava planejada para o verão de 1920 (Freud/Jankélévitch, 28/6/20; SFP/LoC), mas somente foi publicada em 1921.

[3] Onde Freud passou também nesse ano a primeira metade das férias. Uma visita planejada de Max não se realizou (F/AF, p. 328).

CARTAS AOS FILHOS

estoque de charutos está ruim. Traga alguns com você. Königsberger deve te passar 25 charutos em Aussee. Espero que tudo dê certo; apenas não se pode garantir o clima como vai estar.

Com saudações cordiais a você e às crianças,
Papai

434-Max   [Cabeçalho Viena], BGastein, 6/8/21

Meu querido Max,

Fico satisfeito de ainda receber alguma notícia sua, mesmo quando ela não é satisfatória, como você diz. Espero então que se recupere logo dos efeitos da sua doença, assim como Heinele do acidente dele,[1] que certamente não terá sequelas. Também não foi nenhuma surpresa; está fazendo um verão "de matar" e até o calor de Bad Gastein foi excessivo, por mais que não tenhamos sofrido como nas grandes cidades.

As notícias de Anninha sobre Ernstl estão cada vez melhores; fico muito feliz com a ideia de tê-lo comigo em Seefeld. Eu teria concordado com muito prazer com os planos de vocês sobre Viena,[2] pois também não seria nenhum peso para mim, mas a consideração por você, por Heinz e, sobretudo, pela avó, que precisa de muito sossego, se opõe decididamente a isso. Quero dizer, mesmo que você suporte mal as crianças no momento, a ausência delas – principalmente do Ernstl – te seria ainda mais insuportável. Seria um alívio perigoso.

Certamente você já sabe que Ernst tornou-se pai em 31/7. Conforme notícias mais recentes – Ernst se diz muito ocupado com *três* obras –, ele é comprido, louro, com olhos azuis. Seu nome é Stefan Gabriel e

---

[1] No qual fraturou a clavícula (F/AF, p. 342).

[2] Anna havia sugerido ao seu pai levar Ernstl a Viena depois das férias de verão, por meio ano aproximadamente, principalmente porque Max lidava muito mal com ele. Freud foi decididamente contra esse plano (F/AF, pp. 329-331, 333s.).

será chamado de Gabriel. O parto foi difícil, mas Lux está bem, consegue se alimentar e está muito contente. Ela apenas acha que o filho ainda não está "classicamente bonito".

Partiremos daqui no dia 14, domingo; quero chegar no dia 15 em Seefeld (estância de águas). Em meados de setembro levarei o Ernstl para você, sozinho ou com a mamãe, se ela estiver em condições de viajar. Ficaremos, então, por alguns dias aí, até que eu viaje para um reencontro de amigos em Hannover-Hildesheim.[1]

Não posso aprovar suas contas antes de ter consultado a Anna; alguns itens me parecem incertos e exagerados. Ficaria grato se me passasse o valor do meu saldo em marcos na sua conta, também em razão da tia. Há a previsão de depósitos de Frankfurt (os últimos), da editora em Viena e, mais tarde, do Deuticke.

Aqui ainda está muito bonito. Lucie[2] está dominando o terreno com seu talentoso traquejo social. Os filhos dela devem chegar amanhã. Dois dos seus amigos já foram nossos convidados; estamos aguardando o dr. Obermann[3] para o jantar.

Escreva logo, e se possível notícias boas. Mande minhas lembranças cordiais à sua mãe.

Com meus votos carinhosos,
Papai

---

[1] Freud acabou viajando sozinho com Ernstl a Berlim, onde este foi apanhado pela empregada doméstica de Max; alguns dias depois, ele mesmo foi a Hamburgo. De lá, partiu para a "viagem ao Harz", região montanhosa no centro da Alemanha; ao mesmo tempo, *Viagem ao Harz [Harzreise],* é título de um livro de Heinrich Heine, um dos autores preferidos de Freud; (N. dos T.) do "Comitê", que durou de 21 a 28 de setembro, servindo para todo tipo de negociações financeiras e científicas (Jones III, p. 103s.).

[2] Leah ("Lucy") Wiener.

[3] Provavelmente Julian Obermann (1888-1956), na época, livre-docente de Línguas e Culturas Semíticas etc. em Hamburgo (F/AF, p. 362s., nota 5). Os outros dois "amigos" não foram identificados.

CARTAS AOS FILHOS

435-Max   [Cabeçalho Viena], Seefeld/Tirol, 16/8/21
                                                        Kurheim

Querido Max,

A minha primeira carta daqui vai para você, em agradecimento ao cartão encantador de Heinele, à sua carta e para informar que Ernstl está convivendo conosco na maior harmonia, profundamente tocado pela floresta, pela vaca, pelo potrinho, pelo gato e pelas galinhas; um tanto esmagado pela quantidade de tios e tias carinhosas e hospedado como um príncipe. Ele já foi adestrado para entender que, ao ouvir dois assobios, tem que aparecer. Isso quando some por um período maior, pois ele gosta de ficar sozinho na floresta. Nas viagens de ida e de volta para Innsbruck – da última sou testemunha –, ele se comportou muito bem. Em geral, é muito comportado.

A mamãe, infelizmente, chegou aqui sem estar curada; Anna está ótima; Maus está sendo aguardada. As duas estão alojadas como empregadas domésticas. A localização da casa é magnífica; o ar, a temperatura, a vista e a possibilidade de fazer caminhadas são muito satisfatórias; apenas a dona da casa parece ser uma louca, infelizmente, além de uma exploradora; nesta casa, nobreza sem conforto. Mas queremos evitar conflitos e aproveitar o que nos oferecem. Faz parte disso, a comida boa.

Chego ao fim, porque ainda tenho outros relatos a fazer, com saudações cordiais a você, à sua mãe e ao Heinzl.

Papai

Acabo de ouvir que Anna lhe mandou um telegrama.

534   SIGMUND FREUD

436-Max   [Cabeçalho Viena], Seefeld, 20/8/21

Querido Max,

Como Anna confirmou os dados, aprovo sua contabilidade, sem saber, entretanto, se Frankfurt, Deuticke e a editora fazem parte dela. Mas, escrevo principalmente sobre Ernstl, que está me dando muitas alegrias, a ponto de eu retirar minhas ressalvas anteriores. Antes de mais nada, ele apresenta um aspecto muito bom, está alegre, atento a tudo, come direito, até pede comida de vez em quando, e é querido por todos da casa. Mas o que mais aprecio é que ele seja altamente correto, cumprindo todos os compromissos, tendo um senso de justiça e sendo acessível a argumentos. Sabe ser carinhoso com cada um de nós e é muito receptivo aos elogios dos outros. É um rapazinho muito original, com fortes interesses em engenharia e muitas vezes me lembra o Oli.

A temporada aqui está ideal, em alguns ou muitos aspectos. A questão é apenas como lidar com essa dona da casa um tanto esquisita e arrogante. Não economizarei dinheiro para acalmá-la.

Mande minhas lembranças cordiais à sua mãe; todos nós sentimos muito que ela tenha voltado a ter problemas de saúde. E você, certamente já está bem depois desse longo tempo, não? A tia Minna chegou com um problema semelhante em Reichenhall.

Cordialmente,
Papai

437-Max   [Cabeçalho Viena], Seefeld, 31/8/21

Querido Max,

Seu cálculo não confere. Todos os depósitos devem ser divididos pela metade. Faço, portanto, a seguinte correção:

Saldo de 1º de jan. de 21	10.071,00			
[P.] e [A.][1]	– 4.461,50			
Deuticke	– 2.705,75	– 5.411,50	: 2	= 2.705,75
Volkmar[2]	– 3.905 [!]	– 6.190,00	: 2	= 3.095,00
Max H.	– 3.200,00			
	24.363,25[3]			
menos Minna	9.000,00			
	15.363,25			

Tenho a intenção de levar seu filho até você sem estar acompanhado e penso em partir daqui no dia 15/9. Talvez eu precise antecipar a data um ou dois dias. Também avisarei por telegrama. Gostaria que você me encontrasse em Berlim para buscá-lo, já que preciso ficar lá por alguns dias. Ainda conheceremos o Gabriel a três.

Não tenho receio quanto à viagem com Ernstl. Ele é um rapazinho muito correto e sensato, e temos uma relação excelente. De modo geral, ele foi para nós, aqui em Seefeld, apenas prazer. É o queridinho de todos na casa, e até a nossa dona da casa um tanto difícil é carinhosa com ele. Aqui, ele tem uma vida de príncipe, e fica grato por isso e se comporta de forma adequada e gentil. Ele é alegre, às vezes eufórico, é obediente e raramente causa problemas. Não come bem, mas o suficiente para a idade e o tamanho dele. Ele aprendeu muito com

---

[1] O primeiro dos nomes aqui anotados é aquele do paciente "frankfurtiano" de Freud, que já foi mencionado várias vezes. Por motivos de sigilo, mantemos também o anonimato do segundo nome, uma vez que, por analogia, pode tratar-se também de um paciente.

[2] Provavelmente o atacadista Volckmar, de Leipzig, que na época foi responsável pela distribuição na Alemanha para a Editora Psicanalítica (Rbr. II, p. 60).

[3] Esta adição consta assim no original. Ela não apenas apresenta um erro na quarta linha, como também na soma total (parece que o "2" de "3.200,00" não foi somado apenas na casa das centenas, mas também nas das dezenas).

os animais da casa, é um excelente observador, tem boa memória e raciocínio lógico. A ansiedade dele melhorou muito; seu jeito choramingão é o ponto que mais nos incomodou. Ele aprende muito bem com a Anna; recentemente jogamos cartas (eu, Anna e Maus), e ele calculou de forma muito correta. Durante o jogo, ficou quieto; nos intervalos, aproveitou a autorização dada a ele para rugir e relinchar. Há de se admitir, no entanto, que ele tem na Anna – eu mesmo devo elogiá-la – a autoridade e a professora ideais.

Você vê, portanto, que Ernstl não precisa se retirar para o segundo plano em relação a Heinele, sobre quem você conta histórias tão divertidas e que estou ansioso para ver. Acredito que ambos inspiram muita esperança e que valem a pena.

O meu estado não está tão isento de problemas quanto deveria ser nestas condições extraordinárias, mas isso não é nada incomum na minha idade. A mamãe está se recuperando de forma admirável aqui. Você também teria se sentido melhor do que em Aussee. Infelizmente, não tivemos como avaliar isso antes.

Minhas saudações cordiais a você e ao Heinzl,
Papai

P.S.: Esquecemos de lembrá-lo do aniversário de 86 anos da avó (18 ago). Em função disso, ela ficou muito nervosa, até lhe mostramos um telegrama falso de Hamburgo.

438-Max [Cabeçalho Viena], Seefeld, 5/9/21

Querido Max,

Minna nos providenciou vagões-leito Munique-Berlim para a noite de 14 a 15. Dessa forma, espero chegar a Berlim no dia 15, a hora exata você encontra no livro de horários que não tenho aqui. Sugiro que me aguarde na estação Friedrichstrasse (?) para pegar o Ernstl.

CARTAS AOS FILHOS

Ele certamente se comportará muito bem, está muito feliz e brinca com um *Matador*, que o dr. Brill de Nova York lhe deu de presente quando nos visitou.

Não faz mal se trouxer logo cerca de 1.000 marcos. O Deuticke está prestes a fazer outros depósitos, que serão divididos por dois.

Estou constantemente bem. Como está a sua mãe?

Cordialmente,
Papai

439-Max   Seefeld, 10/9/21[1]

Querido Max,

Acabei de receber as passagens do leito; são para o trem das 7h15 de Munique; chego, então, à estação Anhalter Bahnhof às 7h37 da manhã e ficarei em uma pousada pequena perto de Ernst. A srta. Jacob[2] pode nos encontrar, portanto, na casa do Ernst e nos deixar o pequeno pela manhã. Ele é encantador e brilhante.

Não há pressa quanto ao transporte do dinheiro; tenho o suficiente e quero passar o domingo[3] com você.

Cordialmente,
Papai

440-Max   Hildesheim, 22/9/21

Kaiserhof[4, 5]

---

[1] Cartão-postal; endereçado a: Hamburgo/Neuer Wall, 54.
[2] Ela administrava a casa dos Halberstadt após a morte de Sophie (F/AF, p. 282s., nota 4 e *passim*).
[3] 18 de setembro.
[4] Cartão-postal.
[5] Mensagem da viagem ao Harz do "Comitê", de Hildesheim até a cidade de Schierke.

538   SIGMUND FREUD

Querido Max,

A despedida não foi fácil para mim. Aqui uma atmosfera totalmente diferente, uma cidade encantadora, clima bom, conversas animadas, porções excessivamente grandes para os nossos estômagos austríacos. Notícia de que mamãe e Anna querem chegar a Innsbruck amanhã e sábado a Viena, sendo que há uma greve de ferroviários na Áustria. Edward mandou novamente US$ 997,00 das *Conferências*.[1]

Saudações cordiais a você e aos pequenos,
Papai

441-Max   Schierke, Hotel Stolberg
                                              26/9/21[2]

Querido Max,

O fim da viagem está chegando. Partiremos quarta-feira. 7:00 hs Leipzig, com vagão-leito via Passau até Viena. Telegrama de casa que Mamãe e Anna estão de volta. Deu tudo certo, apenas a viagem de Hahnenklee até aqui ficou prejudicada com o frio e a chuva. Se amanhã não melhorar, a gente não vai subir ao Brocken.[3]

Saudações cordiais para você e os pequenos,
Papai

442-Max   [Cabeçalho Viena], 24/XI/21

Querido Max,

Não se admire que eu não tenha respondido a sua carta sobre a srta. Jacob mais cedo. Estou mesmo com excesso de trabalho e deixando acumular as cartas até respondê-las em conjunto em uma tarde livre.

---

[1] Cf. 156-Ernst, p. 267, nota 4.
[2] Cartão-postal.
[3] A maior elevação do Harz, com a famosa "Praça de dança das bruxas".

CARTAS AOS FILHOS

Penso que não deveria levar as crises da srta. Jacob muito a sério. Em relação às crianças, elas são totalmente inofensivas; em relação a você, pode adivinhar o significado que isso tem. Ela não te causará maiores vexames, e, considerando a grande raridade dessas crises, elas são praticamente sem importância. Tenha paciência com a coitada da mulher.

Por favor, para o próximo aniversário de Heinele, tome as providências em Hamburgo mesmo. Você sabe como ficou complicado fazer compras e mandar. Disponha da minha parte à vontade. Espero também que você pague as demandas de Ernst, Oli ou Lampl sem me consultar. Deposite a próxima remessa (da Editora) na sua conta *sem* dividir. Não posso colocar em carta quantos milhões eu já possuo. Infelizmente são milhões apenas em coroas.

No domingo retrasado, a tia Minna, durante um passeio comigo, fraturou o antebraço direito, bem próximo à munheca, ao escorregar e cair no chão congelado. Ele está cicatrizando bem, mas a tia ficou abalada e mal-humorada.

A sra. profª Lou Andreas-Salomé, de Göttingen, agora está hospedada aqui em casa, no antigo salão. A Anna fica grudada nela o dia inteiro.[1]

Minhas lembranças aos meninos, que gostaria tanto de rever, e receba você mesmo minhas saudações cordiais.

Papai

443-Max   [Cabeçalho Viena], 2/1/22

Querido Max,

A primeira carta no Novo Ano, mesmo que no segundo dia, é para você. Espero que os meninos estejam recuperados e que não tenha so-

---

[1] Cf. 189-Ernst, p. 296 e seguintes, notas.

540 SIGMUND FREUD

brado nada da doença. Infelizmente, a distância nos priva de qualquer acompanhamento. Você certamente teve menos problemas nos negócios, mas também menos satisfação. Mas tudo indica que algo será feito para salvar a Alemanha. Quanto a nós, eles não se preocupam nem um pouco, e a própria ignorância e incapacidade, associadas a essa apatia, nos garantem a ruína. Outro temor é que confisquem compulsoriamente todas as divisas em propriedade particular. Com a ajuda de Martin, consegui mais uma vez salvar uma parte transferindo-a para a Holanda, mas continuo recebendo novas divisas e já despertei a atenção da Receita como um "especialista conhecido muito além das fronteiras austríacas".[1]

No dia 31 de dezembro, a mamãe e eu estivemos, depois de uma interrupção de talvez 8 ou 9 anos, no *Burgtheater*, cada entrada a 3.200 coroas. Mas foi um encanto. À meia-noite, a velha Wilbrandt,[2] que fazia o papel de uma avó de 80 anos, fez o brinde do Réveillon. A peça durou de 22h30 até 1h30 do ano novo; a apresentação fora organizada para a Sociedade dos Médicos,[3] que não tem mais dinheiro para assinar jornais.[4] Aqui é tudo uma miséria e uma mendicância só.

---

[1] Possivelmente, Freud está se referindo a um episódio que Jones localiza "mais ou menos no ano de 1913" (II, p. 457s.): A Receita, considerando a fama internacional de Freud, teria questionado que ele declarava uma renda tão baixa em sua declaração de imposto de renda. Freud teria respondido que as autoridades estariam enganadas em um ponto: "a saber, onde diz que sua fama se estenderia muito além das fronteiras da Áustria: ela começa na fronteira".

[2] Auguste Wilbrandt (1843-1937), atriz "da Corte", fora nomeada pouco antes membro honorário do *Burgtheater* (NFP, 31/12/1921).

[3] A Sociedade dos Médicos [*Gesellschaft der Ärzte*] foi fundada em 1839 e é, até hoje, a associação médica mais tradicional da Áustria. Em 1931, ela nomeou Freud como membro honorário.

[4] Em 25/12/21, consta do *Wiener Zeitung* [Jornal Vienense]: "No dia do Réveillon, haverá às 10h30 da noite no *Burgtheater* uma apresentação a favor da Faculdade de Medicina da Universidade de Viena e da Sociedade dos Médicos. Será apresentada a comédia 'A viagem a esmo'." Numerosas celebridades, entre elas o Presidente Federal, teriam anunciado a sua participação. "Os médicos de Viena reservaram muito mais que a metade dos camarotes e dos assentos." De acordo com um relato da *Neue Freie Presse* [Nova Imprensa Livre] de 2/1/22 sobre a apresentação, a comédia francesa de Gaston Armand de Caillavet e Robert de Flers "mostra com espirituosidade como uma jovem noiva, pouco antes do casamento, foge do seu noivo tedioso e pedante para fazer uma 'viagem a esmo' com seu namorado da adolescência".

CARTAS AOS FILHOS

Se eu lesse *Além do princípio do prazer* com conhecimento das condições pessoais, teria que achar que era uma reação à morte de Sophie; na análise, nós chegávamos muito a esse tipo de conclusão no caso dos escritores e artistas. Na verdade, entretanto, o texto já estava terminado antes, com exceção de algumas notas e inserções feitas durante o outono, e fora lido por várias pessoas, entre elas por Eitingon, quando esteve no Badersee.[1]

Oli está fazendo análise[2] em Berlim, devido aos seus estados apáticos, e precisará de boa parte do dinheiro que está na minha conta. Para o balanço de fim de ano, gostaria de saber quanto tenho ainda. Em breve chegarão ainda 1.600,00 marcos de Deuticke. Como você sabe, as últimas posições não devem ser divididas. Ou seja, se houver necessidade, reporei um pouco para Oli com o dinheiro da Holanda.

Hoje a tia teve alta do tratamento cirúrgico e já volta a ficar esperta. O dr. Abraham deve chegar no dia 3/1 e Ferenczi no dia 5/1 para dar conferências aos meus americanos.[3] Eles ficarão no salão, que, desde a visita da sra. Lou Andreas, foi transformado em quarto de hóspedes.

É janeiro, então já podemos fazer planos para o verão e ver como faremos para encontrar você e os meninos.

Com saudações e votos cordiais a você,
à sua mãe e aos pequenos,
Seu papai

---

[1] Já em julho de 1921, Freud pedira ao Eitingon a confirmação de que seu texto "estava semiacabado quando Sophie estava viva e em plena flor da idade" (F/E, p. 213). Pelo visto, ele foi logo confrontado com a interpretação de que sua tese da existência de uma pulsão de morte tivesse ligação com a experiência de morte na família no início de 1920 (cf. Wittels, 1924, p. 231; Freud, 1987a, p. 758). De fato, as passagens que introduzem a pulsão de morte, propriamente dita, ainda não estavam contidas no manuscrito original, mas foram acrescentadas,em uma revisão posterior (Grubrich--Simitis, 1993, pp. 234-244).

[2] Com Franz Alexander.

[3] Cf. 190-Ernst, p. 298, nota 1.

542 SIGMUND FREUD

444-Max [Cabeçalho Viena], 19/2/22

Querido Max,

Muito obrigado pela contabilidade, mas você me entendeu mal. A partir do término dos honorários de Frankfurt, você teria que ter juntado todas as entradas na *sua* parte. Agora deixe como está, como castigo! Precisarei de dinheiro para a visita da Anna à sua casa.[1] Mas peço que coloque todos os pagamentos futuros na sua parte. Como os livros têm uma saída muito boa e novas edições estão sendo impressas, haverá bons depósitos dentro de alguns meses.

As breves informações sobre os meninos sempre nos agradam de forma extraordinária. Penso que o verão fez muito bem a Ernstl. O próximo será um problema em todos os sentidos, sobre o qual vocês podem quebrar a cabeça, assim como o faremos aqui. É claro que não queremos abrir mão das crianças, ou pelo menos do Ernst. Mas você terá que tirar férias, de preferência conosco.

Apesar de não sermos muito atingidos pessoalmente, estamos passando por tempos miseráveis. Frio, gripe e todas as lamentações à nossa volta se somam formando um conjunto terrível. A inflação acabou sendo tão violenta que a classe média está afundando sem parar. Como o valor das divisas simultaneamente está caindo, minha aparente riqueza também está se esvaindo. Assim, por exemplo, a perda com o câmbio dessa semana foi de 12 milhões. Não se assuste, não se trata de uma perda séria, pois estamos em uma situação excepcional. Enquanto consigo trabalhar, não precisamos renunciar a nada. Lá fora a situação também vai mal. Meu sobrinho Sam reclama das perdas financeiras e da paralisação dos negócios em Manchester como nunca

---

[1] Em 1/3/22, Anna Freud, depois de escala de um dia em Berlim, foi para Hamburgo. No dia 18/4, ela voltou de lá para Berlim (LAS/AF, pp. 21, 40).

Cartas aos filhos

antes.[1] Mas, o controlador inglês que teremos em Viena[2] não deixa de ser uma garantia de tempos melhores, pois, ao que parece, ele impedirá as piores besteiras que o nosso fraco governo possa cometer.

Ao mesmo tempo, as minhas ideias têm prosperado sem parar. Na semana passada, formou-se um grupo anglo-indiano em Calcutá.[3] A tradução francesa das *Conferências*[4] está despertando muito interesse e fazendo surgir montes de cartas, trabalhos e artigos de jornal. Acabei de ler o manuscrito de um livro novo do dr. Reik, "O Deus próprio e o Deus alheio",[5] do qual o dr. Obermann poderá encontrar a solução para muitos enigmas que o atormentam.

Como condição para a viagem de Anna, determinei apenas o fim da geada e da greve dos ferroviários. Acho que ela aguarda uma resposta sua.

Não se esqueça de pensar na sua própria saúde e mande lembranças cordiais à sua mãe, assim como aos meninos, do

Papai

---

[1] Em 14/2/22, ele havia escrito (F/Sam): "Aqui também, os preços estão caindo e estamos em uma situação difícil. Há uma certa taxa de desemprego e devido às taxas de negócios de câmbio da maioria de nós as coisas estão quase paralisadas. Por muito tempo, fiquei parado e perdi muito dinheiro." [*Here, although prices are going down, we are in a bad way. There is any amount of unemployment and owing to rates of foreign exchange business with most of us is almost at a standstill. For a long time now I have done nothing and have lost a lot of money.*]

[2] Pouco antes, a Áustria teve um grande empréstimo da Inglaterra aprovado para a recuperação do país. Sobre as condições, o ministro da Fazenda austríaco observou, entre outros pontos (*Neue Zeitung*, 17/2/22): "Para transformar esse empréstimo em dinheiro líquido, o governo inglês recorrerá ao banco anglo-austríaco. O governo inglês nomeará um representante em Viena, que servirá de conselheiro do governo austríaco ao fazer as despesas com a renda desse empréstimo. O representante especial do governo inglês em Viena terá certa influência sobre as disposições a serem tomadas em relação ao valor do empréstimo. [...] O governo inglês sugeriu para essa função Mr. Young e o governo austríaco já aprovou essa nomeação." Quanto à biografia, o interessante é que George Malcolm Young (1882-1959) fizera análise com Freud de outubro de 1920 até janeiro de 1921 (May, 2007, p. 602). Em março de 1922, Freud reclamou que Young não retornara mais (F/AF, p. 357).

[3] O grupo psicanalítico indiano, sob a presidência de G. Bose, formou-se em 22/1/22 e foi provisoriamente acolhido na Associação Psicanalítica Internacional (IPA) durante o Congresso de Berlim no outono daquele ano.

[4] Publicadas em 1922 pela editora Payot.

[5] Reik (1923); publicado pela Editora Psicanalítica Internacional.

544   SIGMUND FREUD

445-Max   [Cabeçalho Viena], 19/3/22

Querido Max,

Não entendo por que você não deveria ganhar dinheiro comigo;[1] eu concordo plenamente com sua ideia de comprar águas-fortes e daguerreótipos com o restante do dinheiro, ou o que mais te der prazer. Renuncio solenemente a esse dinheiro (e não se esqueça dos charutos!).

Também não cometa nenhum erro com os próximos depósitos da Editora e de Deuticke (somente daqui há alguns meses).

Espero que tenham algumas semanas mais quentes!

Minhas lembranças aos meninos e à sua querida mãe.

Cordialmente,
Papai

446-Max   Viena, 27/4/22[2]

Querido Max,

Por favor, 1) envie uma fotografia bonita ao sr. Luis Lopez-Ballesteros,[3] Madrid, Hortaleza, 54 (meu tradutor espanhol), que está prevista para o vol. II das minhas obras completas; 2) escreva-me o quanto ainda tenho na sua conta depois do rombo da Anna.

Estamos ruminando sobre os planos para o verão que possibilitem o nosso encontro.

Cordialmente,
Papai

---

[1] Contexto não esclarecido.

[2] Cartão-postal, endereçado a: *Neuer Wall*, 54.

[3] Luis López-Ballesteros y de Torres (1869-1933), político e jornalista, tradutor das *Obras Completas* de Freud (Knapp, 2008, p. 38 s.; cf. nota 2 de 167-ErnstLucie, p. 279).

CARTAS AOS FILHOS   545

447-Max   Viena, 17.maio.22[1]

Querido Max,

Das fotografias de Eitingon,[2] achamos a A excelente, B e E muito boas e C e D ruins. A minha conta você tem que corrigir, pois os depósitos não devem ser divididos. Estamos curiosos para saber a sua decisão sobre o verão. Favor mandar fotografias menores para

Pauline and Morris Fried[3]
328 Sterling Place, Brooklyn, Nova York.

Cordialmente,
Papai

448-Max   [Cabeçalho Viena], 20/6/22

Querido Max,

Finalmente férias à vista! No dia 30/6 à tarde, quero partir para Bad Gastein.

Nos próximos dias, você receberá da "Sociedade Comercial do Danúbio" [*Donauländische Handelsgesellschaft*] (ou algo parecido) em Munique 50.000,00 marcos, que deve receber para a mamãe e os

---

[1] Cartão-postal; endereçado a: Hansastr., 71.

[2] Eitingon estivera uma semana antes em Hamburgo (F/E, p. 284), onde houve várias sessões de fotos com Max Halberstadt. Uma das fotografias conservadas de Eitington apresenta sua dedicatória: "Em memória cordial das várias visitas a sua casa e ao seu ateliê. Seu Max Eitingon, agosto de 1922". (Weinke, 2003, p. 123); a fotografia pode ter pertencido à série anteriormente mencionada. Em duas outras fotos, que são mais conhecidas (F/E, ao lado da p. 1; "Dez anos", ao lado da p. 32), a roupa e os traços faciais são tão semelhantes que também parecem fazer parte da mesma série. (A indicação do ano, "1912", em F/E, que segue uma inscrição na cópia original utilizada, é equivocada, conforme já comprova o anel usado por Eitingon e que, em outros retratos, pode ser identificado claramente como o anel do Comitê, que recebeu de Freud em 1920.)

[3] Não identificados.

546 SIGMUND FREUD

meninos em Hohegeiss e enviar para ela nas respectivas prestações.[1] A mamãe pede para te dizer que ela, de acordo com as disposições tomadas até agora, viajará no dia 3/7 à tarde para Berlim (com a Anna) e que, depois de uma escala breve, encontrará os meninos. Mas ela não tem como definir o dia e acha que não haveria problema se a srta. Jacob passasse alguns dias sozinha com as crianças. Não é motivo para você partir mais tarde em razão disso. A mamãe, aliás, informará o restante a você a partir de Berlim.

Tudo de bom para você. Espero que possamos fazer alguns belos passeios juntos; ainda tenho bons pés.[2] Lembranças aos meus dois meninos!

Cordialmente,
Papai

449-Max   [Cabeçalho Viena], Bad Gastein

Villa Wassing, 15/7/22

Querido Max,

Em breve, você receberá novamente dinheiro, para os filhos, da parte de Deuticke; 4.600,00 marcos de forma direta e o valor de mercado de 750 francos franceses (multiplicar aproximadamente por 36).[3] Por favor, confirme de imediato o recebimento, até o fim de julho.

---

[1] Depois de uma escala em Berlim, Martha Freud passou a temporada de 7 de julho a início de agosto de 1922 com os dois meninos e a empregada doméstica de Max em Hohegeiss, na região do Harz (F/AF, p. 396s., nota 3; p. 401, nota 10). Na mesma época, Anna estava com Lou Andreas-Salomé em Göttingen.

[2] Um encontro previsto com Max e Ernstl a partir de 1º de agosto não se realizou (F/AF, p. 370s., nota 14).

[3] Em 22/7/22, Freud escreve a Anna (F/AF, p. 417): "Com o pagamento de Alcan por *A interpretação dos sonhos*, eu estaria em condições de mandar mais 33.000,00 marcos para Max." Contudo, a edição francesa de *A interpretação dos sonhos* somente foi publicada em 1926.

CARTAS AOS FILHOS

Ainda de Viena, anunciei uma remessa de 50.000 marcos da Sociedade de Comércio e Crédito do Danúbio de Munique. Você não confirmou o recebimento; a quantia enviada à Anna pelo mesmo caminho para Göttingen já está nas mãos dela há muito tempo.

Esse dinheiro estava destinado à temporada em Hohegeiss. Mas ouvi de mamãe que ela o está esperando e que você lhe prometeu apenas valores menores, cerca de 2.000 marcos, sendo que a diária custa 700.[1] Por favor, esclareça a situação *por telegrama*, para que eu possa consertá-la rapidamente com o Martin, se algo estiver errado. Suponho que, nesse meio-tempo, você possa dar uma ajuda para Hohegeiss.

Nós estamos bem aqui, a metade da temporada já passou. Nos vemos em agosto em Berchtesgaden?

Minhas saudações cordiais,
Papai

450-Max

[Cabeçalho Viena], Pousada Moritz
Salzberg, Berchtesgaden, 6/8/22

Querido Max,

Somos cinco pessoas agora. Oliver chegou por último,[2] ontem. Curiosamente, a mamãe está realmente bem e descansada depois dessa temporada tão ruim em Hohegeiss.[3] O que ela contou das crianças nos deixa muito tristes e na obrigação de fazer sacrifícios para achar uma pessoa que saiba educá-las melhor e oferecer mais do que a srta. J. Estou verdadeiramente com saudade do Heinele, que, como você sabe, foi o meu preferido desde o início, mas sinto mais pena de Ernstl, que sofre mais com a falta de apoio.

---

[1] Em 13/7, Anna alertara o pai sobre os apertos de sua mãe (F/AF, p. 405). Uma semana mais tarde, ela escreveu que o problema estava resolvido (p. 414).

[2] Desde 1/8/22, Freud estava com Minna em Obersalzberg, perto de Berchtesgaden; Martha e Anna haviam chegado no dia 4 (F/AF, p. 401, nota 10). Além de Oliver, chegaram ainda Mathilde e Robert, Ernst e Lucie (F/E, p. 293).

[3] Ela se queixara sobre o lugar, o alojamento, a alimentação e, principalmente, sobre o mau tempo em Hohegeiss (F/AF, p. 404s., 419).

Agradeço pelas suas repetidas ofertas de me mandar marcos, mas tenho crédito suficiente junto a uma agência bancária em Berchtesgaden e, além disso, trouxe alguns papeizinhos estrangeiros pelos quais infelizmente recebemos marcos em excesso.

Parece que você não quer me entender em relação à conta. Meu saldo verdadeiro não pode passar dos três, quatro mil marcos; todas as remessas dos últimos tempos eram destinadas aos meninos. Entendo que você não queira basear sua economia doméstica nos meus depósitos indefinidos e fadados a acabar. Mas, para as crianças não é irrelevante se, em sua terna idade, têm ou não alimentação, roupa, supervisão médica etc. melhores, e, para isso, você pode usar os meus depósitos enquanto chegarem. Já é um sinal de tolice da srta. Jacob achar que legumes e verduras são especialmente saudáveis e que substituir manteiga por margarina seja sabedoria de dona de casa. Você não precisa fazer economias nessa parte. Quanto eu for aí, em meados de setembro[1] – sozinho, aliás –, teremos tempo para falar sobre tudo. Se souber outra forma de cuidar da memória de Sophie, você certamente vai me dizer.

O Blüher[2] sobre o qual você escreve é um tolo perigoso, que se serve da análise para seus próprios fins. Não quero negar que há certa razão em seus excessos.

Desta vez, também, não tive dúvida de que os seus distúrbios de estômago não representassem um problema sério ou local.

Estou muito curioso para saber se a sua intenção de adquirir algo no Mar Báltico vai dar resultado. Certamente você me escreverá sobre isso.

---

[1] Como mostra a próxima carta, este plano ainda passou por uma alteração. Em 6/9/22, Anna Freud escreveu para Lou Andreas-Salomé (LAS/AF, p. 73): "Ficaremos aqui [em Obersalzberg] até o dia 14, depois passaremos um dia em Munique, chegaremos no dia 16 em Hamburgo e por volta do dia 20 em Berlim" – onde ambas frequentaram o VII Congresso Psicanalítico Internacional, realizado de 25 a 27 de setembro.

[2] Hans Blüher (1888-1955), livre-docente e escritor, teve contato com Freud em 1912/13 (Neubauer, 1996). Ele ressaltava a importância da homossexualidade.

CARTAS AOS FILHOS

O clima aqui está mudando muito, mas certamente não é tão ruim quanto o do norte da Alemanha. No momento, aguardamos que a cortina de neblina se levante novamente e o nosso impressionante panorama montanhoso com vista para Berchtesgaden *e* Salzburgo se torne visível novamente.

Com saudações cordiais a você e à sua mãe,
Papai

451-Max   Salzberg, 13/9/22[1]

Querido Max,
Se tudo correr conforme planejado, chegaremos sábado, dia 16, de manhã no trem noturno de Munique. Estou muito ansioso para rever você e os meninos. Anna vai junto.

Cordialmente,
Papai

452-Max   [Cabeçalho Viena], 1.out.22

Querido Max,
Chegamos sexta-feira à noite, com um atraso de cinco horas. Voltamos para casa no escuro e entregamos o menino na casa de Math.[2] Desde então, dois dias de trabalho pesado de organização, amanhã retomo as atividades.

---

[1] Cartão-postal.
[2] Um resultado das conversas anteriores em Hamburgo foi que Heinele, na época com três anos de idade, ficaria na casa de Mathilde e Robert em Viena. Mathilde relata, em retrospectiva (para Jones, 10/1/56; BPS/A), que a família em Viena teria ficado preocupada com a saúde precária e teria culpado a má alimentação na Alemanha. Ela escreve: "Eu tinha a esperança fervorosa de ser capaz de alimentá-lo, melhorando o seu estado de saúde." [*I fervently hoped to be able to nurse him to better health.*]

Heinerle foi uma gracinha o tempo todo; já na viagem de trem encantou inúmeros tios e tias, mas se comportou mal com o frágil bebê americano, pois viemos até Viena junto com os Frink.[1] Aqui, encontrou em Robert e Math um casal carinhoso e parece que, como verdadeiro safado, sente-se muito bem na casa deles; apenas quando o pinico foi grande demais para ele, quis ir até a tia Martha, que tem um menor. O dr. Rie já o examinou e cuidará dele. Ele diz que sua má aparência, assim como o fato de comer mal têm a ver com o problema de chupar excessivamente o dedo. Assim que ele acostumar-se ao novo ambiente, esse vício lhe será energicamente tirado, sendo que, com isso, também deve parar de fazer xixi na cama.[2] Math está muito feliz com ele e Robert lhe mostra todos os truques. Heinele também já indicou: "vamos gostar um do outro."

Não consigo escrever sobre Berlim, foi excessivo, tudo deu muito certo, o congresso, um grande sucesso.[3]

A fotografia[4] chegou, todos a acharam excelente. Encomendo então seis cópias, que você, por favor, você vai descontar.

O seu cheque será coberto. O que é para fazer com o dinheiro? Martin aconselha comprar uma libra para ele.

A mamãe e a tia já chegaram a Viena, esta última bastante cansada. Mande logo notícias de você e Ernstl.

Cordialmente,
Papai

---

[1] Cf. 196-Ernst, pp. 302-303.

[2] Anna várias vezes comentara desse problema do menino em suas cartas de Hamburgo (F/AF, pp. 367, 374).

[3] Sobre o congresso de Berlim, cf. Schröter, 2007.

[4] Possivelmente uma referência à fotografia reproduzida em E. Freud *et al.* (1976, p. 225).

CARTAS AOS FILHOS

551

453-Max   [Cabeçalho Viena], 10/5/23

Querido Max,

Consigo falar, mastigar e trabalhar de novo; posso fumar mode-
radamente e me falaram que a nova formação extirpada não levou a
um prognóstico preocupante.[1] Não é nenhuma novidade que não sou
mais jovem. O meu aniversário foi comemorado como o de uma diva.
Ernst já partiu hoje, Eitingon, na segunda-feira.

Como você sabe, Heinele está em Semmering,[2] a tia Minna fica no
sanatório até Pentecostes, está se sentindo fraca. Finalmente recebemos
um cartão de Oli e Henny, que escreveram durante uma viagem pelo
Reno; o correio de Duisburg não chega até aqui.[3]

Envie a Ernstl meus agradecimentos pela carta e acrescente alguns
selos para a coleção dele. Para sua mãe, meus votos mais enfáticos de
uma recuperação plena.

Com minhas saudações cordiais a você,
Papai

454-Max   [Cabeçalho Viena], 6/6/23

Querido Max,

O nosso Heinele voltou a nos preocupar. Depois da cirurgia e na
volta de Semmering, começou a ter febre alta, há uma semana entre
39° e 40°, tendo poucos sintomas, com exceção das dores de cabeça e
do baço inchado. A suspeita foi de febre paratifoide, mas não parece
se confirmar; outros exames ainda serão feitos. Ontem fizemos uma

---

[1] Sobre a primeira cirurgia do câncer de Freud, cf. 205-Ernst, p. 312, nota 1.

[2] A temporada de Heinele em Semmering serviu para a recuperação de uma cirurgia
das amígdalas, precedida de sintomas febris que duraram semanas (F/AF, p. 426;
LAS/AF, p. 175).

[3] Cf. pp. 209-210, 312s.

552 SIGMUND FREUD

consulta com o prof. Knöpf[el]macher,[1] com quem conversei também em particular e cuja opinião reproduzo aqui. Ele acha que se trata de uma mononucleose infecciosa e que a única incerteza seria se há alguma infecção bacilar associada ou não. O primeiro caso, qualquer criança aguentaria, apesar da longa duração da febre; no caso da infecção miliar de bacilos, 50% das crianças sobreviveriam. O caso seria sério, mas haveria esperança; bastaria escrever ao pai, não sendo necessário mandar telegrama.

O rapazinho está mentalmente sem danos, indescritivelmente encantador e inteligente. Espero que você esteja convencido de que estamos fazendo tudo por ele. A partir de agora, receberá notícias diárias minhas ou da Math. Nós compartilhamos todas as preocupações.

Minhas saudações cordiais,
Papai[2]

455-Max [Cabeçalho Viena], Bad Gastein
Villa Wassing, 7/7/23

Meu querido Max,

Estou aqui desde o 1º de julho com Minna; ontem reenviaram sua carta de Viena, mas ainda à tarde me ligaram de Annenheim, aonde a mamãe, Anna e Ernstl chegaram agora. A Anna quer passar aqui amanhã para uma visita; são apenas duas horas e meia de viagem de trem.

---

[1] Wilhelm Knöpfelmacher (1866-1938) era diretor do *Karolinen-Kinderspital* [hospital infantil] em Viena. O erro do nome (a forma correta consta em (LAS/AF, p. 196) pode ter sido motivado pela lembrança do colega de escola de Freud, Hugo Knöpfmacher.

[2] Em 8/6/22, Anna Freud escreveu a Lou Andreas-Salomé (LAS/AF, p. 194): "Heinerle está gravemente doente há 10 dias; os médicos não veem chance de vida [...]. Acham que se trata de uma tuberculose miliar, e ontem apareceram os primeiros sintomas cerebrais. Já colocamos o pai dele a par, que deve chegar logo." Max chegou no dia 10 a Viena (p. 195); a criança morreu no dia 19 (cf. acima, p. 458).

CARTAS AOS FILHOS 553

Passei aqui um dos dias mais negros da minha vida, pelo luto desse menino. Finalmente juntei as minhas forças e consigo pensar nele com tranquilidade e falar sobre ele sem lágrimas. Todos os consolos racionais falharam; o único argumento que ajudou foi que, na minha idade, não teria tido mesmo tempo para aproveitá-lo.

Parece-me que você não percebeu inteiramente o quanto gostávamos dele. Você viu nossos ternos cuidados, que também teríamos dedicado a outra criança. Não há expressão para a diferença que a gente fez em relação a ele. Devo acreditar também que não o conheceu como nós o conhecemos, pois ele era pequeno demais em Hamburgo e a eterna rivalidade com o irmão mais velho atrapalhou a sua imagem. Aqui, ele se desenvolveu de forma encantadora, e a maneira como aprendeu a compreender e a conquistar o mundo à sua volta podia ser chamada de genial. Uma pena que nunca vamos saber como as crianças que começam assim se desenvolvem, porque nunca envelhecem.

Os nove meses aqui, apesar das doenças constantes, foram uma época muito feliz também para ele. Até no fim, ele sofreu menos do que nós. Desse modo, será uma doce lembrança e "não nebulosa" para todos que o conheceram.

Acho muito bom que você tenha arrumado algo como férias. Espero que, desta vez, consiga passar por uma profunda mudança.

Ainda vi Ernstl durante dois dias; gostei muito do seu equipamento, casaco, boné e mala. Ele mesmo estava muito contente e desembaraçado, ficou satisfeito com tudo e evitou qualquer referência ao Heinele.

Envio minhas saudações cordiais e deixo ainda um espaço para o acréscimo da tia.

Papai

P.S.: Tenho motivos para supor que o dr. Rie tenha ficado ofendido por não ter recebido nenhuma manifestação de agradecimento. Ele também ficou muito impressionado. Talvez você encontre algumas palavras singelas para ele (Viena, III, Weyrgasse, 5).[1]

---

[1] Pós-escrito de Minna Bernays não reproduzido.

554 SIGMUND FREUD

456-Max   Annenheim, 31/7/23

Querido Max,
Fazemos escala de um dia aqui com a mamãe; amanhã seguiremos
para Bolzano – Trento – Lavarone. Este é o nosso próximo endereço:
Lavarone, Trentino, Itália
Hotel du Lac
Ernstl é muito gentil e sociável; não está ficando mais forte, mas
está com uma boa aparência. Mamãe e Anna estão revigoradas. Tia
Minna esteve primeiro em Bad Gastein, ficou em Wassing.

Cordialmente,
Papai

457-Max   [Cabeçalho Viena], 25/X/23[*1]

Querido Max!
Voltei ontem do sanatório para casa,[2] ainda estou muito debilita-
do, mas não quero esperar mais para te dar os parabéns cordiais pela
mudança em que se lança,[3] e da qual todos nós esperamos uma nova
vida para você e o menino. Espero que não perca o ânimo que estes
tempos difíceis exigem de um jovem casal.
Transmita minhas lembranças à sua escolhida e tenha certeza da
continuidade dos meus sentimentos cordiais.

Papai

---

[1] As cartas deste conjunto marcadas com asterisco, ao contrário das outras, não se
encontram na *Library of Congress*, Washington (SFP), mas são propriedade particular
de Peter Rosenthal. – A carta foi ditada por Freud e datilografada por Anna, como
a maior parte da correspondência de Freud um ano e meio após sua cirurgia difícil.

[2] Do sanatório Auersperg, onde aconteceu a cirurgia de câncer em 4 e 11/10/23 e a
seguinte em 12/11 (cf. 216-Ernst, p. 320, nota 1).

[3] Em 20/11/23, Max se casou, "depois de pouco tempo de se conhecerem" (LAS/
AF, p. 258), com Bertha Katzenstein, que era 15 anos mais jovem. Ela primeiro foi
auxiliar em uma escola particular, frequentada por Ernstl, e passou a trabalhar no
ateliê de fotografia a partir do outono de 1923 (W. E. Freud, 2003, p. 103; Weinke,
2003, p. 112).

CARTAS AOS FILHOS

Querido Max, ainda escreverei uma carta em separado para você, é claro; por enquanto mando beijos a você e Ernstl e fico muito satisfeito.

Anna

458-Max   [Cabeçalho Viena], 3/XII/23

Querido Max,

É com muita satisfação que ficamos sabendo que você tornou a se casar, e que está com uma companheira dona de casa e educadora de jardim de infância para Ernst. Durante dez anos, você foi nosso filho, a saber, um filho carinhoso, como confirmamos de bom grado. Algo disso também deve permanecer no futuro. Em nossos pensamentos fazemos o melhor prognóstico para o seu casamento, pois quem teve um casamento feliz será feliz em outro também. Esperamos criar laços cordiais quando tivermos a oportunidade de conhecer sua esposa pessoalmente.

Estou me recuperando lentamente, porém de forma contínua, dos efeitos da última cirurgia e estou na expectativa de grandes melhorias com a prótese.

Com minhas saudações cordiais a você e à sua família
Papai

459-Max   [Cabeçalho Viena], 7/III/24

Querido Ernst,

Envio £5,00 pelo seu aniversário de dez anos, que chegarão em uma carta para o seu pai. Como você passou no exame de admissão e ingressará no ginásio na Páscoa, será fácil fazer uso desse dinheiro. De qualquer forma, você pode me escrever o que comprou com ele.

556   Sigmund Freud

Espero que a nova escola também desperte em você um novo interesse nos estudos. Receba as minhas saudações cordiais e mande lembranças ao seu pai e à sua nova mãe.

Vovô

460-Max   [Cabeçalho Viena], 9/8/24

Querido Max,

Quero acreditar que foi um grande susto.[1] Felizmente passou e, na retrospectiva, podemos supor que não significava nada sério. O pobre menino teve uma infância difícil e felizmente parece ter uma segunda mãe maravilhosa.

Estamos muito bem aqui,[2] exceto pelo verão que deixa a desejar. Começo a acreditar em uma melhora mais durável do meu estado de saúde.

Você não me confirmou o recebimento dos últimos US$ 50,00 para Ernstl. Entreguei-os para Jankeff,[3] que os levou para mim. Lampl levará a mesma quantidade; entretanto, ele não vai daqui diretamente a Berlim.

Você já sabe que agora começa a temporada das meninas. Uma está na casa de Martin; aguardo outra para a casa de Oli.[4] Infelizmente, não tenho muito como aproveitar mais os netos, desde que as viagens se tornaram tão difíceis para mim.

Minhas saudações cordiais a você e à sua querida Bertha. E não se esqueça de mandar as minhas lembranças para a sua mãe.

Papai

---

[1] Provavelmente, um primeiro surto da mononucleose de Ernst Halberstadt, à qual há várias referências nas próximas cartas (cf. LAS/AF, p. 354). Os sintomas eram semelhantes aos de Heinele.

[2] Isto é, nas férias de verão, pela primeira vez em Semmering.

[3] Jankew Seidmann, o marido de Tom, a sobrinha berlinense de Freud.

[4] Cf. a carta seguinte. Para sua tristeza, Freud, até então, tivera somente netos meninos.

CARTAS AOS FILHOS

461-Max   [Cabeçalho Viena], Semmering, 8/set/24

Querido Max,

Seu relato,[1] que não foi totalmente inesperado, joga uma sombra na nossa alegria com as duas menininhas, Sophie Miriam, de Martin, e Eva Mathilde, de Oli; esta última nasceu no dia 3 do mês em Berlim.

Concordo plenamente com você que um tratamento na Suíça (Arosa) oferece mais chances de melhora do que em Wyk.[2] Informe-se com o Ernst, a quem fez tão bem; perguntarei ao dr. Rie qual casa devo escolher. As despesas não devem ser muito maiores do que atualmente na Alemanha. Para ambos os lugares, ele precisará de um acompanhante apenas para a viagem. O vovô até agora ganha o suficiente para não sentir tanto a despesa; e ainda deve aguentar por uns seis meses. Ele é o único bem que restou da nossa Sophie e por isso deve ter o melhor. Escreva-me logo o que conseguiu saber e o que você resolveu. Talvez essa mudança também traga uma virada no seu desenvolvimento.

Nós tivemos uma vida muito confortável nesta casa aqui;[3] talvez, um número excessivo de visitantes, entre eles alguns muito agradáveis; mas, certamente, tivemos tão pouco verão quanto as pessoas em outros lugares. Os dias de setembro começaram bem; neste momento, a família está sentada no jardim, até agora pouco frequentado. Um único americano,[4] que ficará ainda até o dia 14 desse mês, cobre os custos da temporada. Vou a Viena uma vez por semana.[5]

---

[1] Provavelmente sobre a doença de Ernstl.
[2] Na ilha de Föhr, no Mar do Norte.
[3] Na Villa Schüler.
[4] Isto é, um paciente americano.
[5] Para o tratamento dentário com Pichler ou seu assistente.

558   Sigmund Freud

Esperamos ouvir que Bertha vai bem e lhe desejamos tudo de bom para os próximos tempos.[1]

Saudações cordiais,
Papai

462-Max   [Cabeçalho Viena], Semmering, 13/IX/24

Querido Max,

Nesse meio-tempo, a situação mudou um pouco. Lembramos que os sanatórios para crianças ficam em Lesyn[2] (não tenho certeza de como se escreve o nome) e que uma boa amiga nossa, a sra. dra. Oberholzer em Zurique,[3] na época em que começávamos a nos preocupar com Heinele, nos disse que conhecia o médico de lá e que queria mandar uma recomendação para ele. Por isso não procurei o dr. Rie, mas a sra. dra. Oberholzer, e pedi a ela para enviar informações e a carta de recomendação a você, o que certamente fará em breve.[4] Aliás, sabemos que Martha Flörsheim[5] também esteve lá com o filho dela; e assim você consegue as informações com mais facilidade. A decisão final é sua,

---

[1] A nova esposa de Max estava grávida (465-Max, p. 561, nota 2).

[2] Certamente um erro de grafia para Leysin, um estância termal nas montanhas, para tratamento de doenças respiratórias, conhecida no cantão de Vaud, na Suíça ocidental. Na verdade, Ernstl acabou sendo levado para Arosa.

[3] Mira Oberholzer (1884-1949), médica e psicanalista suíça, que fez análise com Freud na primeira metade dos anos 1920 (Planta, 2010).

[4] Em sua carta de 8/9/24 para Mira Oberholzer, Freud escrevera (LoC/SFP): "Prezada sra. dra. // Talvez a sra. se lembre de que, no ano passado, sofri a perda do filho mais novo da minha filha falecida, em função de uma tuberculose miliar. Agora, o filho mais velho, com 11anos e meio de idade, que acabou de ingressar no ginásio, adoeceu de mononucleose; o pulmão ainda está intato e não queremos deixar de fazer nada pela sua recuperação. Lembrei-me de ter ouvido a sra. falar que conhece bem o diretor do sanatório infantil na Suíça (Lesyn? – eu acho) e que estaria disposta a escrever uma recomendação para ele. Se eu estiver certo, gostaria de solicitar que a sra. se dirija ao meu genro, Max Halberstadt, em Hamburgo, *Neuer Wall*, 54, que passe o endereço a ele e que mande uma recomendação ao médico."

[5] Martha Flörsheim (1882-?), nome de solteira Philipp, a irmã da mãe de Freud (F/MB, p. 352).

CARTAS AOS FILHOS 559

mas eu deduzo da sua carta que você compartilha a minha opinião sobre o valor relativo de Wyk e de um estância termal de tratamento de doenças respiratórias nas montanhas suíças.

É bom saber que ele[1] está bem psiquicamente. Espero também que, quando tiver um irmão ou uma irmã, compense a inveja de Heinele por muito carinho.

Oli tem toda razão de se sentir tão bem; Henny está se saindo muito bem, sua família se mostra encantadora, e o bebê parece impecável. Apenas gostaria que já tivessem uma casa, onde pudessem morar juntos.

Nada de novo da nossa parte.

Saudações cordiais a você, a Bertha e ao Ernstl.

Seu Papai

Endereço:
    Sra. dra. Oberholzer
    Zurique, Utoquai, 39

463-Max   [Cabeçalho Viena], Semmering, 15/IX/24

Querido Max,

Tive acesso à sua carta de hoje para Mathilde e, ao mesmo tempo, recebi uma de Ernst sobre a questão do Ernstl. Não me parece ser oportuno que eu tome decisões aqui por você, e também não posso apoiar o conselho de Ernst, de que você viaje com o menino até Arosa e procure algo por lá. Acho que deve aguardar a carta da sra. dra. Oberholzer e que seguir o conselho dela. Hoje escrevi outra carta para ela, dizendo ainda que você fará uma escala em Zurique para pegar

---
[1] Ernstl.

560   SIGMUND FREUD

algumas informações com ela pessoalmente.[1] De qualquer forma, me
escreva logo após receber esta carta se teve notícias dela. Pode acontecer que, por um acaso, ela não esteja em Zurique, e assim teríamos
que mudar os nossos planos.

Também sou favorável a que se resolva a questão o mais cedo possível e sem atrapalhar o seu trabalho no ateliê. Não seria melhor que
você mesmo o levasse? Se for preciso, poderíamos pensar em pedi-lo
ao Ernst em Berlim, que provavelmente não se recusaria, se Lux estiver
de volta. Ela atualmente está na Suíça com a mãe. Quanto às despesas,
você me comunica logo o valor necessário para o equipamento, para
a viagem de ida e volta, que posso transferi-lo, para logo compensar
a sua despesa. Claro que eu também pagaria as despesas do Ernst. Eu
poderia transferir os pagamentos mensais diretamente ao sanatório.

Aguardando suas notícias em breve

cordialmente, seu
Papai

464-Max   [Cabeçalho Viena], 8/XII/24

Querido Max!

Obrigado pelo relato do dr. Pedolin,[2] que guardarei por enquanto. Continuo achando que a situação não é crítica. O dr. [P.] goza
da melhor reputação, e não é de se admirar que as seis semanas

---

[1] A carta de Freud para Mira Oberholzer, de 15/9/24, diz (LoC/SFP): "Tomo a liberdade
de enviar-lhe um breve acréscimo à minha última carta para solicitar-lhe que permita
que o meu genro, ou quem acompanhar o menino, possa ser atendido pela sra. em
Zurique. O meu genro tem pouca noção de questões médicas e terá motivo para
agradecer-lhe por cada informação que puder lhe passar. Para mim, é um grande
alívio saber que a sra. cuidará do assunto. O menino, que está com mais ou menos
11 anos, não está doente atualmente, mas, alertados pelo destino do seu irmão mais
novo, certamente não queremos negligenciar nada nesse caso ".

[2] O proprietário do sanatório em Arosa, onde Ernst Halberstadt estava instalado (F/
Brill, 6/1/25). O menino já havia sido levado a Zurique pelo seu pai em 28/9/24 (LAS/
AF, p. 360) e ficou até o verão de 1925 (cf. 466-Max, pp. 562-563).

CARTAS AOS FILHOS   561

ainda não causaram nenhuma alteração na situação do menino.
Se fossem seis meses, seria outra coisa. De qualquer forma, estamos felizes que fizemos o melhor para ele. Penso que o resultado
será bom. Eu me conformarei à sua sugestão sobre as fotografias
reproduzidas sem autorização. Alguns dias atrás, vi uma dessas
fotos na capa da revista americana "Time".[1] Não te envio o exemplar porque, contra os americanos, provavelmente não há nada
que possa ser feito.

A Bertha certamente já voltou. Espero que a vida de vocês continue
transcorrendo de forma pacífica e satisfatória.

Com saudações cordiais,
Seu papai

465-Max   [Cabeçalho Viena], 7/4/25

Querido Max,

Receba as minhas felicitações cordiais pelo nascimento da sua
filha[2] e as transmita à jovem mãe. Espero ouvir, em breve, que ambas
passam bem.

---

[1] Trata-se aqui das fotografias de Freud tiradas por Max Halberstadt. Todavia, não
há nenhuma foto dele na capa da *Time* de 27/10/24 (vol. IV, nº 17), mas um retrato
desenhado para o qual, pelo visto, a célebre foto com charuto serviu de modelo. A
manchete indica um artigo na p. 20 do caderno, intitulado "Freud and the Freudians",
que começa com uma resenha das edições americanas recém-lançadas de *Além do
princípio do prazer* (Freud, 1920g) e *Psicologia das massas e análise do eu* (1921c),
seguida por parágrafos sobre a biografia, o caráter, os discípulos, a doutrina e os
textos. Grande parte das informações foi retirada expressa ou implicitamente da
biografia de Freud de autoria de Wittels (1924, edição em alemão e em inglês). Dela
foi retirada também a citação que está na capa, debaixo do nome "Sigmund Freud":
"The only rogue in a company of immaculate rascals" ["O único trapaceiro em
companhia de patifes imaculados"] (no livro de Wittels, consta, na p. 36, que Freud
teria se colocado, com *A interpretação dos sonhos* e *Sobre a psicopatologia da vida
cotidiana*, segundo suas próprias palavras, "como único trapaceiro em um círculo
de modelos de pessoas, todos imaculados"). Provavelmente Freud ficou aborrecido
com esse artigo, que avaliava a sua doutrina com ceticismo superficial.

[2] Eva Halberstadt nasceu em 5/4/25 (Weinke, 2003, p. 112).

562 SIGMUND FREUD

Gostei muito do fato de ser uma menina, não apenas por você e pelo Ernst, mas também – não me leve a mal – pela memória do Heinele. Assim o querido menino continua mais tempo sem substituto.

Desde que o perdemos, não consigo mais ter um interesse pleno pelos meninos. Três deles ainda nem vi. Mas sou um velho avô, que não tem muito mais a esperar, e você é um jovem pai!

Com os votos mais calorosos a vocês todos, inclusive à sua mãe,

Papai

466-Max [Cabeçalho Viena], 26/6/25

Querido Max,

Gostei muito da sua carta gentil. Não há de que agradecer.[1] Sou velho e, apesar de não me sentir mal, tenho poucas satisfações na vida. Uma delas é que ainda consigo fazer algo pelos meus filhos. Espero que a temporada em Arosa tenha produzido o melhor efeito no Ernstl. Nós queríamos muito nos convencer disso, mas a viagem Arosa – Semmering – Hamburgo realmente é pesada demais para o menino, que, de qualquer forma, terá dificuldades com a vida longe das montanhas.

Das contas anexadas até o fim de maio, você pode deduzir que, até alguém o buscar, está tudo mais ou menos acertado. Se houver sobra, você a utiliza para ele; se faltar algo que você tenha que adiantar, por favor me dê notícia. Hoje enviei a última remessa de selos para o colecionador promissor.

No dia 30 desse mês, vamos a Semmering, novamente na Villa Schüler. A tia vai direto de Abbazia para lá, provavelmente já amanhã. Nós todos, os quatro, estamos cansados da vida na cidade. O quarto que falo, você não adivinhará facilmente; é o cachorro

---

[1] Por assumir as despesas do tratamento de Ernstl na Suíça.

CARTAS AOS FILHOS

grande de Anna, Wolf,[1] que será o protetor dela, sendo muito apto para isso.

Minhas saudações cordiais à sua família, mãe, esposa e filha, e apareça no verão.

Com os votos mais calorosos,
Papai

467-Max   [Cabeçalho Viena], Semmering, 30/7/25

Querido Max,

Não é pela descrição que você fez que eu não posso dizer nada de seguro sobre a sra. dra. R.[2] A avaliação do caso dela fica bastante dificultada pelo ferimento indubitavelmente orgânico do crânio e do cérebro.

Acontece muito que, depois desse tipo de acidente, o próprio acontecimento (e parte da vivência anterior) é esquecido permanentemente; mas isso não impede de forma alguma a recuperação. A perturbação atual pode se relacionar com uma intenção obscura de se livrar do conhecimento das consequências do acidente e do destino do menino. Depois de acordar, pode acontecer que ela receba a má notícia de forma totalmente contida. Conheço esse tipo de caso. Mas, não se pode excluir que depois ecloda um luto intenso ou, no lugar, uma psicose. Tristes opções, pobre da mulher! Espero que você continue escrevendo sobre ela.

A fotografia de Ernstl foi a primeira satisfatória depois de muito tempo. – Estamos passando um verão bastante agradável aqui.

Minhas saudações cordiais a você, a Bertha e à pequena.

Papai

P.S.: Quando estivermos de volta a Viena, mandarei selos para Ernstl.

---

[1] Anna havia ganhado do seu pai um pastor-alemão que recebeu o nome de "Wolf".
[2] Não identificada.

564 SIGMUND FREUD

468-Ernstl [Cabeçalho Viena], 18.out.1925[1]

Querido Ernst,

Não quero deixar passar seu primeiro boletim escolar sem o devido reconhecimento. Sobre o uso da nota[2] em anexo, procure se entender com os seus pais. Espero que, depois de algum tempo, você descubra por que se vai à escola e, então, tenha muito prazer em estudar. Não acho ruim que se desempenhe com pouco sucesso em canto e desenho. Nesse ponto, você tem uma herança difícil, pois também foram os meus pontos fracos. Nunca senti falta do canto, podemos deixar que os pássaros se ocupem disso; mas o desenho me fez muita falta; arrependi-me muitas vezes de não tê-lo aprendido melhor.

Parece que sua irmãzinha é uma gracinha. Fico feliz em saber que você gosta dela.

Mande as minhas lembranças para os seus pais e escreva logo de novo.

Vovô

469-Max [Cabeçalho Viena], 17/III/26

Querido Max,

Há muito tempo que não tenho notícias suas a não ser por vias indiretas, então preciso te escrever por conta própria. Você não ficará surpreso com o fato de que, nesse meio-tempo, fiquei mais velho e não exatamente mais saudável. Atualmente, estou fazendo uma terapia de coração no sanatório;[3] dizem que não é nada sério, mas, é claro, o fato de que preciso fazer esse tratamento também não pode ser visto como um sinal de que esbanjo saúde. Prometeram me dar alta ainda

---

[1] Publicada na newsletter da *Sigmund Freud-Gesellschaft* [Sociedade Sigmund Freud], I/1997, p. 7.

[2] Cédula.

[3] Freud ficou de 5/3 até 2/4/26 no sanatório Cottage (F/E, pp. 443, 450).

CARTAS AOS FILHOS   565

este mês, mas sinto que, com todas as minhas mazelas – menores e maiores –, não será fácil prosseguir com um trabalho exaustivo.

Quanto à sua intenção de vir para o meu aniversário,[1] tenho razões favoráveis e contrárias. Estas últimas relacionam-se com a nossa intenção de não fazer solenidade com essa data e reduzir as comemorações ao mínimo. Mas isso acarreta a possibilidade de manter afastado justamente os entes queridos que gostaríamos de rever, enquanto não é possível ficar livre dos estranhos e dos não convidados que não anunciam a visita. Evidentemente, gostaria muito de revê-lo, pois você não deixou de ser um dos nossos em razão da nossa perda, assim como o Ernstl, e por isso resolvi me manter livre de quinta-feira até domingo. Mas você não depende dessas datas, venha quando quiser, durante esses dias, antes ou depois, não estou mais trabalhando de forma tão dedicada e ininterrupta e sempre acharei um tempo para você ou vocês.

Bem, até lá ainda terei notícias suas; enquanto isso, mande as minhas lembranças cordiais à sua mãe, à sua querida esposa e aos filhos. Digo então "até a vista".

Seu papai

470-Max   [Cabeçalho Viena], 6/6/1926

Querido Max,

Quando Robert me disse que você está precisando de um empréstimo de "alguns milhares de marcos", me dispus a concedê-lo com prazer. De acordo com a sua segunda carta a Math, você precisa de 10 a 15 mil marcos, mas agora estou na situação desagradável de não poder conceder tanto. O valor seria uma fração desproporcional da parte separada para a mamãe, que, infelizmente, não é mais am-

---

[1] Para o aniversário de 70 anos; assim como Oliver e Ernst, Max também foi a Viena (LAS/AF, p. 512).

pliada em consequência da redução do meu trabalho e da vida mais confortável que estão exigindo de mim. Também me lembram que Oli está desempregado[1] e que devo estar preparado para ajudá-lo. Como você sabe, não faltam outras obrigações na família.[2] Tudo isso não importaria se eu pudesse ter a certeza de continuar trabalhando como antes. Mas...

É a primeira vez que você me pede algo e por isso é particularmente doloroso não poder atender. Mas talvez já seja uma ajuda o que consigo providenciar com facilidade para você. Posso enviar imediatamente US$ 1.000,00 = 4.200,00 marcos. Uma vinculação com os direitos de Ernstl à herança é legalmente impraticável, segundo Martin, e não deveria ser tentada. Seria uma dívida pessoal (sem juros) sua comigo, mais exatamente com a mamãe, que é a herdeira universal.[3]

E mais: asseguraram-me que, nos próximos meses, receberei a restituição de um valor de 5.000,00 francos suíços que eu havia adiantado para a nossa editora.[4] Não esperava esses 4.000,00 marcos; se, ou quando entrarem, posso deixá-los para você sem qualquer sacrifício. Todavia, você deve levar em consideração tanto o "se" como o "quando".

É triste ver que vocês jovens estão sofrendo tanto sob o peso dos tempos, apesar de trabalharem muito. Ernst é o único que se saiu bem, mesmo que não esteja fácil para ele também.

Suponho que o mal-estar do Ernstl já tenha passado há muito tempo. Minhas saudações cordiais a você e à sua pequena família, e espero ter logo notícias suas.

Papai

---

[1] Cf. p. 230.

[2] Sobretudo o sustento da mãe e das irmãs de Freud.

[3] Cf. 93-Martin, pp. 172-173, e p. 213s.

[4] Trata-se de um compromisso do diretor da editora, Storfer (F/E, p. 456). A realização desse pagamento não está documentada, e, pelo visto, Freud duvidava dele desde o início.

CARTAS AOS FILHOS

471-Max [Cabeçalho Viena], 29/6/26

Querido Max,

A minha oferta, portanto, continua válida até você se servir dela. Em anexo, envio US$ 100 para as férias de verão do Ernstl, que Arnold[1] teve a gentileza de trazer. Ficamos muito satisfeitos com a visita dele com Lilly, apesar de eu não estar em condições de conversar.

Mande as minhas saudações cordiais à sua mãe, a Bertha e à pequena (que ainda não ganhou nada de nós) do

Papai

472-Ernstl [Cabeçalho Viena], 14/X/26

Querido Ernst,

Seu pai me falou muito sobre você, apenas coisas boas para a minha alegria, principalmente que você está sendo tão gentil com a Evinha. Já deve fazer bastante tempo que você não recebe uma carta minha. Os últimos selos da minha correspondência mandei para o seu primo, Gabi, em Berlim, que também já está colecionando assiduamente. Mas me avise se ainda aguarda as minhas remessas; por hoje, apenas acrescento algumas amostras. O outro anexo[2] é para te ajudar na realização de alguns desejos menores.

Minhas saudações cordiais a você, a seus pais e à irmãzinha,

Cordialmente,
Vovô

---

[1] Arnold Marlé (1887-1970) vivia na época com sua esposa, Lilly, uma sobrinha de Freud, em Hamburgo, onde atuava como ator e diretor de teatro (Tögel, 2004, p. 38 s.). Max conhecia ambos e chegou a tirar fotografias deles (Weinke, 2003, p. 166s.).

[2] Certamente a cédula usual – provavelmente, como no ano anterior (468-Ernstl, p. 564), pelo boletim.

568 SIGMUND FREUD

473-Ernstl [Cabeçalho Viena], 9 março 1927[1]

Meu querido Ernst,

Fico estranhamente emocionado quando penso que agora você está com 13 anos, que não é mais uma criança, mas um pequeno homem, com todos os direitos e deveres que acarreta essa nova situação. Gostei muito de você no Natal em Berlim,[2] muito mais do que na época em Lavarone, e gostaria de vê-lo ainda quando ficar adulto.

Lamento ter ficado sabendo que você está com dificuldades na escola. Como está a situação agora? O papai certamente escreverá em breve.

O anexo é o meu presente de aniversário. Você deve conversar com os seus pais sobre o seu uso. De qualquer forma, você já está preparado para o aniversário da pequena Eva, que se aproxima.

Minhas saudações cordiais, com muitas felicidades

Vovô

474-Max [Cabeçalho Viena], Semmering, 23/8/27

Querido Max,

Li sua carta para Anna sobre as dificuldades do Ernstl.[3] Certamente a decisão sobre ele agora depende definitivamente de você. Mas, mesmo assim, não quero deixar de dar a minha opinião.

Ele é um pobre menino, e deveríamos fazer de tudo para ajudá-lo a sair dessa situação. Por algum motivo, ele agora se opõe ao seu lar; então não tem como saber qualquer coisa dele enquanto estiver aí. É influenciado pelos de sua idade e por estranhos. Deve-se aproveitar dessas alavancas para estimulá-lo aos estudos e à adaptação ao ambien-

---

[1] Carta parcialmente reproduzida em Schneider, 1999, p. 136.
[2] Cf. a nota 3 de 225-Ernst, p. 328.
[3] Ernstl tinha problemas especialmente com sua madrasta e também na escola.

CARTAS AOS FILHOS 569

te, que ele tanto precisará mais tarde. A sugestão[1] da Anna, portanto, parece-me valer realmente a pena e teríamos prazer em ajudar na sua realização. Se permitirmos que continue tropeçando, ele talvez não preste para mais nada quando crescer.

Recentemente, li uma das cartas dele para a Anna, uma carta muito simpática e cheia de interesses, prova de que ele tem disposição quando há simpatia em jogo. Evidentemente, não dá para esperar até ele entender a insensatez do seu comportamento em casa.

Minhas saudações cordiais à sua mãe, a Bertha e à pequena Eva,

Papai

475-Ernstl [Cabeçalho Viena], 19.XII.1927

Querido Ernst,

Embora vocês não festejem o Natal,[2] nós todos celebramos e não queremos excluí-los. A nota maior do anexo é para você, a menor é para a sua irmãzinha.

Fiquei sabendo que você foi convidado para Berlim. Saudações cordiais ao papai e à mamãe do

Vovô

---

[1] Não esclarecida. Possivelmente, Anna propusera colocá-lo em um internato; cf. 476-Max, pp. 570-571. Ernstl passara uma temporada com a família Freud em Semmering a partir depois de junho de 1927.

[2] Desse fato, não se deve deduzir necessariamente que Max Halberstadt era judeu praticante. Quanto ao aspecto religioso, ele até era considerado a "ovelha negra" da família (comunicado de W. Weinke, de acordo com informações de Eva Spangenthal).

SIGMUND FREUD

476-Max   [Cabeçalho Viena], 10/2/1928

Querido Max,

Nós fizemos você esperar muito tempo por uma resposta. Sua carta provocou longas reflexões com a Anna, mas, no fim, não chegamos a um resultado seguro, mesmo assim.

Ficou bastante claro que você mesmo não é favorável ao projeto de Gandersheim.[1] Nós seríamos a favor, mas gostaríamos de garantias para que não desse nada errado com esse passo tão importante para o Ernstl. Anna diz que não há como confiar em propaganda e em informações de terceiros. Justamente nesses últimos dias, ela ficou sabendo sobre coisas relacionadas a Bondy que não são atraentes. Anna acha que alguém teria que se hospedar lá de dois a três dias para formar uma opinião. Ela mesma está atarefada demais para fazer a viagem e, se você também não estiver em condições, não temos coragem de expor o destino de Ernstl a essa insegurança.

Quanto ao aspecto financeiro, há vários pontos a serem levantados. O valor em si não seria nenhum impedimento, assim como no caso das despesas com a temporada na Suíça. Continuo ganhando bastante, mas, como fiquei mais velho e não há certeza de quanto tempo ainda poderei ganhar dinheiro, seria pouco prudente logo expor o menino a uma interrupção de sua nova situação. Exatamente neste momento não estou me sentindo nada bem e, na minha idade, mudanças bruscas não estão excluídas. Evidentemente, se tivéssemos certeza de ter colocado Ernstl no lugar adequado, a incerteza da situação seria menos grave. Resumindo: se você conseguir providenciar garantias quanto a Gandersheim, assumimos o financiamento – por tanto tempo quanto for possível.[2]

---

[1] O internado rural "Schulgemeinde Gandersheim" (na região do Harz), que seguia a chamada pedagogia reformada, fora fundado em 1923 pelo casal hamburguês Max (1892-1951) e Gertrud Bondy (1889-1977; <www.bbf.dipf.de/rundbrief/1999/Rundbrief1-99.htm>; acesso em 9/9/2009).

[2] Não há indícios de que o Ernstl tenha ido a Gandersheim; ele acabou se mudando para Viena (cf. 480-Max, p. 574, nota 2).

Lamento se você ainda tem queixas quanto à época pouco próspera. Com Martin e Oli, acontece o mesmo. Claro que você não precisa separar dinheiro para a restituição dos 1.000 marcos; em momento algum, pensei nisso; antes preferiria que você fosse o único que precisasse de ajuda e que eu pudesse colocar mais dinheiro à sua disposição. Se você conservar o menino em casa, queria te oferecer uma mensalidade para as necessidades dele; aguardo sua posição a respeito em breve.

Hoje tenho dificuldades para escrever devido a um problema com os olhos; encerro, portanto, com saudações cordiais a você, à sua mãe, a Bertha e aos filhos.

Papai

477-Ernstl   [Cabeçalho Viena], 9/3/1928

Querido Ernst,

Você já é um menino grande de 14 anos! O tempo passa rápido; lembro-me ainda como nós dois, sua mãe e eu, empurrávamos o seu carrinho de bebê por um parque pequeno. Agora não tenha medo de ficar mais velho e maior, mas prepare-se bem para a vida.

O anexo é para você realizar seus desejos de aniversário, *e* o outro, para complementar sua coleção de selos.

Cordialmente,
Vovô

SIGMUND FREUD

478-Max   [Cabeçalho Viena], 13/5/1928

Querido Max,

Você está certo, é triste perceber como estamos separados pela distância, apesar de pertencermos um ao outro.

Como você sabe, gostaríamos de ter o Ernstl conosco, e você poderia levá-lo para Semmering. Não é nada certo que eu estarei eternamente acessível para visitantes. Às vezes, a vida se torna muito dura para mim.

Temos que discutir também a questão de uma mesada[1] regular para ele. Se desta vez você usar o valor, por exemplo, para mandar Bertha a Karlsbad, será apenas um remanejamento dentro da sua economia doméstica.[2]

De qualquer forma, agradeça ao menino a carta de aniversário. Se pelo menos ele estivesse mais amadurecido. No ano passado, ele era querido por todos.

Tia Minna está em Abbazia, Anna está em Berlim hoje,[3] e Wolf está em uma hospedaria para animais próxima do Danúbio,[4] então, nós dois, velhos, estamos sozinhos, e esse domingo está contrastando com o último,[5] quando até a minha mãe esteve conosco.

A pequena do Martin[6] voltou para casa sem cirurgia, mas a inflamação ainda não regrediu por completo.

Minhas saudações cordiais a vocês todos,
Papai

---

[1] Freud usa o termo inglês *allowance*.

[2] A carta 483-Max, p. 577 permite a dedução de uma oferta feita por Freud de pagar um extra para as despesas do tratamento de Bertha.

[3] Em 12/5/28, Anna participou, junto com Siegfried Bernfeld, de uma discussão na Sociedade Psicanalítica Alemã sobre a "Possibilidade de uma pedagogia psicanalítica" (IZ, 1928), p. 564).

[4] Em Kagran, uma cidade perto de Viena, à margem esquerda do Danúbio, havia uma hospedaria para animais que a família Freud usava diversas vezes para deixar seus cachorros (cf. MaF, p. 195).

[5] O aniversário de Freud.

[6] Sophie. Nada mais se sabe sobre a doença que a afetou depois.

CARTAS AOS FILHOS

573

479-Max [Cabeçalho Viena], 25/6/1928

Querido Max,

O anexo de US$ 50 é para a viagem do Ernst.[1] É possível que eu o encontre em Berlim. Meu sofrimento com a prótese aumentou tanto que, depois de ouvir muitas sugestões, resolvi procurar o prof. Schröder em Berlim. Seu assistente, o prof. Ernst, esteve aqui ontem e antes de ontem para me examinar, e agora aguardo a carta que me avise sobre o tratamento em Berlim. Espero que eu possa viajar ainda esta semana, ou seja, neste mês.[2]

O tratamento não deve durar mais que quatro semanas. A Anna vai comigo; provavelmente, ficaremos no sanatório do dr. Simmel, "Schloss Tegel" ["Castelo de Tegel"]. Não é uma forma agradável de passar o verão, como você pode imaginar, especialmente porque o meu coração agora me lembra que estou com 72 anos. Mas acho que devo resolver esse assunto da prótese e aproveitar qualquer oportunidade nesse sentido.

Espero que a Bertha se recupere bem em Karlsbad. Sempre achei a vida e o tratamento lá muito agradáveis; sinto-me melhor em Karlsbad do que em qualquer outro lugar.

Minhas Saudações cordiais,
Papai

480-Max [Cabeçalho Viena], Semmering, 13/7/1928

Querido Max,

Ernstl agora está conosco, dá-nos muita alegria e muito a pensar. Ele é bastante simpático, relaciona-se muito bem com as crianças

---

[1] Ao que parece, para a viagem a Semmering, onde passou o verão mais uma vez (cf. a próxima carta). Freud já estava lá desde 16/6/28 (240-Ernst, pp. 338-339).

[2] Freud acabou indo somente em setembro a Berlim (cf. 241-Ernst, p. 340).

americanas da nossa amiga Mrs. Burlingham,[1] e desenvolve humor e talento como ator. É certo que ele está bem aqui e que ninguém cobra nenhum trabalho sério dele. Mas não acredite que queremos negligenciar esse ponto importante. Sabemos que ele não tem a maturidade suficiente para a sua idade e que tem poucos interesses intelectuais. Ora, um exame intensivo que a Anna fez com ele mostrou uma situação realmente triste e delicada. Em sua vida emocional, ele rompeu com todas as pessoas e condições de casa, não se sente atraído pela escola e arrisca se afundar cada vez mais, até perder qualquer referência, e pode apenas esperar no futuro ser uma pessoa sem alegria e reprimida. É algo que todos nós certamente não queremos; e por que não tentamos o que fizemos várias vezes com outras crianças, que nos estão menos próximas?

Ele nos disse que não passaria de ano, e não há motivo para duvidar desse tipo de prognóstico sobre o próprio futuro. Como você viu, as repreensões e seu exemplo não levaram a nada. Queremos levá-lo aos estudos por outras vias. É preciso que emane da ligação íntima com aquilo que ama no momento, em vez de ser imposto como um dever não compreendido.

Nós, isto é, principalmente a Anna, que tem competência para lidar com esses problemas educacionais, desenvolvemos o seguinte plano: para os filhos de Burlingham, que são educados com muito zelo, foi criada uma escola particular aqui, com professores excelentes,[2] dirigida por uma mulher extremamente maternal, amiga de Anna que eu também aprecio muito e que já vimos sua boa influência em crianças difíceis. A escola funciona na casa dessa mulher, que se chama Eva Rosenfeld, uma mansão com jardim em Hietzing, na parte mais saudável de Viena. Gostaríamos que ele ficasse lá, tendo aulas individuais

---

[1] Como no ano anterior, Dorothy Burlingham alugara a casa ao lado da Villa Schüler.

[2] A escola de Hietzing foi fundada no outono de 1927 por Eva Rosenfeld (Anna Freud em carta a Eitingon de 4/10/27); (AFP/LoC); ela existiu até 1932. Os principais professores eram Erik H. Erikson e Peter Blos, que, mais tarde, tornaram-se analistas (A. Freud, 1994, com as introduções). Ernstl frequentou essa escola entre o outono de 1928 e a primavera de 1931 (cf. a nota 2 de 494-Max, p. 582).

CARTAS AOS FILHOS 575

adequadas a esse caso nessa escola. Seria uma experiência de meio ano inicialmente, para que, quando chegasse a Páscoa, ele fizesse o exame de conhecimentos em Hamburgo e mostrasse o que aprendeu. Se passar nesse exame, queremos continuar com ele aqui, até o seu interesse nos estudos ter se tornado independente e confiável. Esperamos que o ambiente simpático, o exemplo das crianças das quais ele gosta, a influência dos professores compreensíveis e tolerantes, na acepção moderna, e a perspectiva de viver mais tempo em Viena o transformem em um estudante sério. Se a experiência não der certo, ficarei bastante preocupado com o futuro dele. Seria uma pena.

Anna e eu dividiremos as despesas. O plano está pronto e pode ser executado a partir de setembro. Falta apenas você concordar; espero que não o recuse. Apenas aparentemente o menino perderá tempo, pois, segundo a nossa avaliação, ele não avançará mesmo na escola de Hamburgo. Precisamos do seu aval somente para este primeiro semestre; depois disso, seremos guiados pelos resultados.

Espero que Bertha retorne melhor de Karlsbad, como eu mesmo voltava a cada vez; e envio as minhas saudações cordiais a você e à sua mãe,

Papai

481-Max   [Cabeçalho Viena], Semmering, 9/8/1928

Querido Max,

Sua última carta para Anna deixou a impressão de que você queria defender a Bertha de uma crítica da nossa parte, que colocaria nela a culpa pela insatisfação do Ernstl. Garanto a você que essa crítica não existe, e que temos uma visão mais profunda do caso. Sabemos que o menino não é fácil e que não podemos esperar que Bertha dê conta dele. Tem mais: não confessamos até o momento a razão principal do nosso plano: Ernstl é extremamente neurótico e tem sintomas nítidos, por isso é difícil lidar com ele. Evidentemente, isso não aumenta o valor ou as perspectivas dele

576 Sigmund Freud

para o futuro. Mas, ainda é uma criança, ainda está em formação, ainda não está perdido e, por isso, decidimos fazer uso de todos os meios dos quais ele não dispõe em casa, para direcioná-lo para o caminho certo. Ele não deixa de ser o único legado da nossa Sophie. É certo que não podemos deixar de lembrar o que foi perdido com o Heinele.

Levo muito a sério, evidentemente, a sua promessa de nos visitar em Berlim.

Com saudações cordiais a você e a Bertha,
Papai

482-Max   [Cabeçalho Viena], 12/5/1929

Querido Max,

Agradeço por todos os bons votos.[1] Devo realmente ser modesto nas reclamações, mesmo que, como todo mundo, tenha bons motivos para tê-las.

Nós alugamos o *Schwarzwinkellehen* em Berchtesgaden, na estrada para Königssee. Os Burlingham estão tentando obter uma das duas casinhas nas proximidades. Anna e Mrs. Burlingham estiveram lá na última quinta-feira, de avião Viena-Salzburgo, ida e volta. Dizem que foi magnífico.

Estamos muito animados com o Ernstl, parece que a experiência já deu certo e será mantida. É verdade que ele está com a voz terrivelmente desafinada, mas está ficando bonito e másculo. Espero que você nos visite, a nós e a ele, no verão; se não me engano, você gosta muito de Berchtesgaden.

Terça-feira, a tia Minna vai à Abbazia; nós queremos partir depois de 15 de junho, ou seja, apenas mais cinco semanas.

Minhas saudações cordiais a você e à sua família,
Papai

---

[1] Novamente pelo aniversário.

CARTAS AOS FILHOS 577

483-Max [Cabeçalho Viena], Berchtesgaden, 18/7/1929

Querido Max,

Li sua carta para o Ernstl e soube que sua esposa ainda precisa de Karlsbad. Acho que já te ofereci recursos financeiros para esse tratamento uma vez.[1] Você não me respondeu à época; espero que agora esteja mais aberto, pois é algo no qual a necessidade e a utilidade não se comparam às despesas. Conte-me quanto você calcula, e poderá preparar a viagem sem demora.

Quando vier para cá, você se convencerá de como tudo aqui está bonito.

Com saudações cordiais a você, à sua mãe e a Bertha.

Papai

484-Max [Cabeçalho Viena], Tegel, 1.X.1929

Querido Max,

Na verdade, desejo que você consiga logo a sua independência financeira e que eu tenha logo o meu sossego merecido, mas, nesse meio-tempo, tenho esperança de que eu possa dar continuidade, ainda por muito tempo, à correspondência registrada iniciada hoje.[2]

Provavelmente não retornaremos antes de meados de outubro.[3]

Minhas saudações cordiais a você e aos seus,
Papai

---

[1] Cf. 478-Max, p. 572, nota 2.

[2] Parece que o envio da carta foi registrado em razão de uma cédula de dinheiro anexada – talvez US$ 50, assim como nas próximas. A partir desse momento, Freud envia remessas de dinheiro para Max a cada primeiro dia do mês. Provavelmente, elas também acompanhavam breves comunicados no mesmo dia, que não fazem referência explícita a elas.

[3] Na verdade, Freud tinha que ficar em Berlim até o fim de outubro, em função dos trabalhos na sua prótese.

485-Max [Cabeçalho Viena], 1.nov.29

Querido Max,

Em casa e de volta ao trabalho! Ernstl tem causado uma impressão muito boa de virilidade; agora, ultrapassa a puberdade. Espero que o exame de Bertha forneça boas referências para o tratamento.

Cordialmente,
Papai

Em anexo: US$ 50.

486-Max [Cabeçalho Viena], 1.dez.1929

Querido Max,

Você ficará feliz em saber que consideramos a nossa experiência com o Ernstl como bem-sucedida. Tanto na aparência quanto no comportamento e no desempenho na escola, ele inspira muito otimismo. Podemos esperar que ele continue se estabilizando.

É suficiente que nos mande notícias sobre o estado de saúde da Berta, se também está no bom caminho.

Tudo de bom para você e para sua mãe!

Cordialmente,
Papai

US$ 50

CARTAS AOS FILHOS 579

487-Max [Cabeçalho Viena], 1/1/1930

Querido Max,
Os melhores votos de Ano-Novo que você possa esperar de nós. Ernstl se desenvolve muito bem, está com um aspecto bom e tem todos os motivos para estar satisfeito.

Cordialmente,
Papai

488-Max [Cabeçalho Viena], 1/2/1930

Querido Max,
Ernstl não se recuperou bem desde a gripe que contraiu, reclama de dores no corpo etc. Fizemos um exame e nos disseram que a mononucleose parece estar voltando, o que não surpreende, considerando o seu crescimento rápido nesta fase da vida. Ele terá bons cuidados e tratamento, a Anna está cuidando muito dele. Não é agradável que as considerações com a saúde interfiram na sua educação nesse momento, mas ele se comporta bem e espero que passe por isso sem prejuízo.

Saudações cordiais a você e aos seus, do
Papai

US$ 50

489-Max [Cabeçalho Viena], 2/3/1930

Querido Max,
Você vai gostar de receber a confirmação de que o Ernstl está sendo bem cuidado e apresenta melhoras concretas. Ele se comporta bem e

de forma sensata, desmentindo o nosso receio de que a doença pudesse prejudicá-lo no seu desenvolvimento. Acredito que não seja otimismo exagerado quando não ficamos preocupados com ele. Agora, o seu aniversário está chegando.

Fico satisfeito por saber que sua esposa está melhor e envio-lhe as minhas

Saudações cordiais,
Papai

Em anexo: US$ 50

490-Max   [Cabeçalho Viena], Tegel, 5/5/1930

Querido Max,

Cheguei hoje com Anna,[1] daí o atraso deste mês. Antes, passei dez dias no sanatório Cottage e me convenci de parar de fumar definitivamente.[2] Nada disso é muito agradável, apesar de não ser muito surpreendente, pois amanhã farei, na maior discrição... 74 anos!

Ainda na estação ferroviária fiquei sabendo pela sra. Eva Rosenfeld que o prof. Knöpfelmacher deu alta para o Ernstl.

Espero que tudo esteja bem com você também.

Cordialmente,
papai

US$ 50

---

[1] Para o quarto e último tratamento com Schröder.
[2] O que acabou não acontecendo.

CARTAS AOS FILHOS

491-Max   [Cabeçalho Viena], Tegel, 5/6/1930

Querido Max,
 Fiquei muito feliz de te ver em Berlim. O nosso verão ainda não deu as caras; certamente ficaremos mais duas semanas em Tegel.

Cordialmente,
Papai

US$ 50

492-Max   [Cabeçalho Viena], Grundlsee, 2/8/30

Querido Max,
 A nossa casa[1] se chama "Rebenburg". Ernstl, que, aliás, é um companheiro muito tranquilo, certamente te contará a respeito na carta dele.
 Ganhei o Prêmio Goethe de 1930.[2] Anna vai recebê-lo no dia 28 desse mês em Frankfurt.

Cordialmente,
Papai

493-Max   [Cabeçalho Viena], Grundlsee, 1/9/1930

Querido Max,
 Estamos passando uma temporada maravilhosa aqui, e Ernstl também a aproveita devidamente.

Saudações cordiais,
Papai

---

[1] Em Grundlsee, na estância de verão desse ano.
[2] Cf. a nota 3 de 268-Ernst.

582   SIGMUND FREUD

494-Max   [Cabeçalho Viena], 2.XI.1930

Querido Max,

Já saí da cama e voltei ao trabalho. Foram duas semanas muito ruins.[1]

Anna certamente te escreverá sobre as novas intenções do Ernstl.[2] Acho que ele se desenvolveu a tal ponto que podemos nos poupar de uma série de preocupações com ele. Contanto que aguente fisicamente.

> Com saudações cordiais a você e aos seus,
> Papai

495-Max   [Cabeçalho Viena], 1/1/1931

Querido Max,

Com a visita de Ernstl, você agora sabe de tudo que eu poderia te escrever. Por isso, me limitarei a desejar, de coração, felicidades para você e os seus,

> Papai

---

[1] Em 14/10/30, Freud sofrera uma cirurgia na boca (Molnar, 1996, p. 147).

[2] Refere-se provavelmente a um problema que W. Ernest Freud descreveu mais tarde do seguinte modo (Molnar, 1996, p. 166): "Estive na Escola Burlingham-Rosenfeld, em Hietzing (Viena), que era muito progressiva, mas não tive como fazer nela os exames exigidos (*Matura*) para ter acesso à universidade. Por isso, precisei encontrar outra escola. Depois de algum tempo, Anna Freud descobriu para mim a fazenda--escola Scharfenberg em uma ilha no Lago de Tegel, em Berlim." Desde abril de 1931, Ernstl esteve em Scharfenberg (ibid.; cf. 281-Ernst, pp. 370-371 e seguintes), mesmo que Freud anote somente em 13/8 desse ano, em sua "Crônica brevíssima", que ele foi acolhido naquela escola.

CARTAS AOS FILHOS 583

496-Max [Cabeçalho Viena], 1/2/1931

Querido Max,

Fiquei muito feliz com os seus comentários sobre você ter expectativas melhores para o futuro próximo.[1] No mais, espero que a gripe não tenha causado mais estragos em vocês do que em nós.

Aqui, estamos de novo razoavelmente reunidos. Ernstl parece estar bem, desenvolvendo um comportamento simpático.

Com saudações cordiais a você e a todos os seus,
Papai

497-Max [Cabeçalho Viena], 10/2/1931

Querido Max,

A carta em anexo, do diretor da nossa editora, informa sobre uma situação desagradável.[2] É certo que não tenho vontade alguma de tirar fotografias com outro fotógrafo, conforme te assegurei. Queria muito cancelar todas essas festividades; receio, no entanto, que não tenho como fazê-lo; mas é certo, também, que será pela última vez.

Ora, o que pretende fazer? Você sabe o quanto gostamos de te ver aqui. Mas será que vale a pena você fazer essa viagem longa para ficar pouco tempo e sem ganhar dinheiro? Talvez você possa negociar outras condições com a editora. De forma alguma eu assumo o compromisso no qual você não concorde.

Saudações cordiais,
Papai

---

[1] Talvez Max tenha informado que poderia abrir mão das remessas mensais. Entretanto, mais tarde, em julho de 1931, ele voltou a recebê-las (283-Ernst, pp. 371-372).

[2] Na ocasião do aniversário de 75 anos de Freud, Storfer planejou uma ação (F/E, p. 719), da qual, pelo visto, faziam parte novas fotografias. Para tal, Max pretendia ir a Viena (Martha/Lucie, 19/2/31; UE), mas parece que o plano não deu certo (cf. as próximas cartas).

584 SIGMUND FREUD

498-Max [Cabeçalho Viena], 2/3/1931

Querido Max,

Como já deve saber pelo Ernstl, sua visita aqui é muito desejada por todos nós. A editora se dispõe a negociar com você, e eu expliquei que não quero outro fotógrafo. Seria bom, portanto, se fizesse contato diretamente com A. J. Storfer.

Infelizmente, esse homem talentoso, porém bastante maluco, acabou de fazer um escândalo.[1] Possivelmente, isso vale como motivo para eu suspender todas os preparativos para a festa. Mas escreva para ele mesmo assim.

Cordialmente,
papai[2]

499-Max [Cabeçalho Viena], 15/3/1931

Querido Max,

Você não tem culpa no caso Storfer. Trata-se de uma briga entre ele e Eitingon. Por enquanto, tenho usado essa situação como pretexto para recusar a minha participação nos eventos, pois são organizados pelo Storfer. Sendo assim, também não há motivo para você se deslocar para cá em razão de uma nova fotografia. Por mim, as fotografias antigas bastam. Com certeza não me comprometerei com um ateliê de Viena. Se houver alguma mudança importante, mando um telegrama para você.

Cordialmente,
Papai

---

[1] Ele enviara a Eitingon, enquanto "conselheiro fiscal" da Editora Ltda., uma carta de demissão (F/F, p. 718, nota 1), o que deu início à sua despedida da Editora.

[2] O item seguinte é um envelope vazio com a letra de Freud: "Ernst/para 11/3/31/ do vovô." Uma anotação (provavelmente feita por Ernstl) especifica: "Conteúdo 50 marcos."

CARTAS AOS FILHOS   585

500-Ernstl

Obrigado pela sua gentil atenção no meu aniversário de 75 anos.
Viena, maio de 1931.

Cordialmente,
Vovô

501-Max   [Cabeçalho Viena], XVIII, Khevenhüllerstrasse, 6

Início de junho de 1931[1]

Querido Max,
     Acima, o nosso novo endereço. Aqui está inesperadamente bonito,
arejado, tranquilo, nem parece que percorremos apenas 12 minutos
de carro da Berggasse. Os nossos três cachorros[2] estão levando uma
vida paradisíaca no jardim, que começa na porta do meu quarto. Todos aqui estão muito satisfeitos. Assim usufruo, na idade avançada,
os benefícios da relativa riqueza. Dizem, aliás, que mudarão o nome
da Berggasse em minha homenagem.[3] Se isso realmente acontecer,
imagine o quanto ficarei orgulhoso.

Cordialmente,
papai

502-Max   [Cabeçalho Viena], 24/4/1932

Querido Max,
     Você fez muito bem. O homem não deu notícia desde aquela vez.[4]
Certamente ainda dará; ele é muito atrevido, o que significa, prova-

---

[1] Em 1/6/31, Freud havia se mudado para sua estância de verão em Pötzleinsdorf (KCh).
[2] O chow-chow de Freud, Jofi, o "filho preto", assim como o pastor-alemão Wolf, de
Anna (F/E, p. 751).
[3] O que não aconteceu.
[4] Não esclarecido.

586 SIGMUND FREUD

velmente, que está agindo assim para encobrir a humilhação infligida pela miséria atual.

Lamento ter sabido pela mamãe que o seu estômago voltou a criar problemas. Eu mesmo tenho certa experiência com isso. Ernstl agradou a todos em sua última visita; parece que a Anna acertou com ele.

Com saudações cordiais a você, à sua mãe e à sua esposa,

Papai

503-Ernstl   [Cabeçalho Viena], 8/5/1932

Querido Ernst,

Fiquei muito contente com a sua carta e as novidades.

Naturalmente, você não pode adivinhar de onde te escrevo. Do escritório da "Villa" em Hochrotherd.[1] Devo dizer que é muito confortável aqui, as duas donas de casa são muito hospitaleiras. Mas o clima está tão ruim que se vê motivos para usar a visita para responder às cartas de aniversário.

Cordialmente,
Vovô

504-Max   [Cabeçalho Viena], 10/5/1932

Querido Max,

Meus agradecimentos cordiais a você, aos seus e à sua encantadora mãe por terem novamente comemorado o meu aniversário dessa forma tão simpática. Tenho poucos desejos para mim mesmo, mas faço

---

[1] Isto é, da fazenda de Anna Freud e Dorothy Burlingham, que acabara de ser completamente decorada.

CARTAS AOS FILHOS

minhas, de todo coração, as suas expectativas de ver tempos melhores. Enquanto isso, torcemos juntos.

Cordialmente,
Papai

505-Max   [Cabeçalho Viena], 13/7/1932

Querido Max,

Não tenho o sossego requerido para continuar trabalhando na máquina, com o que preencho as minhas férias.[1] Preciso interrompê-lo e te escrever, até porque Ernstl me deu a notícia da morte suave de sua querida mãe.[2] Como você sabe, sou velho demais para ser sentimental e estou tão próximo desse acontecimento para lamentar alguém ter morrido. Apenas sinto muito pesar pela perda. Você, claro, a conhecia muito melhor que nós, pois era sua mãe, mas deve saber assim mesmo qual impressão ela nos deixou. Reconhecemos, sobretudo, o caráter encantador do seu ser. Depois da perda do nosso pequeno Heinele, escrevi para ela que estava convencido de que a criança herdara dela o encanto irresistível que exercia sobre nós. Como você sabe, nunca consegui esquecer o Heinele.

Dizem que ela não foi muito feliz em vida, que não foi poupada dos golpes mais duros do destino.[3] Pelo menos, partiu em paz e sem sofrimento. Mas tenho certeza de que foi muito amada. Nos meus pensamentos, estou com você e os seus; por favor, diga-o a eles.

Com as minhas saudações e os meus votos cordiais,

Seu papai

---

[1] A *Novas conferências de introdução à Psicanálise* (Freud, 1933a; cf., por exemplo, F/E, p. 817 s.).

[2] Ela morrera em 11/7/32 (StAH, árvore genealógica da família Halberstadt). O acontecimento foi suficientemente importante para Freud anotá-lo em sua "Crônica brevíssima" (com a data da carta acima; KCh).

[3] Ela sobreviveu ao seu marido por 47 anos e perdera seu segundo filho, Rudolf, na guerra – sem falar das perdas na família de Max.

588   SIGMUND FREUD

506-Max   [Cabeçalho Viena], 4/9/1933
XIX, Hohe Warte, 46

Querido Max,

Obrigado pelos relatos das suas viagens de reconhecimento. Você sabe que, assim que tiver tomado uma decisão, nós vamos querer acompanhar tudo.[1]

Ernstl está muito dedicado,[2] parece se sentir bem e está com uma boa aparência, ficando até bonito.

Ontem tivemos a visita do dr. Laforgue e da sua esposa de Paris, que se preocupam gentilmente com Oli. Infelizmente, o dr. Laforgue tem uma reputação, por ocasiões anteriores, de que seus planos e suas promessas nunca dão resultado.[3]

Isso serviu de introdução à informação que te diz respeito: o dr. Laforgue me contou de um conhecido dele, sr. Radó,[4] que instalará uma agência fotográfica em Paris e que é tão apreciado que, mesmo depois de ter sido expulso de Berlim, manteve a representação da Editora Scherl.[5] Dizem que ele precisa de colaboradores com experiência. Ocorre que ele é irmão de um dos nossos melhores membros, o dr. Sándor Radó,[6] atualmente em Nova York, no momento provavelmente

---

[1]   Sobre essas viagens, cf. 133-Oli, pp. 227-229.

[2]   No início de abril de 1933, ele viera de Berlim para Viena, o que quase fracassou devido à sua nacionalidade alemã (Molnar, 1996, p. 254), para preparar-se para o exame de conclusão da escola.

[3]   Cf. 133-Oli, p. 228, nota 2.

[4]   Carl (Charles) Radó (1899-1970; anúncio de óbito no *New York Times* de 5/10/1970); fundou em 1933 em Paris a agência fotográfica *Rapho*, que existe ainda hoje. Ao que parece, o contato com Max Halberstadt não se realizou.

[5]   Editora berlinense, na propriedade de Hugenberg, que publicava jornais nacionalistas. Já em 1931, Carl Radó se mostrou decidido a cortar o mais rápido possível sua ligação com Scherl em função da "tendência política" desta última (carta a Eitingon de 9/9/31; ISA, acervo de Eitingon 2969/1).

[6]   Sándor Radó (1890-1972), médico e psicanalista húngaro, em Berlim desde 1922. A partir do fim de 1924, ele foi redator executivo da *Internationale Zeitschrift für Psychoanalyse* [Revista Internacional de Psicanálise]; em 1931, emigrou para Nova York e fundou nos anos 1930 uma escola psicanalítica crítica ao Freud (cf. Radó, 1995)

CARTAS AOS FILHOS 589

em Porto dei Marmi (Itália, perto de Viareggio[1]). O Laforgue acha que você deveria fazer contato com os Radó. As sua relação conosco certamente não será sem importância. Laforgue volta a Paris apenas no início de outubro (Paris XVIe, 1 rue Mignet). Você poderia escrever-lhe então; ao dr. Radó, na Itália, você poderia escrever imediatamente. Laforgue não soube informar o paradeiro atual do irmão dele. Escrevo-lhe sobre isso sem superestimar a oportunidade.

Com saudações cordiais,
Papai

507-Max [Cabeçalho Viena], 18.XI.1933

Querido Max,
Sua carta me surpreendeu muito.[2] Não estou entendendo a situação, pois não fiz outros arranjos, e Ernst prometera continuar cuidando das remessas sem qualquer alteração enquanto estivesse em Berlim. Ele acabou de partir de lá, quinta-feira, dia 16, indicando como endereço apenas
BM/Freud
London W.C.1.[3]
Por que você não lhe escreveu logo em outubro?
Evidentemente, as contribuições de outubro e novembro serão repostas. Para dezembro, você estará garantido por outra via.[4] Escreverei imediatamente para Ernst para esclarecer o ocorrido. Espero que o atraso não cause qualquer dificuldade para você.

---

[1] Norte da Toscana.
[2] Max comunicara que não teria recebido as mesadas referentes a outubro e novembro de 1933, que Ernst administrava antes de sua emigração para a Inglaterra (cf. 302-Ernst)
[3] Cf. 302-Ernst, p. 386, nota 2.
[4] Na verdade, Ernst cuidou ainda do pagamento de dezembro; a partir de janeiro, Martin estabeleceu um canal a partir de Zurique (303-Ernst, pp. 386-387).

590 SIGMUND FREUD

Eu voltei ao meu trabalho, mas ainda não posso subir escadas,[1] o que deve ser considerado na próxima semana. Espero saber mais das suas intenções.

Cordialmente,
Papai

508-Max   Viena, 22/2/34[2]

Querido Max,
Até onde consigo avaliar a situação, concordo com a sua decisão.[3] Nós também estamos com muitos projetos e gostaríamos muito de cancelar todos. Em breve, quando houver mais clareza, escreverei mais.

Cordialmente,
Papai

509-Max   [Cabeçalho Viena], 20/4/1934

Querido Max,
Também achamos que foi sábio da sua parte desistir da emigração e permanecer em Hamburgo, onde a vida parece ser mais fácil do que em outras partes do *Reich*. Oli, que está sendo aguardado aqui hoje à noite – para ficar alguns dias –, não tem uma vida desconfortável em

---

[1] Em 5/9/33, Freud sofrera um ataque cardíaco, em consequência do qual não podia subir escadas (Molnar, 1996, pp. 276, 279). Da carta 509-Max, pp. 590-591 se deduz que o impedimento durou mais que o previsto.

[2] Cartão-postal.

[3] Muito provavelmente, Freud se refere à decisão de Max de não emigrar (por enquanto), que será detalhada na próxima carta. A frase seguinte, codificada em razão da censura do correio, é relacionada à guerra civil que abalou Viena alguns dias antes e que fez com que a ditadura austro-fascista na Áustria se tornasse mais severa. Enquanto não se previa o resultado dos acontecimentos, Freud também ponderou a emigração (cf. 304-Ernst, pp. 387-388).

CARTAS AOS FILHOS   591

Paris, mas ainda não achou nada e nem parece ter alguma perspectiva de achar. Ele está totalmente no escuro em relação ao que fará. Ernst foi bem acolhido em Londres, estabeleceu muitas relações, mas ainda não conseguiu nada. Garantem que ele dará conta; ele mesmo o acredita; mas, por enquanto, gasta o que conseguiu levar dos bens da esposa. Os filhos estão muito bem instalados em uma escola moderna em Dartington/Devon. Em viagem de carro para lá, tiveram um acidente em que Lux apenas ficou ferida.[1] Ela permaneceu internada durante semanas em um hospital na pequena cidade de Yeovil, em Somerset, parecia ser algo mais sério, mas tudo transcorreu bem e agora Ernst está de volta a Londres. O endereço em Londres é W1 36 Clasges Street, se você ainda não tiver.

Queremos sair de férias de verão ainda no fim deste mês para Grinzing.

XIX Strassergasse, 47.

A casa é simples e confortável, o jardim muito bonito, parcialmente plano; a outra parte inclinada terei que conquistar, porque, no momento, ainda não posso enfrentar subidas. Desde o ataque de setembro passado, estou muito limitado. Mas todos aguardam ansiosamente este verão. Ernstl, claro, ficará conosco. Espero que você receba notícias dele mesmo.

Com as minhas saudações a você e aos seus,

Papai

510-Max   [Cabeçalho Viena], 17/2/1935

Querido Max,

Acho muito compreensível o seu desejo de ver Ernstl ainda antes da viagem à Palestina. Quando ele estiver pronto, nos lembraremos

---

[1] Cf. 301-Lucie, p. 385 e 307-Lucie, pp. 389-390, notas.

592   SIGMUND FREUD

disso.[1] Um lugar como Praga, na metade do caminho, poderia ser conveniente.

Quando você deu a sugestão de reduzir a ajuda mensal pela metade, eu não quis nem pensar sobre isso. Desde então, meus filhos me confrontaram com as despesas altas em razão do Ernstl, desde que ele foi morar na casa de outras pessoas, precisando de aulas de reposição e, além disso, de análise, além da diminuição da minha renda e a da Anna. Por isso, me disponho a usar parte da sua mesada para ele.

Provavelmente você sabe que ele, no todo, está nos causando mais preocupações do que prazer. Também ficamos magoados com o fato de que, com quase 21 anos, ele não dê conta das suas tarefas na escola. Se neste ano não for admitido no exame de conclusão, não prorrogaremos mais a permanência dele na escola e o tiraremos de lá! Gostaríamos de acreditar que as novas influências na Palestina – onde ele nem está ainda – lhe fizessem bem e o estabilizassem. Todas as circunstâncias externas são tão sombrias hoje; pelo menos os nossos jovens deveriam nos dar motivos para ter esperança.

Com saudações cordiais a você e a sua casa,
Papai

511-Max   [Cabeçalho Viena], 19/5/1935
                                   XIX Strassergasse 47

Querido Max,

Demorei a agradecer pela sua carta[2] e pelas notícias. Já faz quatro semanas que estamos em Grinzing, a primavera foi áspera, fria e

---

[1] Na verdade, Ernst Halberstadt somente partiu em dezembro de 1935 para a Palestina, que, entretanto, não lhe agradou, de modo que voltou depois de aproximadamente meio ano (Molnar, 1996, p. 342).

[2] Pelo aniversário, mais uma vez.

CARTAS AOS FILHOS

cheia de vento, mas com a vantagem de que as flores desabrocharam lentamente. Foi, portanto, muito bonito – até onde deu para usufruir.

As mulheres estão bem, mamãe ativa e alegre como sempre, Anna incansável no trabalho e nos cuidados,[1] tia Minna, infelizmente, ainda não está livre da sua bronquite. Penso que ela deva iniciar nos próximos dias um tratamento no sanatório Edlach (na região de Semmering). Vejo pouco o Ernstl; parece que ele está se esforçando muito, há boas esperanças de que passe no exame de conclusão.[2] Depois, Martin cuidará energicamente da instalação dele na Palestina.

Meu trabalho está bastante reduzido, comparado aos tempos antigos. Tenho cinco pacientes por dia, mas apenas três deles são pagantes. Parece que já se espalhou a notícia de que fiquei velho. Na minha idade, nem podemos nos queixar muito das várias mazelas de saúde.

Você certamente ficou sabendo que Oli administra uma loja fotográfica em Nice. Assim, pelo menos, ele tem trabalho, mesmo se não passar disso.

Com as minhas saudações cordiais a você e aos seus,

Papai

Os últimos elementos conservados da correspondência entre Freud e a família de Max são do ano de 1936 e estão relacionados ao aniversário de 80 anos de Freud. Na época, Max se encontrava em viagem à África do Sul. Do navio, ele escreveu ao ex-sogro uma carta que trata dos seus planos e mandou um telegrama desejando "os mais cordiais votos de felicidade de uma viagem maravilhosa". Sua esposa Berta (conforme

---

[1] Pelo pai.

[2] O que acabou acontecendo, conforme Freud anotou em 27/6/35, em sua "Crônica brevíssima" (Molnar, 1996, p. 330).

594   SIGMUND FREUD

grafava ela mesma) também deu os parabéns "ao querido e venerado professor" em uma carta.[1] *Às saudações que o Ernstl mandou da Palestina, Freud respondeu em um cartão que mandara imprimir para a ocasião.*

512-Ernstl   maio de 1936

Agradeço sua atenção pela comemoração do meu aniversário de 80 anos

                                         Vovô

com o desejo de que encontre um belo lar.

---

[1] As felicitações pelo aniversário de 80 anos se encontram em UE.

Cartas de Freud a Mathilde Halberstadt

e a Arthur Lippmann

A Mathilde Halberstadt, mãe de Max

[Cabeçalho Viena], 23/3/20

Querida "mãe" Halberstadt,

Fiquei comovido com o fato de a sra. ainda ter-nos escrito uma carta.[1] A sra. se lembra da última vez, na ocasião do outro falecimento,[2] não consegui escrever-lhe. Uma mãe é inconsolável; agora tenho a experiência de que, com um pai, não é muito diferente.

Nossos pensamentos também estão o tempo todo com Max e os dois órfãos. A minha esposa viajará no fim de maio para Hamburgo, a não ser que as condições as tornem impossíveis. Queremos passar o verão em algum lugar no interior com as crianças, de forma que Max possa visitá-los com frequência. Espero que dê certo.

O Heinzl também conquistou meu coração depois de conhecê-lo rapidamente. Ele não parece estar com muita pressa em seu desenvolvimento, mas terá muito tempo para recuperar o atraso e já é um menininho adorável. Ernstl é muito maduro pela idade dele.

---

[1] Isto é, depois da morte de Sophie, com um atraso de dois meses.

[2] Quando o irmão de Max morreu em combate (nota 3 de 392-Max, p. 487).

596 SIGMUND FREUD

Desejo-lhe de coração boa saúde, até a vista.

Seu fiel e devoto,
Freud

[Cabeçalho Viena], 16/5/26

Querida avó,

Agradeço-lhe, com comoção melancólica, pela mensagem gentil.[1] Não nos vimos muitas vezes, mas passamos por tantas coisas em comum que devemos nos sentir como velhos e fiéis companheiros.

Que a sra. ainda passe por belas e boas experiências depois de tantas dolorosas!

Cordialmente, seu
Freud

A Arthur Lippmann (Hospital Geral Hamburgo-S.Jorge) sobre a morte de Sophie Halberstadt[2]

[Cabeçalho Viena], 15/2/20

Prezado sr. colega,[3]

Agradeço-lhe muito pelo relato detalhado. Entretanto, não havia dúvida da minha parte de que o sr. e os outros médicos pudessem ter deixado de fazer algo para a sua[4] cura ou o alívio do seu sofrimento.

---

[1] Provavelmente pelo aniversário de 70 anos.
[2] A carta foi reproduzida em Andrae (2003, p. 180s.); aqui em transcrição própria com base no original (StAH, acervo familiar Lippmann).
[3] Arthur Lippmann (1884-1950), clínico geral no *Allgemeines Krankenhaus St. Georg* (Hospital Geral S. Jorge) em Hamburgo (Andrae 2003, pp. 52-114).
[4] A cura de Sophie.

CARTAS AOS FILHOS

Os detalhes que o sr. informa satisfazem por completo a expectativa médica em relação à necessidade e inevitabilidade. Pelo visto, o caso estava perdido desde o início.

No entanto, a informação de que a gravidez teria alterado profundamente o seu estado físico e psíquico de modo desfavorável foi novidade para mim. Até que ponto a falta de resistência contra a infecção tinha relação com essa piora, provavelmente não é possível avaliar.

Em outro aspecto, porém, o destino infeliz da minha filha parece ser uma advertência que muitas vezes não é suficientemente levada a sério pela nossa classe. Diante de uma lei desumana e incompreensível, que impõe mesmo à mãe involuntária a continuação da gravidez, surge naturalmente o dever do médico de mostrar as soluções para a prevenção de uma gravidez – conjugal – não desejada. Minha filha conversou comigo sobre a questão na última vez em que estive com ela, em setembro de 1919, uma vez que o jovem casal sofria sensivelmente com as restrições que haviam adotado. Não dei outro conselho a não ser recomendar-lhe uma consulta ginecológica para conseguir um pessário. Nesse ponto, portanto, houve uma falha sim. Espero que tais experiências contribuam para que os ginecologistas reconheçam cada vez mais a importância dessa tarefa de sua competência.

Sou agradecido, prezado colega, pelos seus esforços e pela atenção dispensada

seu devoto,
Freud

ANEXOS

Sobre esta edição e agradecimentos

Os originais das cartas que estão reproduzidas nesta edição se encontram, em sua maior parte, na *Library of Congress* (Washington), no acervo *Sigmund Freud Papers*. Chegaram lá depois da morte de Anna Freud (1982), em virtude de um contrato que K. R. Eissler, o fundador e, durante muitos anos, diretor do Arquivo Freud, fechou nos anos 1960 com os filhos de Freud. Um número considerável de cartas de Lucie a Ernst havia permanecido nas mãos de Lucie Freud e foi doado nos anos 1990 à agência *Sigmund Freud Copyrights*, cuja coleção de documentos relacionados a Freud hoje constitui a *Sigmund Freud Collection* da Universidade de Essex (Colchester). Dez peças, que continuam como propriedade de Stephen (= Gabriel) Freud, se encontram em Colchester na forma de fotocópias. Há também uma dúzia de cartas a Max Halberstadt, que significavam muito para sua segunda esposa, Bertha, e foram mantidas por esta e transferidas às mãos do neto, Peter Rosenthal. Algumas outras peças se encontram no Museu Freud (Londres) e com Sophie Freud, a filha de Martin.[1]

Para a presente edição, esses acervos foram reunidos com o objetivo de registrar e reproduzir por completo todas as cartas conservadas de Freud aos filhos Mathilde, Martin, Oliver, Ernst e Sophie, aos respectivos cônjuges e aos netos. No caso das cartas que já foram

---

[1] Para mais informações sobre o contrato com os *Freud Archives*, cuja coleção representa o acervo básico, cf. Eissler (Schröter, 2009, p. 54). Não apenas em Colchester, mas também em Washington, algumas cartas apenas são acessíveis na forma de fotocópias. Cf. ainda o livro de Sophie Freud (2006).

SIGMUND FREUD

publicadas em outras edições, fizemos uma seleção: reproduzimos pela segunda vez apenas aquelas que pareciam ser importantes para a relação entre o pai e os filhos (assim, meros relatos de viagem, por exemplo, foram apenas mencionados, porém não reproduzidos, tendo em vista a edição das *Cartas de viagem* de 2002). Não foram acolhidas as respostas conservadas dos filhos e as cartas de outros membros da família – além das da mãe, principalmente da tia e dos irmãos. Das primeiras, apresentamos apenas extratos ou as registramos; das últimas, somente fizemos notas.[1] Estas cartas se encontram, em sua maior parte, no Museu Freud de Londres ou em Colchester e são listadas nos respectivos catálogos confeccionados por Christfried Tögel (para Londres) e Thomas Roberts (para Colchester).

Os textos das cartas foram reproduzidos em sua totalidade a partir dos originais (normalmente manuscritos), na maioria dos casos por meio de fotografias, fotocópias ou fac-símiles; isso vale também para outros exemplares que já foram publicados alhures, nem sempre sem erros. Para a maioria das cartas, recorremos à transcrição sem revisão de Ernst Falzeder; no caso das cartas de Ernst para Lucie (1918-1933), tomei como base uma cópia manuscrita por mim, no caso das respostas, principalmente de Martin, uma cópia manuscrita de Gerhard Fichtner. Ingeborg Meyer-Palmedo verificou a transcrição das cartas de Freud e fez eventuais correções; dela também é grande parte das notas sobre questões do texto. Apesar de eu mesmo ser, em última instância, o responsável pelos textos, achei por bem honrar a colaboração substancial de Ingeborg Meyer-Palmedo e Ernst Falzeder para a edição na capa do livro.

A aparência dos textos segue amplamente o original. Isso vale para particularidades de todo tipo, seja em relação à ortografia, aos sinais de pontuação ou abreviaturas, também para palavras sublinhadas, o uso de sinais de duplicação em cima da letra "m" ou "n", a junção de

---

[1] Cartas de Martha do acervo de Max Halberstadt estão guardadas por Peter Rosenthal e não foram consultadas para esta edição.

CARTAS AOS FILHOS 603

"zB" e muitas coisas mais. Quando falta uma vírgula, ela também não foi completada quando o fim de uma linha serve para substituí-la, o que é muito frequente. Entretanto, acrescentamos os tremas muitas vezes omitidos por Freud; nos casos duvidosos (como em "brauchte/ bräuchte"), a aparência da letra foi decisiva. Os acréscimos se encontram no fim de cada carta, independentemente de sua localização no original. Não reproduzimos o cabeçalho impresso de Freud, que aparece na maioria das cartas de forma igual. Abreviaturas não usuais, que podem não ser compreensíveis à primeira vista, como "dM" ou "übhpt", estão listados na lista de abreviaturas. Acréscimos do organizador foram inseridos entre colchetes quando parecia desejável para a compreensão do sentido; colchetes do manuscrito, por motivos de clareza, foram reproduzidos como parênteses. Para evitar confusões, os nomes próprios foram reproduzidos normalmente com a grafia correta ("Schröder" em vez de "Schroeder", por exemplo). Nomes de pacientes foram transformados em iniciais anônimos (maiúsculos entre colchetes), a não ser que tenham sido publicados.

Textos intercalados serviram para desenhar o cenário histórico quando julgamos necessário, particularmente no caso de cartas isoladas. Os esboços biográficos de cada filho representam a "moldura" dos respectivos conjuntos de cartas. A introdução do início deste volume traz algumas informações pontuais sobre a vida de Freud e algumas reflexões para a compreensão de suas cartas aos filhos. Ao contrário dos esboços biográficos, que reproduzem também resultados de pesquisas próprias, a introdução como tal não tem essa pretensão, mas se entende essencialmente como texto auxiliar para um público mais amplo. Todos os textos do organizador fora das notas aparecem em itálico.

Felizmente, a Editora Aufbau se dispôs a acrescentar às cartas algumas fotografias para cada parte. De cada filho, foi selecionado um retrato individual e ainda, na medida do possível, uma fotografia com o cônjuge e/ou os filhos, assim como outra com membros da família. Além disso, a seleção foi determinada pelo esforço de apresentar uma grande variedade e o máximo de fotografias não publicadas. O fato de mais da metade dos retratos reproduzidos neste volume serem novidades na bibliografia freudiana pode ser visto como um sucesso em um campo já tão trabalhado. A maioria das fotografias é do Museu Freud de Londres.

Resta o dever agradável de agradecer. Em muitos aspectos, a presente edição se aproveitou da formação, há anos, de uma pequena rede de especialistas na correspondência de Freud. Dirijo os meus agradecimentos, em primeiro lugar, a Ernst Falzeder (em Salzburgo), que colocou à minha disposição sua transcrição de todas as cartas aos filhos, de Washington, e a Ingeborg Meyer-Palmedo (em Murnau), que a revisou. Ernst Falzeder também contribuiu nas notas das cartas a Mathilde e, generosamente, colocou à minha disposição suas cópias manuscritas de outras cartas de Freud que não foram publicadas. Enquanto pude expressar a minha gratidão a esses dois colegas na capa deste livro, a mesma gratidão tem que permanecer em um plano informal no caso de Gerhard Fichtner (em Tübingen). Ele disponibilizou principalmente suas amplas coleções de dados – bibliografias, listas e textos completos –, que foram uma ajuda inestimável em todos os níveis do meu trabalho, mostrando-se, assim, tanto como decano das pesquisas freudianas como seu generoso fomentador, como em tantos outros casos.

Além disso, agradeço aos colegas que se prontificaram a ler meu manuscrito, inteira ou parcialmente: Albrecht Hirschmüller (Tübingen) e Michael Molnar (Londres), sem falar de Ernst Falzeder, Gerhard Fichtner e Ingeborg Meyer-Palmedo. Qualquer um que tenha realizado edição como esta deve ter experimentado o fato de que os primeiros três quartos avançam bem e que, depois, cada por cento de melhora é um passo cada vez mais difícil de ser conquistado. Agradeço às pessoas mencionadas que me ajudaram a galgar um ou outro por cento que teria sido inalcançável sozinho.

Michael Molnar e Tom Roberts (Wivenhoe) facilitaram sensivelmente o acesso aos arquivos no Museu Freud de Londres e em Colchester; Nellie Thompson (Nova York) me apoiou no meu trabalho em Washington;

Ann Freud (Londres) fez a gentileza de me permitir o acesso ao material que ficou com o seu marido Stephen e me passou dados da família; Gisela Schneider-Flagmeyer (Bergisch-Gladbach) providenciou o belo retrato do casal Max e Sophie Halberstadt do acervo de W. Ernest Freud. Meus agradecimentos cordiais vão para Eva Spangenthal (Joanesburgo), a filha do segundo casamento de Max, e seu filho Peter Rosenthal (Charleston, SC) pelo acesso às cartas originais de Freud que se encontram em sua propriedade. O contato com eles se deu graças à participação generosa de Wilfried Weinke (Hamburgo) no meu projeto de edição.

Finalmente, há uma série de pessoas que me ajudaram em diversos pontos com informações, comentários ou de outra forma; passo a listar seus nomes em ordem alfabética do sobrenome: Thomas Aichhorn (Viena), Ida Fairbairn (Londres), Georg Gaugusch (Viena), Michael Giefer (Bad Homburg), Philippe Helaers (Gent), Ludger M. Hermanns (Berlim), Christian Huber (Viena), Katharina Keifenheim (Tübingen), Angelika Schönfeld (Berlim), Joachim Schröter (Hamburgo), Renate Schröter (Darmstadt), Harry Stroeken (Utrecht), Anton Uhl (Regensburg), Wolfgang von Ungern-Sternberg (Regensburg), Mai Wegener (Berlim), Herbert Will (Munique). Outros agradecimentos se encontram nas notas desta edição.

Agradeço Magdalena Frank pela indicação do meu projeto à Editora Aufbau, onde encontrou em Christina Salmen uma supervisora tão prestativa quanto competente. Dominic Angeloch me apoiou na formatação técnica do manuscrito com muita energia e esmero; Hartmut Schönfuß teve a gentileza de elaborar o índice onomástico.

A publicação das cartas de Freud aos filhos foi possível graças ao apoio da Fundação Blum-Zulliger (Berna) e do Centro Sigmund Freud do Instituto Salus para Análise de tendências e avaliação de terapias em saúde mental (Magdeburg). Sou muito grato aos diretores dos dois institutos, Kaspar Weber e Christfried Tögel, pelo apoio prestado. Mas, em sua maior parte, o presente volume é devedor da minha companheira de vida e trabalho Ulrike May.

Berlim, novembro de 2009
Michael Schröter

CRONOLOGIA

1856   *6 de maio:* Sigmund Freud nasce em Freiburg (hoje: Příbor).

1873   *verão/outono:* Exame de conclusão do ginásio (*Matura*), início do curso de Medicina na Universidade de Viena.

1881   *31 de março:* Doutor em Medicina Clínica Geral.

1882   *17 de junho:* Noivado com Martha Bernays (1861-1951), de Hamburgo; casamento em 13 de setembro de 1886.

1885   *5 de setembro:* Nomeação como livre-docente em Neuropatologia.

1886   *25 de abril:* Inauguração de um consultório neurológico.

1887   *16 de outubro:* Nascimento da filha Mathilde.

1889   *7 de dezembro:* Nascimento do filho Jean Martin.

1891   *19 de fevereiro:* Nascimento do filho Oliver; *12 de setembro:* mudança do consultório e da moradia para a Berggasse, 19.

1892   *6 de abril:* Nascimento do filho Ernst.

1893   *12 de abril:* Nascimento da filha Sophie.

1895   *Estudos sobre histeria* (com Josef Breuer); *3 de dezembro:* Nascimento da filha Anna.

1896   *verão:* Mudança de Minna Bernays para a casa de Sigmund e Martha Freud.

1900   (na verdade, novembro de 1899) *A interpretação dos sonhos*

1901   *Sobre a psicopatologia da vida cotidiana*

1902   *5 de março:* Nomeação como professor extraordinário; *outubro:* fundação da Sociedade Psicológica das Quartas-Feiras, que, em 1910, se constitui como Sociedade Psicanalítica de Viena (membros renomados da primeira fase, entre outros, Alfred Adler, Paul Federn, Hugo Heller, Eduard Hirschmann, Otto Rank, Hanns Sachs, Wilhelm Stekel).

SIGMUND FREUD

1905 *Três ensaios sobre a teoria da sexualidade.* Eugen Bleuler, professor de Psiquiatria em Zurique, declara em suas primeiras cartas ser adepto de Freud – o avanço decisivo para o reconhecimento.

1906- Começo das boas relações e das correspondências com C. G. Jung
1908 (Zurique), Max Eitingon e Karl Abraham (inicialmente Zurique, depois Berlim), Sándor Ferenczi (Budapeste) e Ernest Jones (inicialmente Toronto, depois Londres).

1908 *26-27 de abril:* Primeiro encontro internacional dos adeptos de Freud (mais tarde contabilizado como I Congresso Psicanalítico Internacional) em Salzburgo; *verão/outono:* exame de conclusão do ginásio (*Matura*) de Martin Freud e início do curso de Direito em Viena; conclusão em 1913 com o título de doutor.

1909 1º volume do *Anuário de Pesquisas psicanalítcas e psicopatológicas,* a primeira revista psicanalítica, organizada por Bleuler e Freud, tendo Jung como redator (publicado até 1914); *7 de fevereiro:* casamento de Mathilde Freud com o comerciante vienense Robert Hollitscher (1875-1959); *verão/outono:* exame de conclusão do ginásio (*Matura*) de Oliver Freud e início do curso na Escola Técnica Superior de Viena; conclusão em 1915 com o diploma de engenheiro em Construção Civil.

1910 Fundação da *Folha Central de Psicanálise,* a segunda revista psicanalítica, organizada por Freud, tendo Adler e Stekel como redatores; *30-31 de março:* fundação da Associação Psicanalítica Internacional (IPA) sob a presidência de Jung; *verão/outono:* exame de conclusão do ginásio (*Matura*) de Ernst Freud e início do curso de Arquitetura em Viena, a partir de 1913 em Munique, onde concluiu o curso em 1919.

1911 Conclusão do colégio de Anna Freud e início de sua formação como professora de escola básica (concluída em 1914); aumento do conflito com Adler, que sai da Sociedade Psicanalítica de Viena em meados de junho.

CARTAS AOS FILHOS 609

1912 Fundação da *Imago. Revista para a aplicação da Psicanálise às Ciências Humanas*, organizada por Freud, tendo Rank e Sachs como redatores; *verão:* começo do conflito com Jung, que, em 1913/14, se afasta das suas funções e sai da Associação Psicanalítica Internacional (IPA); fundação do "Comitê" como grêmio informal da IPA por Ferenczi, Jones, Rank e Sachs, ao qual se juntam Abraham em 1913 e Eitingon em 1919; *novembro:* Stekel sai da Sociedade Psicanalítica de Viena e fica com a *Folha Central*; como compensação, funda-se a *Revista Internacional de Psicanálise [médica]*, organizada por Freud, tendo Rank como redator principal.

1913 *26 de janeiro:* casamento de Sophie Freud com o fotógrafo Max Halberstadt (1882-1940), de Hamburgo; Sophie se muda para Hamburgo.

1914 *11 de março:* nascimento de Ernst Wolfgang ("Ernstl"), primeiro filho de Sophie e Max Halberstadt; *1º de agosto:* começo da Primeira Guerra Mundial; Martin Freud se alista como voluntário, apesar de ter sido registrado como inepto (agosto de 1914), Ernst se registra como voluntário pouco antes do seu alistamento (setembro de 1914).

1915 *19 de dezembro:* casamento de Oliver Freud com Ella Haim; divórcio em 10 de setembro de 1916.

1916 *novembro:* Oliver Freud se alista no serviço militar, depois de uma dispensa por ter colaborado na construção de objetos de importância estratégica.

1916/17 *Conferências introdutórias sobre Psicanálise.*

1918 *novembro:* fim da guerra, colapso da monarquia austro-húngara, a Áustria se transforma em República; *8 de dezembro:* nascimento de Heinz Rudolf ("Heinele"), segundo filho de Sophie e Max Halberstadt.

1919 *janeiro:* fundação da Editora Psicanalítica Internacional; *7 de dezembro:* casamento de Martin Freud e Ernestine ("Esti") Drucker (1895-1980); depois, Martin inicia suas atividades no banco; *dezembro:* Ernst Freud se muda para Berlim, onde abre um escritório de aquitetura em 1920.

610 SIGMUND FREUD

1920 *25 de janeiro:* morte de Sophie Halberstadt; *16 de fevereiro:* inauguração da Policlínica Psicanalítica de Berlim, o núcleo do primeiro instituto de ensino psicanalítico; *18 de maio:* casamento de Ernst Freud e Lucie Brasch (1896-1989); *julho:* Oliver Freud encontra um emprego como engenheiro civil em Berlim e se muda para lá.

1921 *3 de abril:* nascimento de Anton Walter, primeiro filho de Martin e Ernestine Freud; *31 de julho:* nascimento de Stefan Gabriel, primeiro filho de Ernst e Lucie Freud.

1922 *31 de maio:* Anna Freud se torna membro da Sociedade Psicanalítica de Viena, começo de sua carreira de analista; *8 de dezembro:* nascimento de Lucian Michael, o segundo filho de Ernst e Lucie Freud.

1923 *O eu e o id; 10 de abril:* casamento de Oliver Freud com Henny Fuchs (1892-1971), e depois mudança da família para Duisburg. *21 de abril:* primeira cirurgia do palato, ocultação do diagnóstico de câncer; *19 de junho:* morte do neto Heinz Rudolf, que mudara no fim de setembro de 1922 para Viena para ser adotado por Mathilde e Robert Hollitscher; *4 de outubro e 12 de novembro:* cirurgia radical do câncer por Hans Pichler.

1924 *24 de abril:* nascimento de Clemens Raphael, o terceiro filho de Ernst e Lucie Freud; *6 de agosto:* nascimento de Miriam Sophie, segunda filha de Martin e Ernestine Freud; *verão:* desentendimento com Rank que, no início de novembro, se afasta de todas as suas funções e rompe com Freud; *3 de setembro:* nascimento de Eva Mathilde, única filha de Oliver e Henny Freud.

1928 *de 30 de agosto a 31 de outubro:* primeira de quatro temporadas em Berlim para corrigir a prótese maxilar com Hermann Schröder; a última temporada dura de 5 de maio a fim de junho de 1930; *outono:* Ernst Halberstadt, o filho de Sophie e Max, muda para Viena aos cuidados de Anna Freud.

1930 *O mal-estar na cultura; 28 de agosto:* Prêmio Goethe da cidade de Frankfurt/M.

1932 *16 de janeiro:* Martin Freud se torna diretor da Editora Psicanalítica.

CARTAS AOS FILHOS

1933 *30 de janeiro:* Hitler se torna chanceler da Alemanha; *fim de maio:* mudança de Oliver Freud e sua família para Paris, depois, em 1934, para Nice, onde abre uma loja de fotografia no início de 1936; *de setembro a novembro:* mudança de Ernst Freud e família para Londres.

1938 *13 de março:* anexação (*Anschluss*) da Áustria à Alemanha; em consequência disso, dissolução da Sociedade Psicanalítica de Viena e destruição da Editora Psicanalítica; *de 5 a 24 de maio:* emigração de Minna Bernays, Martin Freud, Mathilde e Robert Hollitscher para Londres; Martin se separa da esposa e da filha em Paris, término de fato do casamento; *4 de junho:* Freud deixa Viena com a esposa e a filha Anna, emigração para Londres.

1939 *23 de setembro:* morte de Freud.

1943 *janeiro a abril:* Oliver Freud se refugia nos Estados Unidos.

1967 *25 de abril:* morte de Martin Freud.

1969 *24 de janeiro:* morte de Oliver Freud.

1970 *7 de abril:* morte de Ernst Freud.

1978 *20 de fevereiro:* morte de Mathilde Hollitscher.

1982 *8 de outubro:* morte de Anna Freud.

Abreviaturas e lista dos arquivos mais usados

AZA Arnold-Zweig-Archiv, Stiftung Archiv der Akademie der Künste zu Berlin [Arquivo Arnold Zweig – Fundação da Academia de Artes de Berlim]

BPS/A British Psychoanalytical Society, Archives: Ernest Jones Collection (P04)

FML Freud Museum, Londres

FMW Sigmund Freud Museum, Viena

IKG/W Israelitische Kultusgemeinde Viena, Matriken

ISA Israel State Archives, Jerusalem

LoC Library of Congress (Washington), Manuscript Division

StAH Staatsarchiv Hamburg [Arquivo do Estado de Hamburgo]

UE University of Essex, Library, Special Collections: Sigmund Freud Collection

Demais abreviaturas nas cartas e nos comentários do organizador

AF/Ernst Cartas de Anna Freud a Ernst Freud (UE e FML)

AFP Anna Freud Papers (LoC)

ANNO Austrian Newspapers Online (4)

BL/W Mühlleitner (1992)

DIP Dictionnaire international de la psychanalyse

F/A Freud u. Abraham [Freud e Abraham] (2009)

F/AF	Freud u. A. Freud [Freud e Anna Freud] (2006)
F/Alex	Cartas de Simund Freud a Alexander Freud (SFP/LoC; citadas de acordo com a transcrição de Fichtner)
F/Briefe	[Cartas de Freud] Freud (1960a)
F/Brill	Cartas de Freud a Abraham A. Brill (SFP/LoC; citadas de acordo com a transcrição de Fichtner)
F/E	Freud u. Eitingon [Freud e Eitington] (2004)
F/Ernst	Cartas de Sigmund Freud a Ernst Freud
F/ErnstLucie	Cartas de Sigmund Freud a Ernst e Lucie Freud (neste volume)
F/Fl	Freud (1986)
F/J	Freud u. Jung [Freud e Jung](1974)
F/Jo	Freud u. Jones [Freud e Jones] (1993)
F/Kal	Sigmund Freud: anotações de agenda 1916-1918 (SFP/LoC; citadas de acordo com a transcrição de Falzeder)
F/Martin	Cartas de Sigmund Freud a Martin Freud
F/MartinEsti	Cartas de Sigmund Freud a Martin e Ernestine Freud (neste volume)
F/Math	Cartas de Sigmund Freud a Mathilde Freud/Hollitscher
F/MathRob	Cartas de Sigmund Freud a Mathilde e Robert Hollitscher (neste volume)
F/Max	Cartas de Sigmund Freud a Max Halberstadt
F/MB	Freud u. Bernays [Freud e Bernays] (2005)
IPV	Cartas de Sigmund Freud à sua esposa e sua cunhada de 1928 a 1930 (SFP/LoC; citadas de acordo com a transcrição de Tögel/Schröter)
F/Oli	Cartas de Sigmund Freud a Oliver Freud
F/OliHenny	Cartas de Sigmund Freud a Oliver e Henny Freud (neste volume)
F/Pf	Freud u. Pfister [Freud e Pfister](1963); quando há indicação de data, trata-se de passagens não editadas (SFP/LoC; citadas de acordo com a transcrição de Fichtner)
F/Reise	[correspondência de viagem] Freud (2002)
F/RMB	Cartas de Sigmund Freud a Ruth Mack Brunswick (SFP/LoC; citadas de acordo com a transcrição de Fichtner)

CARTAS AOS FILHOS

F/Sam	Cartas de Sigmund Freud a Sam Freud (transcrição de Thomas Roberts)
F/Sophie	Cartas de Sigmund Freud a Sophie Freud/Halberstadt
F/SophieMax	Cartas de Sigmund Freud a Sophie e Max Halberstadt (neste volume)
F/Zweig	Freud u. Zweig [Freud e Zweig] (1968); quando há indicação de data, trata-se de passagens não editadas (AZA; citadas de acordo com a transcrição de Fichtner)
GW	Gesammelte Werke [Obras reunidas]
IPV	Internationale Psychoanalytische Vereinigung [Associação Psicanalítica Internacional]
IZ	*Internationale Zeitschrift für Psychoanalyse* [Revista Internacional de Psicanálise]
Jones I - III	Jones (1960-62), Vol. I a III
KCh	Sigmund Freud: Kürzeste Chronik [Crônica brevíssima]. In: Molnar (1996): 30-69.
KSK/JGH	Kultussteuerkartei 1913-1942 der Jüdischen Gemeinde von Hamburg (StAH) [Registro tributário comunal 1913-1942 da Comunidade Judaica de Hamburgo]
Lampl-Int.	K. R. Eissler: Interview mit Hans Lampl [Entrevista com Hans Lampl], 1953 (SFP/LoC)
LAS/AF	Lou Andreas-Salome und Anna Freud [Lou Andreas-Salome e Anna Freud] (2001)
Lucie/Ernst	Cartas de Lucie Freud para Ernst Freud (acervo UE)
MaF	M. Freud (1999)
NFP	*Neue Freie Presse* [Nova Imprensa Livre] (Viena)
OFI	K. R. Eissler: Interview mit Oliver Freud [Entrevista com Oliver Freud], 31/10/53 (OFP/LoC)
OFM	Oliver Freud: Memories of World War I (OFP/LoC)
OFP	Oliver and Henny Freud Papers (LoC)
Rbr. I-IV	Rundbriefe des "Geheimen Komitees" [Circulares do "Comitê secreto"], Vols. I – IV.
SFP	Sigmund Freud Papers (LoC)

SoF	Sophie Freud (2006)
UA	Universitätsarchiv [Arquivo universitário]
Wald.	Ernst Waldinger: Ueber die Familie Freud [Sobre a família Freud] (datilografado; Siegfried Bernfeld Papers/LoC).
WPV	Vienaer Psychoanalytische Vereinigung [Associação Psicanalítica Vienense]
ψα	Psicanalítico

Bibliografia

Aichhorn, T. e Schröter, M. K. R. Eissler und August Aichhorn. Aus ihrem Briefwechsel 1945-1949. *Luzifer-Amor*, n. 40, 2007, p. 7-90.

Allen, P. *The life story of Edward de Vere as "William Shakespeare"*. Londres: Cecil Palmer, 1932.

Andrae, M. *Die Vertreibung der Jüdischen Ärzte des Allgemeinen Krankenhauses Hamburg-St. Georg im Nationalsozialismus*. Hamburgo: Books on Demand, 2003.

Andreas-Salome, L. *In der Schule bei Freud*: Tagebuch eines Jahres, 1912/13. Munique: Kindler, 1965.

Andreas-Salome, L. e Freud, A. ...als käm ich heim zu Vater und Schwester. Briefwechsel 1919-1937. Rothe, D. A. e Weber, I. (orgs.). Transcrição de D. Pfeiffer. Göttingen: Wallstein, 2001.

Appignanesi, L. e Forrester, J. *Die Frauen Sigmund Freuds*. Munique: Econ, 1996,

Berman, E. (2004): Sandor, Gizella, Elma. A biographical journey. Internat. *J. Psychoanal.*, n. 85, pp. 489-520.

Bernays, E. L. *Biographie einer Idee*: Die hohe Schule der PR. Lebenserinnerungen. Düsseldorf-Viena: Econ, 1967.

Bertin, C. *Die letzte Bonaparte — Freuds Prinzessin*. Ein Leben. Freiburg: Kore, 1989.

Blankenstein, F. Zur Geschichte der Prothetik am Zahnärztlichen Universitätsinstitut Berlim. Disponível em <http://web.archive.org/web/20050220091720/http://www.charite.de/prothetik/Homepages42/standort_002>. Acesso em 9/11/2009.

Blanton, S. *Tagebuch meiner Analyse bei Sigmund Freud*. Frankfurt: Ullstein, 1975.

618   SIGMUND FREUD

Bos, J. e Groenendijk, L. *The self-marginalization of Wilhelm Stekel*: Freudian circles inside and out. Nova York: Springer, 2007.

Brein, F. (org.). *Emanuel Löwy*: Ein vergessener Pionier. Viena: Verlag des Clubs der Univ., 1998.

Breuer, J. e Freud, S. *Studien über Hysterie*. Frankfurt: Fischer, 1991.

Buchinger, G. *Villenarchitektur am Semmering*. Viena-Köln-Weimar: Böhlau, 2006.

Bunzl, J. Siegfried Bernfeld und der Zionismus. Fallend u. Reichmayr: Stroemfeld, 1992, p. 73-85.

Burlingham, M. J. *The last Tiffany*: A biography of Dorothy Tiffany Burlingham. Nova York: Atheneum, 1989.

Charcot, J.-M. La foi qui guérit. *Revue hebdomadaire*, n. 7, 1892, pp. 112-132; também em *Archives de neurologie*, n. 125, 1893, p. 1872-1887; e *Separatpublikation*. Paris: Alcan, 1897.

Charcot, J. M. *Neue Vorlesungen über die Krankheiten des Nervensystems, insbesondere über Hysterie*: Autorisirte deutsche Ausgabe von Dr. Sigm. Freud. Leipzig-Viena: Toeplitz & Deuticke, 1886.

Cocteau, J. *Die große Kluft*. Frankfurt: Fischer, 1992.

Davies, J. K. e Fichtner, G. (orgs.). *Freud's Library*. A comprehensive catalogue — Freuds Bibliothek. Vollständiger Katalog. Londres e Tübingen: Freud Museum e Edition Diskord, 2006.

Deutsches Wörterbuch von Jacob und Wilhelm Grimm (1854-1971), 32 volumes, Munique, 1984.

Dictionnaire international de la psychanalyse. Mijolla, A. de (org.), 2 volumes, Paris: Calmann-Lévy, 2002.

Doolittle, H. *Huldigung an Freud. Rückblick auf eine Analyse*. Frankfurt: Ullstein, 1975.

Edmunds, L. His master's choice. *Johns Hopkins Magazine*, n. 40, 1988, pp. 40-49.

Eissler, K. R. Victor Tausk's suicide. Nova York: Internat. Univ. Pr., 1983.

Engelman, E. Berggasse 19. Das Vienaer Domizil Sigmund Freuds. Stuttgart e Zurique: Belser, 1977.

CARTAS AOS FILHOS

Fallend, K. e Reichmayr, J. (orgs.). *Siegfried Bernfeld oder Die Grenzen der Psychoanalyse*: Materialien zu Leben und Werk. Frankfurt: Stroemfeid/Nexus, 1992.

Feuchtwanger, L. *Die Geschwister Oppenheim*. Amsterdã: Querido, 1933.

Fichtner, G. ...eine schmerzhafte Schilderung der brutalen Umwälzung in Deutschland. Ein Brief Freuds an seinen Sohn Ernst aus dem Jahre 1934. *Jb. Psychoanal.*, n. 54, 2007, p. 191-202.

Fichtner, G. Freud und die Familie Hammerschlag — eine prägende Begegnung. *Luzifer-Amor*, n. 41, 2008, p. 63-79.

Fischer, E. e Ladwig-Winters, S. *Die Wertheims*: Geschichte einer Familie. Berlim: Rowohlt-Berlim, 2005.

Fontane, T. *Der englische Charakter, heute wie gestern*. Frankfurt: Fischer, 1915.

Fraenkel, M. (org.). *Jacob Bernays*. Ein Lebensbild in Briefen. Breslau: Markus, 1932.

Frank, M. e Schröter, M. Freud aus der Nähe. Synopsis eines Interviews von K. R. Eissler mit Hans Lampl. Publicação prevista na *Luzifer-Amor*, no prelo.

Freud, A. Mathilde Hollitscher-Freud, 1887-1978. Sigmund Freud House Bulletin, n. 2, p. 2s., 1978.

Freud, A. Schlagephantasie und Tagtraum. In: Die Schriften der Anna Freud, volume I. Munique (Kindler), 1980, p. 141-159.

Freud, A. Briefe an Eva Rosenfeld. P. Basel, Frankfurt: Stroemfeid/Nexus, 1994.

Freud, A. e Aichhorn, A. Briefwechsel 1921-1949 [título provisório]. Aichhorn, T. (org.). Frankfurt: Brandes & Apsel, no prelo.

Freud, A. W. Mein Großvater Sigmund Freud. In: Tögel, C. (org.). *Die Biographen aber sollen sich plagen*. Beiträge zum 140. Geburtstag Sigmund Freuds. Sofia: Mnemosyne, 1996, p. 7-20.

Freud, E., Freud, L. e Grubrich-Simitis, I. (orgs.). *Sigmund Freud*: Sein Leben in Bildern und Texten. Frankfurt: Suhrkamp, 1976.

Freud, E. *Sommer in Gaglow*. Hamburgo: Hoffmann u. Campe, 1997.

Freud, M. *Parole d'honneur*. Londres: Gollancz, 1939.

Freud, M. *Mein Vater Sigmund Freud*. Heidelberg: Mattes, 1999.

Freud, S. Beobachtung einer hochgradigen Hemianästhesie bei einem hysterischen Mann. Beiträge zur Kasuistik der Hysterie I. GW, Supl., 1886d, pp. 54, 57-64.

Freud, S. Die Traumdeutung. GW, volumes 2 e 3, 1900a.

620
SIGMUND FREUD

Freud, S. Zur Psychopathologie des Alltagslebens. GW, volume 4, 1901b.

Freud, S. Der Witz und seine Beziehung zum Unbewußten. GW, volume 4, 1905.

Freud, S. Der Wahn und die Träume in W. Jensens "Gradiva". GW, volume 7, 1907a, pp. 29-122.

Freud, S. Über Psychoanalyse. Fünf Vorlesungen, gehalten zur 20jährigen Gründungsfeier der Clark University in Worcester, Mass., setembro de 1909. GW, volume 8, 1910a, pp. 1-60.

Freud, S. Eine Kindheitserinnerung des Leonardo da Vinci. GW, volume 8, 1910c, pp. 127-211.

Freud, S. Schlußwort der Onanie-Diskussion. GW, volume 8, 1912, pp. 334-345.

Freud, S. Der Moses des Michelangelo. GW, volume 10, 1914b, pp. 172-201.

Freud, S. Zur Geschichte der psychoanalytischen Bewegung. GW, volume 10, 1914d, pp. 43-113.

Freud, S. Vorlesungen zur Einführung in die Psychoanalyse. GW, volume 11, 1916-17a.

Freud, S. Eine Kindheitserinnerung aus Dichtung und Wahrheit. GW, volume 12, p. 15-26.

Freud, S. Aus der Geschichte einer infantilen Neurose. GW, volume 12, 1918b, pp. 27-157.

Freud, S. Jenseits des Lustprinzips. GW, volume 13, 1920g, pp. 1-69.

Freud, S. Massenpsychologie und Ich-Analyse. GW, volume 13, 1921c, p. 71-161.

Freud, S. Traum und Telepathie. GW, volume 13, 1922a, pp. 165-191.

Freud, S. "Selbstdarstellung". GW, volume 14, 1925d, pp. 31-96.

Freud, S. Die Zukunft einer Illusion. GW, volume 14, 1927c, pp. 325-380.

Freud, S. Das Unbehagen in der Kultur. GW, volume 14, 1930a, pp. 419-506.

Freud, S. Ansprache im Frankfurter Goethe-Haus. GW, volume 14, 1930c, pp. 547-550.

Freud, S. Neue Folge der Vorlesungen zur Einführung in die Psychoanalyse. GW, volume 15, 1933a.

Freud, S. Warum Krieg? GW, volume 16, 1933b, pp. 13-27.

Freud, S. Zum Ableben Professor Brauns. GW. Supl., 1936d, p. 735.

Freud, S. Wenn Moses ein Ägypter war. *Imago*, volume 23, 1937c, pp. 387-419 [GW 316, pp. 114-155].

CARTAS AOS FILHOS 621

Freud, S. Abriß der Psychoanalyse. GW, volume 27, 1940a, pp. 63-138.

Freud, S. Briefe 1873-1939. Freud, E. e Freud, L. (orgs.). Frankfurt: Fischer, 1960a, 1980.

Freud, S. *Sigmund Freuds Briefe an seine Patientin Anna v. Vest*. Goldmann, S. (org.). *Jb. Psychoanal.*, n. 17, 1985d, p. 269-295.

Freud, S. *Briefe an Wilhelm Fließ 1887-1904*. Edição completa. Masson, J. M. (org.). Revisão da versão alemã de M. Schröter, transcrição de G. Fichtner. Frankfurt: Fischer, 1986.

Freud, S. *Korrekturliste zum Brief an Fritz Wittels vom 18*. Dezember 1923. GW, Supl.: 756-758, 1987a.

Freud, S. *Jugendbriefe an Eduard Silberstein 1871-1881*. Boehlich, W. (org.). Frankfurt: Fischer, 1989a.

Freud, S. Unser Herz zeigt nach dem Süden. Reisebriefe 1895-1923. Tögel, C. (org.) em colaboração com Molnar, M. Berlim: Aufbau, 2002.

Freud, S. *Briefe an Maria (Mitzi) Freud und ihre Familie*. Tögel, C. e Schröter, M. (orgs.). *Luzifer-Amor*, n. 33, 2004d, pp. 51-72.

Freud, S. e Abraham, K. *Briefwechsel 1907-1925*. Edição completa. Falzeder, E. e Hermanns, L. M. (orgs.). Viena: Turia + Kant, 2009.

Freud, S. e Andreas-Salome, L. *Briefwechsel*. E. Pfeiffer (org.). Frankfurt: Fischer, 1980.

Freud, S. e Bernays, M. *Briefwechsel 1882-1938*. Hirschmüller, A. (org.). Tübingen: Ed. Diskord, 2005.

Freud, S. e Binswanger, L. *Briefwechsel 1908-1938*. Fichtner, G. (org.). Frankfurt: Fischer, 1992.

Freud, S. e Bullitt, W. C. *Thomas Woodrow Wilson, der 28*: Präsident der Vereinigten Staaten von Amerika (1913-1921). Eine psychoanalytische Studie. Wirth, H.-J. (org.). Gießen: Psychosozial, 2005, 1967.

Freud, S. e Eitingon, M. *Briefwechsel 1906-1939*. Schröter, M. (org.). Tübingen: Ed. Discord, 2004.

Freud, S. e Ferenczi, S. Falzeder Briefwechsel. Brabant, E. (org.), em colaboração com P. Giampieri-Deutsch, transcrição de I. Meyer-Palmedo. Viena-Köln--Weimar: Böhlau, 1993-2005.

622 SIGMUND FREUD

Freud, S. e Freud, A. *Briefwechsel 1904-1938*. Meyer-Palmedo, I. (org.). Frankfurt: Fischer, 2006.

Freud, S. e Groddeck, G. *Briefwechsel*. Giefer, M. (org.), em colaboração com B. Schuh. Frankfurt/Basel: Stroemfeld, 2008.

Freud, S. e Jones, E. *The complete correspondence 1908-1939*. Cambridge e Londres: Belknap Pr. of Harvard Univ. Pr.; Briefwechsel 1908-1939. Originais das cartas de Freud redigidas em alemão. Transcrição e revisão editorial de I. Meyer--Palmedo. Frankfurt: Fischer, 1993.

Freud, S. e Jung, C. G. *Briefwechsel*. Frankfurt: Fischer, 1974.

Freud, S. e Pfister, O. Briefe 1909-1939. E. L. Freud e H. Meng. Frankfurt: Fischer, 1963.

Freud, S. e Zweig, A. *Briefwechsel*. Frankfurt: Fischer, 1968.

Freud, Sophie. *Im Schatten der Familie Freud*: Meine Mutter erlebt das 20. Jahrhundert. Berlim: Claassen, 2006; Freud, Sophie. *Living in the shadow of the family Freud*. Westport e Londres: Praeger, 2007.

Freud, W. E. *Remaining in TouchI*: Zur Bedeutung der Kontinuität früher Beziehungserfahrungen. Gesammelte Schriften 1965-2000. Lüpke, H. v. (org.). Frankfurt: Edition Déjà-vu, 2003.

Freud-Bernays, A. Eine Vienaerin in New York. Die Erinnerungen der Schwester Sigmund Freuds. Tögel, C. (org.). Berlim: Aufbau, 2004.

Freud-Marlé, L. *Mein Onkel Sigmund Freud*: Erinnerungen an eine große Familie. Tögel, C. (org.). Berlim: Aufbau, 2006.

Friedman, S. S. (org.). *Analyzing Freud*: Letters of H. D., Bryher and their circle. Nova York: New Directions, 2002.

Fry, H. *Freud's war*. Stroud: History Press, 2009.

Gardiner, M. (org.). *Der Wolfsmann vom Wolfsmann*. Frankfurt: Fischer, 1972, 1971.

Gaugusch, G. Handbuch der bedeutenden jüdischen Familien in Viena [título provisório], no prelo.

Gay, P. *Freud*: Eine Biographie für unsere Zeit. Frankfurt: Fischer, 1989.

Gedenkbuch *Berlins der jüdischen Opfer des Nationalsozialismus*. Berlim: Ed. Hentrich, 1995.

Gicklhorn, J. e Gicklhorn, R. Sigmund Freuds akademische Laufbahn im Lichte der Dokumente. Viena-Innsbruck: Urban & Schwarzenberg, 1960.

Gödde, G. *Mathilde Freud*. Sigmund Freuds Tochter in Briefen und Selbstzeugnissen. Berlim: Aufbau, 2005, 2003.

Goldmann, S. *Eine Kur aus der Frühzeit der Psychoanalyse*: Kommentar zu Freuds Briefen an Anna v. Vest. *Jb. Psychoanal*, n. 17, p. 296-337, 1985.

Gröger, H. Josef K. Friedjung (1871-1946). In: *Aus dem Kreis um Sigmund Freud*: Zu den Protokollen der Vienaer Psychoanalytischen Vereinigung. Frankfurt: Fischer, 1992, p. 133-136.

Großegger, E. Der Kaiser-Huldigungs-Festzug Viena 1908. Viena: Verlag Österr, 1992.

Grubrich-Simitis, I. Metapsychologie und Metabiologie. Zu Sigmund Freuds Entwurf einer Übersicht der Übertragungsneurosen. In: Freud, S.: *Übersicht der Übertragungsneurosen*: Ein bisher unbekanntes Manuskript. Grubrich-Simitis, I. (org.). Frankfurt: Fischer, 1985, p. 83-119.

Grubrich-Simitis, I. Zurück zu Freuds Texten. Stumme Dokumente sprechen machen. Frankfurt: Fischer, 1993.

Grubrich-Simitis, I. Eben mit Anna hier angekommen. Über eine Ansichtskarte Sigmund Freuds — Aus Anlaß des 100. Geburtstags von Anna Freud. Frankfurter Rundschau, 9, 1995, p. ZB2.

Harmat, P. Freud, Ferenczi und die ungarische Psychoanalyse. Tübingen: Ed. Diskord, 1988.

Herzer, M. *Magnus Hirschfeld*: Leben und Werk eines jüdischen, schwulen und sozialistischen Sexologen. Frankfurt/M: Campus, 1992.

Hines, T. S. *Richard Neutra and the search for modern architecture*: A biography and history. Berkeley, Los Angeles e Londres: Univ. of. California Pr., 1994.

Hirschmüller, A. Physiologie und Psychoanalyse in Leben und Werk Josef Breuers. Bern: Huber, 1978.

Hirschmüller, A. *Freuds Begegnung mit der Psychiatrie*: Von der Hirnmythologie zur Neurosenlehre. Tübingen: Ed. Diskord, 1991.

624 SIGMUND FREUD

Hirschmüller, A. Zur Familie Bernays. In: Freud u. Bernays, 2005, pp. 325-343.

Hobman, J. B. (org.) *David Eder*: Memoirs of a modern pioneer. Londres: Gollancz, 1945.

Hofmann, P. Empfindung und Vorstellung. Ein Beitrag zur Klärung psychologischer Grundbegriffe. Berlim: Reuther & Reichard, 1919.

Hummel, G. Ein Sommernachmittag in Grinzing. Thomas Mann bei Sigmund Freud. *Luzifer-Amor*, 19, 2006, pp. 76-101.

Johnson, N. M. *George Sylvester Viereck*: German-American propagandist. Univ. of Illinois Pr., 1972.

Jones, E. *Das Leben und Werk von Sigmund Freud*. Bern-Stuttgart-Viena: Huber, 1960-62.

Jüdisches Lexikon. Ein enzyklopädisches Handbuch des jüdischen Wissens in vier Bänden, fundado por G. Herlitz e B. Kirschner. Berlim: Jüdischer Verlag, 1927-1930.

Kaderas, B. Hans Liebermanns Plädoyer für die Einführung der Psychoanalyse als Unterrichtsfach an der Universität. Biographische Notizen und kommentierte Edition des Artikels Psychoanalyse und Universität. *Luzifer-Amor*, n. 26, 2000, p. 113-128.

Kardiner, A. *Meine Analyse bei Freud*. Munique: Kindler, 1979.

Keifenheim, K. Hans von Hattingberg: Leben und Werk [título provisório]. Med Diss, Tübingen, no prelo.

Knapp, H. Avantgarde und Psychoanalyse in Spanien. José Ortega y Gasset, Salvador Dali, Rosa Chacel und ihre Rezeption der Theorien Sigmund Freuds. Hamburgo: Kovac, 2008.

Krüll, M. Freud und sein Vater. Die Entstehung der Psychoanalyse und Freuds ungelöste Vaterbindung. Edição revisada. Frankfurt/M: Fischer, 1992.

Laier, M."Sie wissen, dass alles von unserem alten Institut vernichtet wurde." Das Frankfurter Psychoanalytische Institut (1929 bis 1933). In: Psychoanalyse in Frankfurt am Main. Zerstörte Anfänge, Wiederannäherung, EntwicklungeN. dos T. Plänkers et al. (orgs.) Tübingen: Ed. Diskord, 1996, p. 41-72.

CARTAS AOS FILHOS 625

Leitner, M. Freud. *Rank und die Folgen*: Ein Schlüsselkonflikt für die Psychoanalyse. Viena: Turia + Kant, 1998.

Lévy-Freund, K. *Dernières vacances des Freud avant la fin du monde*. Coq-Héron, n. 117, p. 39-44, 1990.

Lieberman, E. J. *Otto Rank*: Leben und Werk. Gießen: Psychosozial, 1997.

List, E. *Mutterliebe und Geburtenkontrolle*: Zwischen Psychoanalyse und Sozialismus. Die Geschichte der Margarethe Hilferding-Hönigsberg. Viena: Mandelbau, 2006.

Maddox, B. *Freud's Wizard*: The enigma of Ernest Jones. Londres: Murray, 2006.

Mann, T. Friedrich und die große Koalition. In: Mann, T. *Essays*. Kurzke, H. e Stachorski, S. (orgs.), volume 1, Frühlingssturm 1893-1918. Frankfurt: Fischer, 1993, p. 210-268.

Marinelli, L. Psychés Kanon. Zur Publikationsgeschichte rund um den Internationalen Psychoanalytischen Verlag. Revisão editorial C. Huber e W. Chramosta. Viena-Berlim: Turia + Kant, 2009.

May, U. Therese Benedek (1892-1977). Freudsche Psychoanalyse im Leipzig der zwanziger Jahre. In: Bernhardt, H. e Lockot, R. (orgs). *Mit ohne Freud*. Zur Geschichte der Psychoanalyse in Ostdeutschland. Gießen: Psychosozial, 2000, pp. 51-91.

May, U. *Freuds Patientenkalender*: Siebzehn Analytiker in Analyse bei Freud (1910-1920). *Luzifer-Amor*, n. 37, p. 43-97, 2006a.

May, U. Fundstücke zur Freud-Biographik in der Exilpresse. *Luzifer-Amor*, n. 38, 2006b, p. 140-148.

May, U. Neunzehn Patienten in Analyse bei Freud (1910-1920). Teil I: Zur Dauer von Freuds Analysen. *Psyche*, n. 61, 2007, p. 590-625.

May, U. Vierzehnhundert Stunden Analyse bei Freud: Viktor von Dirsztay. Eine biographische Skizze. *Luzifer-Amor*, n. 23, 2010, p. 21-69.

Meisel, P. e Kendrick, W. (orgs.) *Kultur und Psychoanalyse in Bloomsbury und Berlim*: Die Briefe von James und Alix Strachey 1924-1925. Stuttgart: Verlag Internat. Psychoanalyse, 1995.

626 SIGMUND FREUD

Molnar, M. In hündisch unwandelbarer Anhänglichkeit. Familie Freud und ihre Hunde. Werkblatt, n. 33, 1994, pp. 81-93.

Molnar, M. (org.) *Sigmund Freud, Tagebuch 1929-1939*: Kürzeste Chronik. Basel eFrankfurt: Stroemfeld e Roter Stern, 1996.

Molnar, M. Freud & Co. *Luzifer-Amor*, n. 34, 2004, pp. 118-131.

Molnar, M. Alien Enemy: Porträt eines Mädchens. *Luzifer-Amor*, n. 35, 2005, pp. 152-167.

Molnar, M. ...jener nach innen gekehrte nachdenkliche Blick. *Luzifer-Amor*, n. 37, 2006a, p. 14-29.

Molnar, M. Trottoir roulant, 1900. *Luzifer-Amor*, n. 38, 2006b, p. 32-45.

Molnar, M.Ich bleibe da. *Luzifer-Amor*, n. 40, 2007, p. 131-144.

Monypenny, W. F. *The life of Benjamin Disraeli, Earl of Bea-consfield*. Londres: Murray, 1910-20.

Mühlleitner, E. *Biographisches Lexikon der Psychoanalyse*: Die Mitglieder der Psychologischen Mittwoch-Gesellschaft und der Vienaer Psychoanalytischen Vereinigung 1902-1938. Tübingen: Ed. Diskord, 1992.

Murken, B....die Welt ist so uneben. Tom Seidmann-Freud (1892-1930): Leben und Werk einer großen Bilderbuch-Künstlerin. *Luzifer-Amor*, n. 33, 2004, p. 73-103.

Nase, E. *Oskar Pfisters analytische Seelsorge*: Theorie und Praxis des ersten Pastoralpsychologen, dargestellt an zwei Fallstudien. Berlim e Nova York: de Gruyter, 1993.

Naumann, F. *Mitteleuropa*. Berlim: Reimer, 1915.

Neubauer, J. Sigmund Freud und Hans Blüher in bisher unveröffentlichten Briefen. *Psyche*, n. 50, 1996, p. 123-148.

Paneth, J. *Vita nuova*. Ein Gelehrtenleben zwischen Nietzsche und Freud. Autobiographie — Essays — Briefe. Org. e comentários de W. W. Hemecker. Graz: Leykam, 2007.

Parsons, D. Dartington. A principal source of inspiration behind Huxley's "Island". Journal of General Education, n. 39, 1987, p. 10-25.

Plänkers, T. Die Verleihung des Frankfurter Goethe-Preises an Sigmund Freud 1930. Aus den Sitzungsprotokollen des Goethe-Preis-Kuratoriums. In: Plänkers et al (orgs.). Psychoanalyse in Frankfurt am Main. Zerstörte Anfänge, Wiederannäherung, Entwicklunge. Tübingen: Ed. Diskord, 1996.

Planta, V. Analysiere nie wieder einen jungen Menschen wie mich. Emil Oberholzer und Mira Oberholzer-Gincburg, ein russisch-schweizeisches Analytikerpaar in der ersten Hälfte des 20. Jahrhunderts. *Luzifer-Amor*, n. 45, 2010, pp. 70-104.

Protokolle der Vienaer Psychoanalytischen Vereinigung. H. Nunberg e E. Federn (orgs.). Frankfurt: Fischer, 1976-1981.

Rado, S. Oral History. In: Heresy. Sandor Rado and the psychoanalytic movement. Roazen, P. e Swerdloff, B. (orgs.). Northvale e Londres: Aronson, 1995, p. 17-147.

Reik, T. Der Schöpfer der neuen Seelenkunde (Professor Sigmund Freud). Ost und West. Illustrierte Monatsschrift für das gesamte Judentum, n. 14, 1914a, pp. 433-436.

Reik, T. Eine Geschichte der psychoanalytischen Bewegung. Berliner Tagblatt, 20/7/1914.

Reik, T. Der eigene und der fremde Gott. Zur Psychoanalyse der religiösen Entwicklung. Leipzig, Viena e Zurique: Internat. Psychoanal, Verlag, 1923.

Reik, T. Dreißig Jahre mit Sigmund Freud. Mit bisher unveröffentlichten Briefen von Sigmund Freud an Theodor Reik. Munique: Kindler, 1976.

Rice, E. The Jewish heritage of Sigmund Freud. Psychoanal. Rev., n. 81, 1994, pp. 237-258.

Riemer, S. K. Karl Schuchardt. Leben und Werk. Tese de doutorado. Hamburgo, 2001. Disponível em <http://deposit.ddb.de/cgi-bin/dokserv?idn=974451223>. Acesso em 31/8/2009.

Riklin, F. Wunscherfüllung und Symbolik im Märchen. Viena: Heller, 1908.

Rilke, R. M. Briefwechsel mit Magda von Hattingberg, Benvenuta. Schnack, I. e Scharffenberg, R. (orgs.). Frankfurt e Leipzig: Insel, 2000.

Roazen, P. Sigmund Freud und sein Kreis. Eine biographische Geschichte der Psychoanalyse. Bergisch-Gladbach: Lübbe, 1976.

Roazen, P. Freuds Liebling Helene Deutsch. Das Leben einer Psychoanalytikerin. Munique-Viena: Verlag Internat, Psa, 1989.

628   SIGMUND FREUD

Roazen, P. *Meeting Freud's family*. Amhers: Univ. of Massachusetts Pr., 1993.

Roazen, P. *Wie Freud arbeitete*: Berichte von Patienten aus erster Hand. Gießen: Psychosozial, 1999.

Roazen, P. Freud's will. In: Roazen, P. *The historiography of psychoanalysis*. New Brunswick e Londres: Transaction, 2001, pp. 447-452.

Roazen, P. Ödipus in Versailles. Neue Beweise für die Beteiligung Freuds an der Studie über Woodrow Wilson. In: Freud u. Bullitt, 2006, pp. 305-316.

Romm, S. *The unwelcome intruder*: Freud's struggle with cancer. Nova York: Praeger, 1983.

Rosdy, P. Adolf Josef Storfer, Shanghai und die Gelbe Post. Dokumentation zum Reprint der Gelben Post. Viena: Turia + Kant, 1999.

Wittenberger, G. e Tögel, C. (orgs.). Die Rundbriefe des Geheimen Komitees. Tübingen: Ed. Diskord, 1999-2006.

Sablik, K. Julius Tandler, Mediziner und Sozialreformer. Eine Biographie. Viena: Schendl, 1983.

Schlesier, R. Jerusalem mit der Seele suchen — Mythos und Judentum bei Freud. In: Graf, F. (org.): Mythos in mythenloser Gesellschaft. Das Paradigma Roms. Stuttgart-Leipzig: Teubner, 1993, pp. 230-267.

Schneider, P. Sigmund Freud. Munique, 1999.

Schrader, H. Phidias. Frankfurt/M: Frankfurter Verlags-Anstalt, 1924.

Schröter, M. Freuds Komitee 1912-1914. Ein Beitrag zum Verständnis psychoanalytischer Gruppenbildung. *Psyche*, n. 49, 1995, pp. 513-563.

Schröter, M. Der Steuermann. Max Eitingon und seine Rolle in der Geschichte der Psychoanalyse. In: Eitingon, Freud u., 2004, pp. 1-33.

Schröter, M. Art. Briefe. In: Freud-Handbuch. Leben — Werk — Wirkung. H.-M. Lohmann e J. Pfeiffer. Stuttgart-Weimar: Metzler, 2006, pp. 220-231.

Schröter, M. Volle Kraft voraus. Der 7. Internationale Psychoanalytische Kongreß in Berlin (25-27 September 1922). *Psyche*, 61, 2007, pp. 412-437.

Schröter, M. Freud als Vater — im Spiegel der Briefe an seine fünf älteren Kinder. *Luzifer-Amor*, n. 40, 2008, pp. 7-27.

Schröter, M. K. R. Eissler über das Sigmund-Freud-Archiv. Synopsis eines Interviews mit Emanuel E. Garcia (1992). *Luzifer-Amor*, n. 43, 2009, pp. 45-63.

Schultz-Venrath, U. Ernst Simmels psychoanalytische Klinik "Sanatorium Schloß Tegel GmbH" (1927-1931). Beitrag zur Wissenschaftsgeschichte einer psychoanalytischen Psychosomatik. Tese de livre-docência Witten/Herdecke (datilografada e em microfiche), 1992.

Schur, M. Sigmund Freud. Leben und Sterben. Frankfurt: Suhrkamp, 1973.

Seidler, E. Jüdische Kinderärzte 1933-1945. Entrechtet — Geflohen — Ermordet. Reedição ampliada. Basel: Karger, 2007.

Shamdasani, S. "Should this remain?" Anna Freud's misgivings concerning the Freud-Jung letters. Internat. *Forum Psychoanal.*, n. 5, 1996, p. 227-232.

Solms, Mark "Freud" und Bullitt. Rekonstruktion einer Zusammenarbeit. *Psyche*, n. 62, p. 62-80, 2008.

Stöcker, H. Psychoanalyse 1911/12. Autobiographisches Fragment zur Psychoanalyse. Organização e introdução L. M. Hermanns. *Luzifer-Amor*, n. 8, p. 177-186, 1991.

Stolt, C.-M. Why did Freud never receive the Nobel prize? Internat. *Forum Psychoanal.*, n. 10, 2001, p. 221-226.

Stroeken, H. Freud in Nederland. Een eeuw psychoanalyse. Amsterdã: Boom, 1997.

Stroeken, H. Johan van Ophuijsen, Padang/Indonesien 1882 — New York 1950. *Luzifer-Amor*, n. 44, 2009, p. 7-44.

Stroeken, H. Zwei holländische Schwestern in Analyse bei Freud. *Luzifer-Amor*, n. 45, 2010, p. 16-20.

Timms, E. *Karl Kraus*: Satiriker der Apokalypse. Viena: Deuticke, 1995.

Tögel, C. Freuds Berliner Schwester Maria (Mitzi) und ihre Familie. *Luzifer-Amor*, n. 33, 2004, p. 51-72.

Tögel, C. Freud und Berlin. Berlim: Aufbau, 2006.

Tögel, C. e Schröter, M. Jacob Freud mit Familie in Leipzig (1859). Erzählung und Dokumente. *Luzifer-Amor*, n. 33, 2004, pp. 8-32.

Ungern-Sternberg. Er "hat uns in Viena deutlich genug zu erkennen gegeben, daß 'kein ewiger Bund mit ihm zu flechten' ist". Zu zwei Begegnungen zwischen Rilke und Freud. In: Braungart, G. et al. (orgs.). *Bespiegelungskunst*: Begegnungen auf den Seitenwegen der Literaturgeschichte. Tübingen: Attempto, 2004, pp. 181-197.

Vermorel, H. e Vermorel, M. *Sigmund Freud et Romain Rolland*: Correspondance 1923-1936. Paris: Presses Univ. de France, 1993.

Wahl, N. Die Könige der Inflation. Spekulation und neuer Reichtum im Viena der Zwischenkriegszeit. In: Viena, Stadt der Juden. Die Welt der Tante Jolesch. J. Riedl (org.). Viena: Zsolnay, 2004, p. 238-240.

Weber, I. e Rothe, D. A. (2002): Zum Briefwechsel zwischen Lou Andreas-Salome und Anna Freud. In: Andreas-Salome, L. e Freud, A.: "...als käme ich heim zu Vater und Schwester". Briefwechsel 1919-1937. Rothe, D. A. e Weber, I. (orgs.). Göttingen: Wallstein, p. 857-886.

Weinke, W. Verdrängt, vertrieben, aber nicht vergessen. Die Photographen Emil Bieber, Max Halberstadt, Erich Kastan und Kurt Schallenberg. Weingarten: Kunstverlag Weingarten, 2003.

Weissweiler, E. Die Freuds. Biographie einer Familie. Köln: Kiepenheuer & Witsch, 2006.

Welsch, U. e Wiesner, M. Lou Andreas-Salome. Vom "Lebensurgrund" zur Psychoanalyse, 2ª ed. Munique-Viena: Verlag Int. Psa., 1990.

Welter, V. M. Ernst L. Freud — domestic architect. In: Arts in exile in Britain 1933-1945. Politics and cultural identity (= The Yearbook of the Research Centre for German and Austrian Exile Studies, 6). S. Behr e M. Malet (orgs.). Amsterdã e Nova York: Rodopi, 2005: p. 201-237.

Werman, D. S. Freud, Yvette Guilbert, and the psychology of performance. A biographical note. *Psychoanal. Rev.*, n. 85, 1998, p. 399-412.

Wickert, C. *Helene Stöcker, 1869-1943*: Frauenrechtlerin, Sexualreformerin, Pazifistin. Eine Biographie. Bonn: Dietz, 1991.

Wittels, F. Sigmund Freud. Der Mann, die Lehre, die Schule. Leipzig-Viena--Zurique: Tal & Co., 1924.

Wittels, F. *Freud und das Kindweib*: Die Erinnerungen von Fritz Wittels. E. Timms (org.). Viena: Böhlau, 1996.

Worbs, D. Ernst Ludwig Freud in Berlin. *Bauwelt*, n. 88, p. 2398-2404, 1997.

CARTAS AOS FILHOS   631

Worbs, M. *Nervenkunst*: Literatur und Psychoanalyse im Viena der Jahrhundertwende. Frankfurt: Europ. Verlagsanstalt, 1983.

Young-Bruehl, E. *Anna Freud*: Eine Biographie. Viena: Vienaer Frauenverlag, 1995.

Zweig, S. *Über Sigmund Freud*. Porträt, Briefwechsel, Gedenkworte. Frankfurt: Fischer, 1989.

ÍNDICE ONOMÁSTICO

[A.] (paciente) 535
Abraham, Hedwig 461s.
Abraham, Karl 87s., 208, 219, 235, 240, 272s., 297, 318, 442, 453, 541
Agnes (cozinheira) 423
Alberti (Tenente Dr.) 134
Alexander, Franz 208, 395, 541
Alex, Alexander (tio) – v. Freud, Alexander
Allen, Percy 397
Andreas, Freidrich-Carl 367
Andreas-Salomé, Lou 28, 241-242, 255, 296, 348, 358, 367, 439, 539, 541, 546
Anna (empregada doméstica) 284
Asquith, Herbert Henry 464
Augenfeld, Felix 232, 247

Baerwald, Alexander 235, 270
Bárány, Robert 485
Bardas (sra.) 319
Bardas, Willi (Willy) 319, 324, 461
Basch (duas meninas) 79
Berkeley-Hill, Owen 387, 527
Berliner (sra.) 352
Berliner, Rudolf 352
Bernays, Berman 8
Bernays, Anna 75, 113, 171, 198, 224, 257
Bernays, Edward 113, 164, 173, 267, 538

Bernays, Eli 113, 171, 172, 224, 257, 264, 271, 505s.
Bernays, Emmeline 67, 96
Bernays, Hella 326
Bernays, Isaak 35
Bernays, Jacob 374
Bernays, Judith ("Ditha") 74, 75, 77, 86, 141, 145, 190, 287, 299, 326
Bernays, Peter 326
Bernays, Sara 35
Bernfeld, Siegfried 82, 212, 287, 349, 379, 572
Bertoldi (dono de hotel) 86, 316s.
Bieber (Dr.) 270, 283, 514
Bijur, Angelika 303
Binswanger, Ludwig 164, 495
Blanton, Smiley 90, 355, 360
Bleuler, Eugen 10, 44
Blos, Peter 574
Blüher, Hans 548
Blumgart, Leonard 298
Bonaparte, Marie 90, 192, 227s., 354s., 364, 372s., 405s.
Bondy, Gertrud 570s.
Bondy, Max 570s.
Bose, Girindrashekkar 543
Bosel, Siegmund 172s., 217, 221

634 SIGMUND FREUD

Brandes, Georg 325

Brasch, Elise 233, 237, 274, 284, 285, 288, 296, 300, 309, 336, 376, 385, 407, 525, 560

Brasch, Gerda – v. Mosse, Gerda

Brasch, Joseph 233, 273

Brasch, Käte – v. Calmann, Käte

Brasch, Lucie – v. Freud, Lucie

Braun, Ludwig 162, 256, 258, 340, 343, 348, 361, 496

Braunschweig (Dr.) 483

Breuer, Josef 9, 23, 37, 131, 428

Briand, Aristide 372

Brill, Abraham A. 77, 267-269, 270, 275, 404, 537

Brody 488

Brücke, Ernst 231

Bruïne Groeneveldt, Jan Rudolf de 69, 107, 214s.

Brunswick, David 360

Brunswick, Mark 190, 333

Brunswick, Ruth Mack 88, 190, 326, 332, 364, 372, 380, 386

Buber, Martin 287

Bülow, Berhard von 439, 453

Bullitt, William C. 391, 404

Burlingham, Dorothy 88, 178-179, 180, 183, 185, 237, 333, 335, 346, 351-352, 360, 364-366, 380, 391, 402, 407, 574, 576, 582, 586

Burlingham, Katrina ("Tinky"), 352, 574

Burlingham, Mary Tiffany ("Mabbie") 183, 352, 404, 574

Burlingham, Michael ("Mikey") 352, 574

Burlingham, Robert 88

Burlingham, Robert ("Bob") 180, 352, 354, 404, 574

Busch, Paula 108, 215

Byoir, Carl 164-165

[C.] (paciente) 197

Caillavet, Gaston Armand de 540

Calmann, Hans 274, 376

Calmann, Käte 274, 284, 296, 309, 376

Carlos I 159, 481, 490

Cassirer, Suzanne – v. Paret-Cassirer, Suzanne

Charcot, Jean Martin 93, 194s.

Cle, Clechen – v. Freud, Clemens Rafael

Cocteau, Jean 391

Corinth, Lovis 208

Cromwell, Oliver 201

Cronbach, Ernst 131

Czinner, Johanna – v. Teller, Johanna

D. (chefe de seção) 67

[D.] (paciente) 174

Daly, Claude Dangar 270, 278, 514

De Vere, Edward 397

Deltour, Clément 440

Deuticke, Franz 39, 43, 48, 69, 182, 183, 258, 302, 453, 495, 510, 515, 518, 519, 521, 524, 526, 530, 534, 537, 541, 544, 546

Deutsch, Felix 87, 91, 318

Deutsch, Helene 91, 318, 380

Diena, Arturo 161, 163, 165, 251

Diena, Wanda 164, 165

CARTAS AOS FILHOS   635

Dirsztay, Victor von 79, 197
Disraeli, Benjamin 331
Ditha – v. Bernays, Judith
Dolfi – v. Freud, Adolfine
Dollfuß, Engelbert 227, 388s.
Donath, Julius 72
Doolittle, Hilda 383
Drucker, Ernestine – v. Freud, Ernestine
Drucker, Ida 169
Drucker, Leopold 99s., 169s.
Dub (família) 33, 40, 43, 51
Dub (Doub), Nelli 326
Dürer, Albrecht 190

E. (diretor) 170
Earle, George H. 391
Ebert, Friedrich 490
Edelmann, Adolf 286
Eder, Montague David 328
Edward – v. Bernays, Edward
Einstein, Albert 328, 382
Eissler, Kurt R. 121, 198
Eitington, Max 12, 87s., 169, 183, 206,
    208s., 223, 229, 233, 235s., 263,
    271s., 283, 289, 293, 302s., 306, 311,
    317s., 326, 329s., 355s., 358, 375, 502,
    505, 507, 509s., 514, 520-521, 528,
    541, 545, 551, 584s.
Eitington, Mirra 286
Eli (tio) – v. Bernays, Eli
Emden, A. van 74, 303, 423s., 450
Emden, Catharina Johanna van 303
Emden, Jan E. G. van 74, 87, 170, 180,
    265, 279, 303, 354s., 423, 436, 450,
    461, 502

Erikson, Erik H. 574
Ernst, Franz 338, 340, 573
Ernstl – v. Halberstadt, Ernst Wolfgang
Exner, Siegmund 125

Federn, Else 40
Federn, Paul 40, 48, 186, 349, 363
Ferenczi, Sándor 26, 52, 65, 71, 77s., 79,
    80-81, 84, 87, 108, 145, 147-149, 157,
    213, 215, 219, 223, 229, 252, 265,
    272, 297, 326, 353, 421, 480, 488,
    501, 503, 541
Ferstel, Heinrich von 392
Ferstel, Marie von 392
Feuchtwanger, Lion 391
Fichtner, Gerhard 121
Fleischmann, Carl 37
Fleischmann, Rudolf 37, 39
Flers, Robert de 540
Fließ, Ida 40
Fliess, Wilhelm 9, 23, 40
Flörsheim, Martha 558
Fontane, Theodor 469
Forsyth, David 265, 501
Fr., Sophie 36
Fraenkel, Michael 374
Frank (Dr.) 34, 69
Frank, Theodor 236
Franz Ferdinand, príncipe herdeiro 26,
    115
Franz Joseph I. 59, 110, 119
Freud, Adolfine ("Dolfi") 9, 173, 189,
    199, 264, 299, 326, 449
Freud, Alexander 9, 34, 60, 64, 77, 91,
    94, 113, 119, 137, 139s., 141, 144, 175,

177, 187, 189s., 197, 198, 203, 217, 221, 247, 257, 261, 276s., 303, 313, 326, 330, 358, 380, 395, 419, 427, 434, 437, 449, 453, 462, 475, 481, 501

Freud, Amalia 9, 137, 143, 148, 162, 173, 185, 186, 198, 225, 229, 264, 299, 303, 326, 337, 342, 363, 365, 427, 449, 470, 480, 536

Freud, Anna (irmã) – v. Bernays, Anna

Freud, Anton Walter ("Toni") 26, 28, 85, 102, 104, 171, 192, 195, 199, 278, 289, 291, 295, 298, 300, 306, 326

Freud, Clemens Raphael ("Cle") 199, 236, 243, 321, 344, 353, 371, 378, 382, 384, 389, 393

Freud, Emmanuel 50, 111s., 131, 226, 400, 427, 456

Freud, Ernestine ("Esti") 85, 99, 101, 102, 104, 123, 161, 168-170, 172, 179, 180-182, 192, 193, 198, 266, 270, 278, 296, 306, 326, 405, 503

Freud, Esther 300

Freud, Eva Mathilde 174, 199, 209, 211, 223-224, 226, 228, 320, 328, 335, 375, 380, 385, 557

Freud, Harry 330, 449

Freud, Henny 173, 174, 184, 198, 307-309, 311, 316, 319, 327, 330, 368, 375, 381, 385, 551

Freud, Jacob 47, 194, 294

Freud, Lucian Michael 199, 236, 237, 243, 305, 308, 321, 344, 346, 375, 385, 387

Freud, Lucie ("Lux") 16, 29, 178, 198, 223, 228, 231-406, 517, 525, 532, 547, 560, 591

Freud, Margaret 104

Freud, Margarethe ("Gretel") 108, 215, 395

Freud, Maria ("Mitzi") 9, 42, 85, 108, 163, 189, 198, 302, 308-310, 358, 369, 386, 423, 427

Freud, Martha Gertrude – v. Seidmann-Freud, Tom

Freud, Miriam Sophie 101, 102, 104, 174, 179, 188, 191, 195, 199, 224, 326, 405, 557, 572

Freud, Moritz 42

Freud, Pauline – v. Winternitz, Pauline

Freud, Philipp 400

Freud, Regina Debora – v. Graf, Regina Debora

Freud, Soloman ("Sam") 226, 264, 542

Freud, Sophie Sabine 60, 113, 199, 326, 380, 434, 449

Freud, Stefan Gabriel ("Gabi") 171, 173, 199, 236, 242-243, 291-293, 295, 298, 299, 301, 303, 305, 308, 314, 329, 331, 334-336, 339, 340, 344, 354, 363, 369, 384, 394, 396, 400, 407, 531, 535, 567

Freud, Theodor 85, 302, 314

Freud, W. Ernest – v. Halberstadt, Ernst Wolfgang

Freund, Anton von 11, 79, 102, 153, 157, 161, 166, 250, 253, 265, 270, 488, 501, 503

Freund, Rószi von 79, 157, 161, 166, 253, 488

Fried, Morris 545

CARTAS AOS FILHOS

Fried, Pauline 545

Friedjung, Josef K. 220

Frink, Horace W. 303, 550

Fröschels, Emil 102

Fuchs, Gertrud 208, 221, 223, 313

Fuchs, Henny – v. Freud, Henny

Fuchs, Paul 174, 208, 221

Fürth (família) 33

Fürth, Julius 43

[G.] (paciente) 436

G. (em Berlim) 254

Gab, Gabi, Gabriel – v. Freud, Stefan Gabriel

Gabai (comerciante de antiguidades) 439

Georg von Griechenland und Dänemark 192

Gersuny, Robert 46, 220

Goebbels, Joseph 404

Goethe, Johann Wolfgang von 280, 281

Götzl, Alfred 166, 382

Götzl, Ella 166, 253

Goldschmidt (diretor) 102

Gottstein, Adolf 325

Grabbe, Christian Dietrich 353

Graetz, Viktor 60

Graf, Cäcilie ("Maus", "Mausi") 41, 57, 143, 269, 292, 299, 481, 533, 536

Graf, Heinrich 41, 57

Graf, Hermann 42, 143, 449, 481

Graf, Regina Debora ("Rosa") 9, 41, 42, 45, 48, 58, 143, 147, 189, 198, 303, 304, 326, 396, 427, 449, 481

Grubrich-Simitis, Ilse 240, 318

Guilbert, Yvette 195

Guilherme II 453, 490

Haberl, Christine 304

Haberl, Ernst 304

Haim, Ella 204, 461, 464, 468, 470, 476, 503

Hajek, Markus 85, 312

Halberstadt, Betty 443

Halberstadt, Bertha 407, 554, 556, 558, 561, 572, 573, 575, 577, 578, 593

Halberstadt, Ernst Wolfgang ("Ernstl", "brotinho") 87, 127, 138, 155, 177, 180, 199, 221, 246, 252, 290, 291, 313, 317, 328, 354, 371, 379, 398, 412, 414, 415, 416, 443, 444, 446, 451, 454, 457, 458, 459, 463, 464, 466-468, 471-479, 481-483, 486, 490, 491, 493-495, 497-498, 500-502, 508-521, 524-537, 539, 542, 546-549, 552-577, 578-584, 586-587, 591-594

Halberstadt, Eva – v. Spangenthal, Eva

Halberstadt, Heinz Rudolf ("Heinele") 27, 83, 162, 252, 303, 304, 306, 313, 316, 413, 414, 416, 487, 493-494, 497-498, 500-502, 509-514, 515, 518-521, 524-526, 529-533, 536, 539, 542, 546-553, 556, 558, 576, 587, 595

Halberstadt, Max 11-13, 16, 19, 73, 75, 87, 112, 121, 126, 138, 153, 155, 162, 167, 180, 198, 225, 228, 251, 253, 269-270, 274, 289, 290, 294, 309, 316, 325, 328, 371, 377, 379, 386, 409-595

Halberstadt, Michele Mathilde 425, 429, 455, 487, 537, 556, 586, 595

638 SIGMUND FREUD

Halberstadt, Rudolf 443, 470, 487, 587

Halberstadt, Siegfried 454, 487, 492

Halberstadt, Wulff Selig 425

Hammerschlag, Albert 258

Hammerschlag, Bertha 37

Hammerschlag, Käthe 258

Hammerschlag, Samuel 258

Harden, Maximilian 46

Hattingberg, Hans von 237, 255, 439, 496

Hattingberg, Liese von 255, 439

Heilpern, Else 209

Heine, Heinrich 398

Heinele, Heinz, Heinzl – v. Halberstadt, Heinz Rudolf

Heller, Hugo 40, 46, 48, 69, 154, 190, 250, 442, 469, 475, 481, 521, 530

Heller, Victor 190

Heubner, Otto 325

Hilb, Robert 366

Hiller, Eric 263, 501

Hindenburg, Paul 394, 477

Hirsch (diretor) 290

Hirschfeld, Magnus 46

Hitler, Adolf 26, 210, 381, 382, 391, 392, 395, 402

Hitschmann, Eduard 256, 496

Hoffmann (Dr.) 57

Hollitscher, Adolf 55

Hollitscher, Eduard 55

Hollitscher, Emma 51

Hollitscher, Paul 57-60

Hollitscher, Robert 13, 23-91, 103, 162, 198, 266, 270, 278, 286, 303, 304, 315, 326, 415, 461, 475, 481, 493, 509-511, 521, 547, 550, 565

Horney, Karen 236, 395

Hug-Hellmuth, Hermine 413

Hugenberg, Alfred 588

Huxley, Aldous 385

Ibsen, Henrik 205

Ilm, Grete 80

Innitzer, Theodor 388

Jackson, Edith 360

Jacob (Srtª) 316, 415, 537, 538, 547

Jensen, Wilhelm 39

Jones, Ernest 30, 37, 77, 87, 125, 164, 166, 212, 219, 229, 238, 253, 263, 265, 268, 270, 353, 501, 513

Jones, Herbert 125

Jones, Louise ("Loe", sobrenome de solteira: Kann) 119, 125, 266, 353, 513

Josefa (babá) 309

Jung, C. G. 10, 37, 53, 420, 439

Kainz, Josef 71

Kann, Jacobus Henricus 266

Kardiner, Abram 298

Karger, S. 467, 475

Karolyi, Moritz 180, 351-356

Katzenstein, Bertha – v. Halberstadt, Bertha

Kaufmann, Rudolf 427, 478

Kazanjian, Varaztad Hovhannes 372

Keiser, Gerhard Johan 107

Keiser-Roosenboom, A. J. W. 107, 112, 214

Kessler (Steinhändler) 421

Keyserling, Hermann Conde de 223, 310

CARTAS AOS FILHOS

Klein, Melanie 238, 399
Knöpfelmacher, Wilhelm 552, 580
Knöpfelmacher, Hugo 552
Königsberger, Paul David 521, 528, 531
Königstein, Hans 127
Königstein, Leopold 37, 39, 127, 299
Kola, Richard 279
Kraus, Karl 58
Kries, Johannes von 325
Kris, Ernst 374, 380
Kris, Marianne 326, 374, 380
Kun, Béla 252
Kurz (sra.) 373
Kurz (sr.) 373

Laforgue, Paulette 288, 588
Laforgue, René 228, 588-589
Lampl, Hans 17, 42, 63, 68, 72, 94, 96, 100, 107, 129, 137, 149, 208, 233, 236, 248, 261, 277, 285, 288, 306, 337, 346, 379, 380, 410, 449, 454, 497, 523, 529, 539, 556
Lampl-de Groot, Jeanne 42, 346, 379, 380
Landauer, Fritz 254
Landauer, Gustav 234
Landauer, Karl 349
Lederer Philipp 333, 344, 353, 374
Leeuw, J. J. van der 383, 385
Leitner, Marie 40, 42
Leitner, Rudolf 40
Leonardo da Vinci 396
Leszlényi, Oskar Alexander 34
Lévy, Kata 157, 489
Lévy, Lajos 157, 489

Liebermann, Hans 502
Liebman, Julius 356
Linden, Nel van der 214
Lippmann, Arthur 596
Löwenfeld, Leopold 59, 63
Löwy, Emanuel 177, 190, 305
López-Balleseros, Luis 544
Lucy – v. Wiener, Leah

Maas, Hilde 238
McCord, Clinton Preston 89, 353, 355
Mackenzie, William 166-167, 253
Magnus, Erwin 395
Mandl, Ida 202
Mann, Thomas 406, 469
Marcinowski, Johannes Jaroslaw 474
Marcovice, Adunar 269
Marianne (empregada doméstica) 278, 284
Marie (duas babás) 56, 466
Marlé, Arnold 364, 395, 567
Marlé, Elisabeth ("Lilly") 163, 237, 364, 369, 455, 518, 567
Marlé, Omri 163
Mastrigt, Antje (Ans) van 96, 107, 112, 214, 423
Maus, Mausi – v. Graf, Cäcilie
McCord, Clinton Preston 89, 353, 355
Melanchthon, Philipp 190
Menzel (o velho) 436
Meyer, Munro A. 298
Meynert, Theodor 194
Michel, Max 189, 364
Misch, Käthe 238
Mitzi (tia) – v. Freud, Maria

Moltke, Kuno Conde de 46
Mosse, Gerda 274, 296, 309, 385, 407
Mosse, Karl 274, 331, 407
Much, Hans 325
Mussolini, Benito 227, 387

Nadelman, Elie 141
Nathansohn, Simon 480
Naumann, Friedrich 469
Neurath (Hamburg) 515
Neurath, Konstantin von 404
Neutra, Richard 232
Nunberg, Hermann 260, 374
Nunberg, Margarethe 68, 82, 260, 374

Oberholzer, Mira 558-560
Obermann, Julian 532, 543
Oberndorf, Clarence P. 298
Offenbach, Jacques 219
Ophuijsen, Johan H. W. van 107, 279, 502
Ortner, Norbert 325
Ovid 114
Ozzola, Leandro de 277
Ozzola, Margit de 276

P. (Dr.) 58
[P.] (paciente) 258, 514, 515, 519, 522, 527, 535
Pachmayr, Eugen 44, 57
Pálos, Gizella 79-80, 353, 488
Paneth, Sophie 409
Pankejeff, Sergej 241, 302, 311
Paquet, Alfons 362
Paret-Cassirer, Suzanne 379, 383
Parker, Julia de Forest Tiffany 380

Pauli (tia) – Winternitz, Pauline
Pedolin (Dr.) 560
Peripletnik (Dr.) 311
Pfister, Oskar 240, 265
Philipp, Elias 427
Philipp, Fanny 425
Philipp, John 444
Philipp, Mary 214, 427
Philipp, Oscar 175, 214
Pichler, Johann 320, 338, 342, 344, 367, 369, 403, 557
Pick, Adolf 459
Pick, Ella – v. Götzl, Ella
Pick, Käthe 107 (fig.)
Pick, Luz 107 (fig.)
Pick, Walter 459
Pollak, Max 221, 442, 457, 530
Polon, Albert 298
Popper (Sr.) 455, 512, 513
Popper, Alice 455
Prince, Morton 37
Prinzessin – v. Bonaparte, Marie

R. (sra. dra.) 563
Raab (sra.) 36, 46, 49, 52
Raab, Fritz 36, 38, 46, 49, 52, 56
Raab, Käthe 36
Radó, Carl (Charles) 588
Radó, Sándor 236, 588
Rank, Beata 84
Rank, Otto 77, 84, 87, 132, 149, 166, 197, 205, 219, 253, 261, 263, 265, 268, 275, 279, 499, 501
Rapaport (empresário de construção) 206

CARTAS AOS FILHOS

Redlich, Kurt 39, 47?

Reik, Theodor 77, 440, 446, 543

Reinhardt, Max 46

Reinhold, Josef 91

Reiss, Elsa 202

Rembrandt, Harmensz van Rijn 67, 299

Reynders, D. C. 400

Ricchetti (Dr.) 194

Rickman, John 298, 514

Rie, Alfred 40, 173, 183, 185, 197, 264

Rie, Margarethe – Nunberg, Margarethe

Rie, Marianne – Kris, Marianne

Rie, Melanie 40, 64, 66, 186, 295, 326,
359

Rie, Oscar 38-42, 48, 52, 61, 64, 66-68,
186, 260, 295, 326, 359, 374, 380,
427, 521, 550, 553, 557

Riklin, Franz 43

Rilke, Rainer Maria 34, 66, 232, 252,
255, 439

Rischawy, Edith 299, 306, 326

Rischawy, Marie 53, 55, 88, 91, 299

Robitsek, Alfred 39, 47?

Rolland, Romain 310, 322, 463

Rosa (tia) – v. Graf, Rosa

Rosanes, Charlie 107 (fig.)

Rosanes, Heinz 107 (fig.)

Rosanes, Ignaz 46

Rosenberg, Ludwig 326

Rosenfeld, Eva Marie 177, 182, 371, 574,
580

Rosenthal, Felix 512

Rosenthal, Peter 16, 554

Rosi – v. Waldinger, Beatrice

Ruths, Johannes Carl 89, 345, 346, 348,
353-355

Sachs, Hanns 80, 87, 145, 147, 149, 161,
164-165, 249, 251-253, 272, 282, 286,
307, 349, 453

Sänger (comerciante de antiguidades)
439

Sandolo, Ettore 439

Sarasin, Philipp 298

Schiff, Arthur 428

Schiff, Helene 428

Schiller, Friedrich 46, 510

Schindler, Emil Jakob 39

Schmideberg, Walter 310-311

Schmutzer, Ferdinand 442

Schnabel, Arthur 319

Schnitzler, Arthur 38

Schnitzler, Julius 38, 46

Schön, Friedrich 276

Schrader, Hans 325

Schröder, Hermann 88, 90, 169, 176,
180-181, 333, 338-341, 343, 347, 349,
354-356, 359-362, 580, 603

Schubert (sra.) 427

Schüler, Friedrich 224

Schur, Max 191, 376

Schuschnigg, Kurt 402-403

Schwarzwald, Bernhard 82

Schwerdtner, Carl Maria 35

Schwitzer, Emma 60

Seibert 139

Seidmann, Jakob (Jankew) 283, 358, 556

Seidmann-Freud, Angela 364

Seidmann-Freud, Tom 283, 358, 364, 556

642 SIGMUND FREUD

Shakespeare, William 219, 388, 397-398

Simmel, Ernst 176, 236, 339, 348, 356, 373, 573

Sokolnicka, Eugenia 395

Soupal (Mrs.) 56

Spangenthal, Eva 417, 443, 454, 561, 564, 567, 569

Spatzi (brotinho) – v. Halberstadt, Ernst Wolfgang

Spinoza, Baruch 67, 69

Spitz, René A. 236

Stauffer-Bern, Karl 40

Steiner, Maximilian 97, 256

Stekel, Wilhelm 76

Stern, Adolph 278

Stöcker, Helene 47

Storfer, A. J. 103, 176, 566, 583-584

Strachey, Alix 283, 298, 299

Strachey, James 278, 298

Struck, Hermann 457

Tandler, Julius 220

Tausk, Viktor 259

Teirich, Valentin 305

Teller, Hans 33, 35, 47

Teller, Johanna ("Hansi") 33-35, 47

Thorsch, Anna 35

Toller, Ernst 234

Toni – v. Freud, Anton Walter

Traeger (Dr.) 54, 57

Trebitsch, Fritz 361

Überbacher (comerciante de antiguidades) 48, 52, 61, 64

[V.] (Paciente) 342-343

Vermeer van Delft, Jan 422

Vest, Anna von 245

Viereck, George Sylvester 310, 507

W. (sra.) 64

Wälder, Jenny 399

Wälder, Robert 399

Waldinger, Beatrice ("Rosi") 258, 264, 304, 326, 367, 481, 505

Waldinger, Ernst 26, 28, 105, 201, 207, 234, 242

Waldinger, Hermann 326

Wallesz 249, 253, 256

Weinmann, Josef 90

Weizmann, Chaim 235, 328

Wenckebach, Karel Frederik 510

Wertheim, Martha 73, 423, 459

Wertheim, Wilhelm 73, 423, 459

Wetzler (família) 214

Wiener, Frederick 171

Wiener, Leah ("Lucy") 113, 171, 224, 281, 532

Wiener, Walter 171

Wilbrandt, Auguste 540

Wilder, Thornton 346

Wilson, Thomas Woodrow 163, 164, 391

Winkler, Cornelis 297

Winternitz, Pauline ("Paula", "Pauli") 9, 189, 199, 258, 264, 304

Winternitz, Valentin 199

Wittels, Fritz 561

Wolff, Jacob 214, 425

Wolff, Walter 214

Young, George Malcolm 278, 543

Z. (Srta.) 516
Zink (empregado doméstico) 150
Zoltán, Ilona 148, 480
Zucker, Martha 131
Zweig, Arnold 240
Zweig, Stefan 322

O texto deste livro foi composto em
Minion Pro, corpo 12/16.
A impressão se deu sobre papel off-white
pelo Sistema Cameron da Divisão Gráfica
da Distribuidora Record.